U0726509

户外运动理论与技术指导教程

主　编　金铉尚　王文浩　谢菲菲
副主编　田应福　何宁宁　陈　骏
　　　　齐大路　侍晓明　卢冬梅
　　　　平　娜　于长勇

吉林科学技术出版社

图书在版编目（CIP）数据

户外运动理论与技术指导教程／金铉尚，王文浩，谢菲菲主编．— 长春：吉林科学技术出版社，2023.7

ISBN 978-7-5744-0794-7

Ⅰ.①户… Ⅱ.①金… ②王… ③谢… Ⅲ.①体育锻炼－教材 Ⅳ.①G806

中国国家版本馆 CIP 数据核字（2023）第 167065 号

户外运动理论与技术指导教程

主　　编	金铉尚　王文浩　谢菲菲
出 版 人	宛　霞
责任编辑	鲁　梦
封面设计	木　子
制　　版	北京星月纬图文化传播有限责任公司
幅面尺寸	185mm×260mm
开　　本	16
字　　数	610 千字
印　　张	24.5
印　　数	1－1500 册
版　　次	2023年7月第1版
印　　次	2024年2月第1次印刷

出　　版	吉林科学技术出版社
发　　行	吉林科学技术出版社
地　　址	长春市福祉大路5788号
邮　　编	130118
发行部电话/传真	0431-81629529 81629530 81629531
	81629532 81629533 81629534
储运部电话	0431-86059116
编辑部电话	0431-81629518
印　　刷	三河市嵩川印刷有限公司

书　　号	ISBN 978-7-5744-0794-7
定　　价	147.00元

前　　言

　　户外运动，是一项以走出家门、脱离狭小空间的束缚，贴近大自然为特征的运动，参与者可以根据自己的爱好、兴趣和需要，自主选择户外运动的形式与方式，自主掌握运动的时间与负荷，从中体验自然环境下自我运动所带来的惬意。

　　在当前社会，随着我国经济的快速发展，人们生活水平不断提高，对健康的需求不断增强，向往着更高质量的生活。同时，随着社会压力的增长，人们对于释放自我、挑战自我和回归自然的需求不断扩大，户外运动逐渐成为人们娱乐、休闲、旅游和提升生活质量的一种全新方式。

　　户外运动是在自然场地开展的体育运动项目群，集休闲、娱乐、探险性于一体，具有重要的健身、健心、教育价值。由于户外运动中的许多运动项目属于极限运动或者亚极限运动，虽然参与户外运动的人占体育人口的比例较小，但是随着户外运动的快速发展，安全事故的发生概率逐年上升，颇受社会关注。基于此，特编写《户外运动运动理论与技术指导教程》一书，旨在为户外运动爱好者参与户外运动提供理论和实践指导。

　　本书从理论和实践两方面对户外运动进行了详细的分析和介绍，全文共分十二章，其中第一章到第四章为本书的基础理论部分，全面系统地对户外运动的产生与发展、基础知识、应急处置理论以及安全保障理论进行分析。第五章到第十二章为本书的实践训练指导部分，其中主要介绍了训练计划的制定、山地、水上、冰雪户外运动、定向运动、野外生存、拓展训练项目的训练指导，以及户外运动竞赛的组织方法。本书在内容结构上是以实际训练指导部分为主，以基础理论为辅，在顺序结构上是从宏观到微观，从理论层次向操作实践层次逐步延伸。整本书对户外运动的教育价值进行了深入解析，理论系统、内容翔实、结构清晰，实践部分涉及户外运动项目众多，方法具体，实用指导性强，是关于户外运动的科学著作。

本书由金铉尚、王文浩、谢菲菲主编，田应福、何宁宁、陈骏、齐大路、侍晓明、卢冬梅、平娜、于长勇任副主编，具体编写分工如下：

金铉尚（大连理工大学）第一章第三节、第四章、第六章、第八章；

王文浩（天津体育学院）第三章、第十章第一二节、第十二章第一节；

谢菲菲（营口理工学院）第二章、第七章第二三节；

田应福（云南农业大学）第十一章第三节；

何宁宁（上海外国语大学）第一章第四节、第五章第二节；

陈骏（成都中医药大学）第一章第一节、第七章第一节；

齐大路（福建中医药大学）第九章第一节、第十二章第四节；

侍晓明（中国石油大学（北京））第五章第一节、第十章第三节；

卢冬梅（武昌工学院）第一章第二节、第九章第二三节；

平娜（石家庄学院）第十二章第二三节；

于长勇（山东省济南汇才学校）第十一章一二节；

此外，李洪双（吉林大学）、冯府龙（成都文理学院）、王鹏举（沈阳航空航天大学）、代伟（云南省昆明市第十中学）、李文豪（北京市燕山前进中学）、梁建勋（河北科技大学）、吴磊（肇庆学院）、郝奇（鄂尔多斯应用科技学院）、葛鹏（广州大鹏体育）为本书编委，参与了本书的相关资料收集与整理工作。最后由金铉尚、王文浩、谢菲菲串编、统稿与定稿。

在编写的过程中笔者参阅了大量有关学者的著作和研究成果，在此表示最诚挚的谢意！由于时间有限，书中难免存在错误和不当之处，恳请广大读者批评指正。

编　者

2023 年 2 月

目　　录

第一章 户外运动的产生与发展

第一节 西方户外运动的起源与发展

户外运动源于欧美早起的探险、科学考察，它最主要的表现方式是在规范和安全的前提下，从事具有一定风险且富有挑战性的活动。户外运动的起源与登山运动的诞生有着不解之缘。

关于户外运动的起源，有两个传说：

西欧的阿尔卑斯山，在海拔 3000 米左右的雪线附近，生长着一种名叫"高山玫瑰"的野花。在 18 世纪中叶，阿尔卑斯山区流传着这样的一个风俗：年轻的小伙子在追求自己喜爱的姑娘时，往往都会勇敢地攀登上高山，采摘"高山玫瑰"献给自己的心上人，以此来表达自己的爱慕之心，它象征着自己对爱情的坚定、勇敢和无所畏惧，这个风俗至今仍未改变。就这样，随着时间的推移，在阿尔卑斯山的登山运动就逐渐成为当地群众普遍接受的一项运动了。

还有一种说法，是跟科学探险有关的。根据记载，阿尔卑斯山的山体结构非常复杂，因此造就了变化莫测的气候现象和丰富多彩的动植物资源，无数的科学家对此非常向往。1760 年，年轻科学家德索修尔对位于阿尔卑斯山的勃朗峰产生了浓厚的兴趣。因此，他在沙漠尼村口贴了一张告示：谁能登上勃朗峰或者找到上山的道路，我将重金奖赏。但是，告示贴出去后，也没有"勇夫"报名。直到 1786 年，在当地石匠巴尔玛的带领下，德索修尔才登上了勃朗峰。一年后，他又带着自己所需要的仪器，组织了一支由巴尔玛带队的 20 人的登山队，再次登上了勃朗峰。这种说法后被英国的大百科全书采纳并收集在其"登山"条目下。由于登山运动起源于阿尔卑斯山，所以这项运动又被世人称为"阿尔卑斯运动"。

19 世纪中叶，登山运动在阿尔卑斯山区发展得很快。1857 年，世界上第一个户外运动俱乐部诞生在德国，登山、徒步为主要运动项目的民间组织是现代户外俱乐部的雏形。户外俱乐部的诞生，促进了登山运动的发展。在 1855 年至 1865 年的 10 年间，阿尔卑斯山脉 20 座 4000 米以上高峰连续被征服。户外运动在此之后，形势发生了很大的变化。陆地上以登山、攀岩、溯溪、溪降、漂流、洞穴探险、滑雪、山地自行车和滑板等极限运动的冒险为主体的山野类活动相继被纳入户外运动项目。

一、旅游与户外运动的起源

户外运动的历史，最早可以追溯到 16 世纪的欧洲。16 世纪，一种重要的旅游现象，即欧洲大旅游受到公众的广泛关注，这一现象一直持续到 19 世纪。这种豪华旅游，起初主要是一些上层阶级的有钱人"特权"，他们会到欧洲各地进行社会旅行，参观各种艺术馆、博物馆等。然而，这里尤其要指出的是，豪华旅游也开发了阿尔卑斯山这种高山旅游胜地。在 18 世纪以前，人们很怕接近高山，对高山保持着恐惧或者敬畏，甚至认为那是魔鬼一样的地方。一直到 18 世纪，有一些传教士为了传教，不得不穿越山区，才逐渐开始接近山区。另外科学家也开始走入山区，做一些自然生态的研究。除了这些人外，随着工业革命的逐步推进，一批实业家和企业家出现了，这些人通过工业革命迅速聚敛了大批的财富，成为社会新阶层。这些人中部分人为了追求另一种刺激，开始将旅游目的地伸向荒野的高山地区。由此，经典豪华旅游从早期大都与美术馆、博物馆等艺术活动相关，最终转变成新的欣赏高山风光式的浪漫豪华旅游，从而使"观光旅游"得以产生。这种旅游风格上的变化以及高山地区的发展，为后来发展起来的户外体育项目，比如登山和滑雪奠定了基础。（见表1-1）

表1-1　一些户外运动项目的起源历史

项目	起源时间	起源项目	起源国家	在我国开展的时间
登山运动	登山作为专门的一项体育运动，是在十八世纪末期才开始的，1786年作为阿尔卑斯运动登山运动的诞生年	不详	欧洲	20世纪50年代
攀岩	起源于18世纪末期，作为体育项目起源于20世纪50年代	登山运动	欧洲	20世纪80年代
漂流	二战后，美国	探险和水上体育运动	不详	20世纪七、八十年代
溯溪	起源于18世纪末期	登山运动	欧洲	20世纪90年代
滑雪运动	滑雪已有4000多年的历史	滑雪	北欧	不详

户外运动真正诞生于19世纪下半叶。此时，人们开始使用特殊的器材资源进行旅游，滑冰、爬山和徒步旅行是比较突出的例子。1857年，世界上最早的户外运动俱乐部诞生在德国，这个以登山、徒步为主要运动项目的民间组织是现代户外运动俱乐部的雏形。18世纪90年代，高山滑雪运动的出现吸引了一批新的冒险旅游者，爬山和登山也随着人们对山地环境的观念的改变同样受到欢迎。曼彻斯特的高山地区由于拥有欧洲最高的山，成为当时最为重要的体育目的地。在登山成为新的旅游方式以后，当时，首登（某座山头被人类第一次登顶）就成为所有登山者追求的目标，当那些在阿尔卑斯山区中，比较平缓而容易到达的山头都被首登过后，剩下的就是有着相当难度的大山了。当时的登山者，为了克服这些终年积雪的冰岩地形，进而发展出一整套技术。只是此时无论技术上还是装备上都还相当简陋。第二次世界大战前后，为了符合特种地形作战上的需求，军队开始发展了这些登山运动的技术，攀岩和野营才逐渐有了雏形。因此，户外运动开始由民间探险旅游向专业方向发展，逐渐演变为一种体育项目。

二、现代西方户外运动的发展

现代户外运动的大众化发展，是伴随着西方户外运动工业化和城市化进一步发展而产生的。人们为了逃脱现代工业文明下的都市生活，开始将目光投向森林、山地、湖泊、水库、海滩等广阔的自然资源，逐渐开始利用这些自然资源进行体育活动，户外运动由于其活动的独特休闲性，而受到许多人们的欢迎。在美国，自然环境、休闲和户外娱乐是不可分割的一个整体。可以说，国外户外运动的兴起，与人们对环境的关注、社会富裕、汽车的普及、像美国人的拓荒传统以及渴望生活的丰富多彩等因素有关。

由于户外运动受到人民的欢迎，战后各国政府也十分重视户外运动的开展，因此，户外运动热潮在西方各国一直居高不下。但是，户外运动真正形成分类的体育项目还是在上世纪70年代以后了。户外运动的许多项目的历史都很短，但是由于其非常受欢迎，而在短短几十年中迅速成为各个发达国家里很普及的运动了。比如在欧美国家，野外露营已经成为上至老人下至孩子都十分喜爱的活动。户外探险运动在欧美和包括亚洲的日韩等国家非常普及。

户外运动由来已久，但是直到近代才发展称为集远足、登山、探险等于一体的体育项目。在二战时期，为了深入敌人的后方袭击重点目标和进行情报搜集工作，英国组建了特种突击队，为了能达到出其不意的攻击目的，他们创办了"越障训练"科目，意图通过各种自然障碍等技术进行训练，来提高队员执行野外作战任务以及团队合作的能力。后来通过对海员遇难的研究发现，遇难人员求生成功的机会与遇难者的生存欲、信息相关，与此同时也与他们整体素质有关。后来在此基础上开发出了新的培训课程——"拓展训练"，开始时主要是将参与人员置于环境险恶的大海上求生，以此来提高个人潜力和团队合作。后来，利用陆地上的高山、森林和峡谷等设置困难重重、复杂又充满危险的环境，开发出了多种多样的拓展课程。由于这些活动的攀登，通过危险路段和安全保护中经常要使用绳索，故也称为"绳网教程"。

近年来，拓展课程又被人们搬到了室内和人口聚居区，通过模拟野外环境，设计出种类繁多的拓展项目，使得拓展这一运动更贴近大众的生活。通过实验模拟探险，个人能力和团队合作的能力得到了很大的提高。拓展运动将各种活动和文化都结合在了一起，对于团队的建设和发展起到了很好的效果。如今，拓展运动发展迅速，已经从专业项目推广到了大众均可参加的项目中。户外运动以其独特的魅力，吸引着越来越多的人参与，随着户外运动发展，它也逐步形成了新的体育竞赛。1973年，户外运动经过激烈争论，形成了以长距离自然水域游泳、长距离山地自行车和马拉松比赛，这就是所称的"铁人三项"。后来，在新西兰又诞生了平原和山地铁人赛。1980年，滑雪、山地跑和激流皮艇等项目又加入到了铁人项目里。

越野挑战赛起源于1987年，法国记者热拉尔·菲西突发奇想：如果把麦哲伦环球航行移植到陆地上，就能让更多的人参与其中。他提出了一个计划：赛程为7天，5人一组，昼夜兼程，通过已经设立好的站口并且规定在比赛中不得使用任何交通工具等等。但是他的这个计划在寻求支持的时候遇到了人们的种种不解，后来，经过2年的努力，终于有人愿意赞助他的计划。

1997年，在赞助公司的支持下，七星国际越野挑战赛（Mild Seven Outdoor Quest）在中国举办了。赛事为期4天，由山地车、皮划艇、团队划船、直排旱冰、越野技能及山地车/跑步交替赛组成，是典型的分段赛。比赛以个人能力为基础，突出团队合作能力。比赛采取团队赛制，每队4人，其中必须有一名女性参加。白天进行比赛，夜间休息。在中国举办了5届后移师马来西亚，每年度举办一次，一直延续到2004年的第八届。该赛事项目种类多，赛道设计出色，比赛情节曲折，强度、难度及娱乐性衔接恰当。组织周全，规则严密，比赛记录可比性强，裁判细致严格，形式和方法非常接近其他竞技体育。比赛结果客观反映了参赛队的综合实力，也不时出现令人捧腹的戏剧性场面。2005年，由于赞助商的退出，该比赛停办。

现在越野挑战赛发展得非常迅速，每年在世界各地有近百个国家举办大大小小不同种类的挑战赛。近年来，又诞生了各大洲的竞标赛以及世界竞标赛等规模更大的赛制比赛，而各种类型的比赛成千上万，遍及世界各地。探险越野挑战赛虽然让人精疲力竭，但让参赛者在大自然中释放了活力。随着挑战赛规模的日趋扩大，参与人员中除了职业选手和经过训练的业余选手外，普通大众也有很多参与其中，享受户外运动带来的快乐和刺激。比赛成绩是其次，重要的是积极参与和锻炼身体。不可否认，户外运动现在已经成为一种时髦的体育消费。

第二节 中国户外运动的兴起

20 世纪 80 年代，随着中国户外资源的对外开放，外国登山者和探险者带来了关于户外运动的新概念。外国人来华进行的山地穿越、徒步旅行、江河漂流、山地自行车、山间滑雪、攀岩等项活动，使国人开始认识到这些令人耳目一新的体育活动。之后一些国内的探险、旅游爱好者开始参与这些活动。

一、户外运动兴起的阶段划分

（一）探索和学习阶段：20 世纪 50 年代至 90 年代初

户外运动在中国的发展最早是由登山探险运动开始的，伴随着登山探险运动的引入。1956 年组成第一支国家级登山队——中华全国总工会登山队，而两年后，国家体委正式成立登山处，与国家登山队一并归入同年成立的中国登山协会。登山协会作为最早的国家登山运动组织，曾组织过数次在国内外有重大影响的高山探险活动。其中 1960 年首次从北坡登上珠穆朗玛；1975 年 9 名运动员再次集体登上珠峰；1988 年中、日、尼三国联合登山队实现在珠峰顶峰会师和南上北下、北上南下大跨越等。与此同时，其他一些欧美流行的户外运动，如攀岩等项目也开始传入我国，但是由于这些项目大都有其特殊的场地和装备要求，是一项需要花费时间和金钱的运动，所以我国在起步上要落后很多。所以，登山协会开始着力扶植这些项目。1987 年，中国登山协会派人员到日本学习攀岩运动的相关攀爬技术和运动规则。同年 10 月，在北京附近的怀柔大水峪水库自然岩壁举办了第一届全国攀岩比赛。1990 年怀柔国家登山队训练基地建立了国内第一座大型人工攀岩场并举办了比赛。

在这一时期，国内的户外运动几乎局限于一些登山探险爱好者以及一些青年前卫推动者，户外运动的推广也更多采用各种比赛以及探险活动的形式，开展的内容也非常有局限性。户外运动在这一时期基本上处于探索和学习阶段。

（二）兴起阶段：20 世纪 90 年代至 2003 年左右

"我国大规模的民间户外运动始于 1995、1996 年左右，最初是一些比较前卫的大学效仿国外的大学相继组建了登山队，像北大山鹰社就是 1989 年成立的。随着这些学生的毕业和运动的扩延，户外运动逐渐传到了社会，成为一项时尚的都市运动。"中国登山协会前秘书长于良璞曾经这样描述中国户外运动的开始兴起。

可以说，户外运动在我国开始大规模影响也只有近 10 年的光景。中国真正意义上的户外探险最近几年才兴起，从 1998 年年初开始，户外运动首先在中国的北京、广州、昆明，上海等地悄然兴起，电视、杂志、报纸和互联网等媒体给予了强力报道，使得户外运动迅速成为一种社会时尚，这种时尚会很快发展到国内的其他大城市。1990 年"昆明市登山探险协会"成立，这也是中国最早进行有偿服务的户外探险组织。北京的三夫户外运动俱乐部是 1997 年成立的，可以说是目前北京最大的户外运动俱乐部之一，现有成员 3000 多人。

据有关统计资料显示，我国以登山、攀岩、野营、远足等为主体的社会性大众俱乐部至 2001 年底已经发展到 150 多家，主要集中在北京、广州、深圳、成都、上海等经济发达地区和大中城市。而到 2005 年前后，仅北京市地区各种规模的户外运动俱乐部就达到 100 余家。另外，网络上各种形形色色的户外运动门户网站和论坛，数量之多，增加速度之快，也为户外运动的开展提供了良好、快捷的传播平台，对于传播户外运动相关知识和信息、甚至户外运动参与的组织和管理起到了有效的媒介作用。

（三）开始步入规范化发展阶段：2004 年到现在

2005 年 4 月，山地户外运动被正式设立为我国正式开展的体育项目，隶属于登山项目下属分项，其业务工作由国家体育总局登山运动管理中心管理。这也标志着我国户外运动正式进入规范发展的新道路。

2004 年，教育部设立了"大学生野外生存生活训练"课题，并计划于 2004 年 7 月至 2006 年 7 月，在全国部分高校进行实验；2007 年 7 月开始，野外生存生活训练课程将作为体育课的选修科目在全国各高校推广。教育部目前已在 19 个试点学校，进行过野外生存素质培训课程，目前，野外生存素质培训开始成为许多学校的选、必修专业。武汉地质大学体育学院已经成立了户外运动专业，这是国内第一所开设户外运动专业的学校。这一计划对于户外运动在学校的推广有着非常重要的意义。

随着 21 世纪的到来，人们对于户外运动的需求还会持续增加，发展前景很好。与中国其他很多体育项目不同，户外运动是先有市场后有行业，所以，户外运动有强大的参与群体和市场基础。中国应该走行政管理与市场结合的道路，以推动中国户外运动的进一步发展。目前在我国进行户外运动推广的主要还是户外运动的组织者、网站、俱乐部以及一些户外装备公司，主要参与人群还是集中在都市白领、高校学生群体。今后，随着我国经济的进一步发展，城市生活质量的进一步提高，户外运动将逐渐向大众化的趋势发展。总体而言，户外运动在中国的发展还处在初级阶段。

二、户外运动在中国迅速兴起的原因

户外运动在中国能够得到迅速的发展，主要受以下几个条件的影响：

（一）庞大的潜在消费人群

根据第五次人口普查统计，在 13 亿人口中有 3.8 亿城镇人口，其中生活在大城市（市区非农业人口 50 万以上的城市）的市区非农业人口为 1.15 亿，其中年龄在 15—40 岁之间，约占总数的 40%。中国人口数量庞大，巨大的人口基数预示着庞大的户外运动的市场，尽管喜欢户外运动的人群比例很小，但总体数量仍然是值得让商家欣喜不已的，因此也带动了户外运动产业的兴旺。

（二）丰富的自然旅游资源基础

中国国土面积大，资源丰富，地大物博，从平原到山地，从森林到沙漠，从雪山到湖泊。各式各样的户外运动资源可以利用和开发，这为中国户外运动发展奠定了绝佳的先天基础。

（三）良好的社会氛围

近些年国民经济的持续发展、交通的越来越便利、两届奥运会的开办等，渲染了积极向上、踊跃参与的体育风气，培养了良好的社会氛围，为户外运动在中国的发展提供了便利的条件。

（四）户外运动迎合现代人的需要

户外运动之所以发展势头迅猛，越来越为广大群众所喜爱，其原因主要还在于迎合了现代人的需要：

1. 可以远离城市的喧嚣和空气污染，在进行体育锻炼的同时，充分享受自然山水和新鲜空气给人们带来的身心愉悦与放松；

2. 运动量适中，各种体力和各年龄段的人都能适应，在某种程度上说，可以最大限度地满足人们的参与感，而积极参与是国民自主意识逐步增强的体现；

3. 可以满足不同消费层次人们的需求。通常消费性"户外运动"由于主要参与者是社会的白领阶层，消费比较高。但也有比较经济的，一般家庭都能负担得起的户外项目，如群众性登山。据调查，在北京，登香山的人群中有不少下岗职工，只要买一张郊区公共汽车月票、一张香山公园年票或月票就可以了；

4. 选择面广，可以根据每个人的爱好、体力、经济状况、年龄等进行多方位的选择；

5. 户外运动往往以集体活动为主，有利于增加现代人与人之间的交往，而这正是现代生活中越来越需要的。

（五）现代信息社会的繁荣

现代信息社会的繁荣，也为户外运动这种潮流的兴起起着良好的推动作用，使得户外运动很快便能够从某一个特定群体推向社会大众。这其中尤为突出的是都市白领阶层和大学生群体，这些群体对当今社会对时尚潮流的敏感度非常高，能够以其高度的知性触感，迅速地接受站在时代峰巅的文化内容，了解时尚的真正内涵。从这个意义上来讲，社会时尚和文化潮流的引导作用，对于户外运动在中国的迅速兴起和发展有着重要的意义。

三、户外运动在我国兴起的意义

我国的户外运动起源和国外大致相同，均起源于登山运动，但是我国比外国晚了近一百年。在计划经济时代，我国的登山运动由政府出面组织，参与人数很少，目的也很明确，即进行科学考察和登高记录。1957 年，中华全国总工会登山队登上了海拔 7556 米的贡嘎山，这是我国登山队第一次组织的登山活动，自此，我国的登山运动进入了一个新的时期。1958 年 4 月，我国成立了"中国登山运动协会"，我国登山运动的设立和提高我国体育在世界上的地位紧密联系在了一起，以"勇攀高峰"和弘扬体育精神为目标。

在 20 世纪 80 年代，随着中国的户外资源对外开放，外国登山者和探险家带来了户外运动新的概念。外国人在国内进行的山地穿越，漂流，山地自行车，滑雪，攀岩和登山活动等其他项目，让人们开始认识到这些令人耳目一新的运动。之后一些国内探险旅游爱好者开始参加这些活动。1989 年中国第一家野外运动的民间社团在昆明成立。

1993 年，中国登山协会在北京举办了首届全国野外运动研讨会，对户外（即野外）运动的开展进行了首次讨论和梳理，对中国开展户外运动的普及起到了巨大的推动作用。随后一些地方成立了相关的户外运动组织，在困难的条件下积极开展户外运动，成为户外运动的先驱。其中北京的王晓征同志在有组织、有方向地开展户外运动方面做出了很大努力，后来他在攀登阿尼玛卿峰时不幸遇难。

1998 年，中国登山协会又在昆明主持召开了第二届全国野外运动研讨会。在 20 世纪 90 年代后期，中国的户外运动和户外俱乐部的高速发展，已有百余家相关组织相继成立，每到节假日在全国各地有许多爱好者背上背包，到山里组织各项活动。当时，国家体委的领导指示中国登山协会组织这次活动项目的调查，提出野外运动大会在全国举行的想法。中国登山协会的工作人员随后在全国各地进行了广泛的研究，摸清形式的理论探索，规范运作，提出一系列的建议，以促进发展，并为制定决策提供了依据。在 2001 年中国登山协会提出"服务、规范、引导"的方针，做了很多户外运动发展的开创性工作。

户外运动在我国的兴起，并不是一个孤立的社会现象。可以说，它是我国经济发展和社会进步的必然结果，对于推动我国经济发展和社会进步都具有积极的作用。为此，加快户外运动在我国的普及速度，对于适应我国社会发展趋势、不断满足社会日益增长的健身休闲需求、刺激消费、扩大内需具有重要的意义；对于增进国民的身心健康，活跃群众文化体育生活，建立科学、健康、文明的社会生活方式具有重要的意义；对于不断在我国推广新兴体育项目，推进我国体育事业的发展，与世界体育运动接轨也具有积极的意义。

第三节　户外运动的价值与特征

一、"户外运动"概念的界定

户外运动起源于两个结合部：一个是多个体育项目的结合部；另一个是体育、旅游、教育、科学探险的结合部。就像边缘科学一样，是结合、渗透、融会贯通后而创新的结果，是一组新生的项目群。它应该有新的发展模式。其定义也应在表述各方面特点的基础上，突出界定其本质属性。

经过多年研讨，户外运动的定义、范围日渐明确。1993 年王凤桐同志最早提出了探险户外运动是："人类离开正常、现实的生存空间，在其他领域进行的一些带有探险性质的体育活动。"同时，严江征同志提出探险活动是："以人力或其他方式进入，穿越严酷自然的活动。"2000 年初，国家登山中心向国家体育总局有关领导汇报时，把户外运动界定为"在自然环境中进行的和与自然环境直接相联系的体育运动项目群"。其后一些同志又从场地特点、项目涵盖、技术特点、是否使用交通工具等方面提出了一些定义的方法。2001 年在李舒平主持的国家体育总局的科研课题立项中提出了户外运动为"人们离开常住地的通常自然环境，针对各种自然条件和人体正常生理极限的挑战而从事一些带有危险性或冒险性的体育运动"的讨论意见。2002 年，在修改登山协会章程时，国家登山中心文件起草组对户外运动的定义进行了进一步探讨，提出了与登山相关的户外运动。户外运动的定义为："户外运动是一组以自然环境为场地的带有探险性质或体验探险的体育运动项目链"。

这个概念集中地说明了户外运动的基本特点和基本属性。其基本特点是以自然环境为运动场地，包括山地、峡谷、自然水域、丛林、荒漠、海岛、洞穴等。其基本属性可分为体育运动与探险。这个定义也同时涵盖了体育、旅游、教育、科学探险等方面的要素。在自然环境中进行，则必然有观赏自然风光的旅游成分，体验探险则属于特殊教育方式的一种，以运动为主体则是体育的特征。目前这个定义已为多数研究者、组织者认同。"在自然环境中进行"与"以自然环境为场地"很近似，但在理念取向上有所区别。前者描述了一种客观的自然属性；后者则包含了目的性和主观选择性的含义，阐明了户外运动是一种参与者主动进行的有目的的行为。

（一）其他学者对户外运动的认识

《欧洲体育完全宪章》（欧洲理事会，1980）曾将体育分为四大类：第一，以接受规则和相应的挑战为特征的运动和竞技比赛；第二，为了探索通过某个特殊的地形的户外活动；采用有挑战性的通过方式以及要不断根据选择的特殊地形和主要风力、气候条件来调整和修改的挑战活动；第三，有审美感的运动，表演过程中个人注重自身以及图案化的身体活动的感性满足，例如舞蹈、冰舞、艺术体操的形式和花样游泳；第四，随意性活动，例如，更多是为了活动的长远影响而不是瞬间的运动感觉满足而进行的锻炼或运动形式，这种锻炼或许有提高或保持身体工作能力、并维护整体健康感觉的作用。这四类体育大致是指竞技体育、户外运动、艺术表现类体育和大众休闲体育。虽然，这种划分并不完善，而且四类体育运动也并不能完全对应于我们现在所理解的竞技体育、户外运动等概念。但是，不可否认的是，这的确是比较早地把"户外运动"明确划分在体育概念名下的提法。

大多数人在提出户外运动的概念时，都会指出户外运动中自然与体育的紧密关系。一般认为，户外运动是指在野外或在自然环境中进行的、与自然界紧密结合的新兴体育运动，这些运动包括登山、攀岩、远足、山地穿越、野营、溯溪、漂流、荒岛生存、山地自行车、山地越野、探洞、滑雪、攀冰、羽翼滑翔、独木舟和骑马等。

王莉认为，户外运动与一般运动项目相比，有两个突出的特征：一是与自然的高度融合。大多数户外运动项目差不多是完全以自然环境为基础的运动方式，因此户外运动常常具有旅游、审美等附加的社会功能。二是对人体素质的全面锻炼。参与者不仅要用身体进行类似在自然中谋生的多种运动方式，还要具备或者是在过程中锻炼出过人的胆识、健全的意志、灵活的头脑、良好的应变能力等等，这一特点便带给户外运动更丰富的社会功能和更高的运营成本。

而根据国家登山运动管理中心的定义，户外运动是一组以自然环境为场地（非专用场地）开展的带有探险性质或体验探险的体育项目群。主要包括陆地、水上、空中三大类。张志坚后来在此概念的基础上将户外运动定义为："户外运动是指在自然场地（非专用场地）开展的体育活动。"并补充对自然场地（非专用场地）进行了说明，他认为，自然场地包括大自然场地和人工非运动目的的建筑物，如公路、楼房等，它们对于户外运动来说，是一种自然（存在）的状态。这就排除了在室外人工专门场地举行的各种体育项目，如足球、沙滩排球、高尔夫球等虽在室外却为人工专门场地的运动。同时还将体育活动规定为此项活动的性质，排除了自然场地中进行的其他活动，如旅游、生产等活动。张志坚提出的这一"自然场地"概念，对于分辨和区别户外运动与其他体育运动有着重要的意义。

马金刚在其对户外运动的界定中，突出强调了户外运动在活动方式上的特殊性，即结合旅游手段和运动方式，并将户外运动与闲暇时间观和游憩活动的一些本质特征联系了起来。他认为，"户外运动是指回归自然的各种体育休闲方式，为了满足人们在身体、精神、认识自然界、人际交往及休息等方面的需要，在闲暇时间，借助旅游手段（旅行和行军）和运动方式（步行、滑雪、登山、骑自行车等），达到健身、运动、增长知识、地方志研究及专业任务等目的而进行的一种特别的社会活动。"

（二）本书对户外运动的界定

国外的研究表明，户外相关的研究主要是在休闲学，尤其是游憩和旅游研究的范畴。休闲学近些年将休闲上升到"一种生命存在状态"的观念，休闲概念中的自由性和时间因素，游憩概念中"愉悦体验""对个人的积极作用"等因素，旅游概念中的异地性、暂时性、愉悦感三个主要因素以及户外游憩和旅游中关于人与环境的关系的探讨，这些对于我们更好地理解户外运动打下了很好的理论认识基础。因此，本书比较赞同李红艳对户外运动的界定："人们在闲暇时间，为了满足自身身体健康、放松和休息、人际交往以及刺激和冒险等多方面的需要，采用体育运动的方式（步行、滑雪、登山、骑自行车等）在山地、水域、荒漠、高原等各种特定自然环境下进行的各种户外体验活动。"这一概念主要包括如下几个方面的意思：

1. 活动采用体育运动的方式。它需要通过积极主动的特定身体活动来进行，通常需要借助一定的装备和器材，并且需要具备一定的运动技能和身体条件，活动具有一定的健身性、娱乐性功能，有利于促进人体身心的健康。

2. 在特定的自然环境下进行。这里"特定的自然环境"的概念类似于"自然场地"的概念，即它不是人工修建的专门的体育运动场所，并且与自然环境保持充分的联系，尤其是野外。这是区别于传统体育运动的一项重要特征，传统体育运动一般需要特定的体育场地设施，这些体育场地设施一般为人工专门修筑，并且通常与自然环境没有充分的联系。

3. 活动具有一定的探索性和挑战性。活动环境的不确定性、变化性和不可控性，需要参与者具备较强的调控能力、适应能力和应变能力以及一定的探索和创造精神。

4. 是一种独特的体验活动。人们潜意识都有追求一些生活所缺少的环境体验，现代人们大都生活在都市人造森林里，缺少与自然的接触，户外运动通过与自然资源之间充分的交流和融合，使参与者获得一些与都市生活状态下不同的强烈的满足感、愉悦感甚至刺激感，有利于自我完善和提高。

二、户外运动的主要特征

户外运动是一种集体育锻炼、休闲娱乐、旅游探险等性质为一体的运动形式，体现了人们精神需求的提高。户外运动带给人们的不仅是一种健康向上的生活体验，还是一种积极乐观的人生态度。人们通过参加户外运动不仅可以锻炼身体、修身养性，而且可以增长见识和开阔胸怀。从某种意义上说，户外运动更是一种人们对自我的挑战，因为在户外运动中，人们可以更好地发掘自身潜能，在面对困难时，激励自己勇敢面对，在克服困难后，又可以增强自信。另外，在户外运动中，人们相互鼓励、相互协作，共同度过困境的经历拉近了人与人之间的关系。人们对户外运动的钟爱不单单是因为受到回归自然的影响，更是源于人们与生俱来的对大自然和生活的热爱。

（一）参与过程中人与自然的高度融合性

户外运动从最初产生，就强调人与自然的融合，它是建立在对自然的尊重和理解的基础上的人类体验活动。这种融合性主要体现在：

1. 接近和了解自然，而非征服

假如说早期的一些户外探险家们所追逐的重要目的，是征服自然，那么，现在越来越多的探险家们更多的是抱着一颗敬畏的心，去接近它，并进一步了解和认识它。登上了一次世界最高峰，并不代表你真的征服了这座最高峰，而只能代表你走过一次。与自然相比，人的力量是渺小的。在地球的整个生物圈里，如果没有人类，很显然，自然一定依然存在，这就是自然的永恒的力量。人们在进行户外运动时，最近距离感受到的是与身体密切接触的丛林、山川、江河等等，这些丛林、山川、江河等包括如此多的事物，如各种与都市里完全不同的植被、动物，甚至还有它的地形、气候等等。但是，它们却又是那样复杂的，有时让人新鲜和欣喜，有时又畏惧和惊恐，有时是剩下沉默、等待和忍耐。人们在户外运动过程中，无形中学会了认识它，并与它进行交流，也学会了在这种环境里的不同于都市的简单、原始的生活方式。

2. 尊重自然环境及其规律

户外运动的整个活动过程，都需要结合自然的情况并按照自然的规律来进行。人们在户外运动过程中，即使一个人拥有了娴熟的技巧、必要的装备以及一定的身体能力，他也不一定能够完成这个活动。一切活动都要依据活动场所的特点和规律来进行，活动的环境直接决定活动的情况。这种对自然的尊重态度和认识态度，还表现在对环境的保护意识。

3. 参与者自然本真状态的回归

人类的种种活动，包括游戏，一旦纳入人类理性的轨道，被工具化与实用化，它就不再是原来意义上的活动。但事实是，作为日常生活者，尤其是现代的人们，都无法摆脱生活的沉沦，因为生活处处充满了名利、地位、机会和利益。人们在进行户外运动过程中，所有感观和情绪几乎都围绕着自然而生，通过运动的方式表达出来，人不自觉地进入一个纯粹的状态。这种状态让人摆脱生活的环境以及生活的感受，在另一个真实的环境里，回到自己的本真状态，原始的简单的感受和反应，同时也无比的轻松和快乐。即真切地感受到自己生命的力量，洞察到人生命的意义，也接触和了解到那个熟悉却又远离已久的世界。

（二）参与过程受环境的影响和控制性

1. 活动方式受活动场所的强烈制约性

户外运动与自然环境联系相当紧密，户外运动的大多数项目都是在特定的自然场所下进行的，因此，活动场所、地点的环境特征直接决定了户外运动的形式。例如溯溪运动不可能在平原进行，而登山运动也不可能在平原和沙漠地带开展。也就是说，某个地区的自然环境情况，成了户外运动能否在当地开展的先决条件。比如山地资源丰富的地区，则参加登山运动比较多，而沿海地区，则人们更容易进行的是海岛户外运动。资源直接制约甚至决定了活动的形式，也吸引着相应的运动爱好者汇聚在某个地区，从事某项运动。

2. 环境对户外运动过程和结果的高控制性

几乎任何一种环境都会对运动过程和结果发生影响，有时候，环境通过改变运动的条件而影响运动。例如，气流（风）和气温对几乎所有室外运动项目都会产生极大的影响，波浪则对有的水上项目影响极大，它们甚至可能使运动完全不能进行。也有的时候，环境通过改变运动员的生理机能或心理状态而间接影响到运动，社会环境就主要通过这种方式影响运动。正是因为环境对于体育运动本身的影响无法完全克服，多数竞技体育都是在室内或者限定的人工环境内进行，以期尽量减小可能对运动本身造成影响的因素。而越是高水平的竞技运动，对于运动场所和环境的要求越是标准化和规格化。竞技运动本身追求的是高水平的运动技艺或成绩。因此，大多数竞技体育项目都会对运动环境在一定程度上进行控制，才能更好地确保运动本身的进行，哪怕一些与自然环境联系更为紧密的竞技运动，如竞技滑雪、皮划艇等竞技运动也很重视这一点。

从这个意义上来讲，户外运动与许多竞技体育项目有着截然的不同。在户外运动过程中，活动的场所和环境都是处于自然状态，这些自然场所本身有自己独立的存在状态和存在形式，其涵盖的内容比较庞杂，因此，也存在比较大的变化空间和可能性。人们在这种自然存在状态下的环境场所里进行活动，必须不断认识和应付这些可变因素，进行相应的活动，因此活动的整个过程和结果直接受到环境的控制和影响。正是这种控制和影响，使参与户外运动的人们在参与的过程中，必须不断认识和理解活动的环境，从而才能更好地进行相应的运动，并在这个过程中获得乐趣。

（三）活动的探索性和挑战性

人们天生有一种对自己所缺失的环境体验的一种追求。现代社会的人们大都生活在都市和城镇里，都市环境的喧嚣、拥挤与工作、生活的机械化和沉重感，让人们窒息和渴望逃离。因此，现代人们对于接触和了解自然环境的渴望以及摆脱惯常生活状态，是进行户外探索活动的主要动机。户外运动的探索性主要体现在自然环境、文化和技巧等方面。通过这种探索活动和经历，从而增长了参与者的知识，也不断提高了自我意识。（见图1-1）

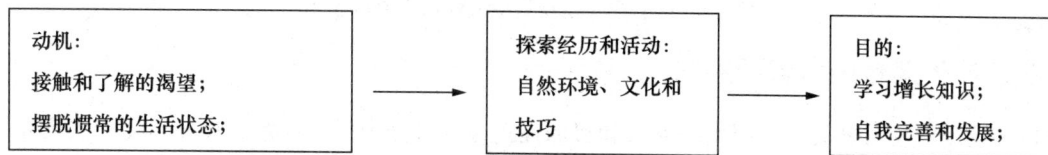

图 1-1　户外运动探索经历分析图

在户外运动过程中，参与者须借助一定的装备，具备一定的技术，去克服诸如急流险滩、深潭飞瀑等许多艰难险阻，忍受艰难的野外条件。也正是由于活动的地形复杂，不同地方须以不同的装备和方式行进，因而使得这项活动富于变化而魅力无穷。在户外运动过程中，你必须始终保持一种积极主动性，活动的前方总是未知和难以预料的，参与者需要不断地主动迎接和思考如何解决遇到的困难或者为未知的未来高度准备着，这种力量牵引着人们向上向前，不断地探索，这就是户外运动的魅力。

挑战性主要是由于结果的不确定、危险以及预期要应付困难的环境等种种因素共同作用产生的，挑战可以是心理、道德、感情或身体性的。户外运动过程中，活动的挑战性不仅受户外运动活动的场所和环境的危险水平，而且也受到参与者的身体条件、技巧的掌握以及其他一些能力的影响，当然，还包括个性特征等各人属性，如自我信心等各方面因素的影响。（见图1-2）户外运动活动环境和场所的不确定性以及变化性，使得大多数户外运动都具有一定的挑战性。但是，具体的挑战性程度如何，则要取决于活动环境本身的难度水平、参与者个人的身体和技能情况以及活动的物质装备情况等等。很显然，同样难度级别的户外运动，对于不同的个体，所表现出来的挑战性则不尽相同，正是因为个体之间在身体、技能、物质装备以及个性特质等方面的差异。

Mort lock（1984）曾经在冒险的概念下对风险和竞争的关系进行分析，得出一个比较有用的分类，他将冒险分为四个阶段：游戏、冒险、边境冒险、非冒险。如果风险低而对参与者个人技能要求高，那么，这种活动应该更富有游戏性，给人带来轻松和愉悦。而从另一方面来说，如果活动的本质大于参与的技巧，这种经历容易演化为非冒险甚至灾难和悲剧。户外运动具有一定的风险和挑战性，但是这种风险和挑战性通常是在一定范围内可以预知成功的情况下，依靠一定的个人技能（参与者有时需要特定的身体和技能训练），并需要采用相应的安全保障措施。再者，户外运动的终极目的并不是追求冒险和刺激，而是主张拥抱自然、挑战自我，培养个人的毅力、团队之间合作精神，提高野外生存能力等。从这个意义上来讲，户外运动的探索性和挑战性是一种能够促进身心健康发展的行为特质。

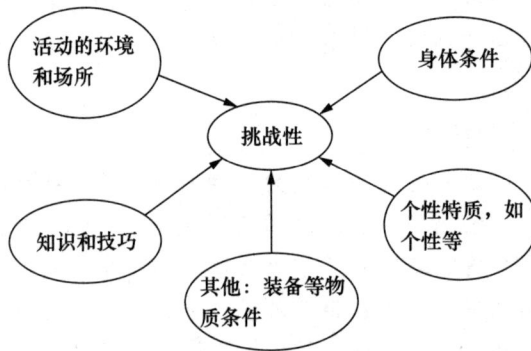

图 1-2　影响户外运动的挑战性的主要因素图

三、户外运动的内容和形式

户外运动的项目分类，按照组织形式和目的性划分，可分为群众性登山户外运动、探险体验性培训和探险越野赛三大类。按照环境特点和技术特点划分，可分为一个个单个项目（图 1-3），图中列出了主要常见的一些户外运动项目作为示例，并不是全部。如穿越可以是山地穿越，也可以是丛林或沙漠穿越，还可以是定点穿越；与攀岩类似的还有攀冰、下降等。而且随着户外运动的发展，也会产生一些新的项目，如最近从国外引进的"猎兔"运动就受到很多爱好者的追捧。

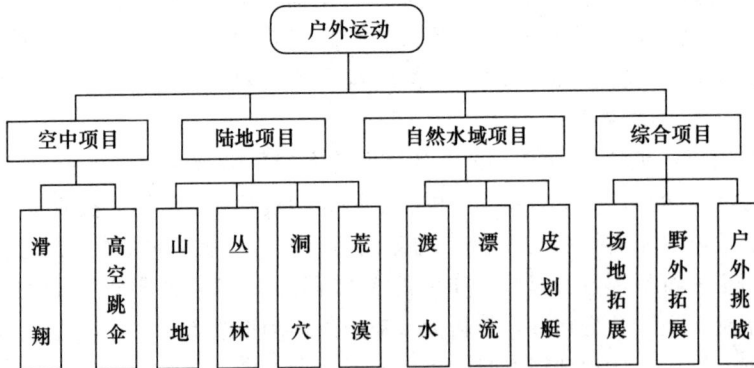

图 1-3　户外运动按照环境特点和技术特点的分类

目前在我国开展的主要户外运动有登山、攀岩、蹦极、漂流、冲浪、滑翔、滑水、攀冰、穿越、定向、远足、滑雪、潜水、滑草、高山速降自行车、越野山地车、热气球、溯溪、拓展、飞行滑索等，名目繁多。因此，对户外运动进行合理的分类是非常重要的。对户外运动的分类，首先是选择分类标准的问题。按照不同的分类标准，分类将会有很大的不同。

如果按照户外运动的形式和功能，大致可以分为：（1）健身性户外运动，其功能是提高健康水平以及用于疾病的防治和病体的康复，如登山远足等。（2）消遣娱乐性户外运动，包括爬山、野营等；（3）探险性户外运动，包括丛林探险、探洞等；（4）挑战性户外运动，包括野外生存、攀登高峰、荒漠穿越等等。

按照身体能力来划分，则可划分为：（1）技能类户外运动，定位与定向运动、探洞、丛林急救等；（2）体能类户外运动，如沙漠穿越、丛林穿越、攀登高峰、溯溪等。

按照户外运动过程中人和自然的联系程度，可以把户外运动分为：（1）自然类运动，如各种山地、海岛和荒漠运动都属于自然类运动；（2）半自然类运动，如攀楼、攀塔、自行车、汽车公路穿越、直排轮公路穿越、公路徒步穿越等。

而如果按照户外运动的专业性来划分，户外运动又可以划分为大众休闲户外运动和专业户外运动，前者适合普通的户外运动爱好者，不需要非常专业的户外运动装备和户外运动技能，活动的冒险性较小；而后者需要经过一定的户外运动培训，需具备一定的户外运动体能和技能基础，活动往往具有一定的挑战性和冒险性。

当然，还可以有无数的分类，我们在仔细分析上面列举的这些分类时，就发现一个问题，无论按照活动性质，还是按照身体能力以及与自然的联系程度这些标准划分时，总是有一些项目和内容不能明确地被划分进去，也就是说，这些划分的标准都比较模糊。

在界定户外概念的过程中，本文曾提到户外运动与自然资源的紧密关系，这是户外运动区别于其他传统体育活动的重要特征之一。由于自然资源的内容非常丰富，所以，这也就决定了户外运动活动场所的丰富性以及不确定性和变化性。在户外运动中，相同类型的不同的场所都会有所不同，而这些活动场所的具体情况也直接对活动过程造成直接的影响。因此，本文认为按照户外运动活动场所的资源类型进行划分，会比较合理，可以比较清晰地概括目前为止大部分流行的户外运动内容。（详见表1-2）当然，本文也同样承认，这种划分方法也并不是十全十美的，它主要从外部入手根据明显的活动场所特征进行分类，划分方法比较简单和明晰，但却无法很好地反应户外运动的内在属性特征。

表 1-2　按活动场所的资源特征进行的户外运动项目分类表

大项	系列	项目
山地户外运动	丛林（森林、雨林）系列	定位与定向、丛林穿越、丛林宿营、松林觅食、丛林联络、丛林急救、紧急求援等
	峡谷系列	溯溪、溪降、搭索过涧、漂流等
	岩壁系列	攀岩、岩降、攀冰等
	其他系列	群众登高活动

大项	系列	项目
海岛户外运动	荒岛生存系列	觅食（觅水）、海水淡化、宿营、联络、求援等
	滩涂运动系列	滑沙、沙地器具拔河——上升器拔河、结绳负重等
	峭壁运动系列	海上攀岩、悬崖跳水、溜索等
	近岸水域运动系列	木筏环岛、水中滚木等
荒漠户外运动	沙漠运动系列	沙漠穿越、沙漠生存等
	戈壁运动系列	戈壁穿越、戈壁生存等
	荒原运动系列	穿越项目、生存项目等
高原户外运动	高山探险运动系列	登山、高山滑雪等
	高原探险运动系列	高原徒步、高原峡谷穿越、大江大河源头探险等
人工建筑物户外运动	垂向户外运动	攀楼、攀塔等
	水平户外运动	自行车、汽车公路穿越、直排轮公路穿越、公路徒步穿越等

四、户外运动的价值和意义

马克思·韦伯说，"人是悬在他自己编织的意义之网中的动物"。当代文化人类学家格尔茨指出："所谓文化也就是人所编织的意义之网"，也就是说举凡人的活动无不创造一定的价值或意义。所以，同人的一切活动一样，人们从事户外运动同样是他们创造生命价值和意义的活动。户外运动所呈现的重要价值和功能主要表现在以下几个方面：

（一）文化和精神价值

1. 满足人们积极性挑战和冒险的需要

人们对于挑战和冒险的需要，可以涵盖从年轻人到老人各个年龄阶段。Clayne R·Jensen曾表示，"我们并不提倡不必要的、无意义的冒险，但是，我们也应该承认，人们最大的需求从来都不是追求彻底安全。合理的有成功机会的冒险和挑战，总是胜过这些需求。"现在，户外运动是现代人们超越自我、挑战极限的重要形式。人们对于挑战和冒险的需求驱使不同年龄、不同职业的人投入到高山、森林甚至荒漠里，忍受艰难的环境，通过在自然博大精深、美丽而凶险的演练场里进行体育活动，找到一些有意义的挑战。追求野外生活体验。

人们背上沉重的行囊开始登山穿越、野外露营，感受融入山林的野外生活。溯溪和冲浪运动，让参与者充分体验在蓝天碧水间风驰电掣、搏击海浪的潇洒。激流和漂流运动让参与者在万流奔腾中历经一泻千里、惊涛骇浪的激越。攀岩运动又使人们感受到了"跃向重力、扶摇直下"的惊险。

2. 丰富人们的精神文化生活

在户外运动过程中，参与者首先是一种美的享受。人们户外中享受到许多宝贵的精神财富，使人们认识到精神财富是拥有的最大的财富以及它赋予生活的意义。在广阔的户外自然环境里进行户外运动，人们逃脱或缓解了生活和工作的压力，心情开始舒畅、愉悦、放松下来，体会到自由和独立，这是非常好的生活体验。户外就像一座生活的图书馆，人们可以在那里发现生活的价值归宿，发现生活中的乐趣，从而增加热爱生活的美感。人们在户外运动过程中，通过与自然的亲密接触，增加对不同美的理解，以及对自然法则的理解。

3. 增进人们的文化认同感

每次户外运动都可以说是一次文化之旅。在参与过程中，人们可以欣赏到美丽的自然风景，可以接触和了解不同自然环境的特征，感受祖国大好河山的震撼魅力，从而促进人们对祖国地理环境知识、历史文化的了解，增加对祖国历史文化的认同感，也增加人们对环境保护的意识。

（二）社会学价值

从社会心理学角度来看，人们大都存在冒险、激动和挑战的驱动力，青少年尤其突出。

冒险行为分为积极冒险行为和消极冒险行为两大类。积极冒险行为是指那些被社会广泛接受和认可的经过一定训练，采取一定保护措施，能够促进身心健康发展的冒险性行为；消极冒险行为是指那些带有犯罪性质或不被社会接受和认可的冒险性行为，如犯罪冒险、经济冒险、健康冒险等。很显然，户外运动可以成为人们积极冒险的重要方式，通过这种合理的方式，人们实现冒险、兴奋和挑战的欲望，从而也相应减少消极冒险行为发生的几率，从一定意义上来说，对于社会稳定是有正面积极的作用。

当然，户外运动并不代表的就是冒险，它最终倡导的是"健康、环保、友谊"的生活观念。可以说，户外运动本身代表的就是一种生活方式，这是一种与都市生活截然不同的生活方式。它倡导人们离开繁忙拥挤的都市、离开传统的体育场馆，走向荒野，纵情于山水之间，向大自然寻求人类生存的本质意义。抛弃现代文明带来的舒适与慵懒，充分体会到一种回归人的本性与初衷、检验人的智慧与力量的乐趣。它倡导人们亲近、珍惜和热爱自然，倡导人们通过户外运动加深人与人之间简单、真诚的人际交往。这种"健康、环保、友谊"的生活理念，在现代文明社会中非常可贵。这种积极健康的生活观念正在扩散和影响到社会的各个阶层，这对于提升国民的生活质量有一定的意义。

另外，户外运动是一种积极良好的社会实践和锻炼经历，参与者除了锻炼自己以外，还可以广交朋友，感受户外生活的魅力。大多数人从事户外运动都不是单独进行的，通常需要同伴之间的密切配合和相互信任，利用一种团队精神，去完成活动，对于参与者是一种考验，同时又得到一种信任和满足，一种克服困难后的自信与成就感。这种建立在配合、信任基础之上接受考验的活动经历，对于培养人们积极的社会行为方式非常有帮助，并且，非常容易增进人们之间的人际交往、改善人际关系。

（三）生理价值

户外运动作为一种新兴的体育休闲运动，它的生理健身价值不可忽略。与其他体育活动相比，户外运动的健身环境更加健康。其他体育运动大都在半人工或人工环境中进行，这种环境质量通常都比自然环境要低。因此，有时候，在不适合的环境中锻炼身体，往往容易起到适得其反的作用。而户外运动就很少存在锻炼环境的质量问题，空气清新、植被丰富、污染较少的户外环境，对于锻炼的效果非常有好处。

另外，户外运动并不强调活动的游戏性和竞技性，而强调参与者参与过程的愉悦和满足、自我挑战等活动体验。因此，参与者可以根据自己的情况，灵活多样地采用合适的运动方式和运动强度，活动非常强调个人主体性，而较少规则性和强迫性。活动针对性很强，健身的效果非常突出。比如登山、游泳、骑自行车等户外运动，都有非常好的健身功能，对于促进参与者的生理健康非常有好处。

（四）教育价值

1. 接近和了解自然

通过接近与融入自然，了解一些山林、岩石或土地的自然形成过程和地理形式知识。如定向运动就对参加者对于不同地貌的环境以及方向感的判别能力有比较高的要求。

2. 学习和了解户外相关技术和知识

户外运动的活动过程，每个人都是独立参与者，虽然很多活动也需要配合与协作，但是参与者都要掌握一些基本的户外装备知识，掌握基本的户外运动技术，以及基本的户外生活技能（如宿营、户外饮食）。因此，户外运动的过程，对于培养参与者的独立野外生存能力非常有意义。

3. 学会良好的礼貌规范

户外运动使人们在户外集体运动时，学会一定的行为礼貌规范。如对妇女儿童的保护和帮助，对人的礼貌，以及如何与人配合和协作。

4. 环保意识的培养

因为缺乏对自然的了解，相关都市生活的人，通常对于环境保护并没有深入的兴趣，也不能真正深刻认识环境保护的重要性。户外运动过程可以帮助人们接触、了解甚至热爱自然，并逐渐真正认识到环境保护的重要性，从而培养良好的环保意识。

5. 培养发现学习的兴趣

户外是一座图书馆，吸引着参与者不断探究和发现。这种活动经历，使人们发现学习的乐趣，从而引起他们对学习的兴趣，尤其是对于学生来讲，适当的户外运动可以激发他们对自然、生物、地理学科，或者历史、文学的兴趣。

（五）经济价值

随着休闲产业在国家经济发展中所占的地位越来越高，户外运动作为一种独特的休闲方式，其经济价值日益提升。许多企业家认为：未来的企业，不管生产何种产品，提供何种服务，企业的文化核心是"美、健康、个性和快乐"，离开这一宗旨，企业就不能生存。六、七十年代美国国内兴起的休闲健身热潮，使得像 NIKE 等一批具有前瞻眼光，能够领先行动的企业，迅速抓住时代的特点和理念，造就了自己享誉全球的运动产品品牌，堪称现代神奇的成功经典案例。

户外运动首先是在现代人对自然的向往和憧憬的驱动下产生的，它本身就是现代企业所贯彻"美、健康、个性和快乐"经营理念的最直接表达，而随着目前我国经济持续稳定发展，国民生活水平日益提高，户外产业作为朝阳产业将会具有更大的发展空前和长久的发展动力。另外，随着奥运会、亚运会等各类大型赛事的举办，全国范围必将掀起新一轮的休闲健身热潮，"关注健康、回归自然"也将成为人们生活的主旋律。在这样一个前所未有的历史机遇下，户外行业这一代表时代精神的朝阳产业必将受到许多投资者和创业者的青睐，从而创造更大的经济价值。

第四节　我国户外运动的发展趋势

户外运动，起源于欧洲的阿尔卑斯山地区以及欧美早期的探险和科学考察活动，在欧美国家经历了上百年的发展历程，形成了较为成熟的发展体系。20世纪80年代，户外运动在国内逐渐兴起，到了20世纪90年代，该项运动在国内呈现社会化、大众化的发展趋势。20世纪90年代末，借助于电视、报纸、网络等的宣传手段，户外运动在经济发展水平较高的地区快速发展，并以时尚运动的形象，越来越多地出现在公众视野内，户外运动社团的数量明显增加，参与人数也呈现显著增长的趋势。21世纪以来，户外运动的活动类型日趋多元化，除了常见的登山、攀岩外，还逐渐出现水上运动、航空运动等，不仅为人们的运动健身提供了更多选择，同时也为经济发展做出了较为显著的贡献。

近些年，国家越来越重视国民的体质与健康，制定并实施了诸多政策，以期引导人们经常参加体育锻炼。从实践成果来看，国民健身意识明显提升，运动需求向多元化方向发展。在此背景下，户外运动作为一种兼具娱乐与健身功能的项目，十分符合国民健身发展的趋势，具有较为广阔的市场空间。随着我国经济的快速发展，体育消费水平也随之提升，在繁重的工作压力下，人们渴望通过有效途径，到自然环境中放松身心，这也为户外运动的市场化发展奠定了良好的基础。此外，随着世界体育运动一体化趋势的发展，大量国外户外运动爱好者纷纷前来，进一步提升了我国户外运动的发展潜力。

一、我国户外运动的发展现状

（一）参与群体日益增多

户外运动带有一定的刺激性和挑战性，还有良好的健身、愉悦身心的效果和作用，都使得这一活动所受到的社会关注面广，社会影响力也很大。随着户外运动的发展，户外运动正从专业化走向民间，成为社会性的体育活动，全国各地加入户外运动的人群越来越壮大。户外运动在中国的北京、深圳、广州、上海等大都市中发展较快，由于地理条件的关系，福建、云南、贵州、四川等地参与的人也比较多。

广大市民积极参加登山户外运动，成为群众体育健身的一大亮点和我国城市社会生活的一道风景。目前为止，国内在册的户外运动爱好者（各地俱乐部会员）超过30万，全国拥有超过100万的自助旅行爱好者。户外运动的参与群体主要是年轻人、知识层次相对较高的、经济收入相对稳定的人群，参与人群既有企业家，也有普通职员、新闻记者、在校学生。

另外，随着户外运动走入高校课堂，学生社团也日渐增多，学生这一庞大群体近些年开始加入户外的行列，从而大大增加了户外人口的规模。除此之外，各种形式的户外运动比赛也对推动户外运动的发展起到了良好的促进作用。例如，中国登山协会主办的全国群众登山健身大会就是一个很好的例子，其活动规模一年比一年大，社会效益和品牌影响逐年增加，有力地推动了全民健身活动的开展，获得了社会的广泛好评。

（二）整体参与规模仍然不大

户外运动在中国发展至今，只有十余年的时间。据有关调查表明，北京户外运动俱乐部参加活动的人数，1999 年活动人次为 400 人，2000 年活动人次 500 人，2001 年 3120 人，年增幅很大。从我们的相关调查中还是可以发现，目前户外运动参与人口规模并不大。以北京地区为例，几家大型的户外运动俱乐部注册会员人数都达到了几千人，但是，每年实际参加俱乐部活动的人数却并不多。当然，一些非正式的网上户外论坛和俱乐部，以及一些学生社团也吸引了不少人参与户外运动，然而，这些参与者大都集中在都市青年群体以及部分高校学生群体里，活动的形式通常与自助游和其他旅游活动相混淆，有的只能算休闲自助游，而不是真正的户外运动。学生群体是重要的潜在户外参与和消费人群，他们有比较强的户外运动兴趣和热情，但是也可能是"跟风"的心理效应。另外，中国大学生普遍没有较多的收入来源，因此，这一群体大多是属于网络召集和自发组织活动的积极拥护者，对于户外运动的消费也比较谨慎。

二、我国户外运动发展存在的问题

（一）大众认知存在偏差

自户外运动进入我国以来，虽然人们对于该项运动有大致的理解，即与自然环境有关的体育运动，但是由于国内对于户外运动的概念界定尚不统一，导致人们对该项运动的认知仍然较为模糊而且片面。户外运动通常被视为是在自然环境中进行的体育运动，表现出一定的探险性，根据环境差异又可具体分为空中、陆地、水上三种。可是大量学者并不认可这一概念，他们认为户外运动应属于休闲运动的范畴，即人们为增强自身体质而在大自然中进行的休闲运动，而在大众的认知中，通常会将户外运动等同于极限运动，认为该运动的探险性和危险性较高，而对其休闲价值有所忽略。人们虽然对此类运动表现出较强的好奇心，但又因担心该项运动具一定的危险性，由此限制了大批运动爱好者的参与。

（二）参与群体相对单一

户外运动属于适合大众参与的运动项目，然而经过 40 余年的发展，该运动目前在国内仍表现出"小众化"的特点，不仅参与人数相对较少，而且参与群体相对单一。大部分参与者的受教育程度相对较高、年龄相对偏低，主要是因为这类群体对于户外运动的理解程度更高，并意识到其健身、娱乐等的价值，因此，更愿参与其中；另外，年轻人具有较强的好胜心和冒险精神，更愿通过户外运动来体现自身能力，实现对自我的挑战。相比之下，其他类型运动爱好者对此项运动的了解程度偏低，再加之缺乏有效的引导和推广，尚未意识到该项运动的价值，因此参与程度相对偏低。

（三）缺乏完善的管理体制

一项运动的发展，不仅需要自身的价值与魅力，还需要良好的运营与管理。目前，户外运动主要由国家体育总局登山运动管理中心负责，不仅管理范围无法涵盖所有大众户外运动项目，而且由于制度体系不完善，审查力度不够严格，导致管理效果并不理想。如登山类户外运动，通常由各地的登山协会负责组织和监管，然而统计显示，目前国内的登山俱乐部数量在 15000 家以上，却没能得到规范的管理。

其中具备专业资质且通过年审的俱乐部并不多，而且在对户外用品进行定价时，具有较强的随意性，行业具有较明显的差异，产品质量难以保障，使运动者的安全存在一定隐患。此外，许多户外运动组织者的专业性程度不高，部分是由其他行业转行而来，并未经过专业培训，但是由于行业管理体系不健全，他们也能够参与组织户外运动，降低了户外运动的开展效果。

（四）专业人才明显不足

相较于大多数运动项目，户外运动确实存在较高的危险性，因此，在大众参与户外运动时，更需要专业人员进行有效的组织、指导和管理，在防范户外运动风险的同时，保障户外运动效果。然而户外运动进入我国的数十年间，真正进入大众视野的时间较短，政府部门及社会组织尚未在此领域形成完善的人才培养体系，再加之对于从业人员的素质要求较高。因此，具有通过国家认证的户外领队资格的人数较少，难以为该项运动的发展提供足够的人才支撑。大部分户外运动管理者都是由相关行业转行或者调派而来，经过短期且相对简单的职业培训后就上岗，对于户外运动专业知识的掌握并不扎实，给该项运动的发展造成较大阻碍。

（五）活动区域较为局限

一方面，社会发展速度加快，促进了国民经济的提升，但也使人们的生活节奏加快，来源于工作和生活的压力也在加大，很少有时间进行体育锻炼或走进大自然；另一方面，由于相关资源开发不到位，可供户外运动者选择的活动区域相对较少。以北京市为例，由于受时间限制，超过八成的户外运动者会将地点选在周边郊区或邻近城市，运动范围较小。此外，运动频率相对偏低，大部分参与者每年用于户外运动的时间不足一周，而且大多集中在节假日或周末。由于运动时间相对较短、运动区域相对狭窄，大部分参与者可选择的户外运动项目也相对较少，常见的有登山、滑雪等。长期来看，可能难以满足人们日趋多元化的运动需求，不利于户外运动的持续发展。

三、我国发展户外运动的优势

近年来，社会经济发展和人们生活水平提高，以及时间和资源上的优势使我国户外运动发展态势迅猛。

（一）时间保证

经过不断改革，我国的假日制度已经日趋合理化。每周双休日，每年春节、端午节、中秋节、"国庆十一黄金周"等各个假期，使上班族拥有了更多闲暇时间，让人们有了花钱买健康的想法。2003 年的"非典"、2009 年的"甲型 H1N1 流感"以及新冠疫情更是使人们认识到了健康的重要性。随着人们健康意识的增强，大家参加户外运动的热情也日渐高涨，有了充足的时间，就能够保证更多的人用各种方式参加户外运动，如自驾车出游、野营等。

（二）户外运动的益处

户外运动不仅可以锻炼身体、增强体质，提高国民的健康水平，而且是在自然山水中进行的，可以远离城市的污染和喧嚣，起到愉悦身心、调节生活节奏、返璞归真的作用。自然可以让人们忘记一切烦恼而享受其中，因此深受广大群众的喜爱。

（三）资源优势

1. 陆地资源

我国拥有 960 万 km^2 的广阔领土，境内分布着无数崇山峻岭，利用这些资源可以进行登山、攀岩、滑雪、越野生存、徒步越野、山地自行车等野外项目。另外，我国还有很多著名的沙漠，像塔克拉玛干沙漠（337600 km²）等十多个著名沙漠地带，可以进行汽车摩托拉力及野外生存等户外项目。

2. 水上资源

我国河流众多，有世界第三长河——长江，哺育中华民族的母亲河——黄河，世界最长的人工运河——京杭运河。流域面积在 100 km² 的河流有 50000 多条，超过 1000 km² 的河流 1600 多条，超过 10000 km² 的河流 163 条。天然河道总长 40 余万千米长。许多河流流经的地区地势险峻，河道曲折，为户外运动创造了有利的条件，如漂流、冲浪、游泳等。我国的湖泊水库面积达 10742 万公顷，海域面积 473 万 km²，海岸带面积达 28 万 km²，利用这些水面资源可进行潜水、冲浪、滑水、游泳、海水浴等项目的运动。

四、促进我国户外运动发展的建议

（一）做好宣传和引导

从当前的体育市场来看，大众户外运动应当归入朝阳产业范畴，具有较为广阔的发展空间。因此，相关部门应当综合运用"线上＋线下"的途径，加强对该项运动的推广，鼓励户外俱乐部的发展，引导更多大众体育爱好者参与。在线下渠道方面，体育部门应主动履行职责，联合社会力量举办更多种类、更多形式的户外运动比赛，对表现优异的参与者予以鼓励，调动大众的参与热情。运动形式除了人们熟知的登山、攀岩外，还应当加入公路竞赛、溯溪等，以满足不同人群差异化的运动需求，提升户外运动对体育爱好者的吸引力。在线上渠道方面，可以通过各大体育网站、APP 等，普及该项运动相关知识，讲解户外运动方法，宣传户外运动相关活动，直播户外运动比赛，以此来提高其影响力，使更多健身爱好者可以深入了解该项运动，领略到户外运动的独特魅力及价值，熟悉大众户外运动的参与途径，并切实通过户外运动的参与，达到缓解压力、增强体质的效果，促进户外运动向着大众化的方向发展。

（二）完善相关制度体系

要加快户外运动市场化，就需要做好相关制度建设。首先，国家体育总局及相关部门应当尽快制定相关法规，明确大众户外运动的范畴及监管主体，制定合理的市场准入条件。其次，要做好对相关法规的普及与执行力度，对各企业、俱乐部的从业资格加以调查和审核，对其经营情况加以指导，对于无证经营、缺乏资质的经营者要及时予以处理，严禁其擅自组织户外体育活动。对于通过审核的俱乐部，也应当定期或不定期地加以检查，建立有效的追责机制，提高俱乐部管理者的责任意识，最大限度地避免出现安全隐患或发生户外事故，以保障户外运动市场的规范性和健康发展。

第三，应当对相关产品、服务、价格等要素制定合理的标准，建立户外运动纠纷处理体系，防范出现户外运动市场的哄抬价格、山寨产品等问题，切实维护消费者合法权益，使户外运动爱好者可以得到良好的消费体验，树立良好的户外运动行业形象，保持健康的市场环境。

（三）加强运动安全保障

近年来，国内因户外运动造成的意外事故数量持续增长，2018 年已达到 300 起以上。因此，户外救援体系建设已刻不容缓。美国早在 20 世纪 40 年代末就组建了"高山救援协会"，由政府部门和社会力量提供经济支持，专门为登山、攀爬等户外运动提供服务，在发生意外事故后开展迅速且专业的救援，尽可能降低户外运动事故造成的危害。

为此，我国应适当借鉴国外经验，并充分结合国内实际情况，建立较为完善且有效的户外救援体系。不仅要明确政府职能部门的安全监管职责，还要取得社会力量的支持，发挥合力提升户外救援效果。此外，户外运动俱乐部及企业应当做好参与者的安全指导工作，使其提高安全意识，避免做出危险的户外行为。同时，也需要加大资金投入，做好应急救援团队的培养，定期开展演习训练，提升救援效率及效果，为大众户外运动的发展提供充足的安全保障。

（四）加快专业人才培养

各行各业发展中，人才都属于核心动力，大众户外运动也是如此。无论是推广普及，还是组织引导，户外运动从业人员都需要掌握比较丰富且扎实的理论知识和技能，并积累一定的实践经验，才能够切实胜任大众户外运动领队工作。为此，相关部门应重视并加快培养数量更多、素质更高的户外运动从业者。

要培养专业的户外运动从业人员，其一要充分发挥各类高等院校的人才培养职能，增设户外运动课程或户外运动专业，加大在此方面的教育投入，为学生普及和讲解更多的与户外运动有关的专业知识，组织学生开展实践训练，切实提升其户外运动领队能力，并鼓励和引导其从事户外运动职业工作；其二要加强对从业人员的培训，无论是教练还是领队，要从事大众户外运动职业，都必须得到职能部门的专业培训，并通过资格认证后方可上岗，对于无证从业的行为要加强监管，并及时追究相关人员的责任。只有具备了足够的专业人才，才能够切实提升大众户外运动的专业性，提升参与者的运动质量。

（五）合理配置户外运动资源

我国国土面积广大，自然环境差异较大，人口众多，因此，户外运动的开展具有较大的潜力。但是由于缺乏系统的开发与整合，目前尚未形成规模化经济，市场发展程度也相对偏低。因此，政府部门要做好规划和指导，各地区户外运动俱乐部要积极配合与协作，进行户外运动资源的开发与管理。如我国东部地区的体育消费实力较强，对于户外运动的参与热情较高，但是当地的户外运动资源较少；相比之下，我国中西部地区虽然具备丰富的户外运动资源，但是市场空间相对狭窄，因此，两地俱乐部可以建立战略合作关系，打造信息共享平台，对户外运动资源、客户资源加以集中整合，进行更加合理的调配，实现各单位的优势互补。除了行业内部联合外，户外运动俱乐部还可以联合旅游企业，为户外运动爱好者提供更加优质且全面的服务，丰富户外运动项目、拓宽户外运动路线，提升参与者的运动体验。

第二章 户外运动的基础知识

第一节 户外运动的基本准备

户外运动中不可预测的因素很多，万一情况发生了什么变化，或者超出了原来的计划范围，倘若事先没有准备，恐怕我们就不得不花费大量的时间来应付各种意料不到的困难。如果预先已经做好了大量的准备工作，即使遇到很多困难，我们也仍然可以从容不迫地克服它们。如果我们能针对将可能会面临的特殊环境做出一整套详细、周密的行动方案和各方面的准备工作，户外运动中的安全性、舒适性、愉悦性都可以大大提高。

一、户外运动的心理准备

（一）户外运动的需要与行为动机

户外运动出行前的计划准备阶段，首先要弄清自己参加户外运动的目的是什么。因为，每一个人的行为通常都由一定的行为动机支配着，没有明确的行为动机，人的行为便失去了动力源。从美国人本主义心理学家亚伯拉罕·马斯洛的需要层次论的观点来看，有目的的户外运动绝不是为了生理与安全的需要，而是为了挑战自我，最终达到自我实现，这是人类高层次的需要。由此需要产生的行为动机，使我们在户外运动有了明确的目标，行动才不至于盲目。端正的行为动机、明确的活动目的、清晰的行为目标是我们在户外运动中不畏艰险、战胜困难的动力源泉。

（二）目的地与旅游内容的选择

1. 确定目的地

对于将去的地方，我们应该尽可能地掌握和了解更多的信息，了解目的地的交通、住宿、民俗、历史、文化、建筑。多研究当地人们的生活习惯和特点，多了解当地的风俗和各种禁忌，准备一份详细的地图并认真地阅读，多读一些相关资料，比如河流的走向和流速、水的落差、速度以及有无险滩；山的高度、坡度；植被的种类、特点与分布情况；气候条件、日夜温差及变化特点、何时天亮、何时天黑、月亮阴晴圆缺、何时潮起潮落、风力风向如何等情况。对于这些情况，我们了解得越多，在户外因地制宜地搭房、取火、野炊、采药和取水等技能才能更强。

2. 旅行方式

从自己的居住地到目的地之间有多远，与什么人一道去还是自己单独去，乘坐什么样的交通工具或采用什么样的方式去目的地，这一切都必须考虑在计划之中。

3. 活动内容

活动内容包括到达目的地后开展什么样的户外运动项目，怎样才能通过这些运动项目实现自我，使自己的心理需求得到满足。

4. 量力而行

要根据自己所拥有的可随意支配的收入和闲暇时间，量力而行。

（三）合理制定计划

在具备以上这些基本条件后，我们就应该对户外行程制定一个合理的行动计划。总体来说，我们的整个行动可以分为行动前准备阶段、行动开始阶段和行动结束后恢复阶段。对于每个阶段，都应该有一个明确的任务和目标，并列出详细的进程表，对于这一阶段中可能出现的各种情况都应该进行全面的预想并做好充分的准备。对于每一阶段的每一次行动，在出发前我们也应该有一个细致而周密的计划，并严格按照计划进行落实。也就是说，对于整个户外行程我们应该有个整体计划，每一个小的行动我们都应该有详细的计划，这样，我们才能扎扎实实地走好每一步，牢牢掌握住户外运动的主动权。

（四）树立安全防范意识

户外运动不可预测的因素很多，风险随时都有，危险随时可能发生，不可掉以轻心。我们首先要树立安全防范意识。

1. 安全防范意识

在户外运动过程中，安全最为重要。树立安全防范意识，才能使安全得以保障。户外运动中意外受伤时有发生，出行之前务必充分准备好旅游的基本装备，策划好出行路线，学会急救常识，了解野外生存知识等均会减少意外的发生。一旦发生意外，如果了解救护的基本常识，准确、充分地利用事发后最为关键的时间，正确及时地组织施救，不但可以减少损伤的程度，挽救同伴的生命，还能最大限度地保证出行目的的实现。

2. 保持良好心态

户外运动具有一定的危险性，参加者有时候可能会在不经意间陷入十分危险的境地。然而，面对危险和困难，不仅需要有各种生存的技巧，同时更需要有顽强的意志。险恶的环境和巨大的困难并不是打倒自己的第一因素，打倒自己的往往是渐渐薄弱的意志。所以，学会控制自己的情绪，调节自己的心理，无论在什么样的情况下都保持一种良好的心态，是克服困难、走出逆境的重要前提。

3. 正确认识各种困难

面对困难时，人们往往容易因为体能和心理上的变化而扭曲对各种客观现象的看法，产生各种错误的认识，如果不能及时纠正，就可能会误导自己的行为。要避免这种情况的发生，我们必须首先要能够清醒地认识到自己的头脑中仍然存在的各种错误想法，然后再采取积极有效的措施进行自我纠正。

4. 风险可以化解

户外运动的风险并不可怕，关键在于是否有应付风险的思想准备和安全措施。强大的后勤支撑，实用的精良装备，充沛的精力体能，熟练的户外技能等，这些都是化解户外运动风险的重要条件。

（五）培养心理承受能力

户外运动是艰苦的活动，是对意志和体力的考验。花钱并不是贪图享受，必须吃苦，在身体上还要随时承受意想不到的折磨。疲劳、饥饿、干渴、寒冷、孤独、悲观等，这些身体的不适和精神上的感受都会带给我们心理上的压力。因此，我们要努力提高自己的心理承受能力，尽力分散自己对这些身心感受的注意力，把精力全部集中于如何克服眼前客观存在的困难上，这样，注意力的转移就会让身心的不适反应随着时间的推移而逐渐消失。

二、户外运动的体能准备

从事户外运动，首先要有健康的体魄和充沛的体能。这一切虽和天生的遗传因素有一定的关系，但后天的锻炼和有目的、有计划的训练是更为重要的因素。所以，在决定进行户外运动之前，很有必要进行一次身体健康检查和身体状况测试，以便更好地了解自己的身体状况并制定相应的锻炼计划。

（一）身体健康检查

身体健康检查的内容主要有四项：

1. 心率：以食指和中指压按在颈动脉上数脉搏，测出 1 分钟内的脉搏数。

2. 血压：利用专业的血压计测量出血压值。

3. 脂肪：以拇指和食指横向掐起腰部的肌肉，测量出两指间皮肉的宽度，以 2.5 厘米为基点，每超过 0.5 厘米即表明超重 4.5 千克。

4. 运动后心率：（适合于 15～40 岁人群）以轻快的步伐和平稳的速度上下蹲踏 40 厘米高的长凳 5 分钟，然后坐下量出 30 秒的颈动脉脉搏数。

通过对照表 2-1，便可判断自己是否适合进行长期的锻炼。

表 2-1　身体健康检查对照表

项目	适合	不太适合	很不适合
静态心率（次/分）	72～80	81～90	91～100
血压	120/80	140/90	160/100
脂肪（厘米）	2.5	4	5
运动后心率（30 秒）	40～60	61～80	81～100

（二）身体状况测试

身体状况测试主要包括五项内容，分别是俯卧撑、仰卧起坐、引体向上、蹲跳和 24 千米跑。通过五项内容测试的具体数值，可以将人的身体状况分为高、中、低三个等级，如表 2-2 所示。

表 2-2　身体状况测试表

项目水平	俯卧撑（最大限度）	仰卧起坐（1 分钟）	引体向上（最大限度）	蹲跳（1 分钟）	24 千米跑
高	41～50	41～50	31～40	11～15	9 分钟以下
中	31～40	31～40	21～30	6～10	9～10 分钟
低	0～30	0～30	0～20	0～5	10 分钟以上

（三）强身健体

户外运动的充沛体能不是一朝一夕就能练出来的，它需要有一个长期的锻炼过程。在这个过程中，必须要遵循以下几个原则：

1. 要有明确的目标

体能锻炼比较辛苦也比较枯燥，如果没有明确的目标很可能会渐渐失去兴趣并停止锻炼。所以，在开始锻炼前你就要给自己树立一个明确的目标，最好能制定出一个具体的锻炼计划，将要实现的目标细化、量化，然后再围绕着这个目标展开锻炼这样就不会轻易地停下来。

2. 要有具体的指标

体能锻炼要讲科学，不能盲目地锻炼。在初始阶段，我们可以每周进行 4～5 次的锻炼，坚持一段时间并达到一定的健康标准，我们就可以将每周锻炼的次数适当减少到每周不少于 3 次，就可以有效地巩固并逐渐取得更好的锻炼效果。在锻炼的时间上，开始时应该持续在 20 分钟左右，随着身体的逐渐适应，我们可以将锻炼的时间延长到 45 分钟甚至更长。锻炼的强度也应该根据自己身体的适应情况和承受能力而灵活改变。

3. 要全力以赴

一旦计划制定出来，就要立刻行动起来，千万不要以任何借口拖延计划的实施，拖延行动将是导致锻炼失败的主要原因。我们应该记住，没有什么时间是开始锻炼的最佳时机，所以不要再寻找什么最适当的时间，立刻行动便是最佳时机。同时，我们还必须集中精力投入到锻炼之中，只有当自己全身心地投入到锻炼目标的追求之中，才会有很好的锻炼效果。

4. 要持之以恒

许多人在进行体育锻炼时虎头蛇尾，因为他们经受不住一点点的挫折和考验，遇到困难总是选择放弃，这对于锻炼身体是十分不利的。体育锻炼本身就是在教人们学会持之以恒的精神，虽然锻炼是一件很辛苦的事情，但只要养成习惯，长期坚持下去就会取得意想不到的效果，对于人的一生都会有很大的帮助。

5. 要学会调节

从开始锻炼到目标的实现通常需要一个过程，在这个过程中往往会出现各种困难，有时会对我们的锻炼热情造成很大的冲击，所以，学会自我调节是很重要的。当遇到困难时，要学会用已经取得的成绩来安慰和鼓励自己，激发自己的斗志，保持激昂的热情；当取得进步时，要看看实现目标道路上存在的困难，把心中的喜悦转化为攻克困难的动力。

6. 要科学锻炼

体能锻炼绝不是无休止地运动，要从科学的角度展开锻炼，要学会循序渐进，先从简单的锻炼项目入手，再逐步转向较难的项目练习；要兼顾全面，要使我们的锻炼计划包括各种锻炼内容，对全身的肌肉群进行锻炼；要因人而异，给身体施加多大的压力要根据自己的承受能力而定，绝不能盲从别人或者是照搬照套书本；要形式多样，不能只是简单地从事一种运动方式，要以多种锻炼方式来提高自己的兴趣。

三、户外运动的装备准备

物质准备的作用是保证安全，并尽可能地提供舒适。每一个人对"舒适"的主观愿望以及达到"舒适"所需的客观条件不尽相同,所以我们看到的装备也就五花八门,眼花缭乱。但户外运动的物质准备是有一定要求的。

(一)集体装备

1. 生活装备

（1）帐篷

帐篷是野外活动的"家",为自己选择一个安全舒适的庇护之地,对于喜欢户外生活的人是很重要的。帐篷种类繁多,依其形状来分,可分为"人"字形帐篷（如图 2-1 所示）、蒙古包帐篷（如图 2-2 所示）六角形帐篷、拱形帐篷、屋形帐篷等（如图 2-3 所示）;依用途来分,又可分为高山帐篷、低山帐篷、旅游帐篷、军用帐篷等;依其布料来分,则包括帆布帐篷、尼龙帐篷、防水棉布帐篷、合成纤维（树脂）帐篷等;依其支架的材质,又可分为金属杆帐篷、尼龙杆帐篷、玻璃钢杆帐篷、铝合金帐篷等;从帐篷的结构上来分,还可将其分为单层、双层、复合层等诸多种类。

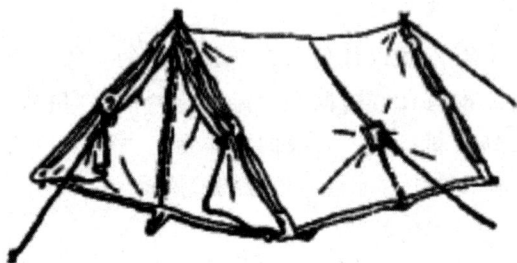

图 2-1

图 2-2

图 2-3

选择帐篷时,应该重点注意以下几个问题:

①由于单层帐篷防风性和透气性较差,只适合于夏天使用,所以如果不是夏天,最好选择双层帐篷。双层帐篷的内层应该具有很好的透气性,外层应该有很好的防水性,而且内外两层应该有一定的间隔,使防水和透气性能互不影响。

②不同的帐篷在设计时会有不同的支撑度,选择时,应该使帐篷的支撑度符合自己的使用需要,尤其是在雪期使用时,支撑会显得更加重要。

③选择帐篷不能只追求其轻便程度,还应该考虑到其空间大小、底面积、强度和对抗恶劣天气的能力。

④如果没有特殊情况，最好是选择双人帐篷。因为相对而言双人帐篷易携带、易架设，三个人或单人也能住。

⑤帐篷的颜色最好是暖色调，如黄色、橙色或者是红色。这样就不容易与外界环境的颜色相混淆，便于外界和自己进行识别。

帐篷的保养是很重要的，一顶保养得好的帐篷可以连续使用很多年。在使用帐篷时，一定要注意防火，防止锐利的物体划刮帐篷，同时还要注意不能超容量使用。使用后，不论是否遇到雨水天，都一定要晾晒干，尤其是棉布制成的内帐，存放时要放在干爽的地方，否则，就可能会因为潮湿发霉而损坏。最后要提醒需要特别注意的是，在帐篷内绝对不能野炊，尤其是不能使用燃烧油料的炉具，因为刺激性的气味、溢出的燃烧油料和无法控制的火力都是潜在的危险，特别是在防水尼龙布制成的帐篷内，更是会有窒息的感觉。

（2）炉具及餐具

炉具要求应是安全可靠、热效率高、燃料低廉而容易获得。质量可靠的气炉应为首选装备。恶劣环境下，可配有专业高山气罐以获得可靠的热效率（图2-4所示）。餐具的使用完全依据个人喜好，但显然应该较轻。冬季应慎用不锈钢制品以免被冻伤。防风气体打火机、灯笼蜡烛数支，用于照明、取暖、点火、野外生火煮食。

图 2-4

炊具通常为金属制品，重量和体积都较大，对于野外自助旅行是很大的负担，所以，如果没有必要最好不要携带炊具出门。但如果必须要携带部分炊具，应该注意以下几个问题：

①不是必用的炊具就不要带上，个别常用的炊具如果重量太大也不要带上，而要想其他办法来解决。炊具越轻越好，要尽量把炊具的总重量减到最低限度。

②要选择易清洗、不生锈的炊具，这样就不用为找水和除锈而烦恼了。

③尽可能把多个炊具重叠放在一起，以便最大限度地节省空间。

④不要选择使用液体燃料的炊具，这样会增加携带的难度。

⑤不要选择附件过多的炊具，因为在使用时这些附件不仅易坏而且易丢失。

（3）食品

参加户外运动时，要准备一些热量高、重量轻、体积小的碳水化合物和蛋白质含量较高的食物随时带在身边，这些食物在关键时候往往能起到很重要的作用。

携带食品要考虑天气因素，巧克力虽然是很好的补充体力且便于携带的食物，但如果你是要到天气较热的地区旅游，就最好不要带上它们，因为高温会使巧克力变软。牛肉干是相对比较理想的携带食物，营养丰富，能很好地补充体力，也不会受到天气和温度的影响。还有葡萄糖粉、奶粉以及各种补充体能的药片等都可以作为随身携带的食品。但要注意的是，这些食品不是用来作为正常消耗的食物，它们主要是用来在缺少食物时维持生命食用的，所以，平时应该立足于食用其他食物，不到万不得已时不要消耗它们，要把它们看得和水一样重要。

2. 技术装备

（1）安全保护装备

①主绳

户外运动最直接的危险来自于滑倒和冲坠，主绳是解决这一危险最主要的手段。主绳（图2-5）为攀登者与保护者之间建立起一种可靠的连接，或为操作者提供安全的平衡。它的主要作用是当攀登者无论因何种原因坠落时，都能保护攀登者。绳子是由绳皮和绳芯两部分组成。绳皮是编织的保护套，可以保护核心不被磨损；绳芯是由丝丝缕缕的纤维组成，是主要的受力部分。绳子有动力绳与静力绳之分。动力绳，主要适用于先锋攀登，其标准长度一般为50米，直径为9.5~11毫米，重量为3.6~4.1千克，常用的为10毫米或10.5毫米，且有弹性。静力绳，不能收缩，无弹性，主要适用于上方保护的攀登或下降、探洞，直径为9.5~12毫米，常用的为10毫米或10.5毫米。购买主绳时，应是通过国际攀联（UIAA）标准认可的绳子，应考虑它承受的最大冲击力，主绳上悬挂着的标签上会以磅或千克标出这一数值，还要注意绳子的类型、重量、防水处理、冲坠次数、静伸张率、承受最大冲击力等因素。

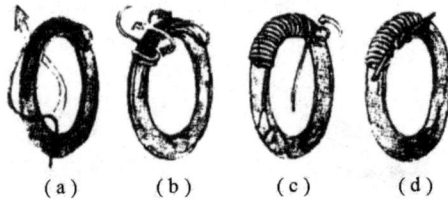

(a)　　(b)　　(c)　　(d)

图 2-5

保管好绳子，就等于保护自己的生命。为此，应将绳子存放于阴凉、干燥处。当绳子已经变硬或局部区域有变软或变扁的现象，表皮损坏就应该换掉。当绳子任何一端变得毛糙时，就剪掉这一节并继续使用剩下的部分绳子，但在使用时一定要谨慎。

②扁带

在保护系统中做软性连接。主要有机械缝制和手工打结两种。一般机械缝制的绳套可抗拉力达22千牛，而手工打结就很难达到20千牛。

③安全带

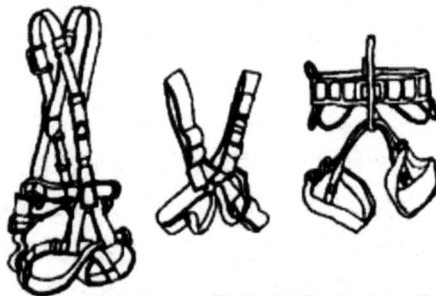

图 2-6

安全带（图2-6）主要是为攀登者和保护者提供一种舒适、安全的固定。安全带分为可调式和不可调式。可调式安全带适用于登山、攀冰、攀岩场所；不可调式的安全带是个人攀岩专用。

好的安全带应合适、舒服、牢固且容易穿戴。选择安全带应考虑个人体形或体重，选用相配的型号，因为安全带式样不同，安全带的系配方法也相应不同。系好后还要再次仔细检查。每次使用安全带时，应对安全带的安全性能进行检查，尤其是长时间使用安全带，造成安全带磨损，如保护套起毛或断裂，此时应及时进行更换。使用时避免灰尘、暴晒、脚踏等。

④保护器

在保护和下降过程中，通过它与保护绳之间产生的摩擦力来减少操作者所需要的握力。保护器有很多种，但只有几种适用于攀岩。常见的比较好的保护器有8字环、管状保护器和自动保护器"GRIGRI"。

A8字环我们一般用来做下降式保护，但是制动力稍差。至于要增加其制动力的保护方式，应该将绳索穿过"8"字环中较小的那个环，然后再连接绳索至保险铁锁。

"GRIGRI"成为保护器中的首选，其工作方式类似于套绳器，由旋转凸轮卡住绳子，使用非常方便。

⑤上升器

在单绳技术中解决向上运动的方法。分为左、右手握两种方式，适用于不同用手习惯的攀登者。

⑥铁锁和快挂

铁锁（图2-7）用途广泛，是必不可缺的攀岩装备之一。铁锁是用来连接各种安全带的扣环或在保护系统中作刚性连接。每个铁锁都有一个开口，以便纳入绳子。铁锁有四个基本形状：O型、D型、不对称D型和梨型。O型铁锁是人工攀登的最佳选择，因为受力后绳环不会任意移动，在用铁锁下降时最好选用这一型。D型铁锁的强度最强且比同材料的O型铁锁轻，不对称的设计使负载物不会在中央，而移到开口的另一侧强度最强的地方。梨型铁锁是一种加大型，其中一端比另一端大很多，成梨子形状，主要用途是保护和下降。铁锁的上锁部分可分为保险螺丝或自动上锁式。自动上锁铁锁使用方便、安全，因为它们平常都是锁上的，并且在方向的更换上十分简单。

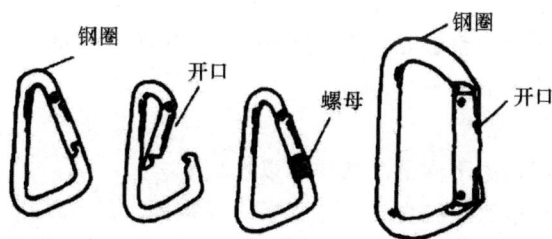

图 2-7

快挂的长度一般为4英寸（10～16厘米），并多用于卡住螺栓。长快挂一般用于有屋檐角度的岩壁或横越距离较大时，以承受绳子的拉力。快挂上附带一个橡胶套管，用来固定底端铁锁，防止其扣上时随意翻转。

⑦冰镐

在冰雪路段，冰镐是非常有用的工具。对集体来说，它可用于开路，充当保护支点；对个人而言，既可当作登山杖使用，还可在滑坠时用以制动（图2-8）。

图 2-8

（2）无线电通信设备

①电话、对讲机

对于到边远地区开展户外运动来说，无线电通信设备应该是必备的。尽管它们比较昂贵，也是很值得花费的。如果负担不起，便不要前往边远地区。因为边远地区，可能没有手机信号，联络会有一定困难。短距离可以与队友使用对讲机进行沟通，可选择频道较少的型号，这样可以满足特殊的需要。多频道设备的不足之处在于，人们常常被搞糊涂，从而使用错误的频道。工作频道应该是每个人都按照固定的时间表使用。还要设置一个优先频道，一旦遇到紧急情况即可立即使用，这样在联络时就不会被其他人所干涉。长远距离的联络建议还是使用卫星电话进行沟通。

②无线电收音机

在户外有时会感到单调、枯燥，无线电收音机不仅可以及时收听天气预报和了解外界情况，还可以收听音乐节目，从而使户外的生活更加丰富多彩。

在户外，保证至少两名成员能够熟练地使用上述这些设备进行联络。每一个团队都必须通过无线电和基地保持联系，应当设置好各自的呼叫信号和频率以及联络的时间表。

③全球定位系统（GPS）

全球定位系统是一套很不错的设备，具备了许多导航的功能。从根本上来说，它依靠接受卫星信号来确定使用者当前的位置，无论在世界上任何地方，都很容易使用。也需要注意，它的准确率据报道为95%。但是，要想使其有效发挥作用，卫星传送信号不能受到任何阻碍，如树枝遮挡或者在移动状态下使用都会给信号的传送造成阻碍，因此，要想清楚地接收信号，需要静止不动，并且在室外的开阔地才行。

3. 急救药品及器具

（1）常用内服药品（可根据不同情况从中加以选用）

①抗生素类药物：如头孢氨苄胶囊、麦迪霉素、青霉素、复方新诺明等。

②抗病毒药物：如抗病毒冲剂、板蓝根、感冒药等。

③解热、镇痛类药物：如复方阿斯匹林、扑热息痛、去痛片等。

④消化系统常用药：如胃舒平、氟哌酸胶囊、黄连素片、食母生、三九胃泰等。

⑤呼吸系统常用药：如速效伤风胶囊、银翘解毒丸、藿香正气丸、咳必清、复方甘草片、牛黄上清丸、西瓜霜含片等。

⑥镇静安眠类药物：如安定等。

⑦心脏血管类药物：如硝酸甘油、速效救心丸等。

⑧防晕动病药物：如晕海宁、乘晕宁等。

⑨抗过敏类药物：如扑尔敏、息斯敏等。

⑩防暑抗痉药：如藿香正气水、阿托品片、清凉油、风油精等。

（2）外伤科常用药品

①外伤类药：如云南白药、正红花油、碘酒、酒精等。

②外伤类用品：如药棉、绷带、胶布、创可贴、伤湿止痛膏等。

③红霉素眼膏：这是一种常用的抗菌药。在野外吃喝住行不适或饮水不足上火时，面部会有脓包出现，受伤后伤口感染，红肿不愈，气候干燥使外露的皮肤裂口等，这时都可以用红霉素眼膏涂抹患处。

④消毒纸巾：用来清洁，受伤的时候可以覆盖伤口来防止感染。

4. 其他救护装备

（1）防水火柴：火种一定要保存好，可用胶卷盒密封。

（2）手表：户外用表应该是防水的，最好带夜光，如果具有闹钟的功能就更好。

（3）有盖铁皮罐：可装上述应急物品，也能作为饮具煮食，还可用其来反射日光发出信号等。

（二）个人装备

在户外运动中，需要使用到的着装很多，并且每一件都很重要，缺少了其中任何一件都有可能带来极大的麻烦。所以，在出发之前应细心地挑选并准备好每一样东西。着装应以宽松、舒适、耐磨、随意为基本原则，即使是在盛夏也要尽量减少皮肤的裸露部分，因为无论是爬山还是钻丛林，带刺的植物与蚊虫都会对身体造成影响。

1. 衣物

衣物的主要用途是保暖及保持干燥，挑选此类装备时绝对不可因外观而牺牲任何性能。户外衣物主要包括：内衣、保暖层、防风防雨外套、鞋、袜、帽子、手套等。

（1）防风防雨外套

理想的外套应具有非隔离性、防风、完全防雨、透气。良好的防风性能和防雨性能通常是一致的。防雨外套的表层还必须涂上泼水剂，能使雨水形成水珠滚落。冲锋衣应足够宽大，最好超过臀部。同时，还应该注意选择冲锋衣的颜色，不能只是根据个人的喜好，还要同时考虑到冲锋衣是否具有很好的防风性、防水性、透气性和耐磨性，这是在自然条件下进行各种活动的基本需要。

（2）内衣

内衣是基本的保暖层，而保暖的首要条件是有很好的排汗性能。恶劣的环境下应买专业的高山内衣。选择内衣要注意两个问题：一是化纤的含量不能太高。含有化纤虽然利于通风和晾干，但如果含有过多的化纤成分，行走久了人便会有一种燥热的感觉，有时皮肤还会有很强的灼热感甚至是刺痛感；二是不能选择纯棉质的内衣。因为纯棉质的内衣吸水性强，但却不易干燥，潮湿后成为导温层，加快热量的散发，尤其是在高寒地区，吸满汗水而又久不能干的内衣会让身体十分难受，有时甚至会导致生病。因而被称为"高山杀手"。所以，一定要选择专业的排汗内衣，即使是在温暖的季节里也尽量选用排汗功能好的贴身衣物。

（3）保暖层

羽绒制品是最佳的保温层，缺点是吸潮且不容易干燥，故不适合潮湿环境使用。为此我们可以带上一件套头羊毛衫,行进中把它放入背包,休息停下来的时候或到达营地后可及时穿上。缺点是羊毛衫较重。

(4)裤子

一般情况下,只要人的上身能够保持正常的温度,即使裤子薄或是厚一点,也不会有太大的影响,所以对裤子的要求并不高,只要材料柔软、大小合适就可以了。对于户外运动者而言,选择裤子首先要保证在做各种动作时不受限制,因此裤子宜大不宜小,尤其是要注意是否会因为臀部太紧而感到不舒服或无法运动。同时,裤子还要很结实,要具有一定的耐磨性、抗拉性,还要耐脏。但是,当处于一些特殊的地区或恶劣的气候环境时,便需要具有特殊功能的专用裤子,比如沙漠裤、山地裤等,否则将很难适应周边的气候环境。冲锋裤以耐磨防水为首选(注意压胶),完全不透气也能接受,因为腿部相对于躯干较少出汗。冲锋裤应带完整的侧拉链,方便穿脱。

2. 鞋、袜、垫

(1)登山鞋

穿普通运动鞋或户外运动鞋长途穿越、登山是很危险的,容易造成小腿紧张、肌肉痉挛以及膝关节、踝关节的挫伤。一些腿部的慢性伤病也是由于不合适的鞋引起的。好的登山鞋应该有耐磨、防滑、坚硬的鞋底,高帮鞋可对踝关节提供足够的保护,同时较高的鞋帮也能较有效地阻止雨雪、沙土等异物灌入鞋内。鞋跟和鞋尖要有加强设计,以利于在复杂地形行动,鞋面接缝越少,越利于防水。鞋是野外活动最重要的物品之一,一双适合的鞋可以让行动更加自由轻松。户外行进时,要尽量穿运动鞋或者是其他专用鞋。当然,如果条件允许或者是需要在野外行走很长一段时间,那么就很有必要多准备一双鞋放在背包里。行走时,每隔几个小时就轮换穿一次,这样对于保养鞋和脚都是有好处的。

(2)袜子

袜子对脚可以起到很好的保护作用,有许多旅游者在长途跋涉时喜欢穿两双袜子,还有人喜欢穿很厚的袜子,这都是有一定道理的。选择袜子时,要尽量选择较厚的棉袜和尼龙袜,因为它们有较好的吸汗作用,可以弥补脚与鞋之间的间隙,防止鞋对脚的摩擦。如果进行大强度或极端恶劣气候下的活动,一定要穿专业登山袜,脚是最易被冻伤的部位。即使是天气很热,也最好是穿厚袜子,因为薄袜子不能完全吸收脚汗,时间长了会使脚面和脚底被汗水泡坏,还会滋生细菌。

准备袜子时,数量要多,通常不能低于 5 双,因为在连续行走时每隔一个小时就要换一双袜子,这样才能够始终保证脚底的干燥。如果长时间行走而不换袜子,湿透的袜子可能会在休息时变得僵硬,再行走时就很容易把脚磨破。换下的袜子要及时地清洗并晒干,若因为连续行走不方便,可使用两个夹子将其夹住,然后挂在背包上边走边晒干。

(3)鞋垫

选择鞋垫不能太薄太软,薄鞋垫吸汗功能较差,使用寿命短;而软鞋垫在长时间行走时容易变形,或缩成一团或从鞋底往外"跑",导致走上一段路便要停下来对鞋垫进行整理,既浪费精力和体力,又影响心情。比较适合长距离行走的鞋垫一般较厚,底部较硬不易变形且具有很强的吸汗能力,通常以棉制品较好。准备鞋垫的数量也不能少,基本上应和袜子的数量相等,在每次换袜子的同时也要及时地更换鞋垫,并与袜子一起晾干。

3. 头、手护用品

（1）手套

当手的安全性和舒适性受到威胁时，应及时戴上手套进行防护。常见的手套有单层、毛料、抓绒、防水防寒（滑雪手套）、羽绒等。冬季应至少准备一副干活用的薄手套及一副足够保暖的厚手套。选择和准备手套要考虑到季节和不同活动的需要。冬季，需要准备一双很厚、保暖性能好的手套，最好外层为皮制而内层含毛。如果一双手套达不到保暖效果，可以再准备一双稍微薄一点的手套，套在厚手套里层与之一起使用。夏天，由于温度较高，可以选择露出半截手指的手套，具有很好的通风效果。

（2）雪套

雪地里活动时，雪套是必备的装备。雪套的作用是隔绝冰雪，防止冰雪从裤脚灌入腿部或鞋内，并能有效地提供保温。

（3）帽子

人体 50％左右的热量是从头部散发出去的，所以，一定要事先准备好一顶合适的帽子。如果到严寒地区，可以选择一顶帽体能够拉下来遮挡住耳朵或者是脖子的帽子；在炎热地区活动时，可以用一块 100 厘米见方的浅色布料对折成三角形，然后把头部、颈部、肩部严密地遮挡起来，必要时还应该把面部也遮挡起来，以减弱强烈的阳光对皮肤的伤害。

有人认为帽子仅仅是用来保温的，其实，当外界的温度高于头部的温度时，帽子还能起到隔热的作用。夏天选择帽子应重点考虑其遮光作用，冬天选择帽子则重点考虑其保温效果，但无论是在夏天还是在冬天，选择帽子的时候都要考虑到其防水性，要尽量选择和使用具有防水功能的帽子。

（4）其他

除了以上所说的基本的着装外，基于地区的不同，可能还需要其他一些小物品进行辅助：比如在阳光强烈的地区或者是冰雪覆盖的地区，便需要一副深色的眼镜来削弱强光对眼睛的刺激；在沙漠或者是灰尘较多的地区，便需要口罩来遮挡灰尘进入呼吸道；在雨水较多的地区，便需要一件雨衣或者一把雨伞来进行防雨等。对此，在出发之前，应根据所要到达的地区来确定所需要携带的物品。

4. 背包

背包是在户外运动中最为重要的器材之一，它就像是我们的仓库，所以，拥有一个满意的背包十分重要。

（1）背包面料

目前背包常用的质料为"尼龙"及"CORDURA"两种。帆布虽然较耐磨，但因容易受潮、湿了不易干燥且质量较重，所以已经很少使用。尼龙布质量较轻，不会吸湿、发霉，干燥快，强度也不错，缺点是不耐磨且怕火。CORDURA 也是一种合成布，但它在耐磨及强度上的表现比尼龙更好，同样也不会吸湿、发霉及粘雪花，而且干得快，但比尼龙稍重。

（2）背包容量

容量是选购背包的重要因素：容量太小不够用，把物品挂在外面既累赘又容易丢失；而容量太大则打包时背包不易扎实，行动时包内装备会因移动而影响平衡。

在登山过程中的某些装备如雨衣、保暖衣物及睡袋等是不随时间消减的物品，其大小重量都比较稳定。然而粮食与燃料则属于消耗品，随活动时间的增加而减少，这种物品的数量对背包容量的影响非常大。现在有些背包采用"弹性容量"设计，即使在活动数天之后背包依然能打得结结实实，也使得这种背包可以适用于不同的活动领域。一般而言，中小型背包并不需要此项设计，而且也没有人这样设计，如果要改变其容量大小，可以由加装侧袋或调整压缩侧带来调整。

（3）背包背负系统

背包背负系统并不能完全解决背包的重量问题，它的主要功能是将重量合理分配到身体的各个部位，避免重量集中在肩部。另外它还提供背负重心调整，以增加行动时的平衡和安全。大中型背包通常以背架为中心构成背负系统，背架又可分为外架式和内架式两种。

①外架式背包

外架式背包是将背袋固定在一个坚硬的框架（铝合金材质的最常见）上，有拉紧的尼龙肩背带及臀部固定带。这种背包重心偏高，约在肩部或肩部以上。高重心设计虽然对于需要高度平衡的场合不适合，但在平坦的路上背负感觉会比较舒服一些。这种背包还易于物品的装填取用，且能够使重量由肩部及臀部共同承担。由于外架式背包是用架子背负，所以背部通风性良好。

框架在某些情况下会变得很不方便，例如钻行于密林、竹丛时，背包容易被勾住卡住；在攀登或滑雪时易突然重心移位失去平衡。总之，外架式背包比较适用于长途走平坦路途的时候。

②内架式背包

内架式背包重心稍低，大约可以调整在肩部和臀部之间。适用于需要保持平衡的攀登场合，可防止背包在肩膀高度晃动。

（4）背包的选购

肩背带的调整范围必须和背部的长度相符合，才能使重心落在理想的位置；臀带必须能扎在胯骨上。背起背包时还应能从后面看到臀部及双腿。

购买背包之前，应先将所有调整带松开再加上重量，因为若无重量就无法知道背包背起来的感觉、背负调整范围是否合适，背上背包后应检查内藏铝条弧度和背部曲线是否吻合，如果不合则检查铝条是否可弯曲；若可弯曲则使用一段时间后铝条自然会弯成与背部相合的曲线。肩背带和背包连接处须低于肩膀5～8厘米，而且肩背带和背包间的空隙要小。胸带则可调整肩背带在胸前开合的宽度，并使肩背带能在肩膀上较舒服的位置，且能防止背包晃动。善于运用这些技巧，可以把重量调整到肩部和臀部之间，使不同的肌肉部位都能分担重量。当把背包调整到最合适的位置后，应检查头部的视线如何，是否能抬头望而不会碰到背包顶部，戴上头盔时是否仍可仰望到天空，背包和背部接触部分是否舒适透气，还应该特别注意肩背、臀带的垫子宽度和品质。

（5）背包装填

背包装填不良，会影响使用的方便性和舒适性，或造成重心偏移和背包损坏。因此，装填背包时除了先将各种物品依用途分类外，还要注意两点：第一是左右平衡重心稳固；第二是存取方便。以下是装填原则。

①质量较重的物品放在中上部且尽量靠近背部，可使重心紧靠背部以免有被后拉的感觉。体积大、质量轻的物品可以放在最底下，这样不影响重心。另外由于重物压在上面，所以使用

一段时间后背包会较为密实。

②坚硬物品不要放在贴背的部位，否则如为内架背包时则会直接顶到背部而很不舒服，甚至跌倒时会伤到背部；如为外架背包时则因坚硬的物品与背架仅隔一层背包布，则很容易把背包布磨破。

③背包左右放置的物品重量应该相仿，以免重心偏向一边。雨衣、饮水及当日使用的东西应该放在最上面或最容易取得的地方。

④有使用物品分类袋的观念，将同类物品或同时使用的物品放在同一袋中以方便取用，零散的小东西更该如此。

⑤养成定点放置的习惯，不但较快地整理背包，而且即使摸黑也能在背包中摸出想要的东西。

⑥尝试改变装填方式，尽量减少不必要的背包外吊挂，因为这不但会影响行动安全而且也不美观。

5. 睡袋

睡袋是野外宿营必不可少的装备，能否选择合适的睡袋将直接影响到你的睡眠质量，进而影响你的精神状态和体力状况。所以，精心选择睡袋应该是出发前重要的准备内容之一。

（1）睡袋的种类

睡袋一般分为两类，即普通睡袋和专业睡袋，前者用于一般的旅行或露营，后者则用于高寒或高海拔地区，两种睡袋在设计和材料上差别较大。

普通睡袋通常可分为信封式睡袋和木乃伊式睡袋。信封式睡袋可以打开当被子使用，也可用两个拉链连接成双人睡袋，但其保温性较差；木乃伊式睡袋按人体结构设计，从头到脚可得到比较完美的保护。以上两种睡袋较为常见，制作材料通常是人造棉或羽绒，温标针对亚洲人，适宜于春、夏、秋三季。

专业睡袋均为木乃伊式结构，这一设计带有头套，头部可以收紧，防止冷风吹入，上大下小和人体的形状相符合。睡袋的侧面装有拉链便于出入，这种睡袋保温性能较好。专业木乃伊式睡袋多用羽绒充填，面料轻柔且透气性和防水性都很好，温标从－20℃～－40℃。考虑到人在睡眠时，脚部是最易感到寒冷的部位，在睡袋的下部特别加厚，有些款式还设计了加厚的脚垫。羽绒的含绒量决定了睡袋的保温性，而面料的质量则决定了羽绒的膨松程度和人体的正常排汗。为了防止羽绒在睡袋保温层内的移动，专业木乃伊式睡袋均采用立衬设计，将睡袋内外面料直接缝合在一起，有的睡袋甚至采用了双层立衬设计。

（2）睡袋的选择

睡袋的选择应把握轻便、温暖、舒适与易挤压的原则。在选择睡袋之前，我们首先要了解不同的睡袋有一个适宜使用的温度范围，即不同的睡袋都有各自的"温标"。一般来说，温标由三个数据组成：一个是最低温度，指该睡袋使用的最低极限温度，低于这一温度对于使用者来说是危险的；一个是中间温度，指该睡袋使用最舒适的理想温度；还有一个是最高温度，是指温度使用范围的上限，高于这一温度，使用者将因为太热而无法忍受。需要注意的是，欧美原产的睡袋在温标上对于亚洲人来说不太适宜，因为欧美人在耐寒能力上要高于亚洲人，所以在选择时要格外小心。

睡袋的面料最好能有一定的防水功能，以防止睡袋被露水或者帐篷内凝结的水雾打湿，影响其保暖效果。睡袋的透气性能也很重要，否则，睡起来会感觉很不舒服。最好是能够选择既防水又透气的面料，这样使用效果会更好。

（3）睡袋使用技巧

使用睡袋时，有很多外在因素会影响睡袋的性能，如果不会使用睡袋，即使是使用高寒睡袋在一般低温下也会感到寒冷。下面这些方法，会帮助我们在使用睡袋时睡得更暖和一些。

①选好宿营地

在野外，一个挡风的帐篷能提供一个温暖的睡眠环境。在选择营地时，不能选择冷空气聚集的谷底，也不能选择容易遭受强风侵袭的山脊或山凹。

②隔离地湿

用一张好的防潮垫（充气式效果更佳）或者在地上铺上干草，能够有效地将睡袋与冰冷潮湿的地面隔开（在雪地上有时可能会需要两张防潮垫），对于保持睡袋内的温度会起到很好的作用。

③保持睡袋干爽

睡袋吸收的水分主要来自于人体，即使是在极寒冷的情况下，人体仍会排出一定量的水分。保温棉在受潮后会因为黏在一起而失去弹性，从而使保温能力下降。所以，如果连续多天使用睡袋，就应该在太阳好的时候将睡袋在阳光下晒一晒。

④睡前热身

人体是睡袋的热量来源，如临睡前先做一段热身运动或喝一杯热饮，会使体温略微提高并有助于缩短睡袋的变暖时间。

⑤睡袋的保养

睡袋在使用和保养时，应注意做到防火、防潮、保持卫生。使用过程中要远离篝火，并且绝对不能在睡袋内吸烟。如果睡袋受潮，应及时晾晒干或者是用远火将其烘干。在不用的时候，应使睡袋处于蓬松状态，不要压缩，并注意定期晾晒。如果因长期使用或者是不小心将睡袋弄脏，千万不要用水直接清洗，更不能用洗衣机清洗，最好采用干洗的方法进行清洁。

6. 睡垫

选择睡垫一定要以适用为最根本的标准。应该综合考虑睡垫的保暖能力、重量、舒适度、耐用性和大小等各方面的因素。睡垫基本上都是由"发泡"所构成的，而"发泡"最基本的种类有两种，即封闭式发泡和开放式发泡。所谓封闭式发泡睡垫就是一片由细小泡泡所构成的塑胶睡垫，由于每个气泡独立而且封闭，所以这种睡垫不会吸水、不可压缩、不会膨胀、无法拆解，但这种睡垫在天气迅速变冷时会有破裂的现象。开放式发泡睡垫重量较轻，而且能够压缩。

封闭式发泡睡垫比较能够耐伤害：即便不小心被冰爪踩到，也不会因此无法使用；炙热的东西掉落在其表面，也只是被熔掉一个洞，其他部分仍然完好无损。但是，它并不是非常柔软，所以那些习惯睡柔软床垫的人，将会很难适应。

开放式发泡睡垫虽然可以提供给背部相当舒服的感觉，但是这种睡垫很容易受到损害，没有收放好的刀子、冰斧以及其他工具都有可能会对它造成损伤。而且这种睡垫会吸水，所以，如果要前往空气湿度较大的地方，则最好不要选择这种睡垫。

7. 其他

（1）水壶

冬季需要保温性能好的不锈钢真空壶，容积要足够大，最好在1升以上，因为在户外，烧水的机会相对较少。

（2）刀具

多功能小刀一把，切割削、维修之用。在户外，刀子是十分重要的工具，许多工作都需要用到刀子。一般来说，野外使用的刀子主要有两种：一种是小刀，一种是大刀。小刀指的是可以折叠的刀，这种刀应该具有多种功能，除了主刀外，还应该有开瓶器、小镊子、猎人镰刀、锯子等多种小工具。大刀应选择匕首或弯月型的大而重的短刀，以刀锋全长 30 厘米，重量不超过 1 千克，末端深入木制把柄之中为宜。这种刀适于砍柴，并且能砍断相当粗的圆木，这对盖栅子或扎筏等都有很大的用处，在危险时刻还可以用来猎杀动物及剥皮使用。

（3）大塑料袋

用途广泛，可分装食物或怕潮的装备（相机、睡袋等），还可作为紧急状况下的救生袋。当然，最主要的用途是作为垃圾袋。

（4）洗漱用品、太阳镜、防晒品及其他

洗漱用品应满足环保要求。雪地活动时必须戴抗紫外线效果好、遮挡完全的墨镜。小型指南针在荒野山林迷失方向时用。餐巾纸、卫生纸既可作清理个人卫生之用，也可用来清理帐篷、擦拭餐具等。

（5）救生哨

声音尽可能传得远，贴身挂着。

（6）针线包

用于挑去异物、补衣等。

（7）行李绳

配备一条 30 米长 5 毫米粗的尼龙行李绳，捆绑物品、晾晒衣物、扎营等用。如不慎坠坡，跌倒摔伤而骨折，可用行李绳和树枝固定手臂和腿脚。还可绑扎成框架，用两件外衣做成简易担架来救护伤员。

（8）应急用品

包括压缩饼干、一小瓶水、急救药品。如高锰酸钾，其既可消毒用，又可作引火燃料。

第二节　户外运动的活动形式

当前，我国户外运动产业主要由户外运动娱乐业、户外运动竞赛表演业和户外运动装备用品业构成。其中，户外运动娱乐业是户外运动无形服务产品的主要组成部分，户外运动娱乐的主要方式是参加各种形式的户外运动活动，提供户外运动娱乐服务的主体主要是户外运动俱乐部。户外运动俱乐部是我国户外运动发展的主体，主要为户外运动爱好者提供组织活动、组织各种竞赛、提供培训、开展讲座等多种形式的服务。在其众多服务内容中，组织户外运动活动对于俱乐部获得利润、爱好者参与活动，以及推广普及户外运动是最好的方式，也是当前我国户外运动发展的主要形式。

一、户外运动的主要内容

根据户外运动的定义和分类，户外运动活动的内容十分丰富，其包括山地、峡谷、海岛、荒漠、人工建筑物五大系列，以及攀岩、速降攀冰、横渡、溯溪、攀瀑、溪降、漂流、溜索、悬崖跳水、攀楼、攀塔、地下管道攀降等几十个项目种类。其中，登山攀岩、速降、徒步穿越、山地自行车、独木舟、漂流、溯溪、山地跑等项目开展得较普遍，受老百姓青睐程度较高，在此，我们重点介绍受到群众普遍欢迎的部分项目。

（一）攀岩

攀岩运动是利用人类原始的攀爬本能，借以各种准备作安全保护，攀登一些岩石所构成的峭壁裂缝、大圆石以及人工岩壁的运动。攀岩运动不依赖任何外在的辅助力量，只靠攀登者的自身力量完成攀登过程。它要求人们在各种高度及不同角度的岩壁上，连续完成转身、引体向上、腾挪甚至跳跃等惊险动作，集健身、娱乐、竞技于一身，是一项刺激而不失优美的极限运动，攀登动作极具美感和观赏性，攀岩运动又被人们誉为"岩壁芭蕾"。

参与攀岩，会让您在与悬崖峭壁的抗衡中学会坚强，在与大山的拥抱中感受宽容，在征服路线后享受成功与胜利的喜悦。

（二）速降

速降源自高山探险下撤保护技术，在抢险、运输和军事突袭行动中也经常使用，后来演化成与攀岩、蹦极类似的极限户外运动项目。现在它已分化成岩降、塔降、桥降、溪降等类别。速降是在教练的指导与保护下，借助景点的自然落差，利用绳索由岩壁顶端下降，参与者可以自己掌握下降的速度落点以到达地面。虽然并不需要严格的专业技巧，但参与者必须克服对高度、速度的恐惧，具备勇往直前、坚持到底的决心。

岩降的基本动作要领是：右手于右腰后侧握紧绳索，以使绳索能让身体停止下降，左手成空心拳状，匀速放松绳索，身体在重力作用下匀速下降。上身保持直立并略向前倾，双腿伸直或微曲蹲在岩壁上，一步一步往下移动，除了脚，身体任何部位都不要与岩壁有接触。

（三）野外露营

露营是指露营者徒步或者驾驶车辆到达露营地点（通常在山谷、湖畔、海边）后，露营者举办生篝火、烧烤、野炊或者唱歌等活动，这也是最平常的露营活动。经常进行这种活动的旅行者和其他户外运动爱好者一样，又被称为背包客，在中国大陆地区又被称为"驴友"。

无论家里有多大面积的豪宅，时常到外面住一住帐篷也是一件愉快的事情。随着工业社会的发展，人们的社会分工日趋细化，导致工作单调，而都市集中化又致使生活空间狭小和嘈杂。同时，个人收入增加、汽车的普及、行动较方便，使得户外活动较易开展，人们生活方式随之发生了改变。在各种条件都成熟的情况下，都市里的人们向着自然环境出发了，跑去野地了，搭起帐篷了，这就是露营。露营的乐趣来自逃脱繁华，与自然接触。在漆黑一片的野外，抬头看看星星，听着溪水声，点起篝火，唱首老歌，真的能暂时忘记了平时的烦恼。

（四）徒步穿越

穿越是户外及探险运动中的一种表现形式。凡是起点与终点不重合，不走回头路的野外探险活动，都可以称之为穿越。野外穿越是指自带装备与给养，在基本没有外援的情况下，徒步或借助交通工具（车辆、马匹等）进行的路上穿越活动。

它的种类按照穿越地域特点进行划分，有山地穿越、丛林穿越、沙漠穿越、荒原穿越、雪原穿越、冰川穿越；按照行进方式划分，有徒步、骑自行车、驾驶机动车、骑马穿越等。在一次活动中，往往包含了多种穿越类别，其中徒步山地（丛林）穿越是最基本的形式，徒步穿越能力是一切穿越活动的基础。

典型的野外穿越，一般选在穿越者比较陌生，地形复杂多样、具有神秘感的地域进行。穿越区内往往人迹罕至、鸟兽出没。具有三个主要特点：第一，富于探索性。穿越者每一天的路都是新的，前面的未知世界充满了吸引力，当历尽艰辛、成功地走出一条自己的路时，那份喜悦与满足感是参加其他户外运动项目所无法体会的。第二，难度可选、内容丰富。穿越集登山、漂流攀岩、溯溪、定向越野、野外生存等户外运动于一身，是一项综合性较强的野外活动。第三，对穿越者尤其是对野外穿越的领队的要求较高。要求穿越者具有良好的心理品质与道德水平，如坚韧顽强、胆大心细、处事不惊、行事果断、吃苦耐劳等，还要注重团队精神，乐于助人等。同时，穿越者还必须掌握一定的相关知识和技能，主要包括地形图的使用（配合指南针和海拔表）、行走技巧、野外生活、攀登、游泳涉水、登山装备的使用、自救互救等方面，以及一定程度的天文、气象、地理、生物、生理、水文、地质、物理、化学等知识。

（五）漂流

漂流，曾经是人类一种原始的涉水方式，最初起源于爱斯基摩人的皮船和中国的竹筏、木筏，但那时候都是为了满足人们的生活和生存需要。漂流成为一项真正的户外运动，是在第二次世界大战之后才开始发展起来的，一些喜欢户外活动的人尝试着把退役的充气橡皮艇作为漂流工具，逐渐演变成今天的水上漂流运动。

驾着无动力的小舟，利用船桨掌握好方向，在时而湍急时而平缓的水流中顺流而下，在与大自然抗争中演绎精彩的瞬间，这就是漂流，一项勇敢者的运动。随着社会的发展，生活水平的提高，回归自然、挑战自我成为现代人们追求的时尚。漂流运动以其特有的运动形式成为现代人们融入自然、挑战自我的工具，激流皮划艇、障碍回旋、激流马拉松、漂流、皮艇球项目应运而生，这些项目的出现立即得到了特别追求时尚、热衷户外运动的年轻人的喜爱，并迅速在世界各地得到普及，又因为其高观赏性、高收视率得到了媒介，特别是电视公司的喜爱。由于电视的介入，皮划艇竞赛成为极好的广告载体，成为众多企业、各大公司推广形象、开拓市场的极好投资途径。

（六）溯溪

溯溪原是流行在欧洲阿尔卑斯山脉一带的登山方式，后演变为相对独立的户外运动。所谓溯溪，是由峡谷溪流的下游向上游，克服地形上的各处障碍，溯水之源而登山之巅的一项探险活动。在溯溪过程中，溯行者须借助一定的装备，具备一定的技术，去克服诸如急流险滩、深潭飞瀑等许多艰难险阻，充满了挑战。除了基本的登山技能，溯溪还要求掌握攀登瀑布等技术，因此，单从技术而言，溯溪比登山更复杂，要求更高。溯溪的技术大致可分为：溯溪图的判读、登山技术、具有溯溪特点的技术，即岩石堆穿越、横移、涉水泳渡、瀑布攀登等。溯溪活动需要同伴之间的密切配合，依靠团队精神，去完成艰难的攀登。而对于溯溪者来说既是一种考验，同时又能得到一种信任和满足，一种克服困难后的自信与成就感。

二、户外运动活动的组织形式

（一）个体自发组织

也就是通常所说的"AA制"或"纯AA"，是指户外个体自发聚集、共同参加活动的一种方式。其具有以下主要特点。

1. 无组织性，为自发、自愿的个体行为。

2. 人人都出费用，且费用平均分摊。

3. 责任自负，无须承担同伴意外伤亡上的法律责任。

4. 目前无相关户外运动专项保险保障。

（二）俱乐部组织

俱乐部组织指通常所说的户外运动俱乐部等机构为发起人，以赢利为目的，召集并组织他人参加活动。包括目前户外运动行业普遍存在的以个人或俱乐部（公司）组织的 AA 制活动组织费、固定报价等形式的活动。其有以下特征。

1. 有组织的行为。合法的组织：是经相关主管机构审批、工商或民政依法注册的个体、户外俱乐部、协会、机构等；非法组织：未经相关部门审批注册的个体、户外俱乐部、协会、机构等。

2. 利益趋向性明显。组织者从中获得各种直接或间接性的利益，包括现金、实物、声誉、促销等。

3. 责任性。组织者与参与者各自承担事先约定或法律规定的相应责任。

4. 有户外运动专项保险作为保障。

（三）政府部门组织

政府部门组织指由户外运动管理机构主办、地方行政部门承办（或组织）的户外运动活动，一般指较大型的群体活动。如从 2002 年开始，一年一度的全国群众登山健身大会就是典型的由政府组织的群众户外运动活动。全国群众登山健身大会是由中国登山协会打造的一项全民健身活动项目，对登山健身项目以及登山健身目的地发展都起到极大的推动作用。自 2002 年开始举办以来，已经成为我国全民健身活动的品牌项目，深受广大人民群众喜爱。

第三节　参与户外运动的经验与技巧

一、户外用火技巧

户外取火不仅是户外运动者必备的生存要素之一，也是野外生存必须掌握的一项关键技能。有了火，不仅能够取暖、照明、做饭、烧水、烧烤食物、制造工具，更能够在漫漫长夜提供照明，驱赶潜在的有威胁的野生动物，让所处的环境具有安全感，从而给身处户外恶劣的环境下的人以温暖，更能够增强人的自信心，更重要的是遇到危险情况下向外传递求救信号，因此，在户外没有火柴或者打火机的情况下的取火，就是非常重要的事情。

（一）户外取火

户外取火，除了常用的火柴、打火机直接点燃易燃物之外，更多的是采用摩擦生火等方式来获取火种。

1. 火柴取火

火柴取火是最简单便利的取火方式，但在使用中要注意防潮。尽可能使用防水防风火柴或自己制作防水火柴或携带标有"非安全""可以在任何地方划着"标记的火柴，但要注意安全保管。超长超粗的火柴，能提供更强劲的火力，适合户外的恶劣环境下使用。

防水火柴比普通火柴更有用处，防水防风火柴头上有防水蜡封，能够避免普通火柴由于潮湿而无法使用的问题，但其体积却大了许多。普通火柴易燃，却不大安全；"可以在任何地方划着"标记的火柴要防止它们相互摩擦意外自燃。另外，用火柴点火虽然较其他方法更为轻松，但不要浪费，每次使用时应从盒内只拿一根，并随手盖好盖子，无论何时都不要将盒开着或者随便扔在地上。

制作防水火柴：首先点燃一根蜡烛，然后等燃烧至蜡油流出后，用火柴在蜡油中轻轻旋转裹上一层蜡油，这时防水火柴就做好了。

2. 打火机取火

打火机取火也是户外活动中非常方便的取火方式，但需要特别注意打火机在高温天气下易爆、在高寒环境下打不着火或其他环境中易出现机械故障的问题。

3. 古典式钻木取火

古典式钻木取火法分单人古典式钻木取火和双人古典式钻木取火，是最古老和最易被理解和最广泛使用的一种取火方法，但也是户外取火方法中最困难的方法。

单人钻木要独自操作，而双人钻木要两人合作，效率比一个人高很多。方法都是要找到合适作钻板的木材，如白杨树、柳树等都是较好的选择（质地较软），然后再找合适作钻头的树枝，相对于质地较软的钻板来说，硬一些就可以，然后把钻板边缘钻出倒"V"形的小槽进行操作就可以了。

提示：两个人合作时，可以一个人用带凹槽的木头盖子把钻轴固定在钻板上，另一个人用摩擦力较大的绳子或藤条在钻轴上缠几圈，然后快速来回拉动，这是一种较好的钻木方式。

4. 弓钻取火

弓钻取火首先要选择韧性好的树枝或竹片，在两端绑上鞋带、绳子或皮带，做成一个弓，然后在弓上缠上一根干燥的木棍，再在一块硬木上迅速旋转，就会钻出一些黑色粉末，最后这些黑色粉末冒烟而产生火花，就会引燃火种。需要注意的是，钻木取火的方法对我们"现代人"来说是非常困难的，只能作为野外取火的最后手段试而为之。像其他摩擦取火的方法，如火犁、火鞭等，都很费时费力，并且要有适当的引火材料，需多次操练才能成功。

5. 击石取火

击石取火也是人类古老的一种取火方式。首先找一块坚硬的石头作火石，然后用小刀的背或小片钢铁向下敲击"火石"，使火花落到引火物上。当引火物开始冒烟时，缓缓地吹或扇，使其燃起明火。该方法使用时需要注意以下几点：第一，如果"火石"打不出火来，可另外寻找一块石头再试。第二，不是任何一块石头都能点燃引火物，石头击出的火花必须有一定的热量和持续时间才能点燃引火物。第三，越是有棱角的石头打击火石效果越好，当一块硬石边缘太圆滑时，需要把它在大石上摔碎，这样就能现出尖锐的棱角。第四，在火石的上面垫上易燃的火绒或是已烧焦的布料，在这种情况下打击更容易点燃。

6. 其他方法

在野外生火，除了以上的方法外，还有凸镜引火、藤条取火、电池生火、镁棒（打火石）取火、易洛魁族式取火法（利用转轴摩擦取火）、玻璃片摩擦法（在平坦的木板上用摩擦玻璃片，也能生热发火，待剧烈摩擦发烫时，将火种吹燃）等。

（二）野外用火注意事项

在户外用火，不是什么地方都可以随意生火的，一定要注意用火安全。用火时要注意以下事项：

1. 确定生火的地方要干燥。在野外，并不是随处都可以生篝火的。首先选择在干燥的地面上生火，如果没有干燥地面，应用树皮或者较大的石块创建出一片干燥地面。另外要注意避免有可能遇热后易爆炸的石头，尤其是被水泡过的石头。

2. 避免在周围有易燃物的区域内生火。如在干燥的日子里，极易引燃四周的杂草，千万要当心。如果避免不了，一定要清理出一块至少120厘米见方的空地，用以保证安全。

3. 野外生火时，要将火堆始终处在自己的视野范围之内。

4. 野外生火不能急躁。首先要收集足够的木柴，把引火用的报纸或树皮点着，然后再引着细木枝，当火确实引着之后，再渐渐地添加粗树枝。

5. 尽可能将火堆生在近水处，或在火堆旁有便于使用的泥土、沙石、青苔等用于及时灭火。

6. 要注意火堆附近的环境保护。不要在火堆附近采集掉落的树枝、树叶；尽可能使用营地已有的火堆或火塘；离开时，用土掩埋火堆或火塘，或将灰烬和木炭碾碎后散播在较大范围内。

7. 随时注意路途当中关于野外火灾和森林防火方面的指示张贴、标准等。

8. 不要将火堆生得过大，可以有效防止事故的发生和有效节省资源。另外可以在火堆四周堆一个圆圈，用以控制火堆的规模。

（三）野外生火材料

野外生火的材料分为引火材料和燃火材料。引火材料必须易燃，首先采集引火用的如天然的枯草、干树叶、桦树皮、松针、松脂、细树枝、纸、棉花等。如找不到干燥的天然引火物，可利用棉衣里的棉絮、药箱里的绷带、口袋里积聚的绒毛等。

燃火材料最好是易燃、耐烧的木柴。干柴要选择干燥、未腐朽的树干或枝条。要尽可能选择松树、栎树、柞树、桦树、槐树、山樱桃、山杏之类的硬木，燃烧时间长，火势大，木炭多。不要捡拾贴近地面的木柴，贴近地面的木柴湿度大，不易燃烧，且烟多熏人。

（四）户外篝火点燃的方法

点燃篝火的方法：首先要选择背风的地方且距离帐篷等不得近于1～2米，以避免火灾。接着清理出一块平坦、远离枯草等易燃物的空地，然后点燃引火物，再在上面放上细松枝、细干柴等，最后架上较大较长的木柴，篝火便能成功升起。如果必须在湿地或雪地生火时，要先用石头或木头垫地，然后放上生火材料。野外点燃篝火，通常有以下几种形式：

1. "十字架形"

"十字架形"篝火是户外生火首选方法。方法是将一些较小的圆形木材一层层地相互交叠在一起，形似"十字形"，这样的结构基础比较牢固，不会轻易塌陷，且会释放出大量的热度，另可形成较深层的残灰或者是余烬，对于烹煮食物是不错的选择。

2. "星形

"星形"篝火是户外常见的一种燃点篝火的形式，这种篝火热量很大。方法是把较粗的圆形木头缓缓添加到中央的区域，并使之呈星星状。其特点是火从中心点燃，可以一面烧一面把圆木向里推，避免体积过大的木材在燃烧过程中所可能产生的问题，并且也为炊具提供一个稳定的烹煮平台。

3. "圆锥形"

"圆锥形"篝火也叫"帐篷式"篝火，也是户外常见篝火形式。方法是将火堆架设成"圆锥形"或"帐篷式"，可以有效地燃烧篝火堆，保持旺盛的火焰。特点是能够提供较大程度的照明，但是火势太大且烧得快，比较费木材。重要的是这种结构不够稳定，容易坍塌。

4. "壕沟形"

"壕沟形"篝火适合于在风大的户外搭建。方法是在搭建这种结构前，需要在地上挖深30厘米，宽30厘米，长1米的壕沟，在壕沟边沿用石头堆砌或在平地上用两条较粗较长的原木摆出"壕沟形"。特点是用完火之后便于掩埋，而且可当作一个绝佳的地热来源。但需要注意有气孔的潮湿岩石，因为它们受热可能会发生爆炸，这样就得不偿失了。

5. "蛇洞形"

"蛇洞形"篝火是在风势很大的情况下采用的一种点燃篝火的形式。方法是在平地的下风处挖个洞，并堆放树枝或是其他东西使其上方形成一个空穴，相当于制造一个烟囱。再在地下生火以提供一处较为集中的热源。特点是容易用来烹煮食物和保存好燃料，而且火能够从缝隙处吸入大量的空气，减少浓烟量，同时就算外界风势再大也能点燃。

二、户外用水技巧

水在人体中的含量占近70%。体内所有的生理反应都离不开水，水参与人体的新陈代谢、散热、排毒，是维持肌体生命活动、保持健康不可缺少的物质。据统计，人离开水的极限时间约为150小时（受环境温度影响）。因此，在户外缺水的环境下寻找水源对户外运动爱好者同样是一项重要技能。

身处野外，自然界为我们提供了多种水源。地表水：如江河、湖泊、溪流等；地下水：如井水、泉水、地下蓄水池等；生物水：一些含有充足水分的植物，如仙人蕉、竹子、仙人掌等；天上水：如雨水、雪水、露水及融化的冰块等。通常情况下，雨水可以直接饮用，泉水、井水、断崖裂缝或岩石中流出的清水也为最佳饮用水，其次山间流动的溪水有自净作用也可直接饮用。但是无论多么充沛的水源，如果其上游有小屋或者水源附近曾经作为营地的话，那么水源一定被污染过，对于已经污染的水源，千万不要直接饮用。另外，野外获取的水源中经常会带有一些致病的物质，如痢疾、伤寒、血吸虫、肝蛭、霍乱等有毒的病菌以及腐烂的植物茎叶，昆虫、飞禽、动物的尸体及粪便，有的还可能会带有重金属盐或有毒矿物质等。所以应就当时的环境条件，进行水质检测、净化、消毒、杀菌等处理，才可以放心饮用，避免因饮水而中毒或传染上疾病。

（一）检测水质

在野外如果得不到可靠饮用水，且没有检测设备时，我们通常可以根据水的色、味、温度、水迹概略地鉴别水质的好坏。

色：纯净的水在水层浅时无色透明，深时呈浅蓝色。我们用盛水容器取得水后，观察水的颜色。通常水越清水质越好；水越浑浊则说明水里含杂质较多。水色随含污染程度不同而变化，如含有腐殖质呈黄色，含低价铁化合物呈淡绿蓝色，含高价铁或锰呈黄棕色，含硫化氢呈浅蓝色。

味：一般清洁的水是无味的，而被污染的水则常有一些异味。如含硫化氢的水有臭鸡蛋味，含盐的水则带咸味，含铁较高的水带金属锈味，含硫酸镁的水有苦味，含有机物质的水有腐败、臭、霉、腥、药味。为了准确地辨别水的气味，可以用一只干净的小瓶，装半瓶水，摇荡数下，打开瓶塞后立即用鼻子闻。也可把盛水的瓶子放在约60℃的热水中，若闻到水里有怪味，则无法饮用。

温度：地面水（江河、湖泊）的水温，因气温变化而变化。浅层地下水，受气温影响较小，深层地下水，水温低而恒定。如果水温突然升高，多是有机物污染所致。工业废水污染水源后也会使水温升高。

水迹：还可以用一张白纸，将水滴在上面晾干后观察水迹。清洁的水是无斑迹的；有斑迹，则说明水中杂质多，水质差。

（二）户外用水原则

野外用水要注意以下用水原则：

1. 注意饮用洁净水。雨水、泉水、井水、岩石流出的清水和流动的溪水都可以直接饮用。注意饮用水里的悬浮物质和胶质物质越少越好，否则长期饮用容易致病。

2. 对野外水源获得的水要进行净化、消毒、杀菌处理。我们目前所能到达的地方，水源基本上都受到了污染。即使在原始森林中，许多小溪、河流表面看起来清澈干净，实际上却含有多种有害的病菌。人一旦喝下去就会染上像痢疾、疟疾这样严重的疾病。因此，在有条件情况下一定要对野外获得的水进行处理。

3. 户外饮水要采取"量少多次"的原则饮用。试验证明：一次饮用1000毫升水，380毫升则由小便排出；假若分10次喝，每次80毫升，小便累计排出80～90毫升，水在体内就得到充分利用。每昼夜喝水不大于500～600毫升，这在5～6天内对人体不会产生有害作用。

4. 在户外大量运动出汗后，如有条件的情况下，户外用水需适量补充淡盐水、糖水等，不宜喝5℃以下水。因为大量的排汗，由汗液带走了无机盐，如钠、钾、镁等，因此能量和盐分的补充可有效防止机体电解质紊乱。

（三）户外如何取水

在户外，尤其是野外无水的环境下，可以通过一些简单的方法来获取饮用水源。

1. 利用人体五官来寻找水源地

通过人体五官的听、嗅、闻来判断水源位置，从而找到直接饮用水源。如山溪或瀑布的流水声，蛙鸣声和水鸟的叫声；刮风带过来的泥土腥味及水草的味道；以及通过观察动物、植物、气象、气候及地理环境等也可以找到水源。

2. 直接从植物中获取水源

在野外环境下，许多自然界植物为我们提供了多种水源供应，且大多能直接饮用。如北方的野葛藤、葡萄藤、芦荟、仙人掌、猕猴桃藤、五味子藤等藤本植物可从中直接获取饮用水。另外，在春天树木要发芽之时，桦树、山榆树等乔木的树干及枝条中也可获取饮用水。在南方，找到了野芭蕉也就找到了很好的水分来源，只要用刀将其从底部迅速砍断，就会有干净的液体从茎中滴出，可直接饮用。

提示：千万不要饮用那些带有乳浊液的藤或灌木、乔木的汁液，此类植物的汁液存在有毒物质，同时，从植物中获取的饮用"水"，容易变质，最好即取即饮，不要长时间存放。

3. 野外环境下物理方法直接获取水源

（1）冰雪融化法

直接将冰雪在容器中融化，条件许可的情况下尽可能进行漂白、过滤和煮沸，然后才能进行饮用。

（2）地汽取水法

在有湿沙或苦咸水的地方，用简易的太阳蒸馏器获取淡水。方法是：挖一个约20厘米深的碗状坑，上面盖一层透明塑料膜，四周用沙子或石头固定，中间放一小石子，使薄膜呈倒锥形，下面放一接水容器，通过坑中的水分蒸发，从而获得干净的蒸馏水。

（3）植物取水法

利用植物的蒸腾作用，将塑料袋套在植物的浓密嫩枝条上，扎好袋口收集，或利用塑料布收集露水的方法来收集饮用水。

4. 从海水、盐碱水中获取饮用水源

首先使用离子交换树脂脱盐剂，如果没有，可以使用锅煮海水来收集蒸馏水的方法使海水淡化。方法是：煮海水时，在锅盖内侧贴上毛巾，将蒸馏水的水珠吸附在毛巾上，然后拧在大贝壳或其他容器内。这样反复制作，就可得到所需的淡水。在冬天，将海水放在容器中冻结，冻结后的海水会将大部分溶解在水中的盐分以结晶的方式分离出来。这时，冰块基本上是淡化的，而将未冻冰的水，即浓盐水在锅里加热，熬干后可得结晶盐。

提示：紧急缺水情况下人体的尿液也可以应急解渴。尿液虽然难以下咽，但并不污秽，只是因为心理作用。

（四）户外水净化

野外饮用水的净化处理，是进行户外运动要掌握的基本技能。虽然雨水、泉水、井水、山间流动的溪水可以直接饮用，但是静止的或流动缓慢的水中含有大量有机物及细菌，需要净化处理后方可饮用。在野外的环境条件下，对寻找到的水源可以使用以下三种简单方法进行净化处理。

1. 渗透法

当河流、湖泊的水中发现有漂浮的异物或水质混浊不清时，可通过渗透法获得较为洁净的水。方法是：在离水源1～2米处向下挖一个小坑，坑里的水通过砂、石、土的缝隙自然渗出，其获取的水就较之先前直接获取的水洁净。

2. 过滤法

当水源地的水泥沙混浊，有异物漂浮且有微生物或蠕虫及水蛭幼虫等，而水源周围的环境又不适宜挖坑时，此时就需要使用过滤法来获取水。方法是：用棉质单手套、手帕、袜子、衣袖、裤腿等，或底部刺有小眼的塑料袋，或去掉瓶底倒置的饮料瓶，由上向下在容器底部铺一层细砾石，然后铺一层沙子，一层炭粉，如此重复多次，层数越多越好，每层约25厘米厚。如无沙子，就用细砾石代替，压紧按实，自制的简易过滤器就完成了。将不洁净的水倒入进行过滤，如果不满意可重复进行。

3. 沉淀法

有时候，因户外环境条件有限，还可以使用沉淀法在野外条件下进行水质净化。方法是：将水收集到盆或壶等容器中，然后根据现有条件放入少量的明矾或木棉枝叶（捣烂）、仙人掌（捣烂）、榆树皮（捣烂），在水中搅匀后沉淀30分钟，轻轻舀起上层的清水，便能得到较为干净的水。

（五）户外水消毒、杀菌

一般情况下，除了泉水和井水（地下深水井）可直接饮用外，不管是河水、湖水、溪水、雪水、雨水、露水等，还是通过渗透、过滤、沉淀而得到的水，最好进行消毒、杀菌处理后再饮用。其处理的方法主要是烧开、使用净水药品和过滤器。

1. 烧开

将野外获取的水烧开，是最实用，也最有效的手段，缺点是浪费燃料，而且耗时。在海拔高度不太高（海拔2500米以下）的情况下，把水煮沸5分钟，是对水进行消毒、杀菌的有效方法，简便实用。尤其是对河水、湖水、溪水、雨水、露水、雪水进行消毒、杀菌以保证用水需求。

2. 净水药片

净水药片的使用是以化学的方式进行净化，一般较多使用的是碘，其次是氯。净水药片轻巧、便宜、体积小，有着很大的市场。缺点是耗时，且有异味异色，最主要的是可能有一些水中的寄生虫无法彻底清除，还有就是容易引起过敏，同时和某些食物或是用具发生化学反应。一般在加入净水药片后20分钟左右才能喝，还有就是净水药片的保存要注意避光、避潮。

3. 净化过滤器

野外使用的水过滤器一般分两类：过滤器和过滤净化器。其主要区别是：过滤器是以过滤的方式去除细菌和寄生虫，而过滤净化器除了能去除细菌和寄生虫外，还能去除病毒（基于REI的分类）。优点是随时可以喝到水，缺点是价格贵、体积大、重量大，且后期需经常维护。但近年来随着科技的进步，出现了一种饮水净化吸管，形如一只粗钢笔，经它净化的水无菌、无毒、无味、无任何杂质，无须经过沸煮即可饮用，很轻便；其次是一些从国外进口的净水器，体积小效果好，能将较浑浊的液体过滤成可饮用的纯净水。

4. 其他野外处理水的方法

（1）无净水药片时，可以用医用碘酒代替净水药片对水进行消毒。在已净化过的水中，每一升水滴入3~4滴碘酒，如果水质混浊，碘酒要加倍。搅拌摇晃后，静置的时间应长一些，20~30分钟后，即可饮用或备用。

（2）利用亚氯酸盐（漂白剂）进行消毒。在已净化的水中，每升水滴入漂白剂三四滴，水质混浊则加倍，摇晃均匀后，静置30分钟，即可饮用或备用，但是需注意不要把沉淀的浊物一同喝下去。

（3）利用食醋（白醋也行）也可以对水进行消毒。在净化过的水中倒入一些醋汁，搅匀后，静置30分钟后便可饮用。只是水中有些醋的酸味。

（4）如果水中有重金属盐或有毒矿物质，应用浓茶与水同煮，最后出现的沉淀物不要喝；

如果是咸水，应用地椒草与水同煮，虽不能去掉原来的苦和咸，但能防止发生腹痛、腹胀、腹泻的情况。

总之，无论多么口渴，都不要饮用不洁净的水，以防止病菌通过饮水进入体内，万不得已的情况下，一定要将水煮开再喝。

三、户外识天气技巧

对户外运动来说，天气因素的影响是非常重要的。如果身处户外环境中，通过一些简单的方法来预测未来天气状况的好坏，有助于提高户外活动的效果，是很有实际意义的，可以避免一些不必要的麻烦。

整个大自然是一个和谐统一的整体，风雨阴晴都可以通过一些事物反映出来。长期以来，人们经过不断的观察、总结、论证，基本上能通过一些事物的变化如动物、植物、自然现象等，并经过长期不断实践总结，得出具有一定可信度的天气谚语，来做出对未来天气状况的预测。

（一）通过动物预测天气

青蛙："蛤蟆大声叫，必是大雨到"。青蛙被称为动物界的"活晴雨表"。天气晴朗，青蛙便会待在水底，下雨前，则会跳出水面。尤其春夏季节，青蛙叫声大而密，便预示着不久后就会下雨。

麻雀："群雀洗凉，落雨大又强"。麻雀是鸟类中天气变化的"敏感者"。夏秋季节，麻雀飞到浅水地方洗澡，将预示一两天内有雨；如果大群麻雀洗澡，未来则有大到暴雨。冬季里，麻雀四处寻食，飞个不停，进巢时，嘴里还叼着杂草、种子之类的东西，一般 3～5 天内将要下雪。

喜鹊："喜鹊枝头叫，出门晴天报"。只要听见喜鹊在枝头欢愉地鸣叫，那么当天一定是个好晴天。如果在树上乱叫乱嘈，鸣叫声参差不齐，是阴雨的预兆。

海雀："海雀向上飞，有风不等黑"。海雀往上飞就预示着海风将加强。

燕子："燕子低飞，蛇过道，大雨不久就来到"。快下雨的时候，由于气压较低，空气湿度大了些，昆虫都飞不高，燕子只能低飞才能捕捉到更多食物。而蛇在天气变化前，在洞里待不住，会从洞中爬出来，横在马路上晒鳞片。

猫头鹰：夏秋季节，日出或日落时，猫头鹰在树上不停地跳来跳去，并不停地鸣叫，叫声低沉似哭泣声时，表明第二天要下雨了。

蜘蛛："蜘蛛结网，久雨必晴"。阴雨天，如气压上升，湿度减小，昆虫高飞，蜘蛛便张网捕捉，预示天气将转晴。反之，蜘蛛收网，预示将下雨。

蜜蜂："蜜蜂窝里叫，大雨就来到；蜜蜂不出窝，风雨快如梭"。另外有"蜜蜂采花忙，短期有雨降"。

蚊子："蚊子集堂中，明朝带斗篷；蚊子乱咬人，不久雨来临；蚊虫咬得凶，雨在三日中；蚊子咬得怪，天气要变坏"。

蚯蚓："蚯蚓路上爬，雨水乱如麻"。蚯蚓喜欢居于低湿疏松的泥土里，如果爬上路，说明空气中水汽多，气压低，这是有暴雨的征兆。

蚂蚁："蚂蚁成行，大雨茫茫；蚂蚁搬家，大雨哗哗；蚂蚁衔蛋跑，大雨就来到"。

蟋蟀："蟋蟀上房叫，庄稼挨水泡"。

蜻蜓："蜻蜓千百绕，不日雨来到"；"蜻蜓飞得低，出门带雨衣"。蜻蜓如在空中上下飞蹿，2小时左右将有大雨。

蝉："知了鸣，天放晴"。在炎炎夏日里，蝉鸣也预示着炎热天气将持续。不过当蝉鸣断断续续时，"蝉儿叫叫停停，连阴雨将来临"。

鱼类："鱼儿出水跳，风雨快来到"；"河里鱼打花，天上有雨下"。临近下雨，由于水中溶解氧气量减少，鱼类纷纷浮到水面上层甚至水面来呼吸。表明大雨将到。如泥鳅，有"活气压计"之称，晴天待在水底一动不动，当风雨来前，会卷曲身体游泳。当它在水中上下左右、十分起劲地翻动时，不用多久，就会下雨。

（二）通过植物篇预测天气

野蒿：（主要指黄花蒿和杜蒿）遍布我国各地。若在大旱天气里发现它的根部生出很多幼嫩的白色小芽，则预示着不久天将下雨。

紫茉莉：又称胭脂花，有紫、红、白等色，夏季开花。如果头天傍晚开花，第二天早晨凋萎。根据其花凋萎的时间，可对当天的天气做出判断：若天刚放亮，花就立刻凋萎，预示着当日天晴；若花凋萎的时间较晚，则预兆当日为阴雨天气。

柳树：如果发现柳叶反转过来，变成"白色"，预兆阴雨天气将会来临。

南瓜藤："南瓜头向下，天气有变化"。在夏季的早晨，如果发现南瓜藤的顶端普遍朝上，则预示着天气将由晴转雨。反之，若在阴雨天气里发现南瓜藤的顶端普遍朝下，则预示着天气将要转晴。

（三）通过自然现象预测天气

太阳：午后太阳如果闪烁绿光，表明天气相当不错，这样的状况至少可以维持24小时。太阳日环也可以准确预告天气，日环变大是天气晴朗的预兆，日环缩小意味着将要下雨。

月亮："月光带柳，大雨落下"。"带柳"就是光环的意识，月亮周围有环，说明空气潮湿，不久就会有雨。

星星："星星布满天，明天好晴天"。

云：云是天气的招牌。"天上扫帚云，三天雨淋淋"；"高山缠云，有雨来临"；"云行东，马车通；云行西，马溅泥；云行南，水满潭；云行北，好晒麦"。天空的薄云，往往是天气晴朗的象征；那些低而厚密的云层，常常是阴雨风雪的预兆；早晨如果天空出现棉絮状云，天气可能变坏，发展成雷雨天或大风大雨天。如看见形如"，"状的云从天边移来，意味着天将下雨，即"钩钩云，雨淋淋"。

雷声："雷轰天边，大雨连天。雷轰天顶，大雨不狠"；"雷响无尾音，马上会放晴"；"久雨闻雷声，不久定天晴"；"西方雷声隆隆叫，大雨马上就要到"。

雾："清晨浓雾，天晴不误"；"雾早散，天气晴。雾迟散，雨淋淋。雾上升，天转晴。雾下沉，雨淋淋"。"久晴大雾阴，久阴大雾晴"，指的是久晴之后出现雾，说明有暖湿空气移来，空气潮湿，是天阴下雨的征兆。反之则可能是一个晴好天气。

朝霞："朝霞不出门，晚霞行千里"是古老的天气谚语。因为日落时分空气中水汽很少，在随后的两个小时内不大可能下雨或下雪。但如果朝霞红了半边天，通常会有一场暴风雨。灰色的天空意味着有雨，因为灰尘和水汽混杂在一起，很容易降水。

烟："烟囱不出烟，一定是阴天"或"烟扑地"，都是天将下雨的预兆，因为草木燃烧后排出的气体中还含有二氧化硫，它会跟空气中的水分子发生反应，变成液滴，浮在空中。因此，烟似乎就变重了，不易升腾。

篝火：观察篝火也可以预测天气变化，如果烟火缓缓上升，表明天气不会有太大变化。如果烟火闪烁不定，或者升起又降下，可能会有暴风雨。

彩虹："东虹日出，西虹雨"，"雨前虹，落不停。雨后虹，天转晴"。傍晚的彩虹也是天气晴朗的预兆。

（四）户外风力判断

户外风力、风向的变化对喜爱户外运动的人来说，影响着活动的效果。尤其是露营爱好者，则具有较大影响，关系到帐篷的搭建、炉具的使用和篝火的燃烧等。因此，户外运动中对风力、风向的研究比较重要。风向判断比较简单，风力则比较困难。所以，如果有条件可以带上一个风向风力表，或通过下表 2-3 对周围风力做出大致判断：

表 2-3　风力判断表

风力等级	风速	外界表象
0 级静风	00～02	烟柱直上，水面无波，树叶不动
1 级软风	03～15	弱而无力，烟随风去，树叶微动
2 级轻风	16～33	人有感觉，树有微响，旌旗始动
3 级微风	34～54	细枝摇动，旌旗风展，稻谷摇动
4 级和风	55～79	树枝弯动，灰尘四起，纸飘空中
5 级劲风	80～107	小树摇动，湖塘起波，庄稼起伏
6 级强风	108～138	电线有声，撑伞难行，大树摇动
7 级疾风	139～171	迎风难行，全树摇动，大树弯枝
8 级大风	172～207	阻力甚大，小枝折断，江河浪猛
9 级烈风	208～244	吹坏烟囱，小屋受损，瓦片移动
10 级狂风	245～284	行人吹跑，逆风难行，树木刮倒
11 级暴风	285～326	破坏严重
12 级飓风	327 以上	摧毁极大

注：风速单位：米/秒。

四、户外行走、穿越技巧

户外行走技术，也叫户外徒步技术，是户外运动爱好者最基本的一项技能，也是户外活动的一种主要形式。根据户外行走的地理环境的区域不同，分为城郊、乡村、山地、丛林、沙漠、荒原、雪原、冰川、峡谷、平原、山岭、长城、古道、草地、环湖、江河等户外行走技术。根据行走距离的不同，分为短距离行走：15 千米内；中距离行走：15～30 千米；长距离行走：30千米以上。

（一）户外行走基本技术

户外行走，因每个人的体力不同，所以应按实际情况而定。行走时，要保持轻松姿势，避免肩部用力；脚步不要抬得太高；鞋要合脚，袜子应大小合适、平整；有砂石进入鞋里要及时取出。行走速度要以不感气喘的经济速度为宜；步子不宜过大、过急。一般而言，走 50～60 分钟，可休息 10 分钟左右；行走 20 千米后，应大休息一下，约 2 小时；途中采用大步走，可节省体力；团队行进时，应注意保持间距 2～3 米，注意前后的联系，避免掉队和有人出现伤病时能及时发现而采取措施。

（二）户外行走需遵循以下原则

1. 坚持"大步走"

如果将步幅加大，三步并作两步走，几十公里下来，就可以少迈出许多步，节省许多体力。

2. "有路不爬山""有路不穿林""有大路不走小路"

尤其是山地行走，可以有效避免迷失方向、节省体力和加快行进的速度。如没有道路，可选择在纵向的山梁、山脊、山腰、河流小溪边缘，以及树高、林稀、空隙大、草丛低疏的地形上行进。

3. "走梁不走沟，走纵不走横"

一般情况下，深沟峡谷和草丛繁茂、藤竹交织的地方，地形比较复杂，不易行走。

4. "不怕慢就怕站"

疲劳时，应用放松的慢行来休息，而不要停下来，站立 1 分钟，慢行就可以走出几十米。

5. "适时休息"

户外行走不要过高估计自己的体力，疲劳时，应适时休息。不要走到快累垮了才休息，那样不容易恢复体力，再走也提不起来劲。正确的方法是大步走一段，再放松缓步慢行一段，或停下来休息一会，调整呼吸。站着休息时，不要卸掉装具背包，可以在背包下支撑一根木棍，以减轻身体负重。若天气冷，不要坐在石头上休息，石头会迅速将身体的热量吸走。

（三）户外行走注意事项

户外行走，需要注意以下事项：

1. 路线

行走路线的规划是首要任务，这样才能在行走过程中有比较合理的安排。建议选择风景较美的乡镇公路。

2. 体能

对个人的体能要有一个清楚的认识，这样才能保证行走计划的完成。

3. 信心与毅力

户外行走，一般情况下距离都比较长，达到 10～30 千米，或许更长。所以在行走过程中要树立坚强的信心与顽强的毅力，做好吃苦和受挫的准备。如果没有，最好放弃，以免拖累队友。

4. 物资装备

物资与装备在户外行走过程中是必不可少的，根据需求分为必备装备和选配装备，但要求尽可能精简。必备装备如：地图、钱、手机、水、食物和个人药品、遮阳帽、保暖衣服等。选配装备如：相机、公共药品、防晒用品、备用鞋子和雨衣（视当时天气情况）等。

5. 人员的选择

一般以 3～4 人为宜，2 人也可。出发后要以安全为先，忌讳单独行走。如果遇到问题，要能够相互沟通，统一意见，以防出现矛盾。

6. 鞋、袜

鞋子与袜子是户外行走最重要的装备，直接决定着行走的成败。轻便运动鞋轻、软，较适合长距离平路行走；登山鞋重、鞋底硬，不适合在公路长距离行走。另外，新鞋子容易导致脚部不适，导致水泡形成，行走前最好磨合一段时间。袜子要选择厚而干爽的，要带有备用袜子。长距离行走时，多换几次，能较好保持足部干爽，还可预防水泡。

7. 行走姿势

注意利用摆臂来平衡身体和调整步伐；不定期地变换行走姿势，让整个脚掌均匀受力，使肌肉可以交替休息；平路时要放松，用大腿带动小腿行走；走自己的节奏，尽量不要去追赶别人的节奏；尽量保持匀速，要时快时慢，时跑时停；上坡时先深呼吸，上身前倾；下坡时，如果加速或跑，身体应后仰，降低重心，不易摔倒。

（四）不同路况下的户外行走

户外行走路况分为一般道路行走和复杂道路行走。根据其行走特点，有不同要求。

1. 一般道路行走

一般道路行走是指在城市道路、公路、厂矿道路、林区道路及乡村道路等较为平坦、无障碍环境下的行走。虽然行走难度小，但因为道路车辆和行人较多，路况多变，在行走中需要注意以下方面：

（1）在道路上行走，要走人行道；没有人行道的道路，要靠路边行走。注意路沿、下水井盖、电线杆等障碍隐患。

（2）集体行走，要有组织、有秩序地列队行走，以免掉队、丢失等现象。

（3）结伴行走，避免相互追逐、打闹、嬉戏；行走时要专心，注意周围情况，不要东张西望、边走边看书报或做其他事情，避免突发事件的发生。

（4）要学会避让机动车辆，不与机动车辆争道抢行。在狭窄道路同时注意和对面行人礼让通过，一般情况下靠右避让。

（5）在雾、雨、雪的天气状况下，最好穿着色彩鲜艳的服装，便于机动车司机或其他具有危险隐患人员的尽早发现目标，提前采取安全措施。

2. 复杂道路行走

复杂道路行走是指非平坦道路和较为复杂路况的行走，如：

（1）走上坡路

上坡时，行走重心应在脚掌前部，身体稍向前倾。由于腿部要高抬和向后下方蹬地用力，比较费力，所以提步要自然，步幅不宜太大。注意提膝高度应适宜，尽量利用大腿肌肉力量来提升身体。如遇到陡峭山路，应避免直线攀升，最好以"之"字形行进或外"八"字形步法或侧身以双脚横向"迭步"向上。

（2）走下坡路

下坡时重心放在后脚掌，同时降低重心，身体稍微下垂。一般情况下下坡路很轻松，但不要破坏原有节奏。如遇到较大坡度，尽可能重心向后或侧身以双脚横向"迭步"向下，尤其是不可跑跳行进，避免重心失控向前跌倒受伤。

（3）过碎石地

在过碎石地时，应小步踩实通过，避免踩到不稳固的碎石路面而造成的失去平衡滑倒受伤。

（4）过草丛灌木

通过草丛灌木时，要时刻留意草丛中是否有蜂巢、蚁穴、蚂蟥、蜘蛛和不明有毒植物等，避免对人体造成伤害，所以应穿着长袖衣服和长裤，小心观察路线及走向，避免迷路。同时不要紧随前面的人，以免因树枝或草木的反弹而打伤。坡度较大需要攀爬时，注意所抓的灌木或草蔓是否牢固，小心拔断而受伤。

（5）雷雨天气下的行走

下雨环境下的行走，在山地路况下应尽量避开低洼地，如沟谷、河溪，以防山洪和塌方。如遇打雷，应注意防雷，如立即到附近的低洼地或稠密的灌木丛去，不要躲在高大的树下，可以寻找地势低的地方卧倒，另外不要将金属物品带在身上。其次，雨天使人头痛的泥土粘鞋子问题，泥土粘鞋子不仅行走困难，还容易滑倒，所以行走时要将鞋带系紧，以免碰到泥坑将鞋子粘脱下来。

（6）风雪、浓雾、强风等恶劣天气下的行走

如遇风雪、浓雾、强风等恶劣天气，应停止行进，躲避在山崖下或山洞里，待气候好转时再走，可以有效避免户外伤害事故的发生。如必须前行，尽可能结伴而行，并且一定要做好防范措施，如服装的保护、路线选择、方向确定等。

（7）徒步渡河

首先要摸清河水的深浅，或在前进时用一根木棍在前探路，一方面可以了解水的深浅，另一方面可以起到对身体的支撑作用。其次是避免光脚过河，千万不要踩水中长有青苔的石头。徒步过河时，要一脚踩稳后，再移动另一只脚，不可操之过急。

（8）过独木桥

通过独木桥，要以外"八"字行走或侧身横向移动，眼睛看前方一公尺处，一步步牢固贴在桥上，注意保持平衡缓慢通过。

（9）过吊桥

吊桥比较容易左右摇晃，通过时最好是一个个地过，切记不可拥挤，不要随着吊桥的摆动而加大摆动的幅度，以免发生危险。如果摆动幅度较大，要即刻停止行进，待桥面稳定后，再通过。

（10）过栈道

栈道，一般是指一些峡谷边只容一人通行的窄路，一面是峡壁，一面是河谷。通过时要面向岩壁慢慢地侧身移动，避免突然转身或下蹲而造成的背包或其他随身物品碰到岩壁把自己抵出的危险。

（五）户外徒步穿越

户外穿越是指除了借助一定的交通工具外，大部分靠徒步行走的一种户外活动。它是指从起点到终点，中间可能跨越山岭、丛林、沙漠、雪域、溪流或者峡谷等地貌，保证每个人都安

全归来而需要去经历一些危险和挑战的一种野外活动。

1. 户外徒步穿越注意事项

因户外徒步穿越具有一定的危险性，所以要注意以下事项：

（1）徒步穿越者在每次穿越活动前，都需要对穿越区域的概况进行了解，准备相应的器材装备。

（2）徒步穿越集登山、攀岩、漂流、溯溪、定向越野、野外生存等户外运动技能于一身，所以要掌握相关的知识和技能，并具备一定的天文、地理、生物、化学等知识。

（3）穿越活动是一项综合性强、难度较高的户外活动。因此穿越者要具有良好的心理素质和道德标准，还要有很强的团队精神、乐于助人的精神等品德。尤其在恶劣的环境中，团队精神更加重要。

（4）穿越过程中如果人数较多，要注意保持行进队形，避免团队队形过长而走失队友，或者有人出现意外而不能及时发现的情况。

（5）徒步穿越一般路程较长，因此一定要保证装备给养，尤其是水和能量食品等必需物品。如是团队穿越，要根据个人体力好坏及性别科学分配背负，以便使队伍保持一定的行进速度。

（6）要制定好穿越中的应急措施，预防危险事故的发生，必要时进行紧急处理。

2. 特殊路况的户外徒步穿越技术

（1）山地穿越

在山地行走穿越，会经常遇到各种岩石坡和陡壁，因此攀登岩石也是户外行走要具备的主要技能。攀登岩石之前，应对岩石进行细致的观察，慎重地识别岩石的质量和风化程度，然后确定攀登的方向和通过的路线。攀登岩石最基本的方法是"三点固定"法，要求登山者手和脚能很好地做配合动作。两手一脚或两脚一手固定后，再移动其他一点，使身体重心逐渐上升。运用此法时，要防止蹿跳和猛进，并避免两点同时移动，而且一定要稳、轻、快，根据自己的情况，选择最合适的距离和最稳固的支点，不要跨大步和抓、蹬过远的点。

（2）雪山穿越

首先要注意高原反应。高原反应是人到达一定海拔高度后，身体为适应因海拔高度而造成的气压差，因空气含氧量少、干燥等的变化，而产生的自然生理反应。海拔高度在达到 2700 米左右时，就会有高原反应。症状一般表现为：头痛、气短、胸闷、厌食、低热、头昏、乏力等。一般没有规律可循，避免或减轻的最好方法是保持良好的心态面对它，许多的反应症状都是心理作用或由心理作用而引起的。其次在雪山徒步穿越中，因海拔高，故不可疾速行走，更不能跑步或剧烈运动，尽量不要吸氧，要靠自身适应它，大多数的高原反应会在 24～48 小时后逐渐缓解。另外，雪山行走时，上坡行走最好选择前面人的脚印走，跟走在台阶上差不多，要会利用手杖的支撑，这样会很轻松地翻越。在平缓的地方行走最好不要跟着前面的脚印走，最好在偏离十几厘米的没有经过踩踏的地方走，可以避免滑倒。

（3）沼泽地穿越

通过沼泽地时，要找一位了解情况的人担当向导。如果没有，也要手中执有一根探杖，便于探寻坚实的地面或泥水较浅的地方。沼泽中常有一些由碎叶、湖草、泥土组成的漂浮层，其厚度、强度、支撑力都不相同，走在上面很容易发生意外。通过时，每人应探查自己的路线，不要重复前人的脚印：总踩在一个地方，重量加在一条线上，容易发生危险。在必须单线行走时，应拉开距离，防止重力过于集中，还应尽量利用凸起的土丘。如遇到有鲜绿色植物的地方，应绕行，因为它不是湿度大就是漂浮层薄，下面很可能是泥塘。应尽量避免在此处走动，以免震动过大。

（4）泥潭穿越

穿越泥潭，最好能够避免，如果避免不了应沿着有树木生长的高地走，或踩在石南草丛上，因为树木和石南草都长在硬地上。如不能确定走哪条路，可向前投下几块大石，试试地面是否坚硬；或用力跺脚，假如地面颤动，很可能是泥潭，应绕道而行。

第三章　户外运动应急处置理论

随着户外运动的兴起和户外运动产业的不断发展，户外运动逐渐成为国民经济新的增长点，带动了整个体育产业的不断进步。但与此同时，户外运动突发事件也接踵而至，所带来的损害对国家和人民群众的生命财产安全以及社会稳定产生了巨大影响。如何通过有效的管理方式来降低甚至避免事故带来的损害，已成为目前应急管理的重要问题。

第一节　户外运动突发事件应急管理机制的理论基础

一、户外运动突发事件

（一）突发事件的概念及内涵

"突发事件"这个概念，是当代中国人约定俗成的名词，由于很多事件是突然发生的，令人猝不及防，所以，人们逐渐将"突发"和"事件"放在一起使用，强调的是事件发生的不可预测性和结果的不确定性。

目前，对"突发事件"一词的相关定义以欧洲人权法院对"公共紧急状态"的解释最具代表性，即"一种特别的、迫在眉睫的危机或危险局势，影响全体公民，并对整个社会的正常生活构成威胁"。美国将突发事件鉴定为"由美国总统宣布的'紧急事件'是指在任何场合、任何情景下，在美国的任何地方发生的需联邦政府介入提供补充性援助，以协助州和地方政府挽救生命、确保公共卫生、安全及财产减轻、转移灾祸所带来的威胁"。在计雷等人编著的《突发事件应急管理》一书中突发事件被定义为：在一定区域内突然发生的，规模较大且对社会产生广泛负面影响的，对生命和财产构成严重威胁的事件和灾难。我国于 2006 年 1 月 8 日，在国务院发布的《国家突发公共事件总体应急预案》中首次对突发公共事件做了如下定义：是指突然发生，造成重大人员伤亡、财产损失、生态环境破坏和严重社会危害，危及公共安全的紧急事件。

（二）户外运动突发事件的界定

户外运动突发事件是指在人们进行户外运动过程中，在一定的地理区域内突然发生的，规模较大且对社会产生负面影响的，对人民群众生命和财产构成威胁的事件。2001 年以后，随着我国的户外运动的蓬勃发展，户外运动产业的形成，户外运动突发事件也不断出现在公众的视野。

（三）户外运动突发事件的分类

1. 根据突发事件的发生过程、性质和机理，《国家突发公共事件总体应急预案》将突发事件分为以下四类：

（1）自然灾害。主要包括水旱灾害，气象灾害，地震灾害，地质灾害，海洋灾害，生物灾害和森林草原火灾等。

（2）事故灾难。主要包括工矿商贸等企业的各类安全事故，交通运输事故，公共设施和设备事故，环境污染和生态破坏事件等。

（3）公共卫生事件。主要包括传染病疫情，群体性不明原因疾病，食品安全和职业危害，动物疫情，以及其他严重影响公众健康和生命安全的事件。

（4）社会安全事件。主要包括恐怖袭击事件，经济安全事件和涉外事件等。

2. 户外运动突发事件究其发生的直接原因，无不与技术装备与参与人员素质、活动组织的专业度和自然灾害有着密切的关系。我们按照事件产生的原因，可以将户外运动突发事件分为三类：

（1）由技术装备与参与户外运动人员素质引发的户外运动突发事件，包括因为装备不合格或使用不当以及参与人员不具备参与项目内容的综合素质所引发的对人身安全和财产造成伤害的突发事件；由活动组织引发的户外运动突发事件，包括因为不具备活动组织能力和资质的机构单位在组织相应活动时，以及一些未经备案而自发参与活动时，引发的对人身安全和财产造成伤害的突发事件；

（2）由活动组织引发的户外运动突发事件，包括因为不具备活动组织能力和资质的机构单位在组织相应活动时，以及一些未经备案而自发参与活动时，引发的对人身安全和财产造成伤害的突发事件；

（3）由自然灾害引发的户外运动突发事件，包括发生地震、水灾、冰冻、风灾、高温、雷击等引发的对参与户外运动的人员造成人身安全和财产受到伤害的突发事件。

（四）户外运动突发事件的特点

1. 户外运动突发事件的不确定性

户外运动的活动组织多是由参与者个人依靠兴趣爱好自行组织或者户外运动俱乐部统一安排。参与者选择何时出游、怎么出游多数与个人的主观意愿有很大影响，对于活动过程中可能存在的风险系数更多的来自于参与者个人的评估，任何机构和单位都无法对个人偏好的选择的合理性进行强制干预。

因此，有别于其他突发事件的是户外运动突发事件的发生带有了更多的随意性，包括时空的不确定性，还有针对事故本身没有任何可以监测的征兆，如地震发生之前动物会有异常反应，沙漠灾害基本源于天气的变化，这些都有可供参照的依据。但是户外运动突发事件在发生之前几乎没有任何征兆，很可能由于自然环境的恶化或者人为操作的不当突然发生，给户外运动突发事件的管理带来更多的不可预知性。

2. 户外运动突发事件发生的局部性

户外运动突发事件局部性主要是相对于公共危机的公共性而言的。

首先公共危机涉及的主体是相当规模的大众，利益损害威胁到国家的整体利益，户外运动突发事件的主体则主要集中于参与活动的人，所造成的危害与公共危机相比而言更多地集中于个人。

其次，在事故处理中，户外运动突发事件体现了更多的专门性。突发事件多以活动参与者自救或者互救为主，少数有地方职能部门参与救援，被普遍认为是户外运动领域的事，社会范围内的人力、物力、信息等公共资源和力量的整合、政府部门间的协调和配合、鲜少被提及。

3. 户外运动突发事件的复杂性

户外运动本身的精髓在于"户外"，所有活动的开展都以户外为依托，是对参与者在复杂多变的动态自然环境中顺应规律的能力的挑战，参与户外运动的人群除了寻找休闲娱乐外，有很大一部分人也在追求挑战自然极限的刺激，复杂多变的自然环境在带来极致享受的同时，却也暗含着许多危机。自然环境的各种动态变化如地震、水灾、冰冻、风灾、高温、雷击、滑坡、泥石流等等都会成为户外运动突发事件的直接原因，相比其他突发事件，户外运动的环境更具复杂性，需要活动参与者的个人风险意识、专业能力、装备科学程度以及人类普遍应对自然风险的能力等等都能够顺应自然环境的无限变化。

户外运动爱好者涉及不同职业、不同年龄段以及不同健康水准的人群。目前，俱乐部或网络团队组织参与者进行户外活动之前，一般不会对每个人的身体状况进行专业的检查，主要是依据自身一贯的自我感觉，因此本身就是个复杂的团队，复杂的群体，未知的健康程度都暗藏着复杂的危机。当然，在复杂的环境下更离不开先进的户外运动装备来保障人们的人身安全。在任何时候都要有勇敢面对突变的勇气和信心，团队精神在整个户外运动的过程中都至关重要。

4. 户外运动突发事件发生的危害性

由于户外运动的活动范围是在自然环境场地，因而参与者在进行相关运动时，无法做到面面俱到，将各个危险因素考虑到，所以发生不同事故的概率变得比较大。当热衷与大自然亲密接触的驴友们在户外活动的过程中遭遇突发事件时，不论是恶劣突变的天气原因，还是参与者自身身体出现状况，无疑都会造成极大的危害。

总而言之，不论什么性质和规模的户外运动突发事件，都必然不同程度地造成经济、财产、人身安全等方面的损失和破坏，甚至突发事件还会对社会心理和个人心理造成破坏性的冲击，并进而渗透到社会生活的各个层面，由此带来诸多的社会后遗症。如果户外突发事件的处置导致了公众对政府部门管理社会的能力及其管理体制和方式的怀疑，造成了对于政府形象的伤害，则其消极作用和影响更甚。

5. 应急处理的综合性

户外运动突发事件涉及面广，户外运动参与人群的特点决定了其对社会的影响力较大，因此处理户外运动突发事件的过程是一个多层次、多环节过程，不仅需要多系统、多部门协调指挥和处理，还需要有专业的救援团队和配套的保险、法律等制度保障，因此户外运动突发事件的应急管理具有一定的复杂性和综合性。

二、户外运动突发事件的应急管理机制

（一）户外运动突发事件应急管理机制的含义

根据《中华人民共和国突发事件应对法》，应急管理就是突发事件的预防与应急准备、监测与预警、应急处置与救援、事后恢复与重建等应对活动。其目的是预防和减少突发事件的发生，控制、减轻和消除突发事件引起的严重社会危害，规范突发事件的应对活动，保护人民生命财产安全，维护国家安全、公共安全、环境安全和社会秩序。

户外运动突发事件的应急管理机制，就是有关管理部门为了更好地应对户外运动突发事件

而建立起来的一套行之有效的处置办法和制度安排，它包含两方面内容：一是户外运动应急管理机制的静态系统；二是户外运动应急管理机制的动态管理。

（二）户外运动突发事件应急管理机制的构成

通过应急管理实践的研究与理论的分析，可以将应急管理机制分为事前预警机制、事中应对机制和善后修复与评估机制（图 3-1）。所谓的户外运动的突发事件应急管理预警机制主要指的是预警管理人员在发现预警目标的监测指标发生变化的前提下，依据其相关标准，提出对应的报警，这样有助于户外运动参与者减少突发事件发生的概率。2003 年，"非典"在全国肆虐，然而并未出现疫情的美国却根据其突发事件应急管理机制的监测结果，果断实行"紧急报警"和"预防指导方案"这两种举措，避免了疫情爆发的可能性。这种科学的预警机制主要是通过对于预警目标的监测，比对相关检测标准，提供可靠预防控制策略，从而避免突发事件的发生。

突发事件预警机制可以有效降低户外运动参与者的运动风险，尽量避免灾难给驴友带来的损失，而且还将节省应对灾难时耗费的社会资源。

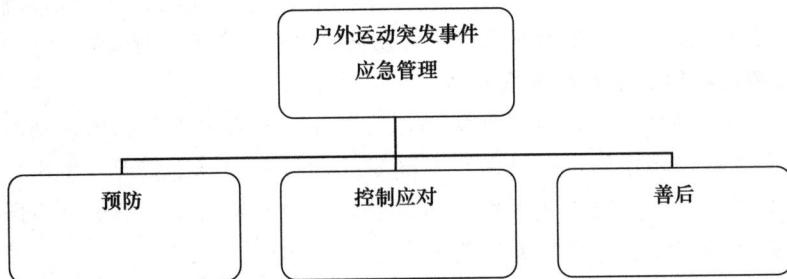

图 3-1　户外运动突发事件应急管理结构组成图

在突发的紧急事件中，在第一时间进行判断决策并采取控制是当务之急，在对紧急情况进行善后的时候，控制也是重中之重。一些紧急情况的发生往往不具备预见性，也没有任何征兆，对于管理人员来说是相当棘手的，他们不得不启动应急机制。控制有许多环环相扣的环节，它们之间是密不可分的。其中信息系统的效率是应对突发事件的关键，它直接关系到能不能在最快的时间内接收信息、处理信息、传播信息，从而制定对策反馈信息，提供最及时的救援。

应对突发事件，需要有当机立断的果敢和承担责任的勇气，要全力采取措施，将不堪的场面把控住，防止事态的恶化，这是第一步要做的。事件解决后，并不代表就可以松懈了，第二步就是应对本次事件做出反思，找到该类事件可操作、可程序化的解决办法。

1. 事前预警机制

所谓预警机制，本义上是指预先发布警告的制度，即通过及时提供警示的机构、制度、网络、举措等构成的预警系统，实现信息的超前反馈，为及时布置、防风险于未然奠定基础。其功能在于通过信息情报监控系统及时发现突发事件的端倪，适时发布预警信号，为早期化解和严阵以待奠定基础，最大限度地避免仓促应战、盲目应战、混乱应战等不良管理现象。通过这样的流程，可以使得预警目标紧急情况发生的概率急剧减小。户外运动突发事件的应急管理需要强化预警机制的作用，在危机尚处于萌芽状态时就及时发现问题，彻底消除危机的根源，或至少保持危机意识，为应对危机做好充足的准备。

2. 事中应对机制

事中应对机制是指突发事件难以避免地到来，就必须启动紧急处置机制进行应对。因此，紧急处置的应对机制是突发事件应急管理的核心环节，直接关系应对的质量与效率。事中应对机制的完善主要集中在应急管理指挥与执行机构、信息与咨询系统、保障支持后备系统等的建设与优化上，同时不断提高公众的自救与互救能力，多方面多角度地提高应急处理的成效，将户外运动突发事件的负面影响降低到最小。

3. 善后修复与评估机制

善后修复与评估机制是指在危机的紧急情况被控制后，尽力将社会财产、基础设施、社会秩序和社会心理恢复到正常状态的过程，同时对整个应对危机的过程中进行全面评估与反思，总结经验与教训，为以后更好地应对户外突发事件、提高应对户外突发事件的能力奠定基础。

善后环节包括恢复和调查评估两个方面。恢复是在突发事件发生后，从心理干预、经济补偿、环境恢复、形象重塑等方面使得突发事件对社会经济和人民的负面影响降到最低程度。户外运动突发事件给人们带来的损失，给户外运动行业带来的冲击，对社会经济造成的损失都是需要有关部门做好后续恢复工作的。恢复也不一定是单纯的补救，在某种意义上来说也是一种发展。在恢复重建的过程中，我们能够吸取更多的经验教训，为日后预防突发事件和应对突发事件奠定基础。

调查评估是突发事件应对的后续环节，主要是针对事件发生的原因，应对事件时采取的对策等进行一丝不苟的调查分析。调查评估工作主要从三个方面展开，首先也是最基本的便是调查事件发生的原因，从而可以找到还有待完善的部署工作；二是对应急管理全过程的工作进行评估，剖析管理存在的问题；三是对应急管理中存在的各种问题进行分类，提出整改措施，并将责任分配到各部门，要求其整改。如果把上述三个方面都落实到位，即探寻出发生此次紧急事件的原因，没有预见到其发生的原因，管理中存在的疏漏等，并且在事后进行扪心自问的反思与全方位的总结，那么下一次遇到此类事件便不会措手不及，也能做出已被证明是可行的措施，这在一定程度上减轻了损失，不论是生命损失还是其他方面的损失。

调查评估的结果一般都是要进行公示的，不得有所造假，社会各方都可以对此有所了解。户外活动参与者可以从中得到一定的警示意义，能够进一步增强参与者的危机意识，提高户外运动自救能力，提供的经验教训也将促进户外产业朝着更科学的、更健康的方向发展。

（三）户外运动突发事件应急管理机制的作用

户外运动突发事件应急管理机制在户外运动突发事件的处理中发挥着极其重要的作用，它不仅可以减少户外运动突发事件对社会各方面的负面影响，还能对户外运动突发事件保持预警功能，将危机扼杀在萌芽状态，保证人民的生命财产安全，促进社会的和谐稳定。具体而言，户外运动突发事件应急管理机制的作用主要体现在如下几个方面：

1. 提高户外运动突发事件应急处理的科学化水平

以往处理户外运动突发事件时大都依靠指挥者的个人智慧与经验，而没有建立科学合理的机制与流程，没有制度保证，科学化水平和效率均不高。而健全的应急管理机制对于处理户外运动突发事件来说，不仅可以提供制度上的保证，防止个人决策的非理性以及由此造成的失误，更重要的是在之前众多处理经验基础上建立起来的管理机制能够防止户外运动突发事件处理过程中的盲目性，借鉴以往的经验、吸取教训，提高应急管理的效率与效能，提高户外运动突发事件应急处理的科学化水平。

2. 减少户外运动突发事件造成的负面影响，提高应对危机的能力

建立科学完善的应急管理机制，能够使得负责人在户外运动突发事件处理的过程中有条不紊、有章可循，确保危机决策的质量以及为处理户外运动突发事件所需人力、财力、物力资源的及时到位和默契配合，从而形成处理户外运动突发事件的合力，将户外运动突发事件对个人、社会所造成的负面影响降到最低程度。同时户外运动突发事件应急管理的善后修复机制也可尽快地将受到损害的各方面恢复到原来的状态，并且通过对整个处理过程的评估，总结经验教训，不断提高应对户外运动突发事件的能力。

3. 对户外运动突发事件保持预警功能，尽量将危机控制在萌芽状态

户外运动突发事件应急管理的预警机制通过及时提供警示的机构、制度、网络、举措等构成的预警系统，对户外运动突发事件危机保持预警功能，实现信息的超前反馈，为及时布置、防风险于未然奠定基础，将户外运动突发事件危机扼杀在萌芽状态。

4. 提高政府公信力，促进社会的和谐稳定

所谓政府公信力，简单而言，就是指政府获得公众信任与认可的能力。户外运动突发事件应急管理机制的建立和运行能够减少危机对社会造成的损害和负面影响，保证人民的生命财产安全，履行政府职责，有助于强化社会公众对政府的认可与支持，从而提升政府的公信力。实现社会和谐，建设美好社会，始终是人类孜孜以求的一个社会理想，也是包括中国共产党在内的马克思主义政党不懈追求的一个社会理想。根据新世纪新阶段中国经济社会发展的新要求和中国社会出现的新趋势新特点，我们所要建设的社会主义和谐社会，应该是民主法治、公平正义、诚信友爱、充满活力、安定有序、人与自然和谐相处的社会。而要想实现社会的和谐稳定，能够高质高效地处理突发事件危机便是一个最基本的要求，这也是保障人民群众利益的最基本的要求。因此，户外运动突发事件应急管理机制的建立和运行有助于促进社会的和谐稳定，有助于和谐社会的建设。

(四) 建立户外运动突发事件应急管理机制的必要性

任何户外运动都不可避免地会遭遇各类突发事件，它不仅造成人民生命、财产的巨大损失，对经济和社会造成较大的破坏，甚至可能导致社会的不稳定。对于政府而言，面对各种户外运动突发事件，最重要的战略选择是建立一套比较完善的应急管理机制，并在此基础上不断增强相应的应急管理能力。

1. 应对危机的必然选择

目前，我国突发事件应急管理本身存有缺陷，在有关户外运动突发事件的应急这一具体领域更是处于真空状态，对于灾难的处理存在很大迟滞，由此造成的损失也在不断增加。尽管不少学者已经意识到户外运动突发事件所带来的危害和构建户外运动救援体系的重要性，但是由于对户外运动突发事件处理基本理论的缺失，很多对策建议只是停留在组织者、参与者层面，很少有人通过政府参与来提出构建策略。对于户外运动突发事件立法的研究，只是从宏观层面基础构建对策，很少涉及微观的具体内容。

因此通过对目前户外运动突发事故频发这一紧急态势的分析，提出由政府主导来构建完整统一的户外运动突发事件应急管理机制就成为政府应对户外运动突发事件的必然选择。

2. 保证政府公信力的必然要求

市民社会的兴起和公民意识的觉醒以及网络等信息技术迅速发展使得公众对政府执政能力有了更多诉求和监督渠道，政府在任何一方面的不作为或者不当作为都可能引起公众的不满甚至反抗，尤其在突发事件中。在户外运动突发事件中相关部门能否建立常态机制以防范甚至杜绝危机的发生，危机发生后能否以最快的速度最佳的事故处理能力将危机的损失降到最低，事故善后处理机制是否具有足够的恢复能力等等不仅是制度建构的问题，也是一个关乎政治和行政体制变革的问题。

户外运动突发事件应急管理机制的建立和运行，有助于深化执政党执掌政权和实现治理的政治合法性，强化公众对公共权力主体的政治认同，提升公众对政府的公信度。为了保证政府公信力，维护政局稳定，需要政府通过主动努力来对实际需求进行一定的制度性吸纳以提高户外运动突发事件的应急处理能力。

3. 提升危机处理能力的必须路径

危机处理的最佳状态是防患于未然，但是从处理到防范是一个量变到质变的积累过程。任何一次危机的应对也不仅在于危机本身的解除，还在于下一次危机防范、应对能力的不断提升。户外运动突发事件应急管理机制的建立，是一个集预防、处理和善后处理机制在内的防范体系，通过系统性的危机处理来不断积累相关经验，提高应对能力，实现从被动的应对到主动防范的改变。

从当前我国户外运动突发事件处理来看，每次事故的发生都仅仅局限在被动应对中。在震惊全国的复旦黄山事件中，公安干警因山坡陆峭，雨大石滑等，不幸坠入深崖，而不幸身亡的悲剧发生后，曾经引起社会和网络对大学生鲁莽、自私的热议。但是究其深层次原因，很大程度上是因为我国在户外运动突发事件应急中没有足够的危机处理能力，对户外运动突发事件的应对缺乏整体规划和指导，加上意识、技术、机制的缺失，"头痛医头，脚痛医脚"的应对方式远不能解决户外运动突发事件的实质问题。在许多事故救援中，由于专业化不足和全面系统性应对管理的缺失，使得事故悲剧不断发生。

因此，只有通过户外运动突发事件应急管理机制的建立，才能通过全面系统的管理来不断积累应对经验，提升应对能力，以降低户外运动突发事件的发生以及由此带来的损失。

第二节　我国户外运动突发事件应急管理的现状与分析

一、我国户外运动突发事件应急的事件回顾

户外运动在我国肇始于 20 世纪 50 年代，从无到有，发展至今有近七十年的历史，然而其发展速度缓慢，在我国的发展体系不够系统和完善，这与我国居民经济收入水平和生活质量提升有关。户外运动在我国走入公众的视野并逐渐活跃起来，是近十七八年的事，在这十七八年间，户外运动的行业规定和法律规范却是发展缓慢，起色不大，户外运动突发事件发生后其应急救援多是作为社会公共事件来应急处理，专业的户外运动应急救援在此期间也得到了相应的发展。

近年来由于户外活动发生的一些紧急事件还是非常频繁的，其中有人付出生命的代价，数量之多让我们不得不警惕。而事故频繁发生的地方是山路崎岖、荒无人烟的还未得到开垦的地方。户外运动参与者在自救的同时，便是寻求人民官兵的帮助，主要有 110、119、120 等。救援的应对人员

构成主要是消防官兵、公安民警、辖区内管理的相关人员、村民和专业救援队等，其应急救援呈现以政府为主，社会为辅的格局，且政府的应急救援以消防和公安力量为中坚力量。救援后的善后多是以挽救生命为主送往医院，身体伤情无碍者则送至安全地带，加以一定的思想教育。

二、我国户外运动突发事件应急管理环运行模式

户外运动在我国的发展还处在初级阶段，且与旅游融合在一起，与一般旅游并没有明显的界限之分，其发生情景一般都在本来轻松愉快的旅途内。一旦有户外运动突发事件发生，其应急管理一般会牵涉到消防、公安、武警、旅游局、医院等政府部门和部分社会户外救援组织，要调动多方政府资源和社会公共资源，仅凭某一个部门是难以在短时间内得到高度聚合，而政府在这方面具有天然的优势。那么我们应如何利用政府在此方面得天独厚的优势呢？最好的办法自然是把户外运动的应急管理纳入国家的体系之内，只有这样，才能在遇到紧急情况时，得到国家各方各面的鼎力支持与协助。

我国的突发事件应急管理，各个地方政府具有各自的特色，其中比较突出的北京、上海、广州和南宁，其突发事件应急管理的特色中较具有代表性的是"整合条块关系，强化属地管理"的北京模式，如图所示（图3-2，图3-3，图3-4，图3-5）。

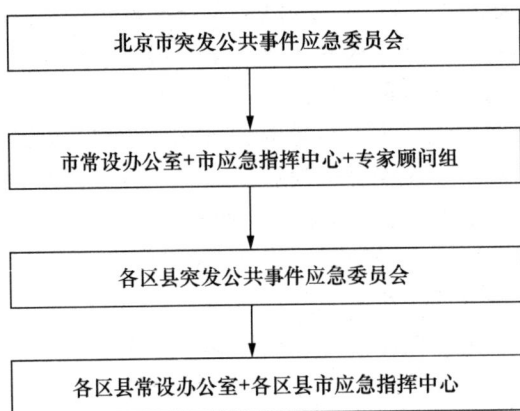

图 3-2　北京市突发事件应急管理组织结构图

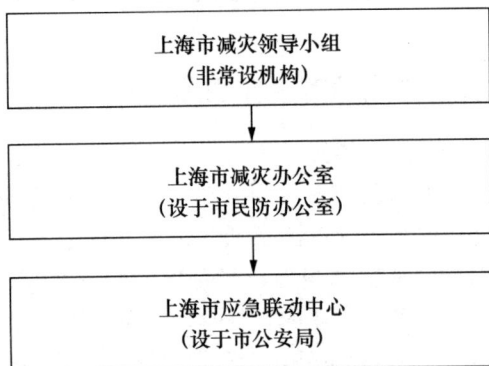

图 3-3　上海市应急管理组织结构图

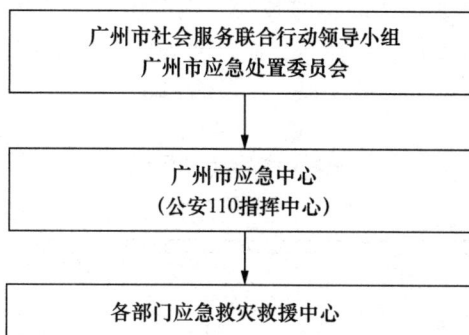

图 3-4　广州市应急管理组织结构图

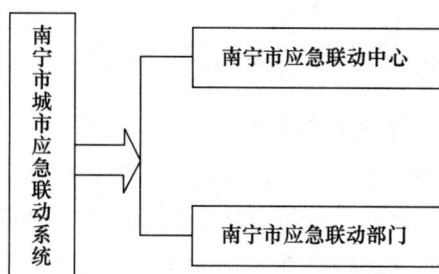

图 3-5　南宁市城市应急联动系统组织图

　　根据我国的实际情况，各地方政府都将当地由于户外运动而发生的突发事件纳入到自己的应急管理体系中，当然这也不是一个一揽子工程。为了更好的管理，政府需要根据种类，设立不同的部门，然后一一对应纳入。但是，户外运动突发事项并不是作为一个单项被纳入的，它是根据种类，以一个小分类的身份被纳入到政府应急管理的大类中去的。公安民警乐于助人、办实事的形象深入人心，已有研究也证实了这一点，因为户外运动者在遇到紧急情况时几乎都是通过拨打 110 来求助的。

　　通过对图 3-2、图 3-3、图 3-4、图 3-5 中的突发事件应急管理组织结构图的分析，我国户外运动突发事件，囊括于政府管理体系之中，这就决定了这两者是一体化的存在，这也体现在户外运动并不是在政府应急管理体系中有一个单独的名目，而是在进行分门别类之后将其囊括在政府的某一大类之下。更直白来讲，由于这二者属于包含的关系，在大政方针上意见严格统一，但也有从属之分，在户外救援中，政府提供的各方帮助占据主导地位。而政府力量面对的更多的是公共危机事件，对于户外运动的专业性体现得不多；在吸纳社会组织等力量进行对口的、专业性的救援管理方面关注有限；在户外运动突发事件发生时，组织消防、公安等力量进行救援，然而消防、公安等不是万能的，有时候他们也分身乏术，所以有些领域就无法照料到。这就给我国户外事件的应急处理提出了巨大挑战，笔者认为只有开辟一条专职化的道路，才能走出现有困境。如此对户外运动在我国的发展大有裨益，对政府也是一种职能的分担，节约政府成本。

　　通过对以上案例的分析，我们发现了大家在处理突发事件上的一个普遍做法，首先是防微杜渐，也就是预先想到可能会发生的危险，其次就是在危险发生时的及时止损，最后一步是对本次意外的一个总结以及对管理系统的查漏补缺，完善各方工作中的细节。根据上述分析，我们从中概念化出三个具体应对步骤，即预防、应对和善后，具体如下图所示（图3-6）。

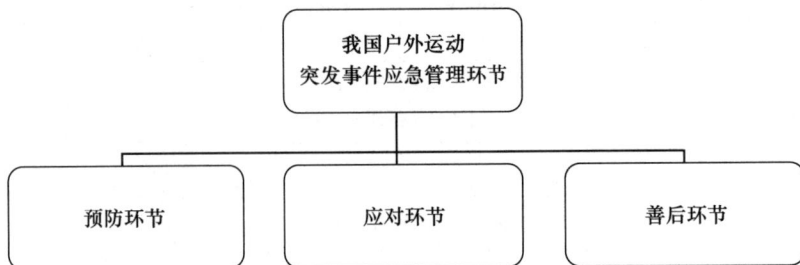

图 3-6 我国户外运动突发事件应急管理体系结构图

三、我国户外运动突发事件应急管理的预防环节

（一）户外运动组织者和参与者的危机意识

当前，我国户外运动多数是自发组织，且准入门槛低，有无相关户外运动的专业知识和身体适合条件如何并不是是否参与户外活动的严格要求的条件，兴趣和资金是两大主要条件，满足了即可参加。正是这些因素造成我国户外突发事件常有发生。所以，要从根源上减少户外运动带来的紧急情况，关键还在于参与者们。首先，他们对这项具有危险性的活动要有一定深刻的认识；其次，要考虑到自身的身体状况，不逞匹夫之勇；最后，他们的思想意识中要懂得自我保护。

阿来有言："自由的第一个意义就是担负自己的责任。"我们可以从主观和客观的角度来探寻这背后的原因。主观原因主要是人们自身户外危机意识淡薄，缺乏户外必要的探险应急知识等而造成的威胁到自身安全的突发事件。客观原因主要是受到自然灾害，如突发的温差变化、泥石流等困扰。

（二）政府的宣传警示力度、防范措施

在 2015 年 10 月，有十几名探险者冒险进入了广西长河滩进行探险，不料下起了大暴雨而失去联系。于是，政府立即采取措施，组织施救队伍，历经千难万险，花了两天多的时间才将几十名遇害者救出。为了救出他们，在这段时间内，政府一共调出了许许多多的民警、干部、一线的医生。还有很多的后勤人员，救护车，消防车等等，花费了大笔的资金，总共耗费资金 10 多万元。耗费了大量的人力物力和财力。事后了解到，这个探险队伍是私自组织的，没有任何计划，他们甚至对这个地区没有任何了解，其实广西长河滩自治区是非常危险的地区，该地区是禁止进入的。

从长滩河事件来看，虽然自然保护区树立了警示牌来禁止外来游客进入保护区险地，但是却仅仅是提醒，没有切实有力的措施阻止外来人员进入，将事故扼杀在萌芽状态，使得这些冲动的、不想后果的驴友有机会深入险地。还有很多户外运动突发事件是驴友擅自闯入禁区而造成，政府没有对景区提出严格要求，杜绝外来游客深入险地，游客则趁机进入而酿成大祸。

对此，户外冒险行为已经引起了相关部门足够的重视，制定了很多预防处理的措施，但是

取得了效果并不明显。我国政府部门，对于户外安全事故，在其官方网站和微博等网络上进行了宣传和普及，如 2015 年公安部就近年来驴友安全事故频发的情况，就运用互联网多多传播一些关于旅游的知识，提高大家的传播意识，防止类似的事件再发生。在多数景区的未开发地方和危险地带，都会有安全警示信息的公告，在门票的背面有时也会印有安全注意事项，同时也会有景区天气预告。在有恶劣天气发生时，当地气象部门会以手机短信等方式提前发至辖区内的多数手机上，以告知当事人。北京的绿野救援队开发救援课程，将减灾、防灾知识的普及送进社会和学校，与北京多所小学长期合作，让孩子从小就意识到安全的重要性，以及懂得很多的急救知识。

（三）户外运动参与者的自我认知及保险意识

现如今，户外活动频繁的人们的保险意识并不是很强烈，这既与身边的氛围有关，也与保险制度本身的不完善有关。尤其是要在酷爱户外活动的人群中普及保险意识，在任何时候出行都给自己备份保险，"买个放心"，在突发状况下减少自己的经济损失，也能为政府财政减轻负担。

由此可见，我国户外运动突发事件应急管理中的预防体系，是在集政府部门（公安、气象局等）、景区、社会组织等的多元一体预防体系，需要社会各部门集体行动，互相配合发挥作用。目前，很多参与户外运动的人和活动组织的人都在判断危险性方面，还有对这些知识的了解方面都是不够的。还有对一些危险地区的监管也是不够的。对于旅游者自身而言，自救意识和防御措施的采取，都是灾难处于萌芽状态时的关键因素。

四、我国户外运动突发事件应急管理的应对环节

户外运动发生危险是不可避免的，危险性也是难以确定的，无法有效预测。因为户外运动不是在室内，运动也没有固定的形式的，也不是在平时人们娱乐休闲的安全区域，中途发生的事情也是未可知的，所以很容易有危险发生且遭遇危险的程度也是不同的。

现在，政府的突发事件安全管理体系已经把户外运动突发事件的管理纳入其中，所以户外运动的突发事件的管理是属于政府安全管理体系的。所以政府对于应急事件的管理和户外运动对于应急事件的管理是相同的。但是也有不同的地方，就是很多其他方面的力量加入到应急事件的救援之中，使应急事件的救援队伍越来越壮大，使我们能更有效地救援一些处于危险边缘的人，少一些令人惋惜的事件发生。

（一）我国户外运动突发事件应急的救援队伍

很多户外突发事件发生后，除了被困者简单的自救和互救外，就是求助当地的警方，而警方在自己的能力范围内时还是能够提供必要的援助，因为民警并没有受过专业的速降训练等，地方派出所也不会配备专业的鞋子、护具，哪怕下个悬崖，民警都是伤痕累累，因此民警解决不了的情况下则求助消防或者是地方专业的搜救队。

在实际的户外运动应急救援过程中，救援组织的救援行为与危险对策是根据政府的应急救援制定的。在多数救援应对中，几乎都是消防和公安在其中担任救援队伍的主角，其实户外运动的救援和其他的救援还是有一些不同的，户外救援需要这方面更为专业的要求，这些需要引起足够的重视。虽然有部分社会户外运动救援组织的加入，他们与辖区景区和公安 110 指挥中

心进行了联动，但是规模和力量毕竟有限。户外运动的救援地方一般具有险、峻、偏和安全性低的特点，对专业性的救援技能和设备要求较高，不是几架梯子和几根绳子便可轻松应对的。

从很多的户外运动救援事件可以看到，专业的户外运动救援队作为一个新兴的队伍发挥了很多作用。这个救援队伍与辖区内的相关单位、与110报警系统联动，以保证在户外运动发生突发事件时第一时间出动进行营救。这种救援队较少的一部分是政府出资金雇佣的，还有一部分是社会贡献的志愿者组织的公益活动。

在国家体育总局的带领下，该协会以及多数的下级单位已发展了与之相匹的救援抢险队伍。协会的目的是逐渐以局部带动整体成立全国山难预防和登山救护网络体系。比如在北京的绿野救援队；河南的河南户外救援总队、郑州探险救援队和河南户外联盟、洛阳神鹰、登封户外等救援队；内蒙古的蓝天救援队；福建省的福建山地救援队、福州市山地运动协会、福建省麒麟救援队、厦门110北极星救援队；辽宁的辽阳蓝天救援队、辽宁公益山地救援队；陕西省山地救援队、陕西省登山救援队；江西省的九江市蓝天救援队等。

由此可见，我国的户外运动救援队伍在逐步壮大，救援队的专业化程度会随着户外运动的发展和户外运动救援队伍的发展需要而逐步提升。社会专业组织力量在应急管理方面的吸纳，是值得我们提倡的。由各地户外运动相关运动协会所组织的户外运动救援队，他们具备专业的户外运动知识，且装备比较贴合户外运动各种情况的应对。因此，这股力量无论是对政府应急管理，还是对户外运动的发展而言，都是一脉新鲜的血液，是一股活力劲足的力量。

与此同时，我国目前倡导及鼓励用社会力量来发展事业，使用政府购买公共服务的手段来为政府减负，通过政府购买上述组织的方式来提高服务的水平。在我国不少地方，地方政府已经开始了购买部分较规范的户外运动类救援队参与户外运动突发事件的应急救援，在福建等地已开始实施了。

（二）我国户外运动突发事件应急的费用争议

救援过程花费巨大，这个昂贵的费用却要我们政府来买单，然而真的深究最后，驴友不缴纳罚金，又将会是谁为这次巨大的花费买单呢？由于户外运动突发事件的救援不是一两个人参与救援，而是动辄十几人甚至上百人，需要调用的公共资源也不少。将公共资源投入到个人的冒险体验之中，为个人的冒险买单，于情于理都难以服众，尽然生命无价，这些质疑声音的发出都值得我们深思与反省。在海外，当游客遭受到人身伤害及财产损失的时候，我国政府会马上派发救援队极力搜救他们。但是政府也会在救援后对违反旅游规定的游客进行严厉的处罚。

在我国，有律师指出：对政府来说，由于政府部门是有职责对户外运动突发事件的应急救援，也需要在公共危机事件中所应该履行的义务，所以遇险救援费用理应由政府部门承担。但是根据相关法律法规规定如果户外运动中被救援者属于"违规"行为，可以依法其进行处罚。对于民间组织而言，从法律层次上讲，被救援者可以不承担由民间救援力量在参与救援活动中所产生的费用。主要原因是救援活动不是一种商业行为，他们的行为是一种自愿性的，在他们救援时应该能预见到救援成本的问题。但是，从道德上讲，被救援者理应支付一些成本费用给救援者。

救人产生的费用可以从政府财政公共事业中支出，但是对于个人的罚款只是一个警示。因此政府要在这方面制定明确的规定，让处罚都有法可依，责任要落实到法律的层面，这样在实施的时候才更有说服力，也能明显震慑到那些不懂规矩的、莽撞的喜爱户外运动的人。基于此，如何使该应急管理得到人们的赞同，这是我国当前乃至未来户外运动发展的关键所在。

五、我国户外运动突发事件应急管理的善后体系

凡事有始有终，善后工作的精细化、专业化程度反映出该事物在本领域的完善程度。我国户外运动突发事件救援应急管理工作，本着以人为本的指导思想，生命第一，安全第一，救人为本是其在实践中的表现。

对救援后工作的开展，主要依据当时的具体的情况来处理。在管理上对救援后的工作主要分三大方向进行管理，即当事人、参与救援部门和宣传。

其一，对于在户外运动突发事件的当事人，根据其身体是否受伤、是否有大碍，如果身体没有损伤或者轻微受伤，那么救送至安全的地带，并对其进行相应的思想教育和安全知识教育；如当事人身体有伤，且需送医院，则联系医院送医院抢救，并联系当事人亲属。

其二，对于参与救援的相关部门，对事件救援形成总结备案，并报送上级主管部门，由主管部门进行行政记录和奖励。

其三，向外界的媒体及时通报营救情况，做好社会舆论引导工作。

从现有的户外运动突发事件的案例来看，更多的做法倾向于事故发生后的救援处理，而对于事件的善后环节过于淡化。没有在事后很好地运用善后环节将事件的负面影响降到最低，在事后的经验教训总结方面显得尤为欠缺。

（一）我国户外运动突发事件应急的法律规范

当"长滩河事件"过去长达一个星期之久，被处以千元罚款的 17 个驴友，仅仅只有几个人愿意缴纳罚金。近几年来，游客们在长滩河自然保护区发生了多起被困事件，但是这是首次对此类行为罚款，游客对罚款也是不乐意，绝大部分不愿意交钱是认为救人是公权部门的义务，成本由纳税人共同承担，用于保证集体安全。其实，我们都能计算出来，这 17 个驴友缴纳的罚金并不是要其分摊救援产生的费用，因为 17 个人的钱加起来也不过是凤毛麟角。救人产生的费用可以从政府财政公共事业中支出，但是对于个人的罚款只是一个警示。

因此政府要在这方面制定明确的规定，让处罚都有法可依，责任要落实到法律的层面，这样在实施的时候才更有说服力，也可以让一些不懂规矩的、莽撞的喜爱户外运动的人受到惩罚。

（二）我国户外运动突发事件应急的人才培养

1958 年成立了中国登山协会。它是我国组织、管理和推动登山运动唯一的权威机构，有着与国家体育总局的登山运动管理中心对接的相关业务，并肩负着对该行业技术培训业务及人才等级培训认证。与户外的亿人场面相比，户外活动的安全保障问题显得尤为不足。

中国登山协会在注重对行业内人才培养的同时还加强了与国际相关组织的联系（如图 3-7），以提升专业人才培养的专业化水平。

在国内，中国登山协会还在不断扩大协会成员数量，以扩充我国户外运动的人才培养覆盖面。根据该协会网站统计，21 个地区已经发展协会。具体分布如下表所示（表 3-1）。

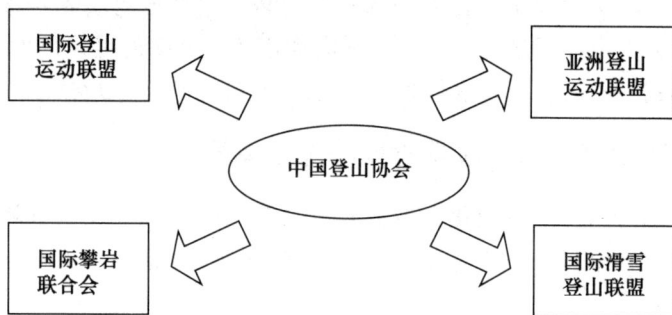

图 3-7　中国登山协会与主要的国际组织联系图

表 3-1　中国登山协会下级地方协会全国分布表

地理分区	协会分布省市
华北地区	北京、晋城、唐山
东北地区	吉林省、吉林市、黑龙江
华东地区	上海、福建、江西、杭州、温州、青岛
华中地区	湖南、河南、武汉
华南地区	东莞、深圳
西南地区	四川、昆明
西北地区	新疆、宁夏

　　善后，并不意味着仅仅是确保当事人安全，层次汇报救援工作，对媒体和社会有所交代，同时也需要通过加强户外安全宣传活动以提醒警示广大户外运动的参与者及组织者。我们应该看到更深的层次，总结经验教训的同时反思过程。事故归咎到谁的责任，如何落实救援的费用问题，政府真的要为所有的户外突发事件买单？责任划分应该有个怎样的衡量标准，若当事人应该承担主要责任，例如"长滩河事件"的 17 个驴友，迟迟不肯缴纳千元罚款，国家应该如何在法律的层面监督落实。一次次的户外突发事件救援的鲜活事例说明，我们国家面临着户外救援专业人才的巨大缺失，无论是技术指导上还是实际的操作中。

六、户外运动突发事件应急管理存在的问题

（一）户外运动的危机意识普及程度不够

　　公民危机意识薄弱。在我国，近年来出现的危机事件促使政府公共危机意识开始逐渐觉醒，2008 年的汶川地震加强了公民对危机的认知，雪灾、动车出轨等一系列事件更是加深了国民对危机的理性认识。但是户外运动在我国的发展始于 20 世纪 50 年代，尚属于新兴产业，无论是产业发展还是思维意识，都停留在表层阶段。

　　多数人对户外运动的认识还停留在休闲娱乐和追求体验的表层认知，忽略了培植于自然环境的极致体验暗含自然规律的变幻莫测，对户外运动危机几乎没有任何观念。在户外运动参与过程中很少有人接受过专业的户外运动培训，缺乏户外运动的危机意识以及应急救援知识。

　　组织户外运动的俱乐部由于其盈利性质和从业人员的专业水平限制，更注重对活动的组织

而忽略了户外运动所隐含的潜在危险。

各级政府对户外运动的管理多以产业和经济效益为主，追求户外运动在经济中占的比重，而忽略了公众参与户外运动危机意识的培养。

在学校，除部分高校外，很少有学校开设专门的户外运动基本常识课程，学生户外运动知识和危机意识普及程度差。

（二）户外运动应急管理组织机构不健全

户外运动应急管理应急组织机构是处理户外运动突发事件的基础，当前我国户外运动管理归口于国家体育总局登山运动管理中心，该中心下设办公室攀岩攀冰部、户外运动部、经营开发部、交流部、培训部、高山探险部。

从机构设置来看，针对户外运动突发事件的应急管理并没有单独的专门常设机构，这就意味着户外运动突发事件常态管理和专业指导的缺失。同时，一旦事故发生，应急处理需要向像其他突发事件一样通过地方政府来启动，户外运动管理中心很难提供专业化的指导或者派遣专业化的救援队伍来参与事故救援，极大地影响了救援效率。

从登山运动管理中心与各部门的主要职责开看，登山运动管理中心的整个职责多数是制定规划、计划等宏观政策的研究，并不涉及针对户外运动突发事件具体管理，各部门也是各司其职，对户外运动突发事件没有设置专门的对口管理组织，整个户外运动突发事件应急管理处于缺失状态。

当前，已有的户外运动突发事件处理中，参与应对的机构多数由户外运动俱乐部、当地政府、救援部门等临时组成的，并且救援行动没有专业化的指挥协调，也没有定制化的启动程序，很难保证事故处理的及时性和有效性，极大影响了事故处理效率。

（三）户外运动应急管理规则体系不完善

价值是抽象的，但制度却是具体实在的，通过制度的设定才能实现二者的共处。户外运动突发事件应急管理需要以行政管理为出发点的专业价值协助来保证应急管理的有效性，实现公共权力的应然使命。

当前，我国并没有建立完善的户外运动应急管理规则体系。在我国，户外运动管理的规章制度多数由中国登山协会户外运动部门规章和户外运动服务和管理行为的规定和技术性规范组成，内容涉及户外运动俱乐部管理、教练技术人员管理、出入境户外运动管理、户外运动安全和保障管理等方面的办法。如《关于加强登山户外运动的组织和安全工作的通知》、《登山户外运动俱乐部及相关从业机构资质认证标注》、《高山向导管理暂行规定》、《攀岩攀冰运动管理办法》等。关于户外运动突发事件应急管理唯一可以参照的文件只有国务院颁布的《大型体育赛事及群众体育活动突发公共事件应急预案》，除此之外，几乎没有任何专门性的规章制度来对户外运动突发事件做出任何管理。而且该《预案》以赛事和群体活动突发事件应急管理为主，很多规则并不适于户外运动突发事件应急管理。

户外运动突发事件应急管理是经济发展、行业需求、国际政治经济一体化和保护参与者合法权益需求的使然，是事关人民生命财产安全的重大民生问题，公共权力拥有者只有通过有效的行政管理手段才能保证民生价值的实现。而完善规则体系的规范是保证应急管理的常态化和有效性的制度基础，只有通过权威性的引导和制约才有可能跳脱出当前户外运动突发事件的频发状态，实现政府价值。

（四）户外运动应急管理运作机制不科学

纵向来看，我国已有的户外运动突发事件应急管理惯例中，仅仅局限在对突发事件的应对处理，缺乏有效的预防和善后评估。既没有将危机扼杀在萌芽状态或者采取措施防患于未然，也没有通过及时的善后机制来尽快恢复常态，保证社会秩序，更没有将评估机制引入整个应急管理以汲取经验，总结教训，提升应急管理能力。

横向来看，户外运动突发事件应急管理缺乏互助合作。危机处理需要摒弃官僚的机构重叠和程序繁杂，在尽量短的时间内集结调配人力、财力、物力形成合力迅速投入事故救援。但是资源的稀缺性特质决定了任何一种组织所拥有的资源都是有限的。为了尽量提高事故救援效率，减少损失，需要应对组织通过与其他组织的相互合作来寻求互助支持、资源共享和彼此借力，以实现资源的有效利用，提高应对成效。

从当前的户外运动突发事件应对来看，事故救援多数是由事故发生地的政府、民警、医院来参与的，很少会通过地方政府间、地方政府与非营利组织间的合作来互助合作完成救援，往往拖延了事故处理的最佳时机，影响到事故救援效率。

（五）户外运动应急管理救援、保障措施不专业

户外运动突发事件的复杂性，决定了应急管理是一个系统工程，它需要决策者对自然环境有足够敏锐的辨识能力和理智的快速决策能力；需要救援人员拥有专业的救援知识和高超的救援技能；需要救援设施科学可靠；需要信息、交通、医院等多部门联动来保证救援的高效顺利进行。

当前，我国的户外运动突发事件救援体系上没有进入制度化轨道，多数事故发生后需要依靠活动参与者的自救和互救来处理，也有一些求救于当地民警，整个救援从决策到实施以及善后处理没有完整统一的规划，救援人员没有足够专业的救援知识和救援能力，救援设备设施过于简单随意，难以保证救援需求，救援期间各部门各自为政，分工有余而协作不足，整个救援处于无序状态。

第三节　国外突发事件应急管理经验

不少发达国家对突发事件的管理已经形成了比较成熟的理论体系，积累了丰富的实践经验，再加上国外户外运动兴起比较早，户外运动产业发展成熟，多数国家把户外运动突发事件与其他类突发事件归于一体来整体管理。在我国，户外运动产业和突发事件管理均不成熟，需要借鉴发达国家的先进经验来不断完善自身管理，保证户外运动的有序发展。

一、美国的突发事件应急管理经验

（一）美国应急管理法律体系

美国是世界上最重视应急管理的国家之一，已经从单项防灾、综合防灾发展成为今天的循环、持续改进型、适应美国作为全球性大国的综合应急管理模式。在美国应急管理法律体系中构建了包括宪法、综合法、单行法、应急预案以及针对不同行业领域的专项实施细则在内的完

备法律体系。

具体有《国家安全法》、1950 年、1976 年美国先后通过的《灾害救助法》、《联邦民防法》和《国家紧急状态法》、1988 年《罗伯特斯坦福救灾与应急救助法》、1992 年《美国联邦紧急救助法案》、2004 年的《国家应急反应计划》（简称 NRP）。由于产生于不同的时代背景，各个法案对于应急管理所涉及的具体内容都有所侧重，但是所有法案都对中央政府和地方政府在减灾应急工作中的职责做了明确规定。《国家应急反应计划》作为美国最全面的应急管理法案，其内容涵盖了自然灾害、技术性灾害和恐怖事件等各方面的应急管理规定，使得美国联邦应急法律体系进一步得到完善。国家应急预案是针对政府执行部门、私营机构、非政府组织领导人和从事应急管理的实际工作人员制定的应急反应行动指南，该指南以危机的预防为初衷，把应急管理划分为缓解、准备、响应、恢复四个阶段，使得应急管理更具针对性和可操作性。

（二）美国应急管理组织体系

美国已经形成了联邦、州、市、县、社区 5 个层次的管理与响应机构，比较全面地覆盖了美国本土和各个领域。美国应急管理组织体系由总统直接领导，联邦应急事务管理总署等核心机构为组织机构，以国家应急预案和国家突发事件管理系统为主要依据来实施应急救援。国家突发事件管理系统其实质是一个数据库，它整合了美国近年来行之有效的突发事件管理经验，并通过必要的机制推动和技术创新实时更新数据，建立了将全国应急管理进行综合而形成的全面结构框架，使得各级政府、私营企业、非营利组织可以在突发事件预防、应对、善后各个环节中都能迅速联动响应，通力合作，完成目标。

根据事件的影响范围和严重程度，美国突发事件分为五级。第一级为最严重的国家突发事件，由联邦政府指导处置；第二级为严重的跨州突发事件，由州政府指挥协调处置；第三级为州一级或者大城市，由应急管理队指挥处置；第四级和第五级突发事件影响范围为市县，由当地政府负责。

在具体应对中设一名指挥员，负责管理整个应急过程，保证应急行动的安全，及时与相关机构沟通协调，通过评估各部门的需求以设定应急目标，编制、批准行动方案。同时，还将指挥组织划分为指挥成员和参谋成员两部分。其中指挥成员又包括三个职位，一是公众信息官，保持与有关机构的沟通联系，搜集整理事件有关信息后及时通过媒体发布；二是安全官，进行安全监控与评估，确保应急行动和应急人员的安全，并有权终止不安全的应急行动；三是联络官，负责与涉及的各部门、机构、私人组织进行联络协调。参谋成员由处置部、计划部、后勤部、财务和行政部四个部门组成，其中前两个部门分别对短期、中长期的应急行动提供战术指导、势态监控分析及计划方案制定，后两个部门负责应急队伍的通信、医药食品、交通、财务保障等，形成有效的应急指挥链。

（三）美国应急管理保障体系和危机教育

美国应急管理保障体系的最大特点在于发达的信息技术为其提供的高科技保障。NEMIS 国家应急管理信息系统、FEMIS 联邦政府应急管理信息系统和 CAMEO 计算机辅助应急执行管理系统以及 "e FEMA" 战略共同构筑了美国应急信息系统。同时应急信息系统通过以层次结构为模型，在保证信息实时更新的同时，有效促进了不同部门之间的信息资源共享。

在突发事件应急管理信息发布上，美国规定以由 FEMA 作为美国的官方媒体来专门负责应急信息的发布，州一级政府同样具有独立的信息发布权利；对于新闻媒体的采访，州政府会成立专门的管理部门来加强对媒体的监管，防止因为信息多元无序而造成社会恐慌。

在危机教育上，美国以社区为单位，成立了"防灾型"社区。由社区普通民众组成"社区应急反应队"，每周定期开展应急救灾教育，内容包括事前预备，事故救援等。同时，也会定期模拟灾难演习，以不断提高公民的危机应对能力。

（四）美国应急管理运作机制

美国应急管理运作机制的主要特点在于各主体间的通力合作，包括政府系统与非政府系统间的合作和联邦政府和地方政府间的合作，其发展趋势逐步呈现专业化和职业化的特点。在美国，应急管理运作机制主要由联邦、州、县、市、社区 5 个层次组成，当突发事件发生时，联邦应急管理局（FEMA）会依据《联邦相应计划》来组织救援，逐层开展。一般性的突发事件由地方政府作为救援的主导力量，当地方政府在应急能力和资源不足时，州政府需要提供援助。当事故灾情超过州政府的应急管理能力时，州长可以请求总统宣布该区进入大的灾难和紧急事件状态，联邦政府会开始介入以提供支持，同时启动联邦应急计划。FEMA 作为联邦应对突发事件的最高管理机构，在总统宣布紧急状态之前有权调动应急资源和军事支持来处理突发事件。当突发事件发生时，联邦应急协调中心先成立应急支持队，负责所有联邦应急支持资源，灾情扩大时再成立重大灾害应急组处理所有联邦应急事宜。

二、日本的突发事件应急管理经验

（一）日本应急管理法律体系

日本是自然灾害频发的国家，为了提高对灾害等突发事件的应急管理效果，日本政府先后制订了一系列综合性法律法规、单行法和应对计划，例如：《灾害救助法》、《灾害对策基本法》、《大规模地震对策特别措施法》、《建筑基准法》、《地震保险法》、《灾害救助慰抚金给付》，应对计划包括"灾害应对基本计划"、"灾害应对业务计划"、"地区灾害应对计划"以及"指定地区灾害应对计划"四种类型。各种类型的应对计划成为执行各项应急管理工作的基本依据。

（二）日本应急管理组织体系

自然灾害频发的现实使得日本政府需要在灾害应对中承担更多的社会责任，以减少甚至规避危机带来的损失。为了保证应急效率，日本政府成立了完善的组织机构体系来应对危机。

从横向来看日本应急管理组织体系的主要特点在于针对性，对于不同类型的突发事件，日本都设置了不同的机构来应对，以做到责任明确，应对高效，运行有序。

从纵向来看，从中央到地方形成了完善的突发事件应急管理体系。在整个应急管理系统中，由内阁首相任最高指挥官，对于紧急态势，首相有权越过内阁做出决策。内阁官房是首相的辅佐机构，会在第一时间收集事故信息，并做出判断采取行动，同时还负责突发事件应对的总体协调和联络。阁僚会议和内阁会议是突发事件应对的常设机构，负责突发事件的日常管理。

此外，中央防灾会议负责各类应急计划如防灾基本计划、紧急灾害应急措施计划的制定和推行，安全保障会议负责国家安全管理，警察厅、防卫厅、海上保安厅、消防厅等部门会根据实际情况需要予以配合。针对不同类型的灾害，内阁成立了多个对策本部，负责推行各种政策和应对措施。地方都道府县及市町村也可根据灾情的实际需要成立灾害对策本部，以更好地应对本地区的突发事件的管理。

（三）日本应急管理保障体系和危机教育

日本对于应急管理的保障主要得益于信息技术的发达。日本内阁情报会议可以通过覆盖全国的应急专用无线通讯网来快速收集、整理和分析国内外的信息资源，协调和共享政府相关部门的信息情报。同时，在危机管理中心和突发事件现场，装备了相互联系的多功能卫星转播通讯设备，并建立了汇总全国的应急管理信息的多媒体、多渠道的信息通信系统，该系统可以对危机应对信息进行综合分析，并统一发布。

学校承担了危机意识培养和应急知识普及的重要任务。除了教授专门的应急知识外，学校还会定期不定期地组织危机救援演练，从学生时代开始培养国民的危机意识和应急能力。此外，各都道府县教育委员会基本上都编写有《危机管理和应对手册》或者《应急教育指导资料》等教材，指导各类中小学开展灾害预防和应对教育。日本普通民众应急知识的普及主要以针对不同人群的非营利组织的宣传为主。每年的9月1日是日本的全国"防灾日"，这一天全国各地方政府、居民区、学校和企业都要举行各种防灾演习，时刻保持对危机的高度敏感和警惕性，防患于未然。

（四）日本应急管理运作机制

日本的应急管理主要涉及中央、都道、府、县、市、町、村三级政府组织，当重大灾害发生时，中央即内阁官房首先会根据所获得灾害情报信息，通过内阁会议做出应对决策；首相官邸会成立临时性的"重大灾害对策本部"，以指挥事故救援；在征询中央防灾会议的基础上内阁总理大臣会根据事态的紧急程度考虑是否在首相官邸设置"非常灾害对策本部"进行统筹调度；同时在灾区设置"非常灾害现场对策本部"进行现场指挥；都与市层级会在各自管辖范围内也设置"灾害对策本部"，管辖区域内的应急救灾。

三、俄罗斯的突发事件应急管理经验

（一）俄罗斯应急管理法律体系

俄罗斯的应急法律体系最初建立于前苏联时期，这段时期内分别颁布了《紧急状态法律制度法》和《紧急状态法》。为了提高应急管理效率，有效应对危机的发生，普京执政时期又制定了《俄罗斯联邦紧急状态法》和《俄罗斯联邦战时状态法》。

以此为基础，俄罗斯先后制定了150多部联邦法律和规章和1500多个区域性条例，以及大量的总统令、政府令，形成了完善的应急管理法律体系，以保证危机应对的有效性。

（二）俄罗斯应急管理组织体系

首先，俄罗斯在应急管理组织体系方面的最大特征在于总统对应急管理的绝对领导权，形成了以总统为核心，以联邦安全会议为决策的中枢系统，政府各部门之间分工协作、化解和处理危机的组织体系。受俄罗斯政体的影响，在应急管理中，总统拥有足够威权。俄罗斯联邦安全会议是作为俄罗斯应急管理的决策中枢，也是俄罗斯应急管理的常设机构，其主席、副主席分别由总统和总理担任，会议秘书由总统直接任命并直接向总统负责。紧急状态部作为俄罗斯处置突发事件的核心执行机构，直接对总统负责。

其次，多机构联动应对。1994 年俄罗斯联邦建立了由 89 个联邦主体组成的"俄罗斯联邦紧急状态预防和响应统一国家体系（简称 UEPRSS）"的应急组织体系，这一体系包含组织层级、地方层级、区域层级、大区域层级、联邦层级五个层级，每一个层级都有自身相应的应急职责和功能，各层级实行垂直管理模式，事故一旦发生各层级会联动相应，逐级负责，高效完成事故救援。

再次，专业化的救援队伍。俄罗斯在民防部门的基础上，主要依靠专业部队的力量构建成了相对完善的公共安全管理体系和全国性的应急网络。在俄罗斯紧急状态部下设有联邦紧急状态行动指挥中心，该中心由民防与灾害管理研究所、救援培训中心组成、八个区域紧急状态行动指挥中心、多支专业应急救援队伍组成，这些队伍包括国家消防队、民防部队、搜救队、水下设施事故救援等，保证了事故救援的专业化和有效性。

（三）俄罗斯应急管理运作机制

俄罗斯紧急情况部建立了统一的信息网。可以自动接收来自联邦和全国各地的信息，一旦发生突发事件，紧急情况部会立即将信息上报给总统，经过联邦安全会议的决策来启动紧急决策机制，确立事故救援方案。

最终方案由总统做出决策并授权安全会议秘书负责贯彻落实，应急行动执行部门必须无条件迅速服从，投入事故应对中，减少事故损失和人员伤亡。

（四）俄罗斯应急管理保障体系

俄罗斯应急管理的最重要的保障措施在于应急信息的及时发布。突发事件一旦发生，俄罗斯政府及相关的职能部门会主动与媒体合作，允许媒体全程参与事故救援报道，通过主流媒体的客观报道来传播真相、引导舆论，保证应急管理的透明性和公开性，减少因社会舆论带来的动荡。

同时，联邦总统及其他相关负责人也会通过电视讲话、接受主流媒体记者采访、定期或不定期召开新闻发布会等多种形式来让公众了解政府的积极作为和事实的真相，消除公众的恐慌和情绪失控，保证社会有序运转。

由此可见，国外对突发事件的管理主要集中在以下几方面：

1. 建立常设性的应急管理机构

鉴于危机管理的复杂性，发达国家往往把危机管理当成政府的一个重要管理职能，成立专门性的综合应急管理机构来对突发事件进行管理，如美国联邦应急管理局、日本内阁会议，俄罗斯的联邦安全会议等，对突发事件的应急进行跨部门的综合性决策和指挥，并提供辅助咨询。同时建立了从中央到地方的专门应急管理机构体系。

应急管理机构通常需要具备专门的预算编制，制订应急管理的战略规划和宏观政策，出台应急管理计划、设置教育培训规程，组织应急演练等职能；在紧急状态下，应急管理机构主要负责应急响应，通过对政府各部门和社会各方面的资源协调，来实现资源的有效配置，通过彼此借力来联动处理事故灾难，一方面可以综合协调各方面资源，避免因沟通不畅引发的资源浪费和应急效率低下；另一方面将应急管理纳入日常工作中，通过积极主动预防和应对来保证实现应急管理过程的持续性。

2. 鼓励非营利组织参与救援

在发达国家，不仅是政府积极参与应急管理，非政府组织也是突发事件应急管理的重要力量。多数国家形成了政府和非营利组织共同承担责任的公私合作（Private－Public Partnership）模式。例如在美国，户外运动突发事故的处理一般都会有"高山救援协会"这一非营利组织参与。该协会完全由登山专家志愿者组成的全国性组织，致力于高山救援和高山安全教育。事故发生后，当地的协会立即响应赶赴现场组织救援，同时也会为国家的户外运动政策、法规、规章的制定提供辅助决策和智力支持。

3. 健全应急管理的法律法规体系

在突发事件应急管理上，各国都建立了相对健全的法律法规体系，如美国相继建立的《美国联邦紧急救助法案》、《国家应急反应计划》以便迅速更好地管理突发事件，减少事故损失。日本以《灾害救助法》为主，建立了包括《大规模地震对策特别措施法》《建筑基准法》《地震保险法》《灾害救助慰抚金给付》等专门性法律在内的法律体系，以便对突发事件进行全面管理，同时及时根据新情况，对法律内容不断加以完善，以更好地应对新的危机。此外，不少国家以法律的形式确定了应急管理的财政资金保障。通常按照规定设立专门账号，确保专款专用。

4. 加强危机教育和演习

如在美国"防灾型"社区，社区普通民众资源组成"社区应急反应队"，每周开展一次应急救灾教育，内容包括事前预备，医疗救护，轻度搜索和营救行动等。在日本，危机意识的培养和应急知识的普及教育主要集中在学校，学校开设专门的课程进行救援知识的普及，同时也会定期进行应急演练，以提高学生的危机意识和应对能力。民众危机意识的培养则主要由志愿者组织来承担，非营利组织会针对不同的人群提供相应的应急教育。另外，日本政府将每年的9月1日定为"防灾日"，这一天全国各地方政府、居民区、学校和企业都要举行各种防灾演习，以提高公众危机应对能力。

虽然由于政治、国情和发展程度不同，主要发达国家的应急管理具体做法也不尽相同，但是他们在应急管理方面积累了许多先进的经验，在机构设置、职能配置、法律法规建设和资源配备、危机教育等方面都有可借鉴之处。在这种情况下我国一方面要借鉴学习其他国家的先进经验，另一方面我们也要结合我国的特殊的发展国情，制定出一套真正属于我们适合我们的应急管理路线。

第四节 我国户外运动突发事件应急管理机制的构建

一、建立户外运动突发事件应急管理机制的原则

所谓户外运动突发应急管理机制的原则，是指在户外运动突发事件管理机制中，指导户外运动突发事件应急工作的基本指导思想和准绳。对于我国的户外运动突发事件的应急管理所要遵循的一个最基本的原则是评量标准和引导思想。针对户外运动突发事件的管理具有其独特的特殊性，增强对其的应急管理应该遵循以下几个基本准则：

（一）"以人为本"原则

《管子》言："夫霸王之所始也，以人为本。本理则国固，本乱则国危"，这是我国最早以人为本的思想。社会管理的目的在于"维系社会秩序，构建和谐社会"，以增进人民群众的安全

感、幸福感。这是当前"以人为本"的含义。无论因何原因产生的户外运动突发事件，其最终结果都会与人民生命财产利益直接相关。

户外运动突发事件应急管理机制建立的初衷和本质在于通过制度安排来最大限度降低事故发生所带来的损失，包括人民生命和财产损失，以更好地保证人民利益，切实解决损害群众利益的突出问题。因此，在设计户外运动突发事件应急管理机制时，应遵循"以人为本"的原则，将事故中所涉及的人员的生命安全放在为第一位，以保护和保障公众最根本利益为出发点来建构制度框架和内容，并将其贯穿于组织安排和制度设计以及制度实施的始终。

（二）快速反应原则

户外运动突发事件都是人命关天的大事，孤立无援的被困者在困境中发出救援信号后渴望得到快速的反应和救助。在户外突发事件的应急中，时间就是生命，太多的不可控的因素随时影响着被困者的生命安全。

突发事件应急管理的核心在于在事故发生后能够迅速有效组织应对，将事故所造成的负面影响降到最低。户外运动突发事件也不例外，事故处理的反应速度和突发事件控制程度、事态发展速度、信息掌握程度密切相关。尤其多数户外运动突发事件都与人员伤亡有关，更是需要迅速应对，突发事件发生后，相关人员必须能够迅速有效应对以减少损失。因此，在应急管理机制中，无论是组织机构安排还是制度规定都要以迅速应对为原则，尽量避免部门之间的推诿扯皮，减少因程序复杂带来的迟滞和拖延。一旦户外运动面临突发事件，机构必须迅速有效地积极应对，控制突发事件发生的区域，谨防事态的扩大，将突发事件消除在始发阶段，坚决制止突发事件蔓延成全面的危机事件。

（三）专业处置原则

户外运动突发事件滋生于复杂的自然环境中，在事故预警、处理、善后中都需要考虑到对自然环境的应对和保护。既要保证能够运用熟练的救援技巧迅速有效处理突发事件，降低人民生命财产损失，又要顺应自然规律，不以牺牲和破坏自然环境为代价，因此，专业化的处置方式在户外运动突发事件应急管理中就成为必须。尽量利用户外救援专业队伍的力量，充分发挥专家在信息研判、决策咨询、专业救援、事件评估等方面的作用。它应该加强各类专业应急救援队伍和志愿者的力量，提升救援人员的专业技能，对大众普及户外运动处置的基本方法和理念，以期逐步健全户外运动的救援体系。

（四）专群结合原则

户外运动在自然场所中进行，自然界情况的复杂使得这种运动本身带有挑战性。户外运动者在这种复杂的自然环境中进行户外运动时，有时会不可避免地遭遇突发事件。在处理这些事件时，当事人切不可盲目处理，相反一定要具备相关的专业的知识，以达到冷静理智处理突发事件的效果。应对户外运动突发事件，需要的专业的器械设备、专业的分析人员和专业的救援团队，尤其是充分利用专业团队的分析能力，在最小的损耗内将损失降到最低。另外，专业性不但体现在救援过程本身，在救援过程中也要全面考虑技术来保护生态环境，要顺应自然的规律，不以破坏环境为代价。

因此，专业的户外救援团队成为了处理突发事件的首要人选，他们的救援更能达到专业的要求。但是专业的户外救援团队十分紧缺，为了改善这种现状，我们可以发展民间力量来加强对施救人员的技能培训。为了减少户外突发事件的发生率，还应该加大对户外运动的常识及处理突发事件的基本原则和方法的宣传。通过以上的方法来完善整个救援体系。在专业的技术前提下，要动员社会力量的积极参与，为群众参与户外救援提供便利和后勤保障，提高群众参与户外救援的积极性。

（五）统一领导、分级负责原则

我国对突发事件实行"统一领导，综合协调，分级负责、属地管理为主"的方式，户外运动突发事件也遵循该原则。在常态下，由统一的机关对户外运动突发事件的应急及管理做出宏观规划和指挥安排，订立一定的规章制度来预防危机的发生以及危机发生后的应急处理。

事故发生中和发生后，需要发生地的地方登山协会和活动组织者负责处理，必要时由事故发生地党委和行政直接负责处理。主要领导和第一责任人要及时赶赴事故突发现场，指挥事故救援。迅速构建事故救援指挥组织体系，包括指挥中心和若干职能工作小组，各小组职责明确，分工负责，可以直接向指挥中心汇报工作进展情况，做到步调统一，行动一致，实现妥善处理问题的目标。

二、建立我国户外运动突发事件的预警机制

突发事件发生的内在机理是一个从量变到质变的过程，当形成危机的各种因素通过数量累加或者结构组合积累到一定程度时，任何不经意的触碰就会使得危机一触即发。而应对危机最好的方法就是将其扼杀在萌芽状态。在某种程度上，危机状态的预防以及危机升级的预防比单纯的某一特定危机事件的解决显得更加重要，如果能够在危机未能发生之前就及时把产生危机的根源消除，那么均衡的社会秩序能够得以保障，我们也可以节约大量的人力、物力和财力。

（一）建立组织机构

在我国突发事件实行"统一领导，综合协调，分级负责、属地管理为主"的综合应急管理体制。在突发事件应急响应中，建立应急指挥组织机构是应急的基础。我国户外运动管理归口于国家体育总局登山运动管理中心，按其现有的机构设置和职能来看，该中心共设有攀岩攀冰部、户外运动部、经营开发部、交流部、培训部、高山探险部等部门，主要职责集中在运动项目的业务管理、运动队建设、竞赛管理、科研宣传、对外交流等并没有涉及到关于户外运动突发事件的应对管理。

这就需要归口管理部门自行设立专门机构，在登山运动管理中心下设"户外运动管理部"以专门管理户外运动突发事件的应急情况。其主要职责包括：根据《中华人民共和国突发事件应对法》制定户外运动突发事件规章；加强户外运动应急宣传，编制户外运动应急手册，提升公众户外运动应急意识和技巧；指导全国户外运动突发事件的救援；提交年度户外运动突发事件预算，向省市等地方救援机构合理分配国家财政拨款；为地方救援机构、景区救援小组提供救援技术支持，或者直接到事故地点组织救援工作，研发户外救援装备；负责培训国内救援工作人员的技术升级，认证救援人员登记，建立救援数据库，定期组织救援人员培训；负责户外运动突发事件救援物资的采购和调配等。

省、市等地方也应该设立专门的户外运动突发事件应急管理机构，形成健全的户外运动救援机构体系。主要负责户外运动应急管理相关法律法规的执行以及实施施救；培育专门的户外

运动救援队伍，建立专业志愿者数据库，保证事故发生时能够及时找到专业化的救援人员实施施救等。

（二）健全法规体系

有什么样的制度安排就会产生什么样的行为，良好的制度安排会促使良好的行为的产生，反之则会酿成恶劣的行为。因此，户外运动突发事件应急管理需要着力于制度建设，需要通过制定明确的法律法规体系来厘清应急职责，明细操作流程。首先需要一部统一的法律以实现户外运动突发事件应急管理的权威性、严肃性和公正性。在法律中明确户外运动突发事件的管理要求；明确事故处理的具体程序和违法后果；明确各部门在事故中应该承担的责任。此外，各地区和部门应该制订统一的法律，出台相关的行政规章、制度。详细说明各地区、部门在处理突发事件过程中的具体程序、解决方案、处罚规定等。尽可能周全地提出事故过程中对各种事件的解决法案，提高事故处理的实际效力。

（三）建立突发事件应急预案

政府管理的目的是"使用少量钱预防，而不是花大量钱治疗"。面对危机预防，政府需要制定具有可操作性的应急预案，以减少事故"治疗"成本。这关系到整个危机处理效率。关系到突发事件爆发前，能否立即感应到并制定有效的预防措施，将其扼杀在萌芽状态，关系到突发事件爆发阶段，能否迅速有效实施救援，将损失降到最低。户外运动突发事件应急管理中心制定全国性的户外运动突发事件应急管理预案。

1. 确定事件等级和类别

预案中不可能预测到突发事件爆发的实际、地点和方式，但可以在预案中对可能发生的突发事件进行假设，并根据不同的威胁设定不同的等级以及根据不同的性质确定不同的类别，再根据不同的情况确定相关部门和人员的职责。

2. 确定目标和任务

预案中应制定不同等级的突发事件解决时所要达到的目标及所要完成的任务。明确应急的具体程序和违规后果等。

3. 明确后勤保障

包括资金保障、物质保障和技术保障。在预案中根据不同类别的突发事件制定不同的物资保障计划，要求相关部门经常性地做好应对突发事件的各项人力、物力准备，确保处置工作顺利进行。最好的危机管理方法是预先防备，知道去找谁和按哪个按钮。

各地方应急救援机构要根据应急预案，针对地方实际情况出台地方性的应急预案；户外运动集中的地方例如相关景区要编制专门的应急指导手册或攻略。在手册中要对景区地形、地貌等概况、可能存在的危险以及事故发生之后的求救方法进行具体描述，以保证事故救援的效率。

（四）完善信息监测系统

提供准确、及时、全面的应急管理信息是预警和科学决策的前提。户外运动突发事件的发生有多方面的原因，为了保证户外运动安全信息的及时传递，保护生命财产安全，需要加强对信息的监控和识别，及时捕捉到各种真实有用的信息，以预防突发事件的发生。信息监测系统包括信息的搜集、分析、对策制定和信息发布等功能，其作用的发挥需要旅游、安全、公安、卫生防疫、交通等多部门联动来共同提供相关信息，以克服"信息孤岛"现象。各地需要充分利用手机、电子邮件、微博等电子通讯工具对进入区域内的户外运动活动队伍提前发布天气预报、疾病灾害、地质情况等信息，以便户外运动者掌握及时信息，适时调整路线和方案，尽可能避免因信息不畅而造成的损失。

（五）加强危机教育，普及危机意识

首先，加强政府公职人员的危机教育，让公职人员时刻保持危机警惕。同时通过教育明确户外运动突发事件应急中的各项规章准则和行为规范。其次，在学校开设专门的、有针对性的户外运动突发事件应急教育，通过课堂教学和实践演练，提高学生整体的危机意识和救援能力。在社区，定期开展户外运功突发事件应急宣传。通过政府、学校、社区三方的共同努力形成合力来普及公众在户外运动突发事件应急管理上危机意识和应急知识缺乏的缺陷，最大限度地防范危机的发生。

三、建立我国户外运动突发事件的应对机制

（一）成立应急指挥机构

以色列著名危机管理专家德罗尔指出"政府中枢决策系统必须享有发号施令的权威，并且可以制定和执行带有强制性的政策。"户外运动突发事件一旦不幸发生，出于维护公共利益和快速处置危机的需要，政府有必要依据有关法律规定，采取多种非常态管理措施，快速、有效地遏制危机的发展和升级，控制危机局势，解决危机，而应急组织机构的建立是开展应急措施开展的基础。根据我国《突发事件应对法》和户外运动发生的实际情况，事故发生后要立即成立户外运动突发事件应急管理指挥机构。根据事故涉及的范围和严重程度决定指挥机构的级别，机构分为户外运动突发事件应急指挥组织由指挥中心以及下设的人力资源管理、灾情计划、救援、物流、媒体与新闻、通信、专家和与事件有关的机构代表组成，如图3-8所示：

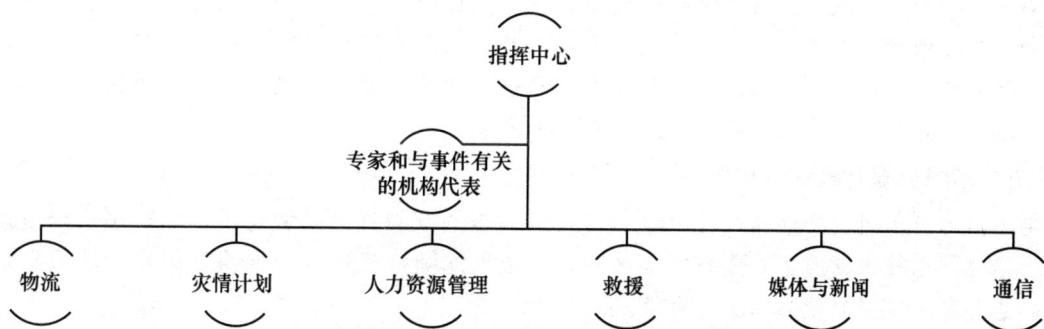

图 3-8　户外运动突发事件应急管理指挥组织结构图

人力资源组主要负责人员调配，灾情组主要对灾情进行研究制定具体的救援计划，救援组负责救援工作的具体实施，物流组负责物资保障和调配，媒体与新闻组主要负责信息实时发布，通信组主要负责通信设施的畅通，专家和与事件有关的机构代表作为指挥的辅助机构，参与决策，所有部门直接由指挥中心领导，对指挥中心负责，以提高事故处理效率。

（二）公开突发事件动态信息

"辟谣不是一个信息的消除，而只是增添了另一个信息，人脑中只能增加信息。"在突发事

件发生之际，政府不应该简单地采取回避和辟谣等措施，信息时代网络在占领信息发布制高点的同时，也为谣言的产生提供了条件。很可能加深公众对政府的误解。"当公众对一切都无法相信时，那么他们就会相信一切"。因此政府应及时发布相关信息，及时、公开、透明地披露事故情况，用客观准确的信息稳定公众的信心。建立公共危机沟通机制和新闻发言人制度，通过召开例行的新闻发布会，公布信息，满足公众的知情权，以避免社会流言和恐慌。网络政府应督促网站及时有效地对错误信息进行筛选，从源头上遏制谣言的产生，对已经发生的谣言及时辟谣，将造成的破坏性影响减少到最小。将工具理性与价值理性并重，保证社会对于公共机构持续的信任与信心。

（三）加强事故监测

突发事件监测工作主要是对突发事件的发展变化情况做出分析，理性判断事故发生的走向、严重程度，以便对救援措施及时做出调整。户外运动突发事件的处理是在动态环境中进行的，在事故处理过程中，很可能出现突发事件的连环爆发，植根于自然环境的户外运动突发事件更是面临着自然环境的各类考验。因此在突发事件发生时，除了需要积极行动对事故本身进行解决外，还应做好突发事件的监测工作，实时监测事故走向、观察突发事件的解决是否顺利，影响是否在减弱，事故是否衍生出别的不当影响，以便采取针对性的措施，防止突发事件连环发生。

（四）鼓励非营利组织参与事故救援

在户外运动突发事件处理中，政府、公众、非营利组织都应成为灾害治理主体共同参与到危机化解中。其中政府是核心，非营利组织是纽带，公众是基础。作为弥补市场和政府失灵的产物，非营利组织在突发事故救援中有着无可比拟的优势。它既没有政府的官僚等级和繁琐的程序，也不会像市场一样在事故处理中存在滞后。事故发生后，非营利组织可以迅速投入到危机应对中。因此，在救援中政府应该积极转变观念，打破传统的"万能政府"思想，积极鼓励非营利组织参与到户外运动突发事故救援中，以开放的心态接纳社会的参与，对社会组织的参与给予充分的信任和支持；其次，对积极参与救援的组织，政府要进行整合。非营利组织和政府、市场一样并非万能，也存在"志愿失灵"的情况。

（五）增强公众自救和互救能力

突发事件发生时，公众通过线上平台进行的自救、互救往往是关键的，如英国口蹄疫爆发期间，信息传播技术支撑了被隔离的郊区农民；亚洲海啸危机也证明网络社区比专业救援队伍在帮助志愿者定位目的地方面更为有效。

户外运动的目标群体主要是年轻人，他们对网络、微博等虚拟平台的使用无论是时间还是空间上都具有天然优势，因此应该建立以政府为主导、以公众应急信息网络为支持的大平台，通过政府应急网站和民间应急信息网站的合作，结合政府专业指导和公众在线响应的方式来加快救援信息传递，提高公众自救、互救能力。

四、建立我国户外运动突发事件的善后修复与评估机制

（一）建立突发事件的善后修复机制

首先，建立区域间的互助合作。由于户外运动突发事件在发生时往往具有临时性和偶然性，

救援差异性和专业性都较高，区别于一般性公共危机，因此在善后修复过程中需要建立区域间的互助合作机制。这不仅有利于联合集中物力人力财力，确保常态运行机制的及时解决；而且避免了各区域危机处理在各自为政下的重复建设和资源浪费，减轻了政府的财政负担；同时互助机制提高了服务的专业化水平，通常具有较高的质量和效率。通过区域间的相互援助，不仅有利于突发危机事件的有效解决，也节约了资源。

其次，明确恢复阶段的工作目标。在危机处理中，突发危机事件的波峰过去之后，为尽快恢复经济和社会正常秩序，消除突发事件带来的损害和负面影响，弥补被耽误的日常工作，必须及时启用善后修复机制，制定工作目标。相关部门应立足于长远发展的考虑，明确突发事件善后阶段的工作目标，积极动员一切力量实现这个目标，减少突发事件带来的负面影响，尽快恢复工作常态。

最后，采取措施，逐渐消除突发事件的"后遗症"。在经历突发事件的冲击后，往往会留下很多"后遗症"，影响正常秩序的恢复。如果不尽快消除，还有可能会导致突发事件的再次发生。因此，突发事件过去后，相关部门必须采取各种具体措施，彻底查清事故真相，恢复受损设施，安抚事故受害人，做好事后沟通工作、积极解决善后工作，尽快恢复到常态。

（二）建立突发事件的事后评估机制

根据"无评估则无管理"的原则，在户外运动突发事件管理中，除了预防和应对，还需要对事故全过程进行全面评估，以进一步推动户外运动突发事件应急管理的发展，改善户外运动突发事件应急管理的质量。户外运动突发事件应急管理的评估不仅要符合绩效评估"经济、效率、效益和公平"的"4E"原则，以及户外运动突发事件应急管理的初衷，更应该体现户外运动突发事件应急管理的特性，包括对预防预警、应急处理、危机恢复等各方面的绩效评价，分析应对过程中所采取的应对措施及解决效果，剖析问题存在的深层次原因，总结经验、教训和不足，便于更好地完善突发事件的预防和应对机制。

在具体评估时特别要注意：一是户外运动突发事件应急管理评价应当侧重管理效果，兼顾管理过程，从而实现对应急管理质量的系统考察；二是评价指标应该具有可持续性、可衡量性、可比较性和动态性，确保对于户外运动突发事件应急管理的绩效进行衡量和比较；三是对户外运动突发事件应急管理的评估结果予以公布，保证公众知情权，增加管理透明度；其具体步骤是：第一，对事故发生原因和相关预防、处理的全部措施进行彻底、系统的调查；第二，对事故处理过程中存在的各种问题综合、分类，分别提出整改措施，并责成有关部门逐项落实，进一步提高事故应对能力。

五、我国户外运动突发事件应急管理的优化策略

（一）健全法制，引导和培育良性的户外运动市场秩序

今年来出现的各种各样的问题表明，有关处理户外运动突发事件的相关法制法规应该更加完善，从而使得户外运动的应急管理更加法制。在法规上，应使各方的责任与权利得到明确的界定，借此来防止各方推卸责任从而使反应更加迅速。另外，对于因违法违规而导致的事故给予明确的处罚。做好法制建设和普法建设，在户外运动突发事件发生之前做好普法宣传与教育，就是所谓的事先告知；在规范有关户外运动的法律法规体系时，可以在基于我国

的国情情况下，辩证地借鉴其他国家所取得的建设成果。通过户外运动突发事件的相关法制建设，无论是对于相关的任何一方而言，都是有利于户外运动市场秩序的规范和发展方向指引的。

（二）"业务与管理"相对应，做好组织结构的顶层设计

优化处理这类突发事件应急管理的组织结构，将户外运动的业务主管部门纳入政府管理的组织架构之中，在顶层设计上将专门部门设定好，通过对户外运动管理组织结构在业务上的细化，进一步突出户外运动应急管理在政府处理突发事件中的职能功能发挥。由各级体育主管部门为头，负责针对户外运动突发事件的应急方案制定和人才队伍建设；事前应做好防范，明确事情发生前、事故过程中，以及对事故的善后各个进程的指导性内容和责任，如此一来，将业务与管理相结合，有助于促进处理户外运动突发事件的相关组织地位凸显和专业化发展。

（三）建设多元主体参与联动的户外运动突发事件应急管理模式，激活各方力量

在现有处理户外运动突发事件的基础上，建设社会组织、政府（业务主管部门）、企业等多元主体参与的户外运动突发事件应急模式。全靠政府来承担户外运动突发事件的救援工作，莫过于让政府负重荷前行，降低了政府的行政效能。在这个模式中要构建出政府主导、社会参与、企业助力的多元主体联动模式，与公安 110 指挥中心联动构建信息共享平台，一旦有相关的突发事件发生，让专业的力量来进行专业的救援，为社会力量的注入设计好接入端口，有助于政府减负、社会组织力量激活和专业化的户外运动突发事件应急队伍建设，使应急管理的效果得到明显的提升。

（四）构建行业人才培养体系，扩大行业人才覆盖面

在危险还未发生的时候应当做好防范措施。在处理户外运动突发事件时，我们应关注关键的因素在于人才。在户外运动突发事件应急管理设计好人才队伍建设的规划，由政府（业务主管部门）来负责人才培养体系的构建。在教育系统，由政府（业务主管部门）与教育部门进行协调沟通，协同合作做好户外运动专业人才的培养。在政府（业务主管部门），即体育部门，通过全民健身国家战略，做好相关行业社会指导员、资格证等方面行业标准的制定和相关人才的培养；可以利用健身平台来普及户外运动的相关知识。

（五）加强宣传普及力度，提高宣传普及密度

对户外运动的专业知识做好设计，从户外运动项目的介绍、安全隐患与自救、专业运动体能与准备指南、野外生存基本技能等方面设计内容，宣传手段不宜过于单一，可以通过尝试更加多样有趣的方式来实现创新，以不同的过程来达到宣传的目的。为了阻止户外运动突发事件的发生，年度计划可以引入宣传户外运动的知识的活动，在活动中，应充分设计好每个环节，举行一些比如知识竞赛的环节。此外，可以借鉴其他活动的宣传方式，比如开办讲座等。提高社会民众对户外运动的专业化认知，提高人们户外运动的安全意识、防护意识、危机意识和自救意识，提高户外活动者自救与互救能力水平。

（六）科学制定行业准入标准，严把行业质量关

在户外运动的管理上，组织专家力量，借鉴国外户外运动行业准入标准，科学论证，制定

符合我国的户外运动行业准入标准。有了这个户外运动行业准入标准，就要严格执行，通过行业准入这道门槛上把户外运动突发事件的发生几率在一定程度上进行避免。同样，对于违规或不按规定的组织或个人，需要进行严厉的取缔和处罚，以起到威慑作用，规范行业秩序和营造良好的行业氛围。

第四章 户外运动安全保障理论

近年来，户外运动在我国得到快速的发展，人们通过参加户外运动来亲近自然、回归自然、挑战自我、展示个性、释放压力、锻炼身心、提升个人素质及凝聚团队精神等，参与户外运动的人员已经从原来的专业人员变成了今天的普通百姓。随着户外运动参与人数的不断增多，户外运动事故的发生率呈逐渐上升趋势，死亡人数也逐渐增多。沉甸甸的死亡数字给我国户外运动相关管理部门、组织者、爱好者们敲响了警钟，参与者的人身安全已成为我国户外运动相关管理部门、组织者、爱好者以及社会各界日益关注的焦点，户外运动的安全便成为当前亟需解决的问题。

第一节 户外运动安全的影响因素

我国户外运动安全保障体系是管理科学的一个重要分支，它是指在户外运动中，户外运动管理者为实现我国户外运动的安全、健康、和谐、规范、有序、可持续地发展，而进行的有关计划、组织、指挥、协调、监督和控制等一系列的活动，主要运用现代安全管理原理、方法和手段，分析和研究户外运动中各种不安全的因素，从技术、组织和管理上采取科学有效的预防、控制和救援措施，解决和消除各种不安全因素，防止山难事故的发生，以保护户外运动参与者的安全，避免和减少人身伤亡和个人、集体和国家财产的损失和不良社会影响。

当前影响我国户外运动安全的因素主要包括四大方面：户外运动的参与者因素、技术装备因素、组织管理因素和环境因素，这四个方面相互联系、相互作用。见图 4-1。

一、社会因素

社会因素是指社会上各种事物，包括社会制度、社会群体、社会交往、道德规范、国家法律、社会舆论、风俗习惯、宗教信仰、卫生条件等等。户外运动作为社会大环境的一部分，社会因素对户外运动的安全影响很大，是一个不可忽视的因素。如果在户外运动期间社会因素一旦发生，极易降低户外运动参与者的安全系数和导致山难事故的发生。社会因素一般不可控制，但我们可以主动地避而远之。

二、自然因素

户外运动是在自然环境中进行的，极易受到自然因素的影响。影响我国户外运动参与者安全的自然因素主要有暴雨、洪水、泥石流、山体滑坡、塌方、雪崩、冰崩、雷电、地震等，这些通常被称之为自然灾害。同时也有气候条件，一些骤然变化的天气也极易给造成山难事故的发生，给参与者带来很大的伤害。自然因素是最不容易控制的，有些因素是不容易预料的，从而无法预防。

*缺乏户外运动经验	*过分自信
*活动前准备不充分	*参与者之间缺乏沟通
*对活动中潜在的危险认识不够周全	*不服从指挥
*缺少相关户外专业知识的培训	*隐瞒不适宜户外的疾病
*在身体不适情况下盲目行动	*缺乏相互帮助

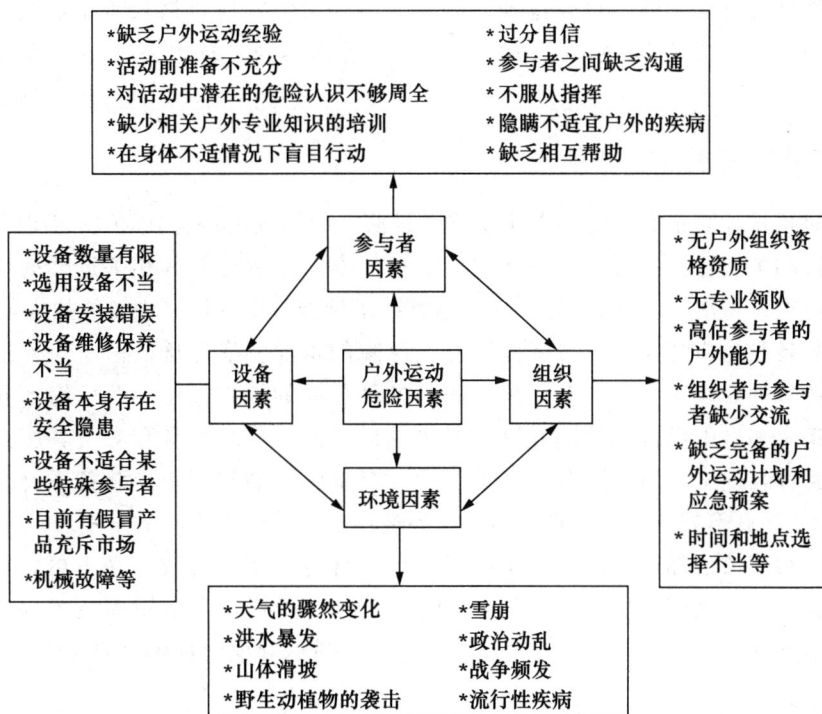

图 4-1　户外运动安全事故影响因素

三、人员因素

1. 活动参与者因素

在参与户外运动过程中，户外运动的参与者中大多不是专业的户外人员，缺少相关的户外专业知识培训，缺乏户外经验，参与活动前的准备不充分，对活动中潜在的风险估计不足，缺乏相应的户外活动的应急预案，隐瞒不宜参与户外运动的疾病，在活动过程中盲目行动、不听领队指挥、缺乏沟通、盲目自信等。

2. 组织管理者因素

目前，虽然中国登山协会在 2013 年出台的《登山户外运动俱乐部及相关从业机构资质认证标准》和《登山户外运动俱乐部及相关从业机构技术等级标准》中要求从事登山运动及其相关运动的俱乐部及相关从业机构，须经当地体育行政主管部门批准，并在当地民政部门或工商部门注册登记和具有一名以上中级、二名以上初级技术人员（包括攀岩教练员、户外运动指导员、高山向导、拓展培训师等）和若干辅助技术人员（保护员、医护人员等）的技术力量。但是，我国在户外运动活动的组织过程中，大部分从事登山运动及其相关运动的俱乐部及相关从业机构并没有获得当地体育行政主管部门批准、并未在当地民政部门或工商部门注册登记、并不具有一名以上中级、二名以上初级技术人员（包括攀岩教练员、户外运动指导员、高山向导、拓展培训师等）和若干辅助技术人员（保护员、医护人员等）的技术力量、缺乏中国登山协会和地方登山户外运动协会的专业资格认证。

我国历年来很多户外运动山难事故仍然发生在非法人单位组织的活动中。通过 AA 制、个人形式、亲朋结伴等形式开展的户外运动，以及无户外组织资质资格的组织形式，没有专业的领队，组织者与参与者缺乏沟通，对路线时间方位选择不当、缺乏完备的户外计划和应急预案等。

四、技术装备因素

户外运动对技术和装备有一定的专业要求，目前，中国登山协会在 2013 年出台的《登山户外运动俱乐部及相关从业机构资质认证标准》要求从事登山运动及其相关运动的俱乐部及相关从业机构须具有组织每次 50 人以上的、符合国家技术标准规定（拟订中）的技术装备。

户外运动装备是为户外运动参与者提供安全保障的重要物质基础。由于户外运动的各个项目对装备都有特殊的要求且价格比较昂贵，因为各种各样的因素，使一些组织者和参与者缺乏一些专业的装备，如通讯设备中的国际海事卫星电话等。一些组织者和参与者所带的装备数量较少，装备本身存在安全隐患（装备设计不合理、装备陈旧磨损严重、装备不符合行业安全标准），装备使用和保养不当等，这些都极易在户外运动中造成山难事故的发生。

户外运动的很多项目都对技术有一定的要求，而且每个项目的技术又不尽相同，如攀岩需要有基本的攀爬技术、漂流需要有漂流技术和游泳技术、滑雪需要有滑雪技术等，很多户外运动参与者很容易高估自己的技术，认为自己什么都行，最后导致山难事故的发生。

五、管理因素

1. 组织机构设置方面

从组织机构设置上，目前中国登山协会下设有办公室、攀岩攀冰部、户外运动部、高山探险部、培训部、经营开发部、对外交流部、山野杂志部和国家登山训练基地部，同时下设竞赛委员会、宣传推广委员会、登山探险委员会、相关运动委员会、国际交流工作委员会、医学及救援工作委员会、场地装备器材监督管理委员会、理论科技研究委员会。

在安全管理组织机构上，只有场地装备器材监督管理委员会，尚缺乏专门的安全管理部和安全管理委员会，各地登山户外运动协会也基本没有下设专门安全管理部和安全管理委员会。

2. 培训方面

在培训方面，中国登山协会于 2005 年正式成立了培训部（其培训工作早在 1999 年已经开展），主要职责是负责登山及相关运动（高山探险、山地户外运动、攀岩、拓展）的等级培训认证和技术培训，倡导"安全、科学和环保"的培训教育理念，并以"系统性与针对性相结合，突出针对性；理论与实践相结合，突出实践性；基础与应用相结合，突出应用性"的"三结合，三突出"为指导思想，大力发展我国登山户外运动的培训教育事业。

3. 宣传教育方面

在宣传教育方面，目前中国登山协会已于 2013 年推出了"全国户外安全教育计划"，在全国范围内发放了《户外安全手册》，并在北京、深圳、西安、宁夏银川、杭州、唐山、武汉等城市举办了"全国户外安全教育计划"公益巡回演讲和在西安、宁夏银川、杭州、唐山、武汉举办了六期户外安全宣导员培训班，同时拍摄了"户外安全教育计划系列片（1—13 集）"，但这些宣传教育力度还远远不够。

4. 法律法规和行业规章制度方面

在法律法规和行业规章制度方面，我国户外运动相关的法律法规和行业规章制度还不健全，没有相关的法律法规对户外运动的安全责任进行明确的界定，如"中国驴友第一案"，就没有相关的法律法规作为依据。

目前，我国已经出台了《外国人来华登山管理办法》、《国内登山管理办法》、《四川省国内登山管理办法》、《登山户外运动俱乐部及相关从业机构资质认证标准》、《登山户外运动俱乐部及相关从业机构技术等级标准》、《高山向导管理暂行规定》、《户外运动员注册与交流管理办法》（试行）、《攀岩攀冰运动管理办法》、《攀岩运动员参加全国比赛代表资格注册管理办法》、《全国攀岩运动员注册与交流管理办法》（试行）等，还有《关于加强登山户外运动的组织和安全工作的通知》、《关于加强"十一"期间登山户外相关运动安全和组织工作的通知》等通知。

这些还远远不能满足我国户外运动相关的法律法规和行业规章制度的健全，还应急需出台《户外运动法》、《户外运动安全法》、《户外运动救援法》、《户外运动参与者管理条例》、《户外运动装备质量标准》等与户外运动相关的法律法规和行业规章制度。以上这些方面都可能间接地影响着我国户外运动参与者的安全。

六、安全救援因素

在组织机构方面，目前中国登山协会已经下设有医学及救援工作委员会，主要来负责登山运动及其相关运动紧急情况救援工作。

在救援培训方面，目前中国登山协会已经在广东深圳、青海岗什卡、江苏南京、四川兴文、陕西西安和浙江新昌等地举办了全国山地救援技术培训班，并成立了"中国深圳山地救援培训基地"。

在救援队建设方面，很多地方的登山户外运动协会和民间成立了山地救援队，如：深圳登协山地救援队、宁海山地救援队、壹基金救援联盟、北京蓝天救援队、青海户外联盟救援队、天津蓝天救援队、厦门蓝天救援队、四川山地救援队、四川蓝天救援队、南充红十字山地救援队、山东救援联盟、山西大同蓝天救援队、山西蓝天救援队、临汾蓝天救援队、张家口蓝天救援队、河北蓝天救援队、贵州蓝天救援队、湖北户外救援联盟、辽宁蓝天救援队、广州蓝天救援队、湖南蓝天救援队、浏阳救援队、黑龙江蓝天救援队、陕西西安户外救援队、张家界蓝天救援队、兰州蓝天救援队、阜阳蓝天救援队、晋城蓝天救援队、新疆蓝天救援队、无锡市民防应急救援大队、盐城市户外救援队、南京红十字应急救援队等专业救援队和民间救援队。

但是，目前我国运动运动救援体系还不健全，相配套的安全救援机制不够完善，还没有形成救援网络，大部分山难事故发生还是依靠武警公安、消防部队和医疗机构，正规、专业的户外运动安全救援队伍相对较少，大部分都是民间救援队，成员大部分都是户外运动的爱好者，救援队管理水平和技术能力参差不齐，救援的费用无处落实，救援设备比较落后，尚没有救援机构有直升飞机参与户外运动安全救援。这些都易导致山难事故发生时，救援不能及时有效地开展。

第二节　户外运动安全保障存在的问题

通过梳理和分析近些年登山户外运动发生的事故数据，对登山户外运动事故的现状、特征和原因进行分析讨论，并结合影响我国户外运动安全的主要因素：户外活动参加者、技术装备、组织管理和环境因素。在此基础之上，结合当前我国户外运动安全保障方面的现状，分析并梳理出当前我国户外运动安全保障存在的问题。

一、缺少专门的管理机构和人员

当前我国户外运动的主要管理机构是中国登山协会，下设户外运动部对户外运动进行管理，在户外运动的安全方面只有场地器材监督管理委员会和培训部，进行户外安全相关的部分工作，没有专门的安全保障机构和相应的专业专职管理人员，各地的登山协会也基本缺乏专门的户外运动安全保障机构和部门，所以在发生一些户外事故或者伤害时，缺乏专业有效的统一领导，一般是政府的消防、公安等部门和登山协会部门临时组成的机构和组织进行安全救援和管理。

二、相关法律法规和行业规章制度不健全

如图 4-2 所示，当前我国户外运动在法律法规方面尚处于理论论证阶段，缺乏相关的法律法规和成熟的行业规章制度。自 2004 年正式立项，户外运动开始了管理的探索，但大都是宏观方面的，比较难达到具体的和有针对性的管理和约束。目前仅出台了个别如攀岩、登山等项目的管理办法，且约束力、强制力不强，管理范围有限，在行业标准上没有能够形成能够在全国范围内推行统一的标准。

管理办法	行业标准
·攀岩竞赛裁判员管理办法(试行)	·攀岩运动员技术等级标准(2014年1月14日更新)
·国家攀岩队教练员、运动员选拔标准	·登山户外运动俱乐部及相关从业机构技术等级标准
·攀岩运动裁判员技术等级实施办法补充办法(定线员部分)	·登山户外俱乐部及相关从业机构资质认证标准
·高山向导管理暂行规定	·登山运动员技术等级标准(2014年1月14日更新)
·国内登山管理办法	·国家登山健身步道标准(NTS国家标准0708)
·户外运动员注册与交流管理办法(试行)	·体育场所开放条件与技术要求 第3部分：蹦极场所
·攀岩攀冰运动管理办法	·体育场所开放条件与技术要求 第4部分：攀岩场所
·全国攀岩运动员注册与交流管理办法(试行)	·体育场所开放条件与技术要求 第19部分：拓展场所
·外国人来华登山管理办法	·运动保护装备要求 第1部分：登山动力绳
	·运动健将技术等级称号申请表

图 4-2　户外运动相关管理办法和行业标准

在户外运动俱乐部的监督管理方面，缺乏有效的保障，还主要是依托民政部门和工商部门的认证，对资质的认证缺乏明确有效的规定；户外运动教练和领队需要较强的专业性，但当前一般的领队多为户外运动爱好者，对领队和教练资质和管理认证亟需相关的法律法规；在户外运动参与者的权益保护方面，缺乏相关的机制和配套的规章制度，使得户外市场上一些侵犯户外运动参与者的行为大行其道，户外运动参与者难以合理合法地维护自身的权益，户外相关法律法规不健全也给户外市场的发展带来了许多问题，户外俱乐部任用不具备资质的领队和教练、装备设施不过关、对户外场地和环境的破坏、不为户外参与作者投保等行为，既损害了户外运动参与者的利益，也不利于户外运动本身的健康发展。

另外关于户外运动安全事故责任界定的相关法律存在缺失，导致户外运动事故的判决缺乏有力的法律依据，当前我国在处理户外运动纠纷时的主要依据是《民法通则》、《合同法》、《侵

权责任法》，但这三部法律在处理户外运动问题时有不同的规定，有的甚至是冲突的，尤其是针对风险免责协议的法律效力问题。当前已运行和拟出台的管理办法及行业标准远不能满足目前我国户外运动发展的需要，亟需制定户外运动相关的全国性的法律、完善行业标准，明确户外参与各主体的权利义务，促进户外运动的健康发展。

三、安全教育和专业技能培训开展，但力度不够

据中国登山协会不完全统计，当前参与户外运动的人口已突破一亿，但相较于参与人数过亿的繁荣场面，其中参加过正规培训，接受过户外专业教育的户外人员才寥寥五千人，所占比例不足两万分之一，由于户外运动领队和参与人员缺乏相关的户外知识和技能的情况，使得户外运动安全问题愈加严重。

中国登山协会于 2005 年正式成立了培训部，不过登山协会从 1999 年培训工作就已开始逐步展开，培训部主要负责登山及相关运动，包括攀岩、拓展、高山探险、山地户外等项目的技术培训和培训认证，自 1999 年至今，登山协会举办了各级各类培训班。迄今为止登山协会培训部在全国 21 个省市自治区开办过户外的相关培训，其中珠江三角、长江三角等经济发达的沿海地区由于其良好的户外资源、经济优势以及人口素质在户外培训方面开展较好，领先于其他地区，且以户外培训为良好的契机和抓手促进了当地户外运动的开展。

图 4-3　户外安全教育计划标志和发放手册

户外运动安全的宣传和教育，就是充分利用电视、报纸、网络以及微信、微博等新媒体，大力宣传户外运动的安全理念，增强户外参与者的户外安全意识，培养户外参与者安全、理性参与户外的习惯。当前我国户外运动的相关从业人员大多数是由体育行政部门或户外运动俱乐部通过短期培训等方式来培养的，且范围和人数有限，我国户外运动专业人员，包括户外领队、登山向导、攀岩指导员，拓展培训师等存在很大的缺口，人才培养不规范，专业建设不足；户外安全教育和宣传以中国登山协会为核心基本开展，但涉及地区和范围局限在部分大中城市，宣传教育力度不大，影响力有限。

四、安全预警存在缺失

如今有许多的户外爱好者只凭着一股冲劲，一味追求刺激，在没有掌握足够的当地信息的情况下，冒险在未开发的景区或具有高难度和挑战的项目和地区进行活动，往往造成不必要的事故，自救不足而寻求外界救援，但外界救援其实是一种事后机制，而预防风险发生的最好办法就是在进行户外运动前做好预警，包括对路线风险的评估，天气状况的实时更新，人员装备的检查等等，而这些准备工作恰是我国目前众多户外运动参与者所轻视，准备不足或所求不得

的，只有做好这些事前预防工作，才能将灾害发生的概率降到最低。

目前我国对户外运动安全的预警存在缺失，没有设置相应的户外安全预警机构，更没有专业的人员对相关户外信息进行收集整理、分析判断、发布警告、制定策略等，户外运动参加者一般通过网络信息如论坛、QQ、微信、电话，或户外爱好者之间通过口口相传等获得户外的局部信息。另外对于一些高难度的登山探险等活动，相关部门也缺乏监管和管理。

景区也有一定义务对户外运动参加者提供相关的预警，如工作人员告知当地特殊的天气、地理等情况，景区在事故易发生地区树立警示牌等等，由于自身发展和利益追求，有些景区尤其是高山探险、开发程度低的景区，对警示牌等设备多有忽略。

五、救援基本开展，但仍然存在很多问题

户外运动救援的种类主要有三种类型，一是自救，主要是指发生事故和意外后凭借自己的救援知识和技术，对事发地的自然地理环境的掌握、对自身体力和心理的判断等进行的自救；二是互救，指户外参加者同伴间的救援，包括伤口包扎、人工呼吸等；三是外界救援，包括公安、消防、医院等公共力量的救援和专业户外运动救援队以及当地百姓的民间救援力量，外界救援是户外救援体系中的一种事后的补救措施。

（一）政府救援

我国政府救援方面由国家体育总局登山运动管理中心、地方中心的户外运动救援部及各景区救援队承担，主要的职责是负责救援人员的培训与救援技术的普及、户外运动安全的普及与规范、职业资格认证制度与标准的制定，负责与公安、武警、医疗等部门协调联络，保证救援工作的顺利开展。政府救援有强大的人力、物力保障的优势，但当前我国的户外运动事故大量动用政府救援力量，极易造成社会公共资源的浪费，且公共部门的救援人员多未经过专业的户外救援培训，对户外事故发生地点的地理天气等因素也不甚了解，很可能使救援的效果大打折扣，反而增加了救援成本。

（二）商业救援

商业救援指由保险公司或商业性旅行援助公司有偿提供的救援行为，在我国起步晚、且发展缓慢。商业保险是一种专业化、市场化的救援方式，其服务的对象是本机构的注册人员，未在其机构进行缴费注册的人员不能得到救援，救援范围有限，所以商业救援的服务对象基本是国内出境及境外户外爱好者和旅游者等高端消费群体，且大多存在于一些经济较发达的省市或者开发较为成熟的景区，如神舟旅行救援中心、中国银河绿十字公众应急救援服务系统等。

（三）民间救援组织

民间救援组织，主要是采用公益志愿的方式，救援人员大都由具有专业的救援技术与经验的志愿者组成，多是临时的人员，很少有专职人员。但是民间救援组织想要取得合法身份成为社会团体，其在相关部门审批登记的流程十分复杂，需准备大量的申请材料，逐级报备，并经过业务单位的重重审查，民间户外救援组织无法在短时间内取得合法身份，导致民间救援组织难以找到资金来源及合适的赞助商，救援设备等也十分缺乏；另一方面由于救援队员的工作特殊性，保险公司对救援队队员的人身伤害保险大都不愿接单，许多救援组织只能在网络上购买国外的保险，这些都使得我国民间救援组织的生存与发展陷入困境，步履维艰。

当前我国尚未形成统一的户外安全救援系统，户外运动救援体系的建立处于起步的发展阶段，政府救援和民间救援虽然基本全面展开，仍存在很多问题，尤其是民间救援组织救援的生存和发展，需要很多的支持。救援装备和技术落后，尤其是卫星定位、交通通信等技术的落后，导致救援队与政府的公安、消防、医疗等部门不能形成有效的联动。另外当前我国的救援还存在救援费用的承担主体不明确的问题。个人、景区、国家的收费比例等没有明确的标准和规定，户外参与者个人没有缴费意识，认为救援是公益性、政府性行为，常常违规进入某区域导致事故。这不利于户外救援的积极性，也不利于遏制户外运动爱好者和参与者的违反法律规则的"冒险"行为。

六、保险起步，但专项保险系统不完善，投保状况不佳

户外运动保险是指户外运动爱好者在参与户外运动时，为保护自身的利益，向保险公司支付一定的保险费，一旦参加者在活动过程中发生意外事故，承保公司按合同约定由向投保人支付相应的保险金。由于户外运动存在一定的高风险，在早期是被我国的保险公司拒投的，但随着户外运动如火如荼地开展，我国的户外保险也逐渐起步，户外运动的产品和险种出现并不断丰富。

但是当前我国户外保险的参与投保状况却不容乐观，据相关统计目前我国每年至少有 5 万多户外运动参与者大多处于无保险或无有效保险的状态，我国户外保险仍存在很大的问题：

首先，户外保险的险种仍有很大局限，体育保险市场不完善，户外运动专项险少，在我国的户外保险种类上，像雷击、山洪这类不可抗力造成的人身损失，除非特别约定，都并不在被保范围，其他众多与旅游相关的户外险种大多只理赔到意外身故、医疗运送等，实用价值不高，使得户外运动参加者即使购买了保险也处于无效保险状态；目前市场上的户外运动专项保险主要由中体保险经纪公司与一些大的保险公司提供，国内其他的保险公司所提供的户外保险险种较少、费用较高，而且由于"驴友"的户外活动存在时间短、投保低、风险大、赔付高的特点，大多数的保险公司都只接受有资质的户外俱乐部和团体的投保，不接受个人名义的户外参加者的投保。

另外已推出的专项保险存在宣传力度不够等问题、很多户外运动参与者对其不了解、事故发生后的理赔比较繁琐等因素，导致很多户外运动俱乐部或者户外运动参与者不购买保险；一些户外运动俱乐部为了招揽会员参加活动和降低成本，或不为户外运动参加者进行投保，或尽可能地漏掉户外运动专项险，以旅游意外险代替，使得广大户外运动参加者处于无保险或无效保险状态；对于一些个人行为、AA 等组织形式的户外运动参加者，很多人由于对户外保险认识不足、存在侥幸心理、事后理赔繁琐等原因，多会忽视户外运动运动专项险，将自身置于无保险的状态。

户外运动专项保险不仅应当包括针对户外俱乐部、领队、户外参加者的风险承保，还应当包括对户外救援的保险，目前我国"登山户外运动专项运动保险"里虽有提及"救援费用补偿"方面的保障，但仍不成熟，且普及率低，对于救援专项险还存在缺失。有户外救援队的队员就指出，由于救援队员的工作特殊性，我国的保险公司对队员的人身伤害保险也不愿接单，没办法，他们只好在网络上购买国外的保险。

七、环境保护方面存在缺失

在日益倡导可持续发展、绿色文明、生态文明的今天，户外运动对环境带来的冲击更引人关注，然而当前我国户外运动参加者在活动过程中环境、生态的保护意识薄弱，往往忽略环境保护。人们在参与户外运动中，往往只考虑户外参与，忽视户外自然资源的保护，岂不知户外运动必须以户外自然环境资源为依托，只有注重户外环境和生态的保护，才能实现户外资源的永续利用，户外参与者与户外生态环境的和谐共存。

随着户外运动井喷式的发展，户外运动业内"低价"或"无价"利用开发自然生态环境被视为理所应当，造成了生态环境极大的破坏，迄今虽然没有权威的统计数据来佐证户外运动对环境破坏的严重程度，但"户外运动游憩破坏生态环境的行为持续增长且无法得到有效遏制"的观点得到了普遍的认可。户外运动对环境的破坏是指由于户外运动而造成的向水源、土壤、大气等自然环境排放有害物质带来的污染，如户外参与者和爱好者丢弃的绳索、废氧气瓶、旧帐篷、烟蒂、食品包装袋、空罐头盒等废弃物，以及由于不合理开发和利用自然资源造成的生态破坏，如对植物造成的不可恢复的踩踏或焚烧、在树木上使用器械或绳索、驱赶或捕杀动物、带入外地物种等。

表 4-1　户外运动中破坏生态环境的具体行为

受影响客体	具体破坏行为
土壤	徒步、践踏、奔跑；扎营、篝火、燃烧；攀登、爬行
水体	在水源里清洗锅碗、使用非降解的肥皂或洗涤剂在水源中洗漱、船只等交通工具的汽油和冷却剂泄露、处理废弃物不当、带来外来水生物种
植被	在林木上涂刻、捆绑器械；践踏植被、伐木取薪；采集树木、花朵等植被；不当处理废弃物和垃圾、通过马匹、牦牛粪便带入新物种
野生动物	偷猎野生动物、进水扎营破坏动物食物源、破坏野生动物栖息地、干扰动物繁殖、使用雪地车越野车等追逐动物、投喂动物破坏其营养

中国登山协会倡导我国应当开展"安全、科学、环保"的户外运动，表明对户外环境和生态的保护开始在国内引起关注。但我国户外运动起步晚，户外参与者对于户外环境保护的意识较薄弱，这也与户外生态环境破坏成本低且缺乏相应的惩罚机制有关，户外环境资源的开放性和共享性导致人们将随意破坏生态环境视为理所当然，缺乏健康环保的户外意识，而在这种消极的意识指导下势必将造成越来越多的户外运动自然场地被户外爱好者最终抛弃。

第三节　户外运动安全保障体系的构建及发展趋势

安全问题是我国户外运动发展的生命线，构建一个有序、长效、健康、系统的户外运动安全保障体系，是实现我国户外运动可持续发展的根本保证。当前我国户外运动安全保障各方面系统已初步形成，具备基本因子，但还不够完善和健全，所以根据我国当前户外运动安全保障的现状，结合影响我国户外运动安全的因素，构建一个适合我国的户外运动安全保障体系，应当成立专门的户外安全保障机构，并完善和构建户外安全政策法规系统、户外安全教育培训系统、户外安全预警系统、户外安全救援系统和户外安全保险系统这五大系统，这五大系统共同作用，相互联系，实现我国户外运动的安全保障，其中户外安全政策法规系统处于基础地位，指导和规范着其他系统；户外安全教育培训和安全预警系统是核心系统，直接作用于户外参与者，直接关系到户外运动参与者的安全；户外救援和户外保险系统是保障系统，对其他系统起支持和保障作用。

要确保户外运动安全保障体系的正常运行，必须要加强户外运动安全保障各个主体和部门的立体的、联动的管理与合作机制，主要以户外运动安全保障部门为核心，政府、社会、公众各个主体要发挥各自功能，联动合力。首先要明确各个部门的职责，各地方以各自的户外安全保障部门为核心，各景区、国家公园、自然保护区，无论预警还是救援，由户外安全保障部门牵头和主要负责，联络沟通公安、消防等政府部门和民间志愿组织和志愿者，统一调配，分工明确，责任清晰，统一管理，分块协调。

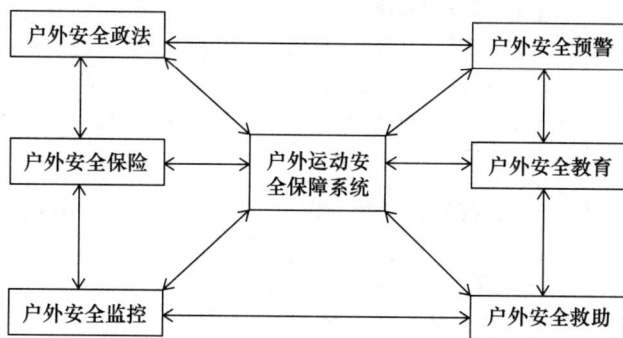

图 4-4　户外运动安全保障系统构成

一、户外运动安全保障体系的构建

我国户外运动安全保障体系是促使我国户外运动安全、健康、和谐、规范、有序、可持续地发展的生命线，是更好地维持我国户外运动安全的相关工作顺利开展的前提。从户外运动安全管理体系的系统功能角度看，户外运动安全保障体系是有安全保障机构、安全保障政策法规系统、安全保障宣传教育系统、安全保障预警系统、安全保障控制系统、安全保障救援系统、安全保障装备系统、安全保障保险系统等八个子系统组成的一个开放性宏观体系。

在所构建的我国户外运动安全保障体系中，安全保障机构是核心；政策法规系统为上层指导，是全局性的保障和管理依据；安全宣传教育系统、安全预警系统、安全控制系统和装备系统属于事前的预防和事中的监管体系；保险系统属于事后的赔偿体系；安全救援系统则是事中遇险时采取的应急措施。

（一）成立户外运动安全保障机构

成立一个专门的户外安全保障机构是构建户外运动安全保障体系的前提，户外安全保障机构在整个户外运动安全保障体系中处于重要地位，它承担着一个总领全局，整体上把控户外安全保障的功能和作用。它应当依托于中国登山协会，成立专门的户外安全保障部门，地方各协会也成立相应的专门安全保障部门，形成从全国到地方的全方位管理体系。户外运动安全保障部门应当配备专业的工作人员并纳入相应的事业编制。

户外安全保障部门的主要职责应当包括推动户外安全相关法律法规和行业规章制度的制定和出台，配合和组织宣传户外运动安全教育，完善户外安全预警，事故发生时组织户外救援，推广和宣传户外运动的专项保险等等。

（二）构建户外运动安全政策法规系统

户外安全政策法规系统是户外安全保障体系的上层指导，户外运动的法律法规和相关行业规章是保障户外运动安全，长期可持续发展的基础和保障，规范并指导户外运动安全保障体系中其他系统，并且能够通过法律的强制性和权威性来提高和强化户外人员的安全意识，这是整个户外运动安全保障的基础。构建户外安全政策法规系统应当包括两方面：宏观的户外安全政策法律法规和微观的行业规章制度，见图4-5。

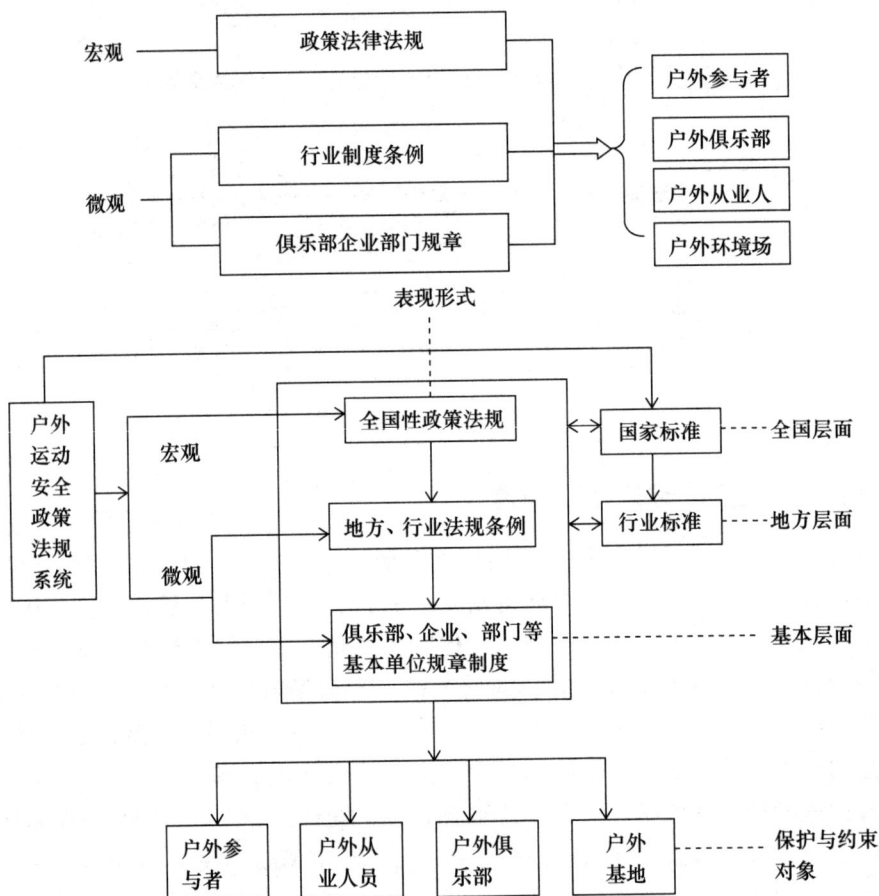

图4-5 户外运动安全政策法规系统

从构成类型角度看，户外安全政策法规体系主要包括了宏观性的政策法规（全国性政策法规）和微观性政策法规（地方、行业性法规条例和俱乐部、企业规章制度）两部分内容，从而形成了全国层面的政策法规体系，地方、行业层面的政策法规体系和俱乐部、企业层面的规章制度体系。

从表现形式上看，户外安全政策法规体系有三种表现形式：

（1）由全国一级政府颁发的全国性政策法规与标准；

（2）由地方政府、行业主管部门颁发的地方性、行业性法规、条例与标准；

（3）由俱乐部、企业和部门制定、实施的规章制度。三种形式的政策法规同时作用于户外安全保护与约束的对象，从而形成了一个完整的、有效的和可操作性强的户外安全政策法规系统。

国家体育总局登山中心和中国登山协会作为我国户外运动的最高管理机构，应该负责制定符合我国国情和户外运动发展现状的全国性的法律法规和地方部门规章标准，如户外安全救援法、户外环境保护法、户外装备标准法等；微观方面，完善户外行业的制度，有全国性标准和地方行业标准两个层次，如攀岩场地标准、户外装备标准、户外登山山地准入标准等。通过宏观和微观的政策法规和行业标准，规范和保护户外运动参与者、户外俱乐部、户外从行业人员和户外环境场地健康有序发展。

户外安全政策法规系统对于户外运动安全保障体系的其他系统起着指导和规范的作用，为户外预警、户外救援、户外保险等其他系统提供法律依据，从法律法规的强制性和权威性出发，对户外运动从业人员和户外俱乐部的行为进行规范和约束，强化户外运动从业人员和参与者的风险防范和安全保障意识，加强社会对户外运动安全的关注，进而促进户外运动安全的社会管理。同时，通过对行业部门规章制度的建设，逐步完善各项户外运动的标准制定，改变户外运动俱乐部和企业的无序状态，完善户外环境场地，树立适应我国户外运动发展现实的、可操作性的户外运动安全标准，在统一的场地、设备、技术、人员的安全标准之下开展户外运动。

同时为了保障户外运动安全保障体系能够正常地运行，也必须健全户外相关的法律法规和制度，尤其是户外运动安全保障的法律法规，这是我国户外运动安全保障体系能够真正发挥作用的基础，它能够为户外运动安全保障的管理者和管理活动提供法律依据和法律支撑，能够对户外运动的从业人员和组织者起到规范和监督的作用，通过制定和宣传户外运动安全相关的法律法规，唤起户外运动参与者和爱好者对户外运动安全问题的关注，从而进一步推动户外运动安全保障管工作的开展，提高户外参与者的安全保障意识和能力，这样才能从根本上为户外运动的提供安全保障。

（三）构建户外运动安全教育培训系统

户外安全教育培训系统处于户外安全保障体系的核心环节。我国户外运动安全保障宣传教育系统是我国户外运动安全保障体系的最基础工作，属于事前的预防体系。户外运动是含体育学、休闲学、旅游学、管理学、环境学、地质学、气象学、动植物学、关系学、组织学、心理学等多门学科紧密结合的一门综合性学科，内容十分丰富，只有通过专业化、系统化的长期学习，才能培养出合格的专业人员。宣传教育的基本知识应包括户外运动基本知识、户外运动项目专业技能、户外运动安全知识、户外运动救援知识等方面的内容。

户外安全教育培训系统应当包含两个层次：普及教育和专业教育，如图4-6。

户外运动是由国外传入我国的运动，在我国开展起步晚，人们对户外运动相关的知识和信息认知低，且户外运动本身具有一定的风险性，参与者只有遵循"科学、理性、安全、环保和团队"的户外理念，树立户外安全的意识，通过普及教育和专门教育，利用或设置特定的情境，发现问题、提出假设、解决问题，培养对户外环境中危险因素的感知以及在自然环境中处理紧急问题的能力，才能尽可能地避免事故的发生，真正安全、健康地享受户外运动带来的乐趣。

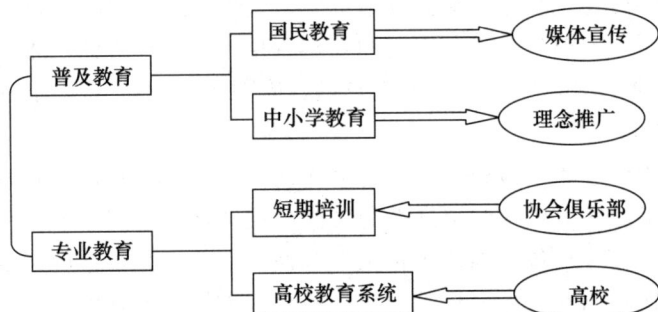

图 4-6　户外安全教育培训系统

1. 户外运动安全讲座

国家体育总局登山运动管理中心、中国登山协会、各地市登山户外运动协会、各户外运动俱乐部和高校可以通过举办一些户外运动安全讲座来宣传户外运动的安全知识，提高人们对户外运动的认识，唤醒他们的安全意识。

2. 户外运动安全媒体宣传

国家体育总局登山运动管理中心、中国登山协会、各地市登山户外运动协会可以通过报纸、广播、地铁传媒、公交传媒、电视、网络、手机等传播渠道大力宣传户外运动安全知识，增加参与者和从业者的安全意识和专业知识。

3. 户外运动相关培训

中国登山协会、各地市登山户外运动协会可以通过举办户外运动相关培训来宣传户外运动安全知识和户外运动专业技能，增加参与者和从业者的安全意识和专业知识，提高他们的专业技能。

4. 高校教育

近两年，很多高校开始了户外运动相关方面的专业课和选修课，在上课时教师应主动传授学生户外运动基本知识、户外运动项目专业技能、户外运动安全知识、户外运动救援知识，培养学生的安全意识。

户外安全的普及教育，主要通过体育行政部门和相关的协会中心合作，一方面将户外安全的教育纳入国民教育的范畴，通过电视、报纸、网络等多种媒体形式，介绍户外安全的常识、户外运动的知识，广泛宣传户外安全的观念，增强大众的户外安全风险防范意识，树立理性、安全参与户外的习惯，进行潜移默化的影响；另一方面将户外安全教育纳入中小学教育，中小学与登山协会建立长效联系，与户外俱乐部及高校户外专业合作，定期给青少年开展户外生存安全讲座和培训，开展配套活动，教授青少年相关的户外生存技能，在青少年初接触户外运动时就潜移默化教给他们户外安全的理念，长此以往，在国民脑海中树立了户外安全的意识，减少意外事故的发生，或遇到户外事故时能够有效处理，减少损失，减少不必要的人员伤亡。

户外运动安全的专业教育，一方面通过登山协会和户外俱乐部，组织户外运动相关从业人员参加短期培训，培养出具有专业技能的领队和教练，以满足日常户外运动的需要；另一方面，从长期来看，将户外运动安全教育纳入高校教育系统，通过院校培养专业的户外从业人员，通过长期的专业和综合训练，培养合格的专业户外人才。

（四）构建户外运动安全预警系统

户外运动的安全预警是指对户外运动中可能存在的安全隐患，在其还没有引发安全事故前，通过构建一个合理的指标体系，采用科学的手段对一段时间里某个地区内的户外安全因素进行预测和警告，为户外运动参与者的户外计划安排提供参考，以备发生事故能及时进行救援。

户外安全预警系统的特殊性就决定了，构建户外安全预警系统要以政府部门为中心的多个部门协调职能，包括气象部门、卫生防疫部门、体育部门、公安部门、信息发布部门等多个机构。户外运动安全预警系统担负着户外运动安全信息的搜集、分析、对策制定和信息发布等功能，是政府发布户外安全信息、进行户外安全预控的组织机构，它代表着政府向户外运动俱乐部、户外运动爱好者等相关的户外主体发布国内或境外的户外运动地安全信息，以维护户外运动俱乐部和户外运动爱好者的切身利益，保障我国户外运动的顺利发展。笔者把户外运动安全预警系统分为三块，包括自然灾害预警，参与者危险行为预警与综合信息预警，如图4-7。

自然灾害预警是指对户外运动开展地点可能发生的各种自然灾害，如洪水、台风、泥石流等现象进行预防警报与信息发布，以减少户外运动安全事故的发生。户外运动的开展地，特别是像野外生存这类项目，都是在极其恶劣的自然环境条件下开展的，所以当地的自然灾害预报就显得尤为重要，这项工作主要由气象局来完成。

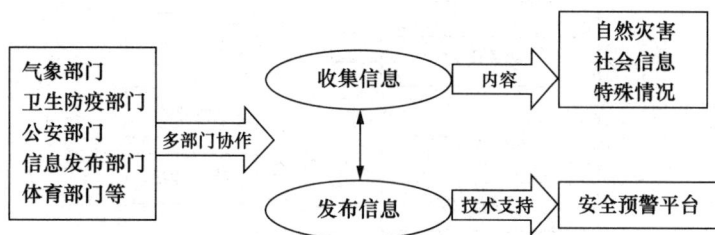

图 4-7　户外安全预警系统

参与者危险行为预警是指对户外运动可能造成户外安全事故的行为进行预警，例如不遵守交通规则可能会引发交通事故，露营过程中的不当行为会导致火灾，擅自离队会导致迷路，未按规定使用户外设备容易发生事故等。

综合信息预警是指对户外运动开展地区整体状况信息的发布，如当地治安状况，卫生健康状况，政治稳定状况等等。综合信息预警肩负着对安全信息的分析、对策的制定和信息的发布等功能，因此需要借助先进的计算机网络以及3S等技术，以确保对信息的全面搜集与及时发布。安全预警系统包括安全信息收集整理、安全信息分析判断、制定预防策略、安全信息发布。

（五）构建户外运动安全救援体系

户外安全救援系统是户外运动遇险中采取积极措施的重要环节。户外运动安全救助系统是指为实施户外救援而建立的、涉及到与户外运动安全相关层面的各组织机构和包括户外救援的分工、协作的工作体系。

当前应当在我国建立统一的户外安全事故救援系统，发展政府、民间救援队和当地志愿者的联动机制。救援包括政府救援和民间救援两大类，其中民间救援又包括了公益救援和商业救援。我国应当进一步健全和完善户外运动的救援体系，尤其是民间救援、扶植公益救援队的发展。对于一些非重大户外安全事故，政府救援可能并不是必要的，出动政府救援反而造成社会资源的浪费，此时民间救援就是很好的方式。对于一些事故多发的景区和地方，应当建立自己的救援队，救援人员以景区工作人员和当地的老百姓为主，这样救援人员熟悉当地的地形和各种情况，便于在突发的户外事故后及时展开有效的救援。

针对民间救援发展中遇到的财政和合法地位等困境，各省市地区通过政府财政拨款、社会捐赠、体育彩票和福利彩票等形式设立专门的救援基金，尤其是筹集社会赞助，为民间公益的户外救援组织提供经济方面的支持。对民间救援团体的注册程序简化，减少不必要的行政审批，为民间户外救援团体的合法化减少障碍。

政府和体育协会定期组织户外救援的相关培训，培养户外救援的专业人才，尤其是对于公益救援组织的志愿者，提供免费的培训，为救援人员提供便捷的技能培训渠道，实行严格的筛选考核，对于符合救援人员专业资格的颁发资格证书。

中国登山协会和中体保险经纪公司应与大的保险公司协商合作开发户外运动救援专项险，完善和改进已有的相关险种，为户外救援组织的救援人员提供专项、有效的保险，一旦发生意外事故后能够获得合理的理赔。

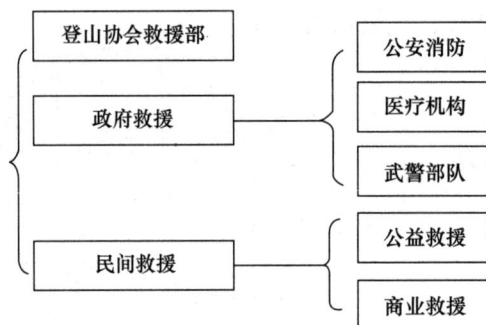

图 4-8　户外安全救援系统

总之，中国登山协会及地方各级登山协会在户外救援体系中要肩负其组织户外救援任务，一旦发生意外事故，及时有效地采取救援措施，联合公安、消防、医疗等政府部门和专业救援队，展开救援工作，减少人员和财产损失，消除不良社会影响。

1. 安全救援指挥中心

安全救援指挥中心是户外运动山难事故紧急救援指挥调度机构，主要是对户外运动山难事故救援进行协调和统筹。安全救援指挥中心应下设办公室、指挥调度室、教育培训科、紧急救援科和车辆管理科 5 个科室，负责所辖范围内的山难事故发生时的紧急呼救信息和指挥调度所辖区域内的急救机构和医疗卫生单位的急救指挥工作。同时应建有现代化的急救通信指挥调度平台和独特、易记的求救专线号码，并全天 24 小时开通，保证有需要时随拨随通，有呼即应。安全救援指挥中心应采用"统一受理、统一指挥、就近就急、能力优先"的紧急救援运作模式。

2. 安全救援机构

安全救援机构是整个安全救援系统的执行机构，在户外运动安全救援中发挥着极其重要的作用。安全救援机构包括直接机构和间接机构，直接机构是指直接参与安全救援的组织机构，如安全救援队、公安机构、武警机构、消防机构、医疗机构、事故发生地政府部门等；间接机构是指间接参与安全救援的组织机构，如保险机构、新闻媒体、通讯部门、后勤保障机构等。安全救援机构应与安全救援队、公安机构、武警机构、消防机构、医疗机构、事故发生地政府部门、保险机构、新闻媒体、通讯部门、后勤保障机构等保持密切的联系，并在安全救援指挥中心的统一指挥与协调下开展救援工作。

3. 安全救援人员

安全救援人员是整个安全救援系统的具体执行人员，在户外运动安全救援中发挥着非常重要的角色，救援人员需要有专业的救援知识和救援技术。目前，很多户外运动救援人员主要是消防人员和警察，他们在户外运动救援方面并不专业，因此急需培养专业的户外运动安全救援人员。安全救援人员包括专业救援队、民间救援队、景区救援队等。

（1）专业救援队

中国登山协会和各地市登山户外运动协会应主动构建自己的户外运动专业救援队，主要负责对户外运动突发山难事故的应急救援。专业救援队的成员应主要以协会内的工作人员为主。目前，四川省已经建立了四川省登山协会四川山地救援队。

（2）民间救援队

目前，我国已经成立了几家民间救援基金，包括壹基金救援联盟也开始在户外运动救援活动中发挥作用。据壹基金救援联盟统计，全国有近400家救援队或机构，其中有200支队伍加入了壹基金救援联盟。民间救援队的成员应主要以户外运动参与者和热爱户外运动救援工作的人员为主。中国登山协会和各地市登山户外运动协会应加强对民间救援队成员的管理和培训力度，并进行严格的考核筛选，对符合要求的成员颁发救援资格证书。

（3）景区或地方救援队

在一些户外运动山难事故常发的景区或地方应组建景区或地方救援队，主要负责对景区或地方户外运动突发山难事故的应急救援。救援队的成员应主要以景区内的工作人员和地方的农民为主。这些人员平常应接受中国登山协会和各地市登山户外运动协会的管理、培训和认证。目前，四川省四姑娘山景区已经建立了户外运动救援队。

4. 安全救援工具

目前，很多户外运动山难事故发生在地理、气候条件复杂的地方，这就给救援带来了很大的困难，给救援工具带来了很大的挑战。我国安全救援工具相对国外比较落后。因此，救援队应配备先进的、数量充足的救援工具，如直升机、生命探测仪、海事卫星电话等。直升机救援快速、高效，受到国外救援的广泛欢迎，我国户外运动山难事故直升机救援很少，因此，中国登山协会和各地市登山户外运动协会的专业救援队应与军事管理部门协调，在紧急情况下采取直升机救援的方式。四川省登山协会四川山地救援队于2012年7月1日成立了无人机支队，标志着中国山地救援体系长期没有自己的航空支持系统的状况成为历史，四川省山地救援队成为全国首个拥有航空救援的队伍。

5. 安全救援费用

目前，我国安全救援费用急缺，国家体育总局和各地市体育局应划拨专款用于建立和完善安全救援系统；另外设立专门的安全救援基金，用于安全救援的经费保障和进行预防、补偿、设施恢复等项目。同时，也可以采取社会募捐和企业赞助的方式来筹集救援费用。

6. 安全救援保险

安全救援保险是一种由救援机构与保险公司合作，由救援机构向户外运动投保者实施紧急救援服务，费用全部由保险公司支付的一种保险形式。目前，由北京中体保险经纪有限公司和太平洋保险有限公司联合开发的"登山户外运动专项运动保险"里虽包含"救援费用补偿"方面的保障项目，但我国安全救援保险还不成熟，大部分户外运动参与者都没有购买安全救援保险。因此，中国登山协会和各地市登山户外运动协会的救援机构应与保险公司协商，完善和推出新的安全救援保险，在户外运动参与者遇到山难事故时实施紧急救援，事后开展理赔工作。

（六）构建户外运动安全保险系统

户外安全保险系统在我国的户外安全保障系统中属于事后赔偿的处理体系，户外运动意外保险是指俱乐部在组织活动时，为保护参与者的利益，向保险公司支付保险费，一旦参与者在活动过程中发生意外事故，按合同约定由保险公司向参与者支付保险金的保险行为。户外保险能够为户外运动参与者、户外俱乐部和户外救援队，降低和转嫁风险，解除其后顾之忧，为户外运动的安全、有序、长效发展提供有效的保证。

户外安全保险系统不仅应当包括户外运动专项险，还应当包括户外运动救援的专项险。针对我国当前户外运动保险"三少一高"即户外运动专项险种少、户外救援险少、投保人数少、保险费高的现状，完善我国户外安全保险首先需要中国登山协会与各大保险公司合作，开发适合我国户外运动和户外救援的专项险，将户外运动正式纳入商业保险的体系，开发出更多的户外运动专项险种，国家应当在政策层面为户外运动专项险的开发提供便利和红利，鼓励和刺激保险公司多开发适应我国当前户外运动的专项险；制定相关的行业法规，明文规定对于一些有风险的户外运动如高山探险，户外攀岩等项目必须强制性地办理相关的户外保险，为户外运动参与设立一定的安全门槛；同时加强对户外俱乐部和户外运动参与者的宣传和教育，树立"主动预防"的安全理念，摒弃侥幸心理，尤其是户外俱乐部，还承担着向户外参与者对投保的宣传和推广工作，让户外参与者认识到户外保险的作用，养成购买保险的习惯，使得参与户外运动必投险逐渐成为常态。同时应当加紧开发推出针对户外运动救援的专项险，改变当前我国户外救援人员无险可入，被拒投的尴尬处境。

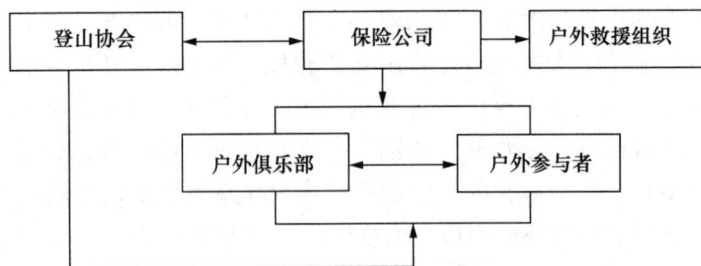

图 4-9　户外安全保险系统

（七）构建户外运动安全控制系统

在我国户外运动安全保障体系中，安全控制系统属于事中的监管体系，主要是指在户外运动开展过程中，户外运动政府主管部门、户外运动俱乐部、参与者和其他社会机构之间通过政策、法规、制度的控制和利益协调而相互影响、相互作用、相互联系，采取积极有效的措施，及早排除事故隐患，控制山难事故发生的几率，降低山难事故的发生所造成的人员伤亡、财产损失和不良社会影响的管理过程。

国家登山运动管理中心、中国登山协会、各地市登山户外运动协会和各户外运动俱乐部应采取积极有效的安全控制措施，加强对户外运动组织者和参与者的安全控制，预防和减少山难事故的发生所造成的损失和社会影响，保证户外运动安全、健康、和谐、规范、有序、可持续地发展。户外运动安全控制部门应与户外运动安全管理部门、户外运动俱乐部、气象部门、公安部门、消防部门、环境部门、地质部门、医疗卫生部门等加强密切合作，全方位多角度的控制户外运动的事故隐患。户外运动的安全控制可以从户外运动政策法规、户外运动组织机构、户外运动参与者、户外运动目的地等四个层面进行安全控制。安全控制一定要及时有效。

（八）构建户外运动装备系统

装备，是参与户外运动过程中为保证户外运动安全所必需的器械，是保证户外运动安全的物质基础。户外运动装备系统的建立要从主观和客观两个方面考虑。

主观方面，即要认识到装备的重要性，更要懂得人是参与户外运动的主体，装备只是一种工具。只有发挥人的主观能动性，根据不同的运动项目来选择不同的运动装备，例如登山、徒步、野营、溯溪、攀岩所选用的装备都是不同的。还要根据活动所在的不同地区所选用不同的装备，即便是野营，在南方和北方、在草原和森林所选用的装备都是有差异的。所以要研究装备的品牌、性能、用途以及正确使用方法。把装备的各项性能尽最大限度发挥出来才能物尽其用，如此不但能更大限度地保证我们的安全，还能让我们更愉快地享受户外生活。

客观方面，要求装备的生产商要创品牌、保质量，使户外装备具有中国特色。目前国内的户外装备，包括国内的品牌，多是带着欧美的设计风格。即便是中国自己的品牌，也按照国外的思路生产产品，缺少了本土化的元素。在地理地貌方面，国内的攀岩、穿越、滑雪运动的开展与欧美大不相同，他们为自己设计的产品可能就不会很符合中国人的使用需求。在人体生理上，中国人和欧美的体型在很多方面表现出不同，最突出就是脚型及头型的不同，常看到国人买登山鞋时觉得脚掌处窄，戴眼镜或头盔时不合适的情况，这些就是体形不同对装备的设计上差异。所以要根据中国户外运动开展的实际情况和中国人的生理特点，生产制造出符合中国特色的户外装备，以保证户外运动的安全。

在我国户外运动安全保障体系中，装备系统属于事前的预防和事中的监管体系，主要是指在户外运动开展过程中，户外运动政府主管部门、户外运动俱乐部、参与者和其他社会机构之间通过质量标准和操作规范等对装备隐患进行安全检查，及早排除事故隐患，控制山难事故发生的几率，降低山难事故所造成的人员伤亡、财产损失和不良社会影响的管理过程。户外运动装备是户外运动必须使用的器械，是保证户外运动参与者安全的物质基础。我国目前急需出台和完善适合我国国情的《我国户外运动装备质量标准》和《我国户外运动装备操作规范》，以此来规范我国户外运动装备市场和装备的使用。

户外运动装备系统的建立应从直接和间接两个方面考虑。直接方面，主要是装备本身，生产商要严格按照《我国户外运动装备质量标准》生产，保证装备的质量、性能；使用者在使用后，应进行严格的登记、保养、放置和淘汰制度。间接方面，主要是人，在购买装备时，应认准装备的质量、性能、品牌、使用范围等；在使用时，应仔细检查装备并严格按照规范的操作步骤进行。

二、户外运动安全保障体系的发展趋势

户外运动是一项与大自然亲密接触的新兴运动。大自然在带给我们快乐和健康的同时，也充满了各种各样不确定因素，如果仅仅因为潜藏的危险就放弃与大自然零距离接触的机会显然是不合适的。但户外运动绝不等于冒险和探险，因此必须保证户外运动的安全。户外运动安全保障系统的建立将起到防范和干预的作用，通过有效的防范和干预，相关部门才能对户外运动所面临的各种不确定因素加以最有效的控制，从而确保户外运动爱好者的人身安全，最终保证户外运动在中国的长久健康发展。

（一）国际化

国外户外运动开展比较早，相应的安全保障体系比较完善，我国安全保障体系尚未建立，与国外相比有很大的差距。我们必须进一步与国际接轨，学习国外的先进知识、技术和经验，引进先进的救援设备，这样才能更好地促进我国户外运动安全保障体系的构建和完善。

（二）现代化

我国户外运动安全保障体系的各项内容都应紧跟时代的步伐，顺应社会和户外运动的发展趋势，不断学习和引进各项现代化的理念、技术、设备等。如学习先进的救援知识和技术，引进和配备高科技的救援设备包括直升机、海事卫星电话、生命探测仪等。

（三）规范化

目前，我国尚没有专门的户外运动安全保障机构，相关的法律法规和行业规章制度、安全教育宣传系统、安全保障预警系统、安全保障控制系统、安全保障救援系统、安全保障装备系统、安全保障保险系统不健全。在今后一段时间内，户外运动相关管理部门一定会认识到构建户外运动安全保障体系的重要性，加大力度不断构建我国户外运动安全保障体系的各项内容，使户外运动安全保障体系慢慢朝着规范化发展。

（四）全面系统化

我国户外运动安全保障体系各个子系统之间相互影响、相互制约，各个子系统又包括较多的内容，其中比较容易构建的有安全保障机构、政策法规系统、安全教育宣传系统、安全保障救援系统、安全保障装备系统、安全保障保险系统，安全保障预警系统、安全保障控制系统相对比较难构建，在构建户外运动安全保障体系时一定要全面化、系统化，考虑到各方面的因素。

综上所述，开展好户外运动安全保障体系建设工作，对于防范、控制户外运动安全事故可起到十分重要的作用。鉴于此，相关人员务必要不断钻研研究、总结经验，提高对户外运动内涵特征的有效认识，强化对户外运动安全影响因素的全面分析，开展好对户外运动安全管理保障体系、户外运动安全教育保障体系、户外运动安全法规制度保障体系以及户外运动安全救援保障体系等的建设工作，积极促进户外运动的安全有序开展。

第五章　户外运动计划制定的指导

进行户外运动时应根据户外运动的不同形式和特点，制订对应的户外运动计划，以便安全、有效地进行。如，一般户外拓展、地形复杂的攀登、难度较大的登山等户外运动都要制订出科学合理的活动计划。

第一节　户外运动计划的制定与准备

俗话说：好的计划是成功的一半。制定周密的户外运动计划有助于提高活动质量。计划制定、组织实施和团队信息是实现活动目标和避免事故发生的基础。一名优秀的户外活动组织者一定会花很多时间来制定活动计划并做好充分的前期准备。一个优秀的户外活动计划通常包括活动参与人群分析、活动目标设定、活动资源测评、活动计划评估和计划实施准备五个主要部分，其分别如下所述。

一、活动参与人群分析

活动参与人群分析既是设定目标的第一步，也是活动是否能安全和顺利开展的基础。例如，高强度的多日徒步活动，不适合体力较差、负重能力弱的人参加；参加漂流、皮划艇等活动的人一定要会游泳。

活动参与人群分析应从三个方面入手，即分析目标人群的需求、类型特征和技能水平。每一个户外运动爱好者都有自己的需求，能否满足需求则是影响他们活动选择的主要因素。一个从未登过雪山的人，他的需求也许只是体验一下高海拔攀登的乐趣；而对于一个已经具有雪山攀登经验的人而言，高度、难度和技术含量可能才是他关注的重点。所以，一项活动究竟适合什么人参加则是领队必须考虑的问题。

参与者的年龄、性别、身体状况以及团队规模等群体结构特征是活动目标能否实现的影响因素，领队可以根据这些因素来设定合理的活动目标，以免因难度过大等因素而完不成计划或出现意外情况。一些具有挑战性的户外活动内容的设置，可以激发参与者的热情和动力，但一定要适合人群的结构特征。如果让一个女性占多数的队伍负重 20 千克完成 30 千米徒步，这显然是不合适的，所以活动目标的确定必须适合团队中的绝大多数人。

有些活动的规模可以很大，比如露营，可以组织一两百人或者更多的人参加；有些活动则只能小规模进行，比如漂流、攀岩、高山探险，如果规模过大则会增加安全隐患。因此，一味地追求规模和利益而大大超出自身的承受能力是极不明智的举动。

二、活动目标设定

活动目标是决定活动结果的首要因素，有了目标，我们才知道努力的方向，才可以根据目标来安排活动内容，才可以使队伍得到最大的收获。每次户外活动的目标都不一样，在出行之前要明确活动目标，只有在明确此次户外活动的目标后，才能实现户外活动功能作用的最大化，没有目标的户外活动，首先在安全上会存在一定的隐患，其次就是活动本身缺乏乐趣。因此，明确活动目标是在出行之前必须要做的准备。目标设定有一个 SMART 方法可以借鉴。

第一，S：Specific，目标明确，即目标不能虚泛。例如，一次培训活动的目标是通过知识和技能的学习使学员了解并掌握操作要领（还可进一步分解具体涉及的方面），树立安全理念。所以，不能简单地将目标描述为树立安全理念。

第二，M：Measurable，可以度量，即设定目标有量化或程度的区别。例如，预计多少人能登顶、参与者需要掌握哪些技能、达到什么程度等，因为，目标不同会对整个活动安排产生不同的影响。

第三，A：Attainable，可以达到，即参与者要能够达到设定的目标，不能设置那些无法完成的任务和内容，否则会对参与者的自信心造成较大的影响，从而降低活动质量。

第四，R：Realistic，符合实际，即目标必须符合领队、参与者、具体活动环境的实际情况。例如，不能把四姑娘山大峰（海拔 5025 米）的攀登活动目标设定为了解高山探险运动的特点，因为大峰较少完整发育的冰川，其山峰特点不足以体现高海拔山峰的主要特点。

第五，T：Time－Based，时间合理，即在合理的时间范围内完成既定目标。在长距离的前进过程中，剩余路程往往是参与者特别关心的问题，所以应尽可能给出准确、合理的时间。

活动目标是活动计划的重要组成部分。现在很多计划不太注重目标描述，但实际上每一个领队都应考虑这个问题，并基本按照自己设定的目标来开展活动。其实，准确描述活动目标可以使领队对整个活动有一个更加清晰的认识，更便于活动的评估。

实际上，预先设定的活动目标与参与者个人目标之间会产生一些差异，这些差异有时会造成队员与队员、队员与领队之间的矛盾和冲突。如何使个人目标与活动目标统一起来则是领队首先要考虑的问题。

三、活动资源测评

活动资源测评是对活动开展条件的测评，是户外活动计划中另一个重要方面，包括物理条件、团队管理及其分工以及资金预算。

（一）物理条件

物理条件包括户外活动环境、场地设施和装备等方面。了解一次徒步活动的物理条件要考虑以下几方面内容。

1. 收集资料

（1）历史：一个地方的历史对于活动来说，可以带来很多借鉴经验，收集历史资料大体可以分为两个部分：①当地的地方历史。了解当地的地方历史对于要去该地区人员来说，是非常必要的。②去过该地区的外来人员活动历史资料。比如说近十年来去过该地区的人员行走的路线和他们写的日志、报告、照片资料等。这些资料对于即将前往该地区的户外活动者而言，有着很强的参考价值。

（2）人文：广义地讲，人文就是人类自己创造出来的文化，自然就是原始的、天然的。我国《辞海》称："人文指人类社会的各种文化现象"。收集当地人文资料，可以更具体地了解当地的文明，了解当地的文化，收集人文资料的目的就是要尊重当地的文明，尊重他们的文化，不破坏具有历史古迹人文的建筑和文物，和谐地与当地人沟通相处。

（3）习俗：当地人的风土人情、娶嫁、葬礼、庆祝丰收等特殊节日都是习俗组成的重要部分，在了解当地习俗后，选择一些特殊有趣的节日前往，可以体会到当地独特的风土人情，获得户外活动的意外收获。

（4）特殊情况和限制：了解特殊情况及限制可以让户外活动既安全又顺利地进行，这包括当地的地形地貌、气候等。

2. 分析户外活动环境

（1）此地形适合于做什么。不同的地形决定了户外活动的项目，比如说崖壁可以进行岩降和攀岩等活动，但却不能进行其他户外活动。因此，我们在选择户外活动项目的时候要充分考虑到该地区的地形地貌适合于做什么。

（2）此地形自身能做什么。除了第一点要考虑的问题之外，还要考虑此地形自身能做什么，我们要充分发挥地形自身能做什么的原则，把握好这两点，分析地形地貌，充分发挥想象力去策划户外活动项目。

（3）了解活动路线的长度、难度、走向、出入口条件（位置、车辆的通过性）、路线中有无特别的地方（观光景点、历史文化遗迹等）、有无水源及其具体位置以及活动时间。活动时间可按照以下公式粗略估算：徒步时间＝行军距离/行军速度＋上升高度/上升速度＋（以上用时×每小时 5 分钟休息时间）。

3. 合法性

（1）是否需要许可，如何获得，获得许可是否要花费。

（2）对队伍规模有无限制。

（3）露营地点有无相关规定，如靠近水库、居住区是否需要获得相关许可。

（4）途中有无保护区、禁行区等，如动植物保护区、军事禁区、宗教区域等。

4. 季节与天气

（1）活动地点的白天时长，日出，日落时间和温差。

（2）季节对天气的影响，如沙尘暴、雷雨等。

（3）天气对活动的影响，如对队伍的威胁程度。

（4）活动中海拔有无变化。

5. 准备方面

在出发前应列一个装备、物品清单，以便使自己携带的东西最为适宜，保证所带装备、食品能够满足本次活动的需求，确定中途补给的方式。

6. 紧急预案

遇到紧急情况时的解决办法，需要了解最近的医院位置、求救电话等。

（二）团队管理及其分工

在开展户外运动前，首先要确定领队、协助人员与参加者的比例。不同类型的户外运动参加人员比例是不同的。例如，隔夜徒步露营活动，领队与参加者比例为 1：8～1：12；一日徒步活动，二者的比例可达到 1：20；攀岩、攀冰体验，通常不超过 1：6；若是多段攀登，一个领队最多只能带两名队员。同时，根据户外活动的风险大小可以适当地增减领队和协助人员的数量。当然，高端商业活动可能需要配备更多的领队和工作人员，以保证服务和活动质量。

一个完善的活动要从计划制定前期准备、组织与实施、总结与评估、意见反馈与追踪服务等各个阶段与环节明确工作人员的职责，并确保进行有效的沟通与合作，即建立一个高效的工作团队。当计划有所调整或发生较大变化时，高效的工作团队显得尤其重要。

（三）资金预算

资金是完成活动计划的重要保障。在交通、食宿、宣传等方面做好资金的准确预算、落实和成本控制对于保证户外运动的成功开展至关重要。户外运动的质量不仅体现在活动目标的实现、参与者的收获及其满意度上，而且体现在资金的使用与控制上。以合理的开支获得较大的收益是活动（尤其是商业活动）追求的目标之一。

四、活动计划评估

修订、确认计划中涉及的各项事务是户外运动计划评估的主要任务。根据活动参与人群分析、目标设定、资源评估等方面完成计划的制定后，对计划的评估是必不可少的环节。经由其他人（非计划制定者）来进行活动计划评估，效果会更好，会更容易发现计划中存在的问题。

五、计划实施准备

制定一份实施计划是一个很好的方法。在计划实施准备过程中，事务分类列表是很多户外运动组织机构常用的方法，可划分为事先准备和活动前确认两大部分来进行具体的流程控制。

1. 做好时刻出发的准备

（1）平时就要做好随时带队活动的准备，包括足够的体能储备。

（2）经常进行技术、技能的训练，不要做超出自己能力的活动。如果只有难度等级为 5.9 的攀岩能力，就不要带 5.10 的路线。

（3）对自身的综合实力有正确的评估，千万不要因为虚荣而把自己逼上绝路。

（4）养成妥善维护、保养和存放装备的良好习惯，随时处于待发状态。按照装备清单有条理地存放不同的装备。

（5）计划实施前应全面了解所有参与者，对患有不宜参加户外运动疾患的队员和高风险活动特别激进的队员要婉言拒绝其参加。充分了解并发挥队员的潜能，可动员他们在交通、食品、装备、地图等方面提供协助。

（6）提前与活动地有关的单位取得联系，加强沟通，建立起尊重、互助、和谐的关系可以保证活动的顺利进行。

（7）妥善安排活动的各个环节，对活动进行全方位调查，使计划更加合理、可行。

2. 明确活动思路

（1）研究整个活动，通过各种渠道收集有用信息。

（2）把握活动目标，完善活动计划，包括交通、食宿、时间管理、装备、人员配备、经费预算的落实与控制、医疗急救计划等。

（3）明确活动内容，活动内容最好参照活动地点手机的资料特点予以匹配，在安全原则下，把风险控制在可承受的范围内，尽量安排精彩刺激的户外运动项目，体现户外活动的特点，达到户外活动的目标要求。

（4）保持一定的灵活性，使活动计划具有调整、改变的余地。

（5）有明确分工，专人负责，责任到人；还要有充分的协作，合理配置队员与领队的比例。

3. 计划再确认

对于领队而言，出发前计划的再确认是必须养成的工作习惯。通过再确认环节，能够帮助自己在临行前避免疏漏。

（1）再确认"最大程度保证活动安全、有收获、高质量、双方满意"。

（2）再确认"组织方"。

（3）再确认"客户方"。

（4）再确认"所有与活动相关的方方面面"。

4. 制定备份计划

预测可能发生的意外情况，制定一份或多份备份计划，以便应对可能出现的各种意外情况，有序合理地开展活动。

5. 建议

（1）认识户外运动及其危险以及防范方法。

（2）建立安全意识。

（3）选择适合的地区（循序渐进）。

（4）加强体能和技术训练。

（5）选择信誉度高的组织者。

（6）选择高水平的向导和教练。

（7）树立终生环保意识。

第二节　户外运动计划路线的设计

户外路线设计是户外运动爱好者必须具备的基本技能，也是户外活动顺利开展的重要保证和重要前提。在开展和组织实施户外活动之前，实施者需要对户外路线进行精心设计和周密安排，才能够在根本上保证活动顺利、安全、有效的完成。可以说，每一个成功的户外活动，都离不开路线设计。

一、户外路线设计概述

户外路线，是指户外活动爱好者进行户外活动时沿着一定轨迹行走的路线。早期的户外活动，没有固定的路线，都是户外爱好者在陌生的自然环境下通过不断摸索与总结，然后根据自然条件如路径、风光、水源、物资补给、休整点等规划出来的路线。户外路线设计就是将这些因素进行整合，规划出一条相对优良的路线。

户外路线设计要因人而异，设计包涵了户外活动当中方方面面的知识和技能，需要设计者对行程有一定的熟悉程度和经验，能够根据路线充分考虑出行目的地、出行时间、行程距离、交通工具、路线爬升、行进节奏、营地选择、沿途交通、当地气候、路线地形、涉及路况、所需装备、自备食品、公用物资、后备路线、救援路线、活动预算、队员选择等因素，结合自己的体能和经验把这些因素都考虑进去，并参考其他驴友的轨迹数据从而设计出符合自我需要的合理路线。

（一）户外路线的分类

根据不同的户外活动特点和需求，户外路线大致分为以下几种：

1. 根据沿途风光分

人文路线：路线包含目的地和沿线的风土人情、民风民俗、历史文化背景以及有代表性的文物景点等。

摄影路线：如图 5-1 所示，摄影路线包含摄影爱好者所需的具有观赏、文化或科学价值的山河、湖海、地貌、森林、动植物、化石、特殊地质、天文气象等自然景物和文物古迹、革命纪念地、历史遗址、园林、建筑、工程设施等人文景物和它们所处的环境以及风土人情等。

图 5-1

2. 按照路线的强度分

休闲路线：指常规性的休闲游。特点是行程短、强度小、体力消耗小和负重轻。一般不野营，对参与者的体能和装备基本没有要求。

低中等强度路线：指行程在 10～15 千米的常规性穿越活动，有一定强度的体力消耗，参加者要有一定的户外经验，对装备和体能有一定要求。

高强度路线：指日行程在 20 千米以上或极限环境下的连续活动，对体能和装备要求较高。

3. 根据使用的交通工具分

徒步路线：如图 5-2 所示，徒步路线是指靠徒步行走的路线。即有目的地在城郊、乡村、山野所进行的走路。它是户外运动中最为典型、最为普遍的一种方式。

图 5-2

骑行路线：是指以自行车为交通工具进行骑行的路线，它是一种健康自然的运动旅游方式。

自驾游路线：是指以自驾为主要交通手段来达到旅游目的的路线。

4. 根据路线走向分

单程（穿越）路线：是指从 A 点到 B 点，路线单向行进，没有重复。

往返路线：是指由 A 点出发到 B 点再从 B 点返回到 A 点的路线。

5. 根据受众群体分

经济路线：指消费力一般，喜欢自由，尽可能节省旅游费用而又不失乐趣的旅游活动路线。工薪阶层和学生等群体较多。

大众路线：指有一定的消费能力，比较喜欢方便有序的出游方式，一般有导游负责事先规划安排的旅游路线。该群体以组团出行的人群为主。

豪华路线：指消费能力高，以享受为主的旅游路线。该群体以具有一定经济能力的人群为主。

（二）户外路线设计中需要考虑的因素

户外路线设计是一项复杂、细致、周密的工作，要在户外团队组织实施活动前提前完成。路线设计有预设路线、备用路线、突发特殊情况的应急路线等。设计中一定要结合团队成员的体能和经验因素，并参考其他驴友成熟的户外路线轨迹数据进行比对，但要考虑驴友间体能的差异性。

路线设计主要考虑的因素有：距离、路况、爬升、交通、安全、水源、季节、时间、补给站、团队成员体能特点等。其中户外安全因素不可忽视，如：迷路、水患（山洪、暴雨、大雾）、雷击、落石、坠崖（大风）、失温、野兽（毒蛇、野狗、野猪等）等。

（三）户外路线设计注意事项

1. 路线设计要安全第一

对于初学者和体能较差者，应设计简单安全容易出行的路线；对于有一定户外活动经验者，在积累并具备了一定的经验后，可以找同样具有一定经验的人（如一些户外旅游群）、户外俱乐部进行户外活动，选择有经验和责任心的领队，根据体能设计和选择路线；对于具有丰富户外活动经验者，可组织团队进行户外游，但路线设计和选择要尽可能是安全、可靠的路线。

2. 要有备选路线的方案

户外出游，意外突发事件不可避免，因此要有处理突发事件的预案和准备。首先，在路线的选择上要准备多条备选路线，以备行动受阻后的从容应对，尤其是遇险后的紧急撤离路线；其次，对可能出现的户外伤病要有预见性和应对措施，一旦出现不可耽误的户外伤病，应果断采取备选方案。

3. 路线设计中尽可能考虑补给因素

装备和补给是户外活动不可或缺的重要条件，因此尽量离人烟近些，可以随时进行补给。特别是食物和水的补给，其次是装备的补给，如：电源、路线资料的更新等。

4. 路线设计尽可能避免复杂或强度、难度较大

复杂或强度、难度较大的路线，容易对安全和身体造成一定的影响。如长距高的徒步、大强度登山容易造成膝盖的伤害，复杂的路线容易造成迷路或驾车困难。

二、户外路线的设计步骤

要设计一个好的户外路线，首要前提是做好相关内容的功课。安全、成熟的户外路线是户外活动能否成功的重要保证，尤其是那些富于求知性、探索性、不可预见性的路线。在户外活动开始初期就要综合各方面的知识进行全面分析设计，才能为后期户外活动的顺利开展打下坚实的基础。一般情况下，户外路线设计分如下步骤：确定出行时间→确定要去的目的地→确定出行可行性→确定行程→制定路书→携带物品清单→搜集相关信息。

1. 确定出行时间

时间的确定对于户外路线设计来说是重中之重，它是旅行的三大要素之一。只有确定了出行时间，然后进行路线的统筹设计，才能保证活动的有的放矢，才能做到游得开心，玩得畅快，而不出现时间不够用的情况。

什么时间走，什么时间回，要提前确定，且留出余地。根据出行可以利用的总时间确定去哪儿游，游什么，使用什么交通工具的问题，才能根据需要进行短途路线、中短途路线、长途路线的设计安排。尤其对于时间紧凑的上班族来说还要考虑回程后的休整时间，避免旅途后的疲劳影响工作。

2. 确定要去的目的地

根据需要有针对性的对行程进行路线规划，确定活动的性质和内容，如摄影路线、人文路线、休闲娱乐路线等。即使是说走就走的随意游，也可规划设计出一个大致的方向和出行的目的地，最简单、最有效的途径是上网查询，对路线中的著名景点、历史人文、旅游方式等信息有一个基本的了解。通过网上搜集到的信息确定路线设计中哪些是必须去的，哪些是时间充裕才去的，哪些是可去可不去的，这些都必须提前做好功课。要去伪存真，按照自己去的季节和时间段考虑是不是真的值得去，尤其是参考各种游记帖子看看那些景点的最真实情况，千万别因为名气大去了失望，名气大小却疏漏了最美的地方。在设计的过程中，可以具体列出每天的行程目的地。

3. 确定可行性

可行性分析就是指个人经济能力预算评估、活动风险评估和活动完成效果评估。个人经济能力预算评估，即"全流程的预算"费用评估（吃、住、行、门票、其他额外费用支出等），是否在个人所控范围之内，"量入为出"是户外旅行很重要的一个基本原则。要根据目的地、旅行天数、主要交通工具、住宿水平等有个初步判断，这次旅行大概需要花费多少钱，然后在制定行程的时候，每步每天都纳入预算。活动风险评估，即安全风险评估。如户外徒步穿越、登山、骑行、自驾游等路线在强度、风险等方面，在路线设计初期就要对可预知风险和不可预知风险进行正确估计，做出合理考评判断。活动完成效果评估，即对能否达到出发前的预期效果和活动能否按计划完成进行评估。如旅途景点是否满意，吃住行是否顺心，自驾游路线是否通畅，沿途的旅游设施、宾馆餐厅是否完善，以及行程是否适合出行等进行评估。

4. 确定行程

科学合理的行程安排是活动开展的保证。行程的确定是指游哪些景点，住什么地方，选择什么样的交通工具，包括旅途中的餐食安排等，这些都是需要事先确定好的，只有这样才能保证出行活动的高效、有序。行程的确定，工作量较大，确定过程要经过细致、周密的考虑。通常要有如下内容：

（1）提前确定要去的景点、停留时间和旅游方式，要备有预案。

（2）通过网络，在网上搜索最近走过那些路线的游记或旅游经验帖子进行参考比对，对要走的路线的基本情况做到心中有数。在路线中的停留点所要停留的时间，是1天还是2天或是半天、几个小时都要提前做好预案。

（3）对出发地至目的地的路线以及备用路线要认真比对。如果是自驾游，则需要结合驾驶人的水平和车辆情况综合考虑，在高速路、国道以及山路的选择上寻找出最合适的路线。不能在出发前不做功课，出发后只靠导航引导。有时候高速不一定比国道省时省心，最短路程也不一定是最优选择。

（4）根据上述内容所做功课结合景点旅游安排做出具体行程，如果觉得不合理或者有冲突就要从头调整，改变路线或者顺序，或者增减一些景点，直到大致合适。

（5）确定好路线后，要考虑路途中休息、补给点以及食宿的安排，自驾游时要考虑大概的加油计划。路途中休息、补给点以及食宿的安排，应根据具体情况如安全、费用、条件等做出合适的选择。如果是自驾游，途中的住宿应选择离主路较近的地方，进出方便，节省时间，如距离高速路口较近的酒店。节假日的高峰期，可避开城市而选择就近的区县等地方，方便住宿，费用也相对较低。

（6）户外旅行，游的是心情，看的是风景。遇到好的风光或者漂亮的地方，一般都会停下来拍照或者简单游玩，这个停留时间应当提前预留，也就是要留富余量，千万别安排得太满，否则就成了纯粹的赶路，搞得太紧张就不是旅游，而是拉练了。

（7）行程确定后要征求同行者或者伙伴的意见，如果有同行车辆更要征求大家的意见，让队友参与决策，是完善行程的最好方式。

5. 制定路书

以上方面确定好后，开始编写行程路书。只要是和本次旅行活动相关的信息，都尽可能地编制进去，越详细越好，当然还要兼顾量力而行。这样做的目的：强化记忆；找出疏漏或者不合理的地方。路书编制好后，和网上的相似路书进行对照比对，寻找疏漏点或准备不足之处，或者将路书放到合适的网络论坛去征求意见，网上有经验的"大神"应有尽有，会给你提出合理性的建议和应该注意的事项。

6. 列表携带物品清单

携带的物品要根据出行的活动形式、内容和所使用的交通工具以及个人的能力而定但前提是一定要分清必带物品和可带可不带物品。携带物品清单中首先是保证生命生存需要的救命物品，其次是保证活动需要的休闲享受型物品。根据出行目的确定携带物品的清单并列表备注。在出发前根据清单内容进行逐项检查，以免遗落。

7. 搜集相关信息

全部工作准备完成后随时留意关注行程中相关信息的变化情况，如：季节、天气、路况、民风、民俗、禁忌和其他相关注意事项。

三、三种不同的户外路线设计

具体到路线设计细节上，本书主要根据出行的形式对徒步穿越路线、骑行路线、自驾车路线分别进行阐述。

（一）徒步穿越路线的设计

徒步穿越主要是指靠徒步行走去完成起点到终点的穿越里程，中间可能要跨越山岭、丛林、峡谷、溪流、戈壁、沙漠、雪原等地貌的一种户外活动，其特点是富于求知性、探索性和不可预见性。穿越人员必须牢固树立安全意识，高度重视安全防范，必须掌握相关野外生存知识与技能，去应对千变万化的野外情况，且必须具备良好的体能，稳定的心理素质和道德水准同时还要有团结协作、乐于助人的团队精神。

因此在徒步穿越路线的设计时需要注意以下几点：

第一，要注重"安全第一"的意识，设计的路线尽量离人烟近些，如发生意外，能寻求帮助，也能进行补给。

第二，在美景线路和穿越目的路线设计上，根据需要选择人文路线、摄影路线、休闲路线、锻炼路线、自虐路线等进行针对性设计。

第三，根据出行季节、时间、天气、环境、交通、强度、人员、风险、装备等因素进行路线设计的综合考虑。

第四，路线制定好后一定要有应急的预案准备。如应急路线的预案以及跌跤、滑坠、落石、虫咬、蛇咬、狗咬、刺伤、晒伤、过敏、中暑、迷路、交通意外等伤病预案的应急处理。

第五，务必"学会选择、懂得放弃"，以免给个人和团队造成无法挽回的损失。

（二）骑行路线的设计

自行车骑行旅游，是以自行车为交通工具的出行，是一种健康自然的运动旅游方式。

相对于徒步旅行来说，它可以带你到达更远的地方，可以让你自由选择一些乡间小道或根本不算道路的野外，能够让你领略到许多驾车旅行所感受不到的自然风光，能看到常人看不到的风景。通过骑车旅游，既能使人的身体和心灵得到毁炼，也能在一定程度上达到了减肥的目的。说句不夸张的话，骑车旅行几乎可以抵达任何地方，人能走的地方就能骑车去，甚至是扛上你的车去翻山越岭。需要明确一点的是，骑车比步行能走更多的路，一般来说，在一日之内骑自行车所走的路程，大致是徒步所走路程的 4 倍，也就是 80～100 千米。使用自行车骑行旅游，在路线设计时要注意以下几点：

第一，要明确骑车旅行的目的，是以骑车为目的的旅行还是以抵达目的地为目的的旅行。

第二，要明确骑行的时间安排，是短时间的周末游还是长时间的长途远征，这将关乎出行计划的安排和装备及骑行费用的准备。

第三，规划好骑行路线。制作一份靠谱的路书非常有必要。对于骑行者来说，路书是一个非常重要的东西，这个可以参考网上相关的骑行路书，都有详细的计划安排（路书设计可以参考上节）。路书往往包含更多沿途的信息，如住宿情况、某两点之间的距离、海拔情况以及路况等。只有知道骑行的路况以及海拔情况，才能根据自身的体能状况规划出一天骑行的大概距离，从而在路书上安排好每一天的起止点和调整休息点，这点对于自行车骑行者来说非常重要。

第四，在路书制作完成后如果是参考网上路书进行的设计，千万要注意该路书的时效性。如果使用了过时的路书，那么就不是享受旅行所带来的快乐了，因为骑行是相当耗费体力的，如果不能获取准确的路况以及补给信息，很可能会出现饥累交迫的情况，严重者甚至可让旅行中止，所以信息一定要是最新且准确的。

第五，在路书或骑行线路设计好后，对照检查相关的其他需考虑因素：

（1）骑行路线中距离城镇的远近。规划的骑行路线越靠近城镇（沿途有自行车店），就越容易获得帮助和补给。初期规划骑行建议围绕城市周边的公路路线进行设计。

（2）单日里程骑行、多日里程骑行。规划路线中每天的骑行里程长短会决定骑行的质量。在骑行里程有限的情况下，赶路意味着压缩了欣赏沿途风景的时间。对于多日里程的骑行，需要规划一条既可以住旅店，也可以采用帐篷的方式过夜的路线。这个一定要预先评估露营过夜的态度值、装备情况、户外经验，还有预算能力。

（3）骑行地形。自行车骑行可以在大多数环境、地形完成。但是，新手应该遵循循序渐进、先易后难的原则规划骑行旅行路线。

（4）骑行线路中交通状况预判。在进行路线规划时，应尽量避开狭窄的隧道或桥梁，以及繁忙拥挤的道路或施工区等存在安全隐患的路段。在没有明确划分自行车道的公路沿线骑行，与大型机动车同行具有潜在的危险性，同时会影响骑行的质量。

（5）注意骑行时间节点。规划好出行时间，避开高峰期，可以节约金钱。一年中的某些时间段（例如小长假、节假日、新年、学生寒暑假等）是骑行的旺季，记得提早预订住宿或是错开旺季骑行。

（6）注意天气情况。通常晴朗凉爽的天气是骑自行车旅行的理想天气。然而谋事在人，成事在天，天气说变就变。大（逆）风、大雨、强对流天气、极热、极寒、降温都可能影响骑行体验。因此，出发前事先了解路线天气的情况格外重要。

（三）自驾游路线的设计

随着人们生活水平的提高，自驾游已经成为人们重要的旅行方式之一。自驾最大的乐趣就是自由、随性，在保证安全的前提下，路线安排可以随时根据需要进行调整，尤其在时间安排上可以随心所欲。不仅可以跑更远的路，看更多的美景，还可以随时停下来欣赏路边美景，更可以在喜欢的地方自由地安排游玩时间。

自驾游路线是指以汽车为主要交通工具来达到旅游目的的路线。自驾游路线的合理性、科学性，对旅行起着事半功倍的作用。去哪儿，怎么走，看哪些景点，在哪里吃，在哪里住，这些都要事先计划。设计一条科学合理的自驾游路线，需要综合考虑各方面的因素。

在网上，有众多网站和网友提供了很多成熟的路线和详细计划，可以直接拿来使用，但选择一条符合自己的自驾游路线，则需要发挥自己的想象和个人经验的积累。

一般情况下，自驾游路线的设计要包括以下步骤和内容：

1. 目的地和游玩景点的确认

自驾游目的地和游玩景点的确认，有助于出行计划和针对性的准备工作。对于大部分自驾游爱好者来说，目的地和游玩景点的确定在出发前都比较明确，但是具体到某个地方或景点，要想玩得开心、快乐、尽兴，就需要提前做足功课哪些是必须去的，哪些是有时间可以去的，哪些是可以不去的，都要进行详细了解。需要注意的是这里所说的目的地和景点是旅行计划中的"大目的地""大景点"概念，而在自驾游途中的各种景点则不在此范围内。

2. 自驾游出行时间和返回时间的确认

时间，是出门旅行三大要素之一。出发前要对出发日期、回程日期、旅行总时间进行确认。由于自驾游途中可能涉及各种意外情况（堵车、事故等），导致旅行不能够按预定计划完成，所以如果可能，要留有富余时间，便于自驾游途中突发事件的应对，不至于因为时间不足的原因而导致来去匆忙。对于必须要请假的上班族来说，还要考虑回程后的休整时间。

3. 规划大致自驾路线

从网上收集相关信息，选定要去的目的地或景点，再把这些目的地和景点通过合适的路线给连接起来，同时考虑这些路线沿途的风景和住宿的方便程度，规划大致的自驾出行路线。

4. 制定详细自驾路线

根据大致的自驾路线，比较对照网上的路书、游记以及朋友的建议，制定详细的自驾游路线。这个详细路线要综合考虑自驾途中的开车时间、景点停留时间、吃、住、补给、路况等各种因素。

（1）每日开车时间

长距离自驾游是非常辛苦的，因此要合理规划每日的驾驶时间，每天的行程尽量安排在可控的范围之内。保留足够的游玩时间，以能够在下午到达住宿地点为宜。如果路上有 2 人以上可以驾驶，问题则不明显。如果整个旅行过程中只有一个人驾驶，那么就必须控制好每日驾驶时间，这是保证自驾游安全旅行的唯一方式。根据经验，应该开半天，游半天，或每日驾驶时间不要超过 5 小时为宜。这样既能保证在景点有足够的时间游玩，又能保证驾驶员有足够的精力在第二天继续驾驶。

现在的高德地图、百度地图都可以根据需要，合理地设计出最优路线（最短时间、最近距离、高速优先、避免拥堵等），而且预估时间也比较准确，建议先用它预估驾驶时间。

（2）景点停留时间

遇到好的景点，势必会停下来游玩拍照，就会在路途上花费较多的时间。因此，一份好的自驾游计划路书，还需要预先设定在景点的停留时间，这个可以从网站上相关成熟的游记、路书中去获取，并且有预见性地留出充足的停留时间。

（3）自驾旅途中的吃

在自驾游的过程中，对于一个"吃货"来说，吃是必须考虑的事情。首先，建议在规划自驾游路线时，把吃饭的地点预先规划好，尤其是有特点的美食，包括其所处位置、行驶路线等。但是，有时候吃得好与玩得好又很难兼得，必须做一个权衡。其次，在长途自驾的时候，为了避免耽误时间，建议车内可以备一些干粮，最佳选择是高热量的牛肉干和巧克力等，易于保存又不会变质，以备急需。再次，对于同行者的宗教信仰和生病期间的饮食都要考虑到。

（4）自驾旅途中的住

自驾游途中的住宿，是自驾游线路规划时重要的一部分，应提前做好规划，避免在心情疲惫的时候，还需要在陌生的环境下寻找住宿的地方。偏远地区或者热闹景区的节假日，都有可能会出现住宿不够或预订不到房间的情况，所以在出行前或到达前要事先安排好，避免在到达休息点后，因为找住宿的地方而花费较多的时间。住宿位置的选择应在离交通出入口比较方便的地方，避免因第二天的交通拥堵造成出发时间的延误。另外要住在人多的地方，这样安全有保证，不至于因担心安全问题，而导致休息不好。如果是无人区的长途跋涉，要做好野外露营的准备。

（5）天气影响

自驾游对于天比较敏感。因为安全问题是自驾游中最最重要的问题。多雨多雾天气开车时需要注意会车与过弯道的影响；秋冬季节要考虑冰雪以及暗冰的影响；春夏季节则要考虑雨雪天气带来的泥石流、塌方等的影响；如果出现极端天气情况，则尽可能避免出行，这些在自驾游路线规划时要尽量避开。

（6）路况、同行车辆状况、司机的驾驶水平

道路状况对老司机来说影响不大，但对于新司机来说就需要有所安排和选择。对于弯多狭窄的山路、碎石路、陡坡等路段，车辆的通过性（比如碎石路底盘大低，山路爬坡动力不足，涉水路段会不会抛锚等）问题，司机的驾驶技术是否过关（比如应对弯多狭窄路段的会车，长下坡连续急弯山路部分的暗冰路段等技术能力）等要重点考虑。不管是老司机还是新司机，对于地质灾害的危险性都要引起重视，路线设计时如果要经过地震、泥石流、塌方、洪水等地质灾害地段，需要考虑好应对措施，最好设计有备选路线。

5. 沿途补给点

沿途中的补给，主要是燃油的补给和车辆的维修，这个在路线规划时要适当考虑路线中经过的城镇，基本上大一点的城镇都有大型、正规的国营加油站，以及大型、正规的车辆修理厂。

6. 三个自驾游黄金定律

（1）车上有油，心中不慌

时刻注意油箱，一般在剩下 1/2 箱油时，就需要留意路上的加油站，时刻准备加油。1/4 箱油时则是警戒点，如果到了警戒点的话，需要主动打开地图类 APP，查找最近的加油站在哪里，如果距离较远且不在预设路线之上时，绕路甚至走回头路去加油是常有的事。千万不要在荒郊野外让车子因为没油而熄火。

（2）最美的时光

任何景点，旭日初升和夕阳西下时最美，且这两个时段游人最少，因此尽量在这两个时间段多停留在景区内。

（3）路线的安排

最好提前做好功课，不要过分相信地图导航，地图导航只可以作为辅助，自己应该在脑子中预先建立好大致的地图地标和"存档点"，如有疑问，马上进行核实纠正。

第六章 山地户外运动项目的训练指导

第一节 登山运动的训练指导

登山，Mountaineering，通常指的是借助登山装备攀登雪山的活动。登山运动是体育运动中的一种，是指登山运动员徒手或使用专门装备攀登各种不同地形的山峰或山岭。它可分为金字塔形兵站式登山、阿尔卑斯式登山和技术登山等数种。

登山运动开始于18世纪80年代。1786年8月8日，法国医生巴卡罗与石匠巴尔玛结伴第一次登上阿尔卑斯山的最高峰勃朗峰（海拔4807m）。次年，由青年科学家德·索修尔率领的19人登山队再度登上勃朗峰，世界登山运动从此诞生。因该项运动首先从阿尔卑斯山区开始，故也称为"阿尔卑斯运动"。

一、登山运动的分类

（一）高山探险

高山探险登山运动项目之一是运动员在器械和装备的辅助下，经受各种恶劣自然条件的考验，以攀登高峰绝顶（一般指雪线以上）为目的的登山活动。高山探险登山对登山者（通常是训练有素的专业登山运动员）有着较高的要求。

第一，登山者要有良好的身体素质和坚强的意志。在登山过程中，登山者将面临滚石、陡壁、雪坡、狂风、严寒及高山缺氧等多种困难和难以预料的险情，登山者必须具有良好的身体素质、坚强的意志和对各种恶劣自然条件的高度适应能力。

第二，登山者还应具备一定的科学技术知识，能运用各种登山技术装备，排除各种险情，胜任行军、露营和炊事工作，还要学会使用通信、摄影、气象和科研等器材。

第三，登山者还要有结合相应专业进行综合科学考察的能力。高山探险所涉及的山区，往往是一般科学工作者平时难以深入的地区，而登山运动员在高山缺氧的环境中，比一般科学工作者活动能力强，登山运动员有自己的学科专业或相应的学科知识，就可独立或协助科研人员进行有关学科的科学考察。中国登山队已成功攀登贡嘎山、慕士塔格峰、公格尔九别峰、珠穆朗玛峰、希夏邦马峰、托木尔峰、纳木那尼峰、南迦巴瓦峰等世界著名高峰，高山探险是我国最早达到世界先进水平的运动项目之一。我国登山运动与科学考察第一次有计划地结合，始于1957年攀登贡嘎山。这次登山活动接收了北京大学、北京农业大学、武汉医学院、成都中心气象台的6名科学工作者参加，对贡嘎山的气象、地质、地貌等进行了考察，同时进行了一些高山生理学研究，初步收集了一些有价值的资料。1960年，在国家体委的组织下，由中国科学院及有关科研单位、大专院校的46名科学工作者组成的考察队，第一次对珠穆朗玛峰进行了全面的科学考察。

（二）竞技登山

竞技登山运动又称技术登山，是登山运动项目之一。它是一种运用熟练的攀登技术和各种技术装备，专门攀登悬崖峭壁或冰壁的登山活动。早在 1865 年，英国登山家埃德瓦特就首次使用钢锥、铁链和登山绳索等简易装备，成功地攀上险峰，从而成为攀登技术的创始人。1890 年，英国登山家又改进了攀岩工具，发明了打楔用的钢锥、钢丝挂梯以及各种登山绳结，使攀登技术发展到了更加成熟的阶段。

在欧洲许多登山家将登山的目标转移到亚洲高山区的同时，西欧以阿尔卑斯山为中心的竞技登山运动也活跃起来。欧洲登山界把各种陡峭难攀的岩壁划分出 6 个不同难度等级，开展攀登竞赛，到了 20 世纪 70 年代，欧洲攀登能手已不满足于 6 个难度级别，因而出现了第 7 级的高难度等级，80 年代又出现了第 8 级的特高难度级别。目前，在攀登技术上有两种不同风格类型，一种是以苏联运动员为代表的力量型，一种是以法国运动员为代表的技术型。两种类型虽近乎平分秋色，但技术型似乎更具魔力，故有人将此运动誉为"高山上的芭蕾""岩壁上的艺术体操"。

（三）攀岩

攀岩运动是高山探险活动中通过陡峭的冰雪岩石地形的一种基本攀登技术，是一项不用攀登工具，仅依靠手脚和身体的平衡攀登陡峭岩壁或人造岩墙的竞技性运动项目。该项运动源于 20 世纪 50～60 年代，1974 年被正式列为国际竞技体育运动项目。通俗地讲，攀岩运动就是在岩壁上比赛攀登本领的一项活动。根据竞赛规程，攀岩比赛可分为"难度攀岩"（比攀登的高度、技巧）及"速度攀岩"（比攀上陡壁的速度）两种。

攀岩运动员在攀登时虽设有安全保护装置，如绳索、铁锁等，但不允许使用，只能靠运动员的两手两脚抓踏岩面上突起的支点、棱角或裂缝，移动四点中的一点向上攀登，这就需要勇往直前的气魄、充沛的体力和精湛的攀登技巧，因而使这项运动极富挑战性。尤其在紧张的比赛中，运动员不但必须发挥出自身的全部力量，还要集耐力、柔韧和平衡能力于一体，利用岩壁上那些难以把握的支点向上攀登，完成腾挪、跨跳、引体向上等动作，使观众在惊险的表演中得到一种美的享受。

（四）普通登山活动

由于登山装备和技术等各种条件的限制，广泛开展探险登山和攀岩比赛是不可能的，但是与旅游和群众性体育活动相结合，组织一些难度较低、装备条件要求简单的登山活动和攀岩比赛是十分现实和有意义的。

普通登山活动有两种：旅游登山和定向登山比赛。

1. 旅游登山

旅游登山是旅游和登山相结合的活动，历史悠久，但作为现代人的旅游登山还是在 20 世纪 70 年代初随着登山运动的发展而兴起的。20 世纪 80 年代以后，西欧、日本、美洲各国和我国的港台地区的登山旅游活动非常活跃。在我国，由于中国登山队的成就及其在野外科学考察中的特殊贡献，而且作为登山运动本身又能锻炼人的身体和意志，群众性的大型登山活动也随之逐步开展起来。一些大专院校先后成立了登山协会，这些协会主要利用假期，组织青少年登山夏令营，并普及登山基本技术和知识。另外，还根据国家登山任务的需要，选派队员参与执行国家任务。1984 年 9 月，中国登山协会和全国体育总会群体部、宣传部，联名发出倡议，为了进一步丰富广大人民群众的业余文化生活，把"九九重阳登高"这一传统节日逐步恢复起来，并因地制宜地开展多种多样的群众性登高游山等体育活动。

2. 定向登山比赛

定向登山比赛也是一项普通登山活动，它在欧洲、日本等国开展得较为普及，与旅游登山的不同之处在于它是一种比赛性的登山活动。因此，组织起来比旅游登山更严密，也更具有程序性。通常要事先选定一座山峰，攀登难度不宜太大，以登顶为目标，将参加比赛的登山者分为若干个小组，从一个出发点同时出发，按事先规定的路线越过草坡、山间河流或小溪（难度稍大时还会有冰雪坡），选择宿营地点，攀登岩石峭壁等，登上顶峰后下山返回原出发地点或指定地点。在路线上，每一段特殊地形，如渡河点、峭壁、宿营地等处，都设有裁判员。裁判员对各组通过特殊地形时的路线选择、通过方式、技术装备的使用、攀登技术的运用、宿营地点的选择（地点选择是否安全、生活方便与否、帐篷搭设是否合理等）进行评定。

二、登山运动的器材装备

（一）衣物装备

衣物的作用是在皮肤外产生一层稀薄而与外部隔绝的空气，将所有舒适的敌人——风、雨、热气、寒气等阻挡在保护层之外，让人感到舒适。对登山者来说，"舒适感"是相对的，山区恶劣的天气会使登山者忍受远低于一般人的舒适标准；在攀登时，维持相对舒适的关键在于保持身体干燥，即使淋湿后，也要迅速恢复干燥状态，防止受凉。

衣物必须保护登山者在热天攀登时不致于过热中暑，避免登山者流汗过多而湿透衣物或导致脱水，所以防晒和透气性也是考虑的重点。

登山用品店有各种款式、高科技纤维制品，功能与品牌多到令人眼花缭乱，且每家厂商都宣称自己的产品是最好的。因此，当登山者第一次选购登山衣物时常会被众多品牌款式所惑，这时可以仔细地阅读标签，或是询问服务人员来协助做出适当的选择；除了价位外，也要考虑耐用性、多功能性和产品信赖度。此外，其他户外运动的衣服可能也适用于登山。

切记，没有任何一种款式或质料可以适用于每个人或所有状况，衣物的选择因个人的体型或新陈代谢的速度而存在差异；同一位登山者也不会每次登山都穿着同样的衣服，应随着季节或登山的性质来选择合适的衣物。个人的喜好也会影响衣物的选择，最好的方式是从过去的尝试中吸取经验，保留那些最舒适的衣物。

1. 穿衣原则

新手第一次从事野外活动时，最好多穿几层衣服来保持身体干燥温暖，等积累足够经验后，再判断可以删除哪些东西；判断的标准是不管在任何状况下，少了这些东西也能活命。试着减轻衣物的重量，但千万不可为了减轻重量而危及自身安全。出发前记得看当地的气象预报，考虑会遇到怎样的天气和气温，再来做适当的打包选择。多层穿衣法要求用系统的层次方法穿衣服，可以发挥衣服最大的效能，并具有最多的用途。该方法不仅可以适应山区剧烈的天气变化，还可以随时进行调整，以最小的重量和体积让身体在任何时候都保持舒适。大多数有经验的登山者最后都会形成一套穿衣服的方法，视各种不同情况或个人偏好做适当的搭配，或许内层会改变，或许会多带或少带几件保暖层，或许带不同的外层来试验新的产品，但基本的多层穿衣法原理是不会改变的。多层穿衣法可分为三层：贴身内层、保暖层和外层。

（1）贴身内层（内衣）：应选排汗性佳的内衣，保持皮肤干燥。这对保暖来说是很重要的，因为湿的衣物贴在皮肤上会比干的衣物更容易让体热散失。

（2）保暖层：应包住周身的温暖空气。包住的空气越厚，身体便越温暖。穿数件宽松的薄衣服虽然不如一件绒毛大衣那么保暖，但可以一层层包住空气，而且有调整性。

（3）外层：应能防风、防雨以及防晒。

2. 登山的全套服装

了解登山衣物质料的特性和内外层衣物的穿法后，就可以组合出一套完整的登山服装。登山者所选用的细项可能会因人而异，不过目的相同，即组合出一套完整且多功能的服装。下面针对三层服装个别说明穿着原则。

（1）贴身内层

①长内衣裤：选择适当的长内衣能提供御寒的效果。聚丙烯和聚酯纤维是最多人选用的，也有些人喜爱毛织品。深色长内衣较易吸热，能使身体温暖，在阳光下也干得较快。浅色的长内衣较不吸热，适合热天穿着，长袖内衣也能预防晒伤和蚊虫叮咬。

在攀岩时，登山者偶尔会以弹性织物和聚酯纤维混纺的紧身衣来取代长内衣，因为它具有较强的伸展性，便于活动，但保暖性不如聚酯纤维内衣。

②T恤和短裤：在大热天里，因为不需要靠衣服排汗，所以棉质T恤或无袖上衣就足以应付，只是长袖衣服具有防晒的功用。但棉质T恤不适合凉爽的山区。在微风轻拂的凉爽日子里攀登陡峭的山壁，汗水会湿透棉质T恤，停下来休息时，湿衣服会令人冷得发颤。在大部分的情况下，不吸汗的合成纤维比棉质衣物适宜。T恤宜选择浅色且宽松的才会凉爽通风。

短裤必须兼顾透气与耐磨。一件宽松的尼龙短裤，加上一件尼龙网眼内裤就可达到不错的效果。登山者很少穿棉质内裤，因为汗湿的内裤会摩擦皮肤，产生不适感。在温和的天气下，最受欢迎的组合是轻质聚酯纤维长内衣加上一件尼龙短裤。可以拆解成短裤的轻质尼龙长裤也是非常受欢迎的多用途选择。

（2）保暖层

天气冷时，需要穿上数层保暖衣物。上半身的选择包括厚的长内衣、毛料或合纤衬衫、毛衣、羽绒夹克或人造纤维填充内料的夹克。腿部可选择厚卫生裤、毛料长裤或较有弹性的尼龙裤。在非常寒冷的情形下，有时会使用连身的保暖衣物。市面上有很多种选择，主要的目的在于即使身体湿了仍能保持温暖。

①衬衫和毛衣：衬衫和毛衣要够长，才能扎进裤腰或拉出来盖到腰部。长裤和上半身衣物间的空隙会使宝贵的温暖空气散失。高领内衣和毛衣的保暖效果相当不错，而且重量较轻。

②保暖长裤：要选择比较宽松或具有伸缩性的长裤，以利于自由伸展；质料应紧密，并经过防风或耐磨的处理。毛料或毛料与聚酯纤维混纺的材质效果很好，羊毛裤虽轻但并不挡风耐磨。请选购臀部和膝部有加强设计、腿侧有拉链的款式，如此在穿着冰爪或滑雪板时也能顺利穿脱长裤。

③七分裤：有些登山者比较喜欢及膝的七分登山裤加上绑腿，便于活动和通风，裤腿也不致遭雪或露水沾湿。

（3）外层

理想的外层应为非隔离性、防风、完全防水及完全透气。在这方面冲锋衣是一个不错的选择，推荐具有 GORE-TEX 面料的冲锋衣。

软壳是介于抓绒衣和冲锋衣之间的一种服装，在外层使用防水面料，具备防风放水性能，里面采用抓绒面料，具备保暖，透气的性能。

另一个方法是带两层外层衣物：一层质轻透气的风衣和一层质轻的雨衣（透气或不透气皆可）。轻风微雨时穿风衣，雨势较大时再添加雨衣。这种方式比较省钱，而且不下雨时穿风衣比较通风。但不透气的雨衣比不上防水透气的雨衣舒适，而且携带两件衣物也增加了背包的重量。

①连帽雨衣：有各种不同的款式，标准连帽型雨衣前面是全开式拉链，可调节通风度。有些人偏爱套头式雨衣（前面没有拉链，穿着时由头上套入），因为它更轻、体积更小，防风性也较佳。

②雨裤：在侧边最好有拉链设计，让你可以在穿着鞋子、冰爪时轻松穿脱雨裤。因为雨裤穿着的频率较雨衣低（通常为一组好的绑腿），而且在穿越灌木丛或从雪坡滑降时容易磨损，所以可以选择比较便宜的非透气性雨裤。

有些登山者采用防水透气的吊带裤作为下半身的外层，尤其是在较冷的山区。有些吊带裤内有保暖的填充材料，非常适合严寒山区的远征队伍。这种裤子比一般雨裤保暖，因为它包覆了大部分的身体，可以避免雪由腰际掉入裤管，但夏季穿着时则太热。有些人会选择连身的雨衣裤——它的保暖能力最佳，但缺乏多功能。

（4）头套

古语有云："脚冷时就戴上帽子。"不戴帽子的头就像一个散热器，有超过二分之一的体热是由头部散失的。老祖宗说得有理，因为干，觉得冷，流向四肢的血液量就会减少，以保持重要部位的体温——包括头部，所以天冷时戴上帽子可以促进四肢血液的循环。

登山者一般会携带几种不同的帽子，把它们放在方便易取的小袋子里，这样可随时适应多变的气温。在帽檐处缝上系带，可防止帽子被风吹落悬崖。

隔离性的保暖帽子的材质有毛料、聚丙烯或聚酯羊毛等。

套头露脸帽是多用途的、有隔离作用的帽子，因为它可以同时保护头部和颈部，也可以卷起来让颈部通风。可考虑携带两顶隔离性好的帽子，多戴一顶帽子几乎和多穿一件毛衣一样保暖，而且重量轻。有时在头盔下面可加一顶薄帽子，特别是天气寒冷时。雨帽也很好用，它的透气性优于连帽雨衣，戴起来也较为舒适。若要有更佳的透气性，可以考虑防水透气材质的雨帽。

防日晒的帽子有宽大的帽檐或垂折，可以保护耳朵和颈部，十分受冰攀者的欢迎。棒球帽缝上头巾也能达到相同的效果，帽檐可以遮光，并避免雨或雪打到眼睛上。

（5）分指手套和并指手套

即使没有下雨，抓握湿润的绳子或在潮湿的岩壁上攀爬，也会使分指手套和并指手套湿透。手指是身体最难保暖的部位之一，因为在酷寒时身体会减少四肢末端的血液流量，血液流量减少，手指的灵活度就会减弱，使得拉拉链或打绳结的动作变得迟缓，这样一来会减慢攀登的速度，特别是在要赶进度到达遮蔽风雪的地方过夜的紧要关头，往往会因耽搁而发生危险。

需要有相当的经验，才能对手套做出明智的选择。通常要在灵活度和保暖性之间做权衡，一般来讲，越厚的手套越保暖，但灵活度也越差。在越需要技巧的攀登上，灵活度的考虑也就越重要。

多层穿衣法也可以应用在手套上，第一层先戴薄的分指手套，再戴上并指手套。并指手套比较保暖，因为手指头可以靠在一起取暖。只要不影响血液循环，薄的分指手套加并指手套，再套上防雪手套可达到最佳的保暖效果。

和其他保暖衣物一样，分指或并指手套的材质应该在湿了之后还能保暖。合适的质料有合纤、毛料和合纤混纺或纯毛料材质。防雪手套是手部的外保护层，手心部分有防滑处理，可以让你在使用雪地装备时抓得更牢。防雪手套的袖口需和雨衣的袖子重叠 10～15 厘米，松紧带或魔鬼粘可以将套口固定在上臂。和帽子一样，手套也要缝上安全带，这样在脱下并指手套攀岩或抹防晒油时才不易掉落。

在营地活动时，并指手套内戴层薄的分指手套或无指手套，双手便可做细活又不致暴露于寒冷之中。在天气非常冷时，要避免让手指冻僵，这时分指手套比无指手套要好。但在寒冷的天气攀岩时，无指手套比较好，因为没有一层布挡在手指和岩石之间碍事。

抓着绳索下降时，戴皮手套可以增加摩擦力，提升握力，保护双手，万一坠落也不致被绳索磨伤手。但是皮手套在湿了后无法保暖，而且不容易干。

3. 登山鞋

（1）皮靴

传统的皮靴用途很广，至今仍深受登山者喜爱，一般的登山鞋要兼顾以下特质才能达到良好的平衡：必须够坚固，不怕岩石刮蹭；必须要够硬，才能踢硬雪和穿上冰爪；穿起来要舒适，以便应付长时间的健行。在一天的行程里，登山鞋可能会陷入泥巴、涉过溪水、穿越碎石、灌木丛、硬雪、陡峭岩壁和冰等，对于这些状况皮靴都可以应付自如。

（2）半皮靴

制鞋的科技日新月异，鞋子的某些部位已改用合成皮代替。某些半皮靴适合攀登使用，它们有几个优点胜于全皮的登山鞋：①重量减轻；②更加舒适，缩短新鞋子的磨合期；③易干；④价格较便宜。

然而，半皮靴也有几个缺点：①在崎岖难行或没有现成路线的地方稳定性较差；②防水性较差；③耐用性差；④不够坚硬，难以在硬雪中做踢踏步或穿上冰爪。

大部分的半皮靴较适合健行使用，如果用来攀登，有几点必须注意检查：靴筒需够高、够坚硬，以保护脚踝；包覆鞋跟和脚尖的地方需鼓起加厚；强化易磨损的部位；易弯曲的鞋底不适合穿上冰爪。

（3）双重靴

双重靴可分为塑胶外层和保暖内层两个部分，原本是针对海外远征和冰攀而设计，但在上市后，也受到许多雪地与冰河路线登山者的欢迎。

双重靴的塑胶外层非常坚硬，很适合穿上冰爪或雪鞋，因为冰爪上的系带可以牢牢绑紧靴子，却不致压迫脚部的血液循环。坚硬的鞋底也利于在雪坡上踢踏出步阶。

外层的塑胶壳能提供完全的防水，因此很适合潮湿的气候。内部的保暖靴接触不到融雪，能保持脚部的温暖。在营地时，内靴可以脱下，有助于靴内汗水的干燥。可惜的是这些适合在冰雪地行进的优点（坚硬、防水、干燥），却不适合一般山径健行使用。

（4）如何购买登山鞋

①根据鞋子的用途、舒适性和功能来选择

一双好的登山鞋要看最常在哪些场合使用，没有一双鞋子可以满足所有的需求。户外用品店陈列各式的鞋具，健行鞋、轻便户外鞋、轻型/重型健行靴、登山鞋等一应俱全。这些鞋子最大的差异在于鞋底的坚硬度、鞋筒的软硬度以及支撑力。

走山径与积雪不深或多岩石的路线时，软硬度适中的登山鞋能提供足够的支撑力，并兼具弹性和舒适度。只要鞋底和鞋筒够坚固，皮靴和半皮靴都适用。

如果是用在技巧性的高山攀岩上，坚硬的鞋子可提供良好的踢踏能力，具有弹性的鞋子也有少数人采用，但它并非合适的选择。坚硬的鞋底走起路来较为困难，但站在碎石坡上，它可以大幅减轻双脚的疲累。鞋底要够硬才能支撑站在狭窄的岩阶上，不管是用脚尖还是用脚的两侧。

在硬雪上行走，不论是踢踏步走法还是系上冰爪，太柔软的鞋底显然是个缺点。要穿够硬的鞋子才能踢出好的步阶，走得更有信心。冰攀需要高性能的登山鞋，鞋底一定要非常坚硬，双重靴和非常坚硬的皮靴最为合适。

②选择合脚的鞋子

不论是什么材质，登山鞋一定要合脚。在买登山鞋时，要把登山常穿的袜子或配件（如鞋垫）也带去。大多数人的脚在白天比较肿大，所以可以考虑在傍晚时买鞋，这时人脚的尺寸最大。

在试穿时，把鞋带系好，试着两脚并拢站在一侧悬空的边上，测试其稳定性。可能的话，背上沉重的背包走或站几分钟，让脚习惯靴子内部的线条。靴子内有任何缝线或折痕都会使足部不舒适或夹脚。一双合脚的靴子会紧紧地固定你的脚跟，但脚趾却有足够的活动空间，在向前倾时，脚趾不会挤在一起。站在一个向下倾斜的斜坡上最能测知脚趾是否有足够的空间。在踢坚硬的物体时，脚趾也不该碰触到靴子的前端。

如果登山鞋太紧，会阻碍血液循环，使双足发冷，增加冻伤的机会。太紧或太松的靴子都会把脚磨出水泡。与其选稍紧的靴子，不如选稍松一点的，可以穿厚袜子或放鞋垫来补救。双重靴一开始就要选合脚的，因为靴子很硬，不会像皮靴或半皮靴一样，穿久了会合脚。不要选太紧的，以免让这种在高海拔或极冷地区使用的靴子阻碍脚部的血液循环。

（5）登山鞋的保养

一双好的登山鞋善加保养可以穿好几年。在不用时保持清洁干燥，可以防止发霉。避免将靴子存放于高温处，热度会损伤靴子的皮革、缝线和靴底的黏胶。登山时，水会经由靴筒或线缝渗透到靴子内部，靴面做防水加工的处理可减少水分渗入。登山鞋要定期做防水处理。

防水加工前，靴子必须清洁干燥，用温和的肥皂清洗才不会损害皮革，如洗鞍具的专用皂。用硬毛的刷子去除沙粒。靴子上的污点很难完全去除，旧靴上做防水加工，没有新靴做防水加工持久。双重靴使用后须将内靴拿出来晾干，把杂质和塑胶屑清理干净，以预防磨伤和穿坏。

防水加工的产品有很多种，需依靴皮制作的过程而定，可参考制造厂商所附的说明书。半皮靴的非皮质部分无法完全防水，但喷上一层以硅树脂为主的物质可以增强防水能力。无论用哪种方式做防水加工处理，都要定期做才能保持登山鞋干爽。

4. 袜子

袜子可隔离脚和靴子以防磨伤，并可提供衬垫保护的作用。毛袜或合纤制的袜子可以保护足部，棉袜则会因吸水而湿透、松弛，粘在脚上把皮肤泡烂，引起水泡，缺少保护功能。

袜子要能吸汗，因为登山鞋大都不太透气，脚上的汗水会逐渐汇集，直到有机会脱下鞋子为止。合纤制的袜子比毛料容易干。大多数的登山者会穿两双袜子。第一层穿薄的内袜，可以将汗水排到外层的袜子上，使足部保持某种程度的干爽。外层的袜子通常较厚也较粗糙，可以吸收内层袜子的湿气，也有衬垫的作用，防止脚部磨伤。

当然，也有很多例外的情况。攀岩者希望攀岩鞋能像皮肤一样贴身，所以不穿袜子或只穿一层薄袜；健行者在热天穿健行鞋活动时，只穿一层袜子来保持足部凉爽；登山者在雪季登山时，则是在较大的靴子内穿上三层袜子。穿着多双袜子时需注意脚部是否有充分的活动空间，如果阻碍了血液循环，穿再多双袜子也无法保暖。

穿上袜子前，先在易起水泡的地方裹上保护性的斜纹布或缠上运动胶带，如脚后跟。在穿新靴子或隔一段时间才去登山时，足部皮肤尚嫩，这招是很有用的。另一个预防水泡的方法是在靴内和袜内洒上使足部干爽的粉剂。在远征或极冷的天气下，可在两双袜子间加层阻挡水汽的袜子，这种袜子防水但不透气，乍看之下，这似乎违背先前所讲的穿着理论。不过，我们可以用保利龙杯装热咖啡作为例子，杯盖固然会把水汽挡在杯内，但它也有保暖的作用，让咖啡不会太快冷掉。阻挡水汽的袜子也是一样：脚湿了，但依然保暖。

5. 绑腿

登山时，雪、水以及碎屑会沿鞋口进入靴内，绑腿可以封住裤管和鞋子间的缝隙。登山者不分冬夏都使用绑腿，因为全年都有雨露泥雪会沾湿裤管、袜子和靴子。

短筒绑腿自靴口向上延伸12～15厘米，夏季时足以预防粗粒雪或碎石跑进靴内。但冬季的雪较深，需要及膝的标准绑腿。超级绑腿自靴底和靴身接缝处起包覆整只靴子，只留下靴底暴露在外，绑腿内的保暖层包住整个靴子，可增加保暖性。

绑腿覆盖靴身的部分应采用最耐用的质料，表面并有防水处理。功能较佳的绑腿在耐用材料内侧会再加一层防水薄膜。绑腿包住小腿的部分必须为透气的质料，才能排汗。门绑腿通常用扣子、魔鬼粘或拉链来闭合，其中用魔鬼粘在寒冷的天气中最容易穿脱。如果选购拉链式的绑腿，链齿必须要耐用，拉链旁最好能再多一层襟片，以扣子或魔鬼粘固定，可以保护拉链不受损坏，而即使拉链坏了，它也能保持绑腿的密合。绑腿顶端的拉绳可以防止绑腿下滑，绑腿需紧紧包住小腿，从而减少冰爪钩到绑腿的机会。

绑腿要能与靴子贴合，防止雪落入绑腿，尤其是在下坡踏步时。绑腿下端有绳子、带子或皮带可绕过靴底，使绑腿和靴子的结合更为紧密，但这条带子很容易磨损，往往绑腿还没坏，带子就先坏了，所以买绑腿时要选择带子容易更换的款式。合成橡胶制的带子适合在雪中行走，但不适合在岩石上行进；较粗的绳子不怕岩石摩擦，但在雪中行走时容易和雪纠缠不清。

6. 背包

登山者通常有两个背包：一个单日用小背包，里面可装一天来回所需的登山物品；一个是容量较大的背包，可以容纳野外露营过夜的装备。背包应能使背负的重量尽量靠近身体，且重心集中在臀部和大腿上面。

小登山背包的容量通常介于30～40升之间，足以携带9～14千克重的物品。市面上的小背包种类繁多，耐用程度不一。弓顶背包通常容量只有 15 千克左右，内部坚固，有硬架支撑。臀带在扣环处有 67 厘米宽，臀部处有 133 厘米宽。设有冰斧环、提环和冰爪带。但是，有些背包不仅没有内架支撑或臀带及衬垫，而且太脆弱，不适合登山使用。

大登山背包内通常有坚固的框架使背包不变形并紧贴背部，在登山或滑雪的过程中容易保持平衡。容量可通过压缩带调节，变成小型的技术型背包。大背包一般设计成狭长的线条以利于穿越丛林或上下岩壁。

（二）宿营装备

1. 登山帐篷

登山帐篷能够快速便捷地搭建，并有防雨雪、挡风沙、方便携带等优点，被登山者广泛使用。帐篷的类型与目的地的环境相适应，不同地区选择的帐篷也有所不同。

（1）帐篷类型

①三角帐篷

三角形帐篷前后采用人字形铁管做支架，中间架一横杆连接，撑起内账，装上外账即可，这是早期最常见的帐篷款式。

②圆顶帐篷

起风时，要用坚实的木钉固定，内部空间比较宽敞。圆顶设计适用广泛，从低海拔到高山都能使用，而且从单人帐到可以容纳十几个人聚餐开会的尺寸都有，支架简单，安装和拆卸非常快，但是由于它的迎风面是均等的，所以抗风性能差一些。因此，在选购圆顶形帐篷时，建议选择舒适性高且搭建难度低些的圆顶形帐篷。

③六角帐篷

六角形帐篷采用三杆或四杆交叉支撑，也有的采用六杆设计，注重帐篷的稳固性，是"高山型"帐篷的常见款式。六角形帐篷具有空间大抗风性能好、防雨性能好等优点；不过相对较重且搭建不是很方便。大多适用于高山跋涉及恶劣天气下使用。在选购六角形帐篷时，建议选择透气性好的帐篷；透气性主要体现在内帐纱网的高度、外帐透窗的大小以及外帐的高度。

④船底形帐篷

船底形帐篷撑起后像一条反扣过来的小船，又可分为二杆、三杆不同的支撑方式，一般中间为卧室，两头为厅棚，在设计上注重了防风流线，也是常见的帐篷款式之一。船底形帐篷具有保暖性能好、抗风性能好、防雨性能好、空间大等优点，迎风搭建，风力并不能过度挤压帐杆，不过侧面来风则可能有些晃动。大多适用于高海拔营地建设。在选购船底形帐篷时，建议选择带有涂层（即 PU）的尼龙布料子，外帐最好选择 PU1 500 毫米以上的，而帐底的 PU 值需要超过 3000 毫米，这样才能有较好的防水性。

（2）根据需要选择帐篷

帐篷是露营的基本装备，主要功能是防风、防雨、防露、防潮，为野营提供一个相对舒适的休息环境。如果有多种类型的帐篷可供选择，应该比较一下，选择最能满足需要的。

防水：双层帐篷内层透气不防水，可将水汽排出；外层防水；内外帐通常分开。

强度：帐篷标注有"抗力相对系数"。表示帐篷支架抵御风雪的强度。

重量：帐篷的重量与用途成正比，此外，还要考虑居住要求和气候要求，尽量选择实用的。

形状：隧道式和圆顶式设计的空间最大，营柱和拉绳的数量最少。

体积：观人帐在重量和营地选择方面最具弹性。

颜色：鲜艳的颜色能振奋心情，并在回程时容易识别。

特色：帐篷的辅助设计，如拉链开启门，通风口和窗户、纱网防蚊虫等。

如果是旅游登山可以选择较便宜的帐篷，如果想去攀登雪线以上的山峰，就一定要买质量好的专业登山帐篷，这是能安全回家的保障。

（3）选择帐篷应注意的问题

选择外帐应力求防水度高，可以用嘴吹一下面料，测试其透气性。一般来说，透气性差，防水度就高；选择内帐要求透气性好；选择帐杆力求强度高、回弹性好、轻便；选择底料要防水度高和耐磨；用于露营的帐篷最好是双层结构的；规格选择最好是带棚的，或尺码稍大些；选择有顶窗、后窗，或者侧窗的帐篷会有利于通风。

2. 睡袋

睡袋在野营中的主要功能是保暖。其最主要的指标是温标，也叫舒适低温。舒适低温指外界气温降低到某一温度时，大多数人使用睡袋感到舒适，如果温度再降低，就会感觉寒冷。

（1）睡袋的选择标准

①填充物的种类、质地和重量

睡袋填充物主要有两种：羽绒和化纤棉。此外还有单层的抓绒睡袋。羽绒又分为鸭绒和鹅绒，同等条件下鹅绒的保暖程度稍高于鸭绒。

②内外面料

普通棉睡袋使用涤纶或尼龙材料，涤纶与尼龙布之间存在密度和质地的差异。羽绒睡袋对内外材料的要求很高，最少要 250 T 以上密度的尼龙材料才保证防绒。很多国产尼龙布密度不够，不能防绒，生产商采用加涂层的办法防绒，这是很不科学的做法。因为羽绒睡袋的内外料需要有良好的透气性，否则散发的湿气会聚集在睡袋里面，使羽绒的保暖性大大降低。高织纯棉或涤棉也能防绒，但重量大，压缩性差。

③功能设计

睡袋的外形：木乃伊式、信封式和混合型。

睡袋的其他功能设计：双拉头的拉链，拉链防夹带（拉链内侧一层薄而硬的 PP，防止拉链卡布）；拉链防风夹层（拉链内侧的棉质防风夹层，防止冷风从拉链进入）；胸领（或叫隔断领、收紧领），收紧后可防止冷空气从脖颈进入；口袋；左右拉链的设计，同款型的睡袋分左右拉链，可以拼合成双人睡袋；睡袋的尺寸有 L，M，S（大中小）等，方便不同身高的人士选择。

④包装和辅配件

睡袋包装以牛津布压缩袋为最好，可大可小，结实耐用。睡袋的辅配件主要是拉链、扣子和绳子，一定要选择拉链质量可靠的睡袋。

（2）如何提高睡袋的保暖程度

①配备一条质量较好的防潮垫，这一点非常重要，常野营的人都有体会，如果寒气从地下直达背部，那种寒冷是难以承受的。

②有条件的话睡前喝杯热饮料，牛奶、果汁都可以，使身体发热。

③睡袋保暖尤其重要的是要把领口扎严，以防止夜晚气温下降后，热量散失。

④穿套长的保暖内衣和干净袜子会非常有效。

⑤当睡袋保暖程度不够时可以穿更多的衣服，或把衣服和其他物品覆盖在睡袋上。

⑥和更多的人挤用一个帐篷。

⑦在保障安全的情况下，在帐篷中点汽灯或炉子。

（3）睡袋的保养方法

无论是羽绒睡袋或化纤棉睡袋，在长时间不使用的情况下，尽量以宽松自由的状态保存，以保持羽绒和棉的本性，延长使用寿命。尤其是羽绒睡袋，尽量保存在专用的羽绒睡袋存储袋里（宽松透气的棉质袋子）。睡袋作为贴身的卫生用品，尽量避免相互借用。

化纤棉睡袋和抓绒睡袋都可以直接洗涤，如果洗衣机够大的话也可以机洗。晾晒时尽量平铺或多处挂搭，以免过度下垂。羽绒睡袋的洗涤方法：根据羽绒专家的建议，羽绒睡袋 4 年左右清洗一次即可。使用寿命为 10～12 年，可清洗 3 次。如果不太脏，可简单擦拭，如用毛巾蘸取汽油，清洁表面材料即可。

户外运动中睡袋经常比较脏，需增加清洗次数。清洗方法如下：手洗或专业机洗。手洗用专用的羽绒洗涤剂浸泡，漂洗干净即可，不要过分操搓，不要拧绞。如果想机洗，要交给专业的洗涤公司。清洗后风干或晾干，确认干燥后经拍打，待其自然膨胀后存入睡袋存储袋。

羽绒睡袋洗涤忌用碱性洗涤剂，忌拧绞；忌火烤烘干。羽绒睡袋可和棉质的睡袋内衬共用，以减少洗涤机会，同时棉质睡袋内衬有帮助吸汗的作用。

3. 雪洞

挖雪洞是登山必备技术，其保护性、舒适性、隔离性和内部温度都强于帐篷。如果要停留数夜或无法搭帐篷时，挖雪洞是相当实用的选择。

挖掘雪洞应注意以下问题：

（1）雪要有一定深度，通常 2～3 米深。

（2）了解身处之地是不是雪崩区或迎风口，充分考虑安全。

（3）尽量寻找短的陡坡，这样挖掘比挖平坡容易。

（4）挖洞时保持适度的速度和衣物干燥，避免过度流汗。

4. 炉具

选择炉具时，要考虑炉子和燃料的重量以及是否容易获得。燃气炉重量轻，安装简单，是登山旅程不可或缺的用具。

（1）微波炉

重量极轻，以丁烷丙烷的混合物为燃料。0℃ 以下时不能使用，仅适用于小型的盘子和锅具。

（2）多燃料炉

燃料为白汽油、煤油、航空燃料，是当前最流行的炉子。

（3）无压炉

以工业酒精为燃料，有一个防风罩。无压炉非常稳固，不容易坏，能同时充当底锅。

5. 燃料及水

燃料瓶与水瓶应便于区分，防止因混淆而发生危险。确保燃料瓶不会泄漏，因为泄漏出的燃料会污染食物、损坏衣物和其他物品。主要包括白汽油、煤油、丁烷、异丁烷、固体燃料。

水对登山者非常重要，新陈代谢控制体温和排泄都需要水，攀登过程中，需要摄取大量水分，不然很容易造成脱水。因此蓄水装备的优劣与登山者的生命息息相关。蓄水装备包括硬质水壶和塑料水袋。军用水壶、不锈钢壶、塑料水壶、真空杯、铝合金水壶等属于硬质水壶，水袋、皮囊、压缩水桶等属于塑料水袋。

在雪线以上的营地之中，最可靠的水源是用炉具融雪饮用，但取雪应远离如厕和清洗地点，要确认每位队员都熟记这两个地点。把雪捏成锅具大小的雪块，非常方便。晚间融雪，应多融化一些，以备夜间补水之用。

6. 账内煮食的原则

（1）炉具必须放在稳定的地面上，避免接触帐篷底或雪地，慎防打翻。

（2）可用一块三夹板裹以铝箔，做成反射平面，做炉具的垫子。

（3）绝对要在帐篷外点燃炉具，燃烧顺利后再拿进帐篷。

（4）只能在入口或玄关处煮食，发生意外，可立即丢出帐篷。

（5）保持帐内通风，以免一氧化碳中毒。

7. 食物的规划

登山运动是一种野外活动，虽然不能带很多食物，但合理的营养搭配和营养补充非常重要。以下是一些有关登山的营养提示。

（1）携带牛肉干、巧克力等高热量营养食品以备不时之需。

（2）携带维生素合成药片，每日一颗。

（3）果珍冲剂是不错的电解质平衡饮料。

（4）随身装几块水果糖，在饥饿和极度疲惫时用得上。

（5）行军路线长，要在食物中补充足够的维生素和蛋白质。

（6）在高海拔地区，特别是刚上升到一个新的海拔时，当天的晚餐需要吃得清淡。

（7）高原上不能食用过多的辛辣、盐分大的食品。

（三）技术装备

在登山运动中，大自然的各种不利因素都构成了对登山者的威胁。从这项运动产生之日起，人们就开始在不断地研制生产各种为攀登者提供安全保障和便于开展运动的装备和器械，装备可以使登山者在遇到各种复杂地貌时发挥作用。攀岩具有一定危险性，其技术装备主要包括登山绳、铁锁、绳套、保护器、上升器和下降器等。因为所有这些装备都关系到攀登者的生命安全，所以在选择和购买时必须考虑其质量、用途、性能等因素。

一般来说，有国际攀登联合会（UIAA）认证标记或欧洲标准委员会（CEN）认证标记的都能保证安全。UIAA 是制订登山装备标准的国际权威机构，CEN 则是欧洲地区负责设计与维持设备标准的机构。此外还包括辅助性装备，主要有攀岩鞋、镁粉、粉装等。

1. 登山绳

早期的攀岩者使用天然纤维（马尼拉麻和琼麻）制成的绳索，但此类绳索在严重坠落的情况下无法支撑。在第二次世界大战期间出现的尼龙绳质轻而强韧可以承受超过 2 000 千克的重量。尼龙绳的弹性特色更是保护坠落的攀登者非常重要的因素。攀岩者坠落时，尼龙绳会伸展分散大部分的冲击力，减轻坠落的力量，缓冲突然停止或剧烈摇晃。

过去的尼龙绳是"搓成"或"捻成"的。许多尼龙细线捻成三四股主结线，再搓成一条绳子。搓制的尼龙绳逐渐被专门为攀登所设计的编织绳所取代。现在的编织绳中间的绳芯是平行并列或编成辫状的尼龙丝，外层要以平滑编成的尼龙皮。编织绳保留了尼龙绳的优点，却没有搓制尼龙绳的缺点—粗硬、摩擦力过大弹性太强。编织绳是目前唯一获得国际攀登联合会（UIAA）以及欧洲标准委员会（CEN）检验合格的登山绳。

（1）登山绳的种类

登山绳的尺寸、长度和特色种类繁多。登山绳上必须有制造商标、UIAA 或 CEN 的级数，并详细说明如长度、直径、延展、冲击力道、坠落级数等。由于评级机构皆来自欧洲地区，所以全球的绳索度量标准为公制。

①弹性绳。为攀登所设计的尼龙绳称作弹性绳，弹性绳的冲击力道较低，因为它在坠落时会伸展。在选择登山绳时，最重要的考虑项目之一便是冲击力——通常越低越好。使用一条冲击力低的绳子表示攀登者在坠落时不会遽然停住，而传导到坠落者、确保者与固定点的冲击力也会减低。

长久以来，休闲攀登用标准绳的规格是直径 11 毫米，50 米长，延展性为 8 或 7 了。近年来，60 米或 70 米长的绳子也愈来愈受欢迎。还有其他许多不同直径的绳子可供选择，因使用者的用途而异。

直径较小的弹性绳（小至约 8 厘米）通常成对用于双绳或半绳系统。此类直径较小的绳索系统利用两条绳子的弹性来保护攀登者，而且务必成对使用。

②静力绳。不同于弹性绳，静力绳、尼龙绳环与细绳并无延展性，因此甚至连几米的坠落都可能会产生严重的冲击力，造成固定点失效或是攀登者严重受伤。无延展性或延展性极低的绳索并非用于保护先锋攀登者，它的用途包括洞穴探险、搜救、作为远征攀登的固定绳或人工攀登的吊拉绳等。

（2）登山绳的颜色

绳皮的图案与颜色也各不相同。有些绳子的中间点会呈现对比色彩，让攀登者容易找到绳中。有些会把绳尾染成鲜明的颜色，便于攀岩者在确保或垂降时易于看清绳索尽头将至。当同时使用两条绳子时采用两种不同颜色的绳子可以在确保或垂降时易于辨认。

（3）登山绳的防水处理

绳子湿了之后，除了很重、不好抓握外，还可能因结冰而不听使唤。湿绳能承受的坠落次数较少，强度也比干燥时少了 30%。

绳索制造商在某些绳子上会采用硅树脂处理或含氟合成树脂处理的外层，使这些绳子更加防水，从而在潮湿的环境下可以更强韧。经过此类"干绳"处理后，不但可以提高绳子的耐磨性，也可以减少绳子穿过钩环时的摩擦力。经过防水处理的绳子价格通常比一般绳子贵 15%～20%。

（4）登山绳的保养

绳子乃攀登者生命之所系，务必细心呵护。

①避免损伤登山绳。踩在绳子上是最常见的伤害，此举会把锐利的细小微粒踩入绳皮。久而久之，这些细小颗粒会像小刀一样不断地割磨绳子的尼龙纤维。穿着冰爪时更应留心避开绳子，因为一不小心踩到就会损伤绳子，很有可能会已伤害绳芯，但绳皮却看不出痕迹。不要让

绳子接触可能会造成损伤的化学物质或其他化合物。

在使用绳子时，应注意保护绳子。在攀登线路时脱落或下降后，应在重新攀登前让绳子休息几分钟，这几分钟能让绳子恢复一些弹性和承受压力的性能。当绳子与安全带打结系紧时同样吸收能量，所以应该养成习惯，不用时将它松开，使其得到充分休养。每一次降落到地面时，再把它扣回原处，或者用劲甩动末端的绳子，不让绳子缠在一起。

②清洗与晾干。遵照制造商的建议保养绳子。一般来讲，应经常以温水与温和的肥皂清洗绳子。绳子可以放在浴缸里用手洗，或用滚筒洗衣机洗（绳子可能会缠住上开式洗衣机的洗衣轴）。在干净的水中漂洗几次后晾干，不可直接曝晒于阳光下。

③储藏。储藏时绳子务必完全干燥。解开所有的结，松松地盘起来，存放于干爽的地方，远离阳光曝晒、热源、化学物质、石化产品与酸性物质。

④汰旧换新。检视绳皮以评估绳况。时常检查绳子，尤其是在坠落之后，确认绳皮是干净的，没有磨损或变软的地方，绳子尾端熔接完整且没有磨损或散开。若被冰爪刺伤、磨损过度、被岩面或锐角切割，使绳皮看起来烂烂的，绳子的强度可能就会大打折扣。

绳皮若无明显的软化点或是斑痕，很难决定是否该汰旧换新绳。影响绳子状况的因素很多，包括使用频率、保养的方式、承受过多少次坠落以及绳龄。在一次严重坠落后淘汰那条绳子可能会是明智的决定，尤其当绳子某些部分变得软软的或平平的时候。一条通过认证的新绳虽可承受 5 次 UIAA 等级的坠落，但考虑是否汰换新绳时，仍需把绳子用过的历史与其他会影响绳况的因素同时加以评估。

绳子长时间使用后，应注意绳子的安全性。

判断绳子寿命最简单的方法如下：室内训练攀登绳，大约几个星期；每个星期数次攀登，2～6 个月；一星期用一次，大约用 2 年；偶尔用，可用 4 年。

当绳子已经变硬，或局部区域（一般会出现在常使用的一端）有变软或变扁的现象、表皮损坏就应该换掉。此外，如果对攀登的绳子有任何疑问（觉得绳子可能不牢靠或不放心或看不顺眼），干脆换掉。

当绳子的任一端变得毛糙，就剪掉这一节并继续使用，但应记住，这短了一截的绳子看起来像新的，可它与被截掉的部分一样已经承受多次下降的考验。所以使用起来一定要谨慎，同时确保它在线路上放下时仍足够长。

（5）盘绳

携带或存放绳子时，通常会把绳子盘起，最常用的是登山者绳盘或蝴蝶绳盘。

①登山者绳盘。当绳子放在背包上携带时适用此种盘绳法。盘起绳子，在一边绳尾留下数十厘米，反折另一端绳尾，将较长的那端绳尾穿过绳盘，之后重复缠绕绳盘，以固定住反折的绳尾。之后将此绳端穿过反折绳尾的小圈，然后用此绳端跟小圈打个平结。

②蝴蝶绳盘。此法盘绳通常快些，不会纠结绳子，若没背背包也可舒适地绑在身上。盘起绳子，两端绳尾留长，屈起绳盘呈马转状。抓住两个绳端，同时缠绕绳盘中段数次。折起绳端成小圈，并抓住小圈穿过绳盘上方的大圈，这个小圈要留得够大。然后抓住剩下的绳端穿过这个小圈，整个绳端必须完全穿过。若要把蝴蝶绳盘绑在身上，先把绳盘放在背后，将两端绳尾各自绕过一边肩膀，然后绕到背后交错于绳盘上，再绕过腰部回身体前端绑紧。

不论使用哪种盘绳法，在使用绳子前要小心解开，这样可以避免绳子乱成一团。不要把绳盘往地上一丢，就开始扯开绳端，这样可能会揪成一团。先解开系紧绳子的结，然后顺势解开绳盘一次一圈地松开，把绳子堆成一堆，这个程序称作抽丝剥茧法。每次确保前小心地解开绳盘是个好习惯，免得在确保时突然跑出个绳结或是绳子纠缠在一起。

2. 安全带

安全带主要是为攀登者和保护者提供一种舒适、安全的装备。安全带分为可调式和不可调式。可调式安全带适用于登山攀冰、攀岩场所；不可调式的安全带是个人攀岩专用。好的安全带应合适、舒服、牢固且易穿戴。选择安全带应考虑个人体形或体重，选用相配的型号。因为安全带式样不同，安全带的系配方法也相应不同。为了安全，使用安全带之前应认真阅读使用说明书，按照说明书的方法去做。系好后检查两遍方可开始运动，如有问题立即告诉同伴。

每次使用安全带时，应对安全带的安全性能进行检查，尤其是长时间使用安全带，造成安全带磨损时更要注意，一旦发现安全带上的保护环套起毛或断裂，就不应再用它。安全带与主绳一样，关系到自己的生命。在使用安全带时应保管好，避免灰尘、曝晒、脚踏等。

（1）坐式安全带

坐式安全带的腿环可以调整成适当的大小，舒适地固定在臀骨上，并将坠落的冲击力分散到整个骨盆。垂降时它则像个舒适的座椅。

（2）制式安全带

有几项要求是登山用制式坐式安全带特别注重的：不论穿多少层衣物，可调式腿环都能调整到舒适的贴合程度；腰带与腿环皆附有衬垫以提高舒适度，特别是需要吊在空中一段时间时；腿环可松开，可以在想上厕所时不需脱下吊带，甚至不需解开绳子；腰带的扣锁偏在一侧，因此在垂降时，它不会跟连接吊带的绳结或锁钩环卡在一起；装备吊环可供携带钩环或其他攀登器械之用。

购买安全带前，需试穿以确定攀登衣物是否合身。市面上安全带的种类繁多，大部分的安全带需要将腰带二度回拉穿入扣锁，以确保安全。确定腰带在二度穿过扣锁后仍留有至少5～75厘米的长度。

（3）胸式安全带

胸式安全带可以在坠落之后以及使用普鲁士结或器械攀绳而上时，保持身体直立。坠落之后，只需要用钩环将登山绳扣住胸式吊带，即可提供稳定度并保持直立。胸式吊带会将坠落的力量部分传导到胸部，但胸部较骨盆（坐式安全带将力量传导至此）容易受到伤害。因此，在攀岩或一般攀登时，通常不会把绳子扣入胸式吊带，在冰河行进时偶尔会将绳子扣入胸式吊带，但一些攀登者通常不会这么做，除非是真的掉入冰河裂隙。

（4）全身安全带

完整的全身安全带包含胸式安全带与坐式安全带，连接绳子的点也较高，这可以减低坠落时身体往后倾斜的概率。由于全身吊带可将坠落的冲击力分散到身体躯干，因此不易造成下背部的伤害。全身安全带较为安全，它可以防止登山者落进裂缝。

3. 保护器

在保护和下降过程中，通过它与保护绳之间产生的摩擦力来减少操作者所需要的握力。保护器有很多种，但只有几种适用于攀岩。常见比较好的保护器有8字环、管状保护器和自动保护器。保护器很容易锁上，有的有弹簧，有的没有，如果用熟了，两种都会很好用。但是带弹簧的这种更受青睐，因为当绳子快速滑过时它不会突然卡住。

8字环一般是用来做下降式保护，但是制动力稍差，所以有些人不用它保护先锋攀登者，因为长距离坠落，冲击力很大时，可能会造成保护者无法有效制动，甚至因摩擦力太大灼伤手而放开绳子，后果不堪设想。要增加其制动力的保护方式，应该将绳索穿过8字环中较小的那个环，然后再连接绳索至保险铁锁。在购买8字环之前必须先检查该保护器，某些8字环是用于绕绳下降的，它的洞眼对于保护来说不是太大就是太小。

PETZL牌的自动保护器为保护器中的首选，其工作方式类似于套绳器，由旋转凸轮卡住绳子，使用非常方便。该保护器最主要的优点是可以不费力地保护攀岩者，即使是被保护的队员发生意外也能立即保护他。但是，如果装绳方向或制动错误，会导致队员摔到地上。选购时要认真阅读所有说明书，请熟悉其使用的人给予解释和指导会更好。

保护器可粗略分为三类：低摩擦保护器、高摩擦保护器和自锁型保护器，图6-1从左至右依次为低摩擦保护器、高摩擦保护器、自锁型保护器。多用途自锁保护器则是另外一个子类。这些术语表明了它们各自在操控绳索和抓握力上面的特性。

图 6-1　保护器

低摩擦保护器通常由一个上面打有两个大直径孔槽的杯状物或金属管构成，绳索从槽里穿过。这种保护器产生的制动力较小，因此在使用直径小于10毫米的绳索时，就会显得很"滑"，但在有经验的保护者手中就很安全，所以需要一些练习以便安全地控制脱落。在雪或冰壁上设置保护点，或是岩壁上的保护点不像预期的那么牢靠时，低摩擦保护器的作用就会显现出来。由于这类保护器在冲击力较大时会自动让绳子滑出一部分距离，形成动态保护，所以就能减少保护点的承重，让整个系统逐步吸收冲坠的能量。另外，在领攀者脱落时，如果保护点的位置设置得不好，冲击载荷有可能使其失效，这时低摩擦保护器也能形成动态保护，减少保护点的承重力，从而降低保护点失效的可能性。

高摩擦保护器在每个穿绳的孔槽一侧都有一个凹槽，这个凹槽能够在攀登者下降或滑落的时候，给抓住绳子制动端的那只手提供额外的摩擦力。凹槽上刻有帮助制动的棱纹。这种保护器的好处在于如果把它翻过来，不使用控制凹槽，就可以当成低摩擦保护器使用，这在使用粗绳或者绳索开始冻结的时候很管用。

自锁型保护器是指在滑坠或下降时能够自动抓住绳索的保护器，可以进一步分为主动自锁和被动自锁两类。主动自锁保护器通常包括能够旋转的凸轮，承重时的运动方式有点类似于汽车的安全带系统，当绳索承受攀登者体重的时候，就会在保护器处带动凸轮旋转压迫绳索形成足够的摩擦力，起到自锁作用。需要给绳的时候，推动装置外侧的杠杆，使凸轮离开绳索就可以了。这类装置在运动攀岩中经常使用，因为保护点和膨胀螺栓的力量都很强，一般不需要动态保护。

被动自锁保护器则没有移动部件，只用绳子本身的摩擦力自锁，其原理一般是让绳子的承重端压迫非承重端，形成足够的摩擦力。这种保护器很适合攀岩教练使用，可以同时用两股绳子分别保护两个人跟攀，但它在承重锁紧后很难放松，在跟攀者有可能不得不让绳子承受自身体重时，就不应使用这种保护器。

4. 铁锁

铁锁用途广泛，是必不可缺的攀岩装备之一。铁锁是用来连接各种攀岩安全带的扣环或在保护系统中作刚性连接。没有了铁锁，安全带、绳子、保护器、8 字环、快挂、挂片等保护装置将不能很好使用。根据不同情况，需要不同的铁锁。为了能够正确地选择和使用，必须了解各种类型的铁锁。每个铁锁都有一个开口，以便纳入绳子。

（1）铁锁的形状与款式

①O 形铁锁非常受欢迎，形状对称，用途极广。

②D 形铁锁开较大，容易扣入。D 形铁锁通常用于较困难的攀登路线，因为攀登者必须凭手触摸找到开口处，并迅速地扣入或解开。D 形铁锁必须与带环一起使用，才可以很容易地翻转。

③铁线闸口铁锁重量较轻，开稳固。当绳子很快地穿过铁锁时开口处可能动，铁线闸铁锁不易产生此问题。

④有锁钩环在开口的一端附有锁套，可旋紧，减少开口意外开启的可能性，增添了垂降时确保或扣入固定点时的安全性。某些有锁铁锁内含弹簧，开口一闭合，锁套便自动扣上。不过，不论铁锁是否具有自动锁上的功能，每次都须检查铁锁是否已正确锁上。

⑤梨形有锁钩环在开口端特别长，很适合联结绳子与安全带。虽然梨形有锁钩环，价格较贵也较重，但却易于装卸与控制连接在吊带确保点的绳子、绳结、细绳与带环。

有些铁锁的横切面不是圆形，而是椭圆形、T 形、十字形或楔形，目的在于减轻重量。

（2）铁锁的基本使用原则与保养注意事项

①确定铁锁的受力端在铁锁的长轴，尤其是开口端不应受力。

②经常检查铁锁的开口端。即使铁锁在受力状态下，开口仍应容易开启，而且开启的开口两边应坚实不变形。

③保险螺丝锁必须将丝扣拧紧，若铁锁的开口附近有损坏，立即停止使用。

④尽量避免坠落，若坠落高度超过 8 米，并撞击到硬物应停止使用。

5. 快挂

竞技攀岩并不需要太多的铁锁，但一套好的快挂却非常关键。使用的快挂最好是专门厂家生产的，不能使用自己缝制的。标准快挂的长度一般为 1016 厘米，并多用于卡住螺栓。长快挂一般用于有屋檐角度的岩壁或横越距离较大时，以承受绳子的拉力。快挂上附带一个橡胶套管，用来固定底端铁锁，防止其扣上时随意翻转。

用一个 D 形铁锁连接顶端的挂片和一个弯 JD 形铁锁连接绳子。D 形铁锁轻且坚固，弯门 D 形铁锁的曲柄使穿绳可很快完成。不要用弯门 D 形铁锁直接连接挂片，因为这样可能扣不上去。也不要用超轻型铁锁，尽管它能使装备变轻变少，但它的薄边会划伤甚至钩坏绳子。最好使用由铝制成的、直径和重量都稍大的铁锁，这样绳子比较容易穿过铁锁，且锁得非常紧。使用时间长后应注意检查，并把粘得很紧的螺栓和挂片拆卸下来。

6. 镁粉及粉袋

镁粉的使用主要是在室内攀岩，它们的成分是碳酸镁粉末，以防手出汗时出现手滑现象或吸收岩壁表面的水分，以增大摩擦力。为了较方便使用，镁粉一般存放在粉袋里，粉袋系在安全带上，在攀登难度大的岩壁或路线时极有用。为保证场馆的空气质量，最好使用镁粉球，一种多孔的装有镁粉的小包，是很多攀岩训练馆必备的东西，否则太多攀岩者用镁粉时，镁粉会像雪花一样四处飘扬。在室外攀岩时，很多攀岩者发现镁粉球不太好用，而更喜欢把手伸进镁粉袋，使手上很快沾满粉末，简便快捷。

7. 螺栓

现代竞技攀岩一般用直径为 $0.95 \sim 1.27$ 厘米的膨胀螺栓，这是一种拉起式螺栓，也是现有最好的岩石作业用的螺栓之一。用工具对螺栓头加力时，能将螺栓伸进螺套中，它有足够的承受力（0.95 厘米的螺栓可承受 3583 千克的力），适合于各种岩石表面，安装容易、简便而且牢固，是螺栓中的首选。

8. 挂片

随着竞技攀岩的迅速流行，出现了大量新式螺栓挂片，从初级的、手工制作的到光滑而结实的专用挂片都有。任何一种专用挂片都应适应某种特殊需要，而手工制作的则未必。铝制的挂片，在反复承受大力下降时需要特别留意，因为这种柔软材料很容易弯曲和受损。经常使用者应该注意挂片上是否有裂痕或变形。钛或不锈钢是制作挂片的最佳材料。

9. 带环

由伞带或细绳打成的绳圈称为带环，这是最简单且最有用的攀登器材之带环是攀登系统中关键的联结工具。标准带环长 17 米；中带环长 29 米；长带环长 46 米。攀岩初学者一般约需要六条标准带环、两条中带环与一条长带环。

为了能很快辨别带环的长度，标准带环、中带环与长带环最好使用三种不同颜色的伞带。可以在自制带环的结尾端写上自己名字的缩写与制作日期，这样除了方便识别带环外也能帮助判断何时需淘汰，带环需要定期更新。

千万要记住带环与其他辅助绳并不具有延展性。如果没有配合弹性绳使用，即使只是数十厘米的坠落亦可能对确保系统与攀登者带来严重伤害。

（1）缝制带环：可以在登山用品专卖店购买高强度、已缝好的带环。缝制带环有多种长度可供选择：5 厘米、10 厘米、30 厘米（中长）与 60 厘米（全长）。有些带环已经事先缝成快扣，通常约 10 厘米长，两端各连接一个钩环。带环也有不同的宽度，最常见的是 15 厘米、17 厘米与 25 厘米。使用丝贝纤维（一种高效能纤维，更强韧、耐久，且不易受到紫外线的伤害而老化）制成的带环通常为 15 厘米宽的伞带。缝制带环一般说来较为强韧、较轻，也不像自制带环那么庞大，但无法像自制带环一样可将绳结解开。

（2）自制带环：带环也可以自制，利用 $15 \sim 25$ 厘米宽的伞带或 $8 \sim 9$ 厘米的合成纤维辅助绳结成绳圈。自制带环成本较低廉，且可解开以环绕树干或天然岩楔（如岩隙中稳固的岩石），或是将两条带环解开结成一条较长的带环。

10. 头盔

头盔能保护头部，避免被落石或上方攀登者掉下来的器械砸到，头盔也可以在许多可能会突然撞到坚硬岩面或冰面的情况下保护头部，如坠落地面，或者突然向前移动而掩到突出的锐利石头。不过，没有一顶头盔是万能的。

新型的头盔重量轻、通风良好。购买具有 UIAA/CEN 标记的头盔，可以确保最低的防撞标准。外壳的材质可能是塑胶、玻璃纤维或碳纤维。悬架系统可以由带子组成，受到撞击时可避免头盔接触头部，或是内部为聚苯乙烯材质，受到严重碰撞时，会因吸收外力而碎裂。无论是何种头盔，在受到严重撞击后最好将之淘汰。选择一顶大小合适的头盔，不论是否戴头巾或套头露脸，皆能调整头带大小。头骨大小与形状因人而异，所以头盔合适与否应视个人而定。头盔要戴正，而非向后倾斜，如此才能保护前额与头顶。

11. 岩锥

岩锥是金属做的钉子，在攀登的时候可以敲进岩缝做成一固定点，其分别有：固定—卡挤型；固定—转向力型；弹压—卡挤型；弹压—转向力型。

12. 上升器

在单绳技术中解决向上运动的装备，分左右手握两种方式，适应于不同用手习惯的攀登者。操作方法可阅读说明书。

13. 刷子

大多数镁粉袋的边缘都有缝制在一起的小套管，以便连接一把小尼龙毛刷，主要用来刷干净被镁粉裹住的支点。一把牙刷就行，最好是一把稍大的尼龙刷。在自然岩壁上，用来处理铁锈的线刷，也很适合刷去地衣、苔藓和松动的沙砾，缺点是刷子会划伤松软的岩石，并且在花岗岩和石灰岩上留下灰色、金属丝的划痕，使支点变得比原来更滑。

14. 绷带

一卷 254 厘米宽的运动型绷带是所有攀岩者必备的护具，选择品牌的绷带强度要高，不要用塑料或防水的绷带，容易汗湿而且不牢靠。最常见的是用绷带保护疼痛的手指或关节，从第二指关节往上下任意方向包裹手指，它还可以用于保护擦伤或破皮的指尖。攀登裂缝时能保护手掌，加强指节肌腱的承受力，避免受伤。

15. 保护垫

经常进行攀岩的人，长期以来都会使用一小块保护垫，放在平地上作为攀登的起点。很多保护垫是由厚泡沫制成的，在下降或脱落时可起减震和保护作用。这种保护垫也同样适用于难度高的竞技攀岩，可以在做危险动作时起减震作用。在恶劣的下降中这些垫子也许不能起多大作用，但从低处下降，跳下不平坦的地面时，它们却能极大地减少脚后跟和脚踝扭伤的危险。

16. 岩塞

岩塞形状各异，大小不一，攀登者对其也是各有偏好。

岩塞是大多数攀登者的必备装备，尿管体积小，却是攀登安全链上的重要一环。岩塞的头部是一块可大可小的金属块，通常用钢缆穿制成型。它们看起来简单，却是非常重要的技术装备。岩塞在严格的生产标准下制造而成，具有很强的承重力，能够反复多次承受脱落的攀登者的重量。

岩塞的规格从几毫米宽到 2 厘米宽不等，拉力级别从微型岩塞的 2000 牛到最大号岩塞的

12 000牛不等。许多攀岩者认为，准备两套岩塞，从1号到10号每种两个，就能应付所有的需要。对于这两套岩塞，他们经常会选择不同厂家的产品，形状有所差别，使用起来也更灵活多变。冬季攀登者和登山者往往不会携带那么多岩塞——运动攀登者只有在某些地方找不到应该有的挂片时才会用到它，其余时候则根本不用。

（1）微型岩塞

虽然微型岩塞在很多类型的攀登中都能用上，但是在一些非常狭窄的路线上，只有微型岩塞能够提供保护。

攀登者往往会依据个人喜好选择携带岩塞的方式。把整整两套（20个或者更多）岩塞挂在一把铁锁上携带起来恐怕会非常吃力，很有可能爬到半途整个铁锁连带着岩塞都掉下去了。要想避免这样的惨剧发生，不妨把岩塞分别挂在两把甚至更多的铁锁上。1～5号挂在一把锁上，6～10号挂在另一把锁上。也有许多攀登者倾向于把一套岩塞都挂在一把锁上，即使这把锁掉了，手边还会剩下一整套。如果要带的岩塞非常多，不妨把微型岩塞和1号岩塞挂在一把锁上，2～6号挂在第二把锁上，7～10号挂在第三把锁上。

（2）穿绳岩塞

穿绳岩塞是对所有用辅绳或扁带套穿制的岩塞的统称。建议保护装备在规格大小上有一个有条理的递进，微型岩塞在前，大型岩塞在后。

（3）机械塞

全称弹簧机械塞，小到12毫米，大到150毫米，甚至更大。这些非常有用的装备可以放置在两侧平行的岩缝中，在小岩坑和凹槽中也很好用，甚至还能用在外宽内窄的裂缝里。

机械塞可以按照塞柄的软硬分为两类。软柄的机械塞可放置范围比较大，因此为大多数人所青睐。例如，遇到水平的岩缝和岩坑，硬柄的机械塞就没那么好用。

按照凸轮的个数，机械塞又分为三轮和四轮两种，用后者的人比较多。三轮机械塞的优点在于它比较窄，可以放在比较小的岩缝和岩坑里。现在的小号机械塞大多采用三轮结构，中号和大号则采用四轮结构。一些机械塞需要在上面扣一把快挂，另一些则事先已有缝好的扁带套连接，这都依据个人喜好决定。还有一些机械塞，上面的扁带方便延长，便于将塞子放置在较远的地方。

（4）岩塞钩

这种工具可谓无价之宝，花钱买这么一件装备可以说是物超所值了。岩塞钩的一边是钩子，另外一端是挂锁或挂绳的洞。岩塞钩用来撬动难以拔出的岩塞或其他保护器材，攀登中一般由跟攀者携带，领攀者有时也会用它把扁带从恼人的裂缝中拉出来，清理岩缝中的泥土和碎石，或是拔掉放置得不太贴合的岩塞。岩塞钩在多段攀登路线中，特别在山上是个得力的工具。

四、登山运动的基本技巧

（一）登山运动的身体要求

由于进行登山运动特别是野外登山运动有诸多不可控因素，不同活动的地理环境、强度、技术难度、危险程度各不相同，因此对参与者的身体素质、心理素质也有一定的要求。凡有心、脑病史的人不宜参加此项运动，所有参与者在进行登山活动前应做好以下三点：

1. 了解自己的身体

准备或正在进行登山健身的大学生，对自己的身体状况要有清晰的了解和客观的认识。自己的身体有什么样的疾病，是否适合登山；自己的体质是弱还是强，对登山健身这种运动是否能承受，或承受限度到底是多少；在登山前身体疲惫情况如何，是不是在登山前几天参加过其他活动量大的运动等。自己制定健身计划，要根据身体的实际情况去执行。因为对于登山这项健身活动来说，计划是死的，而人是活的。如果身体不适，就一定要改期、绝对不可以勉强。

2. 必要的心理准备

身体状态很重要，心态也不可忽视。登山者的头脑应该是清醒的，心态也应该是乐观、从容、平和、稳定的。过度的自信和过度的自卑都会产生不好的效果。过度自信易导致头脑发热、盲自乐观、"众山皆小我独大"，要知道，尊重自然规律，就是尊重自己的生命和健康，"征服"固然能令人有飘飘欲仙的成就感，但根据具体情形来判断上下，进退才是最聪明的人。在登山中，往往知难而退，比盲目的冲刺要明智得多。

过度的自卑也不好，往往不能坚持，还没开始就打退堂鼓，总觉得自己不行。其实，看看我们许多登山健身者的例子就会感到，只要切合实际，方法得当，登山健身一定会成功。另外要有"可能发生意外"的思想准备。因为在山路上也许会被树枝绊倒，或者不小心摔下山，或被虫、蛇咬伤等，在山间突发急性胃炎、盲肠炎……自己应该如何应对？当然，也不能想得太细或太严重，否则，还未上山，就已被这些"如果"搞得筋疲力尽。这时候就需要自信了。不过，对于初次登山者来说，还是应以谨慎的态度登山为好，并且第一次要攀登离家（宿舍）最近、较低的山。登山，实际上也是对自己的一种挑战。

3. 体格检查

在准备进行野外登山活动的前1个月或更长时间应进行体格检查，在出发前1周还应该进行复查，确保每一次野外登山时的身体健康。体格检查包括以下内容：

（1）一般史（包括病史、生活史、过敏史等）。

（2）运动史。

（3）体表检查（包括检查皮肤、黏膜、皮下脂肪、腺体、淋巴结等）。

（4）一般临床物理检查（包括心血管系统、呼吸系统、消化系统、口腔检查等）。

（5）功能检查（包括心肺功能、神经、消化系统和泌尿系统功能检查等）。

（6）化验检查（包括血液、尿液检验等）。

（7）特殊检查（包括X线、心电图、B超检查等）。

其中心肺功能检查尤为重要，可采用踏板实验进行评定。踏板练习能评测心肺功能，同时显示体能状态。如果到遥远、陌生的地方进行野外登山运动，至少还应提前半年咨询当地卫生检疫部门，了解当地多发疾病情况，并酌情注射相关疫苗。

（二）登山运动的基本训练

登山运动和其他体育运动项目一样，都要根据自身的特点和规律进行科学训练，借以提高参与者的身体素质和登山技术水平。因此，必须掌握本项目的特点和规律性，进行"有的放矢"的训练，才能收到良好的效果。

1. 登山运动的身体素质训练

通过对登山运动的特点分析，我们可以知道，一名出色的登山者必须具有全面发展的身体素质（如耐力、力量、速度、灵敏、平衡、心理），全面发展的技术（如攀登、下降、保护等），懂得和掌握基础医护、摄影、气象、通讯、炊事、识图、素描、识别山间危险和应付突发事故的知识和技能以及具有丰富的登山经验等。这里所指的身体素质是指人们的一切活动，包括日常生活中的行动、劳动及体育活动，都是通过肌肉的收缩或紧张表现出一定的力量、一定的速度、一定的灵敏度和一定的持续时间。所以人们把人体在肌肉活动中所表现出来的力量、速度、灵敏度、耐力、平衡和心理方面的能力统称为身体素质。在登山活动之前提高身体素质对顺利完成登山任务具有特别重要的意义。

（1）耐久力

耐久力是指人体能长时间进行肌肉活动的能力。具有耐久力的人，工作能力提高，不容易疲劳，即使疲劳，其后消除疲劳的时间也较短。耐久力是贯穿在登山活动全过程的最重要的身体素质。登山者的专项耐久力一般又可分为全身耐力（即心血管系统耐力）、力量耐力和静止耐力。

耐久力训练的方法：一般采用徒步旅行、竞走、变速跑、越野跑、障碍跑、负重跑、沙滩跑、逆风跑、间歇训练、长时间球类比赛（如篮球、足球、手球等）、长时间滑冰、游泳、划船、骑自行车、反复登低山、负重行军等。

耐久力训练中的注意事项：

①耐久力训练是长时间的比较艰苦的过程，因此必须培养勇敢、坚强的意志品质和吃苦耐劳、战胜困难的精神。

②在耐久力训练中，要改善肌肉活动（收缩与放松）的协调性，可使机体用最少的能量来完成更多工作，即所谓的出现省力现象，这样才能延长工作时间。

③耐久力训练的形式要多样化，注意循序渐进和根据登山运动的特点，进行集体配合和个别对待的训练。

（2）力量

力量是在肌肉紧张或收缩时所表现出来的一种能力，它是登山者最重要的身体素质之一，也是其他各项身体素质的基础，力量按其形式可分为静力性力量（如负重）和动力性力量（如行军）；按身体发力的部位来分，主要可分为上肢力量（如指、掌、小臂、肘、大臂的力量）、干力量（如颈、肩、背、腰、腹的力量）和下肢力量（如髋、大腿、膝、小腿、踵、脚掌、趾的力量）三种。

根据登山技术的特点，按发力的名称及动作还可以分为下列几种力量：

①抓握力（上肢力、动静力结合）——应用在攀登岩石、攀爬绳梯上下及各种保护技术上。

②推压力（上肢力、动静结合）——应用在上下岩石裂缝和保护技术上。

③敲挖力（上肢力、动力）——应用在打岩锥、冰锥、挖台阶等技术上。

④负荷力（干力、上肢力、静力）——应用在背背包、携带各种器械上。

⑤支撑力（全身力、静力）——应用在通过各种复杂地形时的技术上。

⑥踏蹬力（下肢力、动力）——应用在通过各种复杂地形时的技术上。

⑦跨越力（下肢力、动力）——应用在跨越沟坑的技术上。

⑧挤张力（全身力、动力）——应用在通过岩石裂缝的技术上。

力量训练的方法有：

①徒手力量练习——各种俯卧撑、各种跳跃、斜坡（或台阶）上的各种跑跳练习。

②器械力量练习——单杠、双杠、实心球、哑铃、壶铃、杠铃等。

③利用自然界的地形、地物进行力量练习——越野障碍跑、跨越沟坑、爬树、攀登岩石等。

力量训练中的注意事项：

①登山者的力量要求均衡地发展，其中要着重发展下肢力量，根据山区地形的特点，发展踝关节的力量尤为重要。

②根据生物进化的"用进废退"学说，经常参加力量练习，肌肉的力量就会不断增加，一旦停止训练，已获得的力量就会逐渐消退，因此要经常不断地参加力量训练。

③安排各种练习时，在肌体不到明显疲劳程度时，先进行力量练习，效果较好，同时要求静力、动力交替进行练习。

④练习者负担一定的重量进行训练时，逐渐增加其困难程度和重复的次数，机体的力量才能得到更好的增长；在练习中，动作的速度和幅度也很重要，速度快、幅度大，力量就大。

（3）速度

速度是人们对各种刺激做出很快的反应，并且以最短时间完成各种动作的能力。从外表上看登山运动是一项持久的缓慢的运动，但是在实际的登山过程中，要求运动员缓中有快，如动作的速度要快，表现在建营快、起床快、炊事快、撤营快、整理背包快等方面。另外反应速度也要快，遇有意外事故立即做出应急措施。

速度训练的方法：各种跑的专门练习、各种起跑练习、短距离跑、顺风跑、各种球类比赛、搭帐篷比赛、炊事比赛、整理帐篷比赛、速度性（视、听、触觉）活动游戏等。

速度训练中的注意事项：

①训练中要求用最快的速度来完成每一次练习。若是用中等频率做多次的重复练习，只能达到练习耐久力的效果。

②速度训练应放在训练课的前半部分，效果较好。但是根据登山运动的特点，运动员疲劳后容易发生事故。因此要有意识地在训练课的后半部分安排一些反应速度的练习。

（4）灵敏度

灵敏度是迅速改变身体或身体某一部位的运动方向的能力。在登山过程中，登山者依靠自身的灵敏性，自如地运用相应的技术、技能与千变万化的大自然做斗争，准确地分析、判断和掌握每个有利时机，克服重重艰难险阻。

灵敏度训练的方法：各种球类活动、垫上的各种练习、各种跳跃练习、跳绳、踢毽子、花样滑冰、游泳、舞蹈、武术等。

灵敏度训练中的注意事项：

①自然界的有些变化，事先不能预料，而要根据情况的发生和变化来迅速、精确地加以判断。因此，应多采用让练习者跟据各种信号做迅速改变动作的练习。

②灵敏素质只有在技术、技能掌握熟练之后才能表现出来。因此，要求反复苦练基本功，达到"炉火纯青"的程度，这样就能熟能生巧，随心所欲了。

③在发展灵敏性的同时，要提高速度素质，还需有力量和柔韧做保证，才有可能充分表现灵敏素质。

（5）平衡

平衡是保持身体重心平稳的能力。在登山过程中，如失去平衡，就会给前进带来困难，并且容易酿成事故。所以提高平衡素质是登山者重要的安全措施之一。

影响登山者平衡的因素有以下几个方面：

①由于岩石坡度的加大、坡的表面光滑、支点较少，因而摩擦力减小，容易失去平衡。

②登山者身背较重的背包时，使得人体的重心升高，也容易失去平衡。

③登山者由于体力不佳时，直接影响中枢神经系统的平衡器官（如半规管），因而常常失去平衡。

④由于一些客观因素的袭击，迫使登山者失去平衡。

平衡训练的方法：各种平衡体的练习，如走平衡木、走浪木、走天桥、过独木桥、走绳索桥、垫上滚翻、滑冰、滑雪、上下横切走陡坡等。

平衡训练中的注意事项：

①由于登山地形的特点，要用"八"字脚和前脚掌、脚尖、脚内侧、脚外侧、脚跟落地的动作前进，所以为了维持平衡要加强脚踝、脚掌的力量练习以及手脚的协调配合能力的练习。

②为了加强平衡素质，要注意改进技术和装备。

2. 登山运动的基本技术训练

登山的基本技术很多，其中攀岩是其最基本技术之一，自由攀登又是所有攀登运动的基础。所谓自由攀登就是靠攀登者自己的努力，在可用的地形上，不用确保绳、螺帽、膨胀螺丝、岩钉这些为防止坠落而设的设备，只利用岩壁上的裂隙、岩洞、悬岩徒手攀爬。练习的基本原则有：

①流畅地手脚并用能使你的移动平顺。

②比起暴力来，平衡感、灵敏度、柔软度是对抗地心引力较好的武器。

③耐力一向比暴力来得重要。

④力量的持续，是靠你把重量放在脚上，比用手臂拉起身体要好得多。最好的状况是用最少的力完成攀登。

⑤保持放松是省力的最佳办法，很多的攀登是靠直觉来完成的，移动对放松的心志来说很自然就能达成。

然而，攀岩还是需要一些技巧，并且在你能使用它们之前，仍需要经过学习和练习。在这里我们先介绍一些基本的动作给初学者。

（1）热身（准备活动）

在开始攀岩前，热身活动是非常重要的，省略这个步骤很容易受伤。如你在家里的走廊装训练器，每次经过走廊，你都有拉几下单杠的习惯，你可能已经因此而使肌肉或肌腱拉伤，因为你没有做热身。

要计算需要多少热身活动才能增进攀岩成绩是不可能的，但是热身的确可以减少拉伤甚至拉断肌肉的危险，所以千万别忽视，这是攀岩或训练前必做的步骤。目前对于热身到底该怎么做虽然还有争议，但无论如何，找到你觉得最舒服的方法是我们的建议。

最好的热身方法是慢跑 10～15 分钟。也许岩墙附近没有跑道，但是你可以在原地跑步，膝盖尽量抬高，并且加上跳跃和后踢。第一条路线先活泼地动 30 分钟，尤其当你有携带装备攀爬时。

另外一个很大的问题是攀岩时总是爬爬停停。架绳很费时间，容易让身体散失热量；而确保一个先锋攀登者会耗费的心理能量比生理还要多，所以当你攀岩的时候，可能更容易散失热量。因此，在攀登前，你必须做任何可以保持肌肉温度的动作。

（2）抱石

抱石是一个不用设置保护、较基层的攀岩活动。找一块大石头或较有挑战性的岩墙来爬，随时可以回到地面，这是抱石的好处，不过也要小心，避免伤到脚踝，所以如果你有同伴在后面用手为你保护更好。无论如何，只要有一双岩鞋，你就可以试试抱石的乐趣。试着找一块有大小裂隙、不同种类的手点、岩棚、凹洞的大石头，这些是你在爬一般路线时都会碰到的地形。据说，爬 305 米山峰和进行 1 个小时抱石运动，两者所得到的心得是一样的。

那么，什么是我们从抱石中可以学到的呢？首先，平衡感是爬岩技巧中最重要的元素，而抱石能增进平衡感，最好的训练方法是爬岩时注意你的脚部动作，大胆移动也是要尽量尝试的，成功将建立在你的自信之上。

另外，抱石也可以训练你的基本技巧，教你选择最好的手点和脚点。你会开始注意到手和脚之间力量的不同，即使用脚的力量越多，肌肉越不容易受累。所以，当你抱石时，练习放置脚的位置，如依脚点的变化而用正踩或侧踩。注意把身体往外倾斜 11 点，可以增加脚和岩石面的摩擦力，一般初学者常犯的错就是身体不能保持垂直，太过于贴近岩面，以致重心位置不对，手浪费很多力量。

最后要提到的一点是，耐力能让你保持体力完成运动，对爬岩者的身体属性来说，它是很重要的。可惜在抱石时，常因高度不高很容易被遗忘而没有训练到，为此我们在抱石时，可以上攀、下攀或横渡，连续几次不要休息，以达到耐力的训练。

（3）手法

攀登中用手的根本目的是使身体向上运动和贴近岩壁。岩壁上的支点形状很多，常见的有几十种。攀登者对这些支点的形状要熟悉，知道对不同支点手应抓握何处，如何用力。根据支点上突出（凹陷）的位置和方向，有抠、捏、拉、擦、握、推等方法。但也不要拘泥，同一支点可以有多种抓握方法，像有种支点是一个圆疙瘩上面有个小平台，一般情况是把手指搭在上面垂直下拉，但为了使身体贴近岩壁，完全可以整个捏住，平拉。

又如有时要用两只手抓同一支点时，前手可先放弃最好抓握处，让给后手，以免换手的麻烦。抓握支点时，尤其是水平用力时，手臂位置要抵靠向下的拉力加大水平摩擦力；要充分使用拇指的力量，尽量把拇指搭在支点上，对于常见的水平浅槽的支点，可把拇指扭过来，把指肚一侧扣进平槽，或横搭在手指（即食指）和中指指背上，都可增加很大力量。攀登中手指的力量十分重要，平常可用指卧撑、引体向上、指挂引体向上、提捏重物等方法练习。

现在国外一些高手已能达到单指引体向上的力量水平。在攀登较长路线时可选择容易地段两只手轮换休息。休息地段要选择没有仰角或仰角较小，且手上有较大支点处，休息时双脚踩稳支点，手臂拉直（弯曲时很难得到休息），上体后仰，但腰部一定要向前顶出，使下身贴近岩壁，把体重压到脚上，以减小手臂负担，做活动手指、抖手动作放松，并擦些镁粉，以免打滑。

（4）脚法

攀岩要想达到一定水平，必须学会腿脚的运用。腿的负重能力和爆发力都很大，而且耐力强，攀登中充分利用腿脚力量则显得非常关键。攀岩一般都穿特制的攀岩鞋，这种鞋鞋底由硬橡胶制成，前掌稍厚，鞋身由坚韧的皮革制作，鞋头较尖，鞋底摩擦力大。穿上这种鞋，脚踩在不到 1 厘米宽的支点上都可以稳固地支撑全身重量。在选购这种鞋时，一定要注意千万不能买大了。只要能穿进去就行，大脚趾在里面是屈着的，不能伸直。鞋越紧脚，发力时越稳固。一些选手比赛时甚至要用快挂钩在鞋后帮上硬把脚塞进去。新手买鞋往往太大，一段时间后就会觉得脚上踩跨使不上劲。一只脚能接触到支点的只有四处：鞋正前尖；鞋尖内侧边（拇趾）；鞋尖外侧边（4 趾趾尖）和鞋后跟尖（主要是翻屋檐时用来挂脚），而且只能踩进 1 指左右的宽度，不能太多，如把整个脚掌放上去，为的是使脚在承力的情况下能够左右旋转移动，实行换脚、转体等动作。

换脚是一项基本的技术动作，攀登中经常使用到。常见到一些初学的人换脚时是前脚使劲一踏，跃起，后脚准确地落在前脚原在的支点上，看起来十分利落，但实际上是错的，因为这样一方面使手指吃劲较大，另一方面造成身体失衡，更重要的是在脚点较高时无法用这种方法换脚。正确方法是要保证平稳，不增加手上的负担。以从右脚换到左脚为例，先把左脚提到右脚上方，右脚以脚在支点上最右侧为轴逆时针转动，把支点左侧空出来，体重还在右脚上，左脚从上方切入，踩点，右脚趁势抽出，体重过渡到左脚。动作连贯起来，就像脚底抹了油一样，右脚从支点滑出，左脚同时滑入，体重一直由双脚负担，手只用来调节平衡。双脚在攀登过程中除了支承体重外，还常用来维持身体平衡。脚并不是总要踩在支点上，有时要把一条腿悬空伸出来调节身体重心的位置，使体重稳定地传到另一只脚上。

（5）重心

攀登中，应明确地意识到自己重心的位置，灵活地控制重心的移动。移动重心的主要目的是在动作中减轻双手负荷，保持身体平衡。开始学攀爬时动作大都十分盲目，不知道体会动作，一心只想升高度，其实初学者最好不要急于爬高，先做一段时间的平移练习，即水平地从岩壁一侧移到另一侧，体会重心、平衡、手脚的运用等基本技术。在最基本的三点固定单手换点时，一般把重心向对侧移动，使手在没离开原支点之前就已经没有负荷，可以轻松地出手。横向移动时，要把重心向下沉，使双手吊在支点上而不是费力地抠拉支点。一般情况下，应把双脚踩实，再伸手够下一支点，而不要脚下虚踩，靠双手上拉使身体上移。

一定要注意体会用腿的力量顶起重心上移，手只是在上移时维持平衡。一般常认为身体要尽量贴近岩壁，这是对的，可常见些高手往往身体距岩壁很远，这是因为他们常用的侧拉、手脚同点、平衡身体等技术动作的准备动作需要与岩壁间有一定空间，只是身体上升的一刻，身体贴向岩面。通常重心调节主要由推拉腰和腿平衡来达到。腰是人体中心，它的移动直接移动重心，较大的移动往往形成一些很漂亮的动作，把腿横向伸出，利用腿脚的重量来平衡身体也是常见的做法。

（6）侧拉

侧拉是一项很重要的技术动作，它能极大地节省上肢力量，使一些原本困难的支点可以轻易达到，在过仰角地段时尤其被大量采用。其基本技术要点是身体侧向岩壁，以身体对侧手脚接触岩壁，另一只腿伸直用来调节身体平衡，靠单腿力量把身体顶起，抓握上方支点。以左手抓握支点不动为例，使身体朝左，右腿弯曲踩在支点上，左腿用来保持平衡，右腿距支点发力，右手伸出抓握上方支点。由于人的身体条件的限制，膝盖是向前弯的，若面对岩壁，抬腿踩点必然要把身体顶出来，改为身体侧向岩壁就可以很好地解决这一问题，身体更靠墙，把更多体重传到脚上，而且可利用上半身的高度，达到更高的支点。

侧拉动作有以下方面应当注意：身体侧向岩壁，踩点脚应以脚尖外侧踩点，不要踩得过多，以利换脚或转身。若此点较高，可侧身后双手拉牢支点，臀部向后坠，加大腰前空间，抬脚踩点，再双手使劲把重心拉回到这只脚上，另一条腿抬起，不踩点，保持平衡用，固定手只负责把身体拉向岩壁，身体完全由单腿发力顶起，不靠手拉，以节省手臂力量。发力前把腰肋顶向岩壁，体重传到脚上，千万不能松垮垮地坠着，这点在攀仰角时尤应注意。移动手应在发力前就向上举起，把肋部贴向岩面，否则踏起后再把手从下划到头上，中间必会把身体顶出岩壁，加大固定手的负担。一次侧拉结束后，视支点位置可做第二个连续侧拉，双手抓稳后，以发力脚为轴做转体，脸转向对侧，平衡腿在发力腿前交叉而过，以脚尖外侧踩下一支点，这时平衡腿变成了发力腿，移动手变成了固定手，做下一次侧拉动作。其间发力脚踩点一定要少，否则不易做转体动作。侧拉主要在过仰角及支点排列近于直线时使用。

（7）手脚同点

手脚同点是指当一些手点高度在腰部附近时，把同侧脚也踩到此点，身体向上、向前压，把重心移到脚上，发力踏起，手伸出抓握下一支点，期间另一手用来保持平衡的一种技术动作。手脚同点需要的岩壁支点较少，且身体上升幅度大，做此动作时有以下几点需要注意：若支点较高，应使身体稍侧转，面向支点，腰胯贴墙向后坠，腾出空间抬腿，不要面向岩壁直接抬腿。脚踩实后，另一脚和双手发力，把重心前送，压到前脚上，单腿发力顶起身体，同点手放开原支点，从侧面滑上，抓握下一支点，另一手固定不动调整身体平衡。手脚同点技术主要用在支点比较稀少的线路上。

（8）节奏

攀岩讲究节奏，讲究动作的快慢和衔接。每个动作做完，身体都有一定的惯性，而且如果上一动作正确到位，身体平衡也不成问题。这时可以利用这一惯性直接冲击下一支点，两个动作间不做停顿，这样便会发现原来很困难的一些点，不知不觉间就通过了，否则过分求稳，一动一停，每个动作前都要先移动重心、调节平衡，然后从零开始发力，必然导致体力消耗过大。动作要连贯但不能毛糙，各个细节要到位，上升时一定要由脚发力，不能为快而选择手拉脚蹬。手主要用做保持平衡和把身体拉向岩壁。动作不要求太快，要连贯。每个动作做实，一般做一两个连贯动作稍稍停顿一下，调整重心，观察选择路线，困难地段快速通过，容易地段稳定、调整。连贯——停顿——连贯——停顿，间歇进行，连贯动作时手脚、重心调整一定要到位，冲击到支点后要尽快恢复身体平衡。必要时，可选好地段稍事休息，放松双手。进行练习时可以干脆把各个动作分解成几个步骤，细细体味各处细节，分析如何才能节省体力。这样做熟了，实际攀登时根本不用考虑，条件反射似的就能做出正确动作。

3. 登山运动的心理训练

心理是思想、感情、感觉等活动过程的总称。运动心理专家认为运动员比赛的成功是体力、技术、战术和心理因素有机结合的结果，同时把心理作为一种身体素质。平时的心理训练，对于登山者在高山上保持旺盛的斗志、坚定的信心，充分发挥技术水平和克服重重困难等具有重要的意义。

在登山过程中，各种心理表现随着登山者本身的不同经历和客观环境条件的变化而有所不同，如在心理方面表现为麻痹、紧张、松弛、恐惧等。因此，在平时训练中，就要针对登山者常出现的心理状态，安排一些心理训练的内容。

心理训练的方法：一般有放松训练、生物反馈训练、模拟训练、集中注意力训练、表象重现与念动训练等。

心理训练的注意事项：

（1）登山前登山者产生各种心理状态，这是不足为奇的。因此教练员要对新队员阐明登山的特点和山间危险的客观规律性；只要按照客观规律行事，胆大心细，就可以避免一些不必要的事故。

（2）针对登山过程中一些心理状态，平时训练要刻苦，技术要过硬，人们常说：艺高人胆大。另外，在训练中要经常告诉队员登山时通过困难、危险的地带要架设安全保护措施，这样队员就会觉得心里踏实多了，也就可以避免因为心慌而发生事故。

（3）心理训练要与实际相结合，任何一种心理品质的形成和提高，都是在登山过程中反复实践才获得的。所以训练中要贯彻高标准、严要求、从实际出发的原则，进行艰苦顽强的训练，才能逐渐提高心理训练的效果。

登山运动是最困难、最复杂的体育运动项目之一，它牵涉到天时、地利、物资和人员等方面。其中，"人员"包括登山者，是登山过程中最主要的因素，因此要求登山者必须具备全面发展的身体素质，熟练的技术技能，灵活机动的战术和坚强必胜的心理状态，才有可能在每次的登山活动中圆满地完成任务，取得成功。

五、登山运动的技术要求

登山技术是指在登山运动中为克服地形上遇到的各种困难而采取的技术手段和科学的操作方法。在登山时会遇到各种地形困难，它是运动员行动的障碍和威胁。登山过程，也就是运动员不断排除这种威胁和障碍的过程。面对同样的困难，是战胜它而夺取胜利，还是受阻不能继续前进或坠入险境而酿成事故，一般来说与登山运动员的技术状况有很大关系。

登山技术分为结绳技术、保护技术、上升技术、下降技术等。

（一）结绳技术

利用打结使绳索之间，绳索与其他装备之间互相连接的方法，称为结绳技术（或称结绳方法）。攀登者需要用到很多种类的绳结。尽管学会两到三种基本的绳结打法就能应付大多数的情况，但要想具备用绳结来调整保护点或是处理紧急情况的能力，则需要了解更多的知识。这项工程不算艰巨，主要是要知道什么绳结要用在什么地方。预先学习并练习就能很好地掌握。

1. 8字结

8字结是一个非常关键的绳结，有很多打法。大多数人主要用它连接安全带，如果稍微变换一下打法，8字结也可以用来快速连接多个保护点。

最简单的形式就是系在绳子中段或是绳环上的8字形绳结，常见的情况是在绳子尾部用8字结打一个绳圈，而后用一到两把锁把绳子和安全带连接起来。这种连接方法常见于运动路线上的顶绳攀登和放绳下降，但绝对不能用于领攀，因为连接的铁锁可能会横向受力，导致承重能力大大降低。

反穿8字结的打结法非常适合连接安全带，因为打好以后很容易看出它的形状，也便于检查其他的附件。当绳结完成时，绳圈需要和安全带上保护环的大小一样，如果安全带没有保护环，把绳子上的绳圈打成拳头大小即可。

有些人在8字结打好后会在尾部打一个防脱结，通常是用双渔人结收尾，因为他们担心攀爬或保护时8字结松开，打完防脱结留出的绳尾应该为5厘米左右。

另外一种打8字结的方法是在绳的中段打结，这在构建保护站的时候非常有用，同时适用于岩壁、雪地和冰面各种地形。这种结的最大好处是在承受冲击时会拉紧，同时能够吸收部分重量，特别是在领攀者脱落时，能够减少通过保护系统传导的重量。

打这种结的时候，首先要将一条60厘米左右的绳圈穿过安全带的承重环（腰环和腿环的统称），当绳结完成时还留下30厘米的长度，这样可以确保绳结不会松开。当绳结打好后，把绳子的四个部分都拉紧。

最后一种是双环8字结，可参考"兔耳结"的打法。如果不用扁带套连接，可以用双环8字结的两个环连接两个保护点。每个环都能单独拉长，从而能够适应附属点之间的距离变化。在进行顶绳攀登的时候，这个结在承重时也很容易解开。

如果用双环8字结均衡保护点的受力，结就应该打得松一些，在最后拉紧之前把每个绳圈调整到合适的长度。后面也许还需要调整，但重要的一点是，因为两个环都套在一把锁上，如果绳圈不够长，在一个绳圈受力的时候另外一个有可能会被拉脱。

2. 双布林结

双布林结是一个很有用的绳结，它最突出的特点是承受冲坠后容易解开，因此是攀登难度较高路线并可能脱落多次时的选择，在室内攀岩中同样适用。如果不用安全带，也可以用绳子围腰打一个双布林结，或者下降时将绳子绑在树上作为保护点。多年以来，人们一直乐于使用单布林结，现在双布林结已经渐渐取代了单布林结。

双布林结唯一的缺点是，如果打法不对绳结会很容易松开，因此需要在绳尾打一个双渔人结作为防脱结来确保万无一失，而且防脱结要紧贴双布林结的结目。

3. 双渔人结

双渔人结是把两条绳子连接在一起的好方法，无论是在设置V形冰洞时，制作绳套时，还是在双绳下降中连接两条绳索时，都有可能用到双渔人结。攀登者在安全带上打上保护绳结之后，双渔人结一般被用作保护绳结的防脱结。

4. 双套结

这是登山运动各个领域中都运用广泛的绳结。它打法简单，易于调整，能把攀登者和保护系统安全地结合在一起，还便于攀登者单手完成绳结。当需要在抓住岩石或冰镐的同时还要固定保护点时，双套结的优点就显现出来了。

最好将双套结挂在HMS梨形铁锁上，也可以把它挂在D形锁上，但要确保绳结打法正确，没有自身交错；否则绳结会变得难于调整，也不再安全。

理论上，双套结的承重端应该放在远离铁锁开口一侧的绳子上，这个地方是铁锁承受力最高的位置。但在实际操作中则不必担心，因为在正常的条件下，双套结无论正反，承受力都绰绰有余。但是如果试图在一把锁上套一个以上的双套结，则一定要小心，由于承重绳可能和铁锁的承重端有一段距离，因此在锁口处有可能产生杠杆效应。高山经过扭转的双套结，经常被用于铁锁以外需要抓紧的位置上，如冬季攀登时绕在冰镐柄上，或是挂在金属桩之类的临时保护点上。当在这些地方打好双套结时，只需要把结扭转过去即可。

5. 半扣结

半扣结有多种用途，可帮助保护、下降以及设置保护急救系统。它看起来有点像双套结，但它不会在承重时自锁。需要强调的一点是，半扣结只用于标有 HMS 的铁锁，这样在操作时才可以避免意外锁死。

用半扣结保护时，可以将半扣直接扣进保护站的承重铁锁里，当绳子的攀爬端和保护端平行且同向时，可以达到最大的制动效果。因此，半扣结应该被置于保护者身后或是其上坡方向，这种做法的好处是跟攀者到达保护位置的时候可以继续向前领攀，用不着重新调整保护，这在登山时非常有用。还有一点，即使在承重状态下它也很容易锁住，只要把绳子的保护端在铁锁或攀爬端上系紧即可，这时保护者和跟攀者就可以交换装备，或是做别的事情了。锁住的半扣结可以用作安全系统的副保护，如用来作为法式抓结的后备，即使抓结滑脱，半扣结仍然可以解锁，从而让整个系统既不至于失效，又不至于无法解开。

半扣结也同样可以作为下降的方法，特别是在保护或下降器不小心掉了的时候。下降距离较长时，它会让绳子产生扭结，但只要花一点时间整理绳子，这就不成问题。和双套结一样，如果练习一下，也可以用单手打半扣结，只要比双套结少绕半圈就好了。但大部分时候还是会在连接保护点的时候或是在平台上时用到这个绳结，需要单手打结的情况少之又少。

6. 锁定半扣结

熟练锁定半扣结也是重要的技能，这样说是有很多理由的。尝试练习在系统承重和非承重的状态下锁住和松开半扣结，这种情况有可能在紧急状况下出现。如果在多段攀登时在某个位置用半扣结保护后面的人，在交换装备的时候他们可以安全地被锁住，或者在爬下一段路线时继续待在那个位置上。

为了防止缠绳，最好一开始就把绳结的方向放在铁锁锁背一侧，先用 60 厘米左右的绳圈打一个滑结，和梨形主锁紧密连接，而后再打两个半结，也同样和滑结拉紧，整个过程完成后，确保绳子剩下 30 厘米左右的长度，这样可保证绳结不会解开。

7. 锁定保护器

这是一项需要掌握的重要技能，在处理某些紧急状况时会用到它。这和锁定半扣结的方法类似——在两个半结之后打一个活结，不同之处是它是系在保护器铁锁的背面而不是正面的，在承重时既可以系上也可以打开，这样做就可以固定住保护器，保持绳子制动端的稳定。

取 60 厘米长的绳圈，打完结后会留下 30 厘米的绳尾。打结时要注意随时收紧绳尾，让保护器处的绳子始终处于系紧状态。

8. 收绳

携带绳子最好的方法莫过于盘绳或是使用绳包，尽管常常用"卷绳"这样的说法，但把绳子收成一卷的方式对绳子本身并不太好，因为纤维非自然的卷曲不但容易使绳子不易打结解开，久而久之还会对绳索造成损害。

绳包是专门为收纳绳子而设计的装备，实际上就是一个帆布背包，里面有一个防尘罩，由防水材料制成，在垫子的对角上缝有小的挂环，可以把绳头别在上面。使用的时候先把绳子的一头系在一个挂环上，剩下的绳子就堆在垫子上，另外一头系在对边的挂环上，然后将垫子连带里面的绳子裹起来包好。需要用绳的时候，先解开背包，摊开垫子后解下绳头就可以用了，无须专门理绳，因为这个问题在事前放置绳子的时候就已经解决了。

另外一个绕绳的方法是盘绳，这种方法比起以往的卷绳法的好处在于，可以把绳子调整到想要的状态，而且不会打结，解开的时候也不容易弄乱。首先把绳子的中间放到左手上，绳子垂下，然后向前或向后交替把绳子摇在手上，每次变换一次方向。当还剩几米的时候，在整个绳身靠上的地方绕上几圈，然后做一个绳圈从左手下方的环里穿过去，向下套在绳束上，收紧并固定绳头。

解开绳子的时候，只要把顶部最后的绳圈解开，解开小结后把一个绳头挑出来，其余的绳子就摆在地上，而后可以检查整条绳子是否打结。如果收绳的方法正确，是不会有结出现的。如果想从一个峭壁顶端背绳下降，只需把打好的绳子背起来，绳头放在肩上，在背后将两个绳头交叉，然后拉到前面用平结固定。

（二）保护技术

在登山过程中，为防止因动作失误引起的意外险情而进行的各种操作，将其称为保护技术。

1. 保护技术在登山中的应用

在攀登、下降、渡河、救护等技术操作中，为保证安全，需要各种保护技术同时配合。运动员长时间在岩石或冰雪峭壁、明暗冰雪裂缝、冰坡或岩石滑坡等危险路段进行多次往返行动中，一旦失误，就有滑坠和摔落的危险。通过保护技术可以在出现上述情况时，使险情得以及时控制，或创造运动员逐步从险境中解脱出来的条件。即使在未出现险情的正常情况下，由于行动中有了保护，也会使运动员产生一种安全感，对他们进行大胆快速的技术操作产生一定的心理作用，收到"有备无患"的效果。

2. 保护技术和方法

保护技术分为固定保护、行进保护和自我保护三种。

（1）固定保护

固定保护是对行进者或攀登者预设的专门保护。保护者将主绳进行某种固定，选有利位置专门负责保护。在攀登岩石峭壁、冰峭壁等技术操作复杂、危险性大的路段时多被采用。

①固定保护的方式根据保护者与被保护者的相对位置可分为交替、上方和下方三种保护方式。

A. 交替固定保护。登山过程中，结组通过较陡峭危险的地段时，多采用这种保护方式。其具体要求是：一个结组内同时只能有一个人进行攀登，其他人停止攀登进行保护。首先将钢锥或冰镐打入斜坡冰面，作为牢固的支点，将主绳在它上面按特定的要求缠绕。攀登者走完主绳间隔那一段距离后，停下来改做保护者（同上做法）。然后第 2 人开始攀登，依次反复进行。

B. 下方固定保护。第 1 人攀登峭壁时，因上方无人，只能采用下方固定保护，即保护者的位置在攀登者的下方。其保护装置也是将主绳一端在保护者附近固定，另一端交攀登者在身上牢系。攀登者在行进过程中，要不断把主绳挂到自己打入哨壁的新支点上，保护者要随着攀登者的上升，不断做放绳动作。在攀登者失误滑脱时，因牵动保护者的拉力来自上方，故对保护者构不成威胁，一般情况下，下方可不设自我保护装置。

C. 上方固定保护。这种保护的固定保护者处于被保护者的上方，多在攀登岩石峭壁时采用。保护者在峭壁顶部利用打入的钢锥或自然物将主绳牢牢固定，然后将自己身体也牢结于主绳的相应位置，以防攀登者失误脱落时被牵动。最后将主绳另一端抛给峭壁底部的攀登者。攀登者将绳端牢牢固结于自己身上，通知上方后，便可以行动。保护者要随着攀登者的行进，不断做收绳动作。

②固定保护普遍采取站立式保护法、坐式保护法和器械保护法。

A. 站立式保护法。保护者首先要选好保护位置，做好自我保护。然后身体侧对岩壁站立。站立时先将前（左或右）腿迈出一步，脚踏在有利的支点上，腿伸直、脚尖指向攀登者，后腿稍屈成弓箭步，身体重心落在后腿上，形成保护姿势。如果站立重心过高，一旦受力就有被牵动而拉倒的危险。

为了使保护绳不易脱落，保护者应在身上适当缠绕绳束，其方法是：先将保护绳的一端从左或右腋下由里向外在胳膊上绕一圈后握紧绳索，保护绳的上端经背部再从右或左肩搭下，用右、左手在胸前握绳。保护准备工作做好后，就可以通知攀登者进行攀登。随着攀登者的逐渐上升，保护者要不断地将绳索收回，从而起到保护的作用。

收绳方法是左或右臂屈肘拉绳，右或左手臂伸直向回收绳，左或右手沿绳下滑握紧绳，右或左手沿绳上移于胸前握绳，如此反复做收绳动作，保护攀登者不断向上攀登。一旦攀登者失误而脱落，保护者应及时做制动动作，即在两脚站稳的基础上，左或右肩后撤，右或左肩迅速前压，使缠绕在身上的保护绳拉得更紧，从而使脱落者停止下跌。

在下降时，则要做放绳动作，其方法是：在右或左手握紧绳索的前提下，左或右手沿绳上移，并同时将绳放出，左或右手随绳被拉出而移至胸前握绳，待左或右手握紧绳时，右或左手又沿绳下滑至腹前握绳，如此反复动作，绳索就会逐渐放出。在保护中无论是收绳或放绳，都不要把绳拉得过紧或放得过松，否则，过松就失去了保护作用，过紧则会影响攀登者或下降者的动作操作。

B. 坐式保护法。这种保护同样要选好地形，做好自我保护。保护者面对被保护者，坐在地上，两腿自然分开，两脚踏住较凸出的岩石等做支点。保护者同样应把保护绳在自身上缠绕。将保护绳一端连接被保护者，另一端（即固定一端）经腰部向前拉拢，两手在腹前握住。

收绳方法：右手或左手收绳至腹前，左或右手同时由腹前向外拉绳，收至腹前的右或左手将经腰部缠绕于腹前的两端绳同时握住抓牢。左或右手迅速收回至腰间抓绳，右或左手同时沿绳滑出握绳，准备再次收绳。

放绳方法：右或左手从腹部将绳向外拉出，左或右手顺势握绳收回腹间并抓紧经腰部缠绕于腹前的两端绳索，右或左手此刻迅速收回腰间握绳，左或右手亦同时沿绳向外滑放握绳。

C. 器械保护法。器械保护法是利用下降器和铁锁进行保护的方法。其保护姿势可根据地形条件采取站立式或坐式。目前，攀岩训练和竞赛中多采用这种方法。其优点是省力、安全、操作简便，但必须具备一定的登山器材，如下降器等。

利用下降器保护，首先要安装好保护装置，将绳索按"8"字形缠绕在下降器上，双手分别握紧从下降器绕出来的绳索。

收绳方法，左或右手向下拉绳，右或左手同时将通过下降器缠绕的绳拉紧，如此反复操作。放绳方法同收绳操作方法相同，但动作的方向相反，将绳逐渐放出即可。一旦攀登者失误脱落时，可做制动性保护，将一端的绳索向相反方向用力拉紧，就可使绳索停止滑动而使脱落者得到保护。

利用铁锁保护时，要首先选好有利地形，做好自我保护，并安装好保护装置。这种保护实际上是在站立式保护的基础上，又增加了铁锁保护，从而使保护的效果更加完善，这样因脱落造成的牵动力会大大减弱。这种保护的收放绳方法同站立式保护一样，是通过两个铁锁作为支点加大绳索和铁锁的摩擦力而使保护奏效，但保护的制动性较差。

无论是哪种保护，要想一个人用绳索拉住一个同自己体重差不多而又突然下降的物体是绝对不可能的。登山保护技术之所以能够奏效，是因为它不仅依赖保护者上肢对保护绳的握力和拉力，而最主要还是借助于来自两方面的摩擦力：一是保护绳在保护者身体上经过一定缠绕而产生的摩擦；二是保护绳在保护者与被保护者之间还有一个支点，上方保护的支点就是崖角，下方保护支点就是攀登者预设的保护装置。这两个支点加大了保护绳的摩擦，加强了安全系数。

（2）行进保护

行进保护是指行进中不预设专人保护，只是在出现险情后攀登者依靠保护装置而采取的一种应急保护。最普通而简便的方法是用主绳将 2～5 名运动员的身体连接构成一个结组。

结组行进中，一旦有人失误滚坠，同组其他人都要立刻以最方便的姿势和最快的动作，将冰镐全力插入冰雪、碎石或裂缝中，以期通过固定自己的身体来拉住滚坠者。

（3）自我保护

不管是行进保护还是固定保护，攀登者一旦失误，都不能消极地依赖别人的保护，而要尽量做出各种自救动作，这就是自我保护。

特别是在行进中，如果失误滑坠，就要在高呼"保护"的同时，迅速将身体成俯卧姿势，并用全力使冰镐尖与坡面摩擦，以降低下滑速度。

3. 保护注意事项

（1）保护前对所使用的工具（如绳索等）应进行认真的检查。

（2）选择的保护地点要安全可靠，有利于保护者的操作。禁止在雪崩、冰崩、滚石区进行保护。

（3）在攀登岩石峭壁等的保护中，一定要随时观察绳索是否有磨损情况，如果有，一定要进行处理。在被保护者未到达安全地点前，保护者的注意力一定要集中，以高度负责精神克服一切困难完成保护任务。

（4）保护者首先要做好自我保护装置，并戴好手套和安全帽。

（5）保持镇静，听从指挥。保护者和被保护者在未联系好之前，都不要急于操作。

（三）上升技术

1. "之"字形攀登法

在攀登比较陡险的草坡、碎石坡或者冰雪坡面时，为减少直线上攀所产生的难度和滑坠，折蛇形路线可延缓坡度。形似"之"字，故名。

2. 三拍法

这是攀越陡峭雪坡时的基本方法。如果在较硬的坡上攀登时，按照三个步骤进行。

（1）双手横握冰斧头的两边，将斧底钉插进斜坡雪内。

（2）随即以脚尖用力踢破雪的表层，构成一个支点。

（3）再将另一只脚提上前，踢破另一部分雪的表层，再构成一个支点。

因按照三个步骤构成等高的台阶形脚迹逐步上攀，故名"三拍法"。

（四）下降技术

在45°以下的坡面下降，因危险程度较低，一般不需要特殊的装备和技术，可在冰镐辅助下自然进行。

在45°以上的陡坡、峭壁下降，则必须有一定的装备和技术。其下降方法有以下几种。

1. 三点固定下降法

三点固定下降法是岩石作业下降技术的基本方法，其所用工具简单，便于开展。其方法是利用双手、双脚握或踏牢三个支点，然后移动第四个支点。这种下降法比三点固定攀登更加困难，因此一定要设上方固定保护。

2. 利用器械下降

利用器械下降是最常用的一种方法。原理是利用主绳同连接于身体上的一定器械之间的摩擦，减缓并控制下滑速度，从而达到下降目的。

（1）利用下降器下降

将主绳一端在峭壁顶部固定，另一端抛至下方，下降者在腰部系好安全带腹前挂好铁锁，然后将主绳按"八"字形缠绕于下降器上；再将下降器和铁锁连接，左手握主绳上端，右手在臀后紧握从下降器穿绕出来的主绳。下降者面向岩壁，两腿分开约成80°角，蹬住崖棱，身体后坐，使之与下肢约成100°角，将上方主绳搭于崖棱上之后，便可开始下降。

这种方法的下降动作要领是：下降时两腿分开，手拉紧主绳，将左手上方的绳子搭于崖棱后，左右脚上下支撑，用前脚掌距住岩壁，开始下降，先臀部后坐，同时右手松绳，两脚随身体的下降而迅速向下移步，使之始终保持身体的平衡；如果右手松绳，臀部后坐，而两脚仍停留不动，则会使身体失去平衡而有造成向后翻倒的危险。

因此，右手松绳，两脚随身体重心的下移而及时向下倒脚，支撑身体维持平衡是能否顺利下降的关键。右手松绳两脚迅速向下移动，要协调配合，并要有节奏。由于两脚呈上下支撑，身体向右侧倾斜，这样不但便于移动，且可观察下降路线。下降速度的快慢主要看右手松绳的多少。松绳速度快，下降速度也就加快，一旦要停止下降，右手只要将主绳拉紧，即刻就可停下来。

为了使初学者尽快掌握下降动作，可增加抓结装置，即用辅助绳一端在主绳上（左手握端）打抓结，另一端固定于腹前安全带上，这两端间的距离约等于臂长。在下降时，左手下移的同时也将抓结摇下，抓结就可牢牢地抓住，从而起到保护作用，防止身体滑脱。

在参加练习的人员较多时，还可增加一条主绳进行保护。采取上方固定保护方法，将绳的下端与下降者连接。这样，不但可以增加安全度还可以消除初学者的恐惧心理。

（2）单环结下降

在没有下降器的情况下，可用铁锁和单环结连接，代替下降器。这种下降方法和动作要领与利用下降器下降的方法相同。

（3）坐绳下降

这种方法是利用主绳与身体的直接摩擦而下降的。坐绳下降首先要进行准备动作：面向固定绳端，两腿夹住上方固定好的主绳，将身后主绳沿右腿外侧绕至前面，经腹、胸、左肩至背后，拉至右侧，用右手在腾后将其握住，握绳时虎口朝上，下降方法及动作要领与单环节下降基本相同。此方法适宜在只有主绳的情况下采用。下降时，应身着较厚而耐磨的衣服，一定要熟练掌握动作要领，维持好身体平衡。经右大腿根部的主绳不能移位或脱离，右手始终握住主绳，随身体的下降逐渐松动主绳。下降速度不宜过快，要有节奏。

为了保证安全，初学者可采用双主绳练习，即用一条主绳下降，另一条主绳做上方保护，绳下端连接在下降者的胸绳上或腰部的安全带上，保护者与下降者协调配合完成下降动作。初学者也可用胸绳在上端（右手握绳处）打抓结，这样，一旦动作失误，抓结可起到保护作用。

（4）缘绳下降

在坡度近于90°时，可采用缘绳下降法。此方法简单易学，只要有一条主绳就可进行下降操作。将主绳在陡壁上方固定，余下的主绳扔至崖下，下降者在主绳上打好抓结，另一端与腰部安全带上的铁锁连接。抓结到连接处的距离不能过长，也不能过短，以臂伸开能抓住抓结为限。下降者面向固定点，两腿分开站，到崖棱时一定要拉紧主绳，并握住抓结，方可开始下降。

①下降方法及要领

沿主绳依次向下倒手，在倒手时一手先将抓结探下，两脚随着双手的下移也同时向下倒步，前脚掌尽量踩住突起的岩石或棱角，以便减轻手臂的负担，倒手和移步要协调配合，要有节奏，两腿稍分开，以便使身体保持平衡，防止东倒西歪。倒手时，握主绳的手一定要抓紧。臂长不足倒手有困难时，也可双手沿绳下滑，注意速度不能过快，防止擦伤。初学者也可利用双主绳下降。

②下降注意事项

下降前要有足够的精神准备，消除恐惧心理，要细心、大胆、果断沉着，动作要敏捷、准确；下降路线以坡较缓而支点多者为好；同样困难程度的路线，应选择路线短且坡壁的风化程度要小的；不论采取何种方法下降，都应戴手套操作，防止擦伤。

③绳索回收

下降到目的地后必须收回绳索，能否顺利收回，主要在于上方固定的技巧。一般有以下回收方法：

活牵引结固定法。在上方固定时利用凸出的岩石或树木做固定点，将主绳绕岩石一圈后，做活牵引结固定。绳子的长端扔至崖下，短的一头与一辅助绳相连接，其连接方法是打混合结。将绳端接好后，也将辅助绳扔至崖下，最后一人下来后，只要将辅助绳拉动，上面的固定就可解开。继续拉动辅助绳，就可一直把主绳拉下来。

双主绳法。在上方凸出的岩石上的人工支点（打的岩石钢锥）上，用绳套做固定，将主绳双折挂在绳套上，下降者利用双股主绳下来后，拉动有结的一根主绳，便可收回绳索。

六、登山运动中常见身体问题

登山运动多是在野外进行，身体出现不适和发生运动损伤十分常见，还会经常遭遇蚊虫和蛇的叮咬。登山者必须对这些可能发生的危险给予充分的重视，有针对性地进行认真的准备，才能在出现相应的状况时采取审慎的行动，及时正确地处理。运动中的营养补充对身体健康和体力保存也非常重要，本节主要介绍这些登山中常见的身体医学问题。

（一）身体不适

在登山过程中身体经常出现各种不适状况，有些是生理性的，有些是病理性的，要根据实际情况对症处理。

1. 极点

登山运动的时间较长，运动强度较大，在运动的过程中经常会出现极点现象。一般在运动开始不久，常常出现一种很难受的感觉，这些感觉往往表现为呼吸困难、肌肉酸痛、动作迟缓、情绪低落，不愿意再继续运动下去，但过一段时间这种感觉就会消失，身体重新变得轻松自如，这就是人们常说的"极点"现象。

（1）极点产生的原因

开始运动后不久，由于心、肺等内脏器官的活动跟不上肌肉活动的需要，往往会造成氧气供应不足，进而产生大量的乳酸堆积在血液中，造成呼吸循环系统机能失调，呼吸急促、心率急速增加……这些机能失调的强烈刺激传入大脑，引起神经系统的暂时紊乱，使动作迟缓、不愿再运动下去等。极点主要是由于身体各系统无法满足剧烈运动的需要而产生的生理性反应。

（2）处理办法

当出现极点时，不要惊慌，这是身体逐渐适应运动强度的表现。此时应适当减缓运动速度，注意加深呼吸继续坚持运动，随着内脏机能的改善，氧供应增加，极点会逐渐缓解和消失，身体会自我感觉轻松自如起来。

2. 肌肉痉挛

肌肉痉挛，俗称抽筋，指某一部位肌肉不由自主地突然性强直收缩，且变得异常坚硬，引起局部疼痛和活动障碍。登山时最易发生痉挛的肌肉是小腿腓肠肌和脚底屈踝肌和屈趾肌，最易发生肌肉痉挛的部位是脚、小腿和大腿。

（1）发生的原因

一般来讲，肌肉痉挛主要是以下三种原因造成的。

一是寒冷的刺激。在冬季，剧烈运动后肌肉快速连续性收缩，导致肌肉收缩与放松的协调交替平衡遭到破坏，特别在局部肌肉处于疲惫时，更易发生肌肉痉挛。登山时出汗较多，山里的风较大，如果在休息时不注意保暖，极有可能引发肌肉抽筋现象。

二是运动中大量出汗，导致身体电解质丢失太多，也易发生肌肉痉挛。

三是准备活动不充分。在现实生活中我们往往有这样的体验，直腿伸膝绷脚尖时，很易出现小腿腓肠肌痉挛，这就是肌肉未活动开的主要表现。

（2）预防和处理办法

根据肌肉痉挛发生的原因，登山者应注意运动中身体的保暖，不要让身体剧烈运动后直接受凉，如洗冷水澡，出汗后受风，在休息时身体未有效保暖。在登山运动中要及时补充水分，在出汗较多时，可考虑补充盐水。在运动前，要做好充分的准备运动。

在发生肌肉痉挛时，应立即对痉挛部位肌肉进行牵引。根据不同部位的肌肉痉挛，采取不同的牵引方式。脚痉挛时，应向脚背方向搬动，反关节扳压脚趾，用力按压涌泉穴。小腿痉挛时，应将脚尖向膝盖方向反压，敲击小腿肚，用力捏脚跟处的筋腱，按摩小腿肌肉，用力按压足三里穴。大腿痉挛时，应将腿抬起，伸直，用力反关节按压膝盖，交替敲击大腿两侧的肌肉。

3. 中暑

中暑是登山中最常见的一种风险，以其波及人群面广、发生概率高著称。中暑的引发原因可能与高温环境下运动、衣着不当、缺水、疲劳过度、持续活动时间过长、睡眠不好、年老体弱等因素有关。

（1）中暑的分类

中暑按照严重程度分为先兆中暑、轻度中暑、深度中暑，每种中暑的表现均不相同。先兆中暑的症状是头晕、头痛、口渴、多汗、恶心、四肢无力、脉搏加快等；轻度中暑的症状除头晕、口渴外，往往有面色潮红、大量出汗、皮肤灼热等表现，或出现四肢湿冷、面色苍白、血压下降、脉搏增快等症状。深度中暑通常以病症为表现形式，大致分如下几类。

①热痉挛症：大量出汗、口渴，引发肌肉痉挛。

②日射症：直接在太阳底下暴晒，引起脑细胞受损，剧烈头痛、恶心呕吐、烦躁不安，继而可出现昏迷及抽搐。

③热衰竭症：大量出汗使水分和盐分过多丢失，肌肉痉挛并引起疼痛。

④热射症：高温下，体力消耗太多造成高热（直肠温度超过41℃）和神志障碍。

（2）中暑的预防

中暑虽说容易发生，但预防中暑也不是什么难事，只要做到以下几点，就可以有效规避。

①合理安排登山时间，早出发，避开在正午炎热的时间（通常在14：00前后）行动。

②登山前保证充足的睡眠，不要带着不好的心情或者很大的工作压力参加登山活动。

③穿着排汗效果好的登山服装。烈日下登山途中，佩戴帽子，适当进行头部遮阳。在阳光照射不到的地方行走时，及时把帽子去掉，以利于短时散热。

④行进途中长时间的休息，休息点要选择能避开烈日暴晒及通风良好的阴凉地方。休息的时候要卸下背包，解开衣袖与领口纽扣，挽高腿裤，快速散热。

⑤注意行走节奏，避免过度疲劳。行走途中少量多次地补充水分，适当带些含丰富电解质的运动饮料。

（3）处理办法

如果确实遭遇了中暑，也不要慌张，按照以下步骤操作一定会转危为安。

①迅速给患者解开衣服，通过物理降温（扇风、冷水浸泡后的毛巾冷敷面额等）使其脱离高温环境。

②给患者及时补充水分，饮用清凉饮料或者电解质饮料。

③把患者的双脚抬高，在头部脉搏、动脉处（如太阳穴）涂抹清凉油、风油精，口服人丹、十滴水、藿香正气水等防暑药品。

④待患者意识恢复、清醒后，建议停止活动，必要时由专人陪同，及时送往医院。

4. 水疱

脚起水疱不算大伤，几乎所有登山者都遇到过，原因很简单，登山是靠脚走路的。走路的方法不对或者鞋子有问题，脚就会起水疱，所以它的发生概率很大。

（1）产生原因

脚起水疱主要是由于脚与鞋之间的挤压、摩擦与潮湿相对的高温。登山时由于运动摩擦易引起脚底或脚外侧出现水疱，运动中因出汗而潮湿的足底摩擦力增大，更易引起水疱。另外，虽然水疱不是高温引起的烫伤，但如果皮肤温度增高，产生水疱的速度就会加快。

（2）水疱的预防

①应当购买适宜徒步登山的鞋，不要以旅游鞋随便凑合。

②新鞋买回家，应在城市试穿一段时间再到野外登山用，目的是为了更合脚。

③穿户外袜子，能够减少脚与鞋之间的摩擦，并缓解疼痛。

④使用滑石粉、痱子粉或防汗喷雾剂，有助于保持脚部的干爽，减少摩擦。

⑤如果脚常起水疱，那么可以在登山前，在经常起水疱的部位事先贴上胶布或垫上软垫。

⑥当徒步行走时，只要发现脚有任何不适或疼痛，就该停下检查或休息，避免持续摩擦后加剧水疱的变化。

（3）处理办法

①不要轻易弄破水疱的表皮，弄破不但会使疼痛加重，而且易感染。

②起水疱后，要立即贴上水疱贴。如果没有，可以自己做一个。在创可贴的中央剪出一个和水疱大小及形状相同的洞，套贴在水疱上，如此垫平水疱四周，然后再在水疱及剪孔的创可贴面上再封上一层创可贴，这样就能让水疱不再受摩擦了。

③如果水疱已经弄破，形成开放性创伤，那就要进行消毒、包扎，并垫上清洁的软布。

④较大的水疱所带来的痛楚可能无法忍受，那就把积聚于患处的液体排出来，以缓解水疱所构成的压力。标准的做法是：首先用医用酒精洗净患处，再用一根烧红后冷却的钢在水疱的边缘位置刺一小孔，轻轻把水疱内的液体挤出，然后涂上消毒药水或软膏，最后用胶布或敷料把伤遮盖起来。应注意的是，切忌剪去起水疱处的皮肤。时间久了后，水疱中的液体会被肌肤慢慢吸干。大部分的水疱会在1～2周内被完全吸收。新的皮肤长出后，旧的皮肤会自动脱落，一般无须特别护理就能自行痊愈。

5. 晒伤

进行登山等较长时间的户外活动，务必要注意防晒。皮肤在过量的紫外线下暴露，会造成皮下的微血管扩张，把较多的血液带到皮肤表面，皮肤因而发红、变热。户外阳光强烈时，应尽量避免在无遮拦的道路上行走。活动之前根据天气情况、海拔高度，涂抹适当倍数的防晒霜。装备上可以穿着防紫外线的衣服，戴上太阳帽、墨镜头巾等。

晒伤的处理办法有以下几种。

（1）使用止痛药，如阿司匹林可缓解轻度至中度晒伤导致的红肿、痒痛。

（2）湿敷或用布包住冰块敷在受伤的皮肤上，可缓解疼痛，但不能将冰块直接接触皮肤。

（3）使用温和的香皂彻底地清洗干净晒伤的部位后，涂上滋润皮肤的乳液。

（4）可使用新鲜芦荟，直接涂在患部，帮助伤口复原。

6. 运动中腹痛

在跑步、登山甚至快速行走等运动后不久，有些人就会感觉腹痛，即运动中腹痛。运动中腹痛的发生部位不固定，一般进食后运动疼痛会发生在上腹部或中部。

（1）发生的原因及预防

由于饮食不合理、呼吸方法不当、准备活动不充分等原因，运动初期都很容易发生运动中腹痛，引起运动中腹痛的原因常有以下几种。

①饮食不当。运动前吃得过饱或饮水过多，食物对胃产生刺激，运动时引起牵拉痛或胀痛。

空腹进行体育锻炼，胃酸对胃的刺激也容易引起疼痛。对这种原因引起的腹痛，要合理安排膳食，运动前别吃得太饱，也不要饿着肚子锻炼，不吃冷饮、难以消化的食物及易产气的食物，如豆类、薯类及冷饮，且饭后 1～2 小时才可参加剧烈运动。

②冷的刺激。在锻炼前，喝冷水过多或天冷吸入冷空气过多，由于冷的刺激，会造成胃痉挛而引起腹痛。预防这种腹痛要做到天热时少喝冷水（冷饮），天冷时要用鼻呼吸，尽量避免寒冷对胃肠的刺激。

③水分、盐分的缺失。在夏季进行较为剧烈的运动时，由于大量水分、盐分丢失，易造成体内代谢失调，加上疲劳，可引起腹直肌痉挛性疼痛，运动中及时补充盐水是预防的关键。

④呼吸节奏紊乱。在运动量较大时，运动本身破坏了原有的呼吸节奏，使吸氧量下降，进而导致呼吸肌疲劳、膈肌疲劳后减弱了它对肝脏的按摩作用，最终导致肝脏淤血肿胀而引起腹痛。对于这类腹痛，关键是调整呼吸节奏，合理分配体力，避免呼吸肌疲劳。

⑤准备活动不充分。在准备活动不充分时，身体由静止状态骤然转为剧烈运动状态，由于内脏器官的惰性，可能会使腹部感到疼痛不舒服。同时，若开始运动时运动强度过大，内脏器官功能还没有提高到应有的水平，心脏对肝脏的供血不足，则会引起肝脾的淤血肿胀，产生牵扯性疼痛。预防这类运动性腹痛，关键是运动前要做充分的准备活动，克服内脏器官的惰性，使内脏器官适应随后的运动。

（2）处理办法

运动中出现腹痛不要惊慌，应当立即减慢步伐，减小运动强度，多进行深呼吸，调整呼吸和运动节奏。另外，可用手按压腹痛部位，或弯腰慢跑一段距离，一般腹痛可以减轻或消失。如果用上述方法后，腹痛仍不减轻并有所加重，应立即停止运动，去医院治疗，以免发生其他危险。因为腹痛不单是运动不当引起，还有可能是内脏器官病变及其他内科疾病发生。因而，要迅速准确地做出鉴别，停止运动，去医院检查。

7. 高山病的认识和预防

高山病，也称为"高山适应不全症"。它是人体对高山缺氧环境适应能力不足而引起的各种临床表现的总称。主要症状有头晕、头痛、耳鸣、恶心、呕吐、脉搏和呼吸加速，四肢麻木，严重的可引起昏迷；给氧吸入后症状可缓解。高山病又可分为高山反应、高山肺水肿、高山昏迷、高山高血压、高山红细胞增多症、高山心脏病、慢性高山适应不全混合型等类型。

高山病（高海拔病）是由于在高海拔地区缺氧引起的疾病。随着海拔增高，大气压递减，在稀薄的空气中氧分子减少，这样可有效利用的氧减少，在以下几个方面影响身体：呼吸的频率和深度增加，扰乱了肺和血液间的气体平衡，血液的碱度不断增加，电解质分布改变，如细胞中的钾和钠的分布。结果导致血液和组织间水的分布改变。这些变化是引起高山病的主要原因。在高海拔地区，血中含氧量减少，皮肤、嘴唇和指甲呈蓝色（发紫），经过几周时间，机体为适应缺氧性反应会产生更多的红细胞，以便携带更多的氧到组织中去。高海拔的影响取决于海拔的高度和上升的速度。海拔低于 2000 米，很少有显著影响，但一般在 2700 米以上，影响就会迅速增大。大多数人在几天时间后，就能适应海拔 3000 米的高度。适应更高的高度可能需要花几周时间才行。

（1）高山病的症状

①急性高山病

居住在海平面附近的人，在一两天时间内登高到中等海拔高度（2500 米左右）就可以引发疾病。患者症状为呼吸急促、心跳加快、容易疲乏；大约 20％ 的人还有头痛、恶心、呕吐或睡眠障碍；大量出汗可使症状恶化。大多数患者在几天内症状可以缓解。轻微的反应对大多数年轻人来说，只不过是有些不舒服而已。但随着年龄的增长，反应也会加重。

②高山肺水肿

急性高山病伴有液体聚积在肺内，出现更严重的症状。久居高海拔地区的人，特别是儿童，他们在海拔低的地区住上 7～10 天后，再返回高海拔地区时，容易发生高山肺水肿。以前患过高山肺水肿的人，再次患病的可能性更大。甚至引起轻度的呼吸系统感染，如感冒等都很可能增加患病的几率。患高山肺水肿的男性比女性更多。通常在到达高海拔地区后 24～96 小时内发生高山肺水肿。海拔低于 3000 米不易患此病。高山肺水肿的呼吸困难比急性高山病更严重，甚至稍微用力就会引起严重的呼吸困难。常常咳嗽，最初发痒、干咳，有时咳出少量稀薄的泡沫状痰。随后咳出大量呈粉红色甚至带血的痰，患者可能伴有低烧。高山肺水肿能迅速恶化，从出现轻微症状到死亡有时只有几小时。

③高山脑水肿

高山脑水肿是高山病中最严重的类型，常在到达高海拔地区后 24～96 小时内发生或者继急性高山病或高山肺水肿之后发生。高山脑水肿患者脑内液体积聚，步行困难（共济失调），可能伴有肢体运动不灵活，这是常见的先兆。严重者头痛，稍后出现幻觉，但常常被忽视。海拔越高，越容易察觉和诊断脑损伤，症状类似醉酒。高山脑水肿从出现轻微症状到发生生命危险，往往只有几小时。如果发现高山脑水肿的症状必须立即下到低海拔地区。

④高山水肿（手足肿胀、清晨醒来时脸肿）

高山水肿常发生在徒步旅行、登山和滑雪的人中，部分是因为在高海拔地区体内电解质分布改变引起。但是，有时在海平面附近，由于大量出汗也可以引起体内电解质分布改变而发生水肿。

⑤高山视网膜出血（在眼底视网膜上有小的出血点）

高山视网膜出血是在上升到高海拔地区，有时甚至中等海拔地区出现的眼底出血。很少出现症状，出血点会慢慢自动消失。偶尔出血发生在眼球中央视觉部位（黄斑区），可出现一个明显的小盲点。很少造成单眼或双眼视力下降或失明；有时可能出现明显的周期性偏头痛，下到低海拔地区后症状很快消失。

⑥慢性高山病

慢性高山病发生在高海拔地区居住几个月或几年以上的人。症状主要表现为呼吸困难、嗜睡和疼痛。在下肢和肺形成血栓、心力衰竭。机体补偿缺氧过度，形成过多的红细胞导致本病发生。患者逐渐丧失劳动能力，若不下到低海拔地区，可能引起死亡。

（2）高山病的预防

对高山病不可轻视，但也不必大惊小怪。重要的是做好心理准备，不惧怕，不轻视，只有经过高山病，才能最终适应。

①以身心健康的状态登山。虽然不能保证身强力壮的人不得高山病，但让身体不好的人在高原上一下子强壮起来是绝对不可能的，特别要注意不能感冒。

②摄入充足的水分。在高山处，有意识地摄入水分至关重要，可以保障体内营养物质的运输。

③勿使大脑受凉，要注意头部保暖。

④饮食控制在"六分饱"。适应高度的过程中要控制饮食，吃得太饱，血液为了消化都集中到胃肠内，大脑就会供血不足。另外，必须控制烟酒。

此外，预防高山病的最好方法是减慢登高速度，用1～2天的时间上升到2400米高度，然后每天登高300～600米。按适合每个人自己的步速登高比跟着固定速度登高更有助于预防高山病。登至一半高度停下来过夜休息可以减少发病的几率。身体健康的人患高山病的几率较小，但不能保证在高海拔地区不出现高山病。到达目的地后头两天要避免大量出汗，喝大量的水，避免吃盐或含盐的食品可能有所帮助。在高海拔地区饮酒应特别小心。高海拔地区饮一杯酒精饮料的影响相当于海平面地区的两倍影响，酒精过多的表现类似于某些类型的高山病。

（3）高山病的治疗

轻度急性高山病除多饮水补充因出汗、呼吸加快和空气干燥损失的水分外，不需其他治疗，一两天后就会好转。服用布洛芬、饮大量的水有助于减轻头痛。如果症状更严重一些，可服用乙酰唑胺、地塞米松或其他药物。

高山肺水肿有时有生命危险，必须密切观察，卧床休息、给氧。如果无效，应将患者转移到低海拔地区，不要延误。药的作用很快起效，但只能维持几个小时的疗效，不能取代把症状严重的病人转移到低海拔地区。高山脑水肿也可危及生命，可用地塞米松治疗，如果病情加重，应转移到低海拔地区。如果病情恶化，延误转移到低海拔地区，可能导致生命危险。

转移到低海拔地区后，症状一般都能迅速好转，若无好转，应寻找其他方面的原因。如果不可能转移到低海拔地区，可用增压装置治疗严重的高山病患者，相当于降低海拔高度的这种装置——高压袋是用轻型纤维制成的袋或帐篷和一个手动泵组成。把患者放入袋中，密封后用手动泵向袋中加压。病人在袋中停留2～3小时。这种方法补充氧气同样是一种有效的临时措施。

（二）动物叮咬

在山间行走，经常会碰到蛇类与吸血的蚊虫。如何预防和处理蛇咬伤与蚊虫叮咬，对登山活动和人的生命影响重大。下面主要介绍蛇咬伤与蚊虫叮咬的预防和处理办法。

1. 蛇咬伤

虽然不是所有蛇都有毒，但有数种蛇是有剧毒的。在野外遭遇毒蛇，基本上是因为人闯入了蛇的领地而引起的。在这些意外的接触中，会引起人的极大恐慌，一旦被毒蛇本能的自我防卫咬伤，则非常危险。

（1）预防办法

准备以根手杖，行进时打草惊蛇，因为蛇很少会主动袭击人类，受到惊吓会主动离开。如果发现了毒蛇，最好避而远之，这是最好的避免咬伤的办法。进行野外活动时，特别是在经常有蛇出没的地方；戴好帽子，穿长袖外套，以及穿有结实护脚的裤子和靴子，并要随身带好蛇药。

（2）处理办法

被毒蛇咬伤后，蛇毒在人体内迅速扩散，短期内可危及生命，应及时采取有效的抢救措施，阻止蛇毒的吸收和扩散。

应立即就地取材，于近心端缚扎，以阻止静脉血回流，但不要影响动脉血流。伤在手指可缚扎手指根部，伤在手学可缚扎于肘关节下部，伤在足踝部则于膝关节上部或下部缚扎，同时将患肢下垂，不要剧烈奔跑，以免加速血流和毒素的吸收。缚扎时间可持续8～10小时，每隔15～30分钟放松1～2分钟，一般在伤口排毒和服药后1～3小时解除缚扎。咬伤超过12小时后不宜束缚。

受伤后走动要缓慢，不能奔跑，以减少毒素的吸收，最好是将伤肢临时制动后放于低位，尽快前往医院。到达有条件的医疗站点后，应继续采取综合措施，如彻底清创，内服及外敷有效的蛇药片，注射抗蛇毒血清等。

2. 蚊虫叮咬

伤人的蚊虫有两种：一种是蚊子、虻、蚋等吸血性昆虫，咬后不仅使人痛痒难忍，还会传播疟疾、脑炎等严重疾病。另一种是蜜蜂、黄蜂、大胡蜂等，被它们叮咬后，最初会感到疼痛，接着伤口会肿大并发炎。

（1）预防手段

①使用防蚊喷剂或蚊香，但这样会污染环境，相对环保的方法是使用夜来香、药菊等天然防虫植物。

②在蚊、虫较多的地方，条件允许的情况下，每天应用肥皂彻底清洗全身皮肤。

③应携带防蚊水、清凉油或风油精等防蚊药品。

④容易过敏休克的病人应该携带药物，并告诉其他人如何在被叮咬后的紧急情况下给自己使用这些药物。

（2）处理办法

被蚊子叮咬后，尽量不要用手抓患处，在患处涂上清凉油或风油精，每日涂抹3～5次即可。

若被蜜蜂蜇伤，应先剔除毒刺。因蜜蜂的毒针有倒刺，刺入人体皮肤后无法拔出，便将刺留在人的皮肤里，毒针尾部的毒也从蜂的尾部脱出，留在被蜇处。剔刺时不要用指甲掐着毒理往外拔，以免残留在毒到理的蜂毒顺着毒针进入皮肤，最好用小镊子夹住毒刺的根部往外拔。除掉毒刺后，在患处涂抹氨水或肥皂水，疗效很好。

3. 蚂蟥叮咬

蚂蟥（也叫水蛭）的种类很多，有生长在阴湿低凹的林中草地的旱蚂蟥，也有生长在沼泽、池塘中的水蚂蟥，还有生长在山溪、泉水中的寄生蚂蟥（幼虫呈白色，肉眼不易发现）。蚂蟥吸血量很大，可吸取相当于它体重2～10倍的血液。同时，由于蚂蟥的唾液有麻醉和抗凝作用，在其吸血时，人往往无感觉，当其饱食离去时，伤口仍流血不止，常会造成感染、发炎和溃烂。

（1）预防办法

行走时要穿长裤将袜筒套在裤腿外面，以防蚂蟥钻附人体。行进中，应经常注意查看有无蚂蟥爬到脚上。在鞋面上涂些肥皂、防蚊油，可以防止蚂蟥上爬，涂一次的有效时间为4～8小时。

休息时经常检查身上有无蚂蟥叮咬，如有蚂蟥应及时除去。经过有蚂蟥的河流、溪沟时，应扎紧裤腿，上岸后应检查是否附有蚂蟥。宿营的地方应选择在比较干燥、草不多的地方，不要在湖边、河边或溪边宿营。尽量喝开水，不喝有寄生蚂蟥的水。细小的幼蚂蟥不易被发现，喝进后会在呼吸道、食道、尿道等处寄生。

（2）处理办法

发现蚂蟥已经叮在皮肤上后不要紧张，不要硬性将蚂蟥拔掉，因为越拉蚂蟥的吸盘吸得越紧，一旦蚂蟥被拉断，其吸盘就会留在伤口内，容易引起感染溃烂。可采用猛击学的方法使蚂蟥脱落，也可用肥皂液、浓盐水、烟油、酒精滴在其前吸盘处，或用燃烧着的香烟烫，使其放松吸盘而自行脱落。

蚂蟥掉落后，若伤口流血不止，可先用干净纱布按压伤口 1～2 分钟，止血后再用 5％碳酸氢钠溶液洗净伤口，涂上碘酊或甲紫液，用消毒纱布包扎。若再出血，可往伤口上撒一些云南白药或止血粉。若伤处没出血，可用力将伤口内的污血挤出，用小苏打水或清水冲洗干净，再涂以碘酊或酒精进行消毒。

4. 其他昆虫叮咬

除了蛇和一些蚊虫叮咬之外，还有一些昆虫在野外也常常遇到。虽然它们的毒副作用不太大，但有时也会引起严重的后果。

蜱虫俗称草扒子、狗鳖、牛虱、隐翅虫、狗豆子等，潜伏在浅山丘陵的草丛、植物上，或寄宿于牲畜等动物皮毛间，在四川云南、贵州等地农村极为常见。不吸血时，小的干瘪如绿豆般大小，也有极细如米粒的，吸饱血液后，有饱满的如黄豆大小，大的可有人的指甲盖大小。蜱寄生于人、家畜等脊椎动物体表，易引发人畜共患病。蜱在叮刺吸血时多无痛感，可造成局部充血、水肿、急性炎症反应，还可引起继发性感染、发热伴血小板减少综合征，严重的可造成人死亡。蜱叮咬的无形体病属于传染病，与危重患者有密切接触、直接接触病人血液和体液者，如不注意防护，也可能感染。

登山时进入有蜱地区，要扎紧裤脚、袖口和领口，外露部位要涂擦驱避剂（避蚊胺、避蚊酮、前胡挥发油）或将衣服用驱避剂浸泡。离开时应相互检查，切勿将蜱虫带回家中。如不巧被蜱虫咬伤，千万不要用镊子等工具将其除去，也不能用手指将其捏碎，应该用乙醚、煤油、松节油、旱烟油涂在蜱虫头部，或在蜱虫旁点蚊香，把蜱虫"麻醉"，让它自行松口，或用液体石蜡、甘油厚涂蜱虫头部，使其窒息松口。要对叮咬后的伤进行消毒处理，如口器断入皮肤内应行手术取出。

登山时还容易碰到痒辣子。痒辣子学名毒刺蛾，俗称痒辣子、火辣子或刺毛虫，是森林、园林、行道树、果园和多种经济植物（如咖啡、茶和桑等）的常见害虫，中国约有 90 种痒辣子。这类幼虫体上有枝刺和毒毛，触及皮肤立即发生红肿，疼痛异常，可以用胶布粘被刺的地方，然后再涂点花露水、风油精、肥皂水或氨水。

（三）运动损伤

在登山运动中，经常容易发生擦伤、肌肉挫伤、拉伤、扭伤等运动损伤。下面主要介绍登山中常见的运动损伤的预防和处理。

1. 闭合性软组织损伤

（1）常见分类

①挫伤

挫伤是钝性是力直接作用于人体而引起的急性闭合性损伤。例如，在登山过程中滑倒，猛坐在地面上，发生局部和深层组织的挫伤。最常见的挫伤部位在于大腿和小腿，头和躯干部位的挫伤可合并脑和内脏器官的损伤。

②肌肉肌腱拉伤

由于肌肉主动地猛烈收缩，其收缩力超过了肌肉本身所能承担的能力或肌肉受力牵伸时，超过了肌肉本身特有的伸展程度，均可引起肌肉拉伤。

由于致伤力的大小和作用性质不同，可引起肌肉、肌腱部分纤维断裂、完全断裂或微细损伤的积累。除肌肉本身的拉伤外，常可同时合并肌肉周围的辅助结构，如筋膜、腱鞘和滑膜的损伤。

③关节韧带扭伤

由间接外力所致，即在外力作用下，使关节发生超常范围的活动而造成的，轻者发生韧带部分纤维的断裂，重者则韧带纤维完全断裂，引起关节半脱位或完全脱位。

④滑囊炎

滑囊是结缔组织构成的密封小囊，内有少量滑液，多位于关节附近，介于肌肉或肌腱附着处与骨隆起之间，可以减轻肌肉、肌腱与骨之间的摩擦，因受到外力的直接撞击，使壁受到损伤而发生急性滑囊炎，或因局部活动过多，使壁受到反复磨损而发生慢性损伤。

（2）处理方法

①限制活动期

伤后 24～48 小时内，局部冷敷，加压包扎，抬高伤肢并休息。较轻的挫伤可外敷一号新伤药或安福消肿膏，疼痛较重者可内服止痛剂。股四头肌和腓肠肌挫伤时，应注意严密观察，若出血较多；肿胀不断发展或肿胀影响血液循环时，应将伤员送医院手术治疗，取出血块；结扎出血的血管。

②恢复活动期

受伤 24～48 小时后，肿胀已开始消退，可拆除包扎进行温热疗法或理疗、按摩。在伤情允许的情况下，应尽早进行伤肢的功能锻炼，逐渐增加关节的活动幅度。股四头肌挫伤时，当病情稳定，伤员可以控制股四头肌收缩时，才可开始做膝关节屈伸活动，先做伸膝练习，屈膝练习宜晚些，不可操之过急。当膝关节能屈伸至 90 度，走路不用拐杖时，可视为此期治疗结束的标志。

③功能恢复期

逐渐增加抗阻力练习和一些身体非碰撞性项目的练习，并配合按摩和理疗，直至关节活动功能恢复正常。

2. 开放性损伤

（1）擦伤

擦伤是皮肤受到外力摩擦所致，皮肤被擦破出血或有组织液渗出。创口浅、面积小的擦伤，可用生理盐水或凉开水洗净创口，周围用 70％酒精棉球消毒，创口上涂抹红汞或紫药水，待干即可，不需包扎，但面部擦伤最好不用紫药水涂抹。关节附近的擦伤也不宜使用暴露疗法，以免皮肤干裂而影响关节运动。

创口内若有煤渣、细沙等异物，要用生理盐水或凉开水冲洗干净，必要时要用硬毛小刷子将异物刷去。创口处可用过氧化氢、创口周围皮肤用酒精棉球消毒，然后用凡士林纱条覆盖创面或撒上消炎粉，再用消毒敷料覆盖。

（2）撕裂伤

撕裂伤多发生于头部，尤以额部和面部较多见，伤口裂开，边缘呈锯齿状，参差不齐，伤口较污秽并容易感染。若撕裂伤口小，经止血、消毒处理后，可用粘膏黏合，伤口较大则需缝合，必要时要使用抗生素治疗。

（3）刺伤和割伤

登山中被树枝或石头碰到造成刺伤或割伤，其处理方法基本上与撕裂伤相同，可先以直接施压的方式止血，伤口处放一块清洁能吸水的布，以手压紧，通常会在一两分钟内止血。若血流不止，可将受伤的地方高举超过心脏，以降低伤口的血压，遏阻流血。伤口若血流不止，应先压住伤口离心脏最近的加压止血点（能测量到脉搏的部位），待一两分钟后若未止血再予以紧压。凡被不洁物致伤且创口小而深时，应注射破伤风抗毒素。

3. 骨折

人体骨骼由颅骨、脊柱、骨盆、四肢骨构成，共有 206 块。骨骼构成人体的支架，具有保护内脏、支持和运动功能。骨骼是坚硬的，在通常情况下，一般外力不足以引起骨折，但是当外力过猛时，如从高处跌下，肌肉拉力过大时常导致骨折。常见的有投掷物体不当导致肱骨骨折，突然跪倒发生髌骨骨折等。

（1）骨折的种类

按外伤的情况，通常分为闭合性骨折和开放性骨折两类。

①闭合性骨折

骨折处的皮肤没有损伤，折断的骨头在皮肤组织内不与外界相通，也就是说骨折并不露在外边，看不到折断的骨头，局部常可观察到形状改变。

②开放性骨折

开放性骨折局部皮肤破裂损伤，折断的骨头与外界空气接触，也就是说骨折露在外边，能见到折断的骨头。

（2）骨折的一般急救原则

首先要处理全身出现的严重情况，对昏迷的伤员，要保持呼吸通畅，最好仰卧位，注意清理呼吸道，以免发生呼吸障碍。要防治休克，及时正确地采取固定、止血、止痛等措施。冬天要注意保暖，夏天要预防中暑，对骨折处理原则有以下几点。

①限制活动

限制患处的活动，就能避免因运动而使残损继续加剧。限制活动的方法是使用夹板将骨折部位固定住。现场若无夹板，可就地取材，如选用木棒、竹板、竹片、手杖、硬纸板等。使用夹板前，在夹板接触的肢体上要放上棉花或布类垫好。捆绑时，一般先将骨折处固定，再固定上下两个关节。

四肢固定要露出手指、脚趾尖，便于观察血液循环，如出现手指、脚趾苍白、发凉、麻木、青紫等现象时，说明固定太紧，应放松绷带，重新固定。固定后，伤肢要保暖。

②开放性骨折的处理

如果属开放性骨折，在固定前，局部要先做无菌处理，并用消毒液冲洗，用消毒纱布盖好，然后再用夹板固定，不要将已暴露在外边的骨头还纳进去。

③转送

经过处理后，将伤员用担架平稳轻巧地转送到医院。转送工作做得正确及时，不但能使伤员迅速得到较全面的检查、治疗，同时还能减少在这个过程中病情的加重和变化。搬运转送不当，轻者延误治疗，重者使伤情、病情恶化甚至造成死亡，使现场抢救工作前功尽弃。所以，决不要低估了搬运转送的意义。

转送伤员时，要根据伤员的具体情况，选择合适的搬动方法和搬运工具。在搀扶伤员时，动作要轻、敏捷、一致。对腰部、骨盆处骨折的伤员要选择平整的硬担架，在抬送过程中，尽量减少振动，以免增加伤员的痛苦。由2～4人合成一组，将病人移上担架，病人头部向后，足部向前，这样后面抬担架的人，可以随时观察病人的变化。抬担架人行动要一致，平稳前进。向高处抬时（如过台阶、过桥），前面的人要放低，后面的人要抬高，以使病人保持在水平状态，下台阶时相反。

七、登山运动中的危险预防

登山时的危险有两种：一种是来自自然环境的，如暴风雪、裂缝、滚石等，这些需要登山者富于经验的预见来避免；另一种是来自登山者自身的，过分超越身体极限（包括个人的和全队的）所带来的危险。因此，登山者一定要正确评估自身的能力是否与环境条件相适应。

（一）滚石

经过风化作用而破碎的石块。在重力、风力的作用下，从山上滚落下来，称为滚石。这种危险，在没有植被覆盖的山坡上更易发生。滚石多发生在山区气温较高的午间，往往是一块石头滑动，带动千百块一起滚动坠落。

发生过滚石的地方叫滚石区，其下一段也有大量碎石堆积。登山者一旦遭遇滚石，首先是不要惊慌，要观察滚石下落的方向，待滚石临近时再迅速躲闪，或利用身边的巨大岩石、陡坎等地形，避开滚石的袭击。在通过滚石区时登山者应戴头盔，通过滚石区时的要求和通过冰雪崩区类似。

（二）冰裂缝

冰川或冰坡上的冰体是依附于高低不平的地表之上的可塑性固体。由于冰川本身的运动及重力、压力等作用，在冰体下的地形出现陡崖及转折处，很容易形成各种裂缝。裂缝的深浅与冰层的厚度有关，一般都在几十米，深者可达百米以上。窄的裂缝只有十几厘米，宽的可达七八米。冰裂缝如果显露于冰面，为明裂缝；有的裂缝表面被冰雪掩盖，称为暗裂缝，暗裂缝对登山者的威胁更大。

登山者要特别警惕的是暗裂缝。识别方法有二种：一是暗裂缝的表面覆盖物，往往呈长条状凹陷；二是一段明裂缝的尽头与明裂缝的中间地段往往有暗裂缝隐藏。在裂缝区必须由有经验的运动员在前面用冰镐探路，并在暗裂缝两岸设明显标志，或打掉暗裂缝上的覆盖物，使之成为明裂缝。通过时或结组行进，或事先架设保护绳一个个通过。万一有失足者掉入裂缝，掉入者不要惊慌，首先处理好背包和主绳的缠绕，进行自救，不再继续下落，其他队员迅速进行抢救。

（三）高空风

高空风是高山上特有的自然现象之一。登山者往往把七八级以上的大风称为高空风。高空风往往将登山者的器材吹跑，影响正常攀登。同时，随之而来的低温严寒使登山者体表温度较易散失而发生冻伤，直接威胁登山者的高山活动能力。在高空风来临时应选择避风的地形等待，如判断高空风时间过长应当机立断迅速回撤到出发营地。

（四）山间急流

山间急流的特点是季节性强、落差大、流速急、河水中央带着大量石块。由于山间急流距发源地冰川末端很近，所以水温较低。要穿过时最好逆流而上，寻找水道窄的地方涉水而过。涉水时可两人一组、三人一组、互相扶肩而过，也可骑牲口通过，必要时也可以架设绳桥。

第二节　攀岩运动的训练指导

攀岩（rock climbing）同属于登山运动衍生出的一项运动，攀登对象主要是岩石峭壁或人造岩墙。攀登时不用工具，仅靠手脚和身体的平衡向上运动，手和手臂要根据支点的不同，采用各种用力方法，如抓、握、挂、抠、撑、推、压等。攀岩运动要求运动员身体素质全面，具备勇敢、顽强和坚韧不拔的精神，能够在各种不同的高度及角度的岩壁上轻松舒展、准确地完成腾挪、跳跃、引体等惊险动作，富有很强的技巧性、冒险性，是极限运动中的一个重要项目，在世界上十分流行，有"岩壁芭蕾""峭壁上的艺术体操"等美称。随着攀岩运动的发展，其表现出来的特有魅力和突出的个性感染着人们，使其逐渐成为一项深受人们欢迎的运动项目。

一、攀岩运动的分类

攀岩运动根据攀登形式和类型的不同，有多种分类。

（一）攀岩地点

根据攀岩地点分为自然岩壁攀登和人工岩壁攀登。

1. 自然岩壁攀登

自然岩壁攀登就是指在野外攀爬天然生成的岩壁，一般是开发和清理过的难度或抱石路线也称为传统攀登。

优点：可以接近自然，充分体会攀岩的乐趣，岩壁角度、石质的多样性带来攀登路线的千变万化，由于岩壁固定，路线公开且可长期保留，所以自然岩壁的定级可经多人检测对比，成为攀岩定级的主要依据。

缺点：野外岩场地处偏僻交通不便，时间和金钱花费都较大，路线开发费力，而且路线开发时间长后会老化。

2. 人工岩壁攀登

人工岩壁攀登是指在人工制造的攀岩墙上攀登，包括室内攀岩馆和室外人工岩壁，多为训练和比赛使用的攀登方式，又称竞技攀登。

优点：对攀岩者安全性较高；交通方便，省时省力；不可预见因素少，可以定期训练或进行专项训练；人员密集，便于交流切磋；另外，人工岩壁可以对路线进行保密性设置从而成为攀岩比赛的主要形式。

缺点：缺少特殊地形，创意性少，自由发挥余地小；支点的可调性使得人工岩壁路线常变；定级主观性更强，准确度偏低，相对自然岩壁线路问题会比较尖锐，人工线路难度越大对力量的要求越高。

（二）攀登形式

根据攀登形式分为自由攀登、器械攀登、顶绳攀登和先锋攀登。

1. 自由攀登

自由攀登就是指不借助保护器械（主绳、快挂、铁锁等）的力量，只靠自身力量攀爬。较符合体育的含义范畴，考验人体潜能。

2. 器械攀登

器械攀登是借助器械的力量进行攀登。

对于难度超过攀登者能力范围的路线，借助器械通过，但对器械操作的要求较高，一般在大岩壁攀登中较为常用。

3. 顶绳攀登

顶绳攀登是指在岩壁上端预先设置好保护点，主绳通过保护点进行保护，攀登者在攀登过程中无须进行器械操作。

该攀登形式较适合初学者使用，安全，脱落时无冲坠力。但是顶绳攀登对岩壁的要求苛刻，岩壁不仅必须高度合适（8～20 米），而且路线横向跨度不大，还要绕到顶部进行预先操作，完成架设和回撤保护点的工作。

4. 先锋攀登

先锋攀登是在攀登路线上预先打上数个膨胀钉和挂片，攀登过程中将快挂扣进挂片成为保护点并扣入主绳保护自己的一种攀登方式，攀登者需要边攀登边操作。

先锋攀登比传统攀登安全性高，可以降低心理恐惧对攀爬的影响，从而全力以赴突破生理极限，挑战最高难度，在角度较大或横向跨度较大的路线中，先锋攀登方式比顶绳保护有更大的便利，可以让攀登者脱落后很容易地重新回到脱落处，并提供一种安全保障。

二、攀岩运动的身体训练

许多登山者不仅每天会花一至两小时做体能训练，也会在周末进行长时间的山区活动。因此，熟练某种活动的最好办法就是实践。

（一）耐力训练

心血管循环耐力，是指身体长时间进行重复性活动的能力。这些活动需要心脏、肺部与许多大肌肉群的配合。例如，跑步、骑自行车和游泳都是具有重复性的活动。

目前，有许多训练方式可供选择，它们相当有效，而且可以让我们每天轻松地养成规律运动的习惯。刚开始进行心血管循环系统训练时，先慢慢地培养好自己进行有氧运动的耐力。可以逐步拉长每回训练的时间，直到一次可做满 45 分钟或更长为止。喜欢跑步的人每周最多只能增加 10% 的距离，以免重复性动作给身体带来过度使用的伤害。喜欢游泳的人要增加一些特定的重量训练，让身体适应在开始负重时双腿所需承受的力量。

进行训练时，请尝试每隔一周就把自己的负重能力往上提升 2～3 千克，直到可背负自己体重的三分之一重量为止，并让自己在穿着登山鞋于平缓地形处时的行进速度达到每小时 365～450 米。因此，而在开始任何远征活动前，需保证自己最少会有 4～6 个月的持续训练时间。

（二）进行有氧、无氧运动训练

1. 有氧运动练习

有氧运动是需要耗费大量氧气的心血管循环系统训练活动。有氧运动通常是在比身体最大负荷量再低一层级的状况下进行的，也就是自己心跳上限的 60％～85％。在进行有氧运动时，尽量选择性质和自己实际要参与的登山活动最为相近的。以下所列举的是和登山活动最为相似的有氧运动。

（1）背着背包健行，或不背背包在山路上跑步：在自家附近的健行路线、小山或楼梯步行，不但相当适合登山者，也是训练心血管循环系统的绝佳运动。不背背包跑山路也是相当合适的选择。

（2）雪地健行、越野滑雪、越野滑雪式下坡滑雪：冬季在山径上进行这些活动也是不错的训练方式。

（3）慢跑、爬楼梯、溜直排轮、骑自行车：这些是好天气时很适合在都市进行的有氧运动。

（4）室内运动：当天气很糟但又想保持身体的有氧机能时，可试着在心肺交叉机、踏步机、跑步机、上拉器、健身脚踏车等机器上做运动，或是去上有氧舞蹈或阶梯有氧的课程。

2. 无氧运动练习——间歇训练

无氧运动是几乎会耗尽身体所有体能的心血管循环系统训练活动。无氧运动的运动量会达到或甚至超过一般的心跳上限。在进行无氧运动训练时，身体消耗的氧气会多于所吸入的氧气，因而导致体内呈现缺氧状态。大多数人在体内缺氧的状态下仅能进行一分钟甚至更短时间的运动。

对挑战高海拔山区的登山者而言，不断重复地爬上爬下是相当有效的间歇训练运动，如找个陡坡或几层楼梯，试着在 2～3 分钟内爬完。一星期做一次即可。做的时候，试着背些东西，并可利用走到训练地点的路上进行暖身。训练时，以最快速度冲至最高点，抵达最高点后，立刻转身向下，再冲回出发点，并在预定时间内重复上述动作。刚开始练习时不要背太重，一次做 20 分钟就够了；等身体适应后，再逐渐增加速度与负重，如此才能在体能增加时也让身体处于心跳较快的状态中。这种训练能帮助自己适应心跳极快的状况，延长身体无氧运动的时间，而在攀登较高海拔山区时经常得面对的一种挑战，正是长时间的无氧运动。

登山者也可利用在平地上跑步、骑自行车爬坡或在使用各种训练机时多加些力道的方式来进行间歇训练运动。在两次高强度的无氧运动间要给自己留有足够的休息时间，好让身体恢复到平常的状态。

（三）肌肉力量和柔软度训练

1. 增加肌肉力量

登山中大大小小的事情都得依靠身体的力量才能完成，如控制与平衡背后沉重的负重，把身体、背包与整个队伍快速地推上山去，建立营地，或者是协助救援发生山难的登山者。相对于使用重量训练机训练的情形，"自然负重"的训练可以让登山者在三度空间的野外活动中运用肌力，像是在崎岖的路面或是容易失去平衡、挑战性高的山径上健行。

攀岩者或冰攀者多会练习引体上升、三头肌下压、负重提踵、悬垂举腿、握力训练等动作，增强攀爬难度较高路线的能力。而对臂肌和背肌进行一些与攀登时施力方向相反的运动也是很好的练习方式，如举重、伏地挺身、反握弯举、坐式上拉训练等。这些运动可平衡肌肉施力，避免某肌肉群因过度使用而受伤。

冰河攀登的爱好者要多增加些像半蹲、硬举、弓箭步、阶梯运动等，训练下半身的运动以及一些下背部与腹部的运动，也多增加一些上半身肌肉运动，如扭肩、直立上拉。

从背上背包到铲雪，上半身的肌力几乎有助于登山中的所有活动。登山者可以试试下列几种具有创意且不用跑健身房就能训练上半身肌力的小诀窍。在周末健行和平常工作日中的体能调适训练时间里，可试着在背包里带些装满水的水壶，并在抵达山顶（或目的地）时把水倒掉。这种训练可以增加上山时的负重能力，而且不会在下山时因为背包过重而让膝盖承受过多压力。不要开车购物，用走路的方式购物，并把买来的东西放在背包里背回来。在家里边背东西边做半蹲、弓箭步、负重提踵、阶梯运动等。可以在自己房间门口装根单杠，在每次经过时就练习拉几下。如果拉不起来，可以退而求其次，如利用把身体悬在单杠上的方式来训练握力，或是抓着单杠用力往上跳，跳到下巴超过单杠的高度后，再慢慢地让身体落回地面。以上两种方法都可以增加背部、前臂、手指和二头肌的肌力。如果平常活动地点周围有儿童游戏设施，可以去练练能增加握力、指力和前臂肌力的泰山摆荡式连续横杠。

2. 柔软度训练

在完成费力的攀登和健行后，花几分钟拉拉筋，再爬入睡袋或在回家的路上舒服地瘫在车里。拉筋可以避免或减少未来几天的肌肉酸痛。平常在家时可以练练武术、瑜伽，或是去上一些舞蹈课，来增加身体的平衡感和柔软度，让身体从这些交叉训练中受益。

攀岩者或冰攀者可以从拉筋的练习中增加臀部或肩膀的活动幅度。这可以让攀登者在进行撑身向上或大型攀登时用到以前身体无法够到的把手点或踏脚点。拉筋也能放松手指和前臂，让身体在挑战过确保点后回复原有的肌力。冰河攀登的爱好者可以通过拉筋使在上攀过程中抽筋的小腿得到休息，或让因背负重物而紧缩的臀部放松。特别注意让在冰河健行时容易紧缩的腿部或肩膀肌肉放松，像四头肌、臀肌、腿部肌腱、小腿以及下背部与上背部的肌肉。

（四）预防受伤与身体复原

运动量越大，适当的休息也就越重要。休息包括在家里休息以及睡个好觉在山上进行费力的野外活动后，要让身体好好地休息几天，给予身体足够的时间，让各种机能回复至平常状态，避免给身体带来过度使用的伤害。安排体能调适计划时，在每次需要大量肌力或高难度的攀岩或冰攀训练之间至少要有 48 小时的间隔。48 小时的间隔，能让肌肉、肌腱和韧带得到充分的复原。记住当体能负担增加时，肌腱与韧带会比肌肉需要更多的时间来适应身体额外的出力。所以，一旦肌腱与韧带受伤，得需要一段很长的时间才能治愈。

要避免受伤，就得随时随地留意自己的身体状况。如果在暖身期间就察觉到身体还处在上次训练或攀登所带来的疲惫与疼痛中，就减少这回训练的分量，或是让身体休息几天后再开始训练。如果在爬完一次难度很高的攀岩路线后的几天内，手指与手肘的肌腱一碰就痛，那么就降低接下来训练的难度，或是花一个星期的时间好好休息。虽然对大部分的登山者来说，待在家里休息而不去做最爱的登山活动，是件非常困难的事情，但让身体在下次活动前获得充分复原，显然是比较好的做法。不然，对身体状况的一时疏忽，可能会导致十分严重的伤害。到了那个时候，就得花更多的时间治疗，也就会有更长的一段时间无法从事登山活动了。

三、攀岩的技术要求

（一）攀岩动作

攀岩运动技术的掌握是十分重要的。它不仅是攀登好坏的依据，也是提高攀登能力、攀登水平的关键，所以必须掌握基本的技术动作。更重要的是，除了学会每个动作之外，还应具有综合运用的能力，这项能力则是经过反复多次的练习之后才能达到的。

攀岩的攀登技术可以简单地定义为攀岩者在没有外力的帮助下，靠自身的力量利用手和脚向上攀登的过程，或是借助于松弛的绳子（绳子仅作为一种保护手段）的帮助从下向上进行攀登的过程。也就是说，攀登者在一些可握支点和一些形状不规则支点的岩面上，运用各种不同的方式攀登时，采用的攀登动作是不同的。这些方法可保持攀岩者在攀登时的新鲜、刺激、有趣，对攀岩充满激情。攀登基本的原则（适用于各种方式的攀岩）有以下几点：手脚协调统一，平稳的移动；平衡性、灵活性、柔韧性比使蛮劲更有用；保持身体重心平衡；耐力比肌肉能力更重要；保持自己的能量，将重力作用在脚上而不是靠手臂的支撑去实现攀登；达到的最好效果是合理运用耐力的结果，减少不必要的能量消耗；放松是很重要的。

攀登的基本动作是将身体的重心放在脚上，因为脚比手臂更适合承受压力。如果脚站不稳，靠手臂拉，会大大消耗攀岩者的体力。重心落在脚上是攀登岩壁正确的姿势，在攀登岩面接近90°或完全垂直时，爬到某一高度时，身体应该保持相同的垂直姿势，同时将重心集中在脚上。理由是：第一，垂直姿势是唯一的自然平衡的姿势（易平衡身体），初学者的第一反应是紧贴岩面，这样做可能感到安全，但实际上会使整个身体失去平衡，而且当这种重心不平衡移到脚上时，会造成踩点滑脱；第二，身体垂直时，攀登者的脸不会紧贴岩面，而且视线开阔，便于观察和攀登。这看上去很简单，但只有在岩壁上不停地去练习，才会有进步。

1. 脚的动作

除了攀登岩面大于90°的岩壁之外，攀登岩壁主要是依靠脚的动作，手只是帮助从一个立足点到下一个立足点时平衡身体。初学者需花费大量的时间去练脚下的动作，直到能灵活运用为止。一旦意识到站稳后，就可以开始练习许多不同的方法站在支点上。通过练习会发现即使是一块很小的支点，也可对站稳提供一些帮助。脚点踩法的种类很多，下面重点介绍一些实用的方法。

（1）正踩、侧踩

在一般小的脚点上主要有三种踩法：外侧踩、内侧踩、正踩。在踩点时注意踩点的面积，并不是越大越好，尽可能寻找可发力的部位。

（2）摩擦点

用鞋底的大部分压在岩面上尽可能产生摩擦力，主要用脚的大趾头发力。初学者应有意识地将力量放在踩点的脚趾上。这个动作尤其是身体悬空时特别有用，如脚下滑，试着压紧岩壁，迅速移动重心，使重心平衡而不脱落。这种技术比踩法要难，所以在练习时要有信心才能在脚上多用力让手省点力，摩擦力越大，站得也越稳。

（3）脚后跟钩

脚后跟钩就是指用脚钩住支点，在有仰角线路的攀登中用得较多。在钩的过程中，伸腿、屈胸，向上直到脚能钩到支点，也可以用脚趾钩住支点。在攀岩过程中，需要横向移动时，当身体感觉要脱离岩面时，可以寻找旁边的或低于腰部高度的支点用脚钩住，以便挂住身体，使手不受其他支点的限制。脚后跟钩的动作需要攀岩者具有良好的灵活性、柔韧性和肌肉量，这一动作是多种多样的，需要不断去实践，但它的最终目的是获得"第三只手"，以保持身体平衡。否则，脚后跟钩就失去了运用的必要性。

（4）交换脚

①在移动脚之前确定自己的下一个脚点，脚点的大小、方向和位置决定了它的实用性，如果有可能，脚点应低于手点，以减轻上肢的负担。

②把脚准确放在脚点的最佳位置，集中放在一点。

③将重心平稳过渡到另一个脚点。

④站立或移动时保持脚的绝对平稳，移动时以脚踝为中心减少上身的运动。脚的移动可能会使脚滑出脚点，集中力量保持脚的平稳，保持平缓移动重心至两支点之间。

2. 手的动作

手的动作远比脚的动作要复杂得多，它根据不同的着手点和攀登要求有不同的握法。在攀登过程中，岩壁越陡，仰角越大，手臂所承受的力量越大，着手点也就越大。但也并不都是这样，在角度较小的路线上，手的动作主要是用于保持身体的平衡；当岩壁的角度变陡时，想保持身体的平衡，着手点就变得更加重要，手的动作也变得同样的重要。不管是什么角度的岩壁，在攀登过程中都不要握得太紧，应适当放松，让手灵活些，用最小的抓握力保持身体平衡并使身体移动，抓握得过紧会导致过早疲劳或快速脱落。

在攀登时，应该注意选择着手点。首先，你对攀登路线做出计划，尽量将着手点排出最佳次序。如可能的话，最好是攀登的手领先于肩膀，与肩同宽，或稍宽一点，或有点偏离是最理想的。如果两手之间的距离太大，或手低于肩，攀登就会存在一定的困难。但是，在一些不太陡的路线上并不是这样的，手通常放在与肩同高或低于肩膀的位置上。

手抓住岩角的目的是为了使站在岩角上的登山者能保持身体平衡。手抓岩角最普遍的方法是由上方抓住岩角。初学登山者常误认为只有这一种方法，其实抓直竖的岩角时，可由侧面或从下方向上抓，也可巧妙地用两只手指捏住岩角。

在缺乏岩角的岩壁上，技术纯熟的登山者，只需利用手掌或手指按在稍有凹凸的地方，就可保持身体的平稳，顺利地攀登上去。但靠手抓岩角的力量使身体向上攀登的方法终究不是正统的登岩法，只是脚踏岩角攀登法的辅助法而已。

因为单靠手抓岩角的登岩法，并非普通登山者所能做到的。初学登山者往往想抓头部上方的岩角，这种举动徒增双手的疲劳而已，对攀登毫无助益。此外，还需尽量避免将肘、膝盖靠在岩角上。但有时候经验丰富的登山者要利用裂缝攀登岩壁，却可利用膝盖、肘与岩壁的摩擦力稳住身体，以便向上爬。初学登山者反而会因此失去平衡，还是避免使用为宜。

攀登岩壁时要保持一定的速度前进，不可中途停顿，但在手抓及脚踏岩角前，一定要先试试岩角是否牢固。踏脚的地方崩了或手抓的岩角掉落而坠落的例子层出不穷，须特别谨慎。尤其是初学的攀登者，攀登时要用绳索将自己和技术熟练的前辈联结起来，或详细观察前辈们攀登岩壁的动作，就不难发现他们优美的站立姿势，而且手自然地试探岩角，确定岩角牢固后，再慎重地一步步爬上去，眼睛则自由自在地往上扫视，找寻可以抓、踏的岩角。

（二）裂缝攀登

攀岩的种类有很多，裂隙攀岩就是其中一种。裂隙是岩壁上绽开的缝，是岩壁上最显著的特征。裂隙攀岩的原则技巧比较单纯，可根据裂隙大小的不同，进行调整。

1. 练习

任何事情都不是一开始接触就能够熟练掌握的。找到恰当的裂缝，挂上一条绳子，上上下下重复好几次，直到熟练技巧为止。如果基本技巧熟练，就可以在攀岩的过程中从容以对。

2. 不执着于难度系数

每个人的手脚、身体都不一样，所以有关攀岩的技巧，可能需要每个人在实际体验之后，进行稍许的调整。举例来讲，对一个人是很轻松的手掌裂隙，对一个较大块头的人来说，就是比较难的小手裂隙。而一条路线就只有一个难度指数，这个难度指数通常是为"一般身材"的人定义的，但是到底怎样才是一般身材呢？没有人知道。所以，攀岩裂隙要看大小，而不要执着于难度系数。

3. 脚法是关键

与岩面攀岩一样，脚法也很关键。用脚方法好，可以减少很多手臂需要消耗的力量。尤其在很多难用岩隙脚法的大小，手法也相对地没有那么牢固。尽管找到的岩面脚点很小，或者是攀岩鞋和岩壁只有些许的接触面积，也可以让看似不可能的裂隙变得可能。

（三）平衡攀登技术

1. 平衡攀登的基础

（1）找到脚点后应依据技巧平稳地站住，切忌因姿势改变而任意变动。

（2）着手点一般使用推压方式比上拉方式更为省力。

（3）不可在一个费力的姿势上停留过久，应保持攀登的连续性。

（4）使用较有力的部位，也就是能用脚站立，就不要用手去拉。

2. 平衡攀登的基本原则

用脚：每次向上移动时，应利用脚来支撑体重，不要用手像拉单杠一样用力，手仅用来维持平衡。因此，攀登时不要一味地往上寻找着手点，而是让眼光下移，好的脚点是成功的一半。

三点固定：要移动手或脚时，应将重心移至其余三点，保持平衡后才可将该点的力量移动。

3. 平衡技术动作练习

（1）斜板攀登

身体重心离开岩面，保持身体直立是攀登最基本的姿势。若对脚信心不足，上体贴紧岩面，攀登更费力；要相信自己的脚，上体离开岩面，重心落在脚，既平稳又轻松。

在难度高的斜板上，为了抬高脚完成动作，柔韧性显得尤为重要。如果抓不住上方的点，垫高脚就能抓到了。让身体重心平均落在脚上，保持直立的攀登姿势，移动脚步稳而准确。优美而轻巧的攀登，不要因快速移动而加大支撑力量。在斜板上攀爬，只有休息时才用外侧踩法，移动时不用。

（2）岩面攀登

岩面攀登应注意以下几点：①观察路线；②脚移动至下一个脚点，同时手用力（维持平衡）；③锁住；④手移动至下一着手点。在接近垂直的岩面，转动身体，让身体靠向岩壁，这种典型的姿势可使手支撑向外的拉力减小，增加往岩壁靠的力量。脚的位置对向上攀登有很大的影响：太高，一开始的移动只能靠手拉；太低，在抓到下一个着手点之前脚就悬空了。脚位置太低，身体拉得太长了，也不利于发力。

（3）仰角攀登

即使是平缓的室内攀岩，有些路线上也有部分区域向外伸展，带有一定的仰角，有的整个岩壁都向外伸。攀登过程中，虽然你不能直接使身体重心落在脚上，但脚底功夫在这种情况下就显得比其他因素更为重要。因为遇到这种情况，即使是最薄弱的脚点都会承担许多本是手臂承担的力量。在攀登时，试着尽可能地伸直手臂，因为当手臂弯曲时，更容易产生疲劳。从理论上讲，当腿向上抬时，手仅是起到一个平衡身体的作用，它使身体尽可能靠在岩壁上，但这很难做到。同时，最好避免大距离的伸展，因为在整个攀爬过程中，这种要求另一只手臂紧紧握住支点的姿势，在直立的岩面上不可能紧紧地有力握住支点。当紧握住一个支点时，尽量使手靠近肩膀，肘关节紧靠身体一侧。如果在攀登时觉得特别费劲，这是极好的建议。

角度很陡而又需跨越大距离时，上体斜靠岩壁，用一只脚的外侧和另一只脚的内侧紧贴岩壁而站，转脆用两脚蹬住岩壁，重心落在双脚上。向上移动左手，左脚做向下、向里的动作，这就使左脚与紧握点的右手达到稳定。抓好左边的着手点后，有时需转动身体向另一个方向移动，这样右手也可以向上移动。

（4）动态攀登

动态攀登是叙述攀岩者支撑越过一个点到达另一个点的又一种方法。动态攀登的范围是15厘米的跳跃动作，攀岩者完全离开岩壁，跳到所要达到的高度并迅速抓住着手点。动态是许多较大难度的室内攀岩的必需条件，正确地运用动态是攀岩竞技，需要身体各部位很好的协调和精确的时间控制。

通常情况下，动态攀登是在悬垂区域内进行的，它可以实现两个点之间的长距离的跨越，但并不都是这样的。有时候可以实现从一个小点到另一个根本没有办法握住的点。在特殊场合下，手臂须单独完成挺伸的动作，脚挂在空中。动态攀登一般是手臂实现的爆发性攀越，并以脚踏离脚点的推力为辅助力量。手臂垂直向下悬挂，双腿弯曲，准备跳跃。开始跳跃的时候，手臂不要上下拉伸，这样只会消耗身体的能量。眼睛盯着目标点，以准确地抓住它。进行跳跃时，一只手向上伸，以便达到所要达到的支点。在理论上，攀岩者运用跳跃的优点是力量不足的那一瞬间（发生在顶点时）准确地抓住点。但别忘了，实际上目标点可能不是出现在眼前的地方。

动态攀登不再是在普通岩壁上大幅度跨越的唯一选择方法。人在支点上悬挂时，完全凭借腹肌的力量，摆动相对应的手和脚（左手对右腿），将膝盖挂钩在手臂肘关节上时，扭转身体向岩壁，一腿向上攀，另一条腿发力，并有控制地伸向下一个支点。在激烈的情况下（事实上任何情况下使用这种动作都是极为激烈的）膝盖弯曲绕在手腕上，这样会获得更远的距离，这种技巧在人工岩壁上经常使用。

（四）器械攀登技术

当一些岩面用正常的方法无法进行攀登时，可以考虑利用器械进行攀登。利用器械攀登的方法很多，着重介绍以下几种。

1. 上升器攀登

将主绳的一端在上方固定好，另一端扔到岩壁下方。将上升器扣入主绳，然后将保护绳套、铁锁、下降与安全带连接。检查安全后，开始攀登。攀登时手和脚要协调配合。

2. 抓结攀登

抓结是一种绳结，利用抓结攀登是在没有上升器的情况下采用的。其连接的方法是用两根辅助绳在主绳上打成抓结（手握端），另一端打成双套结（连脚端），不断向上攀登。其攀登的方法及要领与用上升器攀登方法一样，都是抬腿提膝使拉紧了的辅助绳松弛，将上升器沿主绳向上推进到不能再推为止，脚随之下蹬，身体重心一侧上移，另一侧也如此动作，反复进行，直到要到达的地方。在操作过程中，注意保持身体平衡，始终保持面向岩壁的姿势，动作要协调、有节奏。

（五）悬垂下降技术

悬垂下降使用于不能采用普通下降的场合。例如，日落后遇到断崖时或山难救助等。

使用悬垂下降时最重要的是支点，一定要事先详细查看是否牢固。不管是用岩角、树木或钢钉做支点，悬挂重力都不能忽略这一点。

利用岩角做支点时，要先看看岩角是否已被风化，避免使用脆弱的、会滑会摇动的岩角。利用树木时，绝对不能用枯木，一定要找活树才行。矮松根是一种很好的支点，如一棵树不够粗时，可一次用两三棵。利用钢钉时，一定要钉牢，而利用别人留在岩场的旧钢钉前，必须先检查、试验，如果已松动就要重新打牢，或另找别的小裂隙重新打钢钉。

在支点上挂绳索，有下列三种方法。

（1）将绳索在支点上绕两圈，直接悬挂在支点上。

（2）用短绳做成绳圈套在支点上，再把绳索悬挂在绳圈上。

（3）在绳圈上再加一个钢圈或铁环，然后将绳索悬挂在钢圈或铁环上。

最常使用的是绳圈悬挂法，如做绳圈的绳索太短时，可用辅助的绳索充当。悬垂时，身体的悬挂法虽有许多种，但大都使用简便、实用的肩膀悬挂法。另有一种由颈部悬挂法演变而成的肩膀悬挂法。两种肩膀悬挂法到底哪种最佳，通常不能十分肯定，但就安定感来说，以前者较优。悬垂下降时千万不能用力太猛，一定要平滑而且缓慢地下降，太快了极易引起危险。悬垂的成败关键在出发时，如登山者一开始即能保持正确的悬垂姿势，就可顺利地达到目的，如面临断崖，除非技术纯熟的登山者，否则不可冒险悬垂。

悬垂时，上身要尽量与岩壁保持距离，双手交互松开移动，切忌双掌同时松开，以免坠落。其他还有手腕悬挂法，但这只能用于倾斜度不大的地方。悬垂完毕后要收回绳索，但有时（尤其直接悬挂在支点时）因悬垂时的重量，使绳索卡在支点上拉不下来。此时，可在下面将绳索做波浪形抖动后再拉，但这种方法也不一定有效，所以悬挂时还是尽量利用绳圈、钢圈为宜。但用绳圈、钢圈有时也会无法收回绳索，所以当第一个人悬垂下去时，就要拉拉绳子，如已卡住，就要通知上面的人，再查看支点的情形，保证人身安全。

四、大岩壁攀岩技巧

(一) 拖拽技巧

拖拽是大岩壁攀登中最繁重的工作，只能这么做才能把装备都拉上来。每完成一段路线之后，为了下一段路线做准备，都要设置拖拽系统向上拉包，并将其妥善放置。

设置拖拽系统有许多办法，最简单的就是一把一把地往上拽，效率不高，效果也不好。复杂的拖拽系统需要花时间设置，但可以使后续的拖拽工作轻松完成，下面简单介绍几种拖拽系统。

1. 简单拖拽系统

简单拖拽系统，设置起来最迅速，适用于拖拽重量轻的东西。保护点上安置一把主锁和一个滑轮，最好是有自锁功能的。从滑轮里出来的绳制动端上加一个上升器，上升器上面系着一条扁带套。这条扁带套可以用作脚环，用脚向下踩就能将需要牵引的包向上拖拽了。也可以在活绳那边再加一个上升器，这样在向下踩的同时可以用手在那边向上拉。当被牵引的包稍微上升之后，自锁滑轮会拉住它的重量，同时攀登者可以重新安排上升器在绳子上的位置，不断重复这样一个过程即可。

2. 改进拖拽系统

如果牵引物更重一些，就需要在传动装置上稍做改良。顶部保持不变，还是绳子通过自锁滑轮。活绳上扣一个上升器，这样绳子向上拉动后，会被上升器抓住，绳子制动端这部分用一个小一点的滑轮跟这个上升器连接。向上拉动制动端就是提升牵引物，顶部的自锁滑轮可以在需要的时候把上升器回退就位。

该系统与上面介绍的改良拖拽系统设置一样。制动绳末端，或者另外一段合适的绳子，可以用来增加机械优势。一般用一个8字结把这段绳扣在一处合适的保护点上，再用一个滑轮把上升器或者绳夹（或者自锁滑轮）连接到这段绳子上，绳夹再连接到从第一个系统上甩下来的制动绳上，这样向上拉它就能锁住，向上拉动绳子末端就能提升拖拽包了。

如果向下拉动能够更好地适应保护点的话，那么也可以把系统设置成那样。这次不是把富余绳末端系在保护点上，而是连在原系统制动绳上的那个上升器或者绳夹上。这段绳穿过了保护点，拉动通过了保护点的制动端绳子，就可以提升拖拽包了。

(二) 器械攀登技巧

很多路线都需要使用一处或多处器械保护点。只要拉的、踩的地方不是岩石，就算是器械攀登。简单的可以是拉一处放置好的岩塞使攀登者可以够到一个更高的点，复杂的可以是连续多天的攀爬，需要用到很多装备（包括扁带套和绳梯）的路线。

任何包括器械攀登动作的路线，在路线说明中都会对需要用到器械的部分进行详细的说明。因此，到达需要用器械的地方时也不会感到突然。在大岩壁使用器械之前，应该具有使用该器械的经验。事实上，很多单段攀登也有一处或多处需要用到器械的地方。若之前没有尝试过，可找一小块合适的地形，花点时间进行扁带和绳梯的使用练习。

确保手边有足够的装备，不管是随身携带的或是从保护者那里通过拖拽绳拉上来的。身上扣着两套绳梯，在合适的位置扣一些扁带套。在安全带保护环上面扣一根短牛尾绳或一段短快挂，也是很有用的。

到达器械攀登点时，尽可能高地设置一个器械然后在上面扣上一套绳梯，最好使用菲菲钩，这样爬上去之后可以轻松取回。把体重转移到绳梯上确保它能拉得住，如果愿意也可以把攀登绳扣在上面作为移动保护点。沿绳梯向上爬，直到高度破坏了身体平衡，可以使用以下几种办法来站稳。首先，让跟攀者把保护绳拉紧。这会把领攀者拉向顶部的移动保护点，阻止向后倒。另外一种方法适用于外悬的地形，从安全带上用短牛尾绳把攀登者扣在移动保护点上，然后向后坐。接着就可以往高处够，设置下一个器械，再用第二套绳梯重复这个过程。当攀登者向上爬时，如果使用的是菲菲钩，通过安全带上连接的细绳，第一套绳梯就会被拉出。

站在绳梯上的时候要多加小心，因为攀登者的体重有可能把放置点撕开。除非能确定绳梯非常稳固，否则不要急着把绳子扣上去，一旦脱落就会加长冲坠距离。

有些攀登者喜欢用长菊绳替代牛尾绳，菊绳是一条维制的扁带，上面有一系列的扁带套。菊绳给攀登者以更多的选择，可以根据从身体到设置点的距离来扣绳，而且效果不错。但要确保攀登者不会脱落，让扁带受到冲击力。

关于器械攀登的方法，上述方法还有很多种变化方式。介绍得如此详细，只是提供了一个好的起点，可以发现什么方法最适合。要记住，攀爬大屋檐需要具备各种陡岩面攀爬的技巧，而从一开始这些技巧就完全依赖于放置的器械。

当完成一段绳距的时候，除非这部分用到的装备很少，而且不会在下一段绳距上用到，否则正常来说，会沿绳使用一种后面将会详细介绍的技术把装备提上来，然后用于后面的路段。鉴于此，会牵引一根拖拽绳，这很可能是一根细的静力绳，这样往上拉装备的时候就可以不使用主绳，避免主绳的磨损。如果第二个队员自己没有携带装备，那么可以用拖拽绳把背包拉上来。另一种选择是领攀者用一根细绳做拖拽绳，第二个队员沿主绳上升。仰角路段上这么做比较好用，过程中第二个队员穿过设置的装备，贴着岩面攀爬，否则会从岩面荡出来很大一段距离。

（三）安装挂片技巧

如果所在的岩壁太平整，以至于没办法设置传统保护，要想继续上升除了使用挂片别无他法。另一种可能是，无法设置自然的保护点，而出于某种原因需要设置一整套保护系统。

从一开始就必须了解当地的规定，里面会说明何种情况下才能使用挂片。一般来说，如果没有特别好的理由或者开线者的同意，就不应该在已有路线上安装新的挂片（也就是重修路线）。大多数情况下，只有新路线可以安装挂片，即使是这样，也只能是没有其他选择、当地允许的情况下才可以。

运动攀登路线差不多都用专门的强力电钻安装挂片，过程中采用沿绳下降，不用担心背负的重量。虽然在首攀长路线的时候有时用电钻，但是在一些偏远地点，唯一的选择就是使用手钻，这是个非常耗时又累人的过程，需要特别设计的手钻、钻头、锤子、扳钳、膨胀螺栓和挂片。

挑选一处合适的岩面，坚固而且基本平整。把钻头放进手钻，垂直对准岩面，先用锤子锤手钻尾端，把钻头打进去一点。一些专门的钻套有内螺纹可以用，也就是说每次锤的时候，钻头在正确的方向上略微旋转。即便如此，每次锤的时候为了让钻头咬进岩面，也应该用手旋转一下。

继续敲手钻，直到空洞深度大于膨胀螺栓套筒的长度。把手钻挪开放到安全的地方。吹一下钻孔，清除石粉，可以把螺栓和膨胀套筒放进去，用锤子敲到位。完全就位后；把挂片和螺母放上去用扳钳拧紧。要确保挂片最后处于可以承重的正确方向，不要拧过头，否则膨胀套筒或者螺栓可能会损坏。如果对牢固性有疑问或者挂片松动，可能就需要在附近再钻一处重新安装。

（四）沿绳上升跟攀登技巧

有些路线需要很长时间的领攀，跟攀者也许想沿绳上升而不是每段路线都跟着爬。大家都知道，上升器沿绳上升技术允许跟攀者在完成整段绳距之前有时间休息，同样也让他们可以不费什么力气就清理这段路线上的器材。有很多种方法可以做到这一点，下面详细介绍两种最普通的。

1. 使用两个上升器

使用两个上升器的关键是协调。一个连在安全带上，另一个带有用作脚环的扁带套。第二个上升器同样通过扁带连接在安全带上，如果第一个上升器意外滑动或者脱开，它还能作为副保护发挥作用。沿绳上升，把顶部的上升器向上推，身体在安全带里向下坐。第二个上升器上的体重被转移，可以沿绳向上推。扶着这个把手，站在扁带套上。现在顶部的上升器不受力，可以再次移动。就这样循环操作。

只要有足够的富余绳子，可以用第二个上升器下面的主绳以双套结方式扣在安全带的大铁锁上。如果上升器失效抓不住绳子，这样做可以避免脱落后掉很远。

如果绳子不以直线进入上升器，用第二把铁锁把上升器扣进绳子，穿过上升器顶部凸轮上方的孔，或者较低部分，把手尾部的铁锁孔都可以，这样一来绳子就不会在凸轮部分往上缩了。

2. 在安全带上使用上升器和自锁装置

有时候需要更高的机械效率，可能是因为路线大陡峭、负重太重而没有采取拖拽，或者是因为高海拔、筋疲力尽，使用普通方法上升太累了，这时候就需要设置更有机械效率的装置。当然，每次拉动绳子能够上升的距离略有减小，所以需要拉更多次才能上升一段路线系统需要使用自锁滑轮或者自锁保护器。需要注意的是，这种技术不适合在冻硬或者表面结冰的绳子上使用，对此自锁装置抓绳效果不好。

绳子穿过扣在安全带上的自锁滑轮或者保护装置后再扣上升器，让绳子制动端向上通过上升器把手上扣着的主锁，松垮地垂在那里，不妨碍抓握上升器就好。用额外的一段辅绳把上升器连接在安全带上作为副保护。

向下坐，把重量加在绳子上，让安全带上的自锁装置承重，把上升器沿绳向上推。抓住上升器把自己拉起，脚踩在岩面上配合，同时向下拉动穿过上升器主锁的绳子。完成之后，向下坐，重复这个步骤。

这种方法的一个好处就是也可以用扁带套连接上升器，如果扁带套足够长就可以让攀登者把脚踩进去进行器械攀登动作。只有在特别陡峭或仰角地形才需要这么做，因为那时候脚没办法踩到岩面借力。为了额外的安全保护，也可以在装置下面的绳子上打双套结。

还可以在安全带上面连接一条牛尾绳，在站姿或者到达挂绳的平台处时可以用来做保护。摘掉上升器的时候可以把牛尾绳扣好做保护。

五、攀岩运动损伤的预防及处理

攀岩运动主要是通过四肢末端与岩壁形成支撑、悬垂和摩擦，产生向上的动力，从而达到完成攀岩的目的。整个过程中，人体要克服自身重力，对身体末端，特别是小肌肉群的力量要求特别高，因此四肢损伤的几率相对较大；由于上肢力量相对较弱，所以手指、手腕、肘及肩部的损伤较多；同时，由于岩壁情况的多样性及攀岩的坠落具有不可预知性，经常会发生软组织损伤，骨折、挫伤等急性损伤。许多攀岩者对于这些运动伤害的类型及防治往往一知半解，甚而忽略其严重性或延误就诊时机，最终被迫结束攀岩生涯。在此，我们主要针对攀岩运动的特性，对几种常见运动损伤及其成因加以介绍，以引起攀岩者在运动和训练中的注意，减少运动损伤的出现。

（一）攀岩运动常见的运动损伤

运动损伤依照受伤情况或病程的不同，可分为急性运动损伤和慢性运动损伤两种。急性运动损伤是指在运动中因直接或间接外力一次作用而致伤，伤后症状迅速出现，病程一般较短。攀岩运动中常见的急性运动损伤有擦伤、撕裂伤、肌肉拉伤、韧带扭伤、骨折等。慢性运动损伤是指积累多次微小伤害的身体病态现象，症状出现缓慢，病程长。在急性损伤后因处理不当而导致反复发作的陈旧伤，或局部运动负荷安排不当，长期负担过重超出了组织所承受的能力而导致的疲劳损伤，也属慢性运动损伤。攀岩运动中常见的慢性运动损伤有：慢性肌腱炎、滑囊炎、劳损性骨膜炎、关节炎、疲劳性骨折、习惯性损伤等，这些损伤多发于四肢，如肩、肘、腕、指、踝等部位。

1. 手部运动损伤

（1）手指侧副韧带损伤

手指侧副韧带之扭伤或断裂是攀岩最常见的运动损伤，其中以中指、食指或无名指的近端指骨间关节和拇指的掌骨与指骨间关节损伤为主。当攀岩者以动态动作去抓较小支点时，中间三指的近端指骨间关节将在刹那间承受极大施力导致大幅弯曲；而捏点的动作则易使拇指的掌骨与指骨间关节扭伤。

患者最常见的症状是关节的肿胀、硬、慢性疼痛及运动受限，若对患部施压时手指呈现弯曲及不稳定的现象，则表明侧副韧带已完全断裂；如果患者仅感到疼痛，但患部仍稳定，则可能只是扭伤。

在处理时，指关节的副韧带损伤，采用单指固定，而掌指关节的副韧带损伤，可以与相邻的手指一起固定，1～3周后拆除，进行功能练习。但是疼痛可能会持续数周。

（2）屈肌肌腱损伤

每一根手指皆有两条屈肌肌腱（拇指除外），其中，屈指浅肌可将近端指骨间关节及掌骨与指骨间关节弯曲；而屈指深肌则可将远端指骨间关节、近端指骨间关节及掌骨与指骨间关节弯曲。

攀岩时，闭锁型抓法容易导致屈指浅肌的肌腱撕裂；而开放型抓法则易使屈指深肌肌腱撕裂。当屈指浅肌肌腱撕裂时，近端指骨间关节将难以弯曲；当屈指深肌肌腱撕裂时，远端指骨间关节则难以弯曲。患部的疼痛、肿胀与握力和捏力消失是两者共同的症状。

检查时，可先将近端指骨间关节伸直，并尝试弯曲指尖，若患指无法将远端指骨间关节屈曲，则表示屈指深肌肌腱发生伤害；至于屈指浅肌肌腱的检查，则可将手掌朝上置于桌面，将患指外其他四指维持伸展姿势并令患指弯曲，若无法屈曲则表示该指的屈指浅肌肌腱受伤。如果是屈肌肌腱的撕裂伤，通常采取保守治疗，如果已经断裂，建议手术治疗。

（3）指第二环韧带（第二环状滑车）

每一根手指内皆有 5 个环状滑车用以连接、固定指骨与肌腱（拇指除外），而肌腱的经常弯曲便会与滑车发生摩擦，并导致其撕裂。第二环状滑车位于近端指骨近掌骨与指骨间关节处，攀岩者常因使用闭锁型抓法时过度用力而导致其撕裂，其中以中指及无名指最常见。据统计，约有 40％的职业攀岩者患有第二环状滑车损伤。严重时，第二环状滑车将完全断裂，导致屈肌肌腱无法再贴进指骨，并呈现弓形弯曲，即所谓的"弓弦现象"。第二环状滑车伤害的诊断较为不易，轻微伤在休息时没有感觉，但在手指基部受到压迫时会感觉疼痛，手指的肿胀会影响手指的弯曲，严重时有一至两个环韧带断裂（通常是二、三环韧带，此时会出现弓弦现象），如果出现断裂需要手术治疗。

恢复过程中，疼痛会在 2～10 周内消失（建议疼痛消失两周后开始恢复训练），中度受伤需要休息至少 45 天，通常需要 2～3 个月的时间。要避免在紧握和半紧握抓点时过分用力；使用胶带防护，可以使用二环韧带指环缠法、瑞士缠法、十字缠法。

（4）扳机指

扳机指是一种手指屈肌腱鞘发炎的病况，最常发生在中指、无名指或拇指内的"第一节环状滑车"。攀岩过程中，在抓握开放型支点时，对掌骨位置的压力过大，属于屈肌肌腱发炎的一种，通常发生在中指、食指和无名指。开始时手指僵硬，严重时指间关节不能完全伸直，掌骨处有压疼，随着病情好转，炎症和其他症状可以全部消失，但往往会遗留有手指屈伸时发出弹响声音的现象，这就是扳机指。这种情况下，首先应固定患处，之后可以进行封闭或者手术治疗。

2. 肩部运动损伤

一般所谓的肩关节，是介于肱骨与肩胛骨之盂唇所形成的关节，而锁骨则横于其上，与肩峰形成肩锁关节。盂肱关节是一种球窝关节，肱骨像球状被包在浅浅的盂唇窝中，以主动性的盂唇、关节囊韧带及被动性的三角肌、旋转带来提供稳定。在这个狭小的空间内，关节、肌腱、韧带与滑囊间的经常性摩擦与碰撞，将引起诸如旋转带撕裂、肩峰下滑囊炎、肱二头肌肌腱炎、棘上肌肌腱炎等肩部损伤，我们称之为"夹击症候群"。夹击症候群常见之病况包含以下三种：

（1）旋转带腱炎

旋转带是由肩胛下肌、棘上肌、棘下肌、小圆肌所组成，这些肌肉包围覆盖住肱骨，在肩关节稳定与手臂移动中扮演了极重要的角色。但由于旋转带紧邻由肩峰及喙突所构成的弓形突起组织，经常性的摩擦将造成旋转带破裂，其中尤以棘上肌肌腱的伤害最常见。

（2）滑囊炎

旋转带与"肩峰—喙突"间尚有另一组织，称为滑囊，其功能在于减少，上述两者间的摩擦碰撞。经常性的撞击将会使滑囊发炎，其中尤以肩峰下滑囊炎最常见。

（3）肱二头肌肌腱炎

旋转带之破裂肿胀及发炎将造成肌腱供血异常，进而加速肱二头肌长头肌腱之磨损，甚至断裂。夹击症候群的患者一般会有肩部前方和外侧疼痛、肩部运动范围变小（特别是手臂无法高举过头）、手臂肌肉无力等症状。

3. 肘部运动损伤

攀岩者最常见的肘部损伤是上髁炎。上髁炎依其肇因及受伤点不同，可分为肱骨内上髁炎（即俗称的高尔夫球肘）及肱骨外上髁炎（即俗称的网球肘）。

（1）肱骨内上髁炎（高尔夫球肘）

大部分主要的屈肌和旋前肌都起自肱骨内上髁，所以，当屈腕、屈指的肌肉收缩时，主要的牵拉引力就集中在肱骨内上髁上，使这里受到的牵拉之力比较大，频繁而且集中。从而造成肱骨内上髁肌腱发炎。同时，在攀岩过程中，肱二头肌收缩会使手掌旋后，但为了抓住支点，却要保持手掌前旋的姿势，这就使本来受力的手臂前旋肌群与内上髁的结合处因过劳产生损伤。开始时肘内侧出现酸胀不适，之后变为轻微疼痛，严重时可发展成持续性钝疼。检查时，可发现内上髁比对侧略高起，或有轻微的肿胀，有明显压疼，关节功能不受限，但在做前臂内旋、屈腕等动作时，内上髁处可能出现疼痛。出现此损伤首先应该休息，之后可以采用推拿按摩、封闭或者手术等治疗方法。

（2）肱骨外上髁炎（网球肘）

由于主要的伸腕和伸指肌肉全部起自肱骨外上髁，同时主要的屈前臂肌肉也起自外上髁，所以伸指伸腕动作，就对外上髁产生比较集中的拉力。在攀岩过程中，手臂上下运动，都是由肌肉的收缩来完成的，而伸肌的用力与屈肌的用力相比，前者用力要大而猛，这样对伸肌起点的拉力，就比屈肌起点的拉力要大，这就造成了外上髁肌腱发炎。与肱骨内上髁炎相似，在外上髁局部有肿胀和明显的压疼，在做持物伸腕、伸腕抗阻、前臂外旋抗阻试验时，都可以出现肘外侧的疼痛，做外上髁的特殊试验，MILLS 试验时，也可以出现阳性反应。（方法是让患者手握拳，腕屈曲，肘呈 90°屈曲位，再使前臂内旋，并在内旋的同时使手由前到后从腋下通过，再由前下向后上划弧，然后将前臂伸直。此时，若出现肘外侧疼痛者，为阳性反应，否则为阴性。阳性反应说明有外上髁炎存在。）

4. 其他

（1）腕管综合征

腕管由 8 块腕骨组成弓形骨槽，并覆盖以腕横韧带而形成管道状结构，其中除掌长肌外，还有 8 条屈指肌肌腱和正中神经通过，由于腕管容积不能改变，当腕管内组织发生水肿等内压力增大情况时，它不容易借向外扩散来减轻对内部组织的压力，从而造成腕管综合征。表现为手腕不舒服，疼痛，手指活动不灵活，尤其是拇指多见。

应采取封闭、针灸或者手术治疗。

（2）半月板撕裂

多是由于跪膝别腿动作，高抬脚动作或者攀石中的跳下动作等。由于半月板撕裂与内侧副韧带损伤以及外侧副韧带损伤有可能混淆，建议就医检查，其主要区别是半月板损伤检查时，膝关节有响音，且有交锁现象（在走动或在膝关节的伸屈活动时，常有突然卡住，致使膝不能伸屈的现象）。

需进行手法复位治疗或手术治疗。

（二）攀岩运动损伤的预防

急救、康复治疗和康复训练是预防失败后的无奈选择，因此，运动损伤的预防尤为重要。有了预防措施，不仅能够有效降低损伤的发生概率，也能够降低损伤的程度，这比受伤后要付出的代价小得多。所以，在预防攀岩运动损伤时首先要树立"预防为主"的意识；其次，要努力掌握相关的专业理论知识、技术和技能，使攀岩活动尽量在可控的情况下安全进行；最后，尽量避免没有把握的贸然尝试，降低受伤的风险系数。

根据产生运动损伤的原因和攀岩的项目特点，我们需要从以下几个方面做好攀岩运动损伤的预防措施：

1. 运动环境和器材设备

攀岩场地的设计、建设，自然岩壁的清理和保护点的安装必须由接受过专业认证的人员担当；使用的所有生命确保装备均需通过欧洲联盟或国际登山组织联合会认证，并确保其良好的使用情况。

2. 运动过程的完整性

（1）科学的运动过程包括充分的热身和整理，生理机能的激发和疲劳的恢复对竞技能力的发挥和运动损伤的预防有重要意义。此外，还要逐步提升训练强度，给予身体足够的适应期。

（2）热身和整理运动应该从一般的动作到专项动作，幅度和强度由小到大，使前奏和尾声与攀岩有良好的对接。

（3）良好的营养，合理的疲劳恢复手段是运动后积极的跟进措施。

3. 技术运动的合理性

（1）平衡是攀岩的前提技术，用脚来支撑重量，用手来调节平衡符合人体运动技能特点，可以避免上肢过大的负荷造成的伤害。

（2）向上是攀岩的终极目标，如果把强大的下肢伸肌群称为原动肌群，那相对弱小的上肢屈肌群则可称为协同肌群，所以，用腿向上攀是最合理有效的方式。

（3）身体的活动范围是由关节屈伸范围和肌肉克服阻力的能力决定的，因此在保证身体平衡的前提下，寻找有利于肌肉用力的合适角度，可以避免关节伸展的局限和肌肉主动不足造成的损伤。

（4）线路解答的过程就是不断重复上一点的过程，合理的攀岩线路选择是对自身素质和技术做最优化的组合，避免运用不能胜任或无把握的动作和技术。

（5）攀岩运动具有明显的节奏性，上升的过程是主动用力加速、制动减速和静止的循环往复，是肌肉收缩（紧张）和舒张（放松）的交替运动，缺乏节奏就意味着功能容易达到极限状态引起疲劳和紊乱，造成运动损伤。

（6）技术的合理性具有强烈的个性特点，每个技术动作都是攀岩者训练水平、智力水平、身体素质、心理素质的综合体现，盲目的模仿别人的动作而不考虑自身的特点显然是十分不明智的做法。

4. 加强保护和自我保护

（1）保护和自我保护首先是一门技术，为了防止保护技术的失误引起伤害，在学习的过程中要经历徒手、平地、人工岩壁、自然岩壁的练习过程，并且要反复练习达到纯熟的境界，切忌直接进行实际操作。

（2）在保护实践初期要密切监督，要求保护的协作，做好保护员的固定，先倒顶绳保护，再做先锋保护。

（3）在保护时要和攀岩者有良好的沟通，做到攀岩前相互检查装备连接的安全性，攀岩时密切关注攀岩者的动向，并预测潜在的危险，在主动放弃和做有风险的尝试前通知保护者，并做好失败时的自我保护准备。

5. 身体素质的提高和平衡

（1）损伤的产生，有时是身体素质的缺陷所致，准确的判断身体素质的不足（对身体素质的客观评估）对避免运动损伤至关重要。

（2）一般身体素质和专项身体素质是普通和特殊的关系，攀岩初期水平的高低往往取决于一般身体素质的高低和全面，加强一般身体素质的训练是初学者的当务之急，而非激进的集中锻炼肩带和前臂。

（3）身体素质是力量、速度、耐力、柔韧度、协调性等能力的综合体现，运动能力也绝非仅靠某一项的强大就能发挥作用，反而各项之间过大的强弱对比差距增大了受伤的可能性。所以平衡的身体素质不仅能整合成技术所需的优质物质基础，而且能降低运动损伤的几率。

（4）身体各部分之间身体素质的和谐平行发展也同样重要，包括上下肢的协调、左右的对称、屈伸的对等、远端和近端的比例等。

6. 攀岩心理训练的介入

攀岩运动对攀岩者有较高的心理素质要求，每个攀岩者对恐高、怀疑、逞强、冒险的心理或行为都要有或多或少的体验和经历，这些负面的心理素质引发的运动损伤也屡见不鲜，由此而形成的心理阴影也是攀岩者突破自我、技术进步的巨大障碍。通过心理训练培养勇敢、自信、负责、合作的心理品质，是缓解运动焦虑，激发竞技状态，防止运动损伤的有效手段。也就是说，完善的心理品质和人格是攀岩运动项目的特殊锻炼价值。

（三）攀岩运动损伤的急救与处理

运动损伤发生的时候，应立刻就医。发生损伤就会引起疼痛、肿胀、炎症等症状。为防止这些症状的加重所采取的应急手段即被称为"应急处置"。应急处置也被称为"RICE原则"，主要包括制动（Rest）、冷敷（Ice）、加压（Compression）、抬高（Elevation）四个方面。运动损伤按时间段可分为早期、中期和晚期三个阶段。在这三个阶段，应根据其各自的病理特点采取不同的治疗方法。

1. 早期

所谓早期是指伤后 24～48 小时内。此阶段病理变化的主要特点是组织撕裂或断裂后，出现血肿和水肿，发生急性炎症。该期的处理原则即为"RICE原则"。处理方法可根据具体情况选用一种或数种并用。也可合理选择创伤药或止痛药，以达到消肿、止痛和减轻炎症的效果。

（1）制动

即停止运动，降低血液循环速度，防止伤口扩大或骨骼断面割伤其他组织或器官，导致症状恶化。

（2）冰敷

用冰袋敷于受伤部位，使破裂的血管收缩，减少出血和组织液渗入，并有一定镇痛作用。

（3）加压

用绷带对受伤部位进行加压包扎，减少出血和组织液渗出，并进行一定的固定，但切记勿捆绑过紧，以免阻断血液循环。

（4）抬高

抬高伤肢，降低局部血压，防止血肿，有利于血液回流。然后依其需要决定是否请医生来或送医治疗。其中以冰敷最重要，因为冰敷可以降低伤者疼痛的程度。当发生以下三种情况时，必须主动就医：①患部感到疼痛；②因疼痛而无法移动身体部位；③疼痛持续，两周内情况皆未好转。

2. 中期

所谓中期是指受伤 48 小时以后。此期病理变化和修复过程的主要特点是肉芽组织已经形成，凝块正在被吸收，坏死组织正在被清除，组织正在修复。临床上，急性炎症已经逐渐消退，但仍有淤血和肿胀。因此，该期的处理原则主要是改善局部的血液和淋巴循环，促进组织的新陈代谢，加速淤血和渗出液的吸收及坏死组织的清除，促进再生修复，防止粘连形成。治疗方法有理疗、按摩、针灸、药物痛点注射、外贴活血膏或外敷活血、化瘀、生新的中草药等，可选用几种方法进行综合治疗。热疗和按摩在此期间的治疗极为重要，但是按摩手法应从轻到重，从损伤周围到损伤局部，损伤局部的前几次按摩必须较轻。

3. 晚期

损伤组织已基本修复，但仍可能有瘢痕和粘连形成。临床上，肿胀和压痛已经消失，但功能尚未完全恢复，锻炼时仍感到微痛、酸胀和无力，个别严重者出现伤部僵硬或运动功能受限等。因此，该期的处理原则是恢复和增强肌肉、关节的功能。若有瘢痕和粘连，应设法软化或分离，以促进功能的恢复。治疗方法以按摩、理疗和功能锻炼为主，配合支持带固定及中草药的熏洗等。

第三节　徒步穿越运动训练指导

一、徒步运动的特征及分类

（一）徒步运动的特征

1. 参与者构成的广泛性和集群性

从《中国群众体育现状调查研究》中体育人口对体育活动项目的选择情况来看，排在第一位的是就是"长走"。虽然"长走"并不完全等同于徒步运动，但从"运动促进健康"的角度考虑，两者在"身体活动"方面基本类似。目前中国的徒步人口呈激增趋势，遍布各个年龄阶段以及社会各个阶层，人群构成十分广泛。

另一个突出的现象是，徒步者的集群效应越来越明显，因某种相似特征而聚集在一起的徒步者们倾向于组成自己的"圈子"，这实际上是因共同业余爱好、消遣方式、体育活动而自发形成的亚文化圈。对某些人来说，可以将这个"圈子"作为整个生活方式的一个基础，陷入"圈子"中去寻找自己的余暇消遣。他们以户外网站或论坛为联系纽带，共同交流心得、分享成果，组织内部活动，每个人在圈内都扮演着特殊的角色并希望得到其他人的重视。现在国内如"驴友"性质的"圈子"比比皆是，大大小小"圈子"的迅速膨胀也自下而上地推动着徒步运动的发展。

2. 活动空间与自然的高度融合性

徒步运动与室内场地开展的体育活动相比，最大的特点就是与自然紧密相连。徒步运动从现代城市生活中破苗而出，强调人与自然的高度融合。"医学之父"希波克拉底曾讲过："阳光、空气、水和运动，这是生命和健康的源泉"。徒步运动将这四者完美结合在一起，使人们在与自然地对话中健康体魄，舒缓神经，陶冶情操，培养自信和乐观精神。同时，徒步使人类因"爱自然"而"护自然"，有助于提高人们的环保意识，形成人与自然和谐相处的良好局面。

值得注意的是，随着参与者人数的暴增，参与次数的频繁，徒步理念逐渐融入人们的日常生活，现代徒步运动呈现更加便利化、生活化的发展趋势，活动空间也慢慢扩展到一些半自然场所，如城市公路、绿道、公园等。虽然徒步运动与自然联系的必然性有所降低，但是人们创造和参与徒步运动的初衷并没有改变，只要条件允许，"回归自然"依然是徒步运动的最大魅力。

3. 活动过程的高体验性和参与性

徒步运动是建立在对自然的尊重和理解的基础上展开的人类体验活动，它的终极目的并不是追求冒险和刺激，而是主张一种自然条件下身体和心理的舒适体验。人们天生有对自己所缺失的环境体验的追求冲动，现代城市如牢笼般封闭沉闷、拥挤喧嚣、竞争激烈，机械化的惯性生活方式使人们渴望接触外部自然，摆脱常态，这正是徒步活动的主要动机。参与者在与山水草木、阳光雨露的真实交融中感受自然风景的美丽、自然现象的神奇，获得最直观的视听感受。

徒步者体验获取的多寡受其参与程度制约，通常情况下，参与程度越高，越能得到更深层次的体验，这就驱使着徒步者不断向前、不断探索，拓宽参与领域，加快参与频率。徒步的体验性与参与性呈现出一种相辅相成的关系，两者互为前提，互相促进。

（二）徒步运动的分类

由于徒步运动发展成熟之后，越来越呈现出大众性、多样性、活动性等特点，参与人员、参与动机、参与方式以及预期效果的不同要求研究者对徒步运动进行有效、可行的分类，以满足不同人群的差异化需求。根据研究的角度不同，可以有以下几个分类标准：

按参与动机和目的划分，大致可分为：

（1）探险挑战型。此类型徒步线路不成熟，参与人数少，主要指徒步探险、徒步穿越等冒险性强、危险性大、难度高的徒步活动。参与者在冒险、挑战的过程中可获得强烈的刺激感和心理满足，达到自我实现需要。

（2）深度体验型。此类型徒步线路相对成熟，参与人数中等，参与者重在亲近自然，获得最佳感观，满足文化审美、旅游观光、生态教育考察、体验民族风土民情等高层次的精神文化需要。

（3）休闲娱乐型，徒步线路成熟完善，安全性高（如都市、郊区步道），参与人数众多，参与者主要以健康身心、娱乐放松为主要目的。

按徒步过程中人与自然的联系程度，可大致分为全自然徒步和半自然徒步。

按徒步路线所在地理环境可以划分为山地徒步、城市徒步、公路徒步、高原徒步、沙漠徒步、海滨徒步等。

按徒步运动的专业性来划分，可分为大众休闲徒步运动和专业徒步运动，前者适合普通大众，对体能、技能、设备的要求较低，活动较为轻松。后者需经过特殊训练，具备一定的能力水平，活动的挑战性和冒险性较大。

较为通用的一个划分方法是按照时间、经济上的花费以及体力、技术要求和危险、挑战程度的不同，将徒步运动划分为硬型徒步运动和软型徒步运动。前者耗时长，花费多，对参与者体能情况和技术水平要求较高，具有一定的危险性和挑战性，后者则相反。这种划分方法在微观上为参与个体提供了判断自己徒步行为的标准，如表6-1所示，是合理区别徒步人群、指导徒步者循序渐进的理解，以及推动很好开展徒步运动的分类工具。

表 6-1　硬型徒步运动与软型徒步运动特征对比

类型	线路长度/难度/成熟度	危险程度/技术要求	背包重量/设备要求	参与人数/花费
硬型徒步	长/高/低	高/强	重/高	少/高
软型徒步	短/低/高	低/一般	轻/一般	多/低

二、徒步的行走技巧

由于徒步运动是在环境复杂的户外进行，因此为确保安全，所需要的技术也较多，以下详细介绍各类徒步动作。

(一) 徒步的身体动作

1. 身体。徒步运动不仅仅是腿部运动，它还是一种全身运动，在行走的过程中需要通过手臂的摆动来调节身体的平衡。

2. 足部。全脚掌触地，先是脚跟，然后到脚尖。

3. 节奏。最好的速度是边走边聊而不气喘。

4. 呼吸。调匀呼吸，避免岔气，用腹部深呼吸。

5. 背部。沉肩，保持背部挺直。

(二) 徒步的行走原则

1. 一定要按照自己的速度来走，不要逞强埋头猛走，这样会大量消耗体力，结果是欲速则不达。如果和好多人一起徒步，最好找一个和自己速度差不多的同伴同行。

2. 科学地衡量自己的体能。开始几次外出徒步的时候，最好坚持走若干个小时，而不要计划一定要走多远，通过这样的几次摸底，对自己的能力有所了解之后，再适当增加徒步穿越的强度。

3. 不要为了一些所谓"自虐"的目的来暴走，大强度的体力付出，有时候会得不偿失。记住户外徒步的时候，最恰当的速度是能够维持自己走一整天的速度。

4. 学会休息的步法。对于走路，每个人都有一套自己的办法，在徒步的时候，应该用一个自己比较舒适的方法走路，这样你的体力能够得到科学有效的利用。

5. 徒步的时候要"多吃多喝"。多吃多喝的定义不是暴饮暴食，如果吃得太多，估计路可能都走不了了。这里的多吃多喝是指吃喝的频度。徒步的时候，人体的热量损失大，为了补充体力，需要及时补充水和食物。在爬大坡之前可以适当地多喝一些水。如果天气比较热，流汗多，可以在饮用水中适当加点盐。

6. 在徒步的过程中要注意科学地休息，一般每走 50 分钟需要休息 10 分钟，不同的人可以根据自己的情况衡量加减。

7. 知道自己的位置与方向。户外轻松徒步的前提是安全第一。在野外，如果不小心迷路，可不是一件小事。为了避免迷路，除了跟经验丰富的领队、向导活动外，作为一个参与者在徒步的时候，还需要多留心，清楚自己的位置与方向。如果队伍中这样细心的"识途老马"多，一旦迷路一般也能回到来时的路上。

（1）在前进的时候，随时要注意所经过的明显的自然标志，如河、湖、岩壁形状比较有特点的山头等，这样一旦迷路也可以根据这些明显标识来寻找来时的道路。

（2）我们徒步的地区，大都有当地人活动，可以根据小路的大小或有无经常走动的痕迹来进行判断。

（3）如果徒步的路线曾经是热点路线，可以留意路上是否有一些先行徒步爱好者留下的路标。

（4）如果没有携带指南针，在有太阳的时候，结合时间，可以通过看自己的影子，来知道自己大概的前进方向。

（5）徒步的时候，最好佩戴一只手表，这样可以对时间有一个清晰的概念，知道自己还有多少路程要走。

（6）每个地区太阳落下的时间都是有一定规律的。可以向当地人咨询一下当地太阳落下的时间，根据时间及时地寻找营地或准备休息，徒步的时候要尽量避免走夜路。

（三）徒步的行走技术

不同地形的行走技术和平时走路的技巧完全不一样，行进的过程中姿态也是有技巧的。

1. 平地

行进时，肩沉背挺，用腹部深呼吸，全脚掌触地，从脚跟到脚尖位移。

2. 上坡

特别是坡度较大时可以把脚撇开一些，也就是外八字方式，全脚掌着地但重心应在脚掌前部，身体稍向前倾。如果大于 45 度的坡，还要借助双手攀援路边可以利用的支点（如灌木、岩石等）或借助登山杖，坡度大时应当走"之"字形。

呼吸与步行的配合是非常重要的一项徒步技术，尤其是在背重物上坡时。在上坡起步时，一定要放慢脚步，接着要遵循吸一口气踏一步，接着吐一口气，再踏出一步的法则上攀，倘若依此规则上攀陡坡数步，便感觉喘不过气来，应将步伐缩短，然后继续遵照上述的呼吸步伐，如果一开始行走陡坡 23 个小时都不必休息和喘息，就代表你已掌握调气步法了。当然在攀爬更陡的坡，背更重的背包时，则需以一吸一吐才往上移动一小步的方式前进，另外提醒你，吸气时需用力的深吸，如此不但供气可以增加，调气也能做得更好，高山症发生的几率也会降低。

3. 下坡

注意重心稍低一些，身体稍微下垂，适当向后仰一点可避免向前栽倒。

4. 上下碎石坡

上下不太陡的碎石坡，需将鞋底完全接触碎石坡斜面，如此才能利用最大摩擦力，容易而省力地行走于碎石坡之上，若因害怕跌倒而采用横行步伐或用脚尖用力，反而很费力；若遇较陡的碎石坡时，可借助大小腿之力，将鞋平推入碎石坡，或推出一块踏足平台才上移；下坡则可利用脚跟下踩的力量，让碎石坡出现一踏足点后，才继续下移步伐。另外也可利用山径上的石块来走上坡或下坡，让自己如行于平坦地面一般舒适，这也是另一项实用的步伐技术；但在利用石块时，要踩在重心的位置，不然很容易造成脚踝扭伤。

5. 山脊行走

山脊地势较平，利于行走，视野开阔，不易迷路。

6. 横切行走

属于过渡性的通过方式，存在一定的危险性，谨慎采用。

7. 过栈道

峡谷边的窄路，一边是河谷，一边是峡壁，道路一次仅能通过一人，通过时，身体重心要放低，要贴近峡壁一面行走，要细心，大胆。

8. 休息步

这类步伐是每上一步时，后边的脚一定要打直，只有将大小腿打直、体重和推力才能完全由腿来支撑，如此才可以让大小腿肌肉得到些许休息；反之，膝盖从未打直，肌肉容易疲劳过度，甚至发生大腿抽筋。

（四）徒步的节奏

最好的行走速度是走而不喘，脉搏尽量不要超过 120 次/1 分钟，尽可能要按自己的行走节奏去走，不要时快时慢，时跑时停，尽量保持匀速。

徒步节奏的过程是徒步活动中最主要的部分，也是很有技巧的部分。如果我们只靠蛮力、不知道停歇的盲目走，这样只会把自己累死，而且也看不到什么景色。行进中，最重要的就是保持自己的节奏，在自己最舒服的步伐和频率上前进。如果被前面的人落下，也不必急于追赶，落下别人也不必担心，只要大家还在同一条没有岔路的路线上或者视野之内，改变自己应有的节奏去适应别人的行进节奏往往是最累的。

衣物的增减也需要保持节奏。这看似简单，然而也是最容易被忽略的。出发前之所以要减衣服，是防止出汗过多。减下的衣服是方便穿脱的，而且要把减下的衣服放在伸手可及的地方，如背包的头包下。徒步过程中停下来休息时一定要注意加衣服，决不能嫌麻烦，一旦失温很容易引起身体不适。

为了在徒步中很好地控制节奏，我们可以将徒步活动，按照体能状态的变化分为五个阶段：

1. 初始阶段。这段时间通常很兴奋，速度快，精神状态好。最艰难的路段最好安排在这一阶段。

2. 假性疲劳期。大概在初始后半小时到一小时左右，会第一次感觉到累。但这是"假性的"，这时应该继续坚持走，千万不要停，只要坚持住，很快就可以度过这一段难关，进入状态良好期。这个阶段就如同长跑运动中的"极点"，只要坚持住，很快就会迎来"第二次呼吸"，从而使身体状态很好地恢复。

3. **状态良好期。** 度过假性疲劳，身体适应以后就会轻松起来，这时赶路是最好的时候，大部分路途应该是在这一状态下走完。这一阶段应该保持相当长的时间（大概在 2～3 小时左右）。途中适当的短暂休息可以延长此阶段，取得更好的效果。通常是按照徒步 50 分钟，休息 5～10 分钟。

4. **完全消耗点。** 在上个阶段结束后，身体的能量消耗殆尽，这时应该好好地休息一下。最好是在达到这个连接点前完成当天的任务，否则会很痛苦，因为你马上就要进入体力透支期。

5. **体力透支期。** 该阶段全靠顽强的精神力量支持，咬牙坚持，而事实上身体的肌肉早已麻木。这种状态人的肢体活动控制能力非常差，动作很不协调，如果道路比较险峻，那会十分危险。所以不到不得已的时候，不要轻易在体力透支期行进。

以上阶段状态从状态 1 到状态 4 是一个循环期，从状态 4 经过良好的休息就可以回到状态 1，如果进入状态 5，就打破循环了。从透支状态恢复到初始状态几乎不可能在短时间内完成。所以，一定不要轻易地让自己进入体力透支状态。

（五）野外徒步最常用的几种方法

也许有人认为行走在山野中，跟平常走路一样没有什么区别，的确是没有区别，但是当你全副武装地走上 3～4 小时后，距离目的地还有一两个山头时，区别可就大了。腿部肌肉向你抗议，疲劳使你无精打采，由于困倦而产生的"渴睡"现象不停地诱惑你，使你觉得路程越来越漫长。只要能理解和掌握下面几种方法，灵活运用，便能够战无不胜。

1. 龟步

在长途行走过程中，不要以为昂首阔步地向前就行了，其实这是一种错误的想法。要知道步幅大是利用腿部肌肉的爆发力，这毕竟是有限的。我们更需要的是一种持久力，凡事都不能一步登天。所以步幅小一些并不会有很大的影响。充分利用我们腿部肌肉的韧性，它们对持久战是相当有办法的。

2. 吹气

努力让自己的呼吸与运动呈有节奏状态，令肌肉持续缓慢而不休止地运动，再加上平稳均匀的呼吸，简单地说就是几乎每走一步呼吸一次。马拉松运动员在比赛中就能做到平均每 2～3 步换气一次。

如果我们不习惯的话，也可以强迫自己呼吸，只要大口地吹气就可以了。但要注意，不要太过强求，不然会拉伤肺部和肋间肌。调匀呼吸是保持体内能源的好方法。

3. 利用肌肉

要使走路变成有节奏最自然的有氧运动，上下坡时，也要随着这种节奏尽量利用肌肉的运动，尽可能减少骨骼和关节的负担。尤其是在下坡时，特别是那些长程的下坡路，这时要善于利用双脚，使其可发挥立刻停止的作用。因为与其在长程下坡后让骨骼和关节有不良影响，倒不如让肌肉承担多一些会比较好。

4. 休息补充

还有在路上要合理安排休息时间，并适时补充能源。每走上相当一段时间或路程后，要适当地休息片刻。休息时应摄取一些马上能转化成能源的糖类和水分，使身体及时得到补充，以求快些恢复体力。可松开鞋带，但必须记住未到宿营地前，千万不要脱下鞋子。因在长途行走中，双脚会稍微发胀，中途休息脱鞋，下段路只会叫你苦不堪言。

三、徒步的组织保障

（一）方向识别

迷失方向和迷失路径是不同的事。迷失方向（迷向）是不知该怎样确定行进方向或辨认不清地磁方位（即分不清东南西北），迷失道路（迷路）是不知该走哪条路或找不到原来的路径。迷路会导致迷向，而迷向不一定就会迷路。

在深山密林中，不仅会迷失方向，同时也会迷失路径。更多的时候，走在毫无人烟的林间密径，又没留下任何路标，自己还不断地欣赏着"无限风光在险峰"，当开始意识到不对时，已是身处险境，不知原有的路径在何处。心急之下，挥刀而上，砍出一条"血路"，却发现眼前山连山、峰挨峰，看不到尽头，来时的路已经辨认不清，又生怕再次迷路，是走是留犹豫不定。其实，在发现迷路的时候，自己离原有的路径一般不超过20分钟。这时不要着急，更不能乱喊乱跑，应冷静下来，仔细回忆一下刚才走过的泉水、山石、大树、水流、洞穴、山峰、岔路口等参照物，然后凭着自己的记忆寻找自己的足迹，退回到原来的路线上。有一种可行的办法就是立刻分析山势走向和地理地貌的环境，然后判断出是否有野生动物并寻找到其走过的痕迹，沿着"兽道"走出险境，但必须非常警觉，以免遭到野兽的袭击或狩猎者设下套夹的伤害。一般来说山鞍或山脊会有兽道。无论是在林木遮蔽的山林中，还是在丛草盖地的山坡上，低头近看，根本找不出路迹来，只有远看，看到几十米以外，才能隐约地看出一条草枝微斜、草叶微倾、叶背微翻的痕迹，然后再由远而近，由近再远，远近比较之后，就能分辨出路来了。

正确地辨认方向，可借鉴以下办法和经验。

1. 罗盘（指北针）

一个优质的罗盘是野外旅游的必备品。但要记住：罗盘指针指向"北"或"N"，这个方向是磁北方向，与真北方向有一个偏差角度，应计算出磁偏角的数差，以取得准确的罗盘方向。

2. 带指针的手表

用手将手表托平，表盘向上，转动手表，将表盒上的时针指向太阳。这时，表的时针与表盘上的12点形成一个夹角，这个夹角的角平分线延长线方向就是南方。

3. 北极星

北极星是最好的指北针，北极星所在的方向就是正北方向。辨别北极星的最好方法是先找到北斗七星，也就是大熊星座，它像一个巨大的勺子，在晴朗的夜空很容易找到。从勺边的两颗星的延长线方向看去，约间隔其5倍处，有一颗较亮的星星就是北极星，即正北方。

4. 立竿见影

在晴朗的白天，用一根直杆，使其与地面垂直，插在地上，在太阳的照射下形成一个阴影。把一块石子放在影子的顶点处，约15分钟后，直杆影子的顶点移动到另一处时，再放一块石子，然后将两个石子连成一条直线，向太阳的一面是南方，相反的方向是北方。直杆越高、越细、越垂直于地面，影子移动的距离越长，测出的方向就越准。

5. 积雪的融化

积雪融化的地方一定是南方。

6. 植物

夏天松柏及杉树的树干上流出的胶脂，南面的比北面多，而且结块大。松树干上覆盖着的次生树皮，北面的较南面形成的早，向上发展较高，雨后树皮膨胀发黑时，这种现象较为突出。秋季果树朝南的一面枝叶茂密结果多，以苹果、红枣、柿子、山楂、荔枝、柑桔等最为明显。果实在成熟时，朝南的一面先染色。靠近树墩、树干及大石块南面的草生长得高而茂盛，冬天南面的草也枯萎干黄得较快。树皮一般南面比较光洁，北面则较为粗糙（树皮上有许多裂纹和高低不平的疙瘩）。这种现象以白桦树最为明显。白桦树南面的树皮较之北面的颜色淡，而且富有弹性。树木、苔藓树冠茂密的一面应是南方，稀疏的一面是北方。另外，通过观察树木的年轮也可判明方向，年轮纹路疏的一面朝南方，纹路密的一面朝北方。

7. 动物

树下和灌木附近的蚂蚁窝总是在树和灌木的南面。

8. 夜间除利用北极星判定方向外还可以用月亮判定方向

月亮的起落是有规律的，月亮升起的时间，每天都比前一天晚 48～50 分钟。例如，农历十五的 18 时，月亮从东方升起，到了农历的二十，相距 5 天，就迟升 4 小时左右，约于 22 时于东方天空出现。此外，还可以根据月亮从东转到西，约需 12 小时，平均每小时约转 15 度这一规律，结合当时的月相、位置和观测时间，大致判定方向。例如，晚上 10 时，看见夜空的月亮是右半边亮，便可判明是上弦月，太阳落山是 6 时，月亮位于正南，此时，10 时－6 时＝4 时，即已经过去了 4 小时，月亮在此期间转动了 60 度，因此，将此时月亮的位置向左（东）偏转 60 度即为正南方。

用自然界特征判定方位时，要特别注意对具体情况作具体分析，千万不要生搬硬套。在辨别方向时，务必注意多种方法综合运用，互相补充、验证。我国地域辽阔，各地区自然条件差异较大，在掌握共同规律的基础上，还要注意各地区的特殊规律，以便得出正确的判断。

（二）野外营地的选择原则

1. 近水

营地要选择离水源近的地方，这样既能保证饮用水，又能提供洗漱用水。但在深山密林中，近水源会遇到野生动物，要格外小心注意。选择营地最好是在小山丘的背风处，林间或林边空地，山洞、山脊的侧面和岩石下面等。

2. 避险

营地上方不要有滚石、滚木，不要在泥石流多发地建营，雷雨天不要在山顶或空旷地上安营，以免遭到雷击。

3. 防兽

建营地时要仔细观察营地周围是否有野兽的足迹、粪便和巢穴，不要建在多蛇多鼠地带，以防伤人或损坏装备设施。要有驱蚊、虫、蝎药品和防护措施，在营地周围遍撒些草木灰，会非常有效地防止蛇、蝎、毒虫的侵扰。

4. 日照

营地要尽可能选在日照时间较长的地方，这样会使营地比较温暖、干燥清洁，便于晾晒衣服、物品和装备。

5. 平整

营地的地面要平整，不要存有树根草根和尖石碎物，也不要有凹凸或斜坡，这样会损坏装备或刺伤人员，同时也会影响人员的休息质量。

最后请大家注意：在野外要保护自然环境，撤营时必须将燃火彻底熄灭。垃圾废物要尽可能带出，丢放在指定的地方，特殊情况无法带走时可将垃圾挖坑掩埋。

（三）火的引燃及实际应用

首先是要寻找到易燃的引物，如枯草、干树叶、桦树皮、松针、松脂、细树枝、纸、棉花等。其次是捡拾干柴，要选择干燥、未腐朽的树干或枝条，尽可能找松树、栎树、柞树、槐树、山樱桃、山杏之类的硬木，燃烧时间长，火势大，木炭多。不要捡拾贴近地面的木柴，贴近地面的木柴湿度大，既不易燃烧，又烟多熏人。接下来是要清理出一块避风平坦、远离枯草和干柴的空地。将引燃物放置中间，上面轻轻放上细松枝、细干柴等，再架起较大较长的木柴，然后点燃引火物。火堆的设置要因地制宜，可设计成锥形、星形、并排形、屋顶形、牧场形等等，也可利用石块支起干柴或在岩石壁下面，把干柴斜在岩壁上，在下面放置引火物后点燃即可。一般情况下，在避风处挖一个直径 1 米左右，深约 30 厘米的坑。如果地面坚硬无法挖坑也可找些石块垒成一个圆圈，圆圈的大小根据火堆的大小而定。然后将引火物放在圆圈中间，上面架些干柴后，点燃引火物引燃干柴即成篝火。如果引火物将要燃尽时干柴还未燃起，则应从干柴的缝隙中继续添入引火物，直到把干柴燃烧起来为止，而不要重新架柴。

点篝火最好选在近水处，或在篝火旁预备些泥土沙石、青苔等用于及时灭火。

（四）野外用水的原则

1. 如何在野外寻找水源

出野外，水是必带的，如遇到意外，可在途中的溪瀑、江河湖塘取水，但一定要观察其污染情况。比如，水附近有无人畜活动，有无动物尸体，有无粪便及其他污染物。水中有大量泥沙时要使水沉淀 10 分钟以上。蚂蟥多的地区，打水时要用敞开或透明的容器，以便及时发现水中是否有蚂蟥。

（1）听。凭借灵敏的听觉器官，多注意山脚、山涧断崖、盆地、谷底等是否有山溪或瀑布的流水声，有无蛙声和水鸟的叫声等。如果能听到这些声音，说明你已经离有水源的地方不远了，并可证明这里的水源是流动的活水，可以直接饮用。但要特别注意的是，不要把风吹树叶的"哗哗"声当作流水的声音。

（2）嗅。尽可能地嗅到潮湿气味，或因刮风带过来的泥土腥味及水草的味道，然后沿气味的方向寻找水源。当然这要有一定经验积累才能做到。

（3）观察。凭着丰富的经验和知识，去观察动物植物、气象、气候及地理环境等，也可以找到水源。根据地形地势（地理环境），判断地下水位的高低。如山脚下往往会有地下水，低洼处、雨水集中处以及水库的下游等地下水位均高。另外，在干河床的下面，河道转弯处外侧的最低处，往下挖掘几米左右就能有水。但泥浆较多，需净化处理后，方可饮用。

①根据气候及地面干湿情况寻找水源。如在炎热的夏季地面总是非常潮湿，地面久晒而不干不热的地方地下水位较高，在秋季地表有水汽上升，凌晨常出现像纱巾似的薄雾，晚上露水

较重，且地面潮湿，说明地下水位高，水量充足，在寒冷的冬季，地表面的隙缝处有白霜时，地下水位也比较高，春季解冻早的地方和冬季封冻晚的地方以及降雪后融化快的地方地下水位均高。

②根据植物生长情况寻找水源。生长着香蒲、沙柳、马莲、金针（也称黄花）、木芥的地方，水位比较高，水质也好；生长着灰菜、沙里旺的地方，也有地下水，但水质不好，有苦味涩味或带铁锈；初春时，其他树枝还没发芽时，独有一处树枝已发芽，此处有地下水；入秋时，同地方其他树木已经枯黄，而独有一处树叶不黄，此处有地下水。另外，如三角叶杨、梧桐、柳树、盐香柏，这些植物只长在有水的地方，在它们下面定能挖出地下水来。

③根据动物、昆虫的活动情况寻找水源。夏天蚊虫聚集，且飞成圆柱形状的地方一定有水，有青蛙、大蚂蚁、蜗牛居住的地方也有水，另外，燕子飞过的路线和衔泥筑巢的地方，都是有水源和地下水位较高的地方，再有，鹌鹑傍晚时向水飞，清晨时背水飞，斑鸠群早晚飞向水源，这些也是判断水源的依据。

④根据天气变化寻找水源。天空出现彩虹的地方，肯定有雨水，在乌黑、带有雷电的积雨云下面，定有雨水或冰雹，在总有浓雾的山谷里定有水源，收集露水也可缓解些燃眉之急。

⑤直接从植物中汲水。在南方的丛林中，到处都有野芭蕉，也叫仙人蕉，这种植物的芯含水量很大，只要用刀将其从底部迅速砍断，就会有干净的液体从茎中滴出，野芭蕉的嫩芯也可食用，在断粮的情况下，可以充饥。如果能找到野葛藤、葡萄藤、猕猴桃藤、五味子藤等藤本植物也可从中获取饮用水。另外，在春天树木要发芽之时，还可从山榆树等的树干及枝条中获取饮用水。

千万不要饮用那些带有乳浊液的藤或灌、乔木的汁液，有毒。另外，还可以从芦荟、仙人掌及其果实中获取饮水。从植物中获取的饮用"水"，容易变质，最好即取即饮，不要长时间存放。

上述取水方法在野外缺水时是有效的。然而，单纯地依据上述方法去寻找水源却不是长久之计，且很复杂很辛苦。只限于少数人员（3～7人）和短时间（3～5天），不适合人员众多或时间过长。就安全而言，希望大家最好不要选择远离水源一两天的路程，也不要单枪匹马独闯丛林。当你在极度疲惫干渴之际，找到了水源，最好不要立即狂饮，应该就当时的环境条件对水源进行必要的净化和消毒处理，以避免因饮水而中毒或染上疾病。

2. 野外饮用水的净化处理

一般说来，除泉水和井水（地下深水井）可直接饮用外，不管是河水、湖水、溪水、雪水、雨水、露水，还是通过渗透、过滤、沉淀而得到的水，都应进行消毒处理后再饮用。常用消毒方法如下。

（1）将净水药片放入水容器中，搅拌摇晃，静置几分钟，即可饮用。一般情况下，一片净水药片可对1升的水进行消毒，如果遇到水质较浑浊，可多用几片净水药片进行消毒。目前，军队大都采用此法在野外对水进行消毒。

（2）如果没有净水药片，可以用随身携带的医用碘酒代替净水药片对水进行消毒。在已经净化过的水中，每一升水滴入3～4滴碘酒，如果水质浑浊，则每升水中滴入的碘酒要加倍，搅拌摇晃后，静置的时间也应稍久一些，20～30分钟后，即可饮用或备用。

（3）利用亚氯酸盐，即漂白剂，也可以起到消毒的作用。在已净化的水中，每升水滴入漂白剂3~4滴，水质浑浊则加倍，摇晃匀后，静置30分钟即可饮用或备用。只是水中有些漂白剂的味，注意不要把沉淀的浊物一同喝下去。

（4）如果以上的消毒药物均没有，正巧随身携带有野炊时用的食醋（白醋也行），也可以对水进行消毒。在净化过的水中倒入一些醋汁，搅匀，静置30分钟后便可饮用。只是水中有些醋的酸味。

（5）在海拔不太高（海拔3000米以下）且有火种的情况下，把水煮沸5分钟，也是对水进行消毒的很好方法。

（6）如果寻找到的水是咸水时，用地椒草与水同煮，这虽不能去掉原来的咸味，却能防止发生腹痛、腹胀、腹泻。如果水中有重金属盐或有毒矿物质，应用浓茶与水同煮，最后出现的沉淀物不要喝。

目前，有一种饮水净化吸管，在野外非常实用，形如一支粗钢笔，经它净化的水无菌、无毒、无味，无任何杂质，不需经过沸煮即可饮用，很轻便。

要提醒注意的是，在水源紧缺的情况下，要合理安排饮用水，不要为一时口渴而狂饮。另外，在野外工作或探险中，喝水也要讲究科学性。如果一次喝个够，身体会将吸收后多余的水分排泄掉，这样就会白白地浪费很多水。如果在喝水时，一次只喝一两口，然后含在口中慢慢咽下，过一会儿，感觉到口渴时再喝一口，慢慢地咽下，这样重复饮水，既可使身体将喝下的水充分吸收，又可解决口舌咽喉的干燥。一标准水壶的水量，运用正确的饮水方法，可使一个单兵在运动中坚持6~8小时，甚至更长些。

（五）野外危机应对技巧

1. 安全因素有赖于优良的远足技巧

（1）远足首先要注意的便是足部的健康。在旅程中，每日都应更换袜子及清洁足部。不应穿着新的登山鞋，因为新的登山鞋会比较硬，会引起足部不适，穿上两双袜子保护足部也是十分重要的。如果你的旅程难度比较高，那么便非穿着登山靴不可，那在出发前就要提前适应新的登山靴，从而使脚与鞋很好地磨合。

（2）保持一定的速度，不要走得太快或太慢，第一天的行程应该比较短，不应多过15千米。

（3）沿着小路走，无故的自创新路及冒险只会为个人带来危险，不要沿着溪涧走，因为溪涧会随地下水而消失。另外突然而来的大雨会令河流泛滥，可能令走在溪涧的远足者躲避不及。

（4）如活动在炎夏中进行，为防止猛烈太阳照射而引致大量缺水，可以争取在中午多作休息。

（5）如有必要在夜间进行探险或赶路，应穿着鲜艳色的衣物及亮着电筒，面向可能迎面而来的车辆以便于发现，或者迷失方向后，便于他人寻找和搜救。

不要忘记走过的路，或者沿途标记一些符号，这样对你迷失方向时十分重要。

2. 一般远足意外发生原因及预防

意外的发生，绝对不是因为运气不佳而导致的，引起意外的原因通常有下列各点。

（1）不小心。

（2）对自我能力估计错误（包括体能及技能）。

（3）缺乏观察能力（对环境及队友的情绪与精神状况）。

（4）全组合作性欠佳。

（5）对可能存在的危机缺乏认识。

（6）计划不够周详。

（7）装备不充足。

意外的预防：

要避免意外的发生，一定要有周详的计划，完善的准备，正确的判断能力，足够的技能训练及良好的团队合作。

（1）切勿高估自己的能力。

（2）计划时，要考虑活动进行期间的天气状况及环境。

（3）在预算时间时，应考虑日出日落与潮汐的涨退时间，并需兼顾因意外或延误而损失的时间。

（4）认识队友，要了解他们的合作能力、体能、技能及经验，切勿单独成行，安全的最少人数是四名。

（5）准备足够的装备。

（6）将行程表路线图及队员的详细资料通知有关人士，如家长、警方、导师及组织的负责人。假如其后计划有所修改，亦必须立即告知有关人士。

出发前准备：

（1）检查装备是否齐全。

（2）清楚了解旅行的路线及该区的救援站，派出所的位置与电话号码。

（3）确定队友的体能及情绪状况。

（4）注意天气情况，如遇气象台发出雷暴警告，应取消或推迟旅程。

（5）通知警方、当地政府或登山协会部门。

进行期间注意事项：

（1）整队应经常在一起，不要让组员单独在后或过于超前，注意团队的精神，情绪及体能，并互相照顾。

（2）注意天气变化，如遇恶劣天气，应立即终止旅程，尽快回家或到最近的安全地点。

（3）沿途留意所经过的地方，若对山径有疑惑应停止前进，保持冷静，谨慎地判断正确路线。

（4）切勿走捷径或在陡坡下山。

（5）步伐要自然且有规律，下山时勿跑，在碎石路行走时需特别小心。

3. 各种天气变化的安全措施

（1）因受热而引起的伤病

人体温度经常保持在摄氏 37 度，是由于人体内对产生及吸收的热能与散热功能有相当的调节。人体新陈代谢及肌肉运动会产生大量的热能，平均每日产生 2000 至 5000 卡路里。少量太阳热能会通过辐射及传导由人体吸收，人体必须将多余的热能排出体外才可保持正常体温。热能主要是由皮肤表面散发，当血液经过运动的肌肉或组织时，将热能吸收，然后当血液流到皮肤表面时，热能会通过对流及传导方式加速排热。另一个加速排热的方法是蒸发作用，当汗排在皮肤表面时，需要大量的热能进行蒸发，不能排出体外，便会对人体产生创伤。

①受热虚脱。是在一个热的环境下长时间工作而引起的，由于要将大量热能排出体外，皮肤表面的血管膨胀使到脑部及其他重要器官的血液供应不足而导致晕倒。对环境适应力弱，缺水缺盐等容易使人产生受热虚脱的现象。患者初期会感觉晕眩，心跳加剧，继而会有恶心、呕吐、头痛、不安等现象，最后失去知觉。最明显的病状是体温未必高，甚至比正常体温低，皮肤的颜色不一。

②中暑。是指在高温和热辐射的长时间作用下，机体体温调节障碍，水、电解质代谢紊乱及神经系统功能损害的症状总称。中暑是一种威胁生命的急诊病，若不给予迅速有力的治疗，可引起抽搐和死亡，永久性脑损害或肾脏衰竭。核心体温达 41℃ 是中暑症状严重的体征，体温若再略为升高一点则常可致死。老年、衰弱和酒精中毒可加重症状。

中暑对策。发现自己和其他人有先兆中暑和轻症中暑表现时，首先要做的是迅速撤离引起中暑的高温环境，选择阴凉通风的地方休息，并多饮用一些含盐分的清凉饮料。还可以在额部、颞部涂抹清凉油、风油精等，或服用人丹、十滴水、藿香正气水等中药。如果出现血压降低、虚脱的情况，应立即平卧，及时送医院静脉滴注盐水。

预防受热创伤。在热环境下工作，会流失大量的水分，所以应尽量补充水分及盐分。错误观念是"吸太多水会使体内的盐分及矿物质流失，所以最好不要喝大量的水"。正确的方法是补充所流失的水分及矿物质，水分不足会引致中暑及虚脱现象。应尽量在阴凉地方工作或浸在溪涧中，避免在中午及午后 1～2 小时剧烈运动，避免穿着不透气衣服，如塑胶衣。心脏病，糖尿病及发高热患者较容易产生中暑、虚脱现象，应特别加以注意。

（2）气温低、大雨或大风会导致暴寒

原因：衣着不足，饥寒交迫。

现象：觉得冷，反应迟钝，眼花，抱怨，举止失常，走路东歪西倒，抽筋及有发抖现象。

预防：穿着足够御寒的衣物，在休息时应外加衣物以免着凉，吃足够食物以免饥饿。

处理：让患者在背风处休息，多穿衣服（但不可太多）及将患者放入睡袋中，煮些热饮给患者（昏迷者不可予饮食）。但切勿用加热法（如暖水袋等），此举会使患者血管突然扩张，因而抽走各部分组织内的血液，引致患者血液及体温骤降。

（3）大雾或大雨而导致迷途

预防：在未进入雾区时，找出自己的位置。经常辨别四周事物及确定位置。

处理：保持镇定，尽可能找寻道路。但若队员体力不支或未能肯定该路能否通行，便应停止，找寻适宜的地点露宿，全队队员应尽量靠近，以免散失。紧急粮食不可吃尽，要分多次食用，并即时发出求救讯号。

（4）雷暴可导致雷击

春夏之季，会经常有雷暴发生。在获悉气象台发出雷暴警告或观察到积雨云逐渐形成时，应立即远离山尖、山脊，不可停留在树木、电话柱、灯柱或高压电缆及塔架之下，更不可躲在浅坑洞穴或岩石之中，如附近有房屋应速往暂避，倘若走避不及，可藏身于七至十公尺高的小山丘附近，双手离地，双脚合并，蹲在绝缘物体或碎石堆之上。若携有金属支架背包或其他导电的物体，如金属登山杖等，要迅速地抛到远处，千万不要拿着这些物品在旷野中奔跑，以免成为雷击的目标。

小组成员不应蹲于同一位置躲避，万一有不幸发生时，安然无恙的成员可以立刻为伤者进行急救。

电流经过身体会引致灼伤，不由自主的肌肉收缩令心脏停止跳动、脑部神志不清及停止呼吸等现象，身体受伤害程度主要视雷击振幅的强弱、时间长短及电流是否经过要害，救治受雷击的伤者需要不断施以人工呼吸及心外压，伤者呼吸停顿亦应继续施救，直至救援人员到场为止。在救援史上，曾有呼吸停顿数小时，依靠同伴不断予以人工呼吸而最后获救的事例。

4. 意外伤救护

（1）咬伤处理

蛇：使伤者平卧，轻扎伤口上部。

蜘蛛、蜈蚣、蝎子：让伤者静卧，保暖，伤处冷敷，尽速求医。

蜂：用钳子或消毒针将蜂刺挑出，然后涂上药膏。

蚁、蚊：用肥皂洗患处，若伤处红肿，需施以冷敷及涂上消毒药膏，若患者的情况严重，应立即送医院治理。

（2）烧伤、烫伤处理：冷敷伤处，勿用任何油剂的敷料。

（3）出血处理：止血，清洗伤口及包扎伤处。

（4）骨折处理：不可移动伤者，用硬物及绷带稳固伤处。

（5）抽筋处理：当身体缺盐或过度疲劳会发生抽筋现象，处理办法是让患者平躺，赶快推拉抽筋部位的两端，待患处松弛后才继续旅程。

（6）扭伤处理：让患者休息，严重者可作骨折处理。

5. 拯救守则

队长必需负起领导任务，若队长受伤，则副队长需承担队长的职责，其他队员应当服从命令，同心协力，解决困难。

在遇险时领队责任包括：

（1）检查当时的情况，切勿急躁行事，应先将任何对伤者及其他队员（包括自己在内）有威胁的情况减至最少。例如，遭遇黄蜂群侵袭时，各队员应保持镇定，切忌大声喧嚷，待蜂群离去后，应立即对受袭击者施行适当急救。

（2）对神志清醒的伤者，询问伤者痛楚的位置，加以检查，处置受伤部位，并需轻缓及稳定地处理，若疼痛部位有出血现象，应即予以止血，盖上清洁的敷料，用绷带扎稳。

（3）对不省人事的伤者，伤者最迫切的需要是呼吸，要注意伤者气道是否畅通，保持其呼吸，若无呼吸便要施行人工呼吸，细心检查伤者体温、脉搏及眼球瞳孔状况，如有出血，应立刻止血，然后继续检查。

（4）若有多人同时受伤，急救者需迅速审定，谁应优先获得急救，然后处理其他伤者，若只一人竭力急救，则必先将所有不省人事的伤者置于复原卧式（让受伤者仰卧于地面，一腿伸直，另一腿屈曲，一手90°角摆放在身旁，另一手则屈在面及胸前，头部侧向一边以防止舌头倒后阻塞喘气）。

（5）对伤者的安置。将伤者安置在空气流通的建筑物或遮蔽的地方，使伤者感到舒服，应予以含糖分的饮料及额外衣服。

四、徒步运动的装备

（一）核心装备

1. 徒步运动的着装

在参加户外运动前，我们通常选择购买一套户外服装，而不是随便挑选一套运动装勉强上阵。因为在进行户外活动中，天气和地理等造成自然环境的变化，容易带给身体不适感，甚至会影响我们的健康。于是，户外服装就有了一项特别的使命，保护身体不受自然环境变化的影响。在选择户外服装的时候，必须把衣服的功能性作为选择购买的第一要领，其次才是衣服的款式和色彩。

为了同时实现户外防雨（水）性、防风性、耐磨性、保温透气性，国外经验丰富的户外活动者经过不断的户外实践，发展出一套"三层衣服"的户外着装概念，用此套理论来指导、应付各种天气的变化以及各项户外活动的实际需求。

（1）排汗层（基本层）

户外活动难免出汗，此时，衣服内层会积聚大量的汗液，就很容易着凉而引发感冒，在登山或极地探险活动中还会造成冻伤。要避免这种情况，就要选用具有特殊功能的内衣。

这种内衣主要用途是保持维护皮肤表层的干爽，不闷热，并有一定的保暖作用，因此核心功能是衣服的排汗性。它由一些导水性极强的材料制成，这些材料具有独特的速干性，有些材料在洗后 10～15 分钟即可变干。这样内衣可迅速将湿及汗水排到内层衣服的表面，使得汗水不会直接在皮肤表面蒸发，造成皮肤表面温度因水汽蒸发吸收热量而降低，从而及时避免感冒的发生。

保持排汗性的另一个条件是良好的通风性，可以根据使用者的需求，选择不同领口的设计。目前设计有拉链式、V 领、圆领三种。

（2）保暖层（中间层）

中间层服装应能形成聚集在衣服内的空气层，以达到隔绝外界冷空气与保持体温的效果。

中间层服装采用的材质，可以分为自然材质和人造材质两种。早期的户外服装材料都是使用自然材料，但随着科技的发展，目前大多数户外服装都采用先进的人造材料，只有像羽绒这样极少数的有着无可替代优越性能的自然材料被保存了下来。户外运动服装对材料的苛刻要求使得只有极少数的高科技先进的材料被用于现代户外运动服装。

羽绒最为大家所熟悉，也是公认的，最好的保温层材料。只有在冬季或比较寒冷的地区才使用。由于羽毛具有许多微孔，膨胀起来能捕捉到极多的空气，所以能够有极佳的保暖效果。

人造材质中目前最为流行的是抓绒制品，其中又以美国专利注册的"PO－LARTEC"抓绒制品性能最为出众，保暖性佳，触感轻柔，微湿的情况下仍具有保温效果，快干，非常适合户外运动时做中间的保温层。

（3）阻绝防护层（最外层）

外层服饰最重要的是防水、防风、保暖与透气的功能，除了能够将外界恶劣气候对身体的影响降到最低之外，还要能够将身体产生的水气排出体外，避免让水蒸气（即汗水）凝聚于中间层，使得隔热效果降低而无法抵抗外在环境的低温或冷风。

目前最好的外层服饰莫过于同时具有防水与透气功能的衣服，一般市面上的防水透气衣服，在经过"干燥静态"的环境下测试，结果都大同小异相差无几，但很少有人会注意到在"潮湿动态"的环境下，也就是在实际的户外活动环境下，各种防水透气材质的防水透气功能的差异性是很大的。因此在选购具有防水透气功能的衣服时，应考量到自己的实际使用需求，选择适合的衣服。

2. 运动背包

登山野营、外出郊游，最不能缺少的东西就是背包。好的背包除了让人精神焕发、神采奕奕外，更重要的是它可以携带很多东西，解放双手，保持身体平衡，使得行程更加安全舒适。然而如何在大大小小形色各异的背包中找到适合自己的，却也不是那么容易的事情。在头脑中建立一些关于背包的概念，能让你安全舒适地走上旅程。

（1）背包选择原则

肩背带的调整范围必须和背部的长度相符合，才能使重心落在理想的位置，腰带必须能扎在胯骨上，背起背包时还应能从后面看到臀部及双腿，身材娇小的女性要特别注意这一点，不要背起背包时从后面只能看到背包及小腿，这是非常错误而且危险的。

在使用新的背包时，应先将所有调整带松开再加上重量，因为若无重量就无法知道背包背起来的感觉。背上背包后应检查内藏铝条弧度和背部曲线是否吻合，如果不合则检查铝条是否可弯曲，若可弯曲则使用一段时间后铝条自然会弯成与背部相合的曲线。肩背带和背包连接处须低于肩膀5~8公分，而且肩背带和背包间的空隙要小。胸带则可调整肩背带在胸前开合的宽度，并使肩背带能在肩膀上较舒服的位置，且能防止背包晃动。善于运用这些调整带和装填技巧，可以把重量调整到肩部和臀部之间，使不同的肌肉部位都能分担重量。

当把背包调整到最合适的位置后，应检查头部的视线如何。是否能抬头望而不会碰到背包顶部？戴上头盔时是否仍可仰望到天空？背包和背部接触部分是否舒适透气？还应该特别注意肩背带、臀带的垫子宽度和品质。另外，还有一些细节需要注意：是否有双层底布之设计，此特点可以大大延长背包之寿命，是否有拖吊环挂冰斧环。

多日的长途跋涉及行走时，背包是否有弹性容量的设计，是否有压缩侧带的设计，当装备减少时它可束紧背包减少背包容量，以防止行动时背包内装备移位晃动影响行进平衡，是否有方便携带冰爪雪橇、雪鞋、登山杖的装备设计，是否有可拆装侧袋，此特点可使背包容量弹性加大，背包是否有胸带设计，在困难及恶劣地形它可以防止背包移动。如果背包是用于攀登或密林中，则应选择外形平滑的背包，以免被树枝或岩石缠绊。背包布料材质应坚固、耐磨，比较能符合野外活动的需求。

（2）背包装填原则

背包装填不良会影响使用的方便性和舒适性，或造成重心偏移和背包损坏。因此，装填背包时除了先将各种物品依用途分类外，还要注意两点：第一是左右平衡重心稳固，第二是存取方便。一个装好的合格背包应该是，外挂物固定无摆动且不易脱落，背包重心在上，左右平衡，背包形状成圆柱形，上下左右形态均衡对称，小件常用物品在外兜，方便拿取。具体装包情况可参考以下说明：

①重量较重的物品放在中上部且尽量靠近背部，可使重心紧靠背部以免有被后拉的感觉。体积大、质量轻的物品可以放在最底下，这样不影响重心。另外由于重物压在上面，所以使用

一段时间后背包会较为密实。

②坚硬物品不要放在贴背的部位，否则如为内架背包时则会直接顶到背部而很不舒服，甚至跌倒时会伤到背部，如为外架背包时则因坚硬的物品与背架仅隔一层背包布，则很容易把背包布磨破。

③背包左右放置的物品重量应该相仿，以免重心偏向一边。雨衣、饮水及当日使用的东西应该放在最上面或最容易取得的地方。

④有使用物品分类袋的观念。将同类物品或同时使用的物品放在同一袋中以方便取用，零散的小东西更该如此。

⑤养成定点放置的习惯。不但整理背包的速度较快，而且即使摸黑也能在背包中摸出想要的东西。

⑥尝试改变装填方式，尽量减少不必要的背包外吊挂，因为这不但会影响行动安全而且也不美观。

（3）背包上肩、下肩技术

背包上肩与下肩是使用大背包的基本动作。较常用的上肩方式有：双脚站弓箭步，双手提住肩背带将背包提到前脚的大腿上，一只手先穿入肩背带，上肩以单肩撑住背包，随后另一只手亦快速穿入另一边的肩带完成背包上肩的动作。

另一种常用的上肩方式为：将背包拖到较高的地方，人只要稍微蹲下便可将双手同时穿入肩背带，站起后即完成上肩动作。完成上肩动作后不要着急前进，应对背包的各种调整带作适度调整，以最舒适的背负状况前进。

背包下肩则属反向动作，放下背包时应轻轻放下，重摔很容易损坏背包。

第二种上肩方式不但省力，而且可以作为不放下背包的短时休息，我们在半路休息时常会将大背包靠在路边较高的地方，以方便上下背包或不放下就地休息。

3. 徒步鞋

鞋是极为重要的装备，毕竟我们在野外是整天走路的。最适合的鞋是登山鞋。这样的鞋通常是高帮的，可以防止脚踝扭伤，鞋面都防水，鞋底很多是采用 Vibram 橡胶，硬度比较高，这样的鞋走起路来省力，而且不容易受伤。在选择上通常是比自己合适的鞋码大一号的鞋，因为长时间的徒步，脚会比平时大一些。另外，如果是冬季，很紧的鞋子容易造成脚趾冻伤。要注意一点的是，不要穿新鞋远足，避免磨坏脚。一般登山鞋需要先磨合半个月至一个月。

防水性是现代登山鞋的首要功能。很多专业户外爱好者选择购买登山鞋也正是看中了登山鞋的这一功能，这是运动鞋或普通旅游鞋所无法比拟的。一般旅游者大都比较注意鞋的舒适性，而对鞋的防水透气性关注较少。据专业测试，一双湿脚散热的速度（在冬季）约是干脚的 2～3 倍，而且在户外，一双湿脚很容易冻伤或受到其他伤害。一双湿鞋也很重，会为行走增加负担。传统的工艺是通过油浸皮革达到防水效果，但这严重影响了鞋的透气性能而且还影响了鞋的外观。后来又出现了喷在鞋上的拨水剂，水滴落在鞋表面时，会像水珠一样滑落，但如果水浸时间过长或表面受到压力，水还是会渗进去，所以并不防水。直到上世纪 80 年代以后，随着防水透气薄膜和涂层的出现，户外运动登山鞋在防水性上出现了革命性的变化。

登山鞋的鞋底也是很有特色的，不同的厂商根据各自的研究，设计出了不同的鞋底花纹，当然绝大多数还是以大波纹形的底纹为主，这极有助于提升鞋的防滑性能。现代流行的运动鞋大都采用气垫设计，但这对于登山鞋来说并不合适，通过特殊的海绵泡沫结构来减轻足部的震动就足够了，因为对户外运动者来说脚踏实地的感觉往往比气垫的柔软更重要和安全。相对来说，鞋底的刚性和耐磨性能显得更加重要。爬过山的人都了解，在爬山或走长路时，如果鞋底过软往往会造成小腿的过度疲劳，而且对于布满碎石的山路或岩石上的小小突起，鞋底的刚性和硬度可以起到关键的保护作用。

（二）附加装备

对于评估何种是紧急装备是相当困难的，因为携带不够，无法应付突发事故，带多又增加背负重量。不论徒步于任何路线，有些装备是基本的必需品，不可忽视，它可确保遇到紧急状况或未知的状况让你安然度过。而哪些装备是基本的确保装备必须盘算清楚。

下列基本装备是大多数登山者公认必携带的：地图，指北针，头灯（含备用灯泡与电池），备用粮食，备用衣物，太阳眼镜，瑞士刀，火种，急救箱。

1. 头灯

头灯或手电筒是相当重要的装备，但不用时必须取出电池避免被腐蚀。少数的头灯具防水性甚至抗水性，若你认为防水相当重要就买此类的防水灯泡，头灯座需有一片舒适的软垫，有些是如笔状挂于耳旁，灯座的开关须耐用，不要出现置于背包会自行开启浪费电能的状况，灯座的开关设计最好是一个凹槽，若你觉得行进过程会出现问题最好用贴布紧贴，取出灯泡或取出电池。选用灯焦距可调式的头灯，当你于帐篷内处理事务时可用漫散光扩大光线照射的范围，若是行进间可调为单束直射光让光线照得更远，灯泡不是可以用很久，最好携带备用的灯泡。使用如卤素氨氩等灯泡会产生热且比真空管灯泡亮。

2. 备用粮食

携带一天的备用粮食是在万一遇到恶劣天候迷路、受伤或其他状况下使用，此类的粮食是不需要炊事处理，轻便，易消化与长期存放的食品，如核果、肉干、脱水水果、糖果。而一些攀岩活动可增加一些炊事简单的食品如可可、快餐汤、茶等食品。充裕的早餐可以提供一天的能量与体力，对徒步而言，它足以撑到准备回程前才进食。无论如何，携带一些粮食可以提供因无法预测的迟归中耐力与体力的补充，而及时的进食，可以保证足够的能量与心理的振奋。徒步携带的粮食如三明治、水果、饼干比较适当，当然紧急使用的粮食有巧克力、脱水水果、核果与甜点。

3. 备用衣物

一双内外袜、营地用靴、内衣裤、外裤、T恤、毛线衣或外套，帽子、手套与雨具，这些可适用于任何气温的环境。多余的衣物是用来应付不可预知的露宿，以防真的会遭遇恶劣的天候而强迫露宿。备用衣物的携带种类与量并无定论，一般夏天到郊外爬山，最好带一件套头毛衣，而备用袜子可以替代不小心踩到烂泥或水窟中的湿袜。

徒步过程会大量流汗，备用内衣是必需的，衣物不会太重，穿着长袖的衣服或有拉链的翻折式高领衣物可保护颈部与头部，带一条头巾，若穿着毛线衣加顶厚帽亦可。加一双厚袜，一双防水或抓绒手套，冬季最好带一块椅垫避免热能消散，大多数的攀岩者会带约一磅重的露宿袋且有带有软垫层。

4. 太阳眼镜

高山徒步易损伤眼睛，以紫外线来说，3500米高度的雪的反射光超过海边50倍以上，裸眼的视网膜很容易损伤，造成极大的痛苦，称雪盲。太阳眼镜可减低此伤害，但不要被多云的天气所欺骗，因为紫外线会穿透云层，刺眼的光线会引起头痛，太阳眼镜会有 $95\% \sim 100\%$ 的过滤效果。对于冰河行进用的太阳眼镜需要有 $5 \sim 10$ 倍的穿透率，而多用途的太阳眼镜须有 20 倍的穿透率。购买太阳镜时可对着镜子，若你能轻易地看到自己的眼睛，则是太亮。若你想看到真实的色彩，镜片的色彩最好是灰色或绿色，若你在多云或浓雾的天气想看仔细，最好选黄色的镜片，对于红外线而言，除非你正视太阳会被直接损伤，一般的太阳眼镜都能防止红外线穿透并保护眼睛。太阳眼镜须有侧面的保护装置，但必须有良好的通风设备防止镜片起雾，或利用抗雾的镜片或抗雾的清洁剂。大多数的攀岩者更愿意用隐形眼镜，可改进视觉敏锐度，不会出现水的斑点，但依然有缺点，如太阳太大，风沙，脏物都会引起眼睛发炎，同时郊外不易清洗与保养。

5. 急救箱

急救的药品只能治疗轻微的病症，复杂的病患仍须送医院诊治，我们只能处理简单的外伤或稳定病患者心情，快速将病患者撤出山区。急救药品最好用防水坚固的盒子妥善保管，一般的药品主要应付水泡、晒伤、擦伤等。若出现太严重的出血或骨折，最好等待医生处理。

6. 瑞士刀

刀子是炊事、生火、急救甚至攀岩都需要用的物品。一把刀必须有两片刀刃、开罐器螺丝刀、尖钻、开瓶器、剪刀，须是不锈钢制品，最好用一条细绳系紧皮带避免遗失。

7. 火种

火柴或打火机须收藏妥当避免受潮无法使用。紧急状况或遇到湿木材时，使用火种是必须的，一般火种有蜡烛、固态化学制品等。

第七章　水上户外运动项目的训练指导

水上运动项目泛指一切在水上、水中、水下开展的运动休闲活动，包括游泳、赛艇、皮划艇、帆船帆板类的奥运项目。我国皮划艇、赛艇、帆船帆板等奥运会水上项目的快速发展，为水上运动的推广奠定了良好基础。

第一节　游泳运动的训练指导

在人类发展史上，游泳不仅是最古老的生活手段之一，也是原始社会中不可缺少的基本技能。大约 500 万年前，地球上就出现了人类。人类的祖先从原始的采集生活逐步过渡到渔业生活，为了生存，他们不得不寻觅食物，逃避猛兽的袭击与侵害，跋山涉水，除了制造简单的捕猎工具外，还必须学会跑、跳、投以及游泳等原始生活中必不可少的基本技能。

游泳是人与大自然斗争中发展起来的一种运动。据史料考证：居住在江、河、湖、海一带的人为了生存，必然要在水中捕捉水鸟和鱼类作食物，通过观察和模仿鱼类、青蛙等动物在水中游动的动作，逐渐学会了游泳。我国历史悠久，水域辽阔，游泳始于 5000 年前。但游泳作为一个体育项目得以发展还是近几十年的事，它是在水里凭借身体动作同水的相互作用力而进行的活动技能，是在水的特殊环境里进行的一项体育运动。游泳运动不受年龄、性别限制，男女老幼皆宜，逐渐成为人们最喜爱的体育娱乐活动之一。

游泳简单易行。我国江河纵横、湖泊水库星罗棋布，为开展户外游泳活动提供了有利的地理条件；而人工游泳池、游泳场的不断建立和开辟，更为开展游泳活动提供了可靠的保证，无论到何处游泳，都必须注意安全，哪怕你游技不俗，也不要单独嬉水。

游泳运动具有较高的健身价值和实用价值，它能丰富人们的精神文化生活，已成为人类生活必需的一项技能，随着社会不断进步，人们生活水平不断提高，参与户外活动的机会与频率不断增加，游泳作为一项生活与生存的基本技能，掌握与运用已显得尤为重要。

一、户外游泳的安全卫生

进行户外游泳，有许多偶然的因素和不可预料的情况发生，安全对游泳者来说更是重中之重，必然要将其放在首要位置。懂得一定的游泳卫生知识对保证大众的身体健康将起到不可忽视的作用，并能促使大众在户外或在野外养成良好的卫生习惯，爱护大自然、保护环境等。

（一）游泳的注意事项

1. 对游泳环境的熟悉与了解。下水前要对游泳周边环境进行深入的了解和调查，包括水深、水温、水质以及在游泳池中临时损坏且未及时维修的设施，尤其是在江、河、湖、海中游泳，必须了解潮汐、风浪、漩涡、淤泥、水草、暗流、船只等情况，避免危险的发生。

2. 游泳前要做好充分的准备活动，以防抽筋和肌肉拉伤。剧烈运动后不应马上下水游泳，由于身体疲劳抵抗力下降，身体遇冷水刺激，容易发生抽筋现象和患感冒。

3．在人工的游泳池、游泳场游泳，入水前要清洗身体，养成良好的卫生习惯。

4．饭后和饥饿时不宜游泳。由于水温和压力的作用，消化器官的血液减少，影响食物的消化，容易引起胃痉挛，导致胃痛和呕吐。饭后45～60分钟内不要游泳，如果饭后伴酒醉现象，更不能下水游泳。因酒精对神经系统起麻痹作用，使身体功能下降，容易溺水，发生危险。饥饿空腹时，由于血糖含量下降，游泳时易头晕、四肢无力或昏厥。

5．睡眠不足，身体过于疲劳或情绪激动时，都不宜游泳。

6．为使游泳更加安全和避免意外情况的发生，除了不能冒险跳水外，一般情况下要选择辅助救生器材，如救生圈、木板、竹竿和潜水镜等。

7．不要单独游泳，尤其是在野外，必须要有同伴陪同前往，防止事故发生。

8．在户外游泳，要讲究卫生，不要乱扔垃圾，尤其是不要把垃圾扔到江、河、湖、海里去，以免造成环境污染。

9．患有传染性肝炎、活动性肺结核、细菌性痢疾、红眼病、皮肤病、精神病、严重的心血管疾病、化脓性中耳炎以及有开放性创口等都不宜游泳。女生在例假期间也不宜下水游泳。

（二）游泳常见不适的处理方法

1．抽筋

原因：心理紧张、水太凉、过度劳累或待在水里时间太长。下水前的准备活动应当充分，在水里时间别太长。一旦抽筋，千万不要慌乱。

处理方法：脚趾抽筋，应马上将腿屈起，用力将足趾拉开、扳直；小腿抽筋，先吸足一口气，仰卧在水面，用手扳住足趾，并使小腿用力向前伸踏，让收缩的肌肉伸展和松弛；手指抽筋时，应马上将手握成拳头，然后用力张开，如此反复即可缓解。

游泳中抽筋的常用应急方法有：

（1）停止游动，仰面浮在水面。

（2）拉伸抽筋的肌肉。腿部抽筋时，仰面浮在水面，伸直抽筋的肌肉，必要时手拉直。舒缓后，改用别种泳式游回。

（3）如果不得不沿用同一泳式时，则需提防再次抽筋，最好离开水面休息。

2．鼻子呛水、恶心、呕吐

处理方法：赶快上岸用手指压中院、内关穴或口含数粒仁丹；为预防肠炎，还可吃几瓣生蒜。

3．皮肤瘙痒等症状

处理方法：皮肤发痒、出疹主要由皮肤过敏所致。应立即上岸，服1片息斯敏或扑尔敏，很快即可好转。

4．头痛

原因：慢性鼻炎、呛水或身体寒冷、暂时性脑血管痉挛而引起供血不足。

处理方法：这时应迅速上岸，用大拇指在头顶百会、太阳穴及列穴按揉，然后用热毛巾敷头，再喝一杯热开水，即能好转。

5．腹痛、腹胀

原因：刚吃过饭或空腹游泳即会产生腹痛腹胀。

处理方法：这时应上岸仰卧，用拇指尖点压中院、上院或足三里，同时口服 3～5 毫升十滴水，并用热毛巾敷腹部。

6. 耳痛、耳鸣

原因：耳朵里灌水或鼻子呛水。

处理方法：

（1）吸引法：将头偏向有水的一侧，用手掌压紧有水的耳朵，屏住呼吸，然后迅速提起手掌，反复几次，将水吸出来。实践证明，这种方法的有效率只占 50% 左右

（2）跳空法：站在岸上，将头偏向有水的一侧，以该侧的腿支持身体，原地连续跳几次，使水从耳内流出。实践证明，这种方法的有效率占 80%～90%。

（3）水引法：将头偏向无水的一侧，有水的一侧耳朵向上，请同伴帮助，或自己向有水的耳内灌水，使有水的耳朵向下，也可跳几下，水由于重力作用即可流出。实践证明，这种方法的有效率为 100%。

（4）用消毒棉签送入耳道内将水吸出。

7. 头晕、脑胀

原因：游泳时间过长，血液聚集于下肢，脑缺血，机体能量消耗较大，身体过度疲劳。

处理方法：立即上岸休息，全身保温，并适当喝些淡糖水或淡盐水。

8. 眼睛痛痒

原因：由水质不洁净引起。

处理方法：上岸后应马上用清洁的淡盐水冲洗眼睛，然后用氯霉素或红霉素眼药水点眼，临睡前最好再做一下热敷。

（三）游泳安全救护

不仅要会游泳，而且还要掌握一定的水上救护方法，以便在遇到意外情况时，能及时地采取措施进行自救及挽救他人生命。游泳，一项深受大众喜爱的户外活动、一种锻炼生存能力的技能，但由于种种偶然的因素，难免会发生溺水事故，因此，如何去救助溺水者以及在发生溺水时如何自救，都是十分重要的。

水上救护从实质角度看，大致可分为间接救护、直接救护和自我救护。但由于直接救护对游泳者技术水平要求较高，对社会大众来说，直接救护有一定难度，而且容易发生不安全事故，因此，在这里重点介绍间接救护和自我救护两种方法。

1. 间接救护

间接救护是水上发生事故且溺水者处于清醒状态时，根据现场条件，在岸上就近取材，将溺水者救出水面所采取的一种救护方法。常采用救生圈、套杆、绳索、船只等器材，或者根据具体情况因地制宜，利用各种现有器材进行救护，如木棍、木头、木板、门板、竹竿、绳子等一些可以浮起的东西，抛掷给溺者以便让其抓住助游回岸上或等待救护。必须注意：救生物既要抛到溺者可以抓到的地方，又要谨防击伤溺者。

如遇到处于昏迷状态的溺者，将他拖带至岸边后，还需要将其扶上岸以便抢救。溺者被救上岸后，如已昏迷，呼吸微弱或已停止呼吸，应迅速采取措施进行急救或送医院抢救。

（1）清除口鼻中异物：先将溺者的衣服和腰带解开，擦干身体，清除口鼻中的淤泥、杂草、

泡沫和呕吐物，保持上呼吸道畅通。如有活动假牙应取出，以免坠入气管内。如溺者牙关紧闭，救护者应用力摩擦他腮上隆起的肌肉，使口张开。或在溺者头后，用两手大拇指由后向前顶住溺者的下颌关节，并用力向前推，同时两手食指与中指向下扳其下颌骨，使口张开。

（2）空水：在完成上述处理后，应立即进行空水，将进入溺者呼吸道、肺部和腹中的水排出。其方法是，救护者一腿跪地，另一腿屈膝，并将溺者腹部放在腿上，使他的头下垂。然后，用一手扶住溺者的头，使他的嘴向下，另一手压他的背部，使水排出（图7-1），并立即进行人工呼吸。

（3）人工呼吸：人工呼吸的方法很多，这里仅介绍口对口的吹气法和俯卧压背法两种。

①口对口吹气法。这种方法简便易行，效果比较好。操作方法是：将溺者仰卧，在旁的救护者一手捏住溺者的鼻子，另一手托住他的下颚，深吸一口气，然后用嘴紧对溺者的嘴吹气。吹完一口气后，嘴和捏鼻子的手同时离开，并用手压一下溺者的胸部，帮助呼气。如此有规律地进行，每分钟约做15~20次。开始稍慢些，以后可适当加快直至溺者呼吸正常为止（图7-2）。

图7-1　人工呼吸中的俯卧压背法

图7-2　人工呼吸中的口对口吹气法

②俯卧压背法。这种方法的优点是溺者为俯卧位置，可减轻呼吸道的阻塞，方法也比较简单，容易掌握。操作方法是，将溺者俯卧平板或平地上，一臂前伸，另一臂弯曲垫于头下，脸转向一侧，保持口鼻呼吸畅通。救护者两腿跪在溺者大腿两侧，两手按住溺者后背的肋腰部位。操作时要注意拇指相对，靠近脊柱，四指稍分开，俯身向前下方推压，将溺者肺内空气压出，形成呼气。然后，救护者身体还原，同时两手放松，让溺者的胸扩张，使空气进入肺内，形成吸气（图7-3）。按上述方法操作，每分钟约做18次，直至溺者的呼吸恢复正常为止。

图7-3　俯卧压背法

2. 自我救护

自我救护是指会游泳者在没有其他人员帮助的情况下，自己排除意外事故来解救自己。游泳时，突发事故原因很多，常见的是身体某部分的局部肌肉抽筋、呛水、头痛、腹胀等。遇到上述情况，在水中要就地采取措施，消除症状，摆脱困境。

二、实用游泳练习方法

游泳是在水的特定环境中进行的一项体育运动，具有很强的实用价值，也是应掌握的一项生存技能。我们的生活离不开水，闲暇消遣开展户外活动时，与水打交道的机会更多，学会一种或多种泳姿有助于丰富户外活动的内容和对救护有一定的帮助。

户外游泳是大与大自然亲近的一种方式，也是比较受欢迎的一种锻炼方式。刚开始学游泳时，由于水的特殊环境，人到了水里好像无依无靠，抓也抓不住，感觉到有一股力量把你向上托起，有点飘飘然的感觉，这就是浮力的作用。人在游进过程中，实际上是好几种力同时作用的结果，其中主要是阻力和推进力，而推进力的获得也是利用水的阻力的结果。要想游得快，一方面尽可能减少前进中的阻力，另一方面要利用水有阻力这一特性，尽量增大臂、腿划踏水时的阻力使身体获得尽量大的支撑反作用力，推动身体前进。为减小在水中的阻力，身体一定要保持流线型；为增强划水效果，要加长划水路线，并使手掌和前臂形成有效的划水面。划水的路线越长，效果越好；手掌、前臂划水和脚的蹬水作用面越大，获得水的反作用力就越大，游进的速度就越快。

在此重点介绍游泳中具有实用性的蛙泳、踩水、反蛙泳及侧泳等。

（一）蛙泳

蛙泳是一种模仿青蛙游泳动作的游泳姿势，是最古老的泳姿。蛙泳时，游泳者可以方便观察前方是否有障碍物，避免撞上障碍物。人体俯卧水面，两臂在胸前对称直臂则下屈划水，两腿对称屈伸蹬夹水，似青蛙游水。蛙泳在人们日常生活中具有很大的实用价值，它便于呼吸和观察，既省力又可负重，能较长时间保持一定的速度前进，常用于渔猎、泅渡、救护、水上搬运等，同时，蛙泳也是游泳初学者的学习项目，选择学习蛙泳能满足人们户外游泳的需要。

1. 蛙泳的动作要点

蛙泳动作可分为四个部分，即身体姿势、腿部动作、臂部动作、完整动作配合。

（1）身体姿势：身体平直地俯卧水中，腿、臂并拢成一直线，微抬头，稍挺胸。

（2）腿部动作：蛙泳的腿部动作可分为收腿、翻脚、蹬夹、滑行四个主要技术阶段。但它们之间是紧密联系、不可分割、颠置的完整过程。

①动作要领

收腿：收腿时，两腿随着吸气动作自然向下，两膝自然分开，小腿向前回收，脚踵向臀部靠拢边收边分小腿藏在大腿后。收腿结束后，大腿和躯干成$110°\sim140°$角，两膝内侧与髋关节同宽，收腿结束时脚仍向臀部靠拢，这时膝关节稍向里叩，同时两膝向外侧翻开，这样能使脚掌和小腿内侧对着蹬水方向，并加大了对水面积。

外翻动作：外翻包括向外翻脚和翻小腿。外翻是蛙泳腿动作的重要部分。收腿结束时，脚跟位于臀部的上方，两脚之间的距离宽于两膝之间的距离。两脚外翻，脚尖朝外，脚掌朝天，小腿和脚内侧对准蹬水的方向并加大作用水的面积，像英文的"W"。

蹬夹水：实际上是腿伸直的过程（展髋、伸膝），由腰腹和大腿同时发力，以小腿和脚内侧同时蹬夹水，先是向外、向后、向下，然后是向内、向上方蹬水，就像划个半圆圈。向外蹬水和向内夹水是连续完成的，连蹬带夹。蹬夹水结束后双腿并拢伸直，双脚内转，脚尖相对。蹬水速度不宜过猛，要由慢到快地加速蹬水，两条腿将近伸直并拢时速度最快。

停：双腿并拢伸直后有一个短暂的滑行（1～2秒）。蹬腿结束后，身体借助惯性向前滑行。

②陆上模仿练习

勾绷脚练习：坐在地上或凳上，双腿伸直做勾脚和绷脚的练习。勾脚时要求脚尖朝天，绷脚时脚尖指向泳池对岸。重点：让练习者明白什么是勾绷脚。

陆上坐撑蛙泳腿练习：坐在地上，双腿伸直，身体稍后仰，两手在体后撑地，按照收、翻、蹬夹、停4拍顺序做动作。收腿时观察双膝宽度是否同髋，脚跟是否靠拢大腿；翻脚脚跟在臀部外侧，脚尖朝外；蹬腿强调"弧形"蹬水路径；停，双腿伸直，脚尖绷直。

水中坐撑蛙泳腿练习：同上动作，坐在池边，双腿入水，体会蹬水时水对脚内侧及小腿的阻力。

俯卧凳上或池边的蛙泳腿练习：身体俯卧池边，腿放入水，手臂前伸，按蛙泳腿的动作要求做练习。收腿、蹬夹时低头呼气，蹬夹后抬头吸气。做此练习时因为没有视觉帮助，练习者完全凭感觉完成，教师的提示非常重要。

③水中练习

扶池边蛙泳腿练习：此练习的主要目的是培养身体的控制能力，练习呼吸与腿的配合节奏。

憋气蛙泳腿练习：掌握正确的蛙泳腿技术动作。

加呼吸蛙泳腿练习：3次腿1次呼吸——2次腿1次呼吸——1次腿1次呼吸。做此练习时，教师及时纠正动作非常关键。

扶板蛙泳腿和呼吸练习：两手扶板蹬边后低头，身体伸展滑行，抬头吸气后，收腿、低头、蹬夹水、滑行重复练习。注意吸气时下颌要微收，目视前下方。

（3）臂部动作：蛙泳臂的动作可分为划水、收夹肘、伸臂三个主要技术阶段。蛙泳臂的划水可以产生很大的前进推力，且需与呼吸动作紧密配合。它们的关系是：臂划水时抬头吸气，臂前伸时低头吐气。

①动作要领

外划：双手前伸，手掌倾斜大约45°（小拇指朝上）。双手同时向外、后方划，继而屈臂向后、向下方划。

内划：掌心由外转向内，手带动小臂加速内划，手由下向上并在胸前并拢（手高肘低、肘在肩下），前伸。

前伸：双手向前伸（肘关节伸直）。需要注意，外划是放松的，内划是用力地、加速完成地，前伸是积极地向前伸。

②陆上模仿练习

站立蛙泳手练习：两脚开立，上体前倾，两臂向前伸直，掌心朝下。听教师口令先按抱、收、伸分三拍做蛙泳臂的动作练习。

站立蛙泳手加呼吸练习：站立姿势同上，加呼吸配合，口令"1"分手抬头吸气，"2"收手低头憋气，"3"双手前伸吐气。

③水中练习

站在齐腰深的水中，上身前倾，两脚前后开立，做划水练习的连贯动作。划水不用发力，着重体会划水路线和节奏；走动中做划水动作，动作要慢，体会划水阻力，注意不要破坏动作；由同伴拖抱大腿做臂与呼吸的配合练习；练习的重点和难点是划水的路线以及臂与呼吸的配合时间。向外，手要划到肘关节的外面，向下，肘高手低，向后，手不过肩，呼吸动作，手一动就要抬头，当嘴露出水面时用力吐气，吹开嘴边的水换气，收手低头稍憋气，手前伸吐气，如此循环。

完整动作配合：1次对称的踏腿配1次对称的划水并做1次呼吸。动作口诀是"划水不动腿，收手又收腿，伸臂再踏腿，伸直漂一会"。

①动作要领

完整配合动作是指划手、打腿和呼吸的完整配合。双手外划是抬头换气，双手内划时收腿、低头稍憋气，双手前伸抬头时蹬腿吐气。蛙泳手脚配合的口诀："划手腿不动，收手再收腿，先伸手臂再蹬腿，并拢伸直漂一会。"手的动作先于腿的动作，一定在收手后再收腿，伸手后再蹬腿。

②陆上模仿练习

站立蛙泳配合模仿：直立双臂上举，双手并拢。一腿支撑，一腿做模仿练习。默念口令进行练习："划臂腿不动，收手再收脚，先伸胳膊后蹬腿，并拢伸直漂一会"。

半陆半水蛙泳配合模仿：俯卧池边，头放在水里或脚放在水里进行完整动作练习，口令同上。

教法提示：由教师带做并语言提示开始，过渡到练习者默念口诀，独立完成，配合动作要连贯。

③水中练习

憋气配合练习：蹬池边出发滑行后憋气做腿臂配合的练习，1次划臂1次蹬腿。

完整动作配合练习：同上练习加呼吸配合。由多次蹬腿、1次划臂过渡到1次臂、1次腿、1次呼吸的完整动作。

教法提示：在教完整配合时，先强调小划臂、大翻脚蹬腿。在慢频率、低速度中体会技术动作，逐步过渡到正常动作；再加呼吸配合时，强调快吸气，少吸量，呼气时，采用口鼻大吐、吹气，逐步过渡到正常呼吸方法；逐步增加蛙泳完整配合的距离。学完配合后，每次课后可以安排较长距离的小测验，激发练习者的练习兴趣。

2. 学习蛙泳的几点提示和注意事项

（1）蛙泳将人体在陆上的习惯直立位改变为水中的水平位，由于缺乏大地作支撑，必须寻求新的支撑点或支撑面，否则，人体将沉没于水中。理解这一点，对于不会游泳的初学蛙泳者尤为重要。

（2）踏腿和划水就是为蛙泳的身体位置创造适宜的支撑点或支撑面，以确保身体的上浮和向前。

（3）蛙泳的踏腿要最大限度地发挥大小腿对水面的作用力，因此收腿后的翻脚是一个重要的技术环节。

（4）蛙泳的臂部动作较为简单，所以蛙泳学习应以练腿部动作为主，而腿部动作又应以练习踏夹水动作为主。

（5）呼吸是蛙泳配合的关键，切记，只有先吐气才能后吸气，要主动张嘴吸气和吐气，而不要像通常那样仅靠鼻子呼吸。

（6）害怕呛水的女生可以始终把嘴露出水面，注意在做这种抬头蛙泳时，动作的关键是手臂的划水幅度要小于正常蛙泳。也就是说，做抬头蛙泳动作时，手臂的前伸和收夹都不要做得太充分。

（7）臂划水时要抬肘，以形成两臂抱水动作；在臂划水至肩关节延长线处时，两手要做快速收手夹肘动作。

（8）配合游时一定要注意先划水，再收腿。如果在划水的同时收腿，收回的腿形成一个屏障挡住臂向后划去的水流，这无异于拖着一块挡水板在游泳，既费力又难以快速前进。

（9）踏腿技术有宽踏腿与窄踏腿之分，划水技术也有宽划水与窄划水之分，选择哪种技术，应根据自己的条件而定。

初次下水的人很自然会产生怕水心理，因此学游泳时必须首先克服和消除这种心理障碍，安排熟悉水性的活动或游戏，让初学者逐步了解水的特性，使之适应水中的环境，便于更好地学习蛙泳。

3. 几种常见的熟悉水性的练习

（1）水中走动练习：在齐腰深水中向不同方向走动。可先3～5人为一组，互相拉手做走动练习，而后过渡到个人单独练习。

（2）水中闭气练习：练习者站立在浅水中，吸足气后，慢慢下蹲，闭气并把头没入水中，睁眼，停留片刻后起立（图7-4）。

图7-4 水中闭气练习

（3）互相泼水练习：练习者排成两行，相对站立，互相泼水，不得用手捂脸或转身背向对方（图7-5）。

图7-5 互相泼水练习

（4）呼吸练习：在浅水区站立，用嘴吸气后，闭气，把头浸入水中。稍停片刻后，在水中用嘴鼻慢慢吐气，直至吐尽，然后起立在水面上用嘴吸气（图 7-6）。

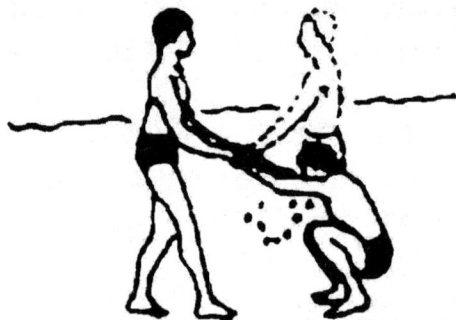

图 7-6　呼吸练习

（5）浮体练习：浮体练习分抱膝浮体、展体浮体和仰卧浮体三种。

①抱膝浮体。吸气后下蹲闭气潜入水中，低头屈腿抱膝，自然漂浮于水中。而后松手，臂下压水，抬头伸腿成站立姿势（图 7-7）。

图 7-7　抱膝浮体练习

②展体浮体。从站立开始，深吸气，身体前倾，两臂前伸。两脚踏离池底后，俯卧上漂。而后收腹、收腿、两臂下压水，再抬头，两腿伸直，脚触池底站立（图 7-8）。

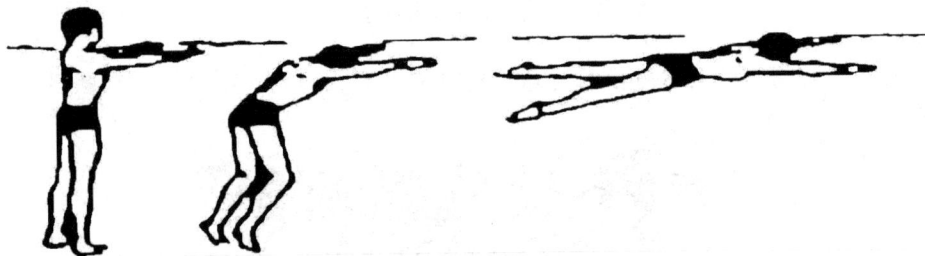

图 7-8　展体浮体练习

③仰卧浮体。从站立开始，深吸气，面朝上，两臂前伸，两脚离池底后，仰卧上漂。

（6）滑行练习：背向池壁站立，一臂前伸，另一臂抓水槽，一腿后屈，脚踏池壁。吸气后低头浸入水中，再收另一腿。两脚同时用力蹬壁（也可踏池底），展体向前滑行（图 7-9）。

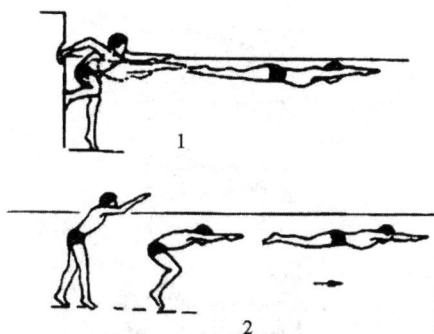

图 7-9　滑行练习

4. 蛙泳练习方法

学习蛙泳技术，腿部是基础，呼吸与动作配合是关键。因此在蛙泳的练习方法中，应把重点放在腿部动作练习和呼吸与动作的配合上。

（1）腿部动作练习

①坐姿踏夹腿（图7-10）。坐在岸上或池边，上体稍后仰，两手后撑。体会蛙泳腿的收、翻、踏夹动作。

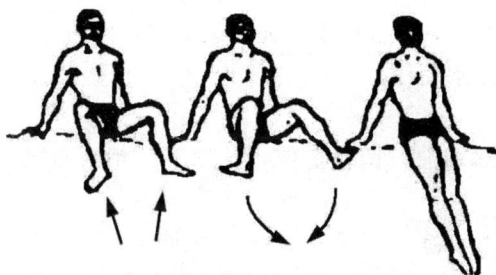

图 7-10　坐姿蹬夹腿练习

②俯卧踏夹腿（图7-11）。俯卧池边或凳上，做腿的收、翻、踏夹动作，也可在他人帮助下进行。

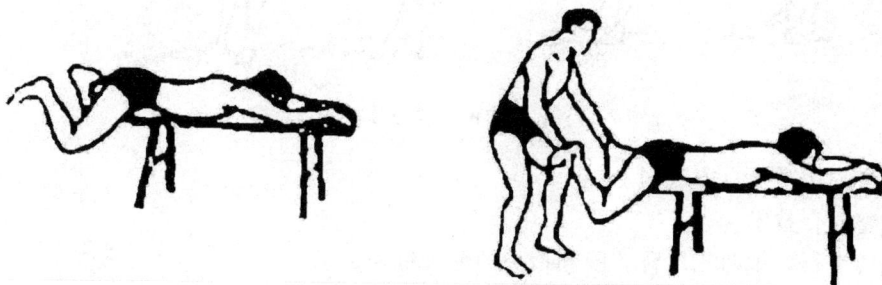

图 7-11　俯卧蹬夹腿练习

③撑底或扶池槽做腿部动作（图7-12）。

图 7-12　撑底或扶池槽做腿部动作

④踏池边或池底滑行。利用池壁进行滑行，练习蛙泳腿的动作，收、翻、踏夹 3～5 次，滑行 5～8 米。

（2）臂部动作练习

①模仿练习。按划臂动作的要领，先分讲慢动作练习，然后按节奏完整练习。

②在水中做划水动作的练习，方法同上，先原地划水，然后边走边划水。

③踏边滑行中做两三次划水动作。

（3）手臂与呼吸配合

①模仿练习。站立，上体前屈，两臂前伸，臂划下时抬头吸气，收手时低头闭气，臂前伸时吐气

②在水中做手臂与呼吸配合练习（图 7-13），方法同上。

图 7-13　在水中做手臂与呼吸配合练习

③边走边划边呼吸，方法同上。

（4）完整配合技术

①踏池边滑行，做两三次臂、腿和抬头的配合练习。

②踏池边滑行，做一次划臂、踏腿和呼吸的完整练习。

③踏池边滑行，臂、腿、呼吸 1 个周期连续做 3～5 次。

④方法同练习③，增长游泳的距离。

蛙泳是竞技游泳的四大泳姿之一，受到了人们普遍的重视。由于游蛙泳时动作可快可慢，

呼吸比较容易，妇女、成年人、老年人用蛙泳慢游，能游得很远，在实用游泳中具有很重要的地位和价值，因此，蛙泳是一种普及度比较高的泳姿。踩水、反蛙泳和侧泳也是比较常用的实用游泳技术，它们的共同点是：简单易学。

如果掌握和熟悉了蛙泳技术，在游蛙泳的过程中，有时候会不自觉地运用踩水技术，而且还很容易过渡到反蛙泳。踩水和反蛙泳在技术上与蛙泳有内在的必然的联系，学会了蛙泳，学习踩水和反蛙泳就很容易了；踩水、反蛙泳和侧泳，除了健身强体、娱乐外，其实用价值大，都可以负重游渡、救助溺水者等，考虑篇幅问题，此处只将踩水、反蛙泳和侧泳做一简单介绍。

（二）踩水

踩水也称"立泳"，踩水时，身体与水面垂直，与站立姿势相似，头始终露出水面，可进行自由呼吸，甚至还可以将两手露出水面前进。因此，踩水的实用价值很大，如持物泅渡、救助溺水者等。

踩水可分为两腿同时踩水和单腿轮流踩水两种方式：

（1）两腿同时踩水：踩水时，身体直立，上体稍前倾。头露出水面，两眼平视水面，两腿同时上收，再向侧下方蹬压水。两手同时用力再向侧下方做弧形按压水的动作。

（2）单腿轮流踩水：两手动作同上。踩水时一腿踏出，另一腿收紧，两腿交替做踏腿动作。这样避免了两腿同时收、踏之间的停顿，使头部能持续稳定地露出水面，适于游泳救护需要。

（三）反蛙泳

反蛙泳既是蛙式仰泳，也可以称为仰式蛙泳。反蛙泳在日常生活中有较大的实用价值，一般在拖运物品、救护溺者等活动时都采用这种技术。

反蛙泳是身体仰卧水中，两腿同时向后踏夹水，两臂出水或不出水在体侧同时向后划水的一种游泳姿势。臂不出水的反蛙泳，主要靠前臂和手划水，划水路线短，划水后的移臂动作在水中进行，阻力较大，游速慢，但身体平稳，容易学。臂出水的反蛙泳，划水路线长，力量大，移臂在空中进行，阻力小，游速快。

（四）侧泳

侧泳是因身体侧卧在水中而得名，头部大部分时间露出水面，采用两臂交替划水，所以便于呼吸及手臂的行动自由，常适用武装泅渡、托运物品或拖带溺水者。

身体侧卧水中，头的侧下部浸入水中。下面的臂前伸，上面的臂置于体侧，两腿并拢伸直，游进时，两臂轮流划水；上腿向前收，收腿后，上腿勾脚尖，以脚掌向后对准水；下腿向后收，下腿将脚尖绷直，以脚背和小腿前面向后对准水，收腿成剪刀状后，用大腿发力，使上腿做弧形踏夹水的动作，同时下腿与脚背面向后侧方向踏水；两臂各划 1 次水，两腿踏夹水 1 次，呼吸 1 次。

三、游泳的基本技术

在户外探险运动中，由于经常会遇到水，而且水的状况十分复杂，游泳的方式以实用性为主，不是以竞技为目的。比如，要游过一个水潭，涉过一条河流等。因此在这里重点谈实用性游泳中的浮水、潜水、侧泳、泅渡的动作要领及技术。

（一）浮水

浮水的宗旨是让人不沉入水下。

1. 首先进行水中闭气练习

要求在练习时深吸一口气，下蹲使头部浸入水中，屏住呼吸坚持一定时间。

2. 进行浮体练习

（1）抱膝浮体。原地站立，深呼吸后闭气，低头团身，双手抱膝，背部露出水面，停留片刻。站立时双臂前伸，手掌手臂向下压水，同时两脚向正下方伸展。

（2）展体俯卧漂浮。在抱膝浮体的基础上伸展身体，使身体俯卧漂浮水中。起立方法同上。

（3）当仰卧时，深吸一口气，四肢张开，如果此时身体不下沉，即完成了浮水动作。

（二）潜水

潜水是指整个身体都沉入水中，以某种特定姿势，使人体向特定方向移动。在学会了浮水和漂浮技术的基础上，加上手及手臂的划水及下肢的拉伸作用，使人体在水下游进。

（三）侧泳

1. 侧泳是指人体侧卧的形式，用双手一同划水同时利用两腿的踏夹来提供动力，头部露出水面，可以正常呼吸。这种姿势比较容易学会，尽管游进速度不够快，但它很实用，也是户外探险中常用的比较简便的游泳方式。

2. 技术动作要领：双手的划水与两脚的踏夹同时进行，手掌要充分展开，踏脚时要钩脚尖，使划水和踏水的效率最大化，为游进提供最大动力。这种姿势还适用于水浪较大的水域。

（四）泅渡

泅渡原来的意思是指武装泅渡，身背武器、背包进行渡河。泅渡可以用多种动作，如仰泳、蛙泳、侧泳等。在户外探险中，人员也往往要负重前行，但重量不能过大，否则浮力小于重量时，人体就会沉入水中，无法呼吸。当重量过大时也可分多次进行渡河。

第二节　漂流运动的训练指导

漂流最初起源于爱斯基摩人的皮船和国内的竹木筏，但那时候都是为了满足人类的生活和生存需要。水上漂流成为一项真正意义的户外运动，是在二战之后才发展起来的，一些喜欢户外活动的人尝试着把退役的充气橡皮艇作为漂流工具，逐渐演变成今天的水上漂流运动。

漂流运动在我国起步较晚，大多数水上漂流活动还仅仅停留在小范围的自然河段上，而真正开发出来的商业性河流资源还比较少。但随着社会的发展，人们生活水平的提高，回归自然，挑战自然成为现代人追求的时尚。一条蜿蜒流动的河水，延伸在峡谷坚硬的腹地。乘着橡皮筏、利用船桨掌握好方向，在时而湍急时而平缓的水流中顺流而下，天高水长，阳光普照，两侧青山为伴，人在与大自然抗争中演绎精彩瞬间，迎面而来的是"有惊无险"的刺激，其乐无穷。在忙碌的都市生活中，人们一直在寻找这样的刺激、一种有别于平凡生活的独特感受。正是这样一种感受，让都市人为之倾倒，使漂流成为一项勇敢者的运动。

水上漂流分为在野外进行的探险性漂流和景区内为游客设置的娱乐性漂流两种，国内的漂流多属于后一种。漂流的最佳时段是每年的晚春至初秋，这个时段气温比较高，水温也高，天气条件有利于水上漂流。但我国的北、中部地区漂流时段比南部地区稍短，并且随天气情况和水文情况而变化。现在漂流用的工具都是筏，筏有竹筏、橡皮筏、羊皮筏之分，还有一些地方使用龙舟漂流。漂流是一项富有挑战性并带有危险性的户外运动，这点不同于一般意义的旅游，因此不适合老、弱、病、残、孕等特殊群体参加。

一、漂流的用具

现在国内较为多见的漂流主要有竹漂流、橡皮舟漂流，也有较为特殊的如黄河陕西、甘肃的羊皮袋漂流，浙江的龙舟漂流等。

对于户外探险者，建造木筏或竹筏是一项基本的技能，也比较切合户外实际，尤其是在丛林地区，可以弄到足够的木头或理想的竹子。船木可以选择那些倾斜的树木，顶端有死枝的树干通常很结实，可以用来扎。亦可选用油桶或其他漂浮物支撑木漂流，也可以仿制古欧洲人建造的那些用芦苇扎成的漂艇。要想造得很好，经得起波浪的敲打，却不那么容易，即便在以制造它们为生的作坊中，也需要专门的手艺人精心制作。

这些简单的漂流用具，扎制得好在不太湍急的水域漂流或泅渡，一般没有问题。但在崇山峻岭的溪谷之中，河道复杂、河水流速很快，只有真正坚固耐牢的结构才能幸免于难，这些地方漂流或泅渡应使用橡皮舟。

（一）筏的构成

根据扎所用的材料可以分为竹筏、木筏、独木舟等。

1. 筏身

是漂流主要依托的部位。材料主要由坚韧的竹、木构成。现代漂流借助的材料很多，可以是兽皮、油桶等。

2. 固木

将筏身固定的木条、藤条或其他材料。

3. 舵

为了便于控制筏前进的方向，用一根长篙，前端绑牢一片舵板，长篙绑在筏尾端固定交叉成"A"字形的构架上。构架底部钉入筏身上已钻好的孔洞中，顶端分别用绳索或藤条拉紧，系牢在筏上。如图 7-14 所示。

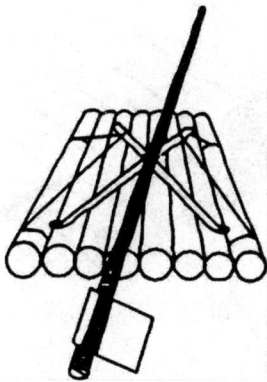

图 7-14 筏和舵

4. 撑篙或桨

一根或两根材质较好的长竹木，可以用来做撑篙或桨，主要用于向前或向后的划行、改变行进方向、避开危险的情景，如暗流、漩涡等。

（二）不同的伐扎制作

1. 竹筏

竹（或称竹排）一般不宜在急流险滩中使用，因其容易被卡住或翻沉，但在风平浪静时，手持长篙漂行，却韵味十足，优哉游哉。竹筏可制成单层，也可制成双层。

（1）单层竹制作：将粗壮的竹杆砍成 3 米长的段，捆绑端垫高，固筏木放在距端顶 50 厘米左右，固筏木长度稍稍宽于筏身，用登山辅助绳或自制绳在第一根竹子边的固筏木上系丁香结或牵引结，用对角线捆绑法或方形捆绑法将第一根竹子绑牢后，交叉至第二根竹子。如此操作至最后一根竹子，再用丁香结捆绑固筏木，即完成一端的捆绑。如图 7-15 所示。一般制作这样的竹筏应在筏身的前、中、后三个部位都进行捆绑。亦可用铁丝把竹子一根根固定在固筏木上，最后沿着固筏木绕一圈铁丝后拧紧使筏身牢固。

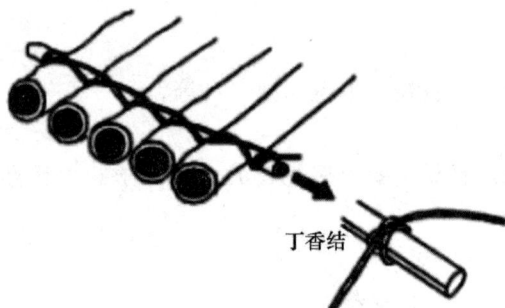

图 7-15　单层竹筏

（2）双层竹制作：将粗壮的竹竿砍成 3 米长的段，两端与中央分别钻孔，利用坚韧的树棍穿过钻孔，再用藤条把每根竹竿与树棍绑牢。双层竹排间更要相互压紧，绑结实。如图 7-16 所示。

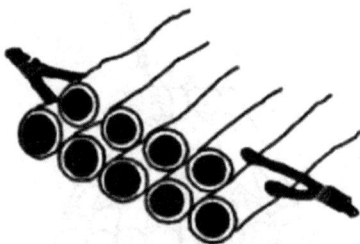

图 7-16　双层竹筏

2. 木筏或夹筏

圆木作筏身，用四根足够长度的厚实木棍，分别在圆木两端将其夹紧，固定成木排。如图 7-17 所示。

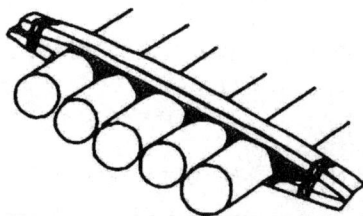

图 7-17　夹筏

3. 混合筏

混合筏是借助可漂浮的油桶、兽皮等依据竹筏和木筏的构造方法建造而成的漂流工具，如打足气的牛、羊皮囊与竹筏和木筏捆绑在一起的混合筏等。

4. 独木舟

把一截粗壮的树干中央部分烧空或挖空，或者在上面钉牢桦树皮或兽皮柳木构架，也可以仿制古欧洲人建造的用芦秆扎成的漂艇。

5. 皮筏

一般说，皮筏实用性范围最广，最普遍、最常用。

用橡皮或高分子材料制作，有三个或多个独立的气室，正常使用时不会产生漏气问题，如图 7-18 所示。皮筏的适应性很强，因为其材料柔韧性能好，并且充气囊可以以柔克刚，即使遭到落差较大的瀑布或险峻的河谷，也总能化险为夷。

图 7-18　橡皮筏

（三）捆绑的技巧

在制作竹木筏、遮蔽棚和别的建筑物时，以下捆绑技巧必须掌握。

1. 方形捆绑（图 7-19）

（1）首先制作一个圆材结，然后将绳索在两根横木上下轮流绕横木一周，再沿逆时针方向将绳索上下围横木。

（2）缠绕三四周后，转变方向到另一根横木上按相反的方向缠绕。

（3）在一根横木上打个半结，完成缠绕，然后在另一根横木上用一个丁香结将绳索固定。

图 7-19　方形捆绑法

2. 圆形捆绑（图 7-20）

增加横木的长度或将两根横木叠放在一起可使用圆形捆绑法。

（1）首先用绳索在两根横木上打一个丁香结。

（2）然后沿着横木将结系紧。

（3）在另一端，用一个丁香结捆绑好，完成后，在绳下加一楔子，使其绷紧。

图 7-20　圆形捆绑法

3. 对角线捆绑（图 7-21）

这种方法在两根横木不是直角相交时捆绑较有效。

（1）绕着两根横木，首先打一个倾斜状的圆材结，拉紧并继续缠绕绳索，将圆材结遮住，缚紧。

（2）在靠下面的横木后面将绳索转个方向，按另一个倾斜方向缠绕缚紧。

（3）再将绳索转个方向，按正方形缠绕三四圈，从上面的横木的上部通过，在下面的横木下面通过。

（4）在一根横木上用一个丁香结结束捆绑。

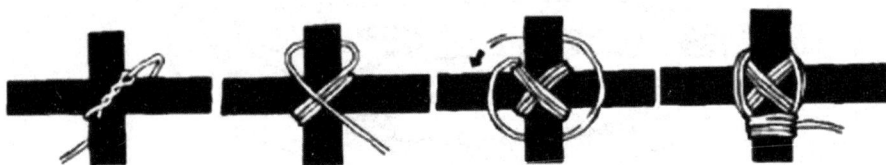

图 7-21　对角线捆绑法

4. 剪式捆绑（图 7-22）

用来捆绑平行的两根木材的末端，可制作一个"A"形框架。

（1）首先在一个圆木上打一个丁香结，然后用绳索缠绕两根圆木——不宜过紧。

（2）将绳索转向，在两圆木之间缠绕绳索两圈，再缚紧；最后在另一根圆木上打一个丁香结，将圆木拉成剪刀形，这样的捆绑自然使捆绑物变得更紧。

用此法捆绑三根圆木，可以制作一个三角架，方法与上面介绍的近似。首先将三根圆木缠绕在一起，然后将每两根圆木之间的绳索缚紧。A 形框架和三角形架的脚犹如一个锚可将捆绑的绳索固定住，防止绳索下滑。

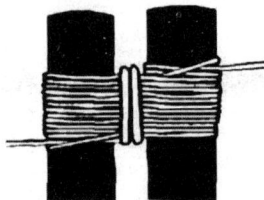

图 7-22　剪式捆绑法

（四）漂流常用装备

必要的漂流用具是从事这项户外活动的前提。漂流的用具很多，这里只介绍部分常用漂流用具。

1. 防水上衣

漂流者如遇又湿又冷的情况，拥有一件好的防水上衣，便可以不受冷水的侵扰。这种上衣使用粗纤维和坚固的胶乳帆布制成。

2. 水上运动头盔

对于激流探险来说，高质量的头盔非常必要，可以起到保证人身安全的作用。

3. 防水袋（包）

能使包内物品不被水弄湿。

4. 救生衣

各种救生衣的功能都相同，但舒适性这一重要指标却各有差异。由于肩部、腰部和两侧都可调，腋部开口宽松，萨波救生衣穿着舒适。

二、筏艇的操作技巧

筏艇操作可以分为单竿操作、单桨操作和多桨操作。单竿操作多用于竹筏或木筏。单桨操作是指只有一个固定的架和一排桨或只有一只桨，由一人操作船。多桨操作是指由一个队长和一队人共同配合操作船筏或独木舟。

（一）单竿、单桨船筏操作

1. 竿的操作

竹筏、木筏因载人不多，常用单竿进行操作，在河水不深时，可以将撑竿撑到河底控制竹、木筏前进、后退或转向。如河水很深，则多用"划竿"的方式控制竹筏、木筏前进、后退或转向。

"划竿"的操作方法：

（1）持竿者站在船的中间靠后部位。

（2）双手握竿的中间部位，一手正握，一手反握，双手间的距离为肩宽，将竿持于胸前。

（3）以双手间的中心点为轴心，双手向前做圆周运动，使竿的两头做圆周运动，依次从竹筏、木筏两侧的前方入水后方出水，使竹筏、木筏向前运动。如要使竹筏、木筏向后运动，则双手向后做圆周运动；如要使竹筏、木筏转向，则竿的轴心不变，改变两手的高度，一手高一手低做圆周运动，让一侧竿子划水，另一侧竿子则不入水。

2. 桨的操作

桨是操作船艇的工具，向前划桨时，桨的操作方法如下：

（1）向前侧身，手臂打直。

（2）把桨伸到水里。

（3）把桨往回拉，利用整个身体的力量。每次划动都应是一个持续的动作，力量均匀地作用于整个回拉动作。这种拉动非常有力，如果在同一侧多划几下船会减速，船头会改变方向。

（二）多桨操作

与一人操桨不同，多桨推进是通过船长和船员的共同努力来完成划桨操作的。多桨操作时，队伍中一定要设一名指挥人员做船长，船长坐在船首指挥，预料到前方水况，并迅速地指挥船员如何操作，他手中的桨作为方向，船员坐在船边，并使力量均匀地分布于船的两侧。

漂流中大部分操作都是顺流的，船前进的速度比水流快。在风平浪静的水域，船首指向理想的方向，每个船员桨都向前，看着水面，必要时做些调整。在有许多障碍物的水域和危险水道，根本没有时间精确地指向通道，则应听从船长指挥，如哪一侧前划、哪一侧向后划、哪一侧快划、哪一侧慢划或都向后划，来改变船的运行方向，以避开障碍物或危险水道。

（三）控制筏艇方向的方法

筏艇顺流而下，使人感到快乐、欣慰、刺激。然而在奔涌直下的急流中，有时会突然遇到障碍，为了避开障碍应立即改变筏的方向进行躲避。把船从一边移动到另一边，首先要改变筏艇头部的方向。

在平静的河面操作筏艇前行时，也会遇到偏离方向的问题，这是由于筏艇两侧划桨时划桨的速度、力量的大小、桨入水的深浅等不一致所导致。向前行船时，如果单侧用桨向后划水（桨由前入水，后方出水），由于水流的作用，筏艇会向前行，同时船头会向划桨的另一侧转。如在船的右侧向前划桨时，船会向前移动，同时，船头会向左侧方向转动。依据这一原理，在双侧桨划行过程中发现船头向一侧偏离，说明偏离侧的划桨力量不大、速度不快，应加快速度或让另一侧的同伴降低划行速度的方法来纠正行船方向，待船方向正确后再一起用力前划。

在划行过程中突然遇到石头等障碍，需要立即改变方向进行躲避时，可以采用单侧桨向前方划水（桨由身后入水，前方出水）的方法来改变船的方向进行躲避。单侧用桨向前方划水时，会降低船筏前进的速度，同时，船头会向划桨这一侧转动，也可以采用一侧桨向前方划水，另一侧桨向后方划水的方法，这种方法会使筏艇头部快速转动，并可能产生旋转，转动的方向是向前方划水的这一侧，这一点应该牢记并在实践中运用、体会。

（四）逆流摆渡和顺流摆渡

1. 逆流摆渡

逆流摆渡需较强的力量。用此方法应让桨向前，使船与水流成一定角度，桨与逆流成一定角度，指向你想到达的位置。

2. 顺流摆渡

顺流摆渡所需力量较小，但能让操桨手看清前方，在最后时刻也易让船头转向。它是让后桨活动，让船首与逆流成一个角度，指向想到的位置。

三、漂流的注意事项

漂流与水是密不可分的。在进行漂流的时候，漂流者要尽量穿简单、易干的长衣长裤，为了防晒不要穿颜色太淡的衣服。还要准备一套备用的衣服，以便于上岸后更换。鞋子推荐平底拖鞋、露脚的凉鞋，这样不至于鞋进水后，脚被泡浮肿。戴眼镜的漂流者应用皮筋系上眼镜腿，不要戴隐形眼镜，否则容易增加感染机会。同时要保管好自己的贵重物品，例如手机、数码相机、首饰、钱包等。如果一定要带相机，最好带价值不高的傻瓜类相机，并事先用塑料袋包好，在平滩时打开使用，过险滩包上。最好把自己的物品寄存到漂流点的物品寄存处，这样一方面可保证物品的完好，另一方面可以防止漂流时物品落水。还应正确穿好救生衣，虽然那些衣服被很多人穿过，但为了自身安全必须要穿上它。

漂流区水流的大小和形状各不相同。一些是短的、突然出现的一大股水，而一些是较长的一泻而下的水流。在河流的某些地段，水面由于受复杂分布的巨石影响而扩宽成缓慢流动的水面；在狭窄的悬崖缝中，河水被挤压快速流过。有些通道是直的，而一些通道则狭长扭曲，河流与崖壁碰撞；一些水流有坡度，而另一些则平缓，形成巨大的落差，有些水面像地平线一样横跨在河中。因此在漂流过程中，可能会遇到不同的突发情况。对于这些情况，漂流者要做到心中有数，并果断采取相应对策。

（一）遇险滩时

在到达险滩前，先预测一下顺流而下的大致方向，然后招呼大家收桨，将脚收回筏内并拢，双手抓紧筏沿上的护绳，身体俯低，不要站立起身，让筏身保持平衡，漂流筏都能安然渡过。

（二）遇漩涡时

在河道水流较深的地方一般都有漩涡，如果遇到了漩涡不必慌张，首先调整好漂流筏的位置，尽量避免被卷入漩涡中。如果不小心被卷入漩涡中，要让筏顺着漩涡洄流的方向旋转，等筏到达漩涡的外围时，再用力划桨使筏冲出漩涡；如果是无桨的筏，可以用手快速划水冲出漩涡。

（三）遇冲撞时

在漂流过程中，必须恪守的原则是保持平稳、避免两筏冲撞。实在躲避不开，应将筏身控制在正面迎撞的角度（侧面碰撞容易导致翻船），然后抓紧绳索。冲撞后筏身大多与岸平行，此时外侧的漂流者要注意收脚，以免夹伤。有时筏与筏之间会靠得很近，为避免冲撞，双方要相互配合往相反方向划桨或用桨顶开另一方筏身。

（四）过险滩时

在石头比较密集的水域，水流相应变浅，漂流筏很容易发生搁浅现象，这时可以用手或桨使筏身脱离浅滩。如果没有效果，让护漂员帮助将筏推出浅滩。

（五）遇落水时

在漂流之前要按规定正确穿着救生衣，人一旦落水要想办法上岸或停留在石头的背水面，等待救援。

（六）遇翻船时

翻船是由于筏身受力不均而造成的，一般是先有人落水然后才出现这种情况。一旦发生这种情况，要调整乘员的位置使筏身保持平衡。当漂流筏卡住时，不能着急站起来，应稳住筏身，找好落脚点才能站起。

（七）气室破裂

漂流筏多为高分子材料制作而成，有三个独立气仓，正常使用下不会发生破裂问题。如果遇到气室破裂，首先要调整乘员位置使筏身保持平衡，切记气室破裂的位置不要坐人。然后想办法上岸，吹响救生衣上的口哨，等待救援。

如今，全国旅游景区进行漂流河段的水面，每年都经过相关部门安全检测，大多是比较安全的。漂流者只要不自作主张随便下筏、不互相用力打闹、不主动去抓水中的漂浮物或岸边的草木石头，漂流筏一般不会翻倒。

第三节　潜水运动的训练指导

一、潜水的定义及发展

潜水，英语叫做 Diving。潜水的原意是，为进行水下勘查、打捞、修理和水下工程等作业而在携带或不携带专业工具的情况下进入水面以下的活动。后来潜水逐渐发展成为一项以在水下活动为主要内容，从而达到锻炼身体、休闲娱乐目的的休闲运动。这项运动深受大众所喜爱。

任何运动都存在着不同程度的风险性，坦率地说，潜水运动的风险性一直被绝大多数人所高估。事实上，潜水是一项高度"纪律性"的运动，如果你受到过真正专业的培训而又自律地按照规则行事的话，你所面临的风险是十分有限的。以人们常恐惧的"鲨鱼"为例，其实在潜水中遇到鲨鱼的机会是很小的，而且大多数鱼是不会主动攻击人类的。

潜水也就是人没入水中的活动。人虽然不能生存在水中，但为了觅食、寻宝、打捞、军事以及近几十年来的休闲运动等等，猎奇的人总喜欢去体验一些异于日常生活的活动，因此潜水活动也随着现代科技的进步和需求，依潜水的目的而发展成多样化的形式。以下分别介绍各种不同的潜水方式。

潜水活动可分为浮潜和给气潜水两大类。我们可将前者细分为浮游和屏气潜水，只浮在水面不潜入水中的活动称为"浮游"，而在屏住呼吸期间潜入水中的潜水活动称为"屏气潜水"。所谓"给气潜水"，就是潜水者在潜水期间能得到气体的供应。其也可细分为两类，一是"自给气潜水"、二是"供气潜水"，前者是指潜水者自己携带氧气瓶潜入水中的活动，一般称为"水肺潜水"。供气潜水，是指潜水者在水下活动期间，依靠一条送气管从水面将空气输送给潜水者使用，故也称作"水面供气潜水"。近几年来世界各个著名的度假海岸区域，都专门设有这种水面供气潜水活动，供游客体验水中世界。

二、潜水运动需要的身体条件

水下环境使潜水者面临许多不便：①水中行动困难；②水下低温使体热快速丧失；③呼吸高密度的气体；④环境变化引起潜水者心肺功能变化；⑤为使体内含气空腔不受损伤，潜水者必须调节气压平衡；⑥呼吸气中的各高分压成分对机体功能存在毒性、麻醉性、刺激性和气体溶解度改变等作用。

因此，潜水者的体格及生理状况必须相当健康才能面对水下的不利环境。他们必须没有不利于在水下活动的任何限制。为了安全，潜水者必须维持合理的健康水平，休闲运动潜水的医学要求并不苛刻。

（一）潜水运动的体格适应性

潜水运动暴露于水下环境、身体需要承受一定强度的劳动负荷。由于水下活动的复杂性与危险性，保持一个强健的体格对潜水活动非常必要。这可以通过持续而有规律的锻炼来达到。锻炼是任何使静息氧耗量高于基础水平的活动，绝大部分机体组织器官均有不同程度的功能储备，可以在运动中被激发，特别是心脏和肌肉。心脏功能常常是限制人体活动量的主要因素；很多心脏疾病都具有隐匿性；心脏是人体的关键器官，一旦出现问题，就可能影响生命；对潜水者来说心脏疾患是水下死亡的常见原因。因此，在潜水适应性检查时，常采用运动负荷试验以测定潜水者的心脏储能。大多数健康人群均具备水下常规活动所需的基本体能与力量。

身体强壮者不一定就适于潜水。除了具有良好的体格健康状况外，潜水者还不能隐瞒某些疾病。在日常生活中，这些疾病不一定都对健康有很大影响，有的甚至连患者本人都未察觉；但潜水过程可能会导致患者的这些不良的身体因素发生恶化。所以，是否能进行潜水需要经过潜水医师或懂潜水医学的临床医师对参加潜水者进行潜水适应性评估。

（二）潜水中的年龄和性别问题

由于潜水的特殊性，参加潜水者需要有一定的身体素质和知识水平。由此，必然会涉及到青少年、年长者参加潜水运动需要特别关注的一些问题。女性与男性存在很多生理差别，在女性潜水时，也需要考虑到更多特殊情况。

1. 年龄和潜水

（1）老年人潜水

尽管随着年龄的增长，机体状况会下降，但在一定范围内，目前还不清楚体能的下降是由年龄增长引起的还是与缺乏运动有关。针对老年运动员的研究提示，年龄增长引起的体能下降可以通过持续的锻炼而弥补。老年潜水者完全可以维持并拥有一个适合潜水的健康体质。但是由于大多年长者运动不足，缺乏水下运动必需的基本灵巧性和力量，因此在潜水运动时需要引起注意。

在老年人中，发病率较高的慢性疾病可能在潜水中造成特殊的问题。其中，最主要的是心血管疾病。动脉粥样硬化可以影响大脑、心脏、肾和骨骼肌的血供。这些疾患不易被发觉，潜水这种大运动量的运动可能引起氧供不足和组织或器官功能异常。其中，最为重要的是冠状动脉粥样硬化，可能在潜水中引起心肌梗死或猝死。在进行潜水训练前，对潜水者进行运动负荷试验是有效的筛选方法。

（2）未成年人潜水

运动潜水没有法定的最低年龄限制，但大多数潜水训练机构仍对参训者的年龄下限有一定要求，一般为 14 周岁左右。稍小些的孩子也能参加潜水训练，但他们必须具有一定的成熟度，包括良好的判断力、责任心、细心和对潜水规则的遵守，也必须具有掌握一定物理学和生理学知识的能力。一般来说，多数孩子在 14～16 岁就能拥有上面提到的各项能力，也有少数 12、13 岁的小孩也能达到上述要求，当然，也就可以对他们进行潜水训练了。

青少年潜水者必须达到一定的体重（约 45 千克）和身高（约 150 厘米）。这是能合适佩戴常规呼吸器的最小身材。他们必须要有足够的力量来操纵笨重的潜水装具，并能自如地出入水下环境。对于身材娇小的潜水者来说，寒冷和对浮力的控制是比较突出的问题。这可以通过调整潜水服尺寸、减少装具储气空间来加以改善。

减压病气泡会损害生长组织，比如说生长中的骨骼。发育中的青少年在潜水时必须充分考虑这种风险。由于气泡的形成直接依赖于潜水深度和时程，因此最简单有效的方法是限制潜水时间和深度，使青少年潜水者体内的氮气量处于较低的水平，并严格控制其上升速度。通过实施这种风险防范措施，至今尚未出现过青少年潜水者骨骼生长发育受限的例子。

2. 女性和潜水

越来越多的女性热衷于潜水这项运动，很多还是积极的参与者。尽管在潜水中女性并不比男性有更多的限制，但由于存在生理性差别，女性潜水者对下列特殊情形应该有所考虑。

（1）力量与体形

与男性相比，女性的力量和运动能力较小。女性体脂含量较高，缺乏运动的女性体脂含量约为25%，而常训练的女运动员可达10%～15%。经常锻炼的男性体脂含量为7%～10%。女性由于体脂含量高因此可以在潜水时减少热量散失并增加浮力，但是却不利于惰性气体安全排出体外。然而，目前尚未有证据表明女性比男性易患减压病。女性的体表面积与体质量之比高于男性，而少女的这个比值较成年妇女更高，所以在同样的环境条件下，女性比男性容易感到寒冷，少女更明显。因此，少女潜水者特别需要注意保暖。

（2）怀孕

在以山羊为实验对象的研究中，显示潜水会增加胎儿异常的发病率，但其他实验均显示潜水没有影响。临床上，某些宫内或产前疾病以高压氧成功治疗的应用也很多，迄今未显示潜水对胎儿有不良影响。很多年轻妈妈在不知自己已怀孕的情况下继续进行潜水，至今也未发现有任何不良后果。但优生优育是社会赋予每个人的职责，只要存在任何不良影响的可能，均应积极避免。潜水过程中体内可能产生气泡（包括隐形气泡），而胎儿左右心室是相通的，气泡能很顺利地进入大脑等关键部位，引起后遗症。此外，潜水时呼吸的高分压氧和CO_2潴留也可能对胎儿有影响。所以对怀孕妇女来说，最好的建议是不要潜水。

三、潜水运动装备及操作

（一）基本个人装备

面镜：与游泳用的防水镜不同，潜水面镜有用于平衡压力的鼻囊，并可防止水进入鼻腔。

呼吸管：可以使人在浮潜时不用把头抬离水面也能呼吸。在水肺潜水活动中，潜水者通常通过呼吸管来进行水下作业（如观察水下环境等）。

蛙鞋：提供水下的推动力。与游泳不同，水肺潜水只是依靠腿部的运动来实现移动，而双手通常用来做其他的事情（如水下摄影，操纵其他设备、仪器等）。

潜水服：即使是在热带地区最热的日子里潜水，最好也要穿上相适合的潜水衣，因为深水中的温度比较低，而潜水活动在通常情况下并不像游泳那样激烈，寒冷可能会造成疲倦、反应迟钝、肌肉抽筋等症状，因此一套合身、厚度适宜的潜水服是绝对必要的。

浮力调整器（BC）：是控制浮力的装置。在水面上时可以使潜水者轻易地浮在水面上；在水下时，可以通过微调BC内的空气来实现最佳的浮力状态（中性浮力）。

气瓶：里面通常装的是高压的空气或混合气体，供潜水者水下呼吸用。气瓶需要定期送专业机构检验，对一般潜水爱好者来说，通常只是向潜水店租用，不需自己购买气瓶。

空气压力调节器：人不可以直接吸入气瓶里的高压气体，这就需要通过空气压力调节器来进行压力调节。调节器由一级头和二级头组成，一级头用来连接 BC，二级头是用来呼吸的，许多潜水者都配有一个备用的二级头。

潜水仪表：必备的潜水仪表有压力表、深度表、罗盘、潜水计时表等。

配重和配重带：配重是为了平衡潜水者本身、潜水服、各种潜水设备等所产生的浮力，通常配重是铅制的，由配重带栓在潜水者的腰上，如遇有某些紧急情况需要立即上升时，潜水者可以迅速解开配重带，抛弃配重。这里需要强调的是，在深水中快速上浮至水面是很危险的。

（二）辅助潜水装备

潜水电脑：可以记录潜水活动的各项数据，并可以直接给潜水者提示减压时间等重要参数。

潜水刀：用途很多，主要是防止潜水者被鱼线、渔网或海藻缠住时用的。

潜水浮标：潜水时必须在水面放置浮标，以告知水面船只避开。

潜水日记：用来记录你的潜水经历，并且最好由该次潜水活动的潜水长签署以证明。

药品箱：用来存放一些常用药，如创可贴、晕船药、感冒药、止泻药等。

水下记录板：用来和潜伴在水下进行充分的沟通。

水下电筒：夜潜的必备工具。

装备袋：专门用来放置潜水用品、设备，当然，贵重的东西最好随身携带，如潜水电脑等。

（三）专业潜水设备

潜水摄影、摄像机：有特别的防水外壳，用于水下摄影、摄像。现在许多摄影器材生产厂家纷纷推出与自己的摄影器材相匹配的防水外壳，也推出一些专用的水下摄影器材。

四、潜水运动基本技巧

潜水过程涉及一系列操作程序和技巧，潜水者在参加潜水培训时教练和俱乐部会提供详尽具体的指导。这里仅就一些关键的基本动作和要领做简要介绍，以期给潜水爱好者提供一个初步的概念和印象。

（一）入水和出水

潜水的基本过程包括入水、下潜、着底、水底逗留、离底、上升及出水几个步骤。潜水者着装结束并得到命令后即可进入水中，从离开潜水平台至稳定浮于水面的这个过程称为"入水"。在水面以下检查装具的水密和气密，确认良好并得到允许后方可下潜。潜水者从水面向下直至到达水底或预定深度的整个过程称为"下潜"。潜水者到达预定深度叫做"着底"。潜水者水下活动结束后开始上升，称为"离底"，从着底到离底的整个过程称为"水底逗留"。从开始下潜到离底的这段时间为"水下工作时间"。潜水深度和水下工作时间是选择减压方案的两个主要参考依据。潜水者离底后向水面进发的过程称为"上升"。上升至头部露出水面称为"出水"。从离底到出水的这段时间称为减压总时间。自开始下潜到出水的整个过程所用的时间，叫做"潜水总时间"。上述是潜水过程的基本概念，在每次潜水时，均应记录在"潜水日志"上。

1. 入水

（1）入水前检查

潜水者应向潜水监督（现场负责者、教练或者水面组织者）报告准备工作完毕，潜水监督进行入水前检查。检查内容包括：

①确定潜水者已做好身体和心理上的准备。

②核实潜水者已佩戴必备装具（呼吸器、面镜、浮力背心、压铅带、潜水刀、脚蹼等）；两名潜伴可以共用水深表和手表或潜水电脑。

③核实已测定瓶压，气量应满足预计潜水深度和时间的需要。

④确保所有快速解脱装置均伸手可及，扣接适当，便于快速解脱。

⑤核实压铅带系在其他所有系带和装具最外层，未被气瓶底缘压住。

⑥核实救生背心未被压，可自由膨胀，夹层气体已完全排空。

⑦检查潜水刀位置，确保不管抛弃任何装具，潜水者均不会误将潜水刀一起抛弃。

⑧确保瓶阀完全打开，并倒旋四分之一至二分之一圈。

⑨潜水者戴上咬嘴或全面镜反复吸气和呼气，测试供气调节器和阀门工作是否正常。

⑩最后一次检查呼吸管和咬嘴，确认着装时未把接头拉开。

⑪检查信号阀是否启动（拉杆处于"上"位）。

⑫最后再次简单介绍潜水计划。

（2）入水方法

入水方法有多种，应根据潜水平台的特征选择。如果可能，潜水者应从潜水梯入水，尤其在不熟悉的水域。所有入水方法均应遵循的基本规则如下：①先观察，再入水；②低头，下颌贴到胸部，一只手抓住气瓶，以免气瓶与后脑相撞；③用手指保护面镜，用手腕保护咬嘴。

①坐姿入水法

这是最简单的入水方法，特别适合于新手。当潜水者从游泳池边、较低的甲板或码头入水时，可采用此法。潜水者坐在水边，双脚垂向水面或垂入水中，身体旋向一侧，双手撑住一侧平台，稍用力支撑身体，同时向双手支撑的那一侧转身，进入水中。入水时不会产生太大的撞击力。

②迈入法

最常用的入水方法，适合于从稳定的平台或船只上入水。入水时，潜水者一只手托住面镜和咬嘴，另一只手抓住气瓶，从平台边缘向前跨一大步，双腿保持分开，前跳入水。潜水者入水时，应使上身向前倾一点，避免入水时因水的反作用力抬高气瓶撞到潜水者头颅枕部。

③跳入法

潜水者从较高的平台入水时，适合采用跳入法。入水时，潜水者一只手托住面镜和咬嘴，另一只手抓住气瓶，在跳离平台后，将双脚并拢，并使脚蹼保持水平，膝盖轻微弯曲以抵消部分冲击力，身体保持正直，稍微前倾。

④后滚法

后滚法是从小船入水的常用方法。潜水者坐在小船的舷边，面向船内，颌部贴胸，一只手托住面镜和咬嘴，另一手抓住气瓶，后滚翻入水。入水前一定要保持小船稳定，否则潜水者有跌入舱内或水中的危险。

⑤前滚法

潜水者坐在平台上，略微前倾以抵消气瓶重量，抓住面镜和气瓶向前倾，双腿蜷曲，前滚入水。

⑥侧滚法

信号员帮助潜水者取坐姿，信号员离开，潜水者抓住面镜和气瓶，侧滚入水。

⑦后迈入水

与迈入法姿势相反。潜水者向后走，并用脚前蹬，把自己推入水中。

⑧从海滩入水

潜水者可根据海面情况和海底坡度选择入水方法。如果海面平静，坡度平缓，潜水者可以不穿脚蹼走进水中，走到可游泳的深度时再穿脚蹼。如果海面有中等或较大波浪，潜水者穿好脚蹼，背向海面进入浪中，直到水深可以游泳为止。

（3）下潜前检查

在水中或下潜前，潜水者应最后做一次装具检查，应该：

①做一次呼吸检查，呼吸阻力应该很小，也无任何漏水迹象。

②潜伴相互检查装具有无漏气，特别注意各个接头处（气瓶阀与供气调节器、供气调节器和咬嘴的连接处）。

③潜伴相互检查系带有无松开或绞缠。

④检查面镜是否密封；入水时，面镜可能有少量水进入，可用常规方法拉开面镜下缘使水漏出。

⑤浮力校正，水肺潜水时应尽量使浮力为中性；如果携带的装具或工具较多，应相应减少压铅重量。

⑥如果潜水者着干式潜水服，应检查有无漏气，并按所需浮力调节潜水服的充胀程度。

⑦潜水者应利用指南针或其他参照物确定方位。

⑧所有装具检查合格，潜水者向潜水监督报告，潜水者将潜水手表归零并开始计算水下工作时间。

（4）水面游泳

潜水入水点应尽可能靠近水下目标地点。但有时因受环境条件限制，需要在水面游泳一段距离。游泳时潜伴彼此要能看到对方，同时也应该能看到潜水组其他潜水人员。潜水者应熟悉周围景物方位，以免游错方向。使用水肺在水面游泳的唯一也是最重要的要求就是尽可能地从容不迫、保存体力。潜水者应戴好面镜，用呼吸管呼吸。游泳时必须小心，防止咬嘴空气自由泄漏。

潜水者只需用双腿蹬水或打水前进。由髋关节发力，自然蹬水或打水，脚蹼不能露出水面。可以一边采用仰泳仰卧的方式在水面上休息，一边继续打水前进。如浮力背心可用口充气，可先吹入部分气体，有助于水面游泳，但在下潜时必须先将背心内气体排出。

2. 下潜

潜水者可以游泳下潜，也可以沿入水绳（连接水面和水下作业点的一根行动绳，便于潜水员下潜和上升时控制速度和体位等）下潜。下潜速度主要以中耳、鼻窦等的压力平衡情况为准，但不要超过每分钟20米。只要有一名潜水者感到难以平衡中耳、鼻窦压力，结伴的两名潜水者都应该停止下潜，稍上升。如几次上升，仍无法平衡，应停止潜水，两名潜水者均应返回水面。如果水下能见度较差，潜水者下潜时一只手臂应伸向前方，以避开障碍物。

到达预定活动深度时，潜水者必须确定自己相对周围景物的方位，核实活动位置，并对水下条件进行一次检查。如果这些条件与预料的有较大的出入，有可能发生危险，此时应中断潜水。出水后根据实际情况修改潜水计划。

3. 上升

到达预定的返回水面的时间，任何一名潜水者都可以发出结束潜水的信号。得到对方的回答后，两名潜水者一起上升出水，速度限制在每分钟 9 米左右，潜水者平稳自然地呼吸。上升过程中，潜水者绝不能屏气，以免发生肺气压伤。潜水者一只手应该一直伸在头部上方，防止头部意外撞到水下和水面硬物。为了能全方位观察周围环境，最好采用缓慢、螺旋方式上升。

（1）紧急自由上升

当供气系统突然失灵，或呼吸器被绞缠，其他潜水者无法迅速赶来援救，遇险潜水者必须采用紧急自由上升。紧急自由上升的具体程序如下：

①丢掉手中工具和物件。

②解下并丢弃压铅带和压铅。

③如果呼吸器被缠无法摆脱必须丢弃时，潜水者丢弃呼吸器的方法是：拉开腰带、胸带、肩带和裆带的快速解脱扣，先从一条肩带中脱出一只胳膊，然后将呼吸器从另一只胳膊上脱下，也可以采用将呼吸器从背部拖至头部、然后从头顶上方将其卸下的方法，丢弃呼吸器时，应防止软管套在颈部。

④如果因剩余空气量不足而需紧急上升时，潜水者通过丢掉所有器材和压铅，充胀浮力背心就可以立即上升出水，在上升减压的过程中，呼吸器内剩余空气仍可以利用，因此不到万不得已的时候，潜水者不可轻易丢弃呼吸器。

⑤如果潜水者失去知觉不能自行出水，而潜伴直接带他上升又很困难，可以解弃遇险潜水者的压铅带，充胀他的浮力背心以减轻负荷，潜伴无论如何不得离开遇险潜水者，应时刻牢牢抓住他。

⑥上升时，潜水者应连续呼气，使膨胀的肺内气体自由排出。

（2）减压

①不减压潜水

开放式自携式潜水通常采用不减压潜水方式。不减压潜水必须遵守不减压极限规定。不减压极限是指在某一潜水深度潜水时，所允许的能直接以预定速度安全上升至水面的最大水底停留时间。不减压潜水减压时也应按规定的速度上升。

②减压潜水

如果在特殊情况下必须进行减压潜水，则需遵守以下原则：

◇应根据水下工作时间和深度，选择合适减压方案，计算所需要的供气量；如果潜水者自带的气源量不够，应提供备用呼吸器；备用呼吸器可以事先安放于适当的位置，如减压架（水面悬吊控制的、载潜水员下潜和上升的架子）或入水绳上；如使用入水绳，绳上应做好鲜明的标记，提示减压停留站的深度。

◇潜水者完成任务，或停留时间已经达到潜水计划规定的最长水下停留时间，必须上升到减压架上或带有标记的入水绳旁，用信号通知水面准备减压；水面人员将减压架升起，由计时员控制减压过程，潜水者在减压架上经过各停留站完成减压；停留结束上升前，信号员应该通知潜水者做好上升准备，潜水者做好准备后发出回答信号。如果沿着带有停留站标记的入水绳上升，每一停留站结束时，信号员应向潜水者发出开始减压信号；此时，潜水者上升减压，到达下一个停留站时发出到达信号，停留时间应始终由潜水监督控制。

◇确定减压停留站深度时，必须考虑海面情况；如果涌浪较大，减压架或入水绳会随着水面支援船（即潜水船）的波动而不断升降；应事先根据波动幅度确定好停留站的深度，保证潜水者胸部位置在起伏中不会高于标准停留站的深度。

◇如果意外上升出水或紧急上升出水，潜水监督必须根据加压舱准备情况决定是重返水下还是使用水面减压；制定潜水计划时，应考虑到这一情况。

4. 出水

潜水者接近水面时，绝对不可以从支援船或水面上的其他物体下面出水。潜水者必须倾听船舶螺旋桨的声音，在确保不会发生危险时，才可以上升到水面。到达水面后，应立即向四周观察，确定支援船、其他潜水人员和附近水面船只等的位置。如果支援船上人员没有发现出水者，潜水者可引燃发光信号（专用于潜水中的报警装置）、打手势或吹口哨，以引起船上人员注意。

等待协助出水时，潜水者可在水面休息片刻。潜水者可以给浮力背心充气，以利于水面漂浮。也可以采用呼吸管进行呼吸。潜水者浮在水面时，支援船上工作人员必须不断注视潜水者，特别要警惕有无事故信号和征兆。拉一名潜水者上船时，不得忽视其他尚在水中的潜水人员，只有所有潜水人员安全上船后，潜水才告结束。

潜水者可先解下压铅带和呼吸器，递给船上人员后再上船。如果船边有舷梯，潜水者脱下脚蹼，再沿梯子上船；如果没有舷梯，用脚蹼踏水可产生较大推力，有助于上船。如果船很小，可以根据船型和水面的气候条件从船舷或船艏上船。当潜水者攀登小艇或小筏时，艇上其他人员应坐下，以免落水。

（二）水中行动

水肺潜水时，因携带的气源量有限，水下停留时间非常宝贵，应高效地进行各项操作。潜水者必须掌握自己的活动进度、保存体力、尽可能独立地完成各项任务并解决问题。同时，潜水者也应当机动灵活。当感到体力不支或水下条件危及安全时，应随时准备中断潜水。潜水者必须随时警惕任何可能发生的事故，结伴潜水者还应时刻关注伙伴的情况。

1. 呼吸要领

初学者因紧张或不适应等因素常以较快且深的方式呼吸，必须经过练习，学会从容、平缓、节律稳定的呼吸方法。潜水者水下活动的节奏应与呼吸频率相适应，不应该为提高行动效率而改变呼吸。如果潜水者发现呼吸过于吃力，应该立即停止工作，直至呼吸恢复正常。如果潜水者不能立即恢复正常的呼吸，必须视为将发生生命危险的征兆。此时，应立即停止活动，通知潜水同伴一起返回水面。

有些潜水者为了延长水下停留时间，采取屏气方法试图节省有限气源。常用的方法是"间停呼吸"，即在每次呼吸之间插入一个长时间间歇。这种呼吸方式是非常危险的，会引起血碳酸过高，千万不应该采用。

由于装具管道阻力和呼吸介质密度的增加，潜水时的呼吸阻力会增高。但气瓶内气体尚未用尽前，呼吸阻力不会有很大提高。如果感觉阻力明显增加，提醒潜水者应开始呼吸备用气，此时应把信号阀杆拉下，并立即上升出水。对未设信号阀的气瓶，应定时观察气瓶压力表，当单瓶压力降到 35 兆帕、双瓶压力降到 175 兆帕时，立即停止水下活动，开始上升出水。

2. 面镜和咬嘴进水的处理

（1）面镜除水

面镜内进水是正常现象，还有助于给玻璃面窗除雾，但若进水过多则必须清除。要清除面镜中的进水，潜水者先侧身或仰头，使水集中在面镜一侧或下部。潜水者用一只手紧紧地直接按压面镜的对侧或顶部，用鼻子缓慢吹气，水会从面镜边缘下面排出。如面镜安装有清洗阀，潜水者只需将头倾斜，使积水盖住清洗阀，将面镜压向面部，然后用鼻子稳定地吹气。此时面镜内压力增加，水经清洗阀排出，有时需要反复几次才能完全清除。

（2）咬嘴进水的处理

当咬嘴从嘴部脱落时，咬嘴内会进水。再重新戴上咬嘴时，按压二级减压器的手动供气按钮，将水排除。如未排尽，可向咬嘴吹气，把内部残留的水从调节器排气口清除。然后应小心地进行浅呼吸，以免吸入未排尽的余水。如果水仍然进入咬嘴，就再次进行吹气排水；如果仍然不能正常呼吸，应该翻转身体使背部朝下，供气调节器就会进入自动供气状态。

3. 水下游泳

水下游泳时，所有推进力都是来自腿的动作，手只起协助作用。因此，潜水时必须要穿脚蹼。正确摆动脚蹼，可以让潜水者在水中较省力而平衡地移动。

脚蹼摆动的最常用方法类似于自由泳打腿，其方法伸直大腿，主要由髋关节发力，两腿交替摆动。踏水或打水时，膝关节和踝踝关节要放松，动作幅度要大，保持节奏，以不使大腿疲劳或出现肌肉痉挛为度。

另一种打水法类似于蝶泳动作，使用全身力量，主要由腰腹部发力。这种动作在潜水者丢失一只脚蹼或发生小腿抽筋时特别有用。

4. 潜水通讯

水肺潜水时的通讯方法包括：水中电话通讯、手势信号和拉绳信号等。水面和潜水者之间最好的通信方式为水中电话。但是，多数呼吸器没有音频通讯，可以采用手势信号和拉绳信号。

（1）潜水电话通讯

目前，应用于自携式水下呼吸器的潜水电话通讯系统有数种。最好的是调幅和单频潜水电话通讯系统，需要潜水者佩带发射和接收装置，能提供潜水者与潜水者、潜水者与水面人员、水面人员与潜水者之间的多向通讯。但是必须采用全面镜，才能使用此法。如果采用声纳装置，潜水者可听到水面指令，但不能回复，是单向的。

调幅潜水电话信号强，但是不能穿越障碍，单频潜水电话在障碍物内或在障碍物周围性能更好。

（2）手势信号

手势信号是潜水者必须掌握的水下交流方法。各地使用的潜水手势信号大体相同，但也存在很多差异。潜水前，各潜水成员之间必须事先统一各种手势信号的意义，有时也可以制定适合特殊潜水活动的手势信号。表达手势信号时，应该动作有力、幅度夸张，不能模棱两可，以免误解。每一个信号均应用同样的信号回答。

（3）拉绳信号

信号绳一般分三类：水面信号绳、浮标信号绳和结伴潜水信号绳。单个潜水者可以用水面信号绳，也可以用浮标信号绳。结伴信号绳的长度一般为2～3米，主要用在夜间或能见度很差时潜水的潜伴间的信号联络。

拉绳信号是指一次或多次拉动信号绳的联系信号，拉信号绳时的强度要足够被对方感觉到。

进行拉绳信号通讯前，首先要拉紧信号绳。

使用拉绳信号通讯时，多数情况下要求潜水者立刻用同样的信号答复。如果答复信号有误，发信号者需要重发信号。如果回答信号一直不正确，可能存在以下三种情况：信号绳扭转、松弛或潜水者遇到麻烦，必须立即查明原因。

（4）信号员职责

信号员负责在水面照管水下潜水者，潜伴在水下相互照管。在整个潜水过程中，水面信号员必须全神贯注观察水下潜水者的动向。信号员应该根据潜水者排出气泡的痕迹、指示浮标或其他定位装置确定潜水者在水下的大概位置。只有一名潜水者潜水时，信号员必须不停地使用观察定位指示浮标来了解潜水者的水下位置。当然，只有一名潜水者下潜时，最好使用信号绳，此时信号员应做到以下几点：

①始终拉紧信号绳。

②必须按规定程序发出拉绳信号。

③收到信号绳信号后，应立即用同一信号回答确认。

④每隔2或3分钟应拉一下信号绳，以确定潜水者是否一切顺利，潜水者也拉一下回应，表示一切顺利。

⑤如果几次拉绳信号均没有得到回应，救助潜水者应立即下潜查看。

⑥潜水者必须特别小心，防止信号绳被缠绕或牵拉。

5. 水下环境适应

通过细致周密的计划，潜水者对潜水地点的水下环境应有所了解和准备，并根据需要使用相应的辅助器材、潜水服和工具。但是，辅助器材不能帮助潜水者完全适应水下环境。潜水者还必须采用特殊的操作技术：

①在泥底上方60～90厘米处停留时，打水动作要小，防止将水搅浑。潜水者选择适当的位置，以使水流能带走浑水。

②如潜入珊瑚或岩石底，应注意防止割伤和擦伤；也应尽量减少对海底生物的破坏。

③避免深度突然改变。

④不要为了游览而远离指定活动地点寻找有趣景物，除非潜水计划中包括这类活动。

⑤注意光在水中传播的特性；应根据3∶4的比例来判断实际距离，水中所见的物体比实际要大些。

⑥注意异常强大的海流，特别是靠近海岸的离岸流；如果潜水者被卷入离岸流中，不要惊慌失措，应随着海流漂移一段距离，待海流减弱后游开。

⑦有实际经验的潜水者可逆海流游至活动地点，顺海流返回比较容易，也可以节省体力。

⑧勿在处于受力状态的缆绳或电缆旁停留。

五、潜水疾病和事故

潜水运动必须遵循水下环境和高气压有关的物理学规律及医学生理学规律。如操作技能、潜水程序、潜水装备等未能适应水下运动的基本要求，或者人为故意违反了科学规律，就可能引发潜水事故。

潜水活动可能对机体造成的损害主要来自惰性气体在体内的溶解和清除、气压变化、气体分压增高和水下环境，相应地引起减压病、气压伤、氧中毒、氮麻醉等潜水疾病以及放漂、淹溺、海洋生物伤、水下爆震伤等潜水事故。上述疾病或事故都很特殊，普通的临床医师很可能对它们一无了解。从事潜水运动者应该对潜水相关疾病有一个基本的认识，了解它们的发病原因、主要表现、诊断依据、初步处理及预防措施，这对保障潜水活动的顺利安全开展具有重要意义。

（一）减压病

潜水或高气压暴露后，因减压不当而致溶解在体内的气体无法正常安全脱饱和，在血管内或组织中形成气泡而造成的疾病，即为减压病。有些情况下，即使按照正常减压方案减压，仍然有可能发生减压病。许多影响惰性气体在体内的饱和与脱饱和的机体或环境因素都会导致减压病的发生。减压病的有效治疗措施是尽早及时加压治疗。

1. 发病原因

（1）发病条件

发生减压病需要同时满足两个基本条件：物质基础和环境条件。前者是指机体在一定的高气压下暴露一定时间，体内惰性气体达到相应饱和度，后者指机体周围气压快速、大幅度降低。例如，在潜艇失事后艇员快速上浮逃生脱险时，从 183 米上升至水面仅用 70 秒，脱险者不得减压病，是因为加压及高气压下暴露时间才 23 秒，体内溶解的氮量很少，尚不具备气泡形成的物质基础，即使减压速度很快、幅度很大也是安全的。再如，我国进行的 350 米氦氧饱和潜水试验，加压和高气压下共停留23昼夜，体内惰性气体已达完全饱和。但减压用了 14 天，避免了气泡产生的环境条件，没有出现减压病症状。

（2）气泡的致病作用

减压病的气泡主要形成于组织和静脉系统内，只有严重的减压病及存在静动脉右一左通路（指静脉系统不经过毛细血管网直接与动脉系统相通）者气泡才会进入动脉内。

①机械作用

大量气泡积聚于静脉内，可引起静脉血流减慢，甚至瘀血，静脉引流区域组织缺氧、损伤和坏死。这是减压病脊髓损伤的病理机制之一。在机体某一部位形成的气泡会直接压迫组织、神经末梢，也可造成机械性损伤。这是减压病脊髓损伤的另一机制，也是运动型（肌肉骨骼）减压病的发生机制。

大量气泡随血流汇入肺部，阻塞肺毛细胞血管，影响气体交换，引起全身缺氧和高碳酸血症。这是肺型减压病的发生机制。

②生化效应

进入血液内的气泡，与外源性异物一样，会引起机体防御系统产生一系列排斥反应：

◆血管通透性增加（由释放化学物质引起）；血浆渗透到血管外而血细胞留在血管内，血液浓缩，黏度增加，血流减慢，甚至休克。

◆血小板活性增强，在气泡周围血小板聚集并形成血栓。

◆损伤组织释放脂肪并在血液中聚集；这些脂肪作为栓子，加重组织缺氧。

◆损伤组织释放组胺和组胺类物质引起水肿，导致休克和呼吸窘迫等过敏反应。

（3）影响因素

影响减压病发病的因素主要来自于环境、个体和操作三方面，见表 7-1。

表 7-1　影响减压病发病因素

环境因素	个体因素	操作因素
水温	体格、体态	CO_2 过多
水文条件	年龄、适应性	实施不当
水底性质	精神状态	——
——	技术水平	——
——	运动、饮酒	——

总的来说，在潜水过程中，一切促进惰性气体在体内的饱和、阻碍安全脱饱和的因素，均可促发气泡形成。如体态肥胖者惰性气体的溶解量大，而血液灌流相对较差，脱饱和慢，易形成气泡。

在高气压下运动会加快气体溶入组织，其要求的减压时间可以比没有运动者长 3 倍。而减压时或减压后运动会诱发或增加气泡生成，其原理可能类似于摇晃汽水瓶。但如果在加压舱内减压，进行轻度活动可以加快气体排出，还可以及时发现可能出现的麻痹及共济失调等症状。

在减压时适量饮酒，可以刺激呼吸循环，同时，乙醇可降低气泡的表面活性，有"消泡剂"的作用。最初治疗减压病时，就包括用酒精涂擦皮肤。但在下潜前严禁饮酒，因为饮酒会促进气体的饱和，并可能增加发生潜水事故的可能。

采用闭合式装具潜水时，一定要注意二氧化碳的清除，除了自身的直接毒性，它可能会促进减压病的发生。

2. 处理

减压病必须及时处理，不然患病局部可能疼痛难以缓解或造成后遗症（减压性骨坏死），严重者危及生命。

（1）加压治疗

加压治疗就是将患者重新置于高气压环境，缩小气泡体积使其最终溶解，症状和体征缓解或消除后，以适当的速度减压，使溶解的惰性气体能通过呼吸循环系统排出体外。

治疗的基本原则是：先加压至 18 米，然后根据患者情况和对加压治疗的反应决定后续治疗程序；氧气可加速惰性气体的排出并改善组织缺氧状态，所以加压治疗时在安全范围内应尽早吸氧。

治疗应争取在加压舱内进行，但如果无法用加压舱时，也可进行水下加压治疗，等病情缓解后再设法寻求进一步治疗。如果只有高压氧治疗舱可供使用（其工作压一般不超过 0.3 兆帕，潜水加压舱的工作压可达 1 兆帕），也应争取时间进行高压氧治疗，对轻症病例也有治愈效果。

（2）辅助治疗

加压治疗对气泡引起的生化反应，包括血液浓缩、凝血亢进等无明显效果，必须进行补充血容量、抗凝等以改善循环呼吸系统功能等辅助治疗措施，才可能彻底治愈。高压氧治疗也是重要的辅助治疗措施，常在加压治疗后进行一阶段的高压氧治疗。

3. 预防

减压病的预防主要在于严格选择和执行减压方案。然而，由于个体差异和环境条件的不同，即使严格按照适当程序减压，仍可能会有少量减压病发生。如果要完全避免减压病，则需要的减压时间会很长。另一方面，在环境条件理想的情况下，有少数潜水者会在规定时间内安全出水。但不能就此认为减压表包含不必要的安全考虑，因为减压方案其实是普通潜水者在执行一般潜水作业时，能够安全上升出水而不发生减压病的最短减压时间。

为做到对减压方案的严格遵守，潜水人员应该了解减压病的相关知识，从根本上理解正确减压的必要性。同时，做好潜水前准备工作，充分锻炼，确保自己拥有良好的身体状况及精神状态不断提高潜水技能，从而减少减压病的发生。

（二）气压伤

因机体周围环境压力改变而引起的组织损伤，被称为气压伤。具体讲，就是潜水者体内含气腔室与体外环境之间，或机体与潜水装具之间压力未达到平衡，形成的压差梯度超过一定限度而造成的机体损伤。其中，腔室内压过低所致的气压伤称为挤压伤。

1. 肺气压伤

肺气压伤是由于肺内气体过度膨胀或受压引起的病理表现，前者又称为肺过度膨胀综合征，后者也可称为肺挤压伤。肺挤压伤可见于屏气潜水时，水面通风式潜水时因供气中断或潜水者跌落深处但供气量未跟上时，可能发生肺挤压伤。水肺潜水时除非屏气快速下潜或跌落、气源耗尽但仍强力吸气，否则较难发生肺挤压伤，这里不作讨论。

（1）发病原因

潜水者在上升过程中故意或非故意屏气，或者上升速度太快（如发生放漂）而未尽力呼气时，就可能发生肺过度膨胀。如果肺局部存在阻塞性疾病，如哮喘、肺炎分泌物增多，局部肺组织存在禁锢气体，上升时发生肺气压伤的可能较大。通常，肺过度膨胀多发于水肺潜水紧急上升过程中。

肺内存留气体膨胀、肺内压增高，使肺组织过度扩张导致肺泡破裂，气体溢出，聚集于肺组织间隙，出现肺间质气肿。间质气体继续扩散进入胸腔或附近区域，进入肺毛细血管并随血液通过左心泵入动脉系统，进而发生动脉气栓、纵隔或皮下气肿和气胸。

（2）处理

①动脉气栓

动脉气栓的潜水者如果心跳呼吸停止，需要行心肺复苏，并配有专业人员和特殊设备。心肺复苏的基本步骤包括心律失常诊断、药物或电除颤，诊断和给药均可在水下进行，但电除颤只能在水面进行。

如果10分钟内能进行心肺复苏，应将潜水者置于水面等待脉搏或呼吸恢复。必须强调的是，心肺复苏特别是除颤，必须在10分钟内施行，否则继续进行心肺复苏也难以挽救患者的生命。如现场无医务人员，应先把潜水者加压到18米，继续基本生命支持，同时联系医务人员。如果患者经过心肺复苏后仍未恢复生命指征，应继续进行心肺复苏，直至专业医师宣布结束抢救。在恢复生命指征前，绝对不能加压治疗。如恢复生命体征，可加压至18米，然后选择适当的治疗方法。

②气胸

轻度气胸只需吸氧，如果气胸影响心肺功能，需要用注射器抽出气体或进行胸膜腔插管排气。插管应由专业人员操作，还需要单向阀、负压吸引器等装置。

发生张力性气胸时，应立刻插管排除胸膜腔中气体，如果不及时处理，呼吸困难逐渐加剧，很快容易出现休克，甚至死亡。发生动脉气栓或减压病者接受加压治疗时，如果合并气胸，加压过程气胸症状可缓解；为防减压时气体再膨胀，减压前需胸膜腔插管。如未及时发现气胸，但在减压过程中出现呼吸困难，应怀疑张力性气胸；如确定是张力性气胸，应立刻加压至患者可以正常通气，待症状明显缓解后插管，再减压。

③纵隔和皮下气肿

怀疑纵隔或皮下气肿，应立即咨询潜水医师以排除气胸。轻度气肿只需吸氧，严重者可给予适当加压治疗，加至缓解症状的最低压力即可（一般15～30米），在压力下吸氧一段时间。减压时速度不能超过每3分钟1米。

（3）预防

上升过程中潜水者绝对不能屏气。恐慌和呛水能引发喉肌痉挛，可造成肺气道阻塞，导致过度膨胀。在这种情形下，仅仅从2米深的水下上升也会有生命危险。因而，潜水者要把"上升过程始终保持正常呼吸"作为绝对遵守的原则。当供气中断或装具无法正常工作，不能进行正常呼吸时，潜水者必须在上升过程中不断呼出肺内气体。下列措施有助于预防或减少肺气压伤的发生：

①潜水者必须掌握潜水物理学和生理学基本知识，完全熟悉潜水装具的正确使用方法。

②严格体检，要特别注意那些存在呼吸系统疾患或病史者。有自发性气胸病史者很容易再发，不应参加潜水；曾因其他原因（如手术、创伤等）患过气胸者必须由呼吸科专家会诊，经过有经验的潜水医师多次适应性检查后，才能继续潜水。

③潜水前体检。任何呼吸道疾患，如感冒、气管炎等，都应禁止下潜。

④呼吸压缩气体潜水上升减压阶段，绝对不可中断呼吸。

⑤如果需要紧急快速上升减压，则必须连续呼气，呼气速率必须与上升速度协调一致。

⑥制定并严格执行周密的潜水计划，以防出现供气不足而需要紧急潜上升的情况；潜水者必须具备丰富的实潜经验和良好的身体状况。

2. 内耳气压伤

内耳中无气体，不易发生气压伤。但是，由于内耳紧邻鼓室，有时造成中耳气压伤的因素也能影响内耳。当中耳内气体被压缩或膨胀时，如果经鼓管调节不能得到缓解，内耳中的液体和黏膜可能会受累。内耳的结构包括两个重要器官：耳蜗和前庭。耳蜗是听觉感受器，耳蜗损伤可导致听力丧失或耳鸣；前庭是平衡和运动感受器，前庭损伤症状表现为眩晕，患者感觉天旋地转。

声音从外耳道激发鼓膜振动，通过中耳内的锤骨、砖骨、镜骨和前庭卵圆窗，将振动传递给内耳中流动的外淋巴。内耳还有另一个覆盖膜的孔即圆窗，缓冲来自澄骨振动对内耳的压力。

（1）发病原因

如果中耳和周围环境之间存在压差，且压差波动剧烈或幅度过大，比如中耳受压并强行捏鼻鼓气，咽鼓管突然开张，气体冲入鼓室，中耳内压由负变正；同时受压内陷的鼓膜复位牵动听小骨；用力捏鼻鼓气使颅内压增加并传递到内耳；这些均引起内耳压力大幅度变动，严重者可导致圆窗或卵圆窗破裂，发生外淋巴瘘。

（2）处理及预防

发生或怀疑内耳气压伤，应尽快接受专业医生诊治。轻症者卧床休息，严重者可能需要外科手术治疗。如果加压鉴别后确定为内耳气压伤，减压时应及时吸氧，并保持头部直立坐位，禁止反复进行加减压。

3. 其他气压伤

（1）中耳气压伤

通常情况下，在上升减压过程中，中耳内膨胀的气体只要有15毫米汞柱正压即可由咽鼓管排出。如果咽鼓管阻塞，则会使中耳内压力大于周围环境压。为缓解相对高压，鼓膜外凸引起疼痛。如果压力过大，鼓膜可能破裂，潜水者可出现鼓膜破裂的相关症状表现。

中耳内压力增加还可能影响中耳周围组织的结构，出现眩晕等内耳损伤的症状。在上升或出水后，如果出现中耳气压伤症状，必须要排除动脉气栓或减压病。

感冒或不能平衡中耳压力的潜水者更有可能发生中耳气压伤。在上升过程中不可捏鼻鼓气，这样做容易增加中耳内压力，还可能诱发动脉气栓的形成。如果出现耳痛，潜水者应该暂停上升，并下潜一段距离以缓解症状，随后以更缓慢地上升速度再继续上升，必要时可反复进行。

（2）鼻窦气压伤

如鼻窦内气体不能排出，上升过程中可造成窦内压力过高。当窦黏膜组织发生折叠、囊腔形成或窦黏膜组织增生（息肉）时，这些组织可能像瓣膜一样堵在窦口，阻止气体在上升过程中排出窦室。由于窦内压力增加，受影响的窦室区域可能出现剧痛反应，迫使潜水者停止上升。如果症状不缓解，下潜1～2米，可即刻缓解疼痛，然后潜水者应缓慢上升出水。出水后咨询潜水医师，并进行适当治疗。

（3）胃肠气压伤

潜水上升减压阶段，潜水者偶尔会因胃肠道气体膨胀而感腹痛。胃肠道气体来源于潜水过程中肠道产气或吞气体，一般情况下，这些气体会通过口腔或肛门排出，否则会在上升过程中气体膨胀后出现症状。

上升减压阶段，潜水者如感到轻度胃肠不适应可停止上升，如感到腹痛，也可稍微下潜以缓解疼痛。潜水者可以尝试打嗝或放屁以排出胃肠道气体。需要注意的是，使用这两种方式不宜太用力，以免吞入更多气体。快速上升后出现腹部疼痛，应立刻接受潜水医师检查。

为预防胃肠气压伤，应注意：

①胃肠不适时，不要下潜。

②潜水前2小时不食产气食物，不饮碳酸饮料。

③不要头向下快速下潜，以避免吞气体。

④平衡中耳压力时避免吞大量气体。

（三）气体中毒

使用装具进行潜水时，潜水者必须呼吸与周围环境压力相等的气体。这一方面对抗了静水压、解决了水下呼吸问题，但潜水者又得面对呼吸气中各气体成分分压增高而引起的生理或病理影响。这些气体有的在浓度很低时就可出现毒性作用（CO_2），有的在常压下浓度增高到一定程度时出现毒性效应（CO_2），还有的只有在潜水高气压环境中、当达到相当高的分压时才会表现出病理效应（N_2、O_2）。

1. 氧中毒

生命活动离不开氧，但若吸入气体中的氧分压过高，在一定时间后会出现毒性作用。氧中毒是否发生取决于氧分压和暴露时间。

（1）类型

潜水中发生的氧中毒主要有两种类型：肺氧中毒和中枢神经系统氧中毒。长时间吸入氧分压超过 60 千帕的气体（包括在常压下呼吸氧浓度大于 60％的混合气体），会对肺脏产生损害，即为肺氧中毒。而当吸入气中氧分压超过 160 千帕时，则可能发生以惊厥为主要特征的中枢神经系统氧中毒。

从进入高分压氧环境至出现症状的这段时间称为氧中毒潜伏期。吸入气氧分压越高，潜伏期越短。肺氧中毒的潜伏期较长，例如，连续吸入氧分压为 60 千帕的气体时，约经过 24 小时可出现肺部症状，但若吸入气中氧分压为 200 千帕，则只要约 6 小时就会出现肺损害。中枢神经系统氧中毒潜伏期则较短，如 300 千帕氧压下潜伏期为 20～30 分钟，400 千帕时为 10～15 分钟。但中枢神经系统氧中毒具有显著的个体差异。

（2）发病原因

吸入气中氧分压过高、暴露时间过久是氧中毒发生的根本原因。水肺潜水时，由于呼吸介质常为压缩空气，深度不大、水下停留时间又有限，发生肺氧中毒的可能性很小。空气开放式呼吸器潜水时，即使潜水至 60 米，氧分压也只有 147 千帕，不至于出现中枢神经系统氧中毒。但当使用闭式氧气呼吸器进行潜水时，发生氧中毒的可能性就很大。另外，在加压舱内进行加压治疗、吸氧减压或高压氧治疗时，根据吸氧的压力和时程，也有可能出现氧中毒。

（3）处理

①肺氧中毒

出现肺氧中毒表现后，只要及时中止高分压氧暴露，症状会很快好转。严重者对症治疗，注意预防感染。

②中枢神经系统氧中毒

自携式氧气潜水时，最严重的后果是溺水。此时，结伴潜水互救对于挽救惊愕者的生命非常关键。如果出现氧惊愕先兆，救助潜水者应首先提醒潜伴，立即按规定上升出水，如可能还应立即通知水面人员。

如果在水下发生氧惊，救助潜水者或潜伴应按以下步骤处理：

Ⅰ到发生惊愕潜水者身后救助，保留压铅带，以防止潜水者到水面后形成面朝下体位，如果保留压铅带限制上升速度，则可解除。

Ⅱ咬嘴应留在惊愕潜水者口中，如果咬嘴已经脱落，不要试图将其放回惊愕潜水者口中。

Ⅲ抓住惊愕潜水者呼吸器以上的胸部或呼吸器与身体之间部位，或者抓住呼吸器的腰带或颈带，控制惊愕者。

Ⅳ在救助潜水者控制下，逐渐上升减压，减压过程中救助潜水者应给患病潜水者胸部轻微施加压力助其呼气。

Ⅴ为了增加上浮力，可启动患病潜水者的救生背心；救助者不能解去自身压铅，也不能启动救生背心。

Ⅵ在到达水面时，如果未启动患病潜水者救生背心，应启动之。

Ⅶ患病潜水者停止使用咬嘴呼吸。

Ⅷ发出求救信号。

Ⅸ一旦惊愕停止，使患病潜水者头部微向后倾，以保持呼吸道通畅。

Ⅹ检查患病潜水者呼吸，必要时可采用口对口人工呼吸。

因氧惊愕昏迷或为避免溺水而上升出水的潜水者，应按照动脉气栓的原则进行处理。尽快将其送至最近的加压舱，进行必要的治疗。如果氧惊愕潜水者没有溺水，也没有其他身体伤害，24小时内可以完全恢复，且不留后遗症。在此后的氧暴露过程中，潜水者应该更注意预防氧中毒，但发病潜水者对氧的敏感性不会因为曾经发生过氧中毒而增高。

（4）预防

吸入气氧分压不超过160千帕，一般不可能发生中枢神经系统氧中毒。使用闭式氧气呼吸器时，潜水深度一般不超过9米，可短时间下潜至15米，但必须满足相应的规则。氧气潜水者应熟知氧中毒症状，发现异常及时处理。此外，如潜水过程中存在氧中毒促发因素，如劳动强度大、寒冷、CO_2吸收剂性能不良等情况，更应控制潜水深度和时间。

因此，控制适当的高分压氧暴露极限，可有效预防氧中毒的发生。

2. 氮麻醉

在潜水过程中，惰性气体麻醉可以干扰潜水者的思维能力。最常见的是氮麻醉，它是由于在一定深度下呼吸压缩空气而造成的疾病，表现类似于醉酒。

（1）处理

处理氮麻醉唯一有效的办法是降低氮分压。具体办法是：潜水者上升或被带至较浅深度；如果仍未完全恢复正常，取消潜水。

（2）预防

预防氮麻醉的主要措施包括四方面：

①控制潜水深度。目前规定空气潜水的最大深度为50～60米。

②增加对高分压氮的耐受性；经常潜水、定期进行加压锻炼，可以在一定程度上提高对氮的耐受性。

③熟悉氮麻醉症状表现，训练在一定范围内提高意志力以安全完成潜水作业；或者及时上升，避免麻醉作用的出现。

④对深度较大的潜水，使用麻醉作用小的惰性气体替代氮；目前氮气已被广泛应用于大深度潜水中。

3. CO_2中毒

呼吸气中CO_2分压过高，导致机体组织内CO_2水平异常增高，出现高碳酸血症，即为CO_2中毒。CO_2中毒的主要症状表现为意识丧失，与缺氧的症状表现类似。此时，诊断CO_2中毒应首先排除缺氧。CO_2中毒本身不会造成永久性损伤，但继发效应往往是很严重的，如发生溺水。

（1）发病原因

自携式潜水时，CO_2中毒常是气源中CO_2浓度过高的结果，也可能是以下原因所致：

①闭式或半闭式呼吸器的 CO_2 吸收剂失效或已饱和。

②装具中呼吸无效腔过大。如咬嘴单向阀失灵。

③肺通气未跟上运动水平的需要，包括：控制呼吸（屏气或间断呼吸）、呼吸装置阻力过大、氧分压增加或气体密度增大。潜水时较水面容易发生肺通气不足，因为有些潜水者在血 CO_2 水平升高时，增加肺通气的意识不强；另外，潜水呼吸气中较高的氧分压会减轻肺通气不足伴发的气短等不适的感觉。

（2）处理

①增加通气，对潜水者间断呼吸引起的 CO_2 中毒有效。

②降低活动强度。

③中止潜水，返回水面呼吸空气。

④上升过程中，潜水者应保持垂直体位，打开闭式呼吸器旁路阀补气；如果症状是由于吸收罐漏水引起，垂直体位会减小潜水者吸入 CO_2 吸收剂的可能性。

⑤如果在水下发生昏迷，按水下处理氧惊厥的原则进行。

⑥潜水者出水后出现昏迷，应按照动脉气栓进行治疗。

⑦注意：如果怀疑 CO_2 中毒，即使到水面后症状消失，也应该中止潜水；因为症状减轻可能是 CO 分压降低的结果，若潜水者回到水下，症状可能复发。

（3）预防

①确保使用高质量 CO_2 吸收剂，并正确装填。

②潜水前仔细检查呼吸器的水密性，特别应注意吸收罐。

③不要超过低水温条件下吸收罐持续使用的时间极限。

④检查供排气单向阀是否正确安装和正常工作。

⑤避免情绪紧张，以轻松舒适的节奏潜水。

⑥避免间断呼吸。

⑦熟悉并及时发现 CO_2 中毒的症状表现，并采取适当措施，需要注意以下三点：

A. 随时注意呼吸周期的变化，但 CO_2 过多引起的气短可能因劳动强度大出现呼吸困难而被忽视。

B. 高分压氧可以缓解 CO_2 中毒的早期症状。

C. 低温可能掩盖 CO_2 中毒的症状表现，因为刚暴露于冷水时会引起呼吸频率加快。

（四）水下环境引起的伤害

水下环境完全不同于地面大气环境。人进入水下首先会面临低温的影响；潜水过程发生的任何差错，均有可能导致潜水者溺水；人在水下还可能遭受水下生物的侵袭；由于水对压力的特殊传播，水下爆震伤对机体的损害也是非常严重的。

1. 体温过低

只要在冷水中潜水，潜水者在水下就有可能发生体温过低现象，体温降低的程度决定于保温服性能和水温。机体对寒冷的调节反应体温过低的原因及一般表现见"潜水生理学"。

（1）症状表现

体温降低的症状表现存在明显的个体差异。表 7-2 是不同中心体温时的机体反应。

表 7-2　不同中心体温时的机体反应

中心体温（℃）	症状
37	寒冷感，皮肤血管收缩，张力性肌紧张，氧耗增加
36	氧耗进一步增加，寒战从偶发可控制、阵发至不可控制
35	操作能力受限，精神混乱，思维能力下降，抗争意识减退
34	失忆，语言、感觉、运动功能障碍
33	幻觉、妄想，意识部分丧失，寒战功能受损
32	心律紊乱，运动功能全面损害
31	寒战消失，对熟悉的人失认
30	肌强直，疼痛反映消失
29	意识丧失
27	室颤，肌无力
26	死亡

①轻度体温过低

轻度体温过低，潜水者出现无法控制的癫抖、讲话战栗、站立不稳、无汗和判断力下降等。

②重度体温过低

重度体温过低的特点是无颤抖、神志不清、心律失常、心动过缓和呼吸浅慢等。

（2）处理

体温过低的治疗办法是恢复体温。

①被动复温

除去潜水者所有湿衣；用毛毯包裹潜水者（最好是羊毛毯）；置潜水者于无风处；置潜水者于温暖房间内（如厨房）。

②主动复温

热水淋浴或盆浴；置潜水者于高温房间内（如机舱）。

③复温方法的选择

潜水者如出现轻度体温过低的症状，应立即停止潜水。出水后，应采取主动和被动复温措施，直至潜水者出汗。如需要数分钟方能复温，应请潜水医师诊。

如潜水者出现重度体温过低，属于急症，应停止一切活动，保持平卧，只能采取被动复温，并尽快送往医院进一步诊治。严禁对重度体温过低的潜水者采取主动复温措施。

除非心跳停止或出现室颤，不得对重度体温过低者行心肺复苏术。当然，对存在呼吸者也不得行心肺复苏术。

（3）预防

体温过低重在预防。根据潜水区域的水温采用适当的防寒措施，并控制潜水时间。

2. 淹溺

淹溺是游泳者或潜水者因动作失当、力竭、恐慌、水浪、冷水或体热散失等原因，导致水侵入呼吸系统，进而引起窒息、肺损伤，最终导致严重的低氧血症。淹溺是潜水造成的第一大直接死因。

（1）发病原因

进行水肺潜水时，如面镜或咬嘴脱落、携带气体用尽或者小量水吸入，就可发生淹溺。这些情况可能由气体供应故障、潜水者遭遇水底危险因素，或者继发于其他潜水疾病或事故引起。水肺潜水因直接暴露于水中，出现问题后又不能立即浮出水面，所以比游泳更易发生淹溺。

相对于血液而言，淡水是低渗液，海水是高渗液（渗透压是血液的3～4倍）。所以海水淹溺和淡水淹溺的发病机制、症状表现及治疗有所差别。

（2）症状表现

主要取决于溺水量的多少及持续时间的长短。一般症状表现为皮肤皱缩、面部肿胀、青紫或苍白、双眼充血、四肢冰冷、寒战、发热等。

肺功能受损明显，常并发肺炎，影响治疗进程。心律紊乱，严重者出现室颤或心跳骤停。溺时间较短者，有头痛、狂躁或者惊恐，重者多因缺氧、脑水肿而出现意识不清甚至昏迷。海水溺者有明显口渴，严重淹溺者多有呕吐。

诊断为淹溺时，必须明确是否是继发于其他疾病，特别是肺气压伤因两者症状表现相似，如胸痛、咳泡沫样血痰、昏迷等，必须抓住主要矛盾做出正确判断及处理。

（3）处理

尽快将溺者营救出水，立即清除其口、鼻内异物，卸除装具。如患者意识不清，保持仰头抬颚位置，必要时将舌拉出，以确保呼吸道通畅。

如判断溺水者呼吸道内进水较多、堵塞气道，可行倒水处理，常用方法有：①救治者腿跪地，另一腿屈膝，将溺者的腹部放在膝盖上，使其头下垂，按压其背部；②溺者俯卧，下腹垫高，头部下垂，按压其背部；③抱住患者双腿，将溺者腹部放到救治者肩上，救治者快步走动，使积水倒出。倒水过程应尽量快，不能因倒水而耽误人工呼吸、体外心脏按压等急救措施。

如溺者呼吸或心跳停止，应立即施行心肺复苏。人工呼吸越早越好，甚至在潜水者尚未出水时即可进行。恢复呼吸后，有条件应立即吸氧。

在现场处理的同时，应及时与专业医师取得联系，并尽快送往医院。后期治疗主要包括心肺复苏、处理肺脑水肿、抗感染、纠正缺氧。患者病情稳定后进行高压氧治疗可有效改善症状。

（4）预防

训练有素并严格按照安全规程潜水是防止淹溺的有效措施。

3. 海洋生物伤

潜水时，除了水下环境及高气压对机体产生影响外，一些水下生物也会妨碍水中活动。海洋生物伤的损伤类型由不同潜水海域海洋动植物的分布而决定。制定潜水计划时，应咨询相关专家，了解可造成人员伤害的海洋生物种类、防治手段和特殊的抗血清来源。

常见的海洋有害生物包括鲨鱼、水母、海蛇、有毒鱼类等。上述生物有些可咬伤人体，有些不但会咬人，还含有毒液，可以使人中毒。

（1）鲨鱼咬伤

据统计，潜水时来自海洋动物的伤害率，鲨鱼咬伤占80%。鲨鱼是最凶猛、危害最大的一类水下动物，可以使人体遭受严重创伤，伤者常因大量出血、休克而死亡。我国沿海地区有70余种鲨鱼，其中会主动伤人的鲨鱼有11种，在这11种鱼中又以噬人鲨、锥齿鲨、双髻鲨、鼬鲨和恒河鲨最为凶残。

当人员受到鲨鱼袭击时，应该设法驱走鲨鱼，免遭再次袭击，并立即将受伤者救出水面。出水后的抢救工作主要是止血及控制休克。如被毒鳍刺伤，应立即用冷盐水或无菌生理盐水冲洗创面，对创面小而内部损伤大或污染的创口应予以扩创或吸引冲洗，将坏死组织一并清除，防止继续吸收中毒，还可用吸引器吸出创口内毒液。

避免在鲨鱼活动海区潜水，必须进行潜水时应该做好防鲨措施。如发现有鲨鱼活动的迹象，应该立即出水。一旦遭受鲨鱼袭击，仍要以尽快出水为妥，因为反击可能更加激怒鲨鱼。如潜水者在高压下暴露时间已超出不减压潜水范围，抢救工作应在出水后于加压舱内进行。

（2）水母蜇伤

水母个体大多由伞部和口腕部两部分组成，口腕上有许多小触手，长者达十多米，其上密布刺丝囊，当触及物体时，立即缩短卷绕受害者，发射刺丝穿入人体皮肤，同时释放出毒液。因水母的触手有大量刺丝囊，受伤者可能出现严重的中毒损伤。我国伤人水母主要包括僧帽水母、火水母、沙海蜇和灯水母等。

①症状表现

蜇伤局部有触电样刺痛感，出现线状排列的红斑、丘疹、瘙痒，严重者立即出现风团块、水疱、瘀斑，甚至表皮坏死等，剧痛难忍，继而全身皮肤潮红、奇痒。

中、重度蜇伤后，数分钟至数小时即可出现全身反应，可能影响到全身各个系统，严重者心、肺、肾功能衰竭而致死亡。

根据病史和症状进行诊断，同时采集蜇伤部位的组织碎片，可以在光镜下可以检测出水母刺丝囊。

②处理

立即上岸，用海水冲洗蜇伤处（淡水易激发未发射出的刺丝囊）。可用热水（40℃）浸泡，不宜冰敷。不能用毛巾等擦拭，大的触手可以用镊子等工具取除。救护者应戴手套，以免自己受蜇伤。尽快用5%醋酸浸泡或湿敷蜇伤部位，持续至少30分钟或直到疼痛消失。

全身治疗包括抗休克、抗过敏，治疗支气管痉挛、肾衰竭、心功能衰竭等，尽早抗感染。中草药马齿苋、穿心莲、龙胆草等治疗水母蜇伤有效。

③预防

当不穿潜水服下潜时，应注意避开水母，并保持一定距离，因其触手长达十多米，可以向四周伸展。此外，脱落的触手或死亡的水母仍可能发射刺丝。

（3）海蛇咬伤

海蛇都有毒性，而且其毒性非常强烈。我国沿海分布有青环海蛇、长吻海蛇、平颜海蛇等15种，多数生活在海南、广西、广东、福建和台湾省等沿海地区，其中以北部湾和福建沿海分布最多。与海中其他蛇形动物相比，海蛇遍身覆鳞片而无裂，潜水者可以此鉴别之。海蛇靠肺呼吸，因此海蛇必须间隔一定时间到水面呼吸，但海蛇潜在水中可长达数小时。海蛇牙较短（25~45毫米）。

海蛇毒的主要成分是神经毒素和各种酶蛋白，其神经毒素可阻断神经肌肉接头传递，中毒者出现肌肉麻痹，多因呼吸肌麻痹导致窒息死亡。海蛇毒引起的肌肉损伤以出现血红蛋白尿为临床特征表现，尸检可见中毒者有广泛性肌肉坏死，血红蛋白尿是海蛇咬伤者最多见的。

由于局部症状轻微，容易被忽视，一旦出现全身中毒症状就十分危重。因此，海蛇咬伤是临床急症，绝不能掉以轻心。

被海蛇咬伤后切勿惊慌奔跑，以免加重蛇毒被全身吸收。伤者应立即用海水冲洗伤口，排出毒液，有条件的可用 1∶500 高锰酸钾溶液冲洗。可以用嘴或吸引器吸引咬伤局部。如果海蛇咬伤四肢，在咬伤后应立即用宽幅布条在伤口周围作环形包扎，保持合适压力，以不影响肢体深部动、静脉血流为宜，一直保持到入院治疗为止。注射抗蛇毒血清是最有效的治疗方法尽快送医院诊治。上海蛇药和广东蛇药以及中草药七叶一枝花、半边莲、八角莲、田基黄、白花蛇舌草、徐长卿、两面针、蛇莓等对海蛇咬伤有一定疗效。

海蛇常在海边浅水域活动，在海蛇活动的海区潜水应提高警惕；遇到海蛇时应谨慎避开或将其驱走，交配季节的海蛇最具攻击性；加强对海蛇咬伤的宣传教育，尽可能做到现场自救和互救，采取正确的后续治疗措施。

（4）有毒鱼类致伤

有些鱼棘中含有毒腺，刺伤人体后分泌毒液，引起局部或全身中毒。除了有毒腺的鲨鱼外，有毒鱼类主要还包括虹、鲈鱼和鲉鱼类。主要分布于我国东海海域，南海次之，黄海、渤海较少。

魟类鱼俗称锅盖鱼，常常攻击人类，是有毒鱼类中的主要种群之一，我国有 20 余种有毒魟类。

有毒腺的鲈鱼大多是淡水鱼，但也有相当部分是海水鱼。它的毒刺特别危险，其背刺和胸刺可牢牢地固定成硬直的伸展状态，非常尖锐，有的种类还有倒刺。鲇鱼中毒主要是捕鱼时用手抓取发生机械性创伤引起中毒，但也有部分鲇鱼有主动袭击的习性。

鲉鱼类是分布最广泛的有毒腺鱼类，我国约有 40 多种。鲉鱼中毒通常因为涉水时脚踩及埋藏于沙中的鲉鱼背刺，或手伸入岩礁缝隙捕捞海鲜时被伪装的鲉鱼刺刺伤引起。部分鲉鱼会主动伤人。

除了正确处理伤口外，救治原则主要为止痛、抗毒及防治继发感染。由于刺伤多见于涉水时误触毒鱼所致，需要对这些毒鱼的特性有所了解，还应了解中毒后出现的症状表现及基本救治方法。

（5）珊瑚、海葵类致伤

珊瑚类、海葵类与水母类同属腔肠动物。口周触手有刺丝囊或蜇刺。我国除北海分布偏少外，大部分海域都广泛存在。珊瑚种类繁多，有些如角孔珊瑚（属于石珊瑚类）等有显著毒性。在我国已知的有毒海葵目海葵有 10 余种，它的毒素为一种类似神经毒的物质。而另一种沙海葵目的岩沙海葵，触手很短，完全收缩时呈皮壳状，我国已发现 20 余种，主要分布于台湾及南海诸岛，它的毒素是一种聚醚类非蛋白剧毒性海洋生物毒素，化学结构独特，毒性强烈，有特异性心血管效应。岩沙海葵属各种类毒性差异很大，就是同一种也存在有毒、无毒之分。

珊瑚擦伤首先用肥皂水洗涤，然后用清洁水或生理盐水强力冲洗以除去附着物。而海葵蜇伤部位应该用海水冲洗或浸泡，勿用淡水。可以局部敷用干燥粉剂、高渗性干粉，或用刀背、镊子等工具小心地去除触手和刺丝囊。5％醋酸、饱和明矾溶液或氯化铵溶液可制止刺丝囊进一步发射刺丝，并兼有中和毒素的作用。温热高渗盐水反复冲洗亦有助于中和毒素。

被岩沙海葵蜇伤后，应立即设法除去皮肤表面的触手、刺丝囊和刺丝。含 25％活性氯的漂白粉溶于 1 摩尔每升盐酸溶液以及 0.5～1 摩尔每升氢氧化钠溶液可有效消除岩沙海葵毒素。翼粟碱和消心痛是岩沙海葵毒素的有效抗毒剂。鉴于毒性剧烈，作用极快，应于心室内直接注射，方能获得最佳效果。对此，国外已研制出抗毒素。

应避免直接用手接触珊瑚和海葵类海底生物。

5. 外耳道炎

外耳道炎是因反复浸泡引起的外耳道感染。在污染的水中潜水是外耳道炎的常见原因，但是在未污染水中潜水也可能发生。

（1）症状表现

外耳道炎的症状开始表现为患耳发痒和潮湿，然后可发展为局部疼痛，下颌局部淋巴结肿痛，严重者会发热。

（2）处理

一旦发生外耳道炎，应停止潜水，请专科医师诊治。如检查中不能看到鼓膜或发现存在外耳道堵塞，应以清水、双氧水或碳酸氢钠溶液冲洗。应注意不要擅自用棉签等钝物清除耳垢，只有专业医师才能采用此法。

（3）预防

经常潜水者应采取措施预防外耳道感染，否则很难避免外耳道炎。有效的预防措施是进行外耳道防护，应在潜水后、潜水当天早晨和晚上分别进行 1 次外耳道防护。具体操作是，头向一侧倾斜，将 2% 的醋酸铝溶液轻轻灌入外耳道，保持 5 分钟，然后头向另一侧倾斜，液体流出，灌对侧耳。灌耳必须保证 5 分钟，否则效果不理想。

长期潜水者容易发生外耳道堵塞。此时即使采取外耳道防护，也不能避免外耳道炎。所以应该定期检查，清除外耳道积垢。

（五）潜水事故

在潜水过程中，由于装具故障、气源不足、操作失当等意外情况，导致潜水者发生缺氧、放漂、绞缠、产氧剂灼伤等事故，除了对潜水者造成直接伤害外，还常引发其他更严重的潜水事故，必须正确处理并严格预防。

1. 缺氧

缺氧是因吸入气中氧分压过低，无法满足机体代谢需要而引起的病理表现。严重缺氧会引起机体组织细胞功能丧失，最终死亡。其中以脑组织细胞对缺氧最为敏感。

氧分压是呼吸介质中氧气是否足够的决定因素。氧分压降至 14 千帕就会引起缺氧症状，若氧分压低至 11 千帕，就有生命危险。

（1）症状表现

缺氧发生以后，机体以增加循环血液作为代偿，结果导致脉搏加快、血压上升，呼吸也会轻度加快，口唇、甲床、皮肤出现广泛的青紫（发绀）。这种变化常常被潜水者忽视，因此它不是判断缺氧的可靠指征。

脑是对缺氧最敏感的组织。如果缺氧缓慢发生，就会出现脑功能受累的症状。其症状表现为注意力不集中、肌肉控制失调、无法完成精细动作和技巧性操作、嗜睡、虚弱、意识丧失。但是，很少有人能够在进行正常活动的情况下注意这些异常反应。因此，水下缺氧常表现为无先兆的意识丧失。

缺氧事故常常在不知不觉中发生，所以要随时掌握潜水者呼吸气的氧浓度情况。进行混合气潜水时，如果潜水者无反应，应首先考虑为缺氧，而非中枢神经系统氧中毒。

（2）处理

闭式呼吸器发生缺氧表现时，潜水者或潜伴应立即给呼吸器补氧。如果潜水者不需停留减压，结伴潜水者应协助缺氧潜水者以中速上升出水。开式潜水如气源耗尽，尽快使用备用呼吸气，或者以结伴呼吸方式减压出水。出水后除去咬嘴或面镜，呼吸新鲜空气，缺氧症状就会很快消除，如有条件及时给予吸氧。

如果潜水者减压上升过程中发生缺氧，到水面时仍意识不清，应按照动脉气栓处理，加压治疗也可纠正缺氧。如经吸氧处理后完全恢复正常，明确症状由缺氧引起，则不需按动脉气栓处理。

（3）预防

由于缺氧发生的隐密性和后果的严重性，预防就显得尤为重要。下潜前应按规定监测气体成分，严格检查装具，特别是闭式呼吸器，以及设有氧传感器、可自动调节氧分压的呼吸器。使用这类装具的整个过程中，应密切监视显示屏，并在潜水开始前给呼吸回路换气，使回路内氧浓度达到25％以上。当潜水时回路内氧被潜水者消耗后，氧浓度降低的同时，呼吸袋体积也相应降低，装具就会按需补氧，不会出现氧分压过低。

2. 放漂

潜水者在水下由于各种原因导致浮力过大，不由自主地从水底快速上浮至水面。放漂的严重后果是减压不足，包括减压病和肺气压伤。

（1）原因

导致浮力突然增大的原因包括错误充胀了救生背心或浮力背心、压重脱落、向干式潜水服内充气过多等等。如新手在使用浮力补偿背心时，若补气过多，即不由自主上升；随着上升减压，背心内气体膨胀，此时即使排气也不能阻止快速上浮。此外，水下遇到紧急情况时，如气源用尽、遇到危险动物时，潜水者也可能主动快速上升。

（2）症状表现

在大深度、长时间潜水后，出现放漂，后果会更加严重。进行水肺潜水时，水下停留多控制在不减压极限内，放漂出水时，发生减压病可能较小，若上升时未采取正确的呼吸动作，出现肺气压伤的可能就很大。

（3）处理

潜水者在不减压极限范围内从6米以浅紧急出水，则不需要再加压治疗，但应接受1小时观察。

从6米以深处突然上升出水，如在不减压潜水极限范围内，而且没有减压病症状，应接受1小时观察。只要不出现任何可疑减压病症状，就不需要加压治疗。

如是减压潜水，即使潜水者出水后没有任何症状，也应该进舱进行预防性加压处理。如不能及时加压，情况紧急时，应尽快把潜水者送回减压不足发生的深度。

如发生减压不足的潜水者出现减压病或动脉气栓的症状，立即采用适当方案进行加压治疗。

（4）预防

严格装具检查、熟悉水下情况及熟练掌握遇到意外时的处理方法。一旦需要或者发生快速上升，潜水者必须连续不停地呼气。在正常减压上升过程中，如是干式潜水服，也应该及时给膨胀的潜水服排气。通过浮力背心调节浮力时，充排气和呼吸调节必须要有提前量，只有充分训练才能积累经验。

3. 水下创伤

潜水过程中发生水下创伤，因为可能存在供气障碍和需要减压等因素，情况要比陆地创伤复杂得多。如果条件允许，受伤潜水者应立即上升出水接受治疗。

如果被困于水底，首先要保证供气充足，然后采取简单措施，防止伤情加重。此时，必须及时判断是否存在出水可能。如果需要的减压时间比较长，必须进一步采取措施，稳定伤情，以争取足够减压时间。如果伤情严重，必须不减压停留直接出水，立即接受创伤治疗和加压治疗，不可忽视减压病和动脉气栓的发生。

4. 意识丧失

潜水者在水下发生意识丧失，因为减压的需要，往往不能立刻把潜水者送上水面。因为不能及时判断发生意识丧失的原因，如没有计划准备，会对后续处理带来很大困难。

潜水者水底昏迷是极其严重的紧急事故，具体处理措施必须根据现场情况决定。以下是处理的基本原则：

①检查呼吸气源是否充足，潜水者是否有呼吸。

②检查其他潜水者的情况。

③怀疑气体污染时，立刻换用备用气源。

④潜伴协助昏迷潜水者通风，以排除头盔中蓄积的 CO，保证呼吸气氧浓度适当。

⑤当完成通风后，潜伴检查昏迷潜水者是否存在呼吸。

⑥如潜水者呼吸停止，则呼吸道受堵是最常见的原因，潜伴应立刻给昏迷潜水者变换头位，并尝试打开其呼吸道。

⑦检查昏迷潜水者的意识体征：

◇如潜水者苏醒，在水下稳定片刻后中止潜水。

◇如潜水者未停止呼吸，但仍无反应，协助其缓慢上升至所选减压方案的第一停留站。

◇如潜水者无呼吸，继续尝试变换头位打开呼吸道，同时协助其迅速上升至第一停留站。

⑧在复苏过程中，如苏醒，在水下稳定片刻后减压；如仍昏迷将潜水者送至第一停留站，或以每分钟9米的速度送上水面，实施水面减压（在水面加压舱内完成减压），并及时获取潜水医师的指导。

⑨如在第一停留站经过反复纠正头位打开气道尝试后，潜水者仍未苏醒，呼吸仍未恢复，则情况非常危急。尽管潜水者被带至水面有发生致命减压病的危险，但继续停留则可能窒息而死；此时，必须当机立断，将无呼吸的昏迷潜水者以每分钟9米的速度送回水面；当昏迷潜水者出水后，根据情况应对他采取心肺复苏处理，并立刻进行加压治疗。

第八章 冰雪户外运动项目的训练指导

第一节 滑冰运动的训练指导

一、滑冰运动概述

滑冰亦称"冰嬉",很多人认为,滑冰是从外国传来的,事实上,早在宋代,我国就已经有了滑冰运动,不过那时不叫滑冰而称为"冰嬉"。滑冰是人们借助冰刀或其他器材在冰上滑行的一种运动项目,在中国尤其是北方地区是一项人们喜闻乐见的运动。滑冰包括速度滑冰、短道速滑、花样滑冰、冰球等项目。滑冰项目及分类如表8-1所示。

表 8-1

序号	项目	竞赛类型
1	速度滑冰	比赛项目有男子500米、1000米、1500米、5000米、10000米,女子500米、1000米、1500米、3000米、5000米
2	短道速滑	男、女的单项均为500米、1000米、1500米、3000米,另有男子5000米接力和女子3000米接力
3	花样滑冰	单人滑、双人滑、冰舞
4	冰球	成年组、青年组、少年组

滑冰具有很强的娱乐性、健身性和技巧性,不受性别、年龄和体质的限制,老少皆宜。滑冰不仅能使人从紧张而繁重的学习和工作中解脱出来,还可以增强心肺功能和身体的柔韧性,使其掌握支撑和平衡的动作技巧。

二、滑冰运动的基本技术

滑冰的基本技术主要包括直线滑行、转弯滑行和冰上停止等。

(一)直线滑行

直线滑行的练习分为八步,前四步练习属于原地练习,可以使初学者学会使用冰刀和掌握平衡,后四步练习是移动练习,可以使初学者逐渐掌握直线滑行的基本技术。

1. 陆地上模拟练习的基本姿势

动作说明:两腿、两脚并拢,两腿屈膝下蹲,缩小大腿和小腿的夹角,呈深蹲的姿势。上体前倾,重心落于两脚间,头部抬起,目视前方地面。两手互握置于背后,如图8-1所示。

图 8-1　陆地上模仿练习姿势

2. 冰水上站立和蹲起练习

动作说明：在冰上两刀刃支撑身体自然站立，两脚左右开立与肩同宽，两脚尖外展，两刀刃呈外八字形。然后两腿弯曲，膝前弓，重心落于两脚间，上体稍前顺，蹲起练习时，两脚平行站立，身体往下到深蹲，重心保持在两脚间。两臂侧前方伸展，协助身体平衡。

3. 冰上原地踏步练习

动作说明：踏步前，两刀刃平行支撑身体自然站立，两脚左右开立与肩同宽，重心落于两脚间。重心移至右（左）脚，左（右）脚抬起，踝关节放松，刀尖自然下垂。左（右）脚落下，重心移至左（右）脚，右（左）脚抬起。两脚交替练习。随着熟练程度的提高，逐渐提高腿抬起的高度。

4. 原地移动重心练习

动作说明：身体呈半蹲姿势，双手互握置于背后，重心移至左（右）脚，正刃支撑身体，右（左）脚侧伸，内刃着冰。接着右（左）脚正刃着冰支撑身体，同时重心移至右脚，左（右）脚侧伸，内刃着冰。两脚交替练习。

5. 冰水上外八字走练习

动作说明：行走前，两刀刃平行支撑身体自然站立，两脚左右开立与肩同宽，呈外八字分开，重心落于两脚间。一只脚向前迈步，落地时脚尖外展，另一只脚用冰刀内刃向侧后蹬冰，重心移至前脚。待重心完全落于前脚，再抬起后脚向前迈出，迅速向迈出脚移动重心。两脚交替进行，向前移动。

6. 单脚蹬冰双脚滑行练习

动作说明：滑行前，上体挺直，目视正前方，两脚左右开立与肩同宽，两只冰刀平行站立。滑行时，双膝微曲，一只脚内刃向外侧蹬冰的同时将重心移至另一只脚上，蹬冰后迅速向支撑脚靠拢，重心落回两脚间，形成双脚向前滑行动作。两臂随滑行前后交替摆动，协助身体平衡，如图 8-2 所示。当速度下降时，再用另一只脚蹬冰滑行。两脚交替蹬地，向前滑行。

图 8-2　单脚蹬冰双脚滑行

7. 单脚蹬冰单脚滑行练习

动作说明：滑行前的姿势与单脚蹬冰双脚滑行的姿势相同。滑行时，一只脚内刃向侧蹬冰，另一脚正刃向前滑行，同时身体前倾重心移至支撑脚。蹬冰脚蹬冰后迅速向支撑脚靠拢成半蹲姿势，双脚向前滑行。接着支撑脚蹬冰后迅速向另一只脚靠拢成半蹲姿势，双脚向前滑行。两臂随滑行前后交替摆动，协助身体平衡，如图 8-3 所示。两脚交替蹬地，向前滑行。

图 8-3　单脚蹬冰单脚滑行

8. 冰上直线滑行练习

动作说明：滑行前，身体成深蹲姿势，小腿与地面成 50 度～70 度角，大腿与小腿成 90 度～110 度角，上体与冰面成 15 度～20 度角，肩稍高于臀部，双手随滑行前后交替摆动，互置于背后。滑行时，单脚蹬冰单脚滑行，反复练习。

初学者应注意，在冰上滑行与在陆地上行走不同。在冰上滑行踏冰时，要把两脚分开呈"八"字形，并向侧后方置冰，要使冰刀的内刃前半部压入冰面，以便用力踏冰。在陆地上行走时，是用脚前掌向后踏地，迈步前进。如果滑冰也用冰刀向后踏冰，不但摩擦力太小，不易滑进，而且容易摔跤。

（二）转弯滑行

1. 原地向左移动练习

动作说明：两脚左右开立与肩同宽，两只冰刀平行支撑身体，成半蹲姿势，重心移至右脚开始移动姿势。移动时，左脚向左跨出半步，同时重心移至左脚，右脚迅速向左脚靠拢，恢复成开始移动姿势。左脚继续向左跨步左移，反复练习。右脚方向相仿。

2. 原地向左交叉步练习

动作说明：两脚左右开立与肩同宽，两只冰刀平行支撑身体，成半蹲姿势，重心落于左脚，右腿向侧挺直伸出成开始移动姿势。移动时，右脚向左脚左前方迈一大步，当右冰刀着冰时，身体重心由左脚移至右脚，同时左脚向身体右后方蹬直。左脚收回并向左侧迈出大半步，右脚迅速跟上成开始移动姿势，右脚继续迈步向左交叉步移动。右脚方向相仿。

3. 左脚支撑右脚连续蹬冰转弯滑行练习

动作说明：滑行过程中，身体成半蹲姿势，重心落于左脚，左脚冰刀向左转，外刃着冰。同时身体左倾、肩内转，右脚冰刀内刃向外侧连续蹬冰，在任意半径的圆弧上转弯滑行，双手随滑行前后交替摆动或互握置于背后，保持身体平衡，如图 8-4 所示。

4. 两脚同时滑行转弯

在冰场弯道上滑行时，一般都是沿着逆时针方向转弯，因此，在初学时最好先学向左边转弯。开始时，当前进滑行有了一定速度后，利用滑行的惯性，两脚同时并进。如果要向左转弯，

图 8-4 左脚支撑右脚持续蹬冰

左脚略在前，用外刃的后半部着冰，右脚稍在后，用内刃的后半部着冰，眼向左看，左臂向侧后方伸出，右臂向前伸，上体稍向左后方倾斜，身体重心移到左腿上，两膝微屈。这时滑行的方向自然会向左转弯。向右转弯时，动作正好相反。

5. 右脚踏冰左脚转弯

在冰面上以六七米为半径画一圆圈（先用麻绳做成刷子蓝色水画好后，再用喷壶在线上浇一下水，或用钉子在冰上画一个圆圈线痕也可以），沿着弧线用右脚内刃踏冰，左脚略向左倾斜并用外刃着冰。右脚踏冰后收回靠近左脚，再用内刃着冰，两脚沿着曲线同时滑行。滑行距离约 1 米，右脚再踏冰，左脚始终不离冰面。在转弯时，面部应向左侧，两臂要自然摆动，上体向左前方倾斜，重心在左脚上，左膝弯屈，右膝在踏冰时要伸直。熟练之后，再向反方向练习。

6. 压步转弯

学会以上两种转弯之后，就要学习压冰的动作了。开始可以先向前滑行几步，要向左转弯时，左脚用外刃压冰，重心放在左脚上，右脚踏冰后靠近左脚摆到左脚的前面，并用内刃着冰，重心再移到右脚上，然后左脚用外刃向右侧后方跨出，面向左前方，身体稍向左倾斜，两臂自然摆动。开始练习时，步幅要短一些，等到熟练后再加长。

（三）冰上停止

冰上停止技术主要包括犁状停止法、转体内外刃停止法和转体右刀外刃停止法等。

1. 犁状停止法（八字停止法）

动作说明：滑行中上体前倾，两膝微曲内扣，重心下降，同时两刀跟外展成内八字形，用刀内刃切压冰面，直到滑行停止。

2. 转体内外刃停止法（冰上急停）

动作说明：滑行中两脚并拢，两刀平行，髋部带动膝盖和脚踝向左（右）转体 90 度，同时身体重心下降，身体向左（右）倾斜，用右刀内刃、左刀外刃（左刀内刃、右刀外刃）逐渐用力压切冰面，直到滑行停止。

3. 转体右刀外刃停止法

动作说明：滑行中身体迅速向右转体 90 度，左脚稍离地面。随着转体，右脚冰刀的刀尖迅速外转，同时左腿屈膝降重心，身体向后倾倒，重心移至冰刀的后部，用右刀外刃压切冰面，直到滑行停止。左脚动作相仿。

（四）倒滑

1. 葫芦式的倒滑

开始时两脚开立约同肩宽，两脚尖稍向内转，两膝弯屈互相靠近，上体前倾。当要倒滑时，两脚后跟稍抬起，同时用内刃前半部踏冰，两臂在体前稍展开，以保持身体平衡和帮助用力。在两脚踏冰分开倒滑以后，两脚后跟再用力向内收回，两膝伸直靠近，两臂收回，接着再分腿踏冰向后倒滑，这样，滑出的痕迹就像葫芦一样。

2. 蛇行式的倒滑

开始时，两脚平行站立约一脚长，然后利用臀部向左右扭转，左右脚的内外刃蹬冰倒滑。当臀部扭向左方时，用左脚内刃及右脚外刃向左侧前方踏冰，两臂同时向左前方摆出，身体重心移向右脚；然后臀部再很快地向右方扭转，用右脚内刃及左脚外刃向右侧前方踏冰，两臂再摆向右前方，身体重心移到左脚上。这样连续不断地左右摆动向后倒滑的痕迹就如蛇行一般。

第二节　滑雪运动的训练指导

一、滑雪运动的定义及发展

滑雪运动的基本含义是指人们呈站立姿态，手持滑雪杖，足踏滑雪板在雪面上滑行的运动。"立"、"板"、"雪"、"滑"是滑雪运动的关键要素。

早在几千年前，当人们的生产条件还很落后的时候，人类为了在恶劣的自然环境中生存，发明了可以代替行走的滑雪板，它的应用使得人们可以在浩瀚的森林中任意驰骋追寻猎物。滑雪运动起源并发展于斯堪的纳维亚国家。1924 年，国际滑雪联合会成立，北欧滑雪项目也被列入了该年在法国沙莫尼举行的第一届冬季奥运会。在世界滑雪运动中居领先地位的国家有斯堪的纳维亚各国，如挪威、瑞典、芬兰，还有西欧的阿尔卑斯山脉周围的国家，如法国、意大利、奥地利、德国和瑞典，以及美国和俄罗斯等。一般说来，斯堪的纳维亚国家在北欧滑雪项目上占据优势，阿尔卑斯山脉国家在高山滑雪项目上占据优势。

滑雪运动从历史沿革角度可划分为古代滑雪、近代滑雪，现代滑雪；从滑行的条件和参与的目的可划分为实用类滑雪、竞技类滑雪和旅游类（娱乐、健身）滑雪。其中，实用类滑雪用于林业、边防、狩猎、交通等领域，现多已被机械设备所替代，逐渐失去昔日的应用价值；竞技滑雪是将滑雪升华为在特定的环境条件下，运用比赛的功能，达到竞赛的目的；娱乐健身（旅游）滑雪是适应现代人们生活、文化需求而发展起来的大众性滑雪。

滑雪运动（特别是现代竞技滑雪）发展到当今，项目不断在增多，领域不断在扩展，目前世界比赛正规的大项目分为：高山滑雪、北欧滑雪（越野滑雪、跳台滑雪）、自由式滑雪、冬季两项滑雪、雪上滑板滑雪等。每大项又可分为众多小项，全国比赛、冬奥会中几十枚耀眼的金牌激励着人们去拼搏、去分享。纯竞技滑雪具有鲜明的竞争性、专项性，相关条件要求严格，非一般人所能具备和适应。旅游滑雪是出于娱乐、健身的目的，受人为因素制约程度很轻，男女老幼均可在雪场上轻松、愉快地滑行，纵享滑雪运动的无穷乐趣。由于高山滑雪具有惊险、优美、自如、动感强、魅力大、可参与面广等特点，故高山滑雪被人们视为滑雪运动的精华和象征，更是旅游滑雪的首选和主体项目。通常情况下，评估人们滑雪技术水平的高低，多以高山滑雪为尺度。

近期出现的旅游滑雪项目还有单板滑雪、超短板滑雪、越野滑雪等。其中越野滑雪是在低山丘陵地带（平地、下坡、上坡各约占1/3）长距离滑行，虽然远不及高山滑雪的乐趣和魅力，但从安全和健身角度而言，更具有广泛的参与性。超短板滑雪、单板滑雪（双脚同踏一只宽大的雪板）比高山滑雪更具有刺激性，技术更灵活，但此项运动在中国尚未普遍开展。

二、滑雪的装备及技术要求

（一）滑雪的装备要求

滑雪器材主要有滑雪板、滑雪杖、滑雪靴、各种固定器、滑雪蜡、滑雪装、盔形帽、有色镜、防风镜等。通常滑雪场有器材出租，游客可以租借。滑雪板价钱有别。一般滑雪板有木质、玻璃纤维和金属之分，木质的轻而价格便宜，但易受潮变形，故使用前宜涂抹特制油脂，使之不易粘雪及防止雪水浸入；玻璃纤维滑雪板适合于任何雪质的雪地，但价格较高；铝合金的金属滑雪板在轻而燥的深雪及冰面上回转轻便，价格也较高。目前市场上有将这三种材质混合制成的滑雪板，最受滑雪爱好者欢迎。

高山滑雪板的种类很多，由于功能及种类的不同，高山板间的档次及价位差别很大。

（1）按竞技滑雪项目分为：回转板、大回转板、超级大回转板、滑降板。

（2）按滑雪水平分为初学者板、中级板、高级板、竞赛板、世界杯用板等。

（3）按雪质分为适于滑硬质雪的板、适于滑粉状雪的板、适于特技的滑雪板等。

（4）按年龄、性别分为男性雪板、女性雪板、儿童雪板等。

选用滑雪板的注意事项如下：

初学者最好选用弹性好、长度短、雪板头较大些、轻便的滑雪板。如果经济条件允许，滑雪者应考虑选购一套自己专用的滑雪器材（包括滑雪板、固定器、滑雪鞋、滑雪杖）。选购器材时主要应考虑厂家与商家的诚信度、雪板的质量与性能、售后的维护服务等方面，一定不能购置和使用糟心滑雪板。

1. 滑雪板

滑雪板的结构、材质及制作工艺都很复杂。滑雪板由前部、中部、后部组成，中部安装固定器，滑雪板两侧镶钢边。高山滑雪板的外形是前部宽、中部窄、后部居中，侧面形成很大的弧线。

2. 滑雪杖

简称雪杖，其作用是帮助滑行及维持身体的平衡。滑雪杖的杖杆部分由轻铝合金材料制成，上粗下细，其上端有握柄和握革，便于手握和防止滑雪杖脱落，其下端有杖尖防止滑雪杖在硬雪撑插时脱滑，杖尖以上有圆形或雪花形雪轮，限制滑雪杖过深插入雪面。选择时以质轻、不易折断、平衡感好、适合自己身高为原则。一般由拦雪轮起算，最长不过肩，最短不低于肋下。可将手穿过皮手环，握杖挥动称手为佳。

3. 固定器

所有的滑雪板上都有将滑雪靴固定在其上的装置，在滑雪者跌倒时固定器会迅速松脱，因此它是避免滑雪伤害的重要防护器具之一。

滑雪固定器一般由金属材质制成。固定器的主要功能是连接滑雪鞋与滑雪板及保护滑雪者的人身安全。当滑雪板受到的外力大于安全系数时，固定器会自动将雪板与雪鞋脱开，保障滑雪者不受伤害。固定器由前、中、后三部分组成，前部与后部可将雪鞋与雪板固定于一体，且都有显示与调整其松紧强度的装置，后端的锁固柄可将固定器锁住或松开，固定器中部有垫板与止滑器，止滑器可防止滑雪板自行溜掉。初学者的固定器强度在 4～6 即可。

4. 滑雪装

应以保暖、防风雪、舒适合身、不妨碍行动及尽量减少风的阻力为原则。专业的滑雪装虽质量精良，但价格昂贵，因此一般只需购买实用的普通衣物即可。

5. 滑雪靴

滑雪靴对脚与踝部有固定、保护及保暖等性能。鞋由内外两层组成，外层壳连同鞋底很坚硬、防水、抗碰撞，内层由化纤织物和松软材料组成，具有对踝和脚的保暖等作用。初学者和业余者选择保暖合脚及防水的滑雪靴即可，最好选择靴筒较低的短靴，以免影响足的屈转。

6. 有色眼镜

雪地上因阳光反射强烈，必须戴上有色眼镜来保护眼睛。镜架以塑胶制品较为安全，镜片颜色以黄色或茶色为佳。

（二）滑雪的技术要求

1. 步行

穿上滑雪器最初的动作就是步行。其动作与一般的走路并没有两样，开始时也许不习惯，可先穿上一只滑雪器来回走动两趟，而后再两只一起穿上，一步一杖地适应平衡。

2. 跌倒

以侧身着地最为安全，亦即以大脚外侧、腰下侧着地，同时举起双雪杖并用力地将两脚伸直，以防不必要的受伤。

3. 方向变换

以滑雪器之前端或尾端为圆心，将欲转变方向内侧的滑雪器，向欲转换方向分开成"V"字形，再将外侧滑雪器靠拢过来。本方向变换仅适合于平坦的雪地上进行，若是在斜坡上则不适用。

4. 登行

最简单的方法就是坐缆车上山。可是有的滑雪场通常没有好的缆车，此时最方便的做法就是把滑雪器脱掉，着滑雪器走上去。若是再懒惰一点，也可以穿着滑雪器往山上走，要领就是保持滑雪器与斜坡呈 90°，以防止滑雪器自动滑下去。

5. 平地滑行

两脚平行站立，利用手腕力量将两雪杖向后推动，使身体和两滑雪器同时向前滑行前进。身体重心不可置于后，否则会有身体后倾的情况发生，易导致后坐跌倒。

在学习基本滑雪技术时，主要要求学员应掌握四种滑降技术、两种转弯技术，并了解转弯技术的要领，因为滑降是滑雪技术的基础，转弯是滑雪技术的精华。

学习滑降主要是使学员在高速运动中学会掌握重心，学习转弯技术则能使得滑雪轻易绕过障碍物。由于高山滑雪是加速运动，速度过快会使滑雪者不易控制滑雪板，而转弯过程本身就是减速运动，通过转弯，可使滑雪者将滑雪板控制在匀速状态下滑行。

学员应掌握的滑降技术主要有直滑降、斜滑降、梨式滑降和半梨式滑降；应掌握的转弯技术是梨式转弯、半梨式转弯，并了解梨式滑降和半梨式摆动转弯的技术要领。

梨式滑雪：梨式是一种简单易学的滑雪方式，它的动作是，双脚呈内"八"字形，立于雪道之上，双膝稍弯，身体重心在两雪板之间。不要努力把滑雪板平放在雪地上，这时滑雪板与雪地之间应自然地形成一定的角度，滑雪板的边刃切在雪地上，如果这时在坡度很小的雪地上，用梨式可以站在原地不动。

选择坡度不大的初级滑雪场，记住梨式滑雪的动作要领，开始滑行，记住一定要让两脚保持内"八"字形，滑雪板与雪地保持有切入角。从开始滑行直到停下来始终保持这个动作。顺着雪道滑过一次后，你会发现，滑到雪道的下端平缓地形时，速度会降下来，这说明裂式滑雪能降低速度，达到了控制程度的目的。回头看滑过的痕迹，会发现不是两条直线，而是两条滑雪板横刮的痕迹。反复练几次后，再开始学转弯，在刚才学过的动作基础上，把身体重心由原来的两脚中间，移动到左脚或右脚，先做原地练习，重心移到左脚（或右脚）时要稳定动作几秒钟，在身体重心左右移动时，滑雪板始终保持"八"字形和与雪地间的角度。

再来到滑雪道上，在下滑时，将重心移到左脚上停留一会儿，会发现向左转弯；再将重心移至右脚，这时会向右转弯（重心移到哪只脚上，身体就会沿这只脚的雪板方向滑行）。但是，转弯动作不是重心移动后就能完成，而是移动后，要将重心保持在一支滑雪板上一会儿，才会完成一个转弯动作。也就是说，转弯是持续用力完成的动作。这个滑行动作需要经过多次反复练习。

在这个练习过程中，容易出现的错误就是在滑雪转弯过程中速度增加处，由于面向坡下，速度增加、心理紧张而未能完成动作，失去平衡而摔倒。这时重要的是记住动作要点，保持动作、完成转弯。在反复练习多次后，可以在速度减缓处使两条滑雪板平行滑行、在转弯时变为梨式滑行转弯。初学者开始滑雪时，会觉得很累，这主要是由于掌握不好平衡而导致身体紧张，学会了梨式滑雪，能熟练滑行以后，你会觉得像散步一样流畅、轻松、自如。

三、滑雪登山

滑雪登山，在英文中是"Ski Mountaineering"，顾名思义，与登山相结合的一项运动。滑雪登山运动要求运动员运用特定的雪具和登山装备，以滑雪的方式进行登山，运动员既要具备登山的技巧和体能，也要掌握滑雪的技能。

（一）登山滑雪的器材

"工欲善其事，必先利其器"。登山滑雪的器材在性能上是兼顾向上攀登的便利性和下滑过程中控制性能的一种平衡，大致包括固定器、雪鞋、雪板和止滑带，组成了一套既可在上升时抬起脚跟，进行行走攀登，又可在下滑时固定脚后跟，进行雪板操控的系统。此外，器材的重量也是需要考虑的一个重要因素。

1. 固定器

与传统的滑雪器材相比，滑雪登山器材中的固定器和滑雪鞋都有着很大的区别。滑雪登山的固定器主要有两种锁定形式。

第一种是通过固定器前端卡住雪鞋的前沿，通过固定器前端的转轴可使雪鞋后跟抬起。固定器后端通过调节，可固定或放开鞋跟部，使之具有行走和下滑两种模式。在行走模式下，固定器往往有一至三个挡位，来调整雪鞋后跟的高度，以此来适应不同坡度的雪坡。这种固定器锁定方便、牢固、易于上手。

第二种是通过固定器前端的两个针状金属卡，卡进与之配套的滑雪鞋前端两侧的两个金属空隙中，形成转轴。这种固定器重量很轻，适合经验丰富的人使用，以 Dynafit 品牌为代表。固定器后端也是具有行走和下滑两个模式，在选择雪鞋时，一定要选择能与固定器锁定方式相配合的款式。

2. 滑雪鞋

登山滑雪鞋的鞋底要比普通高山滑雪鞋坚硬，更像登山鞋的鞋底，可以使用全齿冰爪进行简单的冰坡攀登。在雪鞋脚踝后侧具有"行走"和"下滑"两种模式的调节系统。调节到"行走"模式时，要确保鞋对脚踝部位的舒适度。在"下滑"模式时，雪鞋更为贴近脚踝和腔骨，便于对雪板的操控。

3. 止滑带

止滑带具有单向滑动的功能，由于传统上多使用海豹皮，所以英文中成为"skin"。在使用中要注意，在雪板底部贴上止滑带之前，要清洁雪板底部，并使之保持干燥。而在长距离滑雪登山时，往往要进行几次攀登和下滑。在下滑时，一定要注意止滑带的保温，可将其放在怀中。否则，如果温度过低，止滑带往往容易失去黏性，很难紧密地粘在雪板底部，会给即将开始的下一次行走攀登带来很大的麻烦。

4. 板带

如果路线上雪很深，或对自己的滑雪技术没有把握，强烈建议你使用板带（leash），以此将雪板系在腿部，防止摔倒时雪板脱落到很远的地方，甚至丢失。注意板带的长度要调节适中，以不影响攀登、下滑等动作为宜。

5. 雪杖

要使用能够进行长度调节的雪杖。在攀登时，雪杖长度一般调节到从地面到腋下的长度。可选用在手柄下端有海绵或橡胶包裹的雪杖，这样可以延伸手抓握的范围，即使在不同的坡度上攀登，也不用调节雪杖长度。

6. 服装

滑雪登山的服装与登山的服装穿着类似。传统的滑雪服装大多侧重于保暖性，但对透气性重视不够。在行走攀登时，身体会大量发热，而下滑时则需要良好的保暖性，所以滑雪登山的穿着要求保暖和透气的平衡，并且尽可能地轻量化。在攀登时根据天气等情况，调整穿着的衣物，尽量让自己能够舒适地进行活动，不让身体的热气充满全身。在休息和下滑的时候，则要及时保暖。

另外，在进行长路线的滑雪登山时，装热饮料的保温瓶、保温帽、风镜、太阳镜、备用手套、胶带和铁丝（为了修复断裂的固定器和松开的止滑带）等装备也是必不可少的。

(二) 滑雪登山的基本技术

1. 上升

在进行攀登前，首先要确认滑雪鞋和固定器处于行走模式，然后将止滑带粘在雪板底部，雪板要保证干燥，且避免温度过低导致粘不上止滑带。将雪杖调整到适当的长度。开始行进的时候速度不要太快，根据坡度和雪的硬度，调整攀登节奏和行走方式。

行进和攀登时，通过双手支撑，大腿带动小腿，推动雪板向前滑动。初学者开始时往往会像走路一样，习惯于向上抬腿，而不是向前滑行。两只雪板上留下的最好不是分开的两条轨迹，而是一条宽的轨迹。在集体比赛中，这样不仅第一个攀登者行进省力，走在后面的人也会感觉更为舒适。

在攀登时，要根据坡度和地形以及雪况进行"之"字形的路线选择。虽然这样路线会延长，但相对直上而言，攀登者会更为省力和安全。在"之"字形路线的转折处，踢腿转弯（kick turn）是一项经常要使用的技术。熟练地掌握和运用踢腿转弯，不但能在攀登中大大地提高效率，也会给攀登者带来很大的乐趣。当你要运用踢腿转弯的时候，首先要确认自己保持稳定的姿势，通过雪杖的支撑和雪板位置的调节来保持平衡。转弯时，一定要注意在坡上脚上雪板的位置，避免板头下沉，扎入雪中。

如果坡度开始变陡，可以调整固定器后部的挡位，使脚跟的位置更高。不过，有时在上升横移时，高的脚跟位置反而不易保持行进时的平衡，需要特别注意。

2. 下滑

在下滑前，撕下止滑带，检查雪板底部是否有胶，以免减慢雪板的滑行。如果这次下滑后，还要使用止滑带进行攀登，一定要注意止滑带的保暖，可放在怀中。调整固定器和滑雪鞋到滑行的模式。进行这些操作时，一定要注意冷风和低温，避免手指和脚趾冻伤。

做好以上准备工作后，就要开始享受下滑的乐趣了。但记住，这不是滑雪场！首先要根据自己的滑雪能力选择合适的滑雪路线。坡度、雪况、地形都是决定路线难度的因素。在观察下滑路线时，不要只局限于眼前的情况，而要对上方和下方都进行观察。如果离山脊很近，上方是否存在雪崩或落石的危险？前方看不见的地方，是否有悬崖或大石头？如果在冰川上滑雪，一定要确定前方是否存在冰裂缝。

滑行时要控制速度，根据雪坡的角度和雪的质量，选择正确的弯度，如大弯或小弯，或者长距离的横切下滑，要确保能在各种情况下都能够及时停住。如果在陌生的山区环境，或在冰川上进行滑雪登山，一定不能单独行动。在冰川上进行时，往往还需要携带冰爪、冰镐、安全带、上升器、登山冰镐、安全带、下降器、登山绳等登山器材。

(三) 滑雪登山救援

滑雪登山救援技术包括雪崩搜救器材的使用、急救和雪地救援技术等。如果在雪山中，还需要掌握裂缝救援技术，以此来保证在出现特殊情况时，能够及时做出处理。在山区，尤其是存在雪崩危险的地方，必须携带由雪崩探测器、探测杆、雪铲、救生毯组成的雪崩搜救器材。在真正进入山区前，要进行搜救器材使用的培训。

与登山一样，作为一个成熟的滑雪登山者，你所面对的是纯粹自然的山区。山区不是滑雪场，没有已经处理好的雪道，没有呼之即来的救援队。来到这里，仅具有高超的滑雪技能是完全不够的，你需要了解山区的特征、山区的潜在危险及相关的救援技术，能够从容应对和处理可能出现各种未知的情况，并且时刻记住，安全第一！而这些也是滑雪登山的真正魅力所在。

第三节　攀冰运动的训练指导

一、攀冰运动的概念

攀冰，英语叫做 Ice Climbing，是一项借助于装备、器械进行攀爬冰壁的运动。攀冰由攀岩运动发展而来，是攀登高山、雪山的必修科目，更是登山运动的基本技能之一。目前攀的冰主要是自然冰，分为冰瀑和冰挂两种。

攀冰运动被称为冰瀑上的"华尔兹"，国外文献也称之为"冰攀"，其英文为"Ice Climbing"，是从登山运动发展而来也是攀岩运动的高阶版本。它是一种通过专业设备、特殊器械进行攀爬的运动。是登山运动中的必修科目，也是登山基础技能之一。

另一种观点认为，攀冰是一种攀登运动。攀岩（Rock Climbing），攀冰（Ice Climbing）和冰岩混合攀登（Mix Climbing）是攀登运动中的一种表现形式，特指在天然或人造的垂直冰壁或陡峭的雪坡，利用工具攀登的运动，但是攀冰比攀岩更加危险和刺激。因此，被国外也称为勇敢者的运动。

攀冰运动从户外运动项目属性划分来看，它既属于岩壁攀爬类，又属于攀登类，是从现代登山运动中衍生出来的一项攀登运动项目。目前学术界对攀冰运动概念的界定说法不一，普遍存在着争议。

二、攀冰运动的基本装备

（一）基本装备

攀冰装备常用的有以下几种。

冰镐：冰镐最好尾端有一绳套，套在手腕上，以防失手滑落。

高山靴：攀登雪山的必备品。靴表面有防水层，有的分为外靴、内靴，外靴防水耐磨，内靴保温。

冰爪：同高山靴配套使用。分为 8 齿、12 齿、16 齿等。使用上分为卡式、捆绑式两种，卡式使用方便，尤其在外界条件突变或环境恶劣时，取出冰爪扣上高山靴即可。捆绑式安全、牢固、可靠。

冰锥：使用合金钢制成，呈空心螺旋状，固定在冰面上，用力旋转深入冰层。在冰面上起到固定主绳和保护作用。

其他为防水主绳、头盔、防水服装、防雪套、防水手套、安全带、绳套等。

（二）难度划分

攀冰的级别难度通常分为以下七级。

一级：只用冰爪就可以走上去。

二级：单绳距 60°～70°的冰，包含少量短的陡阶，能确保安全。

三级：持续 70°～80°的冰，通常厚且硬，可能含有短距离的哨壁，但有好的休息点，能确保安全。

四级：持续 75°～85°的冰，好的确保区零星分布，有少许显著的垂直区，通常冰质很好，能提供良好的保护。

五级：有很多 85°～90°冰壁陡峭的绳距。

六级：非常陡峭，没什么休息处的艰难绳距，常要悬吊着确保短暂停留，冰质不是顶好，安全性可疑，需要高技巧。

七级：差不多是垂直的冰壁，非常薄，冰质也不好，不能确定是否附着在岩石上，保护不易或不能。

美国登山家杰夫·洛根据这七个等级又划分出永久性冰壁和季节性冰壁。AI 为永久性冰壁，WI 为季节性冰壁。当攀登者看到这两种符号之一，就明白自己将要攀的是季节性冰壁还是永久性冰壁。

虽然攀冰有难度等级，但季节不同、气候不同，其攀登难度也会有变化。冰壁上的情况经常会发生一些变化，每个攀登者在攀登时，要把攀冰难度再加一级，这样才能确保完成攀登。最后奉告攀冰爱好者在准备攀冰之前，一定要仔细收集自己将要去攀的冰壁资料，做到胆大心细，戒骄戒躁。

三、攀冰运动的技术

攀冰技术可分为德式技术与法式技术。法式技术：起源早于德式技术，其攀爬特点不同于一般的攀岩技术。它是用一支大冰镐攀爬，采用"两点支撑，一点移动"技术，即用一只脚和一支冰镐支撑身体，移动另一只脚或冰镐，因此它的技术要求比较高，且冰坡超过 60°时一般不采用此种方法。法式技术的要领是双手在胸前横握冰镐，一手握冰镐三通处，镐尖向下，另一手握冰镐 1/3 处，双手间距离相当于肩宽。双臂用力将冰镐扎牢于冰面，然后依次移动双脚，反复进行。德式技术：是比较安全的攀冰方法，与法式技术不同，它采用两支小冰镐，这样就和攀岩一样，是"三点固定"。现在大多数攀冰者都采用这种技术。

（一）攀冰技术的现代技巧

现代的冰爪技巧是由法式技巧和德式技巧演进而来。与攀岩一样，在攀登冰面时踏出的步伐必须敏捷而决断，这样才能维持平衡，减少疲劳。冰爪着地的步法通常适用于角度较低的斜坡，前爪的步法则在陡于 45°角的坡度，以及非常坚硬的冰地上最为常用。事实上，大部分的登山者，都是将这两种技巧融合运用，有人称为美式技巧。无论采用哪一种技巧，最重要的就是在利用冰爪的时候要迅速。在低缓或中度斜坡上练习，有助于培养技巧、信心，并且在陡峭斜坡上的动作能够更敏捷。

无论采用德式技巧，还是法式技巧，技术高超的攀冰者会和高明的攀岩者在攀登艰险岩块时一样，动作审慎周密。把冰爪的前爪踢入冰面时，务必要谨慎小心，身体重量从一脚换到另一脚时要明快、平顺。胆子大是高明冰爪技巧的必要条件，但并不是盲目的蛮勇，它是经由时间和热诚而产生的，是在冰搭上、冻结溪谷的冰峰上，多次练习后所培养出来的信心和技巧，同时随着练习路段与困难度的增加而更趋成熟。

（二）攀冰的注意事项

将冰镐扎入冰面时，不要用力过猛而且冰镐不要晃动，因为这样会使冰面破裂，影响其稳固性。踢脚时，要用力使冰爪尖牢牢地扎入冰面。能否使冰爪牢扎冰面，关系到身体的稳定和攀爬的质量。正确的动作是：提脚的同时以膝关节为轴，利用登山鞋的重量，使脚平稳地前踢，使冰爪的两个前齿都能扎入冰面。注意：脚不要上下晃动，这样容易使冰面破碎而不牢固。另外，脚要平直，如果呈"八"字形扎入冰面，就不能充分发挥冰爪的作用。除安全带等必要的保护性措施外，攀冰时还必须佩戴头盔，以防碎冰坠落。

（三）攀登方法

主要包括镐法和脚法。镐是指手中的小冰镐，利用鹤嘴劈入冰面提供悬挂。基本要领是大臂带小臂，小臂摆方向，手腕出镐即停。主要力量来自大臂、肩和背，小臂使镐尖保证垂直冰面入冰，在入冰前通过手腕将臂的动量转给冰镐，这样冰镐就获得了最大的动量，入冰效率就会提高。入冰后，不必抓冰镐，利用腕带下拉受力即可，手腕休息准备下次挥镐。脚法是指如何利用冰爪提供支撑。攀冰中大量利用前齿踢冰，这种技术成为德式踢冰。要领是摆大腿，小腿提脚，垂直入冰。主要力量来自大腿、臀部和背部，提脚是为了使前齿充分入冰不脱出，使用双前齿冰爪使前齿垂直冰面同时入冰，才能提供最大支撑。学会了镐法和脚法之后，就要依靠镐和脚的配合，与攀岩相似，主要有四变形，也就是固定三点、移动一点的方法；还有单镐向前牵引式的方法，这就要求人镐和人脚都是稳定的，属于进阶了。

（四）攀冰的保护方法

攀冰中的保护方法与攀岩非常相似，只是需要注意冰上保护点没有岩石结实，不能经受很大的冲坠，因此绳子相对攀岩要打得紧些，减少脱落时的冲坠距离；保护员要保护好自己，接近冰壁时必须戴上头盔，时刻注意上方攀爬者和落冰；如果需要站立在冰面上，保护员需要穿冰爪，最好在冰面上用冰锥将自己固定。另外在攀冰保护中最好能够使用抓节，因为攀冰场地比起攀岩场地突发性的危险更多；不能使用自动保护器，因为在寒冷或结霜时会失效。

（五）高山冰攀技巧

很多高山峻岭的山顶或周围都会出现冰的踪迹，而发展冰攀的技巧可以增加探索它们的机会。借着适当的技术，也可以让冰变成另外一条通往高山的道路。想要冰攀，攀登者除了要利用很多在攀岩和雪地里学到的技巧外，还要加上在冰上使用的特殊工具和技巧。身为冰攀者，除了享受攀登冰雪地的特殊喜悦外，也摆脱不了相关灾害的阴霾，如雪崩、艰险的峡谷、不稳定的雪檐、结冰的路障以及冰瀑等。全年都是冰攀的好时机，可以在昼短且昏暗的寒冬里攀爬冰瀑，也可以在昼长而明亮的夏季攀登高山的冰面。

冰可以呈现出多种的面貌，在压力、热度与岁月的持续影响下，雪及其他冻结的降雪、降雨会变成高山冰河、冰原，以及深沟中的高山冰。在高山冰和硬雪之间，并没有清楚的分界线。高山冰有时候会呈现为蓝冰，这样的光泽表示这种冰相当纯净；而黑色的高山冰——又老又硬的冰混杂沙尘、石粒或其他杂质则是另一种常见的冰貌。液态水会结冻形成水冰，水冰有可能如结冻的瀑布般声势惊人，也可能平常如雨淞，也就是降雨和融雪在岩石等表面结冻所形成的一层透明薄冰。雨舱很难攀爬，因为它是一层既薄且脆的冰层，很难为冰斧和冰攀工具提供着力点。比起高山冰，水冰通常较陡、较硬，也较脆，但在高海拔和低温的情况下，这两者其实很难区别。

和雪一样，冰善变且短命。一条岩石路线很可能在数年后，甚至数十年后都还在原地，但今天早上的结冰路线到了下午可能就只剩下一堆混杂的冰岩或湿漉漉的岩石。必须学着预测冰的变化性，因为冰可以展现出各种特性。有些冰就像铁一样坚硬，冰攀工具只能留下轻微的表面刮痕。有些硬冰就像玻璃一样易碎，得先花费很多时间和精力来砍掉这层易碎的表面，才能运用冰攀工具。有些冰面会是松软而具可塑性的，可以轻易踩出安全位置——这是冰攀者的希望。然而，冰也可能会太软而无法提供安全的位置，或是根本无法支撑重量。想要评估冰的相对状况，得先具备足够的经验。

冰攀技巧会因坡度的陡缓而异。在平缓的冰面，如冰河或冻结河流的平坦处，通常不需穿上冰爪便能行走，尤其是在冰面上镶有石块或泥沙时。在短的坡面上，可以使用冰斧砍出步阶；如果是较长的坡段，就得穿上冰爪了。随着坡面角度增加，攀登者可以使用一种技巧—脚掌贴地。这种技巧有其限度，如果路径极为陡峻，就必须使用前爪攀登技巧，也称为德式技巧。

1. 冰上保护

（1）自然穿绳保护点

有时可以利用冰的自然形状设置穿绳保护点，如把扁带套在一根大的垂冰柱上。穿绳保护点的强度完全取决于冰柱基部冰的强度，所以在保护点连接任何系统前应该小心。特别是垂冰柱，可能在结构上不稳固，与低处表面连接的部分附着力又很弱，甚至可能根本就没有接触到底下的冰，只有简单的一层雪掩盖着缺口。这同样适用于垂冰柱的顶部，如垂冰柱从原来的位置掉下来又在下面冻住，往下挖一点就知道怎么回事了。虽然穿绳保护点很方便，但还是要小心确认垂冰柱足够稳固。如果有任何怀疑，就要另找一根垂冰柱（图8-5）。

图 8-5　冰攀

有时冰的质量很难判断，尽管长时间形成的冰比起快速冻结的脆冰要结实一些。在攀登时会得到一些信息，如冰镐或是冰爪下的散碎冰末就提醒冰处于脆弱状态。

还有一些极端的例子，可能需要从冰上天然的洞里钻过去，顺便也把攀登绳穿进了洞里。这种情况有时发生在混合路线中，当爬完岩壁踏上冰面时，需要确保绳子没有被向下的冰垂柱拖住，或是被锋利的岩石边缘损坏。

（2）冰墩

用冰墩设置保护点是有效的方法，但是略微耗时。冰墩多用于放绳下降或者下降，也可以用作向上攀登时的保护。利用冰墩设置保护点所耗的时间是这种方法不利的一面，另外这一方法还比较累人。因此，只有在特殊情况下领攀者才会选择用冰墩做保护。下降过程中可能没有充足的装备完成多段下降，而冰墩保护下降不需要遗留任何装备，哪怕是短短一截辅绳（图8-6）。

图 8-6　冰墩横截面

冰墩和雪墩的形状类似，但是尺度更小。冰墩像被加工之前取材的冰一样坚固，所以需要找到一个相当合适的位置，而不能仅仅有好质量的冰（如受冲击后不会粉碎的冰）。考虑到牢固性，建造时要保证冰墩能有足够的深度。查找一处稍微明显的冰凸处比较有利，这样建造冰墩稍微容易些，但是一定要仔细检查，以确保凸出部分不会造成冰面破碎或者形成其他不符合需要的形状。

冰墩直径一般在 30 厘米，深度大约 10 厘米。这些数据会根据冰的状况而改变，但是正常来讲宽度不能低于 30 厘米，否则遭遇脆冰的可能性就太高了，容易导致冰墩失效。

开始建造冰墩时，在冰上挑选一块合适的区域，用冰镐尖划出需要去掉的区域的轮廓。这应该是一个马蹄形的区域，底端一定不能交汇，否则强度就会大打折扣。沿着画好的线，用冰镐尖小心地在这个形状周围切割，小心不要切割到或者损害到冰柱的内部。一旦基础轮廓线切好了，将冰镐尖和铲头结合使用，放大轮廓线直到得到想要的形状和深度。顺着上边的边沿看，冰墩应该是一个蘑菇形，在下面构造冰唇，这样绳子或者扁带可以安全地勒在里面不会滑脱。如果要做下降保护点，绳子可以直接环绕冰柱放置，这样后面收绳就会很简单。如果是做下降或攀爬保护点，应该套一个扁带套，以便在下方合适距离进行保护操作。

（3）拧冰锥

过去的冰锥很难拧，需要在轻敲冰锥尾部的同时旋转，再用锤头或者镐尖穿过冰锥上面的孔，摇动，把螺纹完全旋进去（图 8-7）。

图 8-7　拧冰锥

设计良好的现代冰锥内径合适、螺纹突出，构造便于旋紧，并且具有好的定型切削齿。选择这四方面表现突出的冰锥，才算把钱花在了合适的地方（图 8-8）。

图 8-8　带有旋转挂片孔的冰锥

　　冰锥设置的好坏取决于旋入那处冰的质量。如果旋紧冰锥的时候，出现像盘子一样的冰面剥落，就应该挪开冰锥，用冰镐去除这些烂冰，把冰壁表面清理出一块足够旋紧冰锥的操作区域，然后继续拧冰锥。

　　领攀过程中，拧冰锥时最好在腰部位置，与冰面呈 90°垂直。不要选择太高的拧锥位置，特别是高出头顶的位置，即使那块地方可能看起来很不错也不行，否则拧锥没效率也不安全。在质量好的冰面上拧入现代冰锥是相对简单的过程。用冰锥前面的切割齿旋进半圈再旋出，反复3～4 次，把这处冰壁表面变粗糙以便帮助冰锥"咬"进冰面，然后旋紧冰锥直至完全到位，确保挂片向下，朝着受力的方向，用来旋紧冰锥的任何可折叠的机械柄也要回复正确的位置，以免妨碍到绳子或是快挂（图 8-9）。

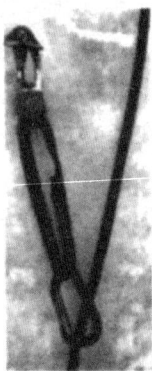

图 8-9　快挂和冰锥

　　冰锥的设计是从中心挤压出一段固体的小冰柱，这样可以防止冰壁受力过载或是脱落。注意观察冰锥中心会不会挤出来融化的冰、大的气泡或者是冰柱上有裂缝，如果有这种情况，就换个地方再试试。

　　从冰壁取出冰锥后，要清除里面残留的冰。将冰锥管放在口袋里稍稍暖和一下，或者用冰洞沟捕一捕，这些方法都可以。要是残冰没有清除又被冻在里面，那冰锥就没法用了。虽然轻轻敲打冰锥头也有助于把冰芯弄出来，还是要小心不要敲到螺纹，这样会对螺纹造成不可挽回的伤害，以后这个冰锥就不好用了。

　　冰锥使用后需要一点保养，不要就那么放回冰锥包，应该将其完全干燥并涂抹一种主要成分是硅油的润滑剂，如果是相当长一段时间不准备用这些冰锥的话，不但要防锈，还要保持内腔性能。要定期检查冰锥是否锋利，切割齿有没有毛刺或是变钝。需要磨快冰锥的时候，只能用一把小手座来完成，而不能用任何的机械磨具。用刀小心地磨，保持冰锥切割面的良好形状，如果切割齿有任何变形，其性能就有显著的变化。另外一种选择就是把冰锥寄到专业人员那里，他们会使用专门的机器把冰锥重新磨快。

用作保护站时，冰锥要成双使用，因为承受冲坠时，一根单独的冰锥很容易被拔出来导致保护失效。当一根冰锥周围的破坏范围碰到另外一根的范围时，为了避免表层脱落冰的问题，冰锥要斜着分开 1 米，然后把两根连接在一起，用扁带调整或者是用绳子打结，调整好的冰锥正好承受一半的负载。

如果冰锥直到拧不动了还没完全就位，换句话说就是冰锥碰到了冰面下的岩石无法深入了，为了避免杠杆效应受力，就要配合扁带套使用。可以在冰锥杆上用扁带套打一个双套结，把绳结往里推挨着冰面。如果预料到这种情况，可以把一把快挂扣挂片的那把锁去掉，把扁带直接套在冰锥杆上。现在冰锥可以旋到允许的最深位置，下面连接着的小锁正常扣在扁带上。为了应对冰锥不完全扎人的情况，有些类型的冰锥可以方便地将挂片沿着冰锥杆往下移动，如果习惯爬薄冰的话，就应该去挑选这样的冰锥。稍长时间使用冰锥保护点的时候，多半是在冰瀑上挂绳或者练习裂缝救援时，由于日照的原因，冰锥保护点的强度要打折扣。对日光的吸收会对冰锥有一点加温作用，会削弱保护点。为了避免这种情况，一旦冰锥在冰面布置好之后，可以在上面压上几厘米厚的雪或者冰，用来遮蔽日光。

（4）打冰钩

考虑到承受冲坠力时的抓握力相当低，安放冰钩要小心。这不是冰钩本身的失败，更多的是因为安放冰钩处冰的类型。在陡峭的冰壁上，常选择冰镐尖凿出来的小洞放置冰钩，用来做休息点或者是布置冰锥保护点之前作为临时移动保护点。把冰钩敲进纯冰会导致周围区域受损，降低安放冰钩的安全性。尽管如此，在冰土混合难于操作的地方，如角落里很窄的裂缝，冰钩就很好用。把冰钩推进这些地方，就会抓得很牢，只不过想再拿出来的话是个问题。

（5）V 字形冰洞的设置

作为一种冰面保护方法，V 字形冰洞保护很牢固而且用途多样，因为不用留下昂贵的装备，在撤退的时候尤其具有优势。在特定情况下，如就剩下一根冰锥可以用来做保护点，那么其在上升攀登时同样有用。

钻洞的深度取决于冰锥的全长，强度取决于选取的冰面质量。经过一些练习之后，可以很快地布置好。如果合适，可以钻两个或者更多的冰洞连接在一起以分担负载。如果这么做的话，每一套冰洞至少分开 50 厘米。

用配有倾斜挂片的长冰锥来打冰洞最理想，带着冰洞钩也很有用。穿冰洞的绳子或扁带可以是绳包里的富余绳，紧急情况下也可以把绳环解开来用（图 8-10）。窄的扁带套也可以，末端用大铁锁简单地扣在一起就可以了。

图 8-10　穿过冰洞的扁带套

首先，挑一个区域均匀的冰质，没有可能破裂或粉碎的明显征兆。如果冰很硬，用冰镐敲一个很小的起始冰洞，冰锥与冰面呈 45°～60°入冰，完全旋入。做冰洞保护，要在冰上打两个洞，两洞必须交汇，夹角 60°～90°（图 8-11）。退出冰锥，在对侧以相对应的角度旋入，这样切割齿一直钻到第一个洞的末端停止，第二个冰洞开始的点与第一个洞口的距离不得少于 10 厘米。这两个冰洞都要与坡面保持 90°垂直。冰质多种多样，打冰洞的时候有可能看清楚冰锥的轮廓，如此一来估计冰锥的角度就容易些了。

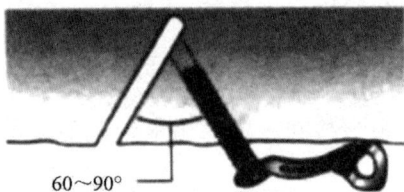

图 8-11　钻冰洞的角度

60～90°

取下冰锥，把绳子或者扁带穿过冰洞，打绳结或是用主锁扣起来，形成一个受力附着点。要确保绳子（扁带）的顶点，就是负载的受力点所处的角度不超过 90°。如果再打一组冰洞保护点（图 8-12）跟第一组分担负载，与第一组所处位置要成 45°角，最近的冰洞距离不能少于 50 厘米。如果还要打第三组，遵循同样标准。

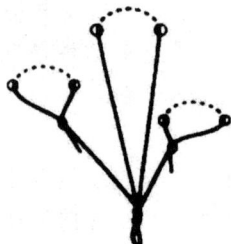

图 8-12　冰洞保护点

（6）回收冰锥

在有些极端情况下可能会使用单冰锥下降。虽然其他创建下降保护点的方法更合适、更安全，如 V 字形冰洞、冰墩或者岩石保护点，但是如果珍视装备，要尽可能减小装备的损失，那么本质问题就是能不能收回冰锥。无论如何，要彻底考虑把全部承重都放在一根冰锥上的利处，如果有任何保护点失效的可能性，都要再找更安全的方法。

冰锥旋进合适的牢固冰面，所有螺纹完全旋入。因为下降用绳处于挂片和冰面之间，挂片应该竖直，距离顶端冰面一小段合适距离，可能是 1 厘米左右。挂片应该竖着朝向上坡，与下降方向呈 180°。

取一段细辅绳用可靠的绳结系在冰锥挂片孔上，如双渔人结。细绳从冰锥顶部开始缠起，与切割齿方向相反。换句话说，如果冰锥旋进去的时候是顺时针方向，细绳就按照逆时针方向缠绕，缠绕的圈数要比冰锥的旋入圈数多几圈。

下降绳越过冰锥，绳中心点在冰锥顶端。不要让冰锥杠杆受力，所以绳子要紧密地贴在冰面上，没有缝隙。下降绳垂下的某一边靠近冰锥的地方打一个小平结，用一把主锁把这个平结和细绳末端扣在一起。

下降完成之后，稳定持续地拉回有平结这边的下降绳，完成回收冰锥的操作。辅绳受力导致冰锥反旋，最后从冰面完全脱出，连在绳子上一起从冰坡上滑落。因为冰锥会朝绳子底部加速滑落，拉绳回收冰锥的时候要小心。与操作无关的人要离开，拉绳的人要仔细观察，以免冰锥落向地面时被碰到（图 8-13）。

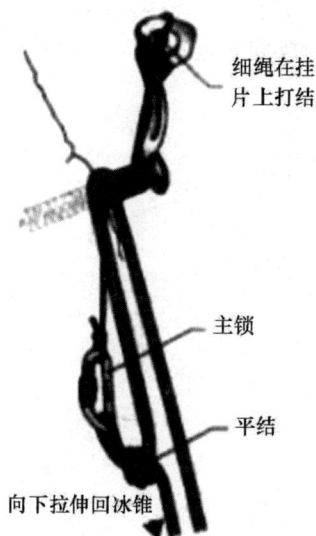

图 8-13　回收冰锥

如果用的是两条绳子而且颜色不同，就容易记得应该拉哪一条。如果是一样的绳子，在需要拉的这边绳上扣一把能够自由滑动的铁锁，这样下降结束后可以起到提醒的作用。

（7）减小冰锥负载

任何一根冰锥承受的负载都应该降到最低。冰锥保护点强度取决于打冰锥处的冰面质量，虽然这些地方很坚固，减小冲坠时冰锥被拉出的可能也是明智的。预防措施实现的简单方法是在关键处使用缓冲扁带（一种减小冲击力的特殊扁带套）（图 8-14）。缓冲扁带类似快挂中间的扁带，只是它由许多折叠的带子缝制在一起而构成，缝纫的类型和数量是经过仔细计算的。按照设计，缝线在一定的受力情况下会撕裂，冲击力就会被扁带本身吸收，减小了对冰锥的冲击影响。一旦完全撕裂，这种扁带套就变成了一条普通的长扁带套，绳子也没有机会脱开。

图 8-14　扁带套保护冰锥

在多段路线攀爬中使用缓冲扁带是个不错的选择。一离开多段路线的保护站，就要尽快地设置保护，甚至就在保护站位置设好第一个保护点，尽量减小可能的冲坠系数和保护站系统的冲击负载。在这里使用缓冲扁带，意味着在下一段路线起步几个攀爬动作距离内，脱落对系统造成的任何冲击，都会被扁带套缝线的撕裂所减小，从而保护了冰锥和保护站系统。

第九章　定向运动项目的训练指导

第一节　定向运动的原理与方法

一、定向运动概述

（一）定向运动的概念

定向运动是指运动员借助定向地图和指北针，按组织者规定的顺序和方式，自我选择行进路线并到访地图上所标示的地面检查点，以通过全程检查点用时较短者或在规定时间找到检查点得分较多者为胜的一种体育运动。定向运动的参赛者可以是个人，也可以是两个人以上组成的队。

定向运动通常在野外森林进行，也可以在城市的近郊、公园和较大的校园等各种地形进行。其比赛的成败全在于个人的识图用图、野外定向和奔跑能力的强弱，因此适合各种年龄、性别的人参加。定向运动是智力与体力相结合的体育运动项目，在强健体魄的同时，也培养人独立思考、克服困难以及在遇到意外的情况下能迅速做出决定、果断采取行动的能力。

（二）定向运动的形式

通常在郊外、城市公园里进行，也可以在大学校园里进行。标准的定向路线包括一个起点（用三角表示）、一个终点（用双圆圈表示）和一系列点标（用单圆圈表示），其中点标已在地图上用阿拉伯数字标明。

在实际地形中，一个橘黄色和白色相间的点标旗代表运动员应该找到的点的位置，称之为检查点。每个检查点上都有一个或多个带有唯一编码的打卡器，为参赛者提供到访记录。参赛者手持检查卡，由起点开始，按顺序到访比赛路线上的每个检查点，并在检查卡上留下打卡器的编码，直到终点完成比赛。

定向比赛中，点标与点标之间的路线未被指定或固定，参赛者可以选择一条最适合自己的由一个点到下一个点的路线。相邻两个检查点间的距离以直线为最短，但实际情况中，沿直线前进往往不是最佳选择。沿直线前进，你可能会遇到不可翻越的障碍，也可能一直在没有明显特征的密林中拐弯绕道而迷失方向，还可能因不得不翻越陡峭山地而过早地耗尽自己的体能，失去宝贵的时间。

在整个参赛过程中，必须不断集中注意力，在控制好身体运动状态的同时，标定地图，通过地图了解实际地形的通视度和易跑性，找出导航特征，运用多种定向技术在地图上找出两个检查点之间各种可能的路线，结合实际地形、个人综合能力和经验，迅速地进行分析判断，果断地确定最适合自己的行进路线，然后运用各种定向技术确保自己沿着选定的路线前进。这种迅速果断的路线选择能力，以及借助地图和指北针导航而以最快速度按顺序到达目的地的能力就是定向运动的精髓所在。

（三）定向运动的特点

1. 自然方面的特点

（1）运动性

定向运动顾名思义是一种运动，它与其他体育运动项目一样，是一种身体活动，是以人体运动的方式为主要特征进行的活动。科学的人体运动形式都具有特定的规律、规范和规则。

（2）智能性

这是一项体能与智能相结合的运动。就智能而言，要具备地理学、测绘学、军事地形学等相关知识以及运用这些知识的能力。

（3）环境性

定向运动是在森林、山区、公园、风景名胜区等野外环境中进行的，这是它与在体育场馆中进行的各项运动的一个明显的区别。

（4）情趣性

定向运动的环境、活动与比赛的方式、方法，充满情趣和趣味性，可提高人们参与的主动性和积极性。

2. 社会方面的特点

（1）游戏性

从发展初期瑞典童子军的"寻宝游戏"开始，它本身就是一种游戏，直至现在，各式各样的定向比赛仍然带有很大的游戏色彩。

（2）竞技性

进行比赛就要讲规则、争名次、决胜负，其竞争的激烈程度可想而知，正是这种竞争的激烈性，刺激着人们对该项运动的向往和追求，并乐此不疲地投身到这项运动的训练和比赛中。

（3）群众性

这是一项群众性体育项目，男女老幼都可成为这项运动的参加者和爱好者。据国外有关报道，参加定向运动比赛年龄最小者仅 8 岁，最长者 80 岁。由此可见，定向运动是一项大众体育项目。

（4）实用性

在瑞典，定向运动最早是军队的一种训练形式。在现代，定向运动不仅可以作为军事训练的一项内容，还可以作为学校体育教学的一项内容，也可以是现代社会的一项休闲旅游项目。

（四）定向运动的价值

1. 健身价值

定向运动最突出的价值就是健身价值，它可以强身健体，增强体质。定向运动是在野外进行的清新的空气、茂密的森林、崎岖的道路都会带给人们新鲜感和神秘感。这种感觉会强烈地刺激人的大脑，从而提高大脑皮层的兴奋性，更有效地激发人体运动系统、循环系统、呼吸系统以及内分泌系统等的潜能。

经常参加定向运动，身体会变得强健，走、跑、跳等运动能力以及耐力、速度、力量、柔韧性、灵敏性等身体素质都将提高，对自然环境的适应能力和对疾病的抵抗能力不断增强。

2. 益智价值

定向运动也是一种智力的活动，它具有积极的益智价值。定向运动常常是在陌生的地点（区域）进行的，生疏的环境和完成全部比赛是一对较难解决的矛盾。参加定向运动的活动和比赛时，首先要阅读地形图，读懂地图上所标示的多种地形、地貌、地物及点标（检查点）的位置并借助指针精确辨别和判定方向，合理选择到达点标的最佳路线，然后还必须按顺序将隐蔽的点标逐个找到，这就要求具备必要的知识和技能。

在定向运动的活动和比赛中，知识和技能掌握得越好，分析、判断、应变能力越强，就越容易成为活动和比赛的强者。相反，如果在知识和技能方面存在薄弱环节，或者在分析、判断、应变方面显得迟缓，就会遇到许多麻烦，甚至失败。

通过进行定向运动的学习、毁炼和比赛，人们可以增长相关学科，如地理学、测绘学、军事地形学、植物学等的基本知识和在实践中应用这些知识的能力，学会在运动中使用指北针，发展思维能力，培养快速应变能力。

此外，定向运动还能成为大脑工作的"调节剂"。大学生日常用脑的时间很长，极易造成大脑的疲劳。利用节假日到野外参加定向运动，有利于消除大脑的疲劳，使头脑清醒，思维敏捷，提高学习效率。

3. 育德价值

所谓育德也就是培养道德品质。定向运动由于在环境、条件和比赛方法上的特殊性，在培养道德品质方面，更具有其独特的作用。

任何比赛都必须有严格的比赛规程和规划，这对每个人都是公平的。参加定向运动比赛时，参加者判定的方向和选择的行进路线以及对每一个点标的寻找都容不得半点马虎和丝毫的投机取巧，成功与失败之间可谓泾渭分明。因此，只有发扬坚定、细致和诚实等精神才能完成任务并取得胜利。当遇到困难时，就要以十倍的信心和百倍的勇气千方百计地去克服它。当体力不支，感到难以支撑下去时，所能选择的唯一出路是咬紧牙关、坚定信念，不断鼓励自己，使出全身的力气，顽强拼搏，发扬不达目的、决不罢休的精神，坚持、坚持、再坚持，才能到达胜利的彼岸。还要发扬团队精神和集体力量，尊重同伴，相互鼓励、支持和帮助，这同样是不可缺少的精神和风格。

除此之外，定向运动还能在陌生的新环境下，不断培养竞争意识和适应能力以及对事业的进取心。

4. 娱乐价值

娱乐价值也可以称为休闲娱乐价值，定向运动能给人带来无限的快乐。置身于山区、森林、公园、风景名胜等环境中，人们首先获得的是一种回归大自然的感觉，会顿觉开朗，赏心悦目、心旷神怡。那起伏的山峦丘陵、成荫的绿树、茵茵的芳草、潺潺的流水如同一幅美丽的画卷，那鸟语、蝉鸣、呼啸的松涛仿佛是曲曲动人的自然交响乐，即使是土地发出的芳香，也会让人陶醉，带着芳香的清新空气正是无价的氧吧。这一切，怎能让人不向往？

定向运动的竞赛性、游戏性、情趣性和神秘性能带来愉悦身心的良好效果。在开始活动和比赛的那一刻，人们的身心会进入一种状态，即生理上心跳加速、血压升高、呼吸加深、体温上升，心理处于渴望、紧张、激奋的状态，在行进过程中，当参与者能精确地判定方向、正确地选择道路、顺利地找到点标时，内心会收获一种成功的喜悦：在方向判定失误或迷路时，通过冷静的思考、快速和科学的再判断，终于找到正确的方向和道路后，会感受到了激励，重新取得了自信：当通过全身心的努力，把体能、智力、心理能力全部发挥出来，克服重重困难，最后到达终点并取得胜利时，那种成功、激动、惊喜和满足的感觉是无法用语言来表达的。

总之，定向运动的娱乐价值是显著的，它可以愉悦人们的身心，丰富社会文化生活，建立健康、欢乐、文明的生活方式。

5. 社交价值

体育比赛既是种对抗，又是一种交流和交往。人们常说，场上是对手，场下是朋友。定向运动的比赛同样可以发挥交流、交往的积极作用。

体育比赛中的胜负、得失是暂时的，但友谊是永恒的、无价的。比赛中不仅能进行技艺的交流，还能进行情感的交流。诚恳、谦虚、友好的品质是体育比赛中相互了解、增进双方友谊的基础。在赛场内外，运动员可以通过切磋技艺、交流经验、互赠纪念品、合影留念等方式，达到增进友谊、结识朋友的目的。

参加定向比赛能接触不同的人，如观众、裁判员、组织者、志愿者、服务人员以及媒体记者等，还能与来自不同国家和地区的不同肤色、不同宗教信仰的运动员一起参加国际比赛，因而社交面是非常广的。与各类人群的交往有助于积累丰富的社交知识和经验，提高社交能力。

6. 经济价值

定向运动的广泛开展必然会带动相关产业的发展，它所带来的经济效益是不可小觑的。

对定向运动的经济价值可以做以下简要的描述：定向运动装备的生产与销售，定向运动场地的建设、市场开发与运作，定向运动俱乐部的建设与运作，定向运动带动服务业（含交通、宾馆、餐饮、纪念品等）的经营和发展，定向运动对旅游业的促进和推动，定向运动对媒体、出版发行业的促进与推动，定向运动对赞助商和广告业的吸引力，定向运动还能吸纳一定数量的劳动者，为失业下岗人员提供就业机会。

目前我国的定向运动仍处于推广和发展的阶段，其经济价值还未得到充分挖掘和发挥。随着我国经济的快速、健康、持续发展和社会的不断进步，定向运动将会得到进一步的推广与普及，其经济价值也会随之显现出来。

三、定向运动的分类

按照运动模式，国际定联将定向运动项目分为徒步定向、山地自行车定向、轮椅定向和滑雪定向等。其中徒步定向又被称为定向越野。

（一）徒步定向

目前，徒步定向运动是各种定向运动形式中开展最为广泛、组织方法较为简便的一种。徒步定向运动主要是检验参与者的识图能力、野外路线选择能力、决断能力和奔跑能力等。组织者可根据参与者的性别、年龄特征，设计不同难度的比赛路线与比赛组别。由于其比赛的成败全在于个人的识图用图、野外定向和奔跑能力的强弱，所以适合各个年龄段、不同性别的人参加，是适合每个人的体育运动项目。

徒步定向的形式和比赛方式多种多样，按场地的不同，可以分为野外定向、公园定向、院落定向、军营定向等；按活动时间的不同，可分为白天定向、夜间定向、多日定向等；按比赛距离的不同，可以分为短距离定向、标准距离定向、长距离定向等；按运动水平分级，可以设为初级组赛、高级组赛、精英组赛；按评定名次方法的不同，可以分为计时赛和计分赛等。

图 9-1

1. 接力定向

接力定向是一项团体比赛项目，其成绩的好坏有赖于每个队员的共同努力，比赛竞争激烈，具有较强的观赏性。

在接力比赛中，比赛的路线分成若干段（国际比赛通常为四段），每名选手完成其中的一段，各段参赛选手的成绩相加为该队团体总成绩。为便于观众欣赏各选手之间的激烈竞争，接力定向的场地必须设置一个"中心"站，各段选手的交接（即"换段"）均在"中心"以触手的方式进行（不使用接力棒），由于其观赏性较好，被国际定联纳入了正式比赛项目。

2. 积分定向

组织者在赛区内预先设置好若干检查点，并在图上标明。根据各检查点所处地形的难易程度、距离远近以及相互关系位置的不同，分别赋予不同的分值。参赛者在规定的时间内，选择理想的运动路线寻找若干或全部检查点，以积分最高者为优胜。

3. 公园定向

公园定向主要是在城市公园、校园内进行的一种定向运动。与其他定向运动的不同主要在于参与者都比较熟悉比赛场地，场地地形相对简单，比赛的安全性容易得到保障。这种比赛主要适于老年人、中小学生及幼儿参加，其组织方式和成绩计算同一般定向越野。目前致力于举办这类定向比赛的世界性组织为世界公园定向运动组织，该组织十分重视赛事的宣传和推广，对我国学校体育教学引进和推广定向运动以及培养定向运动的人才起到了重要的作用。

4. 专线定向

组织者只在地图上标出准确的比赛路线，运动员必须按规定的路线行进，并将途中遇到的检查点标绘到地图上。名次以标绘检查点的准确性和耗时的长短来确定。

5. 百米定向

百米定向就是在一块 100m×50m 的场地内进行的定向比赛，观众可以看到运动员比赛的全过程。赛前运动员可以在出发区取到一张地图分析地形，选择行进路线。起点和终点与比赛区是有严格区分的，禁止未出发的运动员观看别的运动员的比赛过程。比赛的地图采用 1∶500 的大比例地图，等高距为 1m。比赛区域内的每一棵树木都会被标注在图上。与此同时，组织者还要另外加上一些点标旗以增加比赛的难度。比赛路线的距离一般为 150～400m，设置 5～13 个点标。

6. 夜间定向

夜间定向是定向运动的一种高难度比赛形式。比赛在夜间进行，难度大大增加。夜间定向所用的器材上都附有反光材料，参与者亦需要携带用于查看地图的照明设备。夜间定向已被国际定向运动联合会列为正式比赛项目，其中第一届世界夜间定向锦标赛于 1986 年 10 月 27 至 28 日在匈牙利举行。

（二）山地车定向

山地车定向是集定向运动和山地车运动于一身的体育运动。在这项运动中，最重要的定向技巧是路径选择和记图。对于顶级运动员来讲，高超的山地车技巧是应付陡坡的必备条件，出于环保考虑，运动员不能偏离规定的线路。

山地车定向是国际定联承认的最年轻的专业项目，从 2002 年起，每隔两年举行一次世界锦标赛。

图 9-2

（三）轮椅定向

轮椅定向原来是专为伤残人士特别设计的定向运动形式。它既可以让乘坐轮椅车的伤残人士加入定向运动的行列中来，又可以供新手进行定向基本技术的训练。因此，它也是一种能让所有参与者都有兴趣参与的专项技能比赛。首届轮椅定向世界杯赛于 1999 年举行。

图 9-3

（四）滑雪定向

滑雪定向也是国际定向运动联合会的正式比赛项目之一，目前在东欧国家十分流行。许多高山运动员、越野运动员和速度滑雪选手同时又是滑雪定向的高手。

滑雪定向可以按个人、团队或接力比赛等形式进行，通过摩托雪橇开辟比赛用的滑道。它与个人徒步定向越野赛的区别是选手需要使用滑雪装具（非机动的）。此外，同一比赛路线上的滑道通常不止一条，以便于选手自行选择。

图 9-4

三、定向运动的基本技能

在定向运动中熟练地掌握使用国际定向地图与指北针的各种方法具有特殊的重要意义。认识定向地图是为了正确地使用定向地图，因此，在学习定向运动技能的阶段，必须选择最合适的场地、用较多的时间进行使用定向地图与指北针的训练。

（一）标定地图

标定地图是为了使定向地图的方位与现场的方向相一致，是使用定向地图的最重要的前提。

1. 概略标定

定向地图上的方位是：上北、下南、左西、右东。当我们在正确地辨别了方向之后，只要将地图的上方对向现场的北方，地图即成功标定。这种方法简便迅速，是定向越野比赛中最常用的方法。

2. 利用磁北线（MN 线）标定

先使透明式指北针圆盒内的定向箭头"↑"朝向地图上方，并使箭头两侧的平行线与地图上的磁北线重合（或平行），然后转动地图，使磁针北端对正磁北方向，地图即已标定。

3. 利用直长地物标定

利用直长地物（如道路、土坦、沟渠、高压线等）标定地图，首先应在图上找到这段直长地物，对照两侧地形，使图与现场各地形的点的关系位置相符，然后转动地图，使图上的直长地物与现场的直长地物方向一致，地图即已标定。

4. 利用明显地形点标定地图

当你位于明显地形点上，并已从图上找到该地形点的位置（即自己所在的站立点）时，可以利用明显地形点标定地图。大致方法是：先选择一个图上与现地都有的远方明显地形点（目标），然后转动地图，使图上的站立点至目标的连线与现场的站立点至目标的连线相重合，此时地图即已标定。

（二）对照地形

通过仔细地观察，使图上和现场的各种地物、地貌"对号入座"，即相互对应。主要作用有两个：一是在站立点尚未确定时，只有正确地对照地形，才能在图上找出正确的站立点位置；二是在站立点已经确定，需要变换行进方向时，只有通过对照地形，才能在现地找到已选定的最佳行进路线。对照地形一般应先标定地图，然后根据不同的需要采用不同的对照方法：

（1）站立点尚未确定前。首先应概略地标定地图，然后迅速地观察一下周围，记清最大或最有特征的地物、地貌的大概方位与距离，并从图上找到它们，此时站立点的位置即可概略地确定。

（2）站立点已经确定后。首先应概略地标定地图，然后从图上查明自己选定的运动路线上近前方两侧的特征物，同时记清他们的大概方位与距离，并将它们在现地辨别出来，然后再前进。

（三）确定站立点

1. 直接确定

当自己所处位置是在明显地形点上时，只要从图上找出该地形点，站立点即可确定。这是一种在行进中尤其是奔跑中最常用的方法。但是，采用直接确定法的困难在于：在紧张的进程中，怎样才能很快地发现可供利用的明显地形点？当同一种明显的地形点互相靠近的时候，怎样才能够正确地区别它们，防止"张冠李戴"，可以称得上是明显地形点的地物包括：

（1）单个地物。

（2）现状地物的拐弯点、交叉点（呈"十"字形）、交会点（呈"丁"字形）和端点。

（3）面状地物的中心或者有特征的边缘，要有：山地、鞍部、注地；特殊的地貌形态：陡崖、冲沟等；谷地的拐弯、交叉和交会点；山脊、山背线上的转折点、坡度变换点。

2. 利用位置关系确定

当站立点位于明显地形点附近时，可以采用位置关系法。利用位置关系法确定站立点主要依据两个要素，一是站立点至明显点的方向，二是站立点至明显点的距离。在地形起伏明显的地方，还可以结合高差情况进行判定。

图 9-5

3. 利用交会法确定

当站立点附近无明显地形点时，可以利用交会法确定站立。按不同情况，它又可以具体分为截线法、90法、后方交会法和磁方位角交会法。这些方法的优点是，不需要判断或测量距离也能确定出较为准确的站立点位置。这对于初学者学习、巩固使用定向地图的训练是很有意义的。

（1）截线法

当待测的点位于线状地形上，但在其与运动方向相垂直的方向上没有明显地形点时，可以采用此法。其步骤是：①定地图；②在线状地形的侧方选择一个图上与现地都有的明显地形点；③用指北针的直长边缘（也可用三棱尺、铅笔等）切于图上明显地形点的定位点上（为便于操作可插一个细针），然后转动指北针，使其直长边照准该地形点；④指北针的直长边向后画一条方向钱，该方向线与线状地形符号的交点，就是站立点在图上的位置。

（2）90°法

当待测的点位于线状地形（包括道路、沟渠、山背线、谷底线、坡度变换线等）上时，如果能够在与运动方向相垂直的方向上找出一个明显地形点，那么确定站立点就非常简单。线状地形符号与垂直方向线的交点即为站立点。

（3）后方交会法

通常要求地形较开阔，通视良好。其工作步骤如下：在图上找到选定的方位物之后，标定地图；然后按照截线法的步骤分别向各个方位物瞄准并画一条方向线，图上方向线的交点就是站立点。

（4）磁方位角交会法

选择图上和现地都有的两个明显地形点，并用指北针分别测出至两地形点的磁方位角，标定地图，将所测磁方位角图解在地图上。图解磁方位角时，要先转动指北针的分度盘，让指标分别对正所测的方位角值，再将指北针的直长边分别切于图上被照准的两个地形点符号并转动指北针；待磁针与定向箭头重合后，分别沿直长边描画方向钱。两方向线的交点，就是站立点在图上的位置。

图 9-6

（四）按图行进

利用地图行进是定向越野的基本运动方式，学习辨别方向，识别定向地图以及标定地图，对照地形确定站立点，都是为了能够熟练地利用地图行进。因此，在实践中要根据地形情况、个人特点，选择下述最适合自己的方法，反复练习，融会贯通，以便在比赛时不降低或减少运动速度，始终正确地行进在自己选定的路线上，顺利到达目的地。

1. 记忆法

一般要按行进的顺序，分段记住路线的方向、距离、经过的地形点、两侧的辅助（参照）物。通过记忆，应该使自己具备这样一种能力，即实地的情景能够不断地与记忆的内容叠影，印证，"人在地上跑，心在图上移"。

2. 拇指辅行法

先明确自己的站立点和将要运动的路线，到达目标，然后转动地图（身体要随之转动），使地图与实地的方向一致，并用拇指压于站立点一侧，再开始行进。行进中要根据自己所到达的位置，不断移动拇指，转动地图，保持位置、方向的连贯性与正确性。

3. 借线法

当检查点位于线状地形或其附近时，可以采用此法。行进时，要先明确站立点，再利用易于辨认的线状地形，如道路、围栏、高压线、山背线、坡度变换线等，作为行进的"引导"，使自己运动时更有信心。由于沿着线状地形前进犹如扶着楼梯的栏杆行走，因此国外称这种方法为"扶手法"。

4. 借点法

当检查点附近有高大、明显的地形点时，可用此法。行进前，要先将目标辨认清楚（亦可用其他物体佐证），然后用最快的速度前往检查点。

5. 导线法

当站立点距离检查点较远，途中地形又很复杂时，可以采用此法。行进过程中，要多次利用各个明显地形点，确保前进方向与路线的正确性。但需注意的是，切勿将相似的地形点用错。

（五）迷失方向后的办法

当在现地找不到目标，同时又无法确定站立点时，就是迷失了方向。在不同行进处应采用不同的方法。

1. 沿道路行进时

标定地图，对照地形，判明是从哪里开始发生的错误以及偏差有多大，然后根据情况另选迂回的道路前进。如果错得不多，可返回原路再行进。

图 9-7

2. 运动行进时

应尽早停止行进，标定地图后选择最适用的方法确定站立点，然后尽量取捷径插到原来的正确路线上去，不得已时再返回原路。

3. 在山林中行进时

根据错过的基本方向、大概距离，找出最近出现偏差的地点，并以此为基础，确定出站立点的概略位置。如果错得太远，确定不了站立点，又不能返回原路，就要在图上看一看，迷失地区附近是否有较大型或较突出的明显地形（最好是线状的），如果有，就要果断地放弃原行进方向并向它靠拢，利用它确定站立点。

如果没有这个条件，那么就继续按原定方向前进，待途中遇到能够确定站立点的机会后，再迅速取捷径插向目的地。在山林中行进，最忌讳在尚未查明差错程度，以及正确的行进方向都不清楚的情况下，匆忙而轻易地取捷径斜插，这样很可能造成在原地兜圈子。如果在山林地中迷失了方向，甚至连"总的正确方向"都无法确定，那么就需要使用指北针。

第二节　定向运动需要的器材与装备

不同类型、不同等级的定向运动，其所需的物质条件也不一样。但地图、指北针、检查点点标、点签、检查点、号码布，是任何形式或级别的定向运动都不可缺少的物质条件。

一、检查点

检查点是工作人员于比赛前在比赛场地（现场）中摆放的标志。严格意义上的检查点是由三个部分构成的：点标、点签、地物及其特征。

（一）点标

点标是用三面标志旗围成的"三角形灯笼"，每个面的标志旗呈正方形，沿对角线分开，左上为白色，右下为橙红色，尺寸 30cm×30cm。点标上编有代号（代号通常贴在点标的附近，需走近才能看清），以便运动员在比赛时根据此代号来判断自己是否找到了正确的检查点。悬挂标志旗的方法有两种，包括有桩式和无桩式，其悬挂高度一般从标志旗上端计算，距地面约 80～120 厘米。

（二）点签

点签能为运动员提供找到检查点的凭据。传统的点签是夹钳式的，用弹性较佳的塑料或金属材料制成，顶端装有钢针。每个检查点点签的钢针以不同方式排列，从而可以夹出不同的图案印痕，以证实运动员找到了哪个检查点。

电子式点签被称作"卡座"或"打卡器"。它的前端有一个圆洞，在运动员插入电子指卡时，会把当时的时间写入指卡。当运动员完成比赛，携带指卡到达终点时，指卡上不但记录了比赛总用时，而且还记录了到达每个检查点的具体时间。

（三）地物及其特征

地物（在定向中还包括地貌的内容—等高线特征）是现地存在、图上正确表示了的地面物体（如坟墓、土坑等）。有的地物较大或者较长（如湖泊、道路等），其明显的弯部、转角等处就是特征。

完整检查点的含义就是在地物、地物特征处或其附近摆放（悬挂）了点标和点签的地方。

（四）检查点说明符号

用一些简明而形象的图形符号对检查点的位置及其周围环境特点进行描述，适用于组织级别较高、规模较大的比赛，尤其是国际比赛，是非常必要的。运动比赛中特别是路线和检查点设置较多的比赛，一张配合准确的说明符号的地图对于提高找点速度，减少找点差错，的确很有帮助。当然，发现检查点不能仅仅依靠这些说明符号，主要的还是靠识图用图本领及对检查点地物的正确判断。

1. 一条完整的路线检查点说明

多数情况下，检查点说明使用符号表的形式。当参与者中新手较多或有其他原因时，也可同时提供符号表与文字说明。

2. 说明符号表的结构与内容

表头：组别（分组）；路线长度（m）；总爬高量（m）。

表身：依次对各检查点进行说明（包括起点）。

表尾：所有标识路段（必经路线）的长度与类型（包括赛程中的、最后检查点至终点的）。

各栏内容如图 9-8 所示。

A 栏：检查点编号（按比赛路线的顺序）。

B 栏：检查点代号（在手写的说明表里需加括号）。

C 栏：哪个特征物（当检查点圆圈内有多个相同特征物时）。

D栏：检查点特征物（通常是地图上的符号）。

E栏：特征物所在处进步的信息。

F栏：特征物的尺寸。

G栏：点标所处的位置。

H栏：其他相关情况。

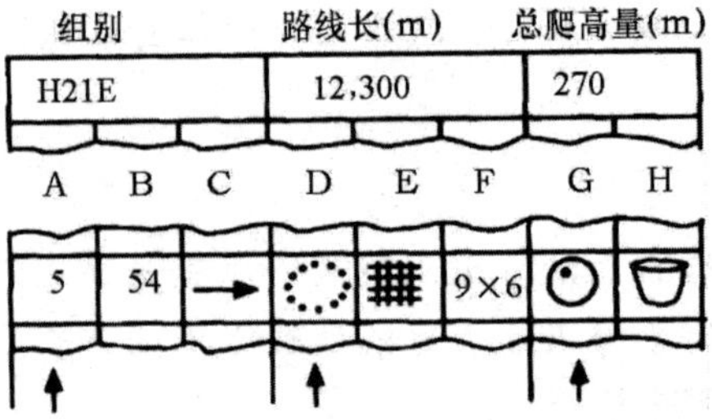

图 9-8　表头、表身

3. 符号

C栏符号如图 9-9 所示。

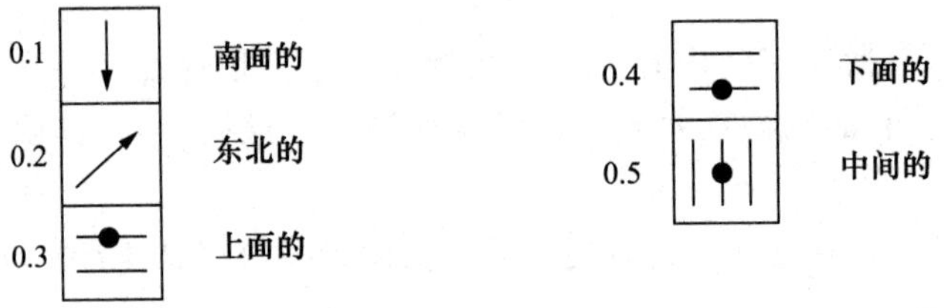

图 9-9　C栏符号

D栏特征物符号如图 9-10 至图 9-16 所示。

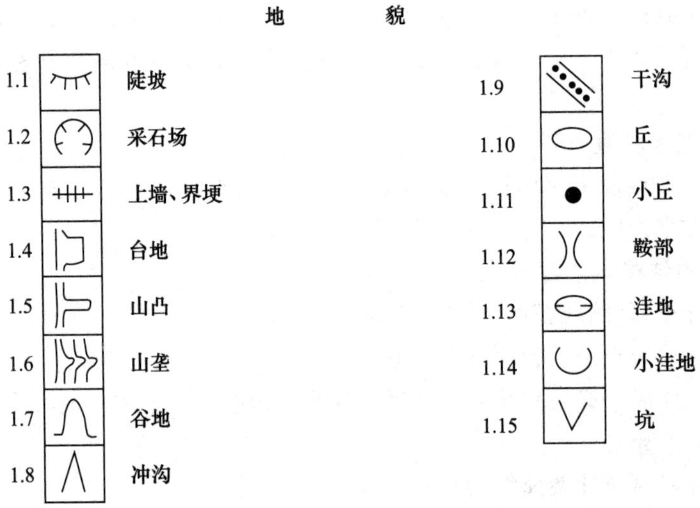

地　　貌

图 9-10　地貌符号

岩石与石块

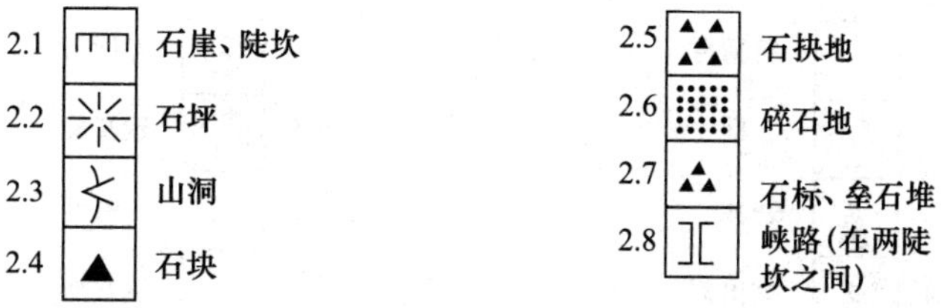

2.1		石崖、陡坎	2.5		石块地
2.2		石坪	2.6		碎石地
2.3		山洞	2.7		石标、垒石堆
2.4		石块	2.8		峡路(在两陡坎之间)

图 9-11　岩石与石块符号

水系与湿地

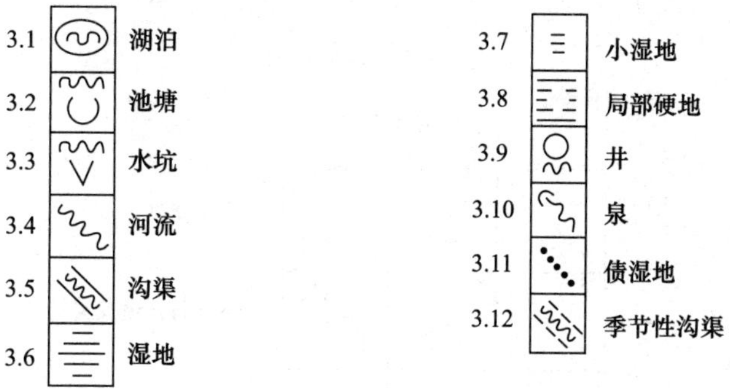

3.1		湖泊	3.7		小湿地
3.2		池塘	3.8		局部硬地
3.3		水坑	3.9		井
3.4		河流	3.10		泉
3.5		沟渠	3.11		债湿地
3.6		湿地	3.12		季节性沟渠

图 9-12　水系与实地符号

植被

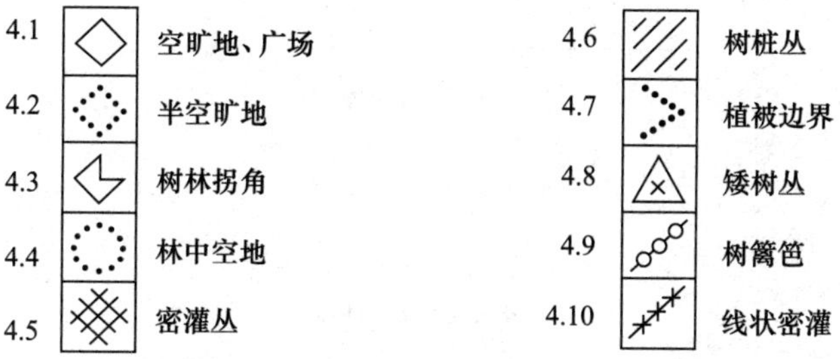

4.1		空旷地、广场	4.6		树桩丛
4.2		半空旷地	4.7		植被边界
4.3		树林拐角	4.8		矮树丛
4.4		林中空地	4.9		树篱笆
4.5		密灌丛	4.10		线状密灌

图 9-13　植被符号

人工地物

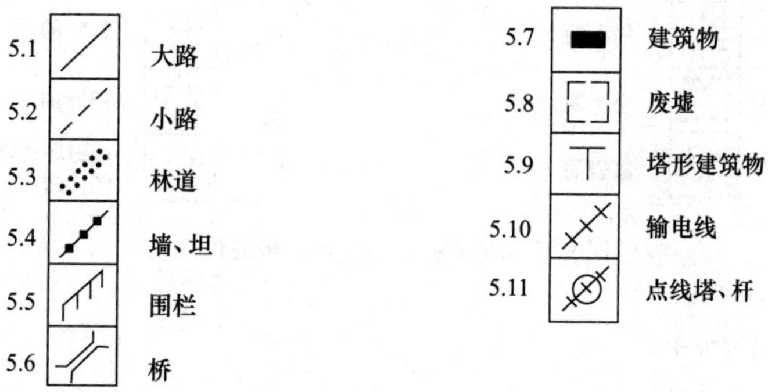

5.1		大路	5.7		建筑物
5.2		小路	5.8		废墟
5.3		林道	5.9		塔形建筑物
5.4		墙、坦	5.10		输电线
5.5		围栏	5.11		点线塔、杆
5.6		桥			

图 9-14　人工地物符号

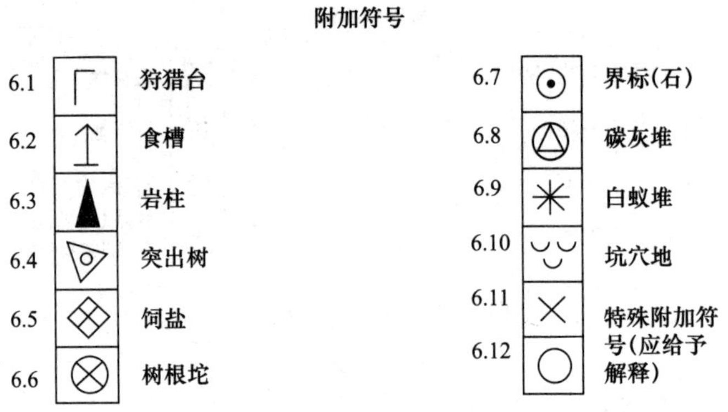

附加符号

6.1	Γ	狩猎台
6.2	↑	食槽
6.3	▲	岩柱
6.4	▽	突出树
6.5	◇	饲盐
6.6	⊗	树根坨

6.7	⊙	界标(石)
6.8	△	碳灰堆
6.9	✳	白蚁堆
6.10	⌣	坑穴地
6.11	×	特殊附加符号(应给予解释)
6.12	○	

图 9-15　附加符号

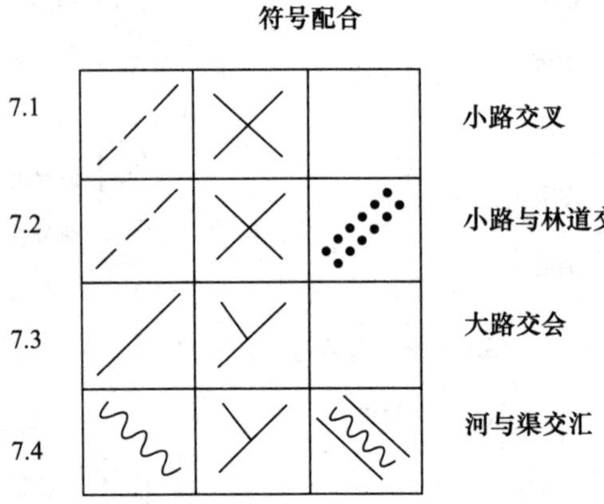

符号配合

7.1	╱	✕		小路交叉
7.2	╱	✕	⋰	小路与林道交叉
7.3	╱	⋎		大路交会
7.4	～	⋎	⧅	河与渠交汇

图 9-16　符号配合

E 栏符合如图 9-17 所示。

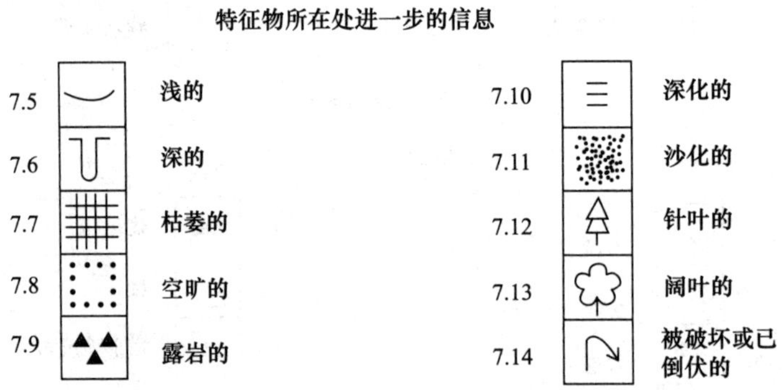

特征物所在处进一步的信息

7.5	⌣	浅的
7.6	⊔	深的
7.7	▦	枯萎的
7.8	⋮	空旷的
7.9	▲▲	露岩的

7.10	☰	深化的
7.11	▦	沙化的
7.12	⌖	针叶的
7.13	✿	阔叶的
7.14	⤸	被破坏或已倒伏的

图 9-17　特征物所在处进一步的信息

F 栏符合如图 9-18 所示。

H 栏符合如图 9-19 所示。

G 栏符合如图 9-20 所示。

特征物的尺子

8.1	5.5	比高（m）
8.2	7×5	尺寸（m）
8.3	1.5 / 2.0	斜坡上物体的比高
8.4	1.5 / 2.0	D栏内有两个物体时各自的比高

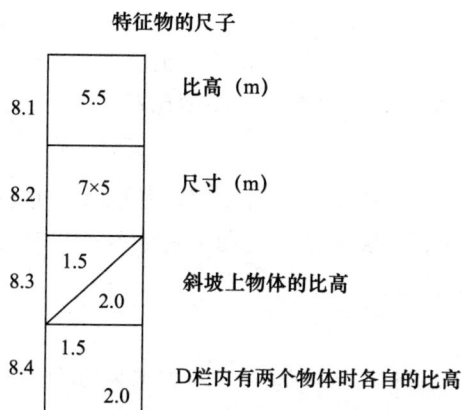

图 9-18 特征物尺寸符号

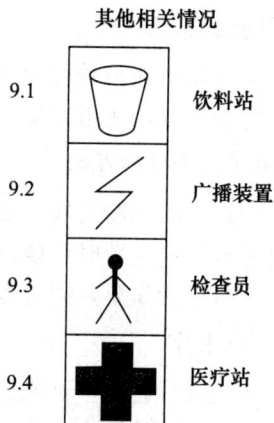

其他相关情况

9.1	饮料站
9.2	广播装置
9.3	检查员
9.4	医疗站

图 9-19 其他相关情况符号

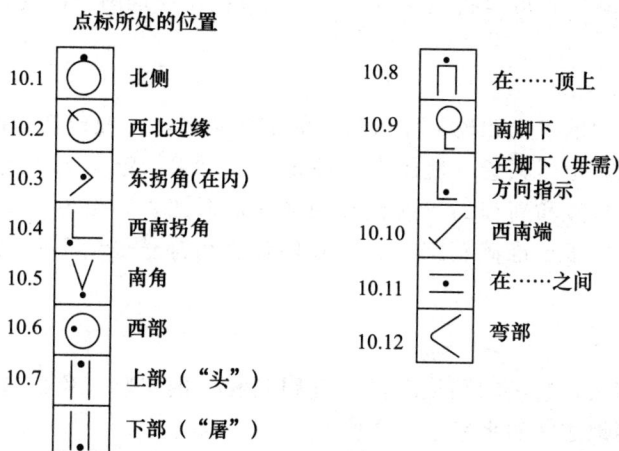

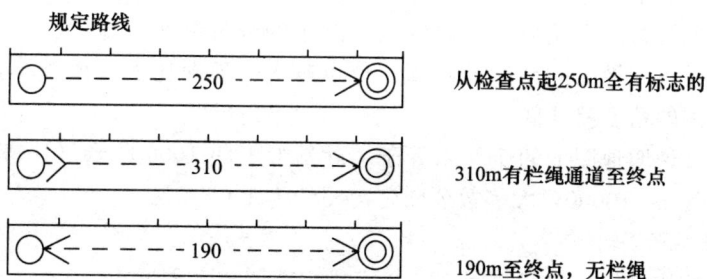

点标所处的位置

10.1	北侧	10.8	在……顶上
10.2	西北边缘	10.9	南脚下
10.3	东拐角（在内）		在脚下（毋需）方向指示
10.4	西南拐角	10.10	西南端
10.5	南角	10.11	在……之间
10.6	西部	10.12	弯部
10.7	上部（"头"）		
	下部（"屠"）		

规定路线

○ —— 250 ——>◎　　从检查点起250m全有标志的

○>—— 310 ——>◎　　310m有栏绳通道至终点

○<—— 190 ——>◎　　190m至终点，无栏绳

图 9-20 点标所处位置符号

二、打卡系统

打卡器是与检查点点标配合而起作用的，它给运动员提供一个到达位置的凭据，分为钳式打卡器和电子打卡计时器。每个打卡器的钢针组合图案都不相同，运动员可在记录卡上打孔，也可直接将孔打在地图上的记录卡上。

（一）针孔打卡器

针孔打卡器用弹性较佳的塑料制成，一端装有钢针，每个打卡器的钢针组合图案都不同。此种打卡器价格低廉，使用方便，适用于在日常教学、训练以及一些小型比赛。

（二）电子打卡计时系统

随着定向运动的不断发展，定向器材的发展也十分迅速，目前在国内外的大型定向赛事中都采用先进的电子打卡计时系统，电子打卡计时系统不仅可以使运动员易于操作，还可以使组织者的工作变得极为简单，同时也使比赛更加公平、公正。

（三）检查卡片

这是用于配合针孔打卡器判定运动员成绩的纸制卡片，分为主卡和副卡两部分。运动员在比赛中携带主卡，并按顺序将每个检查点的点签图案印在空格中，到达终点时交裁判人员验证。副卡在出发前交工作人员留底，公布成绩时使用。检查卡片的尺寸一般为21厘米×10厘米。若规定比赛完毕必须交还地图，可以将检查卡片的内容直接印在地图空白处，样式自行确定。

三、地图

地图是说明地球表面的事物和现象分布状况的平面图形，一般包括地图比例尺、地貌符号、地物符号、磁北方向线、地图颜色、地图图例注记六大要素。定向运动地图是一种按一定比例尺表示地貌、地物平面位置和高程的正射投影的平面地形图，亦简称地图。专门的定向运动地图上的地貌、地物符号要求更准确精细，要用各种颜色和符号表示不同的地貌、地物，以及实际地形的可通行状况。

（一）地图比例尺

地图比例尺也称缩尺，它表示图纸上的长度跟其相应的实际长度之比，即图上某两点之间的距离与相应的实地两地之间的水平距离之比。

地图比例尺＝图上距离/实地距离＝1/L（长度单位一般为厘米）其中，L为地图上单位长度所代表的实地水平距离。由此可见，比例尺分式中的分母越小，地图比例尺就越大，地图上描绘的内容就越详尽，其量测的精度就越高；分母越大，地图比例尺就越小，地图上描绘的内容就越简略，其量测的精度就越低。

比例尺1∶1000说明地图上的1厘米等于实际地形上的1000厘米（10米）。目前，大多数森林定向图比例尺为1∶10000，大多数公园定向图约为1∶5000。

1. 比例尺的表示形式

在地图上表示的比例尺一般有数字式、文字式和图解式3种形式。

数字式：用阿拉伯数字表示，例如1∶10000或1/10000。

文字式：用文字注解的方式表示，例如"万分之一"。

图解式：用图形加注记的形式表示，例如图形上的直线比例尺。

定向运动地图上的比例尺，一般用数字式表示；个别地图用文字式表示，并绘有图解式比例尺。

2. 定向地图上的地物符号

地面上的各种地物是用形状不同、大小不一、色彩有别的符号表示的。它们不仅具有确定客观事物的空间位置、分布特点及数量、质量特征的基本功能，还具有相互联系和共同表达地理环境诸要素总体特征的特殊功能。

（1）面状符号：地面事物呈面状分布，当实际面积较大，按地图比例尺缩小后，仍能表示出分布范围时，用面状符号表示，如大的湖泊、大片森林、沼泽等。这种符号能表示事物的分布位置、形状和大小。

（2）线状符号：地面上呈带状或线状延伸的事物，按地图比例尺缩小后，长度可依比例表示，而宽度不能依比例表示时，在图上用线状符号表示，如道路、输电线、河流等。

（3）点状符号：客观事物在地面上所占的面积较小，在图上不能按比例尺表示其分布范围时，则用点状符号表示，如表示居民点的房屋、小的塔形建筑、石块、小树等。但是它只能表示分布位置，不能表示事物的形状和大小。

3. 地图上的颜色

黑色——人造景观（建筑物、道路、小径）和岩石（大石头、悬崖峭壁）。

棕色——高线，包括等高线和符号（表示山丘和小坑）；沥青砾石路面，包括高速公路、主干道、宽行人道、篮球场等。

蓝色——任何有水的地方（湖泊、溪流、泥沼）。

绿色——植被，浓密而难通过的地区（绿色越深，越难通过）。

白色——普通的林区，易通过。

黄色——空旷地，易奔跑。

黄绿色——禁入私人区、果园或花坛。

紫色——路线。

4. 定向地图上的地貌符号

（1）等高线。定向地图是利用等高线来表示山的形态及起伏状态的。利用等高线可以了解地面上各处的高差、地势起伏的特征，还可以根据地图上等高线的密度和图像分析地貌特征，如山脉的走向、斜坡的坡度和方向，了解哪里是谷坑、哪里是凹地、山脊等，而且还可以进行高度、面积、坡度等的计算。

（2）等高距。是各相邻等高线的高程差，常用 h 表示，它的大小在很大程度上决定了地貌表示的详略。同一地形，等高距越小，则等高线越密，地貌显示就越详尽；相反，等高距越大，则等高线越稀，地貌显示就越简略。国家定联规定：定向越野地图的标准比例尺为1：15000，等高距 5 米。在大面积的平缓地形，其他地物不多的情况下，也可以采用 25 米等高距。

5. 定向地图方位与磁方位角

定向地图的方位是上北下南、左西右东。图上绘有的若干条相等距离的、平行的、北端带有箭头的红色线条，就是磁北方向线。磁北线所指的方向是地图的北方。可以利用这条线确定地图的方位、标定地图、量测磁方位角、估算距离等。

磁方位角也是定向越野中的一个重要参数，对确定方位有很大的帮助。

四、指北针

指北针的主要作用是辨别方向、标定地图、确定站立点与目标点的方向等。定向运动中使用的指北针一般都以装有磁针的透明有机玻璃盒为主体，根据选手使用方式上的差异分为两类：基板式和拇指式。在有机玻璃盒内一般装有起稳定作用的特殊液体，能够增强磁针的稳定性，特别适宜在奔跑中使用。

（一）指北针的种类

1. 基板式指北针

图 9-21

2. 拇指式指北针

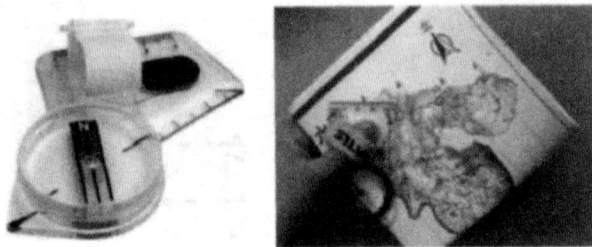

图 9-22

一般套在左右拇指上。国际著名的指北针生产商家，瑞典某公司还专门为左撇子选手设计了右手习惯的拇指式指北针。

（二）指北针的使用方法

1. 用指北针给地图定向（标定地图）

将地图与指北针置于水平状态，前进方向箭头朝向地图上方，与地图上磁北线平行。转动地图和指北针，使磁针北端对正磁北线。

2. 用指北针确定目标点的方向

指北针与地图水平放置，使直尺边垂直于站立点至目标点的连线，前进方向箭头朝向目标方向。水平转动指北针与地图，身体也随之转动，直至指北针上的红色指针与地图上表示南北方向的指北线都和北方平行。这时指北针上的方向箭头所指方向就是行进的正确方向。

（三）测定自己的位置

在比赛中，初学者容易忽略自己的位置。遇到这种情况时，应保持冷静，可利用地理环境及指北针找出自己在地图上的位置，再定出前往目标的路线。

使用指北针的注意事项：

（1）尽量保持指北针水平放置。

（2）指北针不要离铁、磁性物质太近。

（3）不要将磁针的 S 端与 N 端混合在一起，以免造成误判。

（4）使用前要检查磁针是否灵敏。其方法是用一个钢铁物体（如小刀）多次扰动磁针，若磁针每次都能摆动并迅速停止于同一处，则表明磁针灵敏；反之则说明磁针不灵敏，该指北针已不能使用。

（5）存放指北针的时候要注意存放的位置。不要放在充满电磁效应的地方，例如音箱喇叭的上面，因为喇叭上方的电磁场很强。此外，在阳光下暴晒会减弱磁针的磁性，对指北针也是不利的。

五、个人装备

1. 衣裤

紧身而不致于影响呼吸与运动。为防止树枝刮伤和害虫侵袭，最好穿面料结实的长袖衣和长腿的裤子，甚至使用护腿。

2. 鞋

应该轻便、柔软而又结实。鞋底的花纹最好是有凹凸的。

3. 护腿

采用弹性面料及泡沫材料制成，防止在定向比赛奔跑过程中小腿被树枝等碰伤，同时保护好腿不被蛇、虫咬伤。

4. 号码布

号码布的面积一般不超过 24 厘米×20 厘米，号码数字的高不小于 12 厘米，字迹要清晰，字体要端正。

5. 哨子

基于安全，哨子是运动员必备的用具。在遇到危机事件需要救助时使用，通常呼救哨声是连续 6 声，每隔 1 秒 1 声哨声，暂停等候回应，如无回应，再重复吹哨呼救。

6. 手表

如果参加夺分式定向赛，应带有手表。

第三节　定向运动事故的预防及处理

定向运动是在不同的地理、地貌自然环境中进行的一项新兴的体育项目，所以有很多不可预制的因素。在教学、训练或比赛中会面临诸多方面的安全问题，常见的有关节扭伤、肌肉痉挛、摔伤、中暑、野生动物伤害，本节针对这些安全问题提出了相应的预防和应急措施。

一、定向运动中常见的安全问题

由于定向运动通常在野外进行，要完成穿越丛林、跨越河沟、翻越山岭等实践活动。因此，广大体育教育工作者应加强定向运动教学、训练和比赛中的安全教育，使参加定向运动的学生掌握一定的应对突发安全事故的能力，以保障学生的健康安全，确保定向运动安全有序开展。不可预知的安全问题和运动损伤经常会发生，常见的有关节扭伤、肌肉痉挛、中暑、野生动物伤害等。

1. 关节扭伤

在定向运动实践中学生要穿越不同的地形，道路崎岖不平，地面湿滑，乱石、杂草、树枝纵横交错，而且定向运动强度较大，行进速度快，最容易出现的关节损伤。目前学生普遍存在着身体素质差，体育基础不够扎实等现状，再加上学生在运动过程中防伤知识和意识淡薄，因此踝关节扭伤经常发生。

2. 肌肉痉挛

在复杂的场地和路线上快速跑动，学生体能消耗比较大，尤其是小腿部位一直处于运动状态。因此，在定向运动中最容易出现小腿肌肉痉挛，俗称抽筋。引起肌肉痉挛的原因很多，常起因于肌肉运动时间过长，长时间重复一个动作，引起肌肉过度疲劳，或是肌肉受到冷刺激，或是在运动前没有足够热身动作而是突然剧烈运动，当中暑引起大量出汗导致体内丢失钠盐过多，也常引起小腿肌肉痉挛。

3. 摔伤

除扭伤外，定向运动摔伤也很常见，有一般摔伤和严重性摔伤之分。前者主要是身体表皮或软组织受伤，以及开放性伤口，而严重受伤主要有深度开放性伤口、骨折、内部脏器受伤其中最常见的是骨折，典型表现是伤后出现局部变形、肢体等出现异常运动、移动肢体时可听到骨擦音，此外，伤口剧痛，局部肿胀、淤血，伤后出现运动障碍。

4. 中暑

在闷热的夏季，在山区或密林中开展定向运动很容易引起学生中暑，对于中暑的表现，按病情轻重可分为先兆中暑、轻度中枢及重度中暑。先兆中暑主要是出现头晕、眼花、耳鸣、恶心、胸闷、心慌、无力、口渴、大汗和四肢发麻等表现；对于轻度中暑，除了有先兆中暑的表现外，还有面色潮红或苍白、恶心呕吐、气短、大汗淋漓、脉细弱、体温在 38 度左右，此时已有循环衰竭早期表现；对于重度中暑，除了具有上述先兆中暑和轻度中暑表现外，并伴有其他更加严重的症状，此时机体受高温环境严重影响，加上机体自身适应力下降，使重度中暑者的表现较复杂，高温环境对机体影响是多方面的，按高温对机体的不同作用方式，以及机体当时的生理条件，可引起不同类型的中暑病理变化。

5. 野生动物伤害

在山地场所的定向运动中，最常见的野生动物伤害是蛇咬伤和野蜂蜇伤。如果所选择的场所要经过蛇类栖息的草丛、石缝、枯木、竹林、溪畔或其他比较阴暗潮湿处，往往容易出现被蛇咬伤的情况。如果在密林、草丛或灌木中穿行，而这些地方多分布有野蜂的巢穴，一旦野蜂受到惊扰就会向人发起攻击，引起伤害事故。

二、相应的应对措施

1. 关节扭伤的预防与应急措施

在平时要做到训练预防。定向运动是在不规则的场地上跑步，同时路程中因为有上坡、下坡、障碍物、点标站等，跑步的速度就会时快时慢，没有规律，所以在训练中，必须针对这些特征进行。在公路上、小道上和草丛中跑步时，基本上采用与中长跑相同的技术，但由于路面坚硬，要注意缓冲上坡跑时步幅要小，上体前倾，用前脚掌距离身体重心投影较近的地方着地，适当加大后蹬用力和大腿高抬的程度。下坡时，上体直立或稍后仰，步幅适当放大，步频减慢，用全脚掌或脚后跟先着地。此外，在身体素质练习和技术教学中，应有针对性地进行踝关节和小腿力量柔韧性练习，从而提高踝关节的稳固性，减少损伤。

如果已经发生关节扭伤，需要做好两个方面的应急处理：

一是现场急救。立即停止受伤踝关节的活动，足部高抬，尽早将冰袋敷于踝部扭伤处，冷敷约 20 分钟，然后可用绷带对受伤踝关节作 8 字交叉固定，去医院紧急治疗。

二是伤后处理。伤后 24 小时，根据伤情可选用药物外敷、理疗和按摩。在踝关节周围用轻推按摩、揉理筋等手法按摩后，再用一手的拇指和食指分别夹持内、外踝间隙，另一手握足趾，在跖屈位作牵引，并在牵引下使足轻轻摇摆和内、外翻数次，而后背伸、跖屈，如此反复数次。

2. 肌肉痉挛应对措施

对身体各部位肌肉痉挛的处理原则有共同之处，一是主动伸展或被动拉直痉挛的肌肉，并可作按摩松解痉挛或作热敷松懈肌肉紧张。若小腿肌肉痉挛，自己可努力伸直腿站起来，身体稍向前倾，可使小腿肌肉伸展；也可以坐在地上，伸直膝关节，使小腿肌肉努力伸展，并按压足趾使其背屈，同时按摩小腿肌肉，如因大量出汗引起小腿痉挛，应及时喝下大量淡盐水。

3. 摔伤的应急措施

无论是否有出血或疼痛现象，原则上，对摔伤者不要轻易采取移动措施，也不要乱揉，否则可能加重伤势。首先，要观察和判断，观察摔伤的情景、伤情和部位，以判断是否有骨折等严重摔伤；其次，果断及时采取措施，对于开放性伤口要把留于皮下、伤口内的杂物清除，再根据实际情况使用外敷药物涂于患处。如果没有流血，尽量不要使用能和伤口真皮粘合的材料如绷带、纱布等过紧的压迫患处，否则，不利于伤口愈合。如骨折合并颅脑损伤及其他重要脏器损伤，要密切注意神智和全身状况的变化，并迅速送往就近医院抢救。

4. 中暑应急措施

无论哪种中暑情况，首先应将中暑者移至通风阴凉处休息，使其头部垫高，松解衣扣。根据判断，对轻度中暑者可自行处理；对较重中暑，尤其昏迷者，要立即通知 120，请医生抢救。在现场需要准确判断中暑类型，并采取相应措施。

对于先兆中暑及轻度中暑，让中暑者饮用含盐饮料、茶水、绿豆汤等，服用人丹、藿香正气水等，将清凉油、风油精涂在中暑者的太阳穴或前额部，也可以用冰袋外敷额部或腋窝部，并用电风扇吹风。

对于重度中暑者，如果意识清楚，现场口服含盐饮料，头部要用冷水或冰袋降温，以保护中枢神经系统，再去医院做静脉注射补液；若出现昏迷，则用指甲掐人中使其清醒，并饮用含盐饮料，同时送医院作进一步治疗。

5. 野生动物伤害应急措施

首先要注意预防，出现被蛇咬伤的情况时，首先应判断是否为毒蛇咬伤。通常观察伤口上有两个较大和较深的牙痕，才可判断为毒蛇咬伤。若无牙痕，并在 20 分钟内没有局部疼痛、肿胀、麻木和无力等症状，则为无毒蛇咬伤，只需要对伤口清洗、止血、包扎，若有条件再送医院注射破伤风针即可。

蜂类常出没在草丛和灌木中，发现蜂巢应绕行，最好穿戴浅色光滑的衣物，因为蜂类的视觉系统对深色物体在浅色背景下的移动非常敏感。如果有人误惹到了蜂群，而受到攻击，唯一的办法是用衣物保护好自己的头颈，反向逃跑或原地趴下。如果被蜂蜇，可用针或镊子挑出蜂刺，但不要挤压，以免剩余的毒素进入体内，然后用氨水、苏打水甚至尿液涂抹被蜇伤处，中和毒性，可用冷水浸透毛巾敷在伤处，减轻肿痛，最后送到医院进一步治疗。

第十章　野外生存项目的训练指导

第一节　野外生存的基本概念

一、野外生存的概念

野外，是与居住环境相对应的地域。野外不同于户外，前者更强调环境的原始性和自然性。因此，我们在理解本书所涉及的"野外"这个概念时，除了"田野"，"旷野"之外，更注重的还是那些人迹较少的自然生态环境。

生存，是维持生命的所有行为组合。从达尔文论述物种的"适者生存"到现在市场经济条件下的生存理论，都是对小到一个生命个体，大到一个企业，乃至一个国家如何维持下去的诠释。在不同的环境状态下，生存有着不同的含义。在紧急关头，在极端恶劣的生态环境下，生存往往可以简单地理解为"活下去"。我们可以把野外生存理解为：在远离居民点的山区、丛林、荒漠、高原、孤岛等复杂地形的区域中，没有外部提供生命所赖以维持的物质条件的情况下，个人或小集体靠自己的努力，在不太长的一段时间内，保存生命和维持健康的基本手段和方法。

总的来说，"野外生存"就是：猎捕动物和采食野生植物充饥，就地取材，构筑简易的露营遮棚，判定方位、迷途的处置，野外危险的自救等，即吃、住、行、自救四项。

二、野外生存的类型

野外生存可分为被动性和主动性两种。

被动性的野外生存是指外界的不可抗力或不可预测的意外所致，如自然灾害、迷路、交通工具的失事、战争等。这种情况不常见，但是也不能完全避免。积极主动参加野外生存训练，学习并掌握一些有关野外生存的知识和技能是很有必要的，应做好一定的心理准备、知识准备和技术准备。

主动性的野外生存是指人们有计划、有准备地模拟某场景或安排某些活动，让参加者经受考验和磨炼，战胜艰难险阻、战胜自我，安全完成预定计划的过程。主动的野外环境适应、生存本领训练以及自我潜能的开发正是人类适应环境变化，充分发挥主动性的一个良好手段。

三、野外生存训练的价值

（一）在与自然的亲密接触中学会野外生存生活的基本技能

通过"野外生存生活训练"，可以掌握埋锅做饭、下河捕鱼、分辨可食植物、搭建帐篷宿营、获取食物和水、看地图、使用 GPS 和指北针等基本的野外生存生活技能；学会如何处理有毒的动植物、受伤、迷路等紧急情况。

（二）在挑战各种困难中提高身心素质

通过"野外生存生活训练"，既可增强体能，又能培养其果断冷静、坚韧不拔、勇于探索、克服困难的意志品质。

（三）在协同解决问题的过程中增强社会适应能力

通过"野外生存生活训练"，可以从最初的相互的不默契、不融洽发展到活动中的和谐相处、彼此信任；从活动开始时的"以自我为中心"到后来的考虑他人、主动帮助他人，懂得团队精神的重要性。

（四）在陶冶情操的同时培养审美情趣和环保意识

"野外生存生活训练"可以使之深深感受到"远离大都市的喧嚣，面对美丽、沉静的大自然，陶冶了情操，净化了心灵"的愉悦；建立起"爱护环境，从我做起，携起手来保护人类共同家园"的意识。

第二节　野外生存的基本技能

一、野外简易工具的制作

（一）简易削切器的制作方法

在野外使用的削切器如刀斧等是常用的工具，如果没有现成的削切器，也可以用石头制作。选择坚硬、片状的石头，如石英石、花岗岩、黑色燧石等，用另一块石头在片状石头的石刃上连续轻轻击打，直至打出比较锋利的边缘，然后在其他石头上磨锋利就可以使用了。

（二）简易容器的制作方法

在野外常常要用容器来装水、放食物及煮饭等，如果缺乏这类物品，可利用自然资源加工制作解决。例如，在林区可以用树木制作木盆、木碗、木桶等；在有竹子的地方，可用竹子制作竹筒、竹碗，还可以用竹子做饭；在有黏土的地方则可以制作陶器。

1. 木盆、木桶及木碗的制作方法

选取一节比较松软的木头，将木头的中间掏空，注意不要掏穿，根据木头的大小及长短，可以做成木盆、木桶及木碗。

2. 竹筒、竹碗的制作方法

取一段两头带节的竹子，在一头竹节上沿内壁开一小口就做成了一个竹筒。做一个木头塞子塞住小口，可以防止水倒出来。

3. 陶器的制作方法

制陶是一项复杂精细的技术，但只要耐心细致，反复实践，不断探索，还是可以制作出实用的陶器。

（1）材料选择：选用黏性大、结构紧密的黏土。

（2）制作陶土：将黏土打碎，用水调和均匀，放置一段时间即成，陶土应不软不硬并有韧性。太软将难以成形，太硬则不易黏合且容易开裂。

（3）加工制作：可根据需要制成各种泥锅、泥盆、泥碗等。

（4）脱水：将做好成形的陶胎放在干燥、通风的地方进行自然脱水，注意不可直接放在太阳下晒干，以免开裂。

（5）烧制：将脱水后的陶胎分层叠放，在四周架上木柴，进行燃烧，一直烧到陶胎透红，保持五六个小时的热度后慢慢减去火力，自然冷却即可。

（三）绳索的制作方法

绳子在野外生存中的用途很多，上升、下降、捆绑、套索、保护及救援等都需要绳子。韧性好的植物纤维都可以作为绳子的原料，把它们搓编在一起就可以制成一根不错的绳子。

1. 原料选择

除了选择麻类植物和动物肌腱以外，树皮（靠近木质部的内层皮）、棕榈丝、蕉树茎、动物毛、沙草、须根等都可以利用。在选择原料前，应先试试纤维的拉力，若单束纤维都不易拉断，用其搓出的绳子就会有很强的拉力。

2. 编绳方法

（1）回力搓绳法

将适当粗细的纤维折过来，变成两股（两股应不等长，以便加续纤维时两边的接头不在同一地方，使绳子不易断开），在固定一端的情况下，将两股向同一方向搓捻，然后解开先端，则纤维在回力的作用下，自然就拧在了一起。要想得到较长的绳子，就要不断续加纤维。注意不要在两股纤维的同一个位置续加，应相互错开 20 厘米以上，并把纤维拧紧。

（2）编辫法

就是女性编辫子的方法。把纤维一端固定，并把纤维分成三等分，三股纤维等间隔地一股压一股，最终就能得到一根理想的绳子。要想得到较长的绳子，就要不断续加纤维。注意不要在三股纤维的同一个位置续加，应相互错开，并把纤维拉紧。

（四）简易狩猎工具的制作方法

1. 标枪的制作方法

将一根质量较重的木棒在粗头磨出锋利的尖，就可以做成一杆标枪；也可以用尖锐的长条形石头绑在木棒的一头做成标枪。

2. 弓箭的制作方法

在有竹子的地方可以用竹子做弓胎，没有竹子的地方可以选择弹性比较好、韧性比较大的木头（如栎树、柞树、水腊、曲柳等）做弓胎；弓弦最好是动物肌腱或麻类植物搓捻成的麻绳；箭杆用笔直坚硬的木棍，越重越好；箭头可以用磨尖的动物肋骨或尖锐的小石头；箭翎可以利用各种禽类的羽毛。

3. 弹弓的制作方法

找一个树杈做弓把，用所携带的弹性材料（如有橡胶带更好）做弓弦，再找一块厚布放在后面用来包裹石子就可以了。

二、野外露营地的选择与建立

（一）选择露营地的原则和方法

在选择露营地时，由于地域、环境、季节的不同，所遵循的原则和选择的方法也不尽相同，但基本可依照水源补给、营地平整、背风背阴、远离危险四大原则进行选择。具体可依照以下方法选择：

1. 选择高处扎营

露营地点应选择地势相对较高、比较干燥、通风良好的地方，如是夏季还要考虑蚊虫较少的地方。尽量避免在凹状地形的地方扎营，特别是雨季不要在河滩河床、溪边及川谷地带建立营地，因为这种地方一般都比较潮湿，有可能遭遇洪水的袭击。如果营地距溪流较近，要注意至少在高出水面几米的高地上，并有良好排水条件的地方搭建帐篷，并要预先选择好遇到危险时可以逃生的路径。通常，如果发现有许多石块被泥土包裹的痕迹，就说明该处曾发生泥石流，因此营地不要选择在离泥石流通道太近的地方。

2. 选择背风背阴处安营

野外扎营，背风背阴看似问题不大，却是能否休息睡眠好、以确保第二天保持精力继续开展探险活动的大问题；尤其是在一些山谷、河滩上，应选择一处背风的地方扎营，帐篷拉门的朝向不要迎风，露营选择背风处也是考虑到野外用火安全与方便。怎样知道帐篷口是背风呢？很简单，就是抓一把沙或者雪在手中扬起，如果没有，就用小布条代替，帐篷口的方向朝沙或者雪的飘扬方向就是背风方向。

如果是一个需要居住两天以上的营地，依据天气情况，应当选择一处背阴的地方扎营，如在大树下面及山的北面，最好是早照太阳，而不是夕照太阳。这样，如果在白天休息，帐篷里就不会太闷热。还有一个方法就是首先确定向东的方向，我们知道太阳都是从东边升起的，选择东边帐篷前面有山脊或者大树遮挡日出，那么就可以在早上继续睡个好觉了。

3. 选择干净的地方露营

如果地面有大量腐木和腐叶的土壤，里面很可能有蝎子、蜈蚣等毒虫。在没有更多选择余地的情况下，要想办法把地面打扫干净。不要在靠近蚂蚁窝的地方安营扎寨，要选择地面干燥、通风良好、蚊虫较少的地方。可以利用露营地的微风阻止蚊子、蝇虫的靠近。

4. 选择没有落石危险的场地

在选择营地时，必须仔细观察地势和周围的情形。营地上方不要有滚石、滚木、悬垂的树枝以及风化的岩石，一旦发现附近有岩石散落的迹象，就不可以再搭建帐篷了，尤其是靠岩石壁越近的地方越要留意。要远离陡峭的斜坡，以防石块滚落。在降雪区，还要避开可能发生雪崩的地方。

5. 不要堵住野兽的通道

许多野兽的通道是比较固定的，尤其是通往它们经常去的地方。如果附近有水源，而且这个水源又是此地唯一的可饮用水，就不应该把营地扎在水源附近，更不应该堵住动物饮水的必经之路。动物对水源的依赖一点也不亚于食物，即使没有毒蛇和大型食肉动物在附近经过，食草动物也可能践踏我们的临时家园。

6. 不要住在孤立的高树下

在雨季或多雷电地区，营地绝不能扎在高地上、独树下或比较孤立的平地上。那样很容易招至雷击。

孤立独处的高大乔木很可能是雷击的目标，住在它的下面，很可能是雷电的间接受害者。另外，高大独立的树木经常是野兽们留下气味的地方，尤其是领地性很强的凶猛动物。

7. 密林深处不安"家"

除非没有或者无法走到比较开阔的地带，否则就不要在密林深处搭建帐篷或者建立临时的庇护所。这样做的缺点是：点火时，容易引起森林火灾；外出寻找食物，回来时可能找不到"家"；没有办法发出求教信号；飞机搜索时，最不容易发现树林下的目标；当体力耗尽（尤其是受伤者），只能被动等待救援人员时，很难或者直接没有人能够找到目标。

在野外多灌木和多草丛的地方，要尽可能选择开阔地，避免在灌木下方和草丛之中扎营，避免蛇虫的侵扰。

（二）野营的分类

野营根据其宿营特点分为住宿溶洞、露天宿营、吊床露营、雪屋宿营等形式。

1. 住宿溶洞

在野外没有露营装备的条件下，住宿溶洞是野营中最好的宿营方式，也是最为安全、方便、温暖、避风、避雨的野营方式。常见的各种形式的宿营山洞如旱洞、水洞、穿山洞、复合洞等。

住宿溶洞虽然安全、方便，但应当注意以下几点：

①通风：首先要察明该洞是否是通风的溶洞，而不是一个死洞。保持空气的流通尤为重要。

检测通风方法：点一支香烟观察该烟的走向，只要烟向洞中或洞外单向地飘动即说明此洞是通风的。

②浅住：溶洞多是比较深的，从安全的角度出发最好将营地安排在距离洞口较近的地方，以方便撤营及转移。

③水情：在确定一个溶洞可否住宿时，应先弄清此洞的水情，多数的溶洞都有流动的地下水在活动，有个别的地下水水情复杂，尤其在雨季就更应当注意，选择的住宿地应当干燥，上无滴水。

④其他注意事项：一般来讲，不少的溶洞多有蝙蝠、燕子等动物栖息，因而入洞住宿最好少惊动它们，或者更换另外一个洞；如果对洞穴探险没有经验，应当在洞中少活动，单人活动应当禁；在洞中住宿可以不用搭帐篷，只需铺上各种睡具即可；如果有蚊虫可以烧烟驱赶。

2. 露天宿营

在没有雨水、大风、风雪及霜的天气，不用搭帐篷等任何遮挡物，进行露天露宿，是对我们野外生活的一种锻炼和考验，同时也是一种难得的生活体验。

露宿时可以选择一棵大树下，铺上塑料布、防潮垫，再放上睡袋，睡袋上可以再罩上一块塑料布，或者在睡具的上方简单地挂一张防雨布。露宿主要的问题是防露水及蚊虫的侵袭，可以在睡袋的头套处罩一层纱网，以防蚊虫，或连夜烧烟火，燃烟可以防止霜降，减少露水。

露天露营需要注意的是：①在露天露宿一般气温比帐篷里低5℃左右，故要多加衣物，以防着凉。②注意不要在水边、草木密集的地方露宿，那些地方蚊虫多，也不安全。③雨季、冬天不建议露宿。

3. 吊床露营

吊床的优点是不会被地上的动物袭扰（如蛇等爬行动物），并在一些潮湿的地带很适合。吊床露营时，要在吊床的睡袋下垫防潮垫，并在吊床上方挂一张防雨布，以防露水和霜降等。目前市面上有一种吊床式帐篷就带有防雨篷，同时还有防蚊虫的纱帐，很适合丛林宿营。

4. 雪屋宿营

在大雪纷飞的雪天，如果雪地上的雪比较厚实，可以利用当时的环境条件，用雪做一个简单的雪屋，进行野外宿营，这在东北地区的农村，猎人们就非常熟悉这种办法。修盖雪屋时，必须要有比较厚实的雪，再用铁铲等物切割，进行修建。

（二）营地功能区的建立

户外营地选择好后，就要开始建设营地，尤其是有一定规模的野外宿营地，对营地的场地和营地功能区都有一定的要求，因此在整个营地的建设过程中，首先将选择好的营地打扫干净，然后平整场地，清除石块、矮灌木等各种不平整、带刺、带尖物的任何东西，不平的地方可用土或草木等各种不平整、带刺、带尖物的任何东西，不平的地方可用土或草等物填平。如果是一块坡地，只有坡度不要大于10°，一般都可以作为营地。

一个齐备的营地应分为帐篷宿营区、用火区、就餐区、娱乐区、用水区（盥洗）、卫生区等区域。先确定宿营地，然后是用火区，接着就餐区、娱乐区、用水区（盥洗）、卫生区依次进行分区建设。

1. 建设帐篷露营区

选择好露营地点后，应该对露营地点周边的地形进行进一步查看，对营地的安全系数作出评估。根据实际情况选择布设营地触发报警绳的范围，并在扎帐篷的区域洒一圈雄黄粉或石灰粉等刺激性的物质，以防止蛇、虫、鼠、蚁等爬行动物的骚扰。同时，要选择好如果夜间发生意外情况逃生的路线。

在扎帐篷时应该注意以下两个方面：

（1）所有的帐篷口最好都朝一个方向，以免夜间发生意外逃生时能够迅速撤离，而不会发生碰撞。帐篷与帐篷之间应保持1米的安全距离，在没有必要的情况下尽量不系帐篷的抗风绳，以免紧急撤离时绊倒导致意外。

（2）扎帐篷的区域必须在野外用火的上风方向，以免火星随风飘至帐篷区引起火灾，甚至火烧连营。

2. 建设用火就餐区

用火区同就餐区一般安排在一起或相近的地方，这个区域要与帐篷区保持一定的距离，并且要建立在帐篷区的下风方向，以防火星飘至帐篷区引起火灾。烧饭的地方最好有土坎、石坎，以便挖灶建灶。捡来的柴禾应当堆放在该区域以外或者上风处。营灯应当放置在可以照射较大范围的位置，如将灯具吊在树上、放在石台上或者做一个灯架将其吊起来。要养成习惯，火塘边任何时候都要准备一桶水或者泥沙，以便随时可以灭火。就餐以后应该将场地打扫干净，使之成为大家的公共娱乐区。

3. 建设取水用水区

取水、用水一般都在水源点，出于卫生需要，梳洗用水与饮用水应分开。如果水源点是流水，饮用水的取水处应安排在上游处，梳洗生活用水则安排在下游处。如果是水潭或湖水也要分开地方用水，两处用水应当距离 10 米以上。另外，如果取水要经过乱石、灌木等障碍物较多的河滩地，应在天黑前进行清理，以便在夜间视线不良的情况下能安全前往水源点取水。

4. 建设卫生区

卫生区即是队员们解手方便的地方，如果只是住宿一晚，可以不必专门挖建茅坑，指定一下男女方便处即可。临时厕所应建在树木较密的地方，就不用拉围帘了。但要注意不能建在行人常经过的地方。建造时最好挖一个宽 30 厘米左右、长 50 厘米左右、深约 50 厘米的长方形土坑，里面放些石块和杉树叶（消除臭味），三面用塑料布或包装箱围住，固定好，开口一面应背风。准备一些沙土和一把铁锹以及一块纸板。便后用一些沙土掩埋排泄物及卫生纸，并用板将便坑盖住以消除异味。在厕所外立一较明显的标志牌，使别人在较远处即可看到是否有人正在使用。如果已建了卫生区，队员们的大小便就应该在修建的卫生区里进行，而不应满山排泄而大煞风景。撤离营地时，应注意将挖建有排泄物的茅坑用泥土填埋好，并把垫脚的石头压在上面。

5. 建设娱乐区

娱乐区可以和就餐区共用，待就餐以后打扫出来即可。如果场地大，可以单独划出一块娱乐区，前提是场地平整，同时场地里绊脚、碰头（矮树）的东西要少，在有隐患的地方要加以标注，以免发生意外事故。

（三）野外露营装备

1. 户外帐篷

户外帐篷是野外旅行、登山探险等各种户外活动进行露营时的主要宿营方式之一，也是众多户外爱好者热衷和积极提倡的宿营方式，它最大的特点是贴近自然。一般说来，帐篷的主要功能是防风、防雨、防尘、防露、防潮，为野营者提供一个相对舒适的休息环境。

（1）户外帐篷的分类

目前市面上，帐篷品种繁多，根据帐篷的使用目的、层数、尺寸、款式可以有如下分类：

①根据使用目的分

根据使用目的分为露营、登山、沙滩、钓鱼、打猎、救灾、丛林、军用等类型，但是习惯上人们将其分为两类，即"高山型"帐篷和"旅游型"帐篷。

"高山型"帐篷：主要针对户外较恶劣的气候条件而设计，性能指标注重抗风、防雨、高强度，在选择材料上比较考究，在制作工艺上比较复杂，属于中高档的帐篷，适用于较为复杂的气候环境。

"旅游型"帐篷：主要针对一般郊游、野营等简单出行和休闲活动而设计，在选材上更多地注重经济性，制作工艺相对比较简单，属于低档次的帐篷，适用于一般环境的露营。

②根据帐篷的层数分

根据帐篷的层数分为单层、双层、三层等不同结构，目的是为了适应不同的温度环境。

单层帐篷：优势是轻便、经济、体积小，制作工艺比较简单。

双层帐篷：在单层的基础上增加了一层透气性较好的内帐，主要解决单层帐篷内壁结水的矛盾。因为在较为凉爽的季节，在帐篷外冷空气的作用下，帐篷内壁会凝结水珠，积水顺帐篷内壁流下会打湿睡袋，在加设内帐之后，外帐不直接和内帐底连接，凝结在外帐上的水珠可以直流地面。

三层帐篷：是在双层的基础上，又在内帐里加吊一层棉帐，进一步增强了保暖效果。这种三层的帐篷保温效果最好，可在−10℃的环境下使用，帐内的温度可升到0℃左右。

因此，单层帐篷主要适用于较暖的地区或季节，双层帐篷适用于凉爽季节或寒区，而三层帐篷则适合高山和严寒天气条件下使用。

③根据帐篷的尺寸分

帐篷的尺寸大小，也就是根据所住的人数对应其相应的尺码，分为单人、双人、三人、四人等不同的规格，但这种尺码也不是绝对的，它与帐篷的类型有关。例如高山型帐篷，双人规格为2米×（1.15～1.25）米，三人规格为2米×1.5米；而旅游型帐篷双人规格为2米×1.5米，三人帐篷为2米×2米，目前可容纳10人的两室一厅结构的帐篷也已经广泛使用。

④根据帐篷的款式分

帐篷的款式，最常见的有5种：三角形帐篷、圆顶形帐篷、六角形帐篷、船底形帐篷、屋脊形帐篷。

三角形帐篷：前后采用人字形铁管作支架，中间架一横杆，起连接作用，撑起内帐，装上外帐即可。

圆顶形帐篷：亦称蒙古包式，采用双杆交叉支撑，拆装都比较简便，是目前市面最流行的款式。

六角形帐篷：采用三杆或四杆交叉支撑，也有的采用六杆设计，注重了帐篷的稳固性，是"高山型"帐篷的常见款式。

船底形帐篷：撑起后像一条反扣过来的小船，又可分为两杆、三杆不同的支撑方式，一般中间为卧室，两头为厅棚，在设计上注重了防风流线，也是常见的帐篷款式之一。

屋脊形帐篷：其形状似一间独立的小瓦房，支撑通常是四角四根立柱，上架一个结构式的脊形的屋顶，这种帐篷一般比较高大，相对笨重，适合驾车族或相对固定的野外作业露营使用，故有车载帐篷之称。

（2）户外帐篷的结构与选择

①户外帐篷的结构

户外帐篷根据结构设计，一般分为外帐、内帐、帐篷底料、帐杆4个部分。

外帐：外帐的防水性是其基本要求。一般情况下，绝大多数帐篷的外帐在长时间的淋雨下都会湿透，而双层帐篷的内外帐分离设计就很好地体现出其优点，外帐内侧聚集水珠会滑落到地面上而不会浸湿帐内物品。根据这些特点，露营、登山帐篷建议选择双层帐篷。

一般来说，同标号的面料，密度不同，因而抗拉强度和防水压力也各不一样。不同的面料相比，尼龙绸薄而轻，适合登山和徒步野营者使用。牛津布厚，但比较重，适合驾车野营或小团体使用。从防水涂层看，PVC防水虽好，但冬天会发硬、变脆，容易产生折痕或断裂。PU涂层不仅能克服PVC的缺陷，防水也很不错。

内帐：帐篷的内帐一般采用轻薄型的涤纶、尼龙、涤棉等透气面料，符合户外露营、登山便携性的要求。涤棉内帐的优点是吸湿性好，缺点是容易发霉，涤纶、尼龙的优点是容易护理。在市面上也有些帐篷的内帐是大面积的网布，优点是透气好，缺点是光线大透，夏天如果只用内帐，外面就能很清楚地看到里面，睡觉容易走光且不安全。

帐篷底料：帐篷底料具有与外面地面隔离的作用，主要功能是防水、防潮、防尘、耐磨。帐篷底的材料选择同样决定着帐篷的档次，一般的露营、登山帐篷地料用 PE、普通尼龙、牛津布等材料。PE 材料不耐磨，容易老化发脆，防撕裂；尼龙材料用在高山帐篷上，优点是轻便，缺点是耐磨性差，容易扎破；牛津布材料的耐磨性相对好些，但分量也相对高一些。另外，底料的防水指标越高越好。

帐杆：帐杆是帐篷的骨架。目前户外帐杆一般用玻璃纤维杆和铝杆。玻璃纤维杆的优点是便宜，缺点是容易老化、脆裂、折断、重。铝杆的优点是轻便、强度大，缺点是贵。

帐杆材料的优劣影响着帐篷的寿命和帐篷的稳定性。比较理想的撑杆当属铝合金材料，用高强度合金管连接的撑杆，不仅强度高，而且质量轻，回弹力很好，特别是用宇航铝材制作的撑竿，各种指标都达到极佳的状态，因此多为高档帐篷选用。

②户外帐篷的选择

选购户外帐篷，主要根据用途、设计、材料、抗风性、容量（能睡几个人）、重量等因素综合考虑。其次考虑外帐的防水性、内帐的透气性、撑竿的强度、帐篷底料的防水度和耐磨度等指标。最后考虑用于野营、露营的帐篷最好选双层结构，规格方面最好选择带门棚的或考虑尺码稍大一些的，设计方面选择前后双门的帐篷更有利于通风。

（3）帐篷搭建时的注意事项

①搭建帐篷时，外帐一定要绷直，避免和内帐有接触，防止外帐内侧的水珠渗透到内帐里。

②帐篷不要在高温下暴晒，底布不要放在高温的沙滩和地面上，这样可防止 PU 老化，以免防水性能下降。

③收帐篷时，要慢慢卷，要有方向性地赶跑帐篷内的空气，如果空气在没有出口的情况下卷帐篷，空气只能突破防水层出来了，会大大影响防水性能。

④帐篷内帐、外帐都要紧绷。准确地说是外帐靠打地钉的橡皮绳紧绷。其次，挂帐杆的内帐要稍松些，这样的设计在大风下才有一定的伸展空间。

2. 睡袋

睡袋就是睡觉时用的袋子，是户外运动中不可缺少的重要装备，是自驾游、徒步背包客的最佳"移动床位"。在户外生活，尤其是在一些恶劣环境下进行野外生存的时候，睡袋不仅能带来家的感觉，甚至是保障生命的重要装备。根据使用场地的不同，睡袋可以有多种选择，如：徒步负重，要选收纳轻巧、自重较轻的木乃伊式羽绒睡袋；自驾露营，帐篷足够宽敞时，首选触感舒适、内部空间大的信封式睡袋，还可以左右连接，合并成双人睡袋；登山或极寒条件，则应选择 0℃ 以下更保暖的睡袋；去潮湿多雨的地区，应选择化纤棉填充的睡袋，这样的睡袋易干、易打理。不管是便宜的单层棉被型的睡袋，还是质量较好的羽绒填充物类型的睡袋，通常都有隔绝空气的作用，能够很好地保存人体所散发出来的热量。睡袋内部空气越热，说明其隔热效果越好。

3. 野营防潮垫

防潮垫是户外露营的一项必要的装备，重要性不亚于睡袋，它具有 3 个核心功能：舒适，保暖，防潮。舒适，是指在高低不平的山间野外有层柔软的睡垫；保暖，是将人体和寒冷的地面隔离开，减少人体热量损失，阻止地面寒气侵入；防潮，是隔离地面湿气对人体的伤害。隔绝性、舒适度、使用体积、耐用度是防潮垫选购和使用时的 4 个参考因素。

4. 野营地席（地布）

地席，有时叫地布，是户外爱好者最喜欢的装备之一。铺在地上作野餐垫，垫在帐篷底下用来保护帐篷底，搭在帐篷外作帐篷外帐，挂起来做凉棚和简易天幕。它们被广泛用于郊游休闲、户外野营、居家自用、户外坐垫、自驾游、爱车隔热（铝膜地席）等。

地席、地布两者虽然在使用功能上有相同之处，但在本质上是有区别的。地席一般是发泡 PE 铝箔膜材料，重量轻，保暖性好，可作为应急救援的装备。地布通常是耐磨防水牛津布制作，易收纳和携带。二者都具有保护、防潮、防水、应急的作用。如：在户外露营时垫于帐篷底部，避免帐篷内帐的底部被户外小树枝、小石子刺穿、刮坏，起保护作用；野外野餐，休息躺坐以及垫于帐篷底部时，起防水、防潮作用；下雨的时候披在身上或搭在物品上作防雨布，或临时搭建防雨棚时作为天幕使用，以及搭在帐篷的外帐上，加强防雨性能，尤其是铝膜地席，在需要救援时可以作为反光板发送求救信号。另外，地席、地布还有易于打理和清洗的优点，而且它们都有一定厚度且具有防水、防潮功能，所以也作为户外的防潮垫使用。

需要注意的是，地布、地席、防潮垫 3 种装备的放置顺序应该是：最底层：地布；中间层：地席；最上层：防潮垫（放置在帐篷之内）。

（四）野外露营的注意事项

一旦到了户外，有许多无法预知的困难和挑战需要我们面对，如雷雨、风雪等。很多情况下如果不能利用所学知识积极应对，那只能听天由命。

1. 防雨、防风、注意气温

（1）防雨：

防雨是露营中考虑的重要问题，如果判断当晚有可能下雨，应当对营地及帐篷进行必要的防雨处理，除了选择好营地外，需要挖泄洪沟，加固帐篷并增强防雨性能，如可以在帐篷外加盖防雨塑料布、雨衣等，将各种旅行用品放置在帐篷中等。应在扎营前观察天气变化情况。经常外出旅行，多观察、多积累经验就会提高对雨情的判断力。

（2）防风

风向也是露营中重点要考虑的问题，这关系到帐篷门、炉灶口开向及营地各区域的整体布置问题。因此要了解一些地形气候知识，在大湖泊边扎营，其风向是早晚相反变化，白天，地面温度上升快，风向是向陆地刮；夜晚，地面温度下降快，风向是向湖区刮。所以应当将帐篷口背风开，而炉灶口应向风开。在炎热干燥的山区同样有相似的情况，白天，由于山谷（谷地）气温上升慢于山坡（山顶），呈上升气流，即谷地向上刮风，而夜晚则呈下降气流，风向谷地刮。故在山谷中扎营时应当事前考虑风向情况。

（3）气温

气温对户外宿营同样重要，我们应当学会气温管理，即掌握在不同季节、不同地区的气温变化及规律，并在此基础上配置装备、服装。学会对气温及变化有一个较为准确的直觉判断。一日之中，一般在下午 2 点为当日最高温，为其峰值；而夜里 2～3 点是最低点。这一日之间的温差叫日较差，日较差的大小与地理纬度、地形、季节、天气状况等因素相关，一般说来，低纬度比高纬度地区、内陆比沿海地区、晴天比阴天、盆地比平原、荒漠比林地的日较差大。在森林中，由于森林的储存功能，日较差小，林中要比无林地气温低，夏季低 8～10℃，冬季低 4～5℃，同时森林中的湿度也较大，故在森林中露营应当注意这一问题。

2. 合理的野外作息

合理的户外作息安排是保障身体良好状态的重要途径。常常会由于激动、兴奋等原因，大家在篝火旁不停地聊天，或者进行一些娱乐活动，从而影响正常的休息，这要特别注意。大家活动了一天，身心都比较疲劳，所以应当规定统一的作息时间，如不超过夜间 12 点休息，早上不超过 7～8 点起床，尤其要强调统一，不能因个别人而影响整体。

3. 外出露营忠告与建议

（1）穿长衣长裤戴帽子加手套。山里树多草长，短装容易在身上划出血道；帽子最好是周边有沿的那种，防止树上掉下一个可爱的小精灵吻你的脖子，手套可防止有刺植物和尖利石头划破手。

（2）防蚊用品。野外蚊虫是最让人讨厌的东西，所以防蚊用品一定不能少。

（3）鞋的选择。一双好鞋子对于野外露营非常重要，一定要穿顺脚、好用的鞋。尽量不要穿新鞋磨合。

（4）带上水和多汁水果。在炎热的天气环境下，水是必不可少的物品，通常情况下可以按照每人每天 2 升水的量准备。如果可以，带点洗净的西红柿、黄瓜等多汁水果，走累时，补充调节一下，感觉非常好。

（5）路标。建议带一些色彩鲜艳的布条，以便在树上、叉道口做标记用，万一迷路能顺着标记原路回来。而且要是有人晚上来投靠，也就可以顺藤摸瓜了。

（6）携带环保袋。注意带上几个大塑料袋，装走你们的垃圾，保护环境。

综上所述：队伍在丛林露营时，不要随意砍伐林木，要注意保护环境和林木资源；不要捣破蚂蚁窝、黄蜂窝；清除四周杂草，挖好排水沟，撒上一层草木灰，防止蛇虫侵入伤人；注意帐篷的清洁；

野外舒适入睡的方法：避免潮湿，尽可能用防潮垫或树枝、树叶矮小的竹枝等做的地铺，保持体温，穿上保暖性、御寒性高的衣服；摄取高热量食物，如糖类、巧克力等；晚上或休息时，尽量换上干燥的衣服和干燥的鞋子，把湿衣服和湿鞋子烘干；注意晚上天气会变得比白天冷或凉很多，特别是黎明前。

预防虫害。山中的蚊虫比较多，所以应选择带有细密蚊帐纱的帐篷。在湿热林地，最好用驱蚊药水涂抹全身，在没有驱蚊药物的情况下，可以在帐篷内用艾草来熏蚊虫。

取暖方法。露营时，如果有同伴因为受寒而生病，就要为其取暖。在没有垫子的情况下，可将营火熄灭，再铺上一层烧热的灰土，上面再铺上干净的树叶枯草，就成了理想的保暖床。在没有条件制作保暖床的情况下，可将水壶灌满热水后，放在病人的体侧。也可以选择大小适中的石子，放在营火里加热，加热后用布包好，放在病人的体侧，保暖效果很好。如果天气很冷，必须保持清醒，如有保暖的大衣等，可睡上一会，但不能睡得过死，感觉挺冷时，试着运动一会以增加身体的热量，再继续休息。

三、野外觅食

在进行野外生存时，水、火、食物的获取是最为重要的三个生存因素，由于水和火的获取方式已在本书第二章进行了详细描述，在此仅重点讲述野外生存时食物的获取方式。

（一）食物及其价值

人体需要食物提供热能和营养，以保证基础代谢及各种生理需要。而人类是广谱型的杂食性动物，无论是植物还是动物，只要是无毒的种类，都可以食用。如果你愿意，投入一些精力去掌握如何烹调食物，则更能增加野外生存的信心。

对于要长期在野外生存的人来说，均衡食物中的营养成分是至关重要的。如果长期食用单一食物，容易导致营养缺陷综合征。所以食物除能保证机体日常生理活动外，种类还须多样化，营养比例合理均衡。如果食物稀缺，那么应尽可能放松身体并保持心境平和，节省能量，等待救援或设法自救。

（二）植物类食物的获取

我国的植物种类繁多，可食用的野生植物非常丰富，多达 2000 多种。野生可食植物的营养价值很高，富含多种维生素。在食物不足的情况下，采集植物的根、茎、皮、叶、果等食用，就成为野外生存中补充食物的一个主要来源。

1. 可食用野生植物的识别

可食用植物分布的广泛性并不意味着任何植物都能食用，还有大量的有毒植物掺杂其间，一旦食用了这些有毒植物，轻者引起不良反应，重者将出现生命危险。因此，识别可食野生植物是野外生存的重要技能。鉴别植物是否有毒的常规方法可以分为以下四个步骤：

（1）查看

在一般情况下，有毒植物呈现出特殊的形态和色彩，如南天星的茎有斑纹。另外，有毒植物还通常分泌带色的液体，如回蒜和白屈菜在损伤后会分泌出浓厚的黄色液体。

（2）嗅闻

切下植物的一小部分放在鼻子上闻一闻，如果有令人厌恶的苦杏仁或桃树皮气味就应立刻扔掉它；或者稍稍挤榨一些汁液涂在体表比较敏感的部位如肘部与腋下之间的前臂上，如果感觉有所不适、起皮疹或者肿胀，就应尽快扔掉它。

（3）尝试

如果皮肤感觉无任何不适，可取少量植物进行品尝，以便观察有无不适反应，但要求在尝试前 8 小时没有吃过其他食物。其方法是：先将食物分成若干部分，如叶子茎、根部等，每次只能尝其中的一部分。选择其中一部分，先将其放在嘴唇边的外边缘，认真感觉一下是否有灼热或发痒的感觉。如果 3 分钟后没有异样的感觉，再把它放在舌头上，保持 15 分钟；如果仍没有异常反应，可再将它嚼碎，放在口中保持 15 分钟（如果在每个过程中有不适的感觉应立即取走）。

（4）吞咽

如果 15 分钟后仍没有异常的感觉，可以将其吞入肚中，但吞食量要少。再耐心地等待 8 小时，之后如果一切都还正常，就可以将它当成正常的食物食用了。鉴别植物是否有毒除了以上方法外，还可以采取以下途径：

一是将不明植物用烫水浸泡 5～6 小时后，再尝其味，如有上述的味道，同样不能食用。因为有些生物碱等有害物质溶于水。

二是将植物用清水煮过后的汤，倒入一些茶水，如果有沉淀物质，说明有重金属盐或生物碱等有害物质，不可食用。

三是将植物煮后的汤水震荡，如出现大量的泡沫，即说明有皂甙类物质，亦不可食用。

四是将植物切开一个小口，撒上少许盐，如果植物的切口颜色不变，则可以食用。需要说明的是，鉴别植物是否有毒是一件复杂的工作，最可靠的办法是根据有关部门编绘的可食野生植物的图谱进行认真鉴别，符合者方可食用，并须严格遵守图谱介绍的食用部位和食用方法去选取和制作。除此之外，还可以请当地有经验的群众进行鉴别。倘若无识别可食野果的经验，则可以通过仔细观察鸟和猴子选择哪些野果、干果为食，一般这些野果对人体是无害的。

2. 可食用野菜类植物

野菜类植物的优点是植物的纤维较少，容易咀嚼，方便吞咽，营养也比较丰富。缺点是淀粉和糖含量少，耐饥饿性较差，长期食用会引起浮肿。

（1）苣荬菜（麻菜、败酱草）

菊科，多年生草本；有白色汁液；具有长匍匐茎，地下横走；老茎黄白色，直立，无毛；幼茎、叶常为紫红色，地下部分为白色；叶基生，与蒲公英相似，但比蒲公英叶脉浅，叶片也较蒲公英直立。

春季常见于野外草地、耕地、房前屋后，秋天植物体较大，纤维也较春天多，但仍然可以食用（生食、水煮，凉水浸泡后可除去部分苦味），有解毒去火之功效。苣荬菜分布广泛，在野外极为常见，生物量也非常大，一些地区的农民在春季大量采集为蔬菜。

（2）蒲公英（婆婆丁苦菜）

菊科，多年生草本，有白色汁液。分布极其广泛，春季野外随处可见，夏季开黄花，结瘦果，秋季种子随风飞舞。

蒲公英生于山边道旁、平原、山区。食用部分为幼苗、嫩叶、花序；春采幼苗、嫩叶，初夏采嫩花序食用；可凉拌或炒食。全国分布。常见的品种有：白缘蒲公英、芥叶蒲公英、红梗蒲公英、突尖蒲公英等。

（3）苋（苋菜）

苋菜，一年生草本；叶互生，卵形或者菱形卵状；花小，簇生，绿色或红色，很少有白色，腋生及顶生，常聚为穗状花序。常生于田间、草地、山地，分布极广，为百姓常食用的野菜。苋菜，味平淡。通常采其嫩茎叶，用开水烫软将汁轻轻挤出，加入调料即可食用。

苋菜为苋属所有种类之统称，全国分布常见的品种有：反枝苋、凹头苋、繁穗苋、尾穗苋等，是最佳的野外生存食物之一。

（4）藜（灰菜）

菜科，一年或二年生草本；茎圆柱形，有棱及绿色斑；叶菱状卵形，互生，有长柄，叶脉少，因为叶背面通常有粉而得名"灰菜"。

灰菜生于草原、平原、山地、海边荒滩、房前屋后，喜湿，耐盐碱。遍布温带、热带地区，我国各地均有分布。在野外，灰菜常大片生长，容易采集，为野外生存最佳野菜之一，可水煮食用。

灰菜为藜的统称，常见种类有：灰绿藜，尖叶藜、杖藜、大叶藜、细叶菜等。

（5）荠（俗名：荠菜、荠荠菜）

十字花科，多年生草本；叶多有羽深裂，生于基部，呈莲蓬状排列；花小，白色，十字花冠；果倒三角形或心形；种子夏季成熟，秋季萌发，根部越冬，春季由越冬根发芽。荠菜的根、茎叶均可食用，且无任何杂味，凉拌炒、水煮均可，还可作包子饺子馅。

荠菜生于草地、田间路旁、山地等，分布极其广泛，全国各地均可见到，是极佳的野外生存食物之一。

（6）其他可食用野菜

野菜的种类很多，许多野菜在一定的区域都有极好的"群众基础"但由于植物的特异性分布，有的地方无法采到。有些植物虽然也可以食用，但是适口性较差，而作为野外生存的救命食物还是可以的。总之在探险活动中应根据当地的具体情况，有选择地利用。

3. 可食用植物的根、茎、花

（1）山药

薯蓣科，多年缠绕型草本；叶三角形，7～9条叶脉，有长柄；茎蔓生，根茎圆柱状，肥大、肉质，有黏液，可食用（煮食较佳）。

山药生于山地林中，喜湿润及沃土。野生种类主要分布于我国长江以南，北方以栽种种类为主。根、芽球可食用，生食或煮熟均可，油炸味道也很好。北方一般用山药做"糖葫芦"和"拔丝山药"。

（2）桔梗（狗宝）

多年生草本，单花顶生，花冠钟形；茎长而直立，叶轮生；结蒴果，近卵形，蒴果成熟后，在顶端五瓣裂；根部肥大、粗壮，可入药也可食用（朝鲜族著名的"狗宝咸菜"就是用桔梗的根部腌制而成的）。桔梗生于林下，以山地林下为主，全国各地都有分布。食用前用水浸泡可去除异味，水煮后易于消化，可大量食用。

（3）竹

禾本科，多年生木本，主要分布在长江以南，北方一般为种植种类。

竹子可食用的部分为竹笋，可鲜食，也可制成笋干。

（4）刺嫩芽（刺老芽、刺芽子）

五加科，木本，乔木；茎上布满皮刺，羽状复叶；芽大型。春季嫩芽可食用，为著名山珍之一，味道清香，是营养价值很高的绿色食品。

刺嫩芽生于山地，常与其他树木组合成林，北方分布较多。嫩芽以春季为佳，其他季节也可以食用，水煮后即可食用。

（5）香椿（春芽椿芽）

乔木，成体高10米以上，羽状复叶，互生；幼茎暗褐色，被毛；果实成熟后五瓣开裂。春季的香椿嫩芽称春芽或椿芽，水煮后可食用，味道鲜美，为优质山菜之一。

香椿为山区重要林木，分布于我国大部分地区。对于野外生存的给养来讲，在其他季节香椿的树叶（嫩叶部分）也是很不错的可以用来充饥的植物，一般采用水煮的方法加工食用。

4. 可食用植物的果实

野外的各种野果很多，有些非常美味。虽然大部分适口性较差，但是果实毕竟是植物的营养积聚处，食用价值比其他部位高。

果实的季节性比较强，就单一植物而言，在野外补充给养时价值不大，但从整个果实类群而言，在野外有果实的时期还是比较长的，而且许多果实落地后仍然可以食用。

（1）榆树钱（榆钱儿）

榆树钱是榆树果实的统称。榆树为落叶乔木，高达20米以上；卵形叶或近卵形，前段渐渐变尖，幼叶有短毛，叶缘有重锯齿；果实为翅果，簇生，圆形，中间厚，周围薄（因似钱币而得名榆树钱儿），幼时绿色，成熟后变为白黄色，种子位于中部。

榆树多生于海拔1000米以下的山地、丘陵、平原、路旁、居民区等处，为全国分布。

榆树皮、叶、果均可食用，无怪味，适口性好，其中果实味甜，可生食。自古以来，榆树一直是灾民的救命食物，其嫩皮、叶子常经水煮后食用，营养及适口性均好于其他树木。榆树钱多生于春夏季节，其他季节可食用叶子和树皮。

（2）野山梨（山梨、酸梨、秋梨）

蔷薇科，落叶乔木；叶卵形，边缘有腺齿；果实球形，黄绿色，石细胞较多，适口性差。

野山梨生于海拔100～1000米的山林中，主要分布在东北、华北、西北等地区。生食、水煮均可，生食酸味重，大量食用会引起肠胃不适，建议水煮后食用。野山梨具有一定的季节性，但季节过后，在树下仍然可以找到没有腐烂或半干燥的果实，水煮后即可食用。

（3）稠李（臭李子、黑樱桃、毛樱桃）

蔷薇科，落叶乔木；树皮黑色或暗褐色；叶卵形，前端尖，近叶柄基处具有两腺体；果实近球形，黑色，味涩，但仍可食用。

稠李生于1000米以下的山地、沟谷，1000米以上偶有分布，野生种类主要分布在我国北方。主要种类有：斑叶稠李黑樱桃、毛樱桃等。食用时生食口感性差，水煮后可去除部分涩味。

（4）野生猕猴桃（软枣子、狗枣子）

猕猴桃科，落叶乔木，高达30米以上；叶片边缘有锐锯齿状；果实为浆果，长圆形，多为绿色，表面光滑。

野生猕猴桃生于山林，海拔在200～800米之间，在我国大部分地区均有分布。其果实含有大量的维生素、糖、淀粉果胶，味道甜美，适口性好，是极佳的野外食物，可直接食用。

（5）山楂（山里红）

蔷薇科，落叶乔木，高达6米；树皮粗糙，常有皮刺，刺长1～2厘米；叶片常有3～5个羽状深裂；果实酸甜，红色，上具斑点。人们习惯上把野生种类叫做山里红，栽培种类叫做山楂，但在分类学上其实为一种。

山楂不仅可以食用，而且有一定的药用价值，具有祛火、健脾胃、助消化之功效。生于山地、平原、丘陵等处，各地有栽培。野生种类主要分布在华北、东北、西北等地，可直接野外食用，水煮后可去除部分酸味。

5. 可食用的种子

（1）栎（橡子）

壳斗科，落叶乔木；有顶芽、鳞芽；叶互生，叶边缘浅裂；坚果近球形或长椭圆形，基部坐于杯状总苞内。

栎大量生于山坡多林区域，生物量极大，主要分布于东北、华北、内蒙古等我国大部分地区。种子富含淀粉，味苦涩，可烤、煮食，但不宜大量食用，以免引起消化道梗阻。常见品种有：槲栎、麻栎、栓皮栎、蒙古栎、辽东栎等。

（2）山核桃（胡桃楸、楸子、野胡桃、核桃）

山胡桃科，落叶乔木，高达 20 米；奇数羽状复叶，长 40～60 厘米，最长可达 80 厘米；外果皮肉质，有茸毛；果实为核果，长卵形，一端较尖。果仁称为"核桃仁"，为著名的保健食品，含油 55%，蛋白近 20%，营养丰富。

山核桃生于 1 000 米以下的山地，喜湿，一般沿沟谷生长，在我国主要分布在东北、华北、西北，南方主要是栽培种植。主要种类有：日本核桃、心形核桃、家胡桃。

（3）板栗（栗子）

壳斗科，落叶乔木，高达 20 米；叶片深绿色，表面光滑，背面灰白色，有密毛，长椭圆形或披针形，长 8～15 厘米，宽 4～7 厘米，叶边缘锯齿状；壳斗有浓密针刺状刺；坚果褐色。

板栗生于山地，与其他树木组合成林，长江以北广泛分布，南方也有记载，现已在一些地方大量栽培。坚果富含淀粉、糖，味道甘美，可烧烤、炒煮，在野外也可以直接食用。

（4）松子

松子是红松、朝鲜松种子的统称。红松一般生长在海拔 150～1800 米的山林，主要分布在我国东北三省和朝鲜、日本、俄罗斯。

红松的种子富含蛋白质和油，味美，可直接食用，熟食味道更佳。松树幼嫩的果球水煮后也可以食用。

6. 有毒植物的鉴别

（1）常见的有毒植物

①断肠草

断肠草别名钩吻、胡蔓藤。为缠绕藤本。叶对生，卵形或卵形披针形，长 7～12 厘米，宽 2～6 厘米，顶端渐尖，基部渐狭或近圆形，全缘。聚伞花序，顶生或腋生，开黄色小花。蒴果卵形，开裂为两个二裂的果瓣。种子有膜质的翅，多生长在山坡、路边草丛中或小树丛中。分布于我国南方各省。全株均含钩吻碱，极毒。误食中毒后出现头昏眼花、瞳孔放大、痉挛等症状，严重者可因呼吸麻痹而死亡。

②马钱子

马钱子又名番木鳖。为木质大藤本。长 8～20 米，藤皮褐色粗糙，枝条对生。叶光滑、发亮、对生、矩圆形，顶端急尖，全缘稍外卷，脉三出。3～5 月开白色小花，7～8 月结果如小皮球，幼时绿色，成熟时为棕黄色。内有种子，种子上有银白色短毛。全株含有生物碱，主要为番木鳖碱，其毒性很大。食用中毒后，开始颈部僵直、牙关紧闭、痉挛、吞咽困难、眼球突出、瞳孔放大、面青色；继而脚弓反张、四肢直挺，遇光或声音刺激可突然引起惊厥、僵直；最后因呼吸困难而死亡。

③巴豆

巴豆又称芒子、巴果。为灌木，高 2～7 米。幼枝绿色，有稀疏的星状毛。叶卵圆，长 5～13 厘米，宽 25～6 厘米，顶端渐尖，边缘有疏锯齿，掌状 3 出脉，两面被稀疏的星状毛。花枝生长在枝条顶端，直立成串状。花小，果三菱形，长 2 厘米，宽 1 厘米，三瓣裂开，种子长卵形，长约 1 厘米。巴豆生长在树林内，分布于我国南方各省及东南亚。食用过量可致命。

④夹竹桃

夹竹桃别名柳叶桃、缘半年红。常绿大灌木，高达 5 米，无毛。叶 3～4 枚轮生，在枝条下部为对生，窄披针形，全缘，革质，长 11～15 厘米，宽 2～25 厘米，下面浅绿色；侧脉扁平，密生而平行。夏季开花，花桃红色或白色，成顶生的聚伞花序；花萼直立；花冠深红色，芳香，重瓣；副花冠鳞片状，顶端撕裂。蓇葖果矩圆形，长 10～23 厘米，直径 15～2 厘米；种子顶端有黄褐色种毛。茎直立、光滑，为典型三叉分枝。花期 6～10 月，果期 12 月至翌年 1 月。常见栽培变种有：白花夹竹桃，花白色、单瓣；重瓣夹竹桃，花红色重瓣；淡黄夹竹桃，花淡黄色、单瓣。

　　其叶、皮、根有毒。新鲜树皮的毒性比叶强，干燥后毒性减弱，花的毒性较弱。误食夹竹桃中毒后，初期以胃肠道症状为主，食欲不振、恶心、呕吐、腹泻、腹痛，进而出现心脏症状，有心悸、脉搏细慢不齐期前收缩，心电图具有窦性心动徐缓、房室传导阻滞、室性或房性心动过速，神经系统症状尚有流涎、眩晕、嗜睡、四肢麻木。严重者瞳孔放大、血便、昏睡、抽搐死亡。

　　(2) 其他有毒植物

　　① 含甙类的植物

　　洋地黄：亦称紫花洋地黄，草本植物，各地均有栽培。全柱覆盖短毛，叶卵形，初夏开花，朝向一侧，其叶有毒。

　　铃兰：草本植物，东北及北部山林中野生，花为钟状，白色有香气，全草有毒。

　　毒毛旋花：亦称箭毒羊角拗，灌木，我国云南、广东有栽培，花为黄色，有紫色斑点，白色乳汁，全株有毒。

　　毒箭树：亦称"见血封喉"，落叶乔木，分布于广西、海南等地，高 20～25 米，叶卵状椭圆形，果实肉质呈紫红色，其液汁有毒。

　　② 含生物碱类的植物

　　曼陀罗：草本植物，高 1～2 米，茎直立，叶卵圆形，夏季开花，花筒状，花冠漏斗状，白色，全株有毒，种子毒性最强。

　　颠茄：多年生草本植物，叶子互生，一大一小，夏季开花，钟状，淡紫色，果实为浆果球形，成熟时黑紫色，其叶和根有毒。

　　天仙子：草本植物，我国东北、河北、甘肃等地有野生，全株有毛，味臭，夏季开花，漏斗状呈黄色，全株有毒。

　　乌头：草本植物，分布于我国中部及东部山地丘陵，茎直立，秋季开花，其根有毒。

　　毒芹：草本植物，分布于东北华北、西北及内蒙古一带，根状茎肥大有香气和甜味，秋季茎中空，花为白色，全草有毒。

　　③ 含毒蛋白类的植物

　　相思豆：亦称红豆，分布于我国南方广东广西、云南等地，为木质藤本，枝细弱，春夏开花，种子米红色。其根、叶、种子均有毒，种子最毒。

　　④ 含酚类的植物

　　常春藤：常绿木质藤本，全国各地均有分布，叶椭圆形，晚秋开花，果实球形、橙色。全株有毒。

　　毒鱼藤：亦称毛鱼藤，分布于我国沿海地区，叶小，夹果，根、茎、叶均有毒。主要对鱼类毒性大。

(三) 菌类食物的获取

蘑菇虽然美味可口，营养丰富，但是，蘑菇中有许多种类是有毒的，其中一些还有剧毒，一只蘑菇就足以致命。因此，采食蘑菇要十分小心，不了解的最好不吃，宁可挨饿也不要冒险。

识别和鉴定蘑菇，首先应该了解蘑菇的基本形态和主要特征。如图 10-1 中列出的蘑菇各部位的名称是识别和鉴定蘑菇的主要指标，应记住菌类各部位的名称。

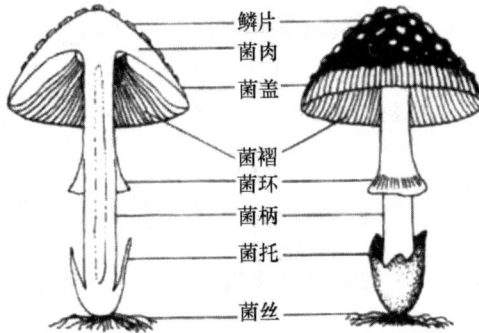

图 10-1

1. 可食用的野生蘑菇

在蘑菇家族中，有剧毒的（极少），有微毒的（少数），有不明毒性的（少数），有无毒但也无多大食用价值的（多数），有美味且营养丰富的（少数）。根据我国食用菌的分布，主要介绍一些分布广没有毒素的适口性好、营养丰富的蘑菇，并称之为"安全蘑菇"。

（1）侧耳科

子实体（菌体）多近扇形；菌柄长在一侧；菌褶延伸（菌褶向菌柄处延伸）；子实体成熟后，菌盖常裂开（图 10-2）。

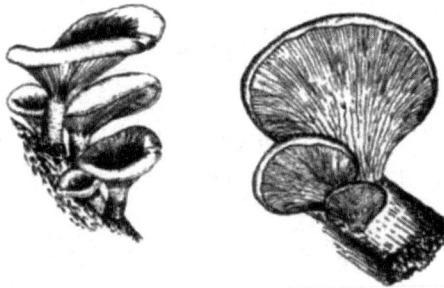

图 10-2

侧耳科大部分生长在树木上，属于木腐菌。绝大多数为可食用菌，许多野生种类已经人工栽培。虽然有些种类适口性差，但除鳞皮扇菇外，还没有有毒记载。所以，在野外侧耳科蘑菇是可以放心采食的菌类。侧耳科常见的种类有：侧耳、阿魏侧耳、白灵侧耳、白黄侧耳、长柄侧耳等。

（2）白蘑科

白蘑科种类较多，有许多品种毒性不详，到目前为止有 80％没有有毒记载，60％记载可以食用。

白蘑科大部分为地生菌，生于山地草坡、草原，单生或群生，有的种类可以形成蘑菇圈。分布较广，野外常见的有：松口蘑（松伞蘑、松蘑、松树伞）、金针菇、白桩菇、口蘑。

（3）牛肝菌科

菌盖半球状，褐色、红褐色较多。牛肝菌科最大的特点是无菌褶而具有菌管（伞盖下的无数蜂窝状小孔）。牛肝菌科分布广、种类较多，85％没有有毒记载。但是，牛肝菌科有部分种类能引起腹泻，不易大量食用。

牛肝菌科地生种类较多，为地生菌，多生于林下，生物量极大。其中分布广泛容易采集的品种有：黏盖牛肝菌（黏团子）、美味牛肝菌、褐环牛肝菌等。

（4）猴头菌

子实体球状、头状，上具无数肉质软刺，软刺在菌柄处变长、下垂。

猴头科菌类全部生于树上（倒木、枯木、树洞），为木腐菌。分布于我国辽宁、吉林、黑龙江、四川、云南、广西、内蒙古、西藏等地。猴头科菌类均可食用，为我国著名山珍之一，现已多有栽培。

（5）羊肚菌科

菌盖钟形，尖顶，表面有凹坑，似羊肚的内表面而得名。

羊肚菌科几乎全部可以食用，目前无有毒记录。羊肚菌科为地生菌，生于林下、河边、沼泽、草地，主要分布于吉林、河北、陕西、甘肃、青海、西藏、新疆、四川、山西、江苏、云南等地。

（6）鸡油菌科

子实体喇叭形，菌盖边缘常卷起；杏黄色或淡黄色；菌褶延伸至菌柄。

鸡油菌科为地生菌。鸡油菌科菌类全部可以食用，且味道鲜美。

2. 有毒蘑菇及识别

（1）毒蘑菇的毒性及形态

蘑菇的毒性主要是由其含有的毒素所致，毒肽（主要为肝脏毒性，毒性强，作用缓慢）、毒伞肽（肝肾毒性，作用强）、毒蝇碱（作用类似于乙酰胆碱）、光盖伞素（引起幻觉和精神症状）、鹿花毒素（导致红细胞破坏）等毒素单独或联合作用，引起复杂的临床表现。

有人认为，在野外，蘑菇越是好看、色彩鲜艳，就越有可能是毒蘑菇，千万不要采集和食用，以防中毒；部分新鲜的蘑菇只要经高温煮熟后毒性就会降低或消除，因此在吃野蘑菇时，一定要高温消毒。菌盖上长疣、菌柄上有菌环和菌托的有毒；无毒蘑菇多呈白色或茶褐色；不生虫、蛆的有毒。有辣、苦、麻等味的有毒；无毒蘑菇则很鲜美。毒蘑菇采集后易变色；无毒蘑菇则不易变色。毒蘑菇大多柔软多汁；无毒蘑菇则较致密脆弱。毒蘑菇的汁液浑浊似牛奶；无毒蘑菇则清澄如水。毒蘑菇多生长在肮脏潮湿、有机质丰富的地方；无毒蘑菇则生长在比较干净的地方。

毒菌和可食用菌不但形态相似，而且颜色相近或相仿，很难辨别。色彩不鲜艳，外观丑陋的肉褐鳞小伞、秋生盔孢伞等都是著名的剧毒种类。漂亮的毒蝇伞有剧毒，同样鲜艳无比的橙盖鹅膏却是著名的食用菌。

实际上有些蘑菇有毒，但经过水洗、水煮、晒干或烹调后，毒性会减少或减除，但不是全部。而且事实证明，有些毒素不论是生吃或熟吃，均能引起中毒。有些毒菌不但无环无托，而且高大，生长在杂木林中，产量大。这类菌有毒种类的比例比较大，但也并非具环具托特征的都有毒。许多毒菌并没有什么特别的特征，像外观很平常的毒粉褶罩就很毒。

毒蘑菇在形态上还是有一些特征的。我国常见的毒蘑菇有三类：

第一类，毒伞类（即鹅膏类）：毒伞类的主要特点是地生，有菌托或不明显，有或没有菌环，菌褶白色，著名的毒蘑菇白毒伞就属此类。

第二类，生长在牛屎等畜粪上的蘑菇大多有毒，通常能引起神经中毒、肠胃中毒，如古巴裸盖菇。

第三类，环柄菇类大多生长在有杂草等腐烂发臭有机质的地上，菌褶通常白色、浅黄、黄绿色，有明显的菌环，铅绿褶菇属此类。

众多的中毒事件表明，"放入银器内或在烹调时加入大蒜能去毒"的说法极不可靠，蘑菇毒素中没有一种是与食用银器等发生化学反应变成黑色的。但大蒜与毒菌共煮可降低小白鼠的死亡率，仅说明在烹调时加入一些大蒜可提高鲜味，有一定的解毒效果。

（2）毒蘑菇的识别方法

民间流传的识别毒蘑菇的经验与方法不是非常可靠的。蘑菇的外形、色泽、生态与毒素没有必然的联系，最好不吃识别不清的野生真菌。事实证明，一些民间的说法可能对某一种有毒蘑菇判断有效，但这些方法不能作为其他有毒蘑菇的鉴定方法，即不能将特殊规律作为普遍规律。

只有掌握各种毒蘑菇的形态特点，才能准确无误地将毒蘑菇和可食用蘑菇区分开来，以免误食中毒，也可请教当地有经验的群众。

由于真菌的形态特点有时会因环境不同而有所改变，会因不同发育时期而表现出不同的形状。因此，即便是专家到了一个新的地方，调查了解不够，也不能信口开河。

识别毒蘑菇的一般方法：

第一，对照法。借助适合于当地食用的彩色蘑菇图册进行对比。

第二，看形状。毒蘑菇一般形状奇怪，摸上去一般比较黏滑，菌盖上也常常粘有一些杂物或生长着一些像补丁状的斑块；菌柄上常有菌环，像穿了超短裙一样；菌柄（根）不生蛆、不生虫、鸟不啄、鼠兽不食的，只能说明它们可能有毒。

第三，品尝异味。嗅之有臭味，无菌香味，味道熏辣，极苦的有毒；香味特别浓的也可能有毒。一些引起单纯性急性胃肠炎的真菌，多具有苦、辣、麻等口味或石灰味腥味以及特殊的臭味。无毒蘑菇为苦杏或水果味。

第四，看分泌物。将采摘的新鲜蘑菇撕断菌杆，无毒的分泌物清澈如水，个别为白色，菌面撕断不变色；有毒的分泌物稠浓，呈赤褐色，撕断后在空气中易变色。

第五，看生长环境。生长于阴暗潮湿和污秽地方的野生菌有时带毒。

第六，简易的生物化学方法能够鉴别蘑菇是否有毒。例如，在一小块报纸上，涂上鲜蘑菇捣碎压出的汁液烘干后，在纸上滴一滴浓盐酸，如果在1～20分钟内呈现蓝色，就是含有毒伞肽。含有毒伞肽的毒菌有白毒伞鳞柄白毒伞、肉褐鳞小伞等多种。如果滴上盐酸后，立即呈现红色或半小时后又变为浅蓝色，则是含有色胺类毒素的柠檬黄伞等毒蘑菇。鳞柄白毒伞菌类遇到氢氧化钾变为金黄色，毒伞遇到硫酸呈青紫色，豹斑毒伞呈橙黄色。

（3）毒蘑菇的中毒症状及类型

野生菌含有生物碱和其他水溶性毒物，有些种类的毒素在菌体某些部位，如菌盖表皮内含量较多，有的由于晒干或烘干水分后毒性可以降低。使用时去菌盖表皮或附属物；多洗几次；沸煮后漂洗，加调料；初次吃要少量；不要急火快炒。

如果不慎食用了有毒蘑菇，轻则容易产生皮肤过敏、恶心、呕吐、剧烈腹痛、腹泻、流口水、流泪、昏迷、出虚汗抽风、全身痛痒发紫等症状；重则导致精神兴奋或精神错乱、肝脏损坏、呼吸与循环系统衰竭，甚至死亡。

可把蘑菇中毒病例分为以下六种类型。

肠胃中毒型。通常的中毒症状为剧烈恶心、呕吐、腹痛、腹泻等。毒粉褶菌、臭黄菇和毛头乳菇、黄盖牛肝菌和粉红枝珊瑚菌等毒蘑菇可引起此类中毒。

神经精神型。中毒症状为精神兴奋精神错乱或精神抑制等神经性症状。如毒蝇鹅膏菌、半卵形斑褶菇中毒后可引起幻觉反应。

溶血型。主要症状是在1～2天内发生溶血性贫血，症状是突然寒战，发热，腹痛，头痛，腰背肢体痛，面色苍白，恶心，呕吐，全身无力，烦躁不安和气促。此类中毒症状主要是由鹿花菌引起的。

肝脏损害型。除上述已提到的含毒肽毒伞肽的种类外，环柄菇属的某些种类也属此类。

呼吸与循环衰竭型。引起这种中毒症状的毒蘑菇主要是亚稀褶黑菇，死亡率较高。

过敏性皮炎型。我国目前发现的引起此类症状的是叶状耳盘菌。

（4）毒蘑菇中毒后的紧急治疗

误食毒蘑菇后，应尽快设法排除毒物，除可用泻药、温水灌肠导泻外，中毒后不呕吐的人还要饮大量稀盐水或用手指按压咽喉深部引起呕吐，以免肌体继续吸收毒素。

另外，采用中草药治疗也有不错的效果。方法有：用生萝卜磨碎榨汁，加上花生油，服用一碗解毒；多喝绿豆汤；鲜空心菜（整棵）掺淘米水搓揉，喝半碗催吐；灌服鸡或牛的鲜血，目的是中和溶血毒素；嚼鲜金银花或饮金银花汤，每次300毫升；生甘草625克，白芷94克，煎汤，一次服下，用筷子压喉呕吐或腹泻。

总之，进食可疑有毒蘑菇后或误食毒蘑菇后，除了采取应急措施外，要及时到医院诊治，以防造成更大的伤害。

（四）动物类食物的获取

1. 狩猎

从保护动物的角度出发，一般不到面临生存危机的时候，不可采用这些方法来猎取动物，特别是受保护动物。

（1）陷阱及其布置

对付大多数野生小型动物，设置陷阱比追逐狩猎要有效得多。即便猎枪已瞄准一只小动物，可是由于其体型过小，很难一击即中。因此，设置陷阱反而更容易一些，同时也可省出时间搜寻其他食物。对于求生者而言，需要掌握的是相对容易记牢和构造简单的实用型陷阱。由于每种动物都有各自独特的习性，因而必须设置有针对性的独特陷阱。如果某种陷阱不适用，可以再尝试其他的，这是一个不断从失败和错误中获取经验的过程。

但是，某些很简单的陷阱会给动物带来相当大的痛苦。某类为捕获特定类型动物而设置的快速死亡型陷阱，比如勒死型，要是碰巧套住了其他种类动物的翼或肢腿，可能会使它们痛苦好几个小时。因此，定时查看是必需的，否则会无端延长猎物的痛苦，也增加了被其他肉食性动物偷食的可能，还有可能使猎物在经过长时间的痛苦挣扎尝试后重新获得自由——动物会本能地咬断一翼或肢，或用其他自我伤残法成功地逃离陷阱。

仔细研究动物的身体特征及生活习性，可以避免许多错误。诱饵和设置位点的选择都是至关重要的，要不断尝试、耐心等待。猎物初次遇到新鲜事物时会很狐疑，慢慢便会逐渐接受，这时也就更容易上当了。

即便是在行走途中，设置一些简便的过夜陷阱也可能会有收获。如果准备在某地露营较长的时间，那么就需要更好地策划和设置。陷阱设置得越适当，数量越多，成功的概率也越高。

应尽可能设置大范围且能控制的陷阱线，早晚各检查一次，收集猎物后重新布置好陷阱。必要时要加以修复，重复不起作用的可以移往别处。为了提高效率，设置陷阱时必须考虑有足够的反应灵敏性，使得"弹无虚发"。一次成功可能是好几次失败的结果，没必要因此而失望。如果陷阱没被触动，但诱饵却已不见，这可能是由于诱饵没放准位置，或者是由于触动机制不灵，重新设置时这两方面因素都应考虑。

在进行规律性查看过程中，你可以同时巡查该地区，留意各种蛛丝马迹，扩充或修正已有的有关周围环境的知识。同时也可搜集植物及其他有用资源，使以后采集时心理上有所准备。

（2）地点选择

查找猎物的踪迹，奔跑时留下的足印可能是它们从巢穴至饮水或进食处经过的路线。可沿着这条路线找到任何自然形成的隧道，在动物必须经过的位置设置落石陷阱。猎物穿过障碍物之下的通道，通常也是布置陷阱的好地方。

陷阱设置别太靠近猎物的巢穴，因为这里常是它们静伏聆听及嗅探气息之地，有点风吹草动就会引起它们的狐疑，从而静伏不动，或改变行走路线。也不要把陷阱设置在动物饮水之处，这里它们也会很警觉，稍有异味就会引起注意。

如果将陷阱设置在动物自然通过之地，也许它们会避开并改变行走路线。但惊慌失措时，动物会慌不择路，本能地选择最短的捷径逃跑，这常是那些很明显也很粗劣的陷阱也能时常成功的原因，比如受到惊吓的兔子很容易就会落入陷阱之中。

（3）陷阱的设置

设置简单的陷阱需要绳子或金属线。金属线可以很容易地保持绳索的张开状态。更复杂的装备也不过增添一把利刃，用来加工必需的木块。材料的选择至关重要，要选择弹性强而且坚韧耐用的木材，不要选择枯死的树木。榛木易于弯曲，富有弹性且很有力量，是很理想的首选材料。

（4）设置陷阱的材料

陷阱设置需要以下材料：轧刀、扼绳、吊架、缠网、落石、圈套等。利用弹性幼树设计的吊架可以把上当猎物吊在空中。幼树越高，承受力越强，就越有效。有些陷阱可以综合运用两种或两种以上的方法。

2. 捕鱼

在野生动物当中，或者至少在淡水动物中，鱼类大概是最难捕捉的。但是如果知道在何时、何地及如何捕鱼的话，即使没有现代化的工具，还是可以捕到鱼。

（1）钓鱼

渔钩和渔线很容易制作，而且在靠水的多数地区，鱼饵也很容易找到。

制作渔钩：可以用大头针、缝衣针、金属线、小钉子或者其他任何金属品制作渔钩；也可以用木头、椰子壳、骨头、荆棘、燧石、海贝、海龟壳等制作渔钩；还可以将这些东西组合起来制作渔钩。

制作渔线：可以用吊绳做渔线，也可以用植物纤维或者衣服中的纤维做渔线。树的内皮是最好用的纤维之一。用纤维做渔线的步骤如下：

将两根线的一端结在一起，结一定要牢固。一手拿一根线，按顺时针方向拧；然后将拧好的两根线按逆时针方向搓在一起。如果有需要，可以增加纤维以增加渔线的长度。

注意：从大麻、荨麻、普通地区及沼泽地的马利筋、丝兰及芦苇中获取的纤维都是很好的制线材料。

寻找鱼饵：通常来讲，鱼会咬那些和它们生长于同一环境中的饵食，因此可以在靠近岸边的水里寻找螃蟹、鱼卵及小鱼，在岸上寻找蠕虫和昆虫来当鱼饵。当捕到鱼之后，剖开鱼的胃和肠子，检查一下它吃什么东西，然后试着找一份相同的食物来作诱饵。此外，羽毛、颜色鲜亮的布、发亮的金属或贝壳均可用作人工诱饵。

钓鱼的时机：一般来说，钓鱼的最佳时机是在黎明、黄昏、暴风雨前、月圆或月亏的夜晚。鱼儿不停地跳出水面表明它们需要进食了，这时也是钓鱼的好时机。

钓鱼地点：选择钓鱼地点时，要考虑到水域、水域所在地区、季节及时间等诸多因素。在湖泊或比较大的溪流里，鱼在清晨和夜晚喜欢靠近河岸或浅水区域。

溪流里的鱼经常聚集在水坑或深而平静的水流中、浅滩或小湍滩的底部、水槽尾部、岩石或圆木下面的旋涡中、河岸深陷处、悬于河面的矮树丛投射的阴影处及被淹没的岩石或圆木附近。当河流的主干道水位高涨或变浑浊时，鱼会到支流入口处寻求庇护。炎热天气的浅水中，鱼会聚集在最深的水坑里，或者有地下水渗出的泉眼处，或者藏身于岩石下面。温带地区，在凉爽的春季，鱼会游到有太阳照射的浅水区，因为那里的水比较暖和。

（2）其他钓鱼方法

如果用渔竿、渔钩、渔线及诱饵没有钓到鱼，那也不要灰心，还可以试试其他方法，比如下面这些方法：

安放渔线：如果你需要在湖泊、溪流附近待一段时间，那么这个方法是很实用的。在渔线上绑几个渔钩，渔钩上串好鱼饵，然后将渔线系在低垂的树枝上，鱼上钩时树枝要能弯曲。定时检查渔线，取下已经上钩的鱼，然后重新布置鱼饵。障碍渔钩或叉状渔钩是安放渔线时最好的渔钩。做障碍渔钩时，将一小截骨头或木头的两头削尖，在中间刻一圈凹槽，将渔线绑在凹槽上，然后在渔钩上放好鱼饵，使得渔钩入水后能把渔线往后拉。将渔线固定在水里，当鱼吞下鱼饵后，渔线装置和渔钩交叉摆动，渔钩会卡在鱼的食道或者胃里。

立桩监视：这是一种可以秘密进行的捕鱼装置。你可以设很多机关而不被其他人发现。设计机关前，将两根芦苇固定在溪流或湖泊的底部，两根芦苇之间拉一根渔线（渔线可以在芦苇上上下滑动），在这根渔线上再系两根装有渔钩的渔线，要确保两根渔线不会纠缠在一起，也不会缠到两边的芦苇上。天黑前，将蠕虫、蜜蜂幼虫或者其他合适的鱼饵装在渔钩上。天黑后，将渔线放到水中，一至一个半小时检查渔线一次，如果有鱼上钩，取下鱼，重新布置鱼饵，过了一个小时后再次检查渔线。天亮的时候也要立即检查渔线。

假饵钓钩：这个方法在夜间特别有效。需要一根柔软的 24~3 米长的棍子或竿子，一根约 3 米长的渔线，一个渔钩，一小片发亮的金属片——形状类似市场上出售的匙状假饵，一小条白肉或者鱼的肠子。将渔线绑在竿子的一端，然后把匙状假饵和渔钩系在渔线上，使渔钩在假饵下面，把鱼饵装到渔钩上，把渔钩放入靠近荷叶或水草的水中，使得匙状假饵稍稍低于水面。间或用竿子的顶端拍打水面吸引大鱼来咬饵。

（3）徒手抓鱼方法

这种方法在河岸下部凹陷的小河里，或者在河水退后留下来的水坑中很有效。将双手放入水中，慢慢靠近河岸的下面，手尽可能贴近水底。手指慢慢移向鱼直到触摸到它，然后沿着鱼的腹部移动，不要太用力，当手移到鱼鳃部位时，从鳃后面紧紧抓住。如果你对付的是鲶鱼，或者脊背多刺的鱼时，要小心不要被鱼刺刺到。

浑水摸鱼。河水泛滥退后形成的小水坑里常常有很多鱼。在水底踩两脚，或者用一根棍子搅动水底的泥土，水就会变得浑浊，然后鱼就会跑到水面上来透气，这时你可以用棍棒打，或者用手抛，把鱼弄出水面。

（4）渔网捕鱼方法

用渔网捕鱼比上面提到的任何方法都有效得多，但是要做一个大一点的渔网需要花不少时间。不过捞网很快就可以做成，用捞网可以捕捉小一点的鱼，小鱼既可作饵也可食用。在湖泊、溪流的边缘或者其支流的入口处，存在着大量小到无法用渔钩或渔叉捕捉到的小鱼。找一根分叉的小树枝、一块布，例如衬衣，将小树苗的两个分支弯曲，紧紧连在一起，形成一个圆形的框架，把衬衣的领口、袖口都打结扎紧，将衬衣下部固定在圆形框架上，可以用大头针、金属线或其他合适的东西把衬衣固定住。

（5）陷阱和篓筐

这些捕捞方式对淡水鱼和咸水鱼都适用。不过陷阱制作起来比较费劲，要花很长时间，而且很难随身带走。在淡水中设置陷阱时，记住前面介绍的鱼的生活习性。

你也可以设置陷阱捕捉海水鱼，因为鱼群会定期随着涨潮涌向岸边，它们经常平行于海岸线活动。在海水涨潮时选择好设置陷阱的地点，退潮后就去设置陷阱。在多岩石的海滨，可以直接利用岩石间的水坑。在珊瑚岛上，可以利用珊瑚礁表面上的水坑。退潮时，堵住出口。在沙质海滨，可以利用沙洲以及沙洲围成的沟渠，或者围一圈较低的石墙，朝着水的方向向外延伸，和海岸形成一个角度。

（6）叉鱼

如果你身处的水域不深（大概齐腰深），而且那里的鱼又大又多，那么你可以用鱼叉叉鱼。用手边的材料制作鱼叉很容易，叉杆可以用一根长且直的小树或者一根竹子来做，如果小树茎干够硬，可以将其一头削尖，如果木质不硬，可以绑一个刺刀、一片尖利的金属、一根削尖的骨头、一把小刀或者荆棘在上面。如果叉杆是竹子，可在竹节下方削两个箭头。

在有鱼群经过的水边耐心、安静地等候，夜晚在手电筒的帮助下，叉鱼的成功率会更高一点。灯光会将鱼吸引过来，光线照射到鱼时，会从鱼的眼睛反射回来，而且手电筒能照亮溪流底部，你可以发现并采集其他水生生物。

如果你需要下水去鱼群聚集的地方，那么应当慢慢地涉水过去，动作必须足够缓慢，以免引起水面的震动。将鱼叉放入水中，等几分钟，让鱼适应你的出现。尽量靠近目标，鱼叉要一直在水下。将鱼叉置于目标上方，要尽可能靠近，迅速朝鱼刺过去，并且使鱼叉紧紧抵住河底，然后用手去把鱼抓上来。

3. 捕鸟

在一般情况下不要轻易去捕食鸟类，特别是国家级的保护鸟类。

（1）扣捕

用柳条、草茎、树枝、芦苇等编制一个浅口筐，选择一个鸟类出没的地方，把筐用短棒顶住，下面放好鸟食，木棒用绳系好，远远地监视。等鸟进入筐下取食时，拉绳即可将鸟扣住。然后在筐底活口处伸手捉住猎物。

（2）钓捕

可以用钓鱼的方法及工具来捕鸟，用谷物或虫子作饵，做好伪装。

（3）套捕

用细绳线做成活套，将套子固定在有弹性的小树上，向下拉弯，将有套的一端拉到地上做成一个机关。在套内放上饵，当鸟取食时触动机关，小树向上弹起，活套将鸟套住。

（4）射杀

用弹弓或弓箭射杀鸟类，这需要进行多次的练习以提高准确度。

4. 拾捞甲壳类动物

这一类动物包括生活在淡水和咸水里的螃蟹、小龙虾、龙虾、小虾及对虾等，这类动物都可以食用，不过淡水甲壳类动物食用前要煮一下，因为它们可能携带对人体有害的寄生虫。

热带溪流中有很多淡水小虾，特别是在滞缓的溪流中。它们或游于水中，或吸附在水中的树枝或植物上。咸水小虾生活在海底附近的水域中，你可以把它们搅动上来，或者在晚上的时候，用灯光把它们吸引上来，然后用网捕捉。

淡水螃蟹和小龙虾有时栖息在岩石底下长满苔藓的地面，有时在溪水或浅水里游泳。可以用手直接抓，也可以用捞网捞。很多螃蟹和龙虾是在夜间活动的，所以夜间捕捉会更容易。螃蟹横着行走，还会挖洞。用捞网很容易就能捞到，你也可以设置陷阱，用鱼头或动物内脏吸引它们。

5. 软体动物

这一类动物包括生活在淡水和咸水里的贝类，如蜗牛、蛤蜊、贻贝、牡蛎、玉黍螺、石鳖及海胆等。牡蛎和淡水贻贝很像，陆生及水生蜗牛分布于世界各地，只要是有水的地方都会有。

北部针叶林地区的河流、溪水、湖泊中有很多蜗牛或淡水玉黍螺，这些蜗牛的形状可能是尖头的，也可能是圆头的。

在淡水中寻找软体动物时，要在浅水处寻找，特别是河底为沙质或淤泥的浅水中。寻找它们在泥上留下的细细的痕迹，或者隐秘的椭圆形的裂口，那是它们的藏身之处。

在海边，等到退潮时，检查潮汐留下的小水坑和潮湿的沙子。在海边的岩石上，或者再深一点的海水中的珊瑚礁上经常会黏着许多贝类。蜗牛和帽贝黏附在岩石水位较低的部分，大一点的蜗牛，也叫做石鳖，则紧紧地依附在岩石水线以上的部分。贻贝通常大量聚集在布满碎石的池塘中、圆木上，或者巨石的基部。在夏天，热带地区的贻贝是有毒的。

食用软体动物前，应该先将其蒸一下或煮一下，或者带壳烘烤。将它们和绿色植物及块根一起炖，味道十分鲜美。不要吃那些即使水位很高时也没有被水覆盖的软体动物。

四、野外判定方向

在野外活动，为防止迷路，正确地判定所在位置和方向，必须掌握定位和测向方法。在自然界，某些动物具有辨别方向的本能，如鸽子，人类的某些成员也具备这种能力，但绝大多数人不具备，或者只有这种潜能，因此野外确定方向主要是依靠经验和工具。

野外判定方向和位置的方法有许多种，这里介绍几种常见的方法。

（一）利用罗盘（指北针）判定方向

把罗盘或指北针水平放置使气泡居中，此时磁针静止后，其标有"N"一端所指的方向便是北方。除了能测出正北方向外，罗盘或指北针还可以测出某一目标的具体方位，方法是打开罗盘将照准器对准目标，或将刻度盘上的 0 刻度对准目标，使目标、0 刻度和磁中点在同一直线上，罗盘水平静止后，"N"端所指的刻度便是测量点至目标的方位，如磁针"N"端指向 36°。则目标在测量位置的北偏东 36°。利用罗盘或指北针辨别方向虽然简单快捷，但需要注意：①尽量保持水平；②不要离磁性物质太近；③勿将磁针的"S"端误作北方，造成 180°的方向误差；④掌握活动地区的磁偏角进行校正。

（二）利用太阳判定方向

在晴朗的白昼，根据日出、日落就可以很方便地知道东方和西方，也就可以判断方向，但只能是大致地估计，较准确的测定方法有下列几种。

1. 手表测向

"时数折半对太阳，12 指的是北方"，一般在上午 9 时至下午 4 时之间可以很快地辨别出方向，用时间的一半所指的方向对向太阳，12 时刻度就是北方（图 10-3）。如下午 14：40 的时间，其一半为 7：20，把时针对向太阳，那么 12 指的就是北方；或者是把表平置，时针指向太阳，时针与 12 时刻度平分线的反向延伸方向就是北方；或者平置手表，将一根小棍垂直立在手表中央转动手表，使小棍的影子与时针重合，时针与 12 时刻度之间的平分线即是北方。

图 10-3

必须注意：①判定方向时，手表应平置；②在南、北纬 20°30′之间地区的中午前后不宜使用，即以标准时的经线为准，每向东 15°加 1 小时，向西 15°减 1 小时。

2. 日影测向

晴天，在地上竖立一根木棍，木棍的影子随太阳位置的变化而移动，这些影在中午最短，其末端的连线是一条直线，该直线的垂直线为南北方向。在一张 50cm×50cm 的绘图纸上绘制一系列同心圆，同心圆的半径以 1cm 递增，钉在平板上并水平固定好，将一根 12～15cm 长的细钢针或针状物垂直插在圆心上。当太阳位置变化时，影子的端点总会与同心圆相交，标绘出这些点，然后把同一个圆上的两点直线相连，把这些直线的中点与圆心相连，这条连线就是南北方向线，圆弧顶的方向为北方。

（三）借助月亮判定方向

在夜晚，可以利用月亮进行简单的方向判定。由于月球的公转，所以月亮的形态也随着时间而改变，上弦月时晚上 6 点钟月亮在东，12 点时在西边；下弦月时晚上 12 点指东方，次日凌晨 6 时指向南；满月时，晚上 6 点在东，12 点在南，次日 6 点在西边；满月时，晚上 6 点在东，12 点在南，次日 6 点在西边（图 10-4）。

图 10-4

（四）夜间借助星体判定方向

当夜晚时，可根据北极星和南十字星来判断方向。

1. 北极星

北极星位于正北天空，其出露高度角相当于当地纬度，据此可以很快找到北极星。通常根据北斗七星（大熊星座）或 W 星（仙后星座）确定。北斗星为七颗较亮的星，形状像一把勺子，将勺头两颗 A 向 B 连线并延伸约 5 倍处便是北极星。当看不到北斗星时，可根据 W 星，即仙后星座寻找北极星。仙后星座由五颗较亮的星组成，形状像"W"字母，字母的开口方向约开口宽度的两倍距离处是北极星（图 10-5）。

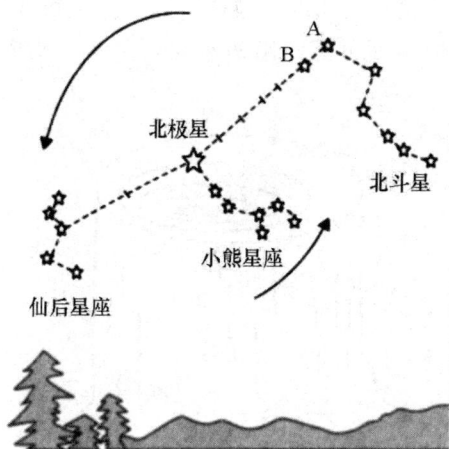

图 10-5

2. 南十字星

在北纬 23°30′以南地区，夜间有时可见南十字星，由四颗较亮的星组成，形同"十"字，在其右下方，由 A 向 B 两星连线长度的四倍半处（无星）为正南方向（图 10-6）。

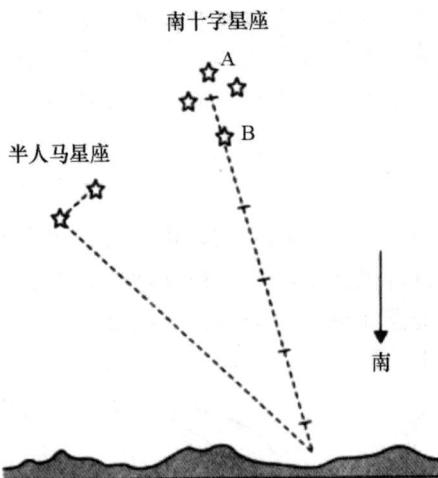

图 10-6

（五）利用地物和植物特征判定方向

有时野外的一些地物和植物的生长特征是良好的方向标志，增加这方面的知识可以帮助我们快速地辨别方向。

1. 地物特征

房屋：一般门向南开，我国北方尤其如此。

庙宇：通常也是向南开门，尤其是庙宇群中的主体建筑。

突出地物：向北一侧基部较潮湿并可能生长低矮的苔藓植物。

2. 植物生长特征

一般阴坡，即北侧山坡，低矮的藤类和藤本植物比阳面更加发育。

单个植物的向阳面枝叶较茂盛，向北的阴地树干则可能生长苔藓。

我国北方的许多树木树干的断面可见清晰的年轮，向南一侧的年轮较为稀疏，向北一侧的年轮则较紧密（图 10-7）。

图 10-7

（六）迷失方向

原始森林等一些容易迷路的地形，应在行走的过程中做记号，如用小刀刮树皮、扎红布、插小红旗、做路标等（图10-8）。

插小红旗　　　　　　　垒石头　　　　　　木棒做箭头

图 10-8

制作路标需注意以下几点：①制作的路标应该在醒目的位置；②路标应有清晰的指向，切忌模糊不清；③确保路标在短期内不会被损坏；④路标的颜色应和大自然的颜色有明显的区别。

如果迷失方向，千万不要慌张，首先应保持镇定、冷静，保持体能，充分应用身边的资源辨别方向，如果确实无法辨别方向，应采取以下措施：①原路返回，直到有清晰方向的地方，再进行下一步活动；②登高望远，寻找标志性的山脉或者建筑物，以确定所处方位及方向；③沿着河流的流向走，如果附近有河流，沿着河流走，很快就会寻找到正确的方向；④顺着小路走，山林中总会有些人为踩出来的小路，顺着小路走也可以顺利摆脱困境。

第三节　野外生存常见危险因素及自救

野外生存生活训练都是在较为偏僻的自然环境中进行的，这些自然环境较之于城市、乡村等居住环境存在着更多自然伤害因素。在野外生存生活训练过程中，事先了解可能发生的伤害事件，掌握相应的应对措施，能够有效地防止野外生存生活训练过程中伤害事故的出现，减少和降低事故造成的损伤，乃至挽救人的生命。

一、动植物伤害的预防与处理

野外环境中的动植物种类繁多，大多数动物感受到人迹时会选择远离，大多数植物不会对人类造成伤害。但在进行野外生存生活训练时，动植物也可能会给人们带来伤害。在尽量避免、预防动植物给我们带来伤害的同时，我们也应当了解并掌握一些必要的应急处理措施。

（一）动物伤害预防与处理

1. 蛇、蝎子、蜘蛛等有毒动物

虽然碰到蛇、蝎子、蜘蛛等有毒动物的机会不多，但若遇上的话却可能造成非常大的伤害，有时甚至会危及生命，所以做好对这些有毒动物的预防远比学会被咬伤后的处理更为重要。

（1）预防

出发前，应对目的地可能出现的有毒动物有所了解。

在地面情况复杂的区域行走时，应穿上保护服和结实的鞋子。

行走和停下时可采用"打草惊蛇"的方式。

不要在木柴堆、石块堆、山洞口、沼泽附近宿营。在宿营地附近撒上雄黄粉可以防蛇，使用蚊帐可以防止蝎子、蜘蛛等有毒动物。

不要将手伸进地洞或石块下面。

不要去昏暗处搜集柴火，拿起大树枝时要小心。

很多有毒动物都在夜间活动，所以不要在夜间赤足离开营地，行动时用手电简照亮路面。

穿衣穿鞋前要事先抖动并检查衣物。

见到死蛇时也要小心，只能用长木棒接触它。

如果见到有毒动物，要尽量远离，不要去招惹它们，不要尝试捕捉有毒动物。

（2）急救

被毒蛇咬伤时可采取如下措施：

①患者应保持镇静，切勿惊慌、奔跑，以免加速毒液吸收和扩散。

②绑扎伤肢：立即用止血带、橡胶带或随身所带的绳、带等在肢体被咬伤的上方（近心端）扎紧，以缓解毒素扩散。结扎时应留较长的结，便于解开，每 $15\sim30$ 分钟放松止血带 $1\sim2$ 分钟，避免肢体缺血坏死；急救处理结束后，可以解除结扎，一般结扎不要超过 2 个小时。

③扩创排毒：缠扎止血带后，可用手指直接在咬伤处挤出毒液，在紧急情况时可用口吸吮（口腔应无破损或龋齿，以免吸吮者中毒），边吸边吐，再以清水、盐水或酒漱口。首先吸毒至少 $0.5\sim1$ 小时，重症或肿胀未消退前，伤口作十字形切开后再吸吮，然后可将患肢浸在 2% 的冷盐水中，自上而下用手指不断挤压 $20\sim30$ 分钟。咬伤后超过 24 小时，伤口一般不再排毒，如伤口周围肿胀明显，可在肿胀处下端每隔 $3\sim6$ 厘米处，用消毒钝头粗针平刺直入 2 厘米。如手足部肿胀，上肢者穿刺八邪穴（两手手指指缝赤白肉际处，共八穴），下肢者穿刺八风穴（两脚足趾趾缝之间），以排除毒液，加速退肿。

有些蜂蛇毒会破坏凝血功能，从而有流血致死的危险，因此吮吸或挤压伤口将没有太大作用。此时最好的方式是在绑扎好受伤者的伤处后及早将其送往医院。被毒虫咬伤时可采取如下措施：

若不慎被蜘蛛、蜈蚣、蛐蜒、蜂、蝎"五毒"虫咬后肿痛难忍，肤色碧绿，甚至溃烂，在交通不便不能送往医院的情况下，可急取大雄鸡鸡冠之血滴涂于咬伤部位，每隔 $05\sim1$ 小时涂抹一次，可起到拔毒止痛的作用。如无鸡冠血，可取蜗牛数只，火烧研磨后涂患处。也可取自己手足的指甲放入容器内，以唾液浸泡指甲，再以指甲磨唾液，待指甲磨薄磨小后，用此唾液涂于咬伤部位。如是被蜈蚣咬伤后，可捉活蜘蛛一只，捣烂涂患处，数分钟即可止痛，一日内可痊愈。如有条件，也可将白矾、半夏两种药材以 $1:1$ 的比例研成粉末，用醋调匀后涂患处，即可止痛。

另外，当被蝎子蜇伤后，应立即用绳子在伤口的上方 $3\sim5$ 厘米处扎紧，以防被蝎毒污染的血液流入心脏，并用双手在伤口的周围用力挤压，直到挤出血水，然后涂些浓肥皂水或碱水；或挤压后用苏打水洗涤，再用 5% 的高锰酸钾溶液浸泡伤口。

2. 熊、狼、野猪等大型走兽

在野外遇到熊、狼等大型走兽的机会非常少，但野猪、野狗等大型走兽还是比较容易遇到。人们在进行野外活动时，总会有意或无意地侵扰它们的领地。一般来说，这些走兽并不经常对人类发起攻击，但这并不表明它们不具有威胁性。

白天在野外行走时，可采用棍棒敲打探路、敲打金属固件发出声响或者发出人声的方法，使走兽提前躲避；晚间行走时可配备火把，因为动物一般都怕火。

遇见大型走兽，其可能发生攻击行为时可采取如下措施：

（1）寻找可能的躲避环境，如水、洞、树等。

（2）运用声音、光线、火焰等手段迫使对方停止攻击。

（3）一般情况下不要试图去杀害大型走兽，因为这只会增加它们对你的威胁。

（二）植物伤害预防与处理

野外生存生活训练过程中会遇到各类植物，有些植物还是我们在野外环境中寻找方向、庇护和食物的重要来源，甚至是我们野外生存生活训练的重要内容（植物考察）。总的来说，绝大多数植物对于人类是不会造成伤害的，而预防植物伤害事故发生的最好方法就是牢记不碰和食用并不了解的植物。

植物中毒一般都属于急性，中毒者应尽快送往医院，由医生进行临床检查和毒物鉴定。必要时，应请植物分类学者协助辨识致毒植物，以便对症下药。在植物中毒治疗方法上可分为一般治疗、使用解毒剂治疗及对症下药等。

1. 一般治疗

首要任务是阻止或减慢毒物的吸收，设法去除未被吸收的毒素，以减少对身体的伤害。治疗步骤如下：

（1）清洗：中毒部位如为皮肤表面或黏膜，属于水溶性毒物，可用清水充分洗涤；非水溶性毒物，则可选用适当溶剂清洗。

（2）洗胃：在洗胃前应先将胃内残留食物抽出，以免将毒物驱入肠内。以稀释的高锰酸钾溶液、热盐水或鞣酸溶液洗胃；如果患者已经昏迷，应避免洗胃；如误食的毒物具有强腐蚀性，则绝对禁止洗胃。

（3）催吐：患者如不适宜洗胃，可采用催吐法。若患者神志清醒，让其喝下3％的食盐水，再以手指刺激其喉部，这是最简易的催吐法。

（4）导泻：如果植物毒素已经进入肠道，为求迅速排出毒素，可采用导泻法。

（5）灌肠：通常可以使用生理盐水或肥皂水高压灌入，使用量约为1 000mL。

（6）服用沉淀剂：鞣酸会与部分生物碱或重金属形成沉淀，以阻止被身体吸收，茶叶中含有大量鞣酸，让患者喝下浓茶，可达到毒素沉淀的效果。

（7）服用吸着剂和保护剂：活性炭可将毒物吸附于表面，减少消化道吸收的量；植物油、牛奶、蛋清、豆浆、淀粉糊等有保护患者肠胃黏膜的功效。

（8）输液排毒：对因大量呕吐、下痢而脱水患者，宜使用生理盐水或格林氏液，配合高浓度葡萄糖液；对酸中毒的病患，最好能加入乳酸钠，以平衡其酸碱度。

（9）加速排泄：让患者喝下大量浓茶、利尿剂等，加速毒物从尿中排出；如植物毒素能由肠道排泄，则可使用泻剂，以加速毒物排泄。

2. 使用解毒剂治疗

解毒剂可分为以下两类：

（1）一般解毒剂：当无法辨别植物中毒种类时，常用氧化与中和的方式解毒。碱中毒，以醋酸枸橼酸等弱酸中和；如果是酸中毒时，以氧化镁乳剂或肥皂水中和；或用高锰酸钾溶液对有机毒素进行氧化破坏，以达到解毒效果。

（2）特效解毒剂：必须在确定致毒植物时才可以使用，否则一旦误用，很可能加重病情。

3. 对症下药

针对植物中毒患者各器官功能严重障碍，如体温下降、通气功能障碍、心脏衰弱、痉挛、脑充血等状况，进行相应的急救措施。

二、自然灾害的避险与求生

一般将给人类生存和发展带来各种灾难的自然现象，包括气象灾害（风暴、干旱、洪涝、森林大火等）、地质灾害（地震、火山爆发、雪崩、海啸等）及生物灾害（虫灾、流行传染病等）统称为自然灾害。下面就如何应对野外生存生活训练中可能遭遇的自然灾害进行介绍。

（一）地震

地震是地球内部长期积累的能量突然释放的一种地壳运动形式，它是突发而短暂的一个过程，释放的能量非常巨大。地震绝大多数发生在大陆板块的边缘，其主要危害在于对建筑结构的毁坏及可能引发山体滑坡和海啸，造成重大人员伤亡事故的地震往往发生在都市和其他人口密集的地区。

如表 10-1 所示，我们通常采用里氏震级表示地震的强度，它是在 1935 年，以其创造者查尔斯·弗朗西斯·里克特（Charles Frances Richter）的名字命名的地震强度分级系统。里氏震级共分 10 级，其中 1 级表示震动非常轻微，而 10 级则表示震动极其巨大。

表 10-1　里氏震级与地震影响力

震级	地震影响力
26	没有感觉，但地震检波仪可以显示出记录
35	有明显感觉
45	局部损坏
60	破坏性地震
70	大地震
80+	极大地震

1. 提前预防

密切留意自然界的反常现象，如动物的异常反应、特殊的地质变化。听到地震预报或者感觉到地震即将来临时，远离耸立的高大物体。躲避地点的选择应注意：不要进入山洞，以防坍塌；不要待在山顶、有碎石的山坡，以防被滑落的石块轧伤；不要在土窑下活动。在等待救援期间，可在安全地带搭建庇护所，水、食物等携带物品应该放在伸手可及的地方。

2. 求生方法

（1）在晃动中尽量保持平衡或通过滚动的方法，逃离可能有重物压下来的地方。

（2）勿返回建筑物内，首次地震会使任何建筑都不太牢固，如果接着再发生余震，建筑物就容易坍塌。在废墟救援时，一定要戴好安全帽和其他保护用品。

（3）在山上时，尽量往山顶移动。

（4）在平原时，尤其是黄土地面，如果趴在地上，将会减少掉进裂缝的概率。

（5）在乱石岗时，应蹲在原地，以免摔倒。

（6）在堤坝下时，应马上逃离，以免堤坝决口。

（7）在滩地时，只要不在悬崖下就会相当安全，但由于海啸经常伴随地震而来，所以当震动停止后应尽快离开滩地向更高的开阔地转移。

3. 救援方法

（1）搬动覆盖物时，要遵循先上后下的次序，观察倒塌物的上下结构，以免引起新的倒塌。

（2）挖掘时，开始可以使用大型机械、工具，发现物品和服装等日常用品时，尽量徒手挖掘，以免给遇险者造成二次伤害。

（3）救援人员要有保护设备，并时刻警惕余震发生。

（二）火灾

火灾的原因很多，雷电、火山、摩擦、化学反应、人为因素都可能引发火灾。野外火灾主要是森林大火及在野外宿营时由于用火不慎而导致野营设施着火。大多数森林火灾是在比较干燥的天气下由人为原因引起的，这类火灾会对树木、植被和当地居民造成非常严重的损害。宿营地发生的火灾规模一般较小，但是对人员造成的伤害可能更为直接。

1. 提前预防

在野外生火时，要有专人负责。注意生火地点要远离树木、草丛；不要在风口处点火；在有风天生火时，要用石块、泥块垒好防火墙；干树叶会引起飞舞的火星，有风天不要往火堆里添加干树叶；生火时，应在火堆旁准备好灭火的工具，如放上一桶水、准备好一堆泥沙土等；如遇到自然火灾应马上报警，并在救援人员到达前，尽快撤离火场，到达安全的地方。

2. 求生方法

（1）遇到大面积火灾时，可以利用附近的地形逃生，最佳的地点是水塘、河流，其次是缺少植物的干涸河道、乱石岗。

（2）在草原遇到草地大火时，一定要向来风方向转移，在被大火包围时（火已经接近时），要顶风逃跑。

（3）如果衣服着火，应马上脱下衣服拍打，如果一时不方便脱下，可就地打滚将火压灭。但当被火围困时，即使衣服着火，也不要脱下衣服，因为衣服可以保护身体不被烧伤。

（4）如果被火包围，又无法逃脱，而附近的草丛又很快可以燃烧完，可主动烧出一块空地，并躲在空地上，这也是有效的逃生方法。如果大火连成一片，又确定无法通过大火逃出火海，可冒险就地挖掘地洞钻进去。

（5）遇有浓烟、一氧化碳、有毒气体时，应避免咽呛。可用湿手巾捂住口鼻，并尽量使自己贴近地面。因为烟要比空气轻些，在距离地面10～20厘米的空间里空气相对较多。

3. 救援方法

（1）火势稍小时，可利用就近的水、泥土、湿树枝进行灭火。

（2）在火势凶猛、无法直接扑灭时，可以在火点周围砍伐树木、割草，使火势无法蔓延；也可通过火烧的方法烧出防火道。

（3）对窒息患者及烧伤患者马上进行处理。

（三）泥石流

泥石流是山区沟谷中，由暴雨、冰雪融水等水源激发的，含有大量泥沙、石块的特殊洪流。其特征是突然暴发，浑浊的流体沿着陡峻的山沟前推后拥，奔腾咆哮而下。泥石流在很短时间内将大量泥沙、石块冲出沟外，在宽阔的堆积区横冲直撞、漫流堆积，常常给人类的生命财产造成重大危害。

1. 提前预防

泥石流来势凶猛、威力无比，远比洪水来得突然，也更加惨烈，所以远离灾害、避开险境是最好的防灾方法。前往山区沟谷活动时，一定要事先了解当地的近期天气实况和未来数日的天气预报及地质灾害气象预报，应尽量避免大雨天或连续阴雨天前往这些区域活动。泥石流、滑坡、崩塌的发生是有迹可循的。坡度较陡或坡体成孤立山嘴或为凹形陡坡、坡体上有明显的裂缝、坡体前部存在临空空间或有崩塌物，都说明曾经发生过滑坡或崩塌，今后还可能再次发生；河流突然断流或水势突然加大，并夹有较多柴草、树木，深谷或沟内传来类似火车的轰鸣或闷雷般的声音，沟谷深处突然变得昏暗，还有轻微震动感，这些迹象说明沟谷，上游已发生泥石流。人们在山区沟谷中游玩时，切忌在沟道处或沟内的低平处搭建宿营棚；切忌在危岩附近停留，不能在凹形陡坡危岩突出的地方避雨、休息和穿行，更不能攀登危岩。

2. 求生方法

（1）根据各种现象判断泥石流发生之后应立即逃离，选择最短、最安全的路径向沟谷两侧山坡或高地奔跑，切忌顺着泥石流前进方向奔跑。

（2）一定要保持身体的高度，可依靠山坡上的树木或岩石，避免滑倒，以防被接下来的泥石流吞没。

（3）泥石流会带动较大的石块冲下来，可以通过较大的树木或岩石来躲避，以避免被撞击。

（4）想尽一切方法保护头部，并防止泥水呛入口中。

（5）不要停留在坡度大、土层厚的凹处。不要躲在陡峻的山体下，防止坡面泥石流或崩塌的发生。

（6）不要上树躲避，因为泥石流可扫除沿途一切障碍；避开河（沟）道弯曲的凹岸或地方狭小、高度又低的凸岸。

（7）长时间降雨或暴雨渐小之后或雨刚停时，不能马上返回危险区，因为泥石流常滞后于降雨暴发。

3. 救援方法

（1）在山坡下方，发现有人被困在泥石流当中，又无法直接拉出来时，可以通过挖掘泥石流的方法进行营救。挖掘时注意方向，应该从侧面挖掘，不要垂直挖，以免震动上面的泥石，导致其继续下滑，伤害救援人员。

（2）在泥石流正在进行时，应该从侧面垂直泥石流的方向直接或者间接拉出遇险者，不要顺着或逆着泥石流方向救援，以免越陷越深。

（3）如果有人休克、昏迷，应及时检查是否骨折或脑损伤。

（四）沼泽

沼泽是指地表过湿或有薄层常年或季节性积水，土壤水分几乎饱和，生长有喜湿性和喜水性沼生植物的地段。沼泽地是纤维植物、药用植物、蜜源植物的天然宝库，是珍贵鸟类、鱼类栖息、繁殖和育肥的良好场所，具有湿润气候、净化环境的功能。

1. 提前预防

看似美丽而平静的沼泽却经常暗藏着杀机，误入沼泽常常会带来生命危险，所以我们在野外行走时要时刻保持警惕，应以行走杖探路，遇到沼泽地时应尽量避开；如非要走过满布泥潭的地方，则应沿着有树木生长的高地走，或踩在石南草丛上，因为树木和石南都长在硬地上。如不能确定走哪条路，可向前投下几块大石头，待石头落定后即可确定是否可以落脚。

2. 求生方法

（1）一旦身陷沼泽，切记不要挣扎，应采取平卧姿势，尽量扩大身体与泥潭的接触面积。

（2）松开背包带，把背包带放在身后，仰卧在背包上抽出一条腿，再抽出另一条。

（3）或者把背包放在胸前，俯卧在背包上，慢慢游动到安全地带。

3. 救援方法

旁边有同伴时，可结绳或用枝条将身陷者拖出沼泽。

三、自救、呼救与营救

（一）自救

自救，就是指依靠一个人或团体自身的能力解除危险、脱离困境。野外生存生活训练的自救内容相当广泛，我们在野外所可能遇到的各种危险都是我们自救的内容，既包括我们在上面提到的动植物伤害和自然灾害，也包括判断方向、寻找食物和水源，在等待援救之前坚持生存等。如果从人类自身的角度出发，自救可大致分为生理自救和心理自救。生理自救的内容是为了保证我们的身体机能正常工作，心理自救更多的是在突发事件发生以后或者长时间等待援救时必须进行的工作。如果说生理自救更侧重于野外遇险人员的野外生存知识和经验，心理自救则更多的是一种生存信念，我们在教授野外自救内容时切不可忽视心理自救能力的锻炼。

（二）呼救

遇有同伴或任何人士在野外受伤时，应及时判断危险的发展情况，及时进行救援。发出求救信号，直至有救援人员到达为止。在可能的情况下，应安排一名伙伴陪伴及照料伤者，另外两人结伴前往求救。为避免延误救援工作，求救人员应将意外详情、地点及伤者状况用纸笔记录，如有可能，应记下地图坐标，避免求救人员因紧张、迷途受困或口头传讯含糊不清导致求救信息不能准确地传达。

求救者要通过各种手段向外界呼救，比如手机、对讲机等，并尽量向救援者提供如下信息：意外性质/出事原因；出事时间/地点；位置/方格坐标/最近的标距柱号码；附近地形或特别参照物；伤者数据，包括姓名、年龄、性别、电话、地址、伤情、已施行之急救、天气情况、同行者情况/动向及其他事项。

如果不能用手机或对讲机等通信工具进行求救，可根据自身的情况和周围的环境条件，发出不同的求救信号。一般情况下，重复三次的行动都象征寻求援助。信号分为以下六种：

1. 烟火信号

火光是非常有效的联络信号。遇险时可根据自身的情况做出以下选择：为保证信号的可靠程度，白天可在火堆上放些苔藓、青嫩树枝、橡皮等物使之产生浓烟；黑色烟雾在雪地或沙漠中最醒目，橡胶和汽油可产生黑烟；晚上可放些干柴，使火烧旺，并使火焰升高。

燃放三堆火焰是国际通行的求救信号，将火堆摆成三角形，每堆之间的间隔相等最为理想，这样安排也方便点燃。如果燃料稀缺或者自己伤势严重，或者由于饥饿而过度虚弱，凑不够三堆火焰，那么因陋就简点燃一堆也行。

不可能让所有的信号火种整天燃烧，但应随时准备妥当，使燃料保持干燥，一旦有任何飞机路过，就应尽快点燃求助。

火堆的燃料要易于燃烧，点燃后要能快速燃烧，因为有些求生机会转瞬即逝。白桦树皮是很理想的燃料。

可以利用汽油，但不可将汽油倾倒于火堆上。用一些布料作灯芯带，在汽油中浸泡，然后放在燃料堆上，将汽油罐移至安全地点后再点燃。添加汽油前，要确保添加在没有火花或余烬的燃料中。

如果受到气流条件限制，烟雾只能近地表飘动，则可以加大火势，这样暖气流上升势头更猛，会携带烟雾到相当的高度。

2. 地对空信号

如图 10-9 所示，图中所列字母是国际通用的紧急求救信号。单个一根木棒"I"，是最为重要、制作也最简单的一个。尺寸是每个信号长 10 米、宽 3 米，每个信号间隔 3 米。

图 10-9

3. 体示信号

向直升飞机发信号，当遇有直升机来救援时，必须用正确的信号将直升机指引到安全的地方。必须注意的是，直升机着陆的地面需平整而坚固，并且没有植被、路标塔或其他散乱的物品，以免被飞机上的螺旋桨吸走。取下帽子站稳，一只脚前跨，时刻准备转身。当搜索飞机较近时，可用体示信号表达遇险者的意思。信号如图 10-10 所示：

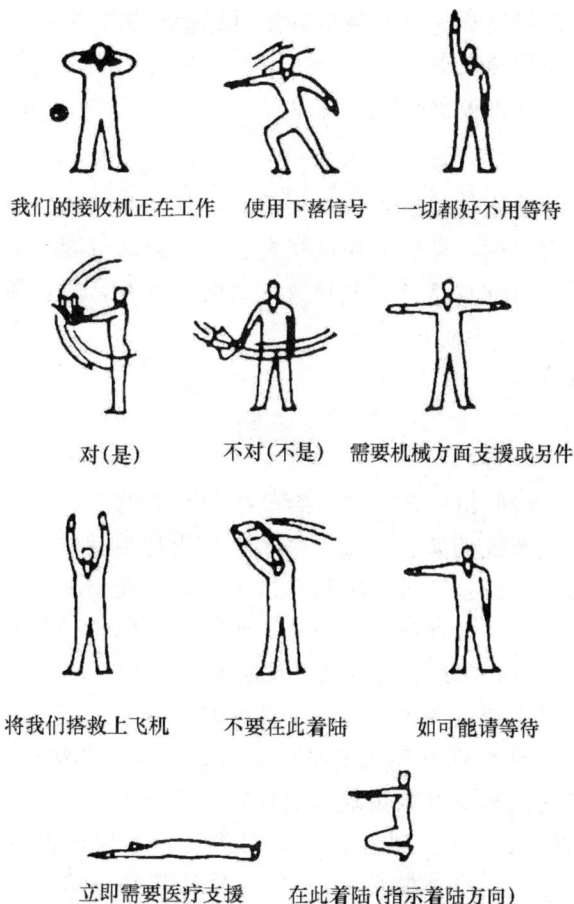

我们的接收机正在工作　　使用下落信号　　一切都好不用等待

对(是)　　　不对(不是)　　需要机械方面支援或另件

将我们搭救上飞机　　不要在此着陆　　如可能请等待

立即需要医疗支援　　在此着陆(指示着陆方向)

图 10-10

4. 旗语信号

将一面旗子或一块色泽亮艳的布料系在木棒上，持棒运动时，在左侧长划，右侧短划，加大动作的幅度，做"8"字形运动。

如果双方距离较近，则不必做"8"字形运动。一个简单的划行动作就可以，在左侧长划一次，在右侧短划一次，前者应比后者用时稍长。

5. 音响信号

用声音来发求救信号效果不是很理想，因为声音的传播距离有限。但有时也是有效的，尤其是近距离时。哨音造成的声音非常响亮，吹哨子是一种较理想的求救方法。国际上公认的求救信号是每分钟吹 6 下，停 1 分钟再吹。常用的 sos 代码，即声音节奏为：三短——三长——三短。

6. 反光信号

利用阳光和一个反射镜即可射出信号光。任何明亮的材料都可加以利用，如罐头盒盖、玻璃、金属铂片、镜子等。持续的反射将规律性地产生一条长线和一个圆点，这是莫尔斯代码的一种。即使不懂莫尔斯代码，随意反照，也可能引人注目，在距离相当遥远的地方，也能察觉到一条反射光线信号，所以就算你并不知晓欲联络目标的位置，也值得多加试探，注意环视天空，如果有飞机靠近，就应快速反射出信号光。由于这种光线或许会使营救人员目眩，所以一旦确定自己已被发现后，应立刻停止反射光线。

（三）营救

营救是指对遇险者进行搜索、救援等一系列活动过程。营救与自救、求救是相联系并且密不可分的，没有自救就没有生存，没有生存也就失去了呼救的可能与营救的意义，没有呼救就没有营救活动的有效开展，而营救是自救和呼救的目的，没有营救，那么自救和呼救也就很可能不能够转化为生存。

营救程序包括以下四步：

1. 成立救援指挥中心

（1）确立总指挥。

（2）组成救援队伍。救援队伍应该由具有野外搜救经验的人员组成，队伍组成人员当中应包含以下几类人：熟悉当地情况的队员，可以是经常在当地活动的，也可以是当地人；医疗人员；会操作各种器械的人员。搜救队员必须具备以下知识技能储备：①充沛的体能；②良好的精神状态；③优秀的追踪能力，能准确分析行迹、跟踪；④熟识野外环境；⑤具备医疗急救常识；⑥熟识通信工具，发信号；⑦通晓各种技术性装备的使用。

（3）为了保障安全和提高搜救效率，应制定搜救管理流程，搜救人员必须严格遵守以下管理流程：①设立指挥部；②评估现场环境危险状况和制定解决办法；③确认和标示高危地带；④确定搜救区域；⑤制定进入和离开救援地点的规定，清散无关人员；⑥安排场地进行搜救器械通信装备；⑦确定行动计划并指派搜救任务，召集简短会议通报情况；⑧统一信息发布人员（通信保障、网站论坛公布、媒体信息发布）；⑨确认后勤保障人员（食物、车辆、购买保险）；宣布搜救行动的开始和结束。

2. 准备救援器材

准备相应的救援器材，如交通、通信、医疗、急救等必需设备。

3. 制定营救方案

根据遇险者的方位、距离、地形及当时的气候等，确定营救方式、人员、工具，制定营救实施方案和应变措施。

4. 实施搜救

（1）野外搜救要点

①幸存者可能在自然环境中存活 2～3 周以上。在完全排查之前，或搜救时间没有超过 3 周之前，绝不轻易放弃。

②开展大规模搜救之前的信息排查工作尤为重要，对失踪人员的行踪信息把握和个人习性调查必须充分。

③每个搜救地点都必须指定一人专门负责协调，统一指挥，全权进行人员调度。

④在搜救人力、资源、时间有限时，须对搜救地点的优先级进行选择。

⑤搜救人员在野外环境进行人工搜索具有一定风险，搜救现场指挥官应该充分审视搜救环境。

⑥使用固定、醒目的符号对已经完成搜索的区域进行标示，以节约宝贵的时间和人力。

⑦充分调动政府应急资源，调用搜救犬、搜救仪器配合人工搜索。

⑧根据国际惯例，搜救行动通常配置两支以上的搜救分队，执行同一区域的搜救任务，以保障搜救区域的搜救完整性；每支搜救分队至少设队长和医疗急救人员，并力图做到队伍成员角色能够互换。

（2）野外搜救常用徒步搜索队形

为了达到最佳效果，在大规模的搜索中，每个队伍都应当被部署在能最大面积地覆盖搜索区域的位置，并且所有成员都能发挥积极作用。这适用于队员们疲劳，并且倾向于停止搜索时。队长必须确定适合搜索区域地形的任务和队伍构成的最佳队形，并给每个队员分配他们在队列中的位置，指定他们负责搜索的区域。队列行进中，队长必须确保每个队员在队列中的位置并且保持警觉。常用队列能够适用于多种地形和情况，包括以下八种：

①印第安纵队。这种队形适用于搜寻小路和狭窄的山谷地带；队伍沿小路，一个接一个，搜索小路及其周边，应当特别注意主要搜索半径；队长通常位于最便于控制队伍的地方，往往在队伍中央。

②路侧拉网搜索。在地形和植被允许的情况下，路径搜索中效率最高的就是路径两侧拉网式搜索队形；这一队形中，队长在路上，队员分置道路两翼，对路旁的地面进行最大限度的搜索。

③方块队形。当搜索正面受到限制时，比如在谷口地带，可以采用方块队形，这将在队伍无法充分展开的情况下获得最大效果。在这种队形中，为了取得最佳效果，队长往往处于队伍中间，其他队员成对地排在队长的前方和后方。

④单队平行式拉网搜索。在地形和植被允许的情况下进行，这一队形通常是在对整个区域进行覆盖式的目视搜索时采用的。单队搜索适用于一支队伍足够覆盖整个区域时。最简单的办法是一般队伍与某一特征物保持平行，如篱笆，或者沿着某一特定的罗盘方位行进。在这种队形中，队员们在起搜线上平行站位，队长位于队伍背后正中的位置。在队长指挥下，队伍从起点开始，直至整个区域搜索完毕。

⑤多队平行式拉网搜索。在一个大的开阔地带进行搜索时，将可能用到在一条长线上进行的多队平行式拉网搜索。当进行多队搜索时，各队相互错开比所有人站在同一条线上效果更好。如A队从最左侧开始，队员A标记出最左端，队员A，标记出最右端；经过适当的时间间隔后，B队出发，队员B会发现队员A留下的A队左端的标记，而队员B，标记下B队的最右端；再经过适当的时间间隔后，C队出发，以此类推。总指挥进行搜索指挥。如果某队赶上了前面出发的队伍，后出发的队伍应停下，等待前面的队伍推进一段距离后再出发。不要让各支队伍处于同一直线上，因为这样控制起来很困难。为了方便指挥，搜索总指挥应当在整个搜索网络中有独立的对讲机频率，主要通过对讲机与各队队长直接通话，从而控制队伍的行动。

⑥蛇行搜索（适用于植被厚实的地区）。当一支队伍已完成单队平行式拉网搜索时，可以采用称为蛇行搜索的一系列平行式拉网搜索。这种方法是在地表植被密集，或地形比较崎岖，妨碍了大部队搜索的情况下采用的。进行搜索前，应当确定起搜线和搜索的界线。一开始队伍平行于其中一条搜索的界线。队长位于队伍背后正中央的位置。队伍两侧的队员负责标记出每次搜索的边界。为了标记出边界，可以用颜色鲜艳的标志物绑在位于标记之间的可见距离的树上。标志物可以用彩色纸做成，因为它可降解、无污染，而且寿命有限。可以在纸上记录不同天内

搜寻的区域。做标记的队员不能集中精神行进，因为他们要做标记而会分神。这一点应当在队伍行进速度和搜索的面积方面予以考虑。在开始搜索之前，应当准备一定数量的彩色纸和笔，以辅助标记。队伍从起点开始，沿着每次搜寻的边线往返进行拉网式搜寻，直到整个区域搜索完毕。当一次搜索到头，需要返回进行下一次搜索时，队长应当保证尽快重排队列。有两个方法可以保证重新排队的顺利进行：

方法一：当队伍搜索到区域边界停下时，全体朝向搜索前进的方向，然后全体向后转，面向回去的方向，跟着向着边线方向侧向移动，直到整个队伍越过边线；随后，队伍向相反方向进行搜索。

方法二：当队伍搜索到区域边界停下时，全体朝向搜索前进的方向。一人作轴固定不动，其他人转弯绕过去，重新排成队列，队伍面向相反的方向进行搜索。

⑦螺旋下降搜索（适用于山地地区，从上至下）。当搜寻小山、山脊或尖坡时，建议从高处向下搜寻。这样，搜索者可以俯视，而无须仰视。当搜寻小山时，队伍组成一定队形，由上至下搜寻，螺旋下降搜索，从而避免直接走陡坡。搜索山脊或尖峰时，应该进行一系列浅的、互相重叠的搜索。在小山或陡峭的地形进行搜索，必须控制好速度，以适应地形和搜索者的能力，否则容易造成对脚腕和膝盖的伤害。

⑧方块扩展法。这一技术用于密集搜索一个有很高可能性的区域。它对于小范围完全的覆盖非常有效。这一技术适当的搜索人数为15。一名队员被要求标记外侧的界线，并且要保证所有人都遵循这一界线。另一名队员负责标出内侧界线，这能够保证搜索时的均匀运动。队长应当在搜索线的中央，这样才能保证搜寻的成功。标记出一块50米见方的方形区域，该区域要求使用罗盘方位和测量员皮尺或类似材料进行仔细搜寻，接下来对方块区域内进行搜索；从方块的一个角向外延伸一条线，沿着同一个方向绕着方块进行搜索；然后继续用同样的方法扩大搜索区域（该区域慢慢会变成圆形）；多于15个搜索者，搜索线将无法控制；在荆棘丛生的地带，方块扩展法能够在3小时内搜索完90 000平方米的区域。

第十一章 拓展训练项目的训练指导

第一节 户外运动拓展训练起源与发展

一、户外拓展的起源

拓展训练，又称外展训练（Outward Bound），原意为一艘小船驶离平静的港湾，义无反顾地投向未知的旅程，去迎接一次次挑战。拓展训练源于二战，由一位名为汉思（kurt·hahn）的人所创。他出生于 1886 年的汉思毕业于牛津大学，是一个极具想象力与创造力的德国教育家。在 20 世纪初的德国，捧读教科书和讲授式的教学模式盛行，而汉思敏锐的思想告诉他，传统的教学模式不能满足学生成长的需要，他开始尝试开发其他有效的教学方法。

20 世纪，哲学已经取得了相当大的成就，汉思从哲学原理中得到了启发，那就是"实践出真知"。于是他在德国成立了 Salem 学校，开始试行体验教学。然而，二战爆发了，犹太后裔的汉思不断受到德国纳粹的迫害。像绝大多数犹太人一样，汉思开始逃亡，而他的逃亡地正是后来成为拓展训练起源地的英国。

在二战中，英国大西洋商务船队遭德国人袭击，许多缺乏经验的年轻海员葬身于海底。通过观察，汉思发现，能够逃生回来的海员，都是意志力坚强、生存欲望强烈的人，而且这部分海员具有相当的协作能力。经过战争中的经历、见闻和思索，汉思茅塞顿开，于是在 1941 年与其他人一起在威尔士建立了 Outward Bound 户外学校，也就是"阿伯德威海上学校"。该学校的校训是"There is more in you than you think"（你拥有的超过你想到的）。学校的目的是训练年轻海员的海上生存能力和船触礁后的生存技巧，使他们的身体和意志都得到锻炼。目前，Outward Bound 已成为世界最知名的体验培训机构。

二战结束后，这种训练方法的创意为大多数人所接受，人们认为这种训练方式可以延续下来并引用到其他领域，因为他们认识到，促使海员生还的最关键因素并不是体能，而是他们在强烈求生欲望下爆发出来的潜能。于是拓展训练的独特创意和训练方式逐渐被推广开来，训练对象也由最初的海员扩大到军人、学生、企业员工、国家公务员等群体。训练目标也由单纯的体能训练扩展到心理训练、人格训练、管理训练等。

二、户外拓展的发展

20 世纪 60 年代，Outward Bound 被引进到了美国，并在短时间内获得了美国人的认同。哈佛教授大卫·高比（David·Kolb）对此种训练进行了一系列的研究，随后发表了大量的论著。并于 1984 年提出了一个新的概念体——体验式学习模式。由此，体验式培训诞生了。这个概念的产生，说明户外拓展具有了更广阔的意义。

在亚洲地区，新加坡最早成立 Outbound School，此后中国香港，日本先后引进了体验式培训方式。体验式培训发展到今天，Outward Bound 在全球共有 40 多家分校，学习者涉及各个领域：学生、家长、企事业单位、公务员等。体验式培训以其最显著的特征——"体验"征服了广大学习者。

（一）国外拓展训练的发展状况

拓展训练在英文中最早被称为 Outward Bound（OB），二战结束后，这种 OB 培训模式被传播到许多欧美国家，20 世纪 60 年代在美国开始盛行，并于 1962 年在科罗拉多州成立了第一所美国的户外冒险学校。此后，在一些教育机构的帮助下，相关的研究机构陆续成立，拓展训练以各种形式在世界各地的培训和教育领域开展起来，例如 Adventure Education（AE）和 Expeditionary Learning（EL）等等。目前，在世界许多国家和地区，拥有大量的从事此类培训的机构，受训人员包括学生、家长、教师、企业员工和各级管理人员。新加坡等国家还为公民定期做义务的拓展培训。许多国家的大学体育课程都开设了拓展训练的课程，例如在美国开设的拓展训练项目有断桥、高空抓杠、攀岩等；日本的许多中小学也开设了很多类似的课程，并且许多校外的培训公司也是以学校为依托开展的；新加坡、韩国、澳大利亚等国也把拓展训练以不同的方式引入学校教育中，而且在国际上也有很多著名的学者为拓展训练的开展提供了强有力的理论支撑。

可见，拓展训练经过很多年的发展，已经从最初的水兵生存训练的雏形阶段发展到了目前内容丰富而富有成效的一种灵活且具有针对性的新型培训学习方式。

（二）我国拓展训练的发展状况

拓展训练在 1970 年进入香港，1995 年由北京人众人拓展训练有限公司董事长刘力引入中国大陆，他借鉴国外体验式学习、培训的方式，在中国创立了第一个体验式培训品牌——"拓展训练"。此后，拓展训练在中国企业培训领域异军突起，历经二十余年的发展历程，培训理论和模式已趋成熟。拓展训练在企业培训中对学员心理素质及社会适应能力的提升和强化等方面显现出了良好的效果，因此拓展训练产生的价值及效应受到了教育界人士的广泛关注。在这个契机下，我国高等院校也逐步将拓展训练课程引入学校体育健康课程的体系，力图通过拓展训练课程的教学模式和教学内容，实现对学生进行身体、心理和社会适应等多重教育的目的。

经国家体育总局和国家民政部批准的、中国登山协会第六次全国代表大会（2002 年 1 月）通过的新的《中国登山协会章程》中，已经明确规定：中国登山协会的业务范围包括开展登山运动和由登山运动派生出来的或与登山运动有一定关联的体育运动，其中就有拓展运动。拓展是诞生于二战时期海员求生的一种训练方法，因此，国内一些人一直将之翻译成"拓展训练"。

拓展运动具有良好的竞技性、参与性和观赏性，因而具有良好的社会基础和发展前景。由于拓展运动主要是通过体验的方式进行，与大众平常的生活环境有较大的差别，因此对大众，尤其是青少年有巨大的吸引力。通过不断地挑战个人和团队的身体精神极限，可以极大地激发参与者的主动性和积极性。举例来说，"空中抓杠"项目，可以通过不断地升高"杠"的高度和与人之间的距离，增加项目难度，激发参与者的斗志和技能水平。因此，可以断言：拓展运动一经开发和开展，必然会受到大众尤其是青少年的热烈响应和欢迎。拓展运动是一个项目群，作为运动，它应该包括哪些子项目，每个子项应该使用什么样标准的场地、器材和设备，各子项的运动规则、如何进行裁判记分，如何尽快地推向社会等等，都是我们合作的内容，也是我们把拓展发展成一项运动的必须解决的课题。

（三）拓展训练的发展趋势

社会需求和行业利润的追求，使当前国内拓展训练的主要阵地仍在社会商业拓展培训机构，但随着社会发展和人们生活水平的不断提高，以及教育系统对拓展训练的关注，拓展训练正逐渐地向拓展型旅游和学校拓展训练方面渗透。

现今，拓展训练已由课程产品发展成为一种教育理念和教育模式，同时得到了教育系统的认可，并应用到相关的领域，成为中国户外体验式教育的主打品牌。拓展训练并非体育加娱乐，而是对正统教育的一次综合提炼和全面补充。当前，拓展训练主要以体能活动为导引，以心理挑战为重点，以拓展心胸、拓展品格、拓展意志为宗旨，以人格完善为目的。拓展训练引入学校，倡导学生的素质教育，全面提高大学生的综合素质成为其发展的必然趋势。这既是高校体育教育事业发展与时俱进的表现，也是当代高校"以人为本、健康第一"指导思想的具体实践。近年来，拓展训练在中小学也得到了很大的发展，尤其是2016年教育部发布《教育部等部门关于推进中小学生研学旅行的意见》后，中小学拓展训练犹如雨后春笋，近百家青少年素质拓展基地为中小学的学生们参加拓展训练提供了更多的机会，未来几年，学校拓展训练的开展将有更大的发展空间。

第二节　户外运动拓展训练概述

一、拓展训练的特点

（一）先行后知，学生为主

拓展训练强调的是一种体验，是一种体验式教育，是一种由内至外的自我教育。它与传统教育最大的区别在于拓展训练完全以学生为中心，以学生的"学"为主，学生是学习的主人，是教学过程中的主体，教师只是给予及时的启发和引导，学生在充分参与的过程中体会到学习的乐趣。因此，拓展训练与现代教育学中师生双主体的理念相一致。

（二）在活动中提升综合能力

拓展训练的所有项目都是以体能活动为载体，在提高身体素质的同时，引发出认知活动、情感活动、意志活动和交往活动，在体验中提升领导能力、团队协作意识、吃苦耐劳的能力以及探索能力等，有明确的操作过程和目标，要求学生全身心地投入，克服心理惰性，提升行动力，磨炼战胜困难的毅力。

（三）挑战极限，增强自信

拓展训练项目是团队和个人的挑战，具有一定的难度，表现在心理考验上，需要学生挑战自己的能力极限，跨越"极限"。需要团队的默契配合，锻炼团队的协同能力。在克服困难，顺利完成任务并挑战成功后，学员能够体会到发自内心的胜利感和自豪感，获得人生难得的高峰体验，认识自身潜能，提升自信心。

（四）集体中彰显个性

拓展训练实行分组活动，强调集体合作和团队竞争，力图使每一位学生发挥特长，激发想象力与创造力，竭尽全力为集体争取荣誉，并在集体中彰显个性，充分发挥个人在集体中的作用。同时从集体中吸取巨大的力量和信心，认识群体的作用，增强对集体的参与意识与责任心。

（五）小游戏大道理，分享中成长收获

很多拓展训练项目看似很简单，但学生亲自体验时才会发现和想象中不同。看似是在游戏，但每个游戏中都蕴含着深刻的人生哲理。在项目开展的过程中，学生会遇到很多问题，那么这些问题都将会在最后，由教师总结与分享，进而延伸到生活、学习、工作中，从游戏中体会到一些人生道理以及对待学习、工作的态度，并学会换位思考。

二、拓展训练的锻炼价值

大学体育课上的拓展训练以体育教学手段为载体，结合"运动参与、运动技术、身体健康、心理健康、社会适应"五大领域目标，并将其作为新的体育与健康课程标准，更加充分地体现拓展训练多元化的价值、功能和文化内涵。

（一）全适能

作为学习的过程，拓展训练让学生"在活动中体验，在体验中学习，在学习中成长"，始终不变的是以全面的健康发展作为学习的最终结果，这也是全面健康概念的最好体现，它不仅仅给予学生身体健康方面的帮助，而且在心理健康、情绪健康、社交健康、精神健康和职业健康方面给学生以全面支持。它给学生全面健康的帮助主要体现在"全面健康"的适应能力上。

（二）体适能

拓展训练教学内容中的集体跳绳、能量传递、有轨电车等在提高学生团队凝聚力、锻炼学生心理品质的同时，主要是以强度低、持续时间长的有氧运动为主，所以能有效提高学生的耐力素质。如集体跳绳练习，学生以团队为单位参加跳长绳活动，持续时间长的团队获胜，此项目要求学生在进行运动的过程中观察同伴的跳跃节奏，注意团队间的配合，力求保持长时间的活动；超音速和旋风跑在提高团队协作能力的同时，提高了学生快速奔跑的能力；一些攀爬类的项目如勇攀天梯、空中单杠在挑战学生心理的同时，提高学生力量素质和灵敏度，类似的拓展训练摆脱了传统体育教学训练的枯燥，激发了学生练习的兴趣，使学生在欢乐中提高运动能力，提高身体素质。

（三）心适能

心理健康教育的目的在于提高学生的心理素质，培养学生坚韧不拔的意志品质，增强青少年适应社会的能力。心理素质是人才素质的基础，它的提高将有利于人才素质的全面提高。

在体育教学中实际情况设定的多种新鲜、巧妙、刺激的项目，能够帮助大学生释放生活、学习的压力，调节心理平衡；在一些情景模拟的特定环境和气氛中，学生要不断克服自己的心理恐惧，做好情绪调节和自我调控能力，保持平和心态，勇于挑战自己，战胜自己，从中塑造冷静、果断、坚韧不拔的良好意志品质；在进行高空项目或者团队挑战较大难度的困难项目时，学生面对的通常是陌生的、新鲜的且具有挑战性的，与平常生活方式不同的经历与体验，挑战

成功可以提高学生自信心，同时在不断地尝试中，也可以提高学生的抗挫折能力；面对这些从未经历过的活动，将会产生心理压力和生活中少有的危机感，由此而产生的心理体验，必将带来特有的经验，有助于提升自我意识和自我概念，从而促使学生的个人成长。因此，参加拓展训练能对学生的心理健康起到积极的促进作用。

（四）群适能

拓展训练的很多项目都是围绕团队合作来设计的，通过团队协作能使学生个体社会交往的需求得到满足，也有助于提高学生的自我责任感、群众责任感和社会责任感，学会尊重他人和关心他人，有利于培养学生的独立性和社会性。

在"盲人方阵"中的学生不仅会对如何授权、分工、监测等常规问题有真实的体验，也会对特殊情境下"民主的讨论与武断的决策"有所认同；"求生电网"对于资源的配置、时间管理等问题做出了最好的诠释。学生在学习结束后，对这类活动带来的冲击记忆深刻，并且能够对照生活去改变自己，努力将学习的书本知识和社会实践结合，为适应社会做些准备。学生通过拓展训练的学习所形成的好的习惯和思维方式，能够对求职有所帮助，同时也对用人单位寻找到适应工作岗位和环境的毕业生提供帮助。

良好的团队精神和积极进取的人生态度，是现代人应有的基本素质，也是现代人人格特质的两大核心内涵。在现代社会，人类的智慧和技能只有在这种人格力量的驾驭下，才会迸发出耀眼的光芒，拓展运动应运而生。拓展运动起源于国外风行了几十年的户外体验式训练，通过设计独特的富有思想性、挑战性和趣味性的户外活动，培训人们积极进取的人生态度和团队合作精神，是一种现代人和现代组织全新的学习方法和训练方式。

第三节　户外运动拓展项目的基本训练

一、户外运动拓展训练的场地器械

（一）拓展训练的场地

场地的选择对拓展训练是至关重要的，不同的场地会有不同的项目设置。同样，合理的利用场地所制造的情境对于培训效果也有帮助，在高山与水上进行的拓展训练项目有所不同，炎热的沙漠与寒冷的雪地对学员的态度也会有不同的影响。在这里我们关注的场地还是以模拟情境下的拓展训练场地为主，这些场地往往看似相同，其实每一个细节的变化都会有不同的培训效果。

拓展训练根据场地的分类主要有自然环境的野外拓展训练场地，自然环境与人造环境相结合的户外拓展训练场地，人工建造的拓展训练场地等，按照我国拓展训练现行的操作模式，人工建造的场地是比较常用的。无论什么样的场地，都需要在不断的实践中进行改进，为了表现项目的理念，随着理念的变化，项目所需要的场地也在不断变化

1. 自然环境的野外拓展训练场地

野外拓展场地的安全由于环境复杂多变，适合具有一定专业训练的人或在其组织与带领下，体验拓展训练的刺激与乐趣。参与此类活动必须有人对地形极为熟悉，对当地的气候条件有充

分的了解，对周边的人文环境有较好地处理经验，做好各项准备之后，在活动前的一周内对场地再次进行前期考察，然后才能选择使用。

2. 自然环境与人造环境相结合的户外拓展训练场地

自然环境与人造环境相结合的场地是许多拓展活动所推崇的一种活动场地，它是在利用原有自然环境的基础上，寻找适合某项活动所需要的可利用条件，在不破坏场地原貌的基础上局部进行人为改造。比如利用大坝做沿绳下降，利用河流与钢索搭建进行渡河活动等。

选择使用此类场地要坚持场地周围潜在危机小，场地具有一定的稳定持久性，活动期间不干扰周边人群并具较强的抗干扰性。如林间寻宝活动：我们在设定了部分点标后，在活动时点标引起他人过多注意力或被不知情者移动、取走等都不利于我们进行训练。

3. 人工建造的拓展训练场地

场地拓展训练是我们按照一定的课程理念，将课程知识按照一定的要求，设计出符合要求的活动，并依据活动要求进行布置与搭建的场地设施，让活动者在其中学习训练。场地拓展训练是开展较为普遍，易于被活动者接受，组织实施比较方便的一种形式。

场地训练在场地的建设中必须设计合理、用料考究、施工仔细、检查严格。同时遵循安全耐用、易使易查、留有备份的使用原则。

（二）拓展训练的器械

拓展训练的器械包括保护性器械、辅助器械、模拟器械以及一些小道具，每一种器械对于教学来说都是必不可少的，正确合理地选择、使用现有相关器械与购买必要的器械是非常重要的，不仅对提高课程效果有很大帮助，同时也是对学习者安全的负责。另外，还可以利用废旧物品制作一些简单的器材供教学所用。可简单将其分为：

安全器械：主要包括安全带、保护绳、头盔、锁具和制动装置，这些器械在拓展训练中主要起保护安全的作用，器械的选择、使用以及维护一定要严格参照相关的标准和使用说明。

拓展器械：拓展训练专用器材是拓展训练最直接的体现，也是拓展训练中最重要的环节。根据项目的需要配备不同的拓展器材，也可以根据项目的需要自制器材。

辅助器材：对于辅助器械和一些项目当中使用的小道具，同样需要注意，例如盲人方阵的眼罩、孤岛求生的道具、信任背摔的捆手带等等，这些细节很大程度上影响了项目完成的质量。

1. 头盔

我们对于所使用的器械"从头说起"，首先就是头盔的选择和使用。在拓展训练活动中，戴上头盔能够使外在的危险降低一半左右，相对于坚硬的岩石与钢铁，我们的头就像又硬又脆的鸡蛋壳一样，即使与树干发生轻碰，也占不到任何便宜。

使用头盔时需要注意的几点事项：

（1）尽量使用全可调的头盔，包括头围与颈部的收紧装置。有些头盔是在塑料外壳内固定了一层泡沫层，头围大小不能调解，一旦有头围较大的学员戴上之后，头盔高高的翘起在头顶，而且会紧紧勒住颈部，既不美观也不实用，重要的是能有多少安全保障更是难以确定。

（2）不要将头盔的前后戴倒了。头盔和我们常戴的棒球帽一样，都有前后之分，棒球帽的帽檐朝后戴在头上有时是不错的选择，但是头盔这样戴就不可以了，尤其是那种非流线型的半圆头盔，经常有人无意间就戴倒了，这样会觉得很不舒适，而且很容易遮住自己的眼睛。

（3）将长发盘在头盔里是好的选择，头发上的装饰物应该摘下。如果长发在头盔外飞舞，很有可能会和安全带或绳索缠绕在一起，尤其在类似"空中单杠"这样的项目，全身式后挂安全带一定会给长发带来危险，戴头盔时最好盘起来或用橡皮筋扎住，戴在头盔里。在整理器械时，经常会发现留在头盔里的几缕青丝，这表明胡乱地将长发塞进头盔里也会给自己带来麻烦。头上佩戴的饰物应该摘下，饰物有时候会和头盔里的震荡缓冲装置"纠缠"在一起，让自己陷入不该出现的麻烦中。

（4）给学员戴头盔时要注意细节，体现人文关怀。如果颈部的收紧带是搭扣的，我们在扣上时必须用自己的一个手指垫在学员的颈颊部，防止扣紧搭扣时夹伤皮肤，并且需要把使用方法教给每一个学员。

头盔的使用不仅仅能够保护我们的头顶，有时候还会保护我们的眼睛与脸部，尤其是流线型较好的头盔，有的还会有一个前遮，这样的头盔并不是因为好看或时髦，而是在一些快速移动的项目中，树枝或绳索有可能会伤到脸部，此部分的仰角可以调节。

2. 头盔附件——头灯

头灯是拓展训练中经常使用的物品，当然有时候也用手电筒代替。如果在夜晚除了行走还要做一些活动，头灯的作用是不可代替的。如果是一个要求奇特的使用者，新款氟灯泡/5LED双光源头灯，可以满足他们对时远时近和更长时间使用的照明要求。国产 LED 发光二极管头灯，简洁的设计，极轻的重量，出色的性价比值得选择，可持续照明 60 小时～70 个小时，性能稳定，低温表现好，同时还有信号闪光效果，磁性后座，可吸附在车身等金属表面。作为冷光的理想光源，LED 在使用时最大的好处是不会因为热量的散失而导致危险，尤其是在有大型食肉动物出没的地区进行野外拓展训练，只可用 LED 灯泡而不可用手电筒的白炽光源，在水下的活动就更应该遵照这个原则了。

3. 安全带

安全带是人与装备的连接枢纽，常用的安全带主要分为全身式安全带、胸式安全带、坐式安全带。安全带在攀岩与登山中是必备的装备之一，攀岩安全带与登山安全带有所不同，一般不用做登山，但登山用安全带可作攀岩使用，拓展训练中这两种安全带都会用到。

全身式安全带在拓展训练的空中跳跃项目中使用，它的优点是可以防止人在空中翻转。一般由 45 毫米的宽带制成，全身可调，一种尺码。胸围最大尺寸 108 厘米，腿围最大尺寸 90 厘米，常见的全身式安全带前后各有一个挂点，有的有装备环。重量一般为 600 克，轻便型的在400 克左右。

很多时候，使用胸式安全带是非常必要的，胸式安全带可让使用者在出现意外时不至于头下脚上。有些拓展项目比如"空中单杠"，学习者在完成时，没有全身式安全带可供使用，必须使用胸式安全带的配合。当你背着巨沉的背包上升或下降时，你也会需要它。

胸式安全带不能单独使用。使用胸式安全带代替全身式安全带的缺点是，冲击力较大时，身体的上半身承受的力过大，有时会造成危险的后果，尤其对于儿童，不能使用胸式安全带。胸式安全带大多是全可调的，45 毫米的宽带制成，重量在 200 克左右。

坐式安全带，由腰带和腿带构成，可分为全可调和半可调两种。坐式全可调式安全带，穿戴方便，适合拓展训练中的学员使用。现在许多安全带的腰带与腿带都可以调整，腰带采用独特的喇叭口外形设计，可以提供更理想的支撑和舒适性，使动作更加不受限制和自由。全可调安全带腰部调整范围 60～100 厘米，腿部调整范围 45～72 厘米，大多都有装备环，重量 300 克左右。

4. 拓展训练用绳

在拓展训练中，绳索的作用是非常重要的。我们通常运用的绳索有：全程保护学员的上升、通过或跳跃、下降的动力绳，如"空中单杠"用绳；固定在场地器械上的，用于连接上升器，保护学员攀爬时上升或下降的静力绳，如"高空断桥"立柱上连接上升器的用绳；用于双手抓握的不同粗细的麻绳，沿绳攀爬或摆动时使用，如"飞越急流"的秋千绳；用于结网或活动道具的普通粗尼龙绳，如"盲人方阵"所用的绳；各种细绳，如"风筝飞起来"的放飞线绳，"求生电网"的编织绳等。

许多时候绳索的作用只是在出现意外时才能够使用得上，比如在"高空断桥"的项目中，在断桥上时，绳索只是起到意外失手的保护作用，有的时候我们可以假想绳索并不存在。但是要提醒大家的是，无论我们有多大的"把握"，绳索是绝对不可以摘除的，我们不仅不能摘除，而且还要有更加安全的保证。

拓展训练中常使用的保护用绳和登山与攀岩活动中的用绳相同，所有的高空项目都会用到保护绳，拓展训练行业中所说的保护绳也就是攀登中的登山绳，在国外被广泛称为动力绳（Dynamic Rope），在这里我们对拓展训练中的保护绳进行较细致的介绍，也是为了合理的降低高空项目的风险性，使拓展训练具有更高的安全性。保护绳在拓展训练中是最重要的器材装备，上升、下降和跳跃等各项活动都需要保护绳的保护。铁锁、安全带等众多用品也只有和保护绳联系在一起时才能发挥作用。

5. 锁具

我国登山人员经常所说的"铁锁"，英文名称叫做 Carabiner。在拓展训练中使用的铁锁，与登山活动中的相同。早期登山使用的钢制铁锁的特点是坚固耐用，承受拉力大能达到 40 千牛～50 千牛拉力，相当于现在的 3 倍。缺点是重量大，增加攀登者的负荷，无法大量携带，铁锁逐渐被铝合金铁锁所替代，铝合金铁锁质轻且坚固，目前使用的铁锁是钛合金材料制成，优于铝合金的铁锁。然而在拓展训练中，场地上的高空项目由于离住地较近，所需带的装备不多，由于钢制铁锁能承受较大的拉力，在高空项目中，上方保护点建议使用钢制铁锁。

铁锁是拓展训练中用途最广，而又最不可缺少和替代的器材，活动中铁锁的最主要用途是连接保护绳与保护点，在活动中铁锁可以替代许多复杂而繁琐的绳结。安全带，上升器，下降器等许多攀登装备的组合和使用都要靠铁锁来连接。在户外活动中，铁锁是最重要的安全保障，我们经常把铁锁称为安全扣。

在拓展训练活动中，保护绳索是通过铁锁连接在保护点上，任何一只铁锁都必须能坚固到足以承受学员突然坠落时的冲击拉力。但怎么样才算足够坚固呢？根据国际登山联合会（UIAA）的坠落试验，保护绳索至少要能承受 12 千牛的拉力，由于绳索在铁锁上制动摩擦，铁锁的承受负荷应是 UIAA 坠落试验中保护绳索承受负荷的 4/3 倍。所以，铁锁至少要能承受 15 千牛以上的冲击拉力。也就是说，在严重的坠落中要想获得最大安全，铁锁最起码要能够承受起这样的负荷。铝合金铁锁的正常拉力一般在 20 千牛～30 千牛，以保障攀登者的安全。

6. 制动装置

8 字环是最普遍的保护器材。它经常用于拓展训练的高空项目，保护人员在下方保护学员的安全，通过主绳的连接，学员在上升、跳跃、通过与下降时，能够感受到来自地面的保护，而保护中非常重要的一个器械就是制动装置，其中最常用的就是8字环。其作用是增大主绳的摩擦力来确保同伴和自己下降时的安全。

8字环在使用中简单易学，对于初学者，可以避免一些错误，但是8字环在使用中容易使绳拧转。除了8字环之外，有时候ATC也可以用于保护同伴，ATC或下降器使用前一定要先学好基本动作和操作方法，否则将可能遇到麻烦。

在沿绳下降时除了使用8字环、ATC，也可以使用REVERSO，他们各有优缺点，在此不做过多赘述。在拓展训练中，我们建议最好使用8字环。

7. 辅助器械

拓展训练中我们还会用到诸如背摔绳、眼罩等辅助器械，这些器械没有统一的规格，有些在市场上可以买到，有些需要自己动手做。本着对学员负责的态度，这些器械要能够让学员感到更舒服、更安全。比如：背摔绳最好选用柔软、防滑、结实的绒布或毛巾布缝制，有的培训机构用安全扁带代替，这样不是太好。在我们的调查中，发现有人用塑料绳代替背摔绳，将学员的手腕勒出血印的现象，这是极不负责任的现象，在拓展训练中应该杜绝出现。建议大家定制一次性使用眼罩，如果暂时无法做到，至少也应该在学员使用前清洗干净，或者给他们垫上消毒后的纸巾，避免眼疾的传播。

器械的合理使用能够让拓展训练的情境更加真实化，合理的使用器械可以让学员在安全、可靠的环境中感受拓展训练的魅力，可以使拓展训练得到更好的发展，也可以将更多的、可利用的资源引入拓展训练中来，为拓展训练的开展做出贡献。

二、户外运动拓展训练的安全性

对于不了解的人来讲，拓展训练似乎是一种冒险的活动，拓展训练等同于极限运动，认为拓展训练就是户外冒险、就是野外生存，认为拓展训练课程存在很大的危险性。因此，安全性因素也是很多高校开展拓展训练课程的最大顾虑。

（一）拓展训练的安全要求

学校拓展训练的安全保障是学校开展拓展训练的重要部分，如果能够获得较好的保障，就可以顺利地开展拓展训练教学。因此，要使拓展训练获得安全的保障，就应该遵循"科学系统的课程设计、随时随地的安全意识、国际认证的器材装备、严格规范的操作方法、丰富实用的教学经验、灵活有效的安全预案"，这是拓展训练获得安全的保障。只要认真对待，正视项目特点，承认项目的风险性，在教学中消除物的不安全状态、杜绝人的不安全行为、控制不安全环境因素，学生就能够获得更大的安全保障。

（二）拓展训练的安全原则

穿着运动装，把一切硬物如手机、钥匙、饭卡、发夹等放到指定位置，不能带在身上；要了解自身的健康状况，如有特殊情况提前向老师汇报，避免因身体不适而造成损伤；严格遵守教师强调的安全规则，确保活动顺利进行；项目进行中，教师及学生所站立的位置或姿势，均需注意。开展一切活动应该以保证学生的安全为前提，提高学生的安全意识。为了消除隐患，降低风险，应遵守拓展训练双重保护原则、器械备份原则、多次复查原则、全程监护原则等安全原则。

三、拓展运动项目的类别

户外拓展作为体验式培训方式之一，可以按照不同的角度，如培训场地、培训对象、拓展方式、培训目的和拓展风险等划分为多个类别。

（一）按培训场地划分

根据户外拓展举办地点的区别，可以划分为三种：场地项目、水上项目、野外项目。

场地项目是指在固定的场地（拥有固定的设施设备、封闭的环境）开展的户外拓展项目，适用于团队与个人形式的挑战。其风险值从总的方面来说属于中等，其具体的场地项目又可根据风险值的大小划分为不同的级别。常用的场地项目有：信任背摔、蜘蛛网、孤岛求生、空中云梯等。

水上项目是指于水面借助工具或是在水的自然形态（海浪、洞流、弯曲的河面等）上完成的活动，适用于团队与个人形式的挑战。其风险值偏高，训练人员需要较强的控制力。水上项目很多都拥有较长的历史，发源时间较早，经历了众多时代的改革，逐渐变得成熟、完善。常用的水上项目有：漂流、潜水、冲浪、水球大战等。

野外项目是指借助于郊野这个天然环境和众多的工具、装备，通过团队成员的协作或是个人的极限挑战完成的项目。一般野外项目于俊秀的群山、瀑布、悬崖等险要的地势举行，大部分活动发源年代早，拥有较长的历史。其风险值高，需要专业装备的辅助才能得以完成，训练人员更需要过硬的技术、组织和沟通的能力。

常见的野外项目有：定向越野、攀岩、蹦极、徒步穿越、HASH 运动等。

（二）按拓展方式划分

按拓展方式划分可以将户外拓展分为三类：一般性野外拓展、全封闭军事化训练、全封闭野外特种环境训练。按照培训对象不同的培训需求选择相应的拓展方式。

（三）按培训目的划分

培训对象的培训需求各不一样，总的来说，有以下几方面的目的：使新员工尽快熟悉企业的企业文化、挖掘个人潜力、增强团队凝聚力、提高个人全面素质等。

（四）按挑战形式划分

拓展运动有多种形式，其课程主要由水上、野外和场地 3 类课程组成。水上课程包括：游泳、跳水、扎、划艇、潜水等。野外课程包括：远足露营、登山攀岩、野外定向、溶洞探险、伞翼滑翔、户外生存技能等。场地课程是在专门的训练场地上，利用各种训练设施，如高台跳水、高架绳网等，开展各种团队组合课程及攀岩、跳越等心理训练活动。

不论哪种形式，通常与拓展运动有关的学习成果可分为 3 大类。

1. 团队挑战形式

这些项目使一个小组作为整体面对各种挑战。这些项目的目的在于，促进小组成员之间的相互作用。在小组需要提高信任、支持、人际关系来克服某种困难时，这种活动极有成效。进行的活动是一系列相关或不相关的事件，在进行过程中有许多障碍。经历的每一个事件都要进行讲解，使小组逐渐接近最终目标。

2. 个人挑战形式

个人挑战活动的目标一般包括自我激励、适应能力、忍耐的信心和积极思考能力，当然也包括解决问题和做出决策等的能力。当每个人接手个人任务时，他必须面对全方位的个人挑战。有趣的是，有些"莽撞人"直接闯进未知的领域，尝试着闯出了路子，而有些人尽管看着别人做到了，而自己却感到体能与心理上有困难，难以尝试。老练的教练通常带领人们从较为容易的活动向较为困难的活动过渡，帮助他们克服恐惧。在活动过程中，小组内其他成员鼓励心怀犹豫的组员充满信心地面对挑战。

3. 领导关系挑战形式

这一项与团队挑战和个人挑战活动有很多相似之处，主要的不同之处在于项目的目标。这些项目不是对成员间人际关系的分析，而是试图对领导行为及其对团队和团队面对挑战的方式的影响进行探索。另外一个不同点是，领导关系挑战可以在彼此不了解的人们中进行。另一种将拓展运动模式与学习成果相结合的方法是对活动加以精心设计（如情景设计），使项目最大限度地开发出学习潜力。

四、户外运动拓展训练的常用项目

（一）高空项目

1. 高空断桥

（1）项目概述

高空断桥是以个人挑战为主的一个高空项目，它属于心理冲击较高的项目，整个过程需独立完成。这个项目是在距离地面8米的高空搭起了一座独木桥，而这个桥的中间却是断开的，要求挑战者爬上8米的高空后，从一侧迈到另一侧，再从另一侧迈回来，最后原路返回，要求挑战者在高空中完成两次跨越。

（2）学习目的

①克服恐惧，勇往直前，认识自我，战胜自我，挑战自我，增强自信，培养果敢的执行力。

②勇于面对挑战和压力，体会超越自我的喜悦。

③潜能激发要靠团队的力量，体会面对困难时的互助精神，培养团队意识。

④借助外势、建立突破自我、挑战困难的自信心与勇气。

⑤认知心态对行动的影响，学会缓解心理压力。

（3）动作方法

穿戴好安全装备，经过三重检查后，沿着8米高的立柱爬越到桥面上，站立于断桥桥面之上，两臂侧平举，保持身体平衡，移动到桥面一侧的边缘，脚尖的1/3探出木板，一只脚向前迈出，另一只脚用力向后踏，使身体向前跃出，跨过断桥落于桥面另一测，平稳走到终点。再按同样的动作返回（见图11-1）。

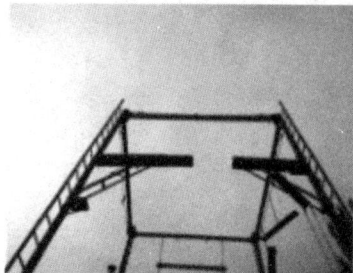

图 11-1

（4）规则要求

规则：每名队员均需要完成，如有队员因非身体原因坚持不做，视为团队未成功。

要求：

①必须在项目开始前将身上（包括衣兜中）所有尖锐物品如发卡、笔、钥匙、手机、手链、手表、腰带配件等全部去除，放在教练要求的规定地方。

②准备挑战的队员穿戴好保护装备之后，进行安全装备（安全带、头盔、上升器）三重安全检查（队员自查、安全员复查、教师检查），接受队友的队训激励。

③跨越桥面时，要求单脚起跳，单脚落地。

④在断桥上跳跃不允许助跑，不允许双脚起跳。跳跃过程中，可以一只手轻扶绳子以维持身体重心，手不允许紧拽保护绳。

⑤女生的头发必须盘于头盔内，安全带的腰带不能滑下人体的胯骨。

⑥上升器要始终保持在自己腰部以上的位置。

⑦挑战结束时，先扣上升器的主锁，再摘保护绳的主锁。

2. 空中单杠

（1）项目概述

在教师的指导下，从独立杆爬上顶端，站在小圆盘上，纵身向前跃起，双手抓住前上方的三角杠，挑战成功。

（2）学习目的

①培养个人勇气、信念，跨越心理障碍，挖掘个人潜能。

②以积极的心态去争取和获得机会。

③正确对待不同意见和挫折，体现面对困难时的互助精神。

④当机立断，抓住机遇。

⑤掌握目标管理与控制的成功经验。

（3）动作方法

由地面通过立柱扶手爬到顶端，通过努力，站到立柱顶端的圆台上（有两种方法站到圆台上，一种是通过立柱本身攀到顶端，另一种是从相邻的攀梯站到立柱顶端），站稳后两手侧平举并大声地问队友和保护员："准备好了吗？"当听到"准备好了"的回答之后，自己大声喊"1、2、3"，同时奋力跃出，用双手去抓住单杠，完成之后松开双手，在保护绳的保护下慢慢回到地面（见图 11-2）。

图 11-2

（4）规则要求

规则：所有学生在规定时间内完成挑战。

要求：

①项目开始前，所有学生必须去除身上的所有硬物，学习安全护具穿戴方法和保护方法。

②穿戴安全带、头盔必须经过自己、队友和拓展教师3遍检查，摘、挂主锁必须由拓展教师操作。

③攀登时速度不可过快，保护的同学保护绳要跟紧（法式五步收绳法）。

④当挑战者奋力跃出时，保护的同学要及时收绳，防止冲坠过猛。

⑤禁止戴戒指、留长指甲，长发同学将头发盘人安全头盔。

⑥不要抓保护绳索及主锁。

3. 垂直天梯

（1）项目概述

两名同学在进行安全保护的情况下，采用托、拉的形式，相互配合，从天梯低端一直上到最高处。此项目具有一定的难度和心理冲击力，需要消耗较大的体力。

（2）学习目的

①这个项目使学生懂得，想要获得新高，就需要互相帮助，既要有甘为人梯的精神，也要做到吃水不忘挖井人。珍惜别人的帮助，懂得感恩是能够继续前进的无形助力。

②培养学生相互协作的意识，体会相互合作的重要性，通过相互合作来发现对方及自己的长处，利用长处来弥补各自的短处。

③体会通过帮助别人和被别人帮助达到成功的成就感。

④磨炼意志品质，体会阶段性目标对于实现最终目标的重要意义。

（3）动作方法

两人一组，相互帮助，通过踩大腿根部或肩窝处，采用腕腕相扣的方式拉拽，向上攀登，两人共同站在第五根横木上手抱第六根横木即宣告任务完成。下来后，另外一组的两人开始攀爬，直到所有的小组完成任务（见图11-3）。

图 11-3

（4）规则要求

①在攀登前，充分做好准备活动，必须摘除身上的所有硬物。

②挑战者的安全带、头盔的穿戴情况，必须经过自己、教师、队友的三重检查，教师亲自给学生摘挂铁锁，并注意绳子不能拧住。

③在攀登过程中，可以利用的只能是横木和两人的身体，不得拉拽胸前的保护绳及两边的铁链。

④攀登时，保护者适当收紧保护绳，但不得提供拉力帮助队友完成任务。

⑤天梯下禁止站人，学生完成挑战下降时（其他非保护同学可以站在对面将天梯固定或略拉向下降同学的另一侧），禁止两人同时下降。

⑥下降时，要求双手双脚打开，面朝横木，当横木迎面时用双手轻扶横木。

⑦下降过程中，参训者扶住最后一根横木以防止天梯晃动伤人。

（二）中低空项目

1. 信任背摔

（1）项目概述

信任背摔是最为经典的拓展训练项目之一，要求挑战者站在 14 米的背摔台上直挺挺地向后倒下，背摔台下方的小组其他成员在其身后搭成一个"人床"，接住倒下的队员。

（2）学习目的

①培养团队内部的信任感，理解信任和承诺的重要性。

②增强自信心和自我控制能力。

③感悟制度的制定与保障对完成任务的价值。

④学习换位思考，更好地理解他人。

（3）动作方法

①背摔者。

身体直立，双手平举，双臂交叉，掌心相对，手掌交叉相握，内翻，两肘夹紧并紧靠胸前。脚跟并拢、双脚跟 1/3 露出台面，膝盖绷直、腰挺直、含胸、低头、手抵住下额，准备背摔。背摔时要求身体加紧，先走肩膀，切忌不可坐下去。

②承接者。

A. 两人一组面对面站好，向前伸出右脚成弓步站立，两脚左右间距略比肩窄，两人的右脚内侧相抵，膝关节内侧贴紧。调整支撑腿，保持重心稳定，腰部收紧，上体正直，头略向后仰，眼睛看着上面队员的肩背部。

B. 双臂平伸，掌心向上，手背贴在对面队员的肩窝上。五指并拢，肘关节自然向下弯曲。

C. 队形安排：各组依次由背摔台向外按弱、较强、强、强、较强、弱来排列，第一组距离背摔台大约 30 厘米，二、三、四组的位置是主要承重的位置，非常关键，必须由相对比较健壮的男生来站位。面对面的两个人的身高大致相同，一对一对地肩靠肩排成两排。选择一个人在远离背摔台的队头推着两边队员的肩部，负责用双手接背摔者的头和调整承接者的排列。多余的成员可以在前排成员的身后双手推住其肩背部，使"人床"更加稳固。

D. 当接住挑战者时，站在前面（靠近背摔台）的队员先放下挑战者的腿和脚，后面的队员向前托其背部，使其平稳站立在地面上。

（4）规则要求

①所有队员在项目开始前要去除身上的所有硬物（包括眼镜、发卡、手机、表、手链、钥匙、戒指等）。

②每位挑战者在上背摔台前，都要接受团队激励，队长组织所有团队成员大喊其名字及队训，给挑战者充电以示鼓励。

③为了便于队友轻松接住，每个背摔者都要笔直地倒下。

④有严重外伤病史，或有严重心、脑血管及精神病、高度近视等情况，不能参与此项目，需提前告知。

⑤这个项目的危险性较大，全队成员一定要端正态度，集中注意力，不可开玩笑，保持极高的警觉性，不能有一丝急迫，以保证队友的安全。

2. 水平云梯

（1）项目概述

团队成员利用水平杆组成一个云梯，要求挑战者从云梯上平稳地走过一段距离。

（2）学习目的

①建立小组成员之间的相互信任。

②培养全体成员各尽所能，共同努力完成任务的能力。

③培养团队成员的责任感、自控能力以及勇气。

（3）动作方法

两人一组，面对面站好，两人手持一根云梯棒，分别握住云梯棒的两端，木棒儿与地面平行，高度介于肩膀和腰部之间，这样整体形成了一个类似水平摆放的木梯的形状。为提高体验感，云梯棒的高度也可以略有不同，以形成一定的起伏。所有搭档肩并肩依次排列成两行，以保持云梯的稳定性。

挑战者从云梯的一端开始，站立在云梯上，两臂打开，保持身体平衡，行走到云梯的另一端。也可以采用接力的形式移动云梯，以达到规定的距离。

（4）规则要求

规则：全队同学做好云梯后，挑战开始，前端的搭档等挑战者通过后，迅速跑到末端站好，以延长云梯到达 10 米的终点。依次轮流进行挑战，直到全队同学都挑战成功，项目结束。

要求：

①所有队员在项目开始前要去除身上所有硬物（包括眼镜、发卡、手机、手表、手链、钥匙、戒指等）。

②确保每个人都能牢牢抓住木棒儿，千万不能在队友经过的时候失手。

③不允许将木棒儿举到比肩膀还高的位置上。

④在队友离开后，队尾的云梯棒不要急于离开，等队友经过两三个云梯棒后在离开迅速到前端去排队。

3. 求生墙

（1）项目概述

这个项目模拟的是海难逃生，因为常常将它安排在最后一个项目，所以也叫毕业墙或胜利墙，要求团队在不借助任何外力的情况下共同努力翻越 42 米的高墙。

（2）学习目的

①学习危急时刻的生存技能，提高安全意识和保护意识。

②培养团队内部及团队之间的凝聚力。

③合理分工，学习最优配置资源。

④自我管理与定位、有甘为人梯的精神。

⑤团队的协作与激励，共建高效团队。

（3）动作方法

团队协商，制定适合自己的方法，通过托、拉、抬、踩等方法，达到在确保安全的前提下全队成员在规定时间翻越毕业墙的目的。

（4）规则要求

规则：

所有同学在 40 分钟内全部爬过高墙，即为成功。不允许借助任何外力和工具，包括衣服、皮带等，必须沿墙正面上去。

要求：

①所有人在项目开始之前都要摘去身上的一切硬物，包括手机、手表、卡、眼镜、钥匙、手链、戒指、发卡等等，穿硬底鞋、胶钉底鞋的同学必须脱掉鞋子。

②如果采用搭人梯的方法，必须采用马步站桩式，不要将身体靠在墙上，注意腰部用力挺直，用手臂弯曲推墙固定保持人梯牢固。要有人专门扶持人梯同学的腰，攀爬时不可踩人梯同学的头、颈椎、脊椎，只可以踩肩和大腿。

③拉手时必须要手腕相扣成老虎扣，以防止脱手，不可将被拉者的胳膊搭在墙沿上，只能垂直上提，当肩部以上超过墙沿时可以靠在墙沿上，从侧面将腿搭上去，帮助被拉者成功翻越。

④不得助跑起跳，上墙时不可采用踏走上墙的动作。

⑤攀爬中，承受不住时，应大声叫喊并暂停，保护人员迅速解救。所有队员必须参与保护，双手举过头，肘关节略微弯曲，掌心对着攀爬者，抬头密切关注攀爬者，随时准备接应和保护。

（三）地面项目

1. 击鼓颠球

（1）项目概述

击鼓颠球也叫"同心鼓""鼓动人心"，这是一个团队合作项目，通过拉动鼓周围的绳子控制鼓面来颠球（排球），是体能消耗与团队精神的完美结合。

（2）学习目的

①小组全体成员取长补短、团结协作完成共同的目标。

②培养学生不怕挫折、不断进取、争创佳绩的意识。

③体验不断练习，掌握方法的重要性。

④体会互相鼓励共同完成任务和创造高绩效的愉悦感。

（3）动作方法

每人牵拉一根或两根鼓上的绳子，抓握绳子的末端。然后其中一个队员将一个排球放在鼓面上，在大家的通力协作下，使鼓有节奏且平稳地把球颠起。

（4）规则要求

规则：

①球颠起的高度不低于鼓面 20 厘米，球不得落到鼓面以外的其他地方。

②计时 3 分钟，3 分钟之内累计颠球次数最多的队胜利。

③队员在保证安全的情况下，一次性连续颠球最多的队伍胜利。

要求：

①注意爱护鼓，不要将鼓摔落到地上，不要在地面拖拉鼓面，以防鼓面磨损。

②当球飞离鼓面后，应迅速捡球，放在鼓面上继续颠球，直到规定时间结束，放下鼓时要缓慢。

③在多次受挫后，要讨论方法，加强协作，不得将不良情绪发泄到鼓上。

④关注排球的同时，也要关注自己脚下和身边的队友。

2. 盲人方阵

（1）项目概述

这个项目也叫黑夜协作，这是一个以团队挑战为主的项目。要求所有成员在蒙眼的情况下，在规定时间内把绳子做成最大的正方形。

（2）学习目的

①培养团队成员的沟通意识。

②理解团队领导人及其领导风格对完成任务的影响和重要作用。

③培养团队决策能力。

④培养学生科学的思维方式和学以致用的能力。

⑤使学生理解角色定位及尽职尽责的完成本职工作的重要性。

（3）动作方法

经过团队协商，制定好执行方案和策略后，所有队员先戴好眼罩，并在 40 分钟内，寻找到一段或两段绳子，并把它围成一个面积最大的正方形，所有人相对均匀地分布在这个正方形的四条边上，确定好后团队一员举手示意。

（4）规则要求

①项目进行过程中任何人不得摘去眼罩。

②戴上眼罩后应将双手放置胸前，不得背手行走，严禁蹲坐在地上。

③确认提前完成后，将绳踩在脚下，并通知拓展教师，得到准许后才可以按照拓展教师的要求摘下眼罩。

④摘下眼罩时背对阳光，先闭一会再慢慢睁开眼睛。

3. 挑战 150

（1）项目概述

这个项目也叫"挑战 No.1"。这是一个以团队为中心的组合竞技项目，包括不倒森林、诺亚方舟、集体跳绳、能量传递、巧抛彩球、激情节拍 6 个项目。要求在 150 秒内完成一系列的挑战。

（2）学习目的

①培养学生团队合作与同甘共苦的精神。

②培养学生在多种任务之下的统筹能力和人员的最优配置。

③学习时间的合理利用，提高学习和工作效率。

④培养学生坚持不懈和敢于拼搏的精神。

（3）动作方法

①不倒森林：8名队员每人拿一根彩杆，站成一个圆圈，每个队员之间保持大约1米的间距，将彩杆站立在地面上，用右手掌心按住彩杆的上端，同时呈跨立姿势站好，左手背在身后。大家同时向前按住前一个人的杆，连续完成8次回到原位。

②诺亚方舟：6个人同时站在30厘米见方的石台上保持5秒钟。若有人脚触底即重新开始。

③集体跳绳：同队里选出两人摇绳，10个人同时连续跳绳10次。中间不能间断，如有间断重新开始计数。

④能量传输：8个人每人手持一截20～30厘米的U型管，将小球从U型管的一连续传递到距离起点6米的杯子里。操作一次之后快速在队尾接上U型管，以次类推，确保小球滚动的连续性，最终使小球顺利地落入杯中。整个过程不能用手扶球，传递过程中球不能落地，落地后从出发点开始重新传递。

⑤巧抛彩球：两人相距3米，一人用一个直径10厘米的胶筒接住另一人弹起或抛出的弹力球。不能借助外力，不能用手去接，只允许用胶筒接球。

⑥激情击掌：队员围成一个圆，先用双掌拍左边队友的肩背部1次，然后再拍右边队友的肩背部1次，同时嘴里高声喊出"1"，随后体前屈击掌1次，嘴里高声喊出"我"。然后拍左边队友2次，拍右边队友2次，同时嘴里高声喊出"1、2"，体前屈击掌2次，嘴里高声喊出"我们"；依次循环增加，直到最后喊出"我们是最棒的"，全队欢呼"耶"。每拍一次喊出一个字，拍两次喊出前两个字，以此循环，每次击掌次数和喊出的数字要一致。

（4）规则要求

①做"不倒森林"时，不能用手抓杆，倒杆或用手抓杆都必须从头开始。

②每个项目都必须不间断地完成，如间断必须从这个项目重新开始。

③通过团队的配合和共同努力，在150秒之内完成以上六项挑战，在600秒内未能完成应该停止，宣告挑战失败。

④活动项目转换时，不要把器材随意扔在地上，按提前摆设的项目区域放好。

⑤随意乱扔器材一次加时10秒。

五、户外拓展运动培训技巧

（一）破冰技巧

1. 为什么要使用破冰游戏？

破冰游戏是指打破学习者之间的隔阂，消除学习者之间陌生感的游戏。它最大的好处在于可以有效地应用于任何团队，使团队更加融洽，活跃团队会议的气氛。

当学习者初次接受培训时，他们通常会出现以下几种情况：

◆没有积极参与活动的热情

◆对培训师持有怀疑的态度

◆对于个人与团队之间的关系仍不明确

◆身处一个陌生的环境，产生一种隔阂感

◆对陌生的队友，不会主动与之交流、沟通，将自己封闭起来如何打破这种局面呢？破冰游戏就是为了打破所有不利于培训展开的局面，驱除学习者的惯性冷漠，进行思想及行为热身，为学习者能够积极参与做好准备。

2. 破冰游戏的技巧

那么如何做好破冰游戏，达到预定目标呢？

（1）破冰游戏的设计

游戏的设计以活跃课堂气氛为目标，是培训师的第一把技巧性工具。破冰游戏的设计必须包括游戏名称、游戏目标、游戏时间、游戏场地、游戏道具、游戏程序、游戏分享七个方面。

我们拿生肖分组这个破冰游戏来举个例子：

游戏名称：生肖分组

游戏目标：令学习者熟悉使用肢体语言进行沟通，活跃课堂气氛。

游戏时间：10分钟

游戏场地：会场内

游戏道具：无

游戏程序：

①培训师给学习者指令，全体人员以自己所属的生肖进行同类组合。

②当学习者以生肖同类组合后，培训师让学习者根据所指示的相关动物进行小组合并（例如"龙马精神"即龙组与马组进行小组合并）

游戏分享：

①以生肖分组的意义是什么？

②如何令自己的身体语言更好地传达给相应的人？

目标明确，时间、场地、道具等要素明晰，游戏进行的步骤明晰，游戏分享的主旨明确，这样才是一个合理全面的破冰游戏设计。

（2）破冰游戏的参与性

我们说"在体验式培训中，每一个学习者都是主角，没有配角的存在"，没错，学习者都有机会参与，参与游戏的学习者才能感觉到自己是主角，并感觉到了尊重。

（3）破冰游戏的灵活性

破冰游戏不是一成不变的，它们有各种各样的表现形式，当培训师意识到目前使用的游戏不可能达到预期的目的时，可以立即选择别的破冰游戏，前提条件是他们大脑里有大量破冰游戏的储存，当前的环境、设施允许转换使用。

我们仍拿"生肖分组"来举例，生肖分组是以学习者生肖进行同类组合，但是当学习者生肖明显参差不齐时，就不能选用这个破冰游戏了，培训师可以改用"扑克分组"，同样可以活跃气氛、同类分组。

扑克分组：在3分钟内，每人将自己摸到的一张扑克牌去与另外的4张（5张或6张）牌组合成一副牌，也就是未来的学习团队。

（4）破冰游戏的针对性

曾经有学习者提过这样的疑问："培训师的每一步是不是都有目的？是否每一步都能达到目的呢？"其实，为了达到预期的培训目标，培训师的每一步首先应该有针对性，针对对象特点进行具体的打算。破冰游戏也是如此，不同的破冰游戏能够解决的问题也不一样，所以培训师在使用破冰游戏时，也要具有针对性，"因材施教"、"因地制宜"。

3. 使用破冰游戏前后效果的比较

培训师在使用破冰游戏前，学习者的表现如下：面部表情僵硬，不愿意与其他的学习者搭话，更反感与其他学习者之间的身体接触或是自己使用肢体语言，没有合作、协作的精神，不会主动发言，总是将自己的想法与意见藏起来。对培训师持有怀疑态度，表现被动，不够专注，投入。

培训师在使用破冰游戏后，学习者的表现如下：开始参与尝试，勇于提出自己的见解，开始与其他学习者沟通、交换意见，遇到困难时会主动向其他学习者或培训师求助，开始习惯用肢体表达自己的意愿，对与其他学习者之间的身体接触的反感渐渐减少，有与其他学习者合作的表现或开始关心其他学习者的状态，开始投入。

从上面的比较中我们可以看出，通过破冰游戏，学习者在心理、生理、人际关系方面都有了很大的改进，这就是破冰游戏的效用。

（二）小组组建的技巧

在前面的内容中我们提到，户外拓展训练包括个人项目，团队项目即分别以个人与小组为单位进行体验式学习。有人认为户外拓展重在体验，特别是个人的体验，以个人为单位进行体验，效果应该会更好，其实，就实际意义而言，小组式学习较个人式学习体验更深刻。将个人融入一个小组（团队）中学习，不仅仅是个人的成长，更重要的是，他（学习者）能够获得与他人交流、协作、交际的技巧，从心灵上得到了鼓励、支持。

1. 学习小组的概念与意义

学习小组，其实就是多个个人单位在一个整体中，有共同的目标，小组成员之间产生一种相互扶持、帮助的关系，促使学习者合作学习、达到目标。建立学习小组的意义：小组的目标与培训目标一致，具有协作性，除了小组领导外，每一个小组成员都承担责任，大家共同负责，小组成员在技能、知识方面进行交流整合，所以小组成员得到的体验是整个小组知识的有效整合，就学习效果而言，小组绩效大于个体绩效总和。

2. 小组内容

成员：成员是小组最基本的要素，目标通过小组成员具体实现，在小组中，成员优势互补，相互协作。

目标：没有目标，小组也就失去了存在的意义。

角色：小组内每个成员都是担任主角的人选，每个成员都必须发挥自己的作用。

资源：小组的资源是指每个成员的经验、技能、知识，包括思维能力。

存在方式：在体验式培训中，每个小组都以队名、队员、队旗、队"呼"甚至队歌表现小组的存在。

3. 建立小组的方式

（1）学习者自发组成小组

此种方式以人数平均为基本原则，由学习者自发地组成小组。需要说明的是，体验式培训中，活动设计的风险值较高，需要注意男、女学习者人数的搭配。

（2）培训师分组

培训师按照男女人数平均分配分组，属于强制性分组。

（3）游戏分组

"报数"是分小组常用的形式，此外还有许多破冰游戏不仅可以"破冰"，更可以进行分组，如前面提到的"扑克分组"、"生肖分组"。以扑克分组为例：

游戏名称：扑克分组

游戏目标：培训在乱局中出头的主动性与对矛盾本质的洞悉力，实现组织内部的信息共享，培养个人的团队精神及顾全大局的精神。

游戏时间：30～40分钟（视具体情况可另定）

游戏场地：固定场地

游戏道具：对开白纸1张，固定于白板或是墙上；双面胶1卷（裁成40公分左右、每组一条，由上而下间隔地粘贴在白纸上）；普通扑克1副（抽去大小"鬼"，一共为52张）；红色彩色笔一支。

游戏程序：在3分钟之内，每人将自己摸到的一张扑克牌去与另外的4张（5张或6张）牌组合成一副牌（学习小组），要力争最快组成优胜牌组。凡是按照同花顺子、同花、杂花顺子方式组合的，依次为第一、第二、第三优胜牌组。

（三）激励学员的技巧

户外拓展是对学习者体能与心理承受能力极大的挑战，学习者在挑战过程中难免会出现胆怯与放弃的心理，身为培训师，如何带领学习者顺利通过挑战？在前面的章节中，我们提到了团队成员的支持与鼓励，身为培训师，应该如何巧用激励技巧呢？

1. 以身作则

户外拓展基地，培训已进行到了"空中云梯"，看着吊在半空中的绳梯，不少学习者都打起了退堂鼓，一时间，气氛紧张了起来，培训师并没有进行"循循善诱"而是让自己给学习者作了一个真实的示范。培训师开始攀爬云梯，所有的学习者都屏气望向培训师，当看到培训师到达顶点时，学习者兴奋地欢呼起来。培训师以自己为例，证明了"空中云梯"并不可怕，学习者被培训师成功的气氛所感染，有个别学习者主动要求给别的学习者示范，这就是培训师以身作则的效果。

2. 竞争激励

谈到竞争，它无处不在，随时影响着我们的生活。在培训中，培训师可以采取竞争激励的方法鼓励学习者进行尝试，既可以在学习小组中进行小组式竞争，也可以在小组内部进行竞争，选出每组的优胜者，再让每组的优胜者继续竞争。采用竞争激励一方面是激励学习者有所行动，另一方面训练学习者如何应对竞争。

3. 精神激励

精神激励的"精神"一方面是指培训师对学习者的精神鼓舞，另一方面是学习者内部的相互扶持与鼓励。通常而言，精神激励的成效较小，但却是最直接的激励方法，同时可以激发团队的凝聚力与协作互助的精神。

4. 物质激励

物质激励通常与竞争激励结合使用，通过竞争的优胜者可以得到一定的物质奖励，比如说具有纪念意义的记事本、小相册等，这些东西虽然不具有很高的价值，但是它们的内在意义无形之中增加了它们的价值。

5. 惩罚激励

惩罚激励是一项极端的激励方式，为的是建立起严格的纪律性。违规或是未能完成任务者将被处以相应的惩罚，为了逃避惩罚，学习者会争取按照规定完成任务。

6. 故事激励

具有感染力的故事同样可以起到激励的作用，关键在于故事的选择。故事必须具有积极的意义，最好是普通流传具有典型意义的故事。

7. 名人的格言

名人的格言既简练又蕴藏深意，是培训师激励学习者的好工具。比如以下的格言：

世界上有两种人，一种人，虚度年华，另一种，过着有意义的生活。在第一种人的眼里，生活就是一种睡眠，如果这场睡眠在他看来，是睡在既柔和又温暖的床铺上，那他便十分心满意足了；在第二种人眼里，可以说，生活就是建立功绩……人就在完成这个功绩中享受自己的幸福。——选自别林斯基《别林斯基论教育》

虚荣心一旦过了头，把每种活动本身的乐趣毁掉了，于是使你不可避免地无精打采，百无聊赖。原因往往是缺乏自信，对症的药是培养自尊心，第一得凭着客观的兴趣去做进取性的活动，然后可以获得自尊心。——罗素《幸福之路》

先相信你自己，然后别人才会相信你。——屠格涅夫

8. 励志音乐

励志音乐也是激励方法之一，一些培训行业广为流传的音乐就具有激励性质，如：《行动》、《真心英雄》、《明天会更好》、《感恩的心》等。

（四）讲解的技巧

为了避免意外情况的发生，活动开始前的讲解是相当重要的。在讲解阶段，学习者必须对接下来的步骤、规则有所了解，并有充分的心理准备迎接挑战，为了使学习者达到这种程度，需要通过生动、真切的讲解使他们身临其境，了解他们应该知道的要素。

讲解内容包括：活动的步骤、规则、设施器材的使用、自我保护技巧。对于风险值较高的活动，尤其需要培训师的详尽指引。

1. 简洁有效

户外拓展以学习者的体验为主。一方面，培训师的讲解不需要提供更具体的信息，以免降低学习者的体验值，必须简洁。另一方面，讲解的信息对学习者来说必须有效，学习者可以从讲解中了解相关信息并且明确下来。

2. 时间控制

讲解时间长，学习者易产生厌倦情绪，分散注意力。时间太短，也许信息无法详尽，也会让学习者降低信任度及安全感。

3. 生动有趣

讲解的过程中，严肃的气氛会让学习者紧张，营造一个轻松的气氛，讲解会更有效。可以采取模拟场景、类比、比喻等方法进行讲解。

诸如在讲解游戏"泰山绳"时，有的培训师就引用了"人泰山"为例，既幽默又生动，学习者也易接受，对于游戏也就有了一个大概的印象。

4. 语速

讲解过程中，语速不要过快，过快的语速学习者有可能听不清楚，可以在讲解过程中征集一下学习者的意见，进行语速的调整。

5. 语调

体验式活动的规则讲解并不需要抑扬顿挫，平和即可，高昂或是低沉的语调反而会让学习者产生紧张感。

6. 标准的普通话

用标准的普通话讲解活动规则才会清晰、明确，如果一口乡音或是含含糊糊，恐怕学习者就会一头雾水了。

7. 征集反馈信息

讲解完毕后，可能会有部分学习者没有听清或是没有理解培训师讲解的内容，培训师可以在讲解过程中或是讲解完毕后征集一下学习者的意见，问问学习者是否听清楚了规则、是否理解了相关规则，鼓励学习者对不明确的地方进行提问。

（五）应变的技巧

其实在培训过程中往往会出现一些意想不到的情况，并不是一帆风顺的。面对这些突发情况，最好的办法是化解或是将其消极影响降到最低。

1. 学习者的违规操作

现象：竞争激烈，学习者为了取得胜利，采用违规操作的方式获胜。比如说在禁止采用道具以外的其他工具规则下，依然采取用自己私有的工具，或是图简便免除一些安全性步骤。

后果：安全隐患、恶性竞争。

应对方法：对于严重违规者，可以立刻终止活动，申明竞争规则，纠正学习者的违规操作；对于轻微违规不影响培训效果或是危及学习者安全时，可以暗示提醒学习者。

2. 学习者之间的冲突对立

现象：学习者的思维模式，价值观念不同，导致意见分歧，最后导致对立。比如说对活动的目标看法不一致，在采用什么方法完成活动上产生分歧。

后果：出现了语言争辩或是身体暴力，破坏了团队协作的氛围，产生了富有攻击性、恶性竞争的氛围，活动进程受到阻碍。

应对方法：马上停止活动，分析冲突产生的原因，引导当事学习者进行剖析，也可以让其他学习者帮助他们进行积极的引导，化解矛盾。为了避免当事人的尴尬，可以将两个人调离不同的小组。

3. 学习者与培训师之间的冲突对立

现象：学习者不认同培训师的引导方式，在目标上预期的培训目标产生了分歧。比如说体验式培训是以体验、分享为主，但部分学习者认为体验式很难说明问题，对这种培训方式感到不能接受，态度消极。

后果：这种不认同一旦得到其他学习者的支持，培训进程将被阻止，体验式培训无法进行。

应对方法：暂停培训，由培训师向学习者进一步阐述体验式培训的意义，取得学习者的认同，并向学习者征集有关意见。

4. 两种极端的学习者

现象：两种极端表现为表现欲望强烈、行动力强的学习者与沉默、行动力较弱、消极的学习者，两种极端的出现是培训失败的一个契机。

后果：极端的气氛影响了正常的体验与学习氛围，有损小组的团结、小组行动力的有效性。

应对方法：鼓励表现欲望强烈的学习者带动消极学习者展开行动，以"一对一"的政策带动现场气氛，对于消极型学习者给予较多的关注，并引导其他学习者带动他们一起行动，尽量让他们感受行动取得成功的成就感。

5. 现场出现"二度"学习者

现象：这些学习者已经是二进宫了，他们对活动的主旨、目的、方式都已十分清楚，他们的在场对培训效果是一个挑战，因为他们会提前将活动信息透露给其他学习者。

后果：降低学习者的体验值，培训师无法正常引导学习者进行体验、现实联想。

应对方法：改变活动设计，培训师也可以事前与他们约定规则，最好的办法是让这些学习者充任培训师助理，帮助培训师引导学习者。

6. 学习者连续失败引起的低迷气氛

现象：活动难度大，学习者在长时间内依然无法取得胜利，学习者士气低落。

后果：学习者行动力降低。

应对方法：采用激励手段，也可以给出一段时间以供学习者讨论行动方法，同时适当地调整一下活动的难度。

7. 不参与活动的学习者

现象：几乎每一场体验式培训中，都或多或少有几个不愿意参与活动的学习者，往往会让活动陷入僵局。

后果：阻碍了活动进程，不能实现学习者的全面体验。

应对方法：了解一下这类学习者的身体状况，如果体能承受能力有限，可以允许他们退出。如果是心理承受能力太差，可以采用激励的方法，让其他的学习者鼓励、支持、带领他们一起参与活动。

8. 时间与活动不匹配

现象：预计的活动时间与现实相冲突，时间总是不相适宜。

后果：可能会出现走过场的活动体验，学习者得不到真切体验。

应对方法：活动设计时，要对活动时间进行有余地的安排，或是在活动时间不够时，提醒学习者注意时间的把握。

（六）感性工具的运用技巧

感性工具只是一个大致的概念，思想交流、眼神流露、五官演示、肢体语言等都属于感性工具。在户外拓展中，感性工具是培训师与学习者、学习者与学习者之间沟通的有效方式。对于培训师与学习者之间的沟通来说，有助于学习者明确下一步行动；就学习者与学习者之间的沟通来说，有助于他们的团结协作。

1. 思想交流

这是最直接的感性工具，每个人的思维方式不一样，思想的内容也就不一样。体验式培训是对学习者思想、心理的挑战，犹如一支筷子与一把筷子之间的对比，一个学习者与一组学习者的思想对比，当然是整合之后的思想表现出来的影响力更大更深远。

小组成员在遇到困难无法逾越时，他们可以要求培训师给他们时间思考，这是一种思想交流；小组间的讨论，是将小组所有成员的经验、思维模式进行整合，得出结论，这也是一种思想交流；所以说，作为感性工具的一种，思想交流是最基本的。

2. 眼神流露

在现实生活中，眼神流露出的情感是多样的，感激、爱慕、愤恨、关怀、鼓励等。在体验式培训中，运用眼神，表露的情感大多是关怀、鼓励等积极的情感。这些情感，也是支持培训成功的感性工具。学习者从培训师、其他的学习者眼神里可以看出这些情感，这正是体验式培训要求学习者感受到的团队的力量，也是沟通起作用的结果。将一个学习者置身于一个团队中，最大的特点就是学习者可以与团队一起成长。体验式学习鼓励学习者流露自己的情感，通过眼神的"窗口"让自己也让队友看到更美的风景。

3. 五官演示

人的五官集中了视觉、味觉、听觉、嗅觉四大感官，五官也是可以表演的，平常的日子里，我们很难发现，但是在体验式活动中，五官演示的功能一览无遗。

在部分小组协作的活动当中，有这样的规则，即不允许开口讲话，让小组成员知道各自的想法而完成任务，许多学习者认为这不太可能，其实只是因为学习者没有发现自己潜在的能力。利用五官演示，完全可以让其他成员通过联想与想象理解其中的意思，体验式培训的目的也在于此。在培训师的指引上，让学习者利用自己固有的资源，发挥自己的潜能，突破自我限制，完成自我突破。

4. 肢体语言

有人曾经这么说过，即使这个世界上没有一种语言，人类依然可以交流，因为我们有肢体语言这个感性工具。对于这个世界而言，也许地域不同，肤色不同，语言文化都有差异，但绝大多数的行为动作是一致的，只是我们不善于用肢体表达我们的意愿而已。体验式培训就制造了这样的一个机会让我们去挖掘自己、发现自己的身体语言。

体验式培训有这样一个活动——"穿电网"，不允许说话，只允许用身体语言交流，大家协作穿过电网且不触网，在刻意制造的氛围之下，学习者的肢体语言就发挥到了极致，也达到了培训目的。

5. 个人魅力

那些流芳百世的伟人的个人魅力就不用语言表述了，其实每个人都是有个性的。每个人都可以用自己的个性去感染别人，这就是个人魅力。

学习者在实际的生活、工作中，也许觉得自己是一个很平凡的人物，认为自己是没有什么个人魅力的人，大多自信心不足。体验式培训通过活动的设计，充分制造机会让学习者对自己进行自我审视，对自己进行自我剖析，发现自己的个性所在，一些活动如"A—B"、"橄榄球定律"等活动，就是运用了个人魅力这项感性工具。

第十二章　户外运动竞赛的组织指导

户外运动的普及发展与体育赛事改革的推进，促使户外运动赛事这一新兴体育赛事在我国出现。户外运动赛事存在的诸多特征和问题能否得到系统、全面的理论阐述，直接影响该项赛事健康、持久的发展，也对户外运动的普及和全民健身事业的发展具有重要意义。

第一节　户外运动竞赛的组织方案

厘清户外运动竞赛的含义与属性，了解户外运动竞赛的内容、种类与意义，明确户外运动竞赛管理的目的、任务，掌握竞赛管理的基本原则，是对户外运动竞赛进行科学组织管理的重要前提。

一、户外运动竞赛的概念

户外运动竞赛是指为了达到强身健体、愉悦身心、自我完善、夺取优异运动成绩、丰富业余文化生活、促进户外运动事业和社会经济发展的目的，以运动项目或身体练习为内容，运用一定的自然环境和人工非运动目的的建筑场地，在裁判员的主持下，依据规则而组织实施的个人或集体的体力、智力、技艺和心理水平的相互较量的活动过程。

其主要包含以下几层意思。

1. 户外运动竞赛是集体力、智力、技艺和心理诸方面的较量，它既包括竞技运动方面的竞赛活动，又包括群众体育方面的竞赛活动。

2. 户外运动竞赛必须有互为对手的参加者，参加者可以是运动员个体，也可以是运动员集体。

3. 户外运动竞赛离不开场地、器材等一定的物质条件和经费、时间的保证。

4. 户外运动竞赛必须按照事先规定的统一规则、统一办法进行。

5. 户外运动竞赛由裁判员主持进行。裁判员是竞赛规则的执行者，对比赛的进行做出安排，以及对比赛的结果进行裁判。

6. 户外运动竞赛的目的具有综合性，其直接目的是争取优胜，终极目的是为社会发展和经济建设服务。

根据对户外运动竞赛概念的理解和系统分析的理论，任何一项户外运动比赛活动，都是由参加活动人群、竞赛活动物质条件和竞赛活动的组织管理三个子系统所组成的系统（图 12-1）。竞赛管理者的责任就在于通过科学的组织，使这三个子系统围绕竞赛活动的目标和谐有序地运作。

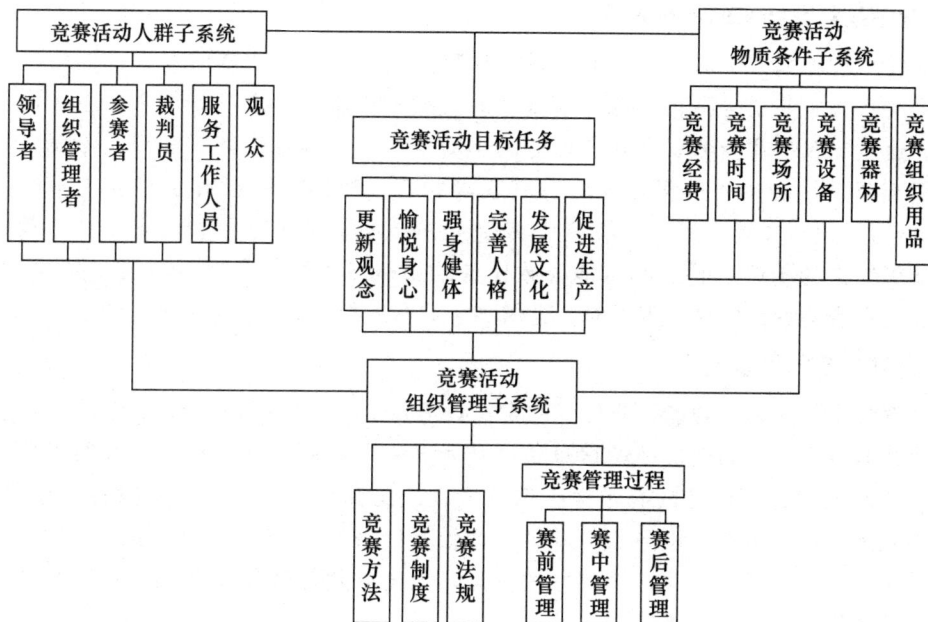

图 12-1

二、户外运动竞赛的基本特征

户外运动竞赛作为人类社会的一种特殊活动，它具有以下特征。

（一）参赛目标的竞争性

任何一场户外运动比赛都有一定数量的参加者，在比赛中参加者之间互为对手，并按统一制定的规则、规程进行竞赛，通过一系列的竞赛行为，分出强弱、优劣、先后、对错、新旧，优选出最出色的选手。无论参赛者人数有多少，竞赛结束时，只有极少数选手能成为优胜者，并获得精神方面的殊荣与相应的物质收益。因此，参赛选手们都竭尽全力争取比赛的胜利，将其作为参加锻炼、训练和参加比赛的主要目标。比赛的层次级别越高，参加者的面越广，竞争的强度也就越大。

可见，竞争是户外运动竞赛的一个基本特征，无论参赛目的和动机如何复杂，竞争的对抗形式怎样相异，但取胜总是户外运动竞赛最基本和最直接的目的。没有竞争性的较量，不能算作真正的竞赛。

（二）竞赛条件的制约性

竞赛条件对竞赛行为予以制约，这是任何竞赛活动与个体自身的运动行为的一个重要区别。不论是近代竞技运动项目的对抗，还是大众传统趣味项目的竞争；也不论是正规性的较量，还是非正规性的角逐，都必须建立相应的竞赛"法规"机构体系与机制运行规范，对参与竞赛活动的所有人群（参赛运动员、教练员、裁判员）和整个竞赛工作（包括赛前工作、赛中工作和赛后工作）提出严格的制约条件，使比赛严格按照预定的统一规程、规则及组织管理办法顺利进行。任何类型的户外运动竞赛，毫无例外地都应该是在既定条件之下的公正平等的竞争。

（三）竞赛过程及结果的不确定性

竞赛的整个过程都处于动态的、事先无法预料的变化之中，比赛的双方都始终在不断地观察竞技场上的形势，并及时调整战略，采取新的技战术措施，力求己方超水平发挥，并抑制对方的优势，这就构成了赛场上双方胜负形势的不断变化。比赛结果同样表现出不确定性，由于影响因素极其复杂，如运动员竞技能力及其临场状态、教练员的指挥水平和艺术、竞赛环境（包括场地器材、地理气候、观众气氛等）、裁判员的道德和业务水平及临场发挥、竞赛的组织与管理工作等因素的随机变化，都可能导致比赛结果截然不同。竞赛过程及结果的不确定性，正是户外运动竞赛的魅力所在，但同时，也增加了竞赛组织者和参加者调控的难度。

（四）竞赛信息的扩散性

由于体育具有多元辐射功能，户外运动竞赛必然要走社会化道路并需运用某些商业化手段，以及借助媒体与日俱增、高效快捷的信息传播技术、手段，同时由于体育竞赛结果普遍为社会密切关注，致使现代竞赛信息具有迅速扩散的特性。比赛级别越高，比赛内容和形式越新奇，参加者的面就越广；竞争的强度越大，社会、政治、经济对竞赛的介入程度越深，其信息扩散的速度则越快，影响力越大。信息扩散性的特点，为充分发挥现代竞赛推动社会精神文明与物质文明发展的功用提供了可能条件。

三、户外运动竞赛的基本内容

户外运动竞赛的内容取决于户外运动项目的设置与开展情况。随着户外运动的不断进步，户外运动竞赛的内容也日趋丰富，既有竞技比赛的项目，也有大众活动的项目。根据国内学者王蒲的研究成果，若以竞赛的检测手段为标准，可以将众多的体育竞赛项目归为两个大类：一类是以客观参数为检测手段，依据取得参数值的大小作为评定竞赛成绩的指标，称为"竞争性项目"；另一类是以参赛成员为检测手段，依据战胜对手的多少作为评定竞赛成绩的指标，称为"对抗性项目"。这两大类项目可进一步作如下划分（图12-2）。按照上述划分标准，户外运动绝大部分赛事均以完成规定比赛项目的时间多少来决定胜负，因此应该属于时间竞争类项目。

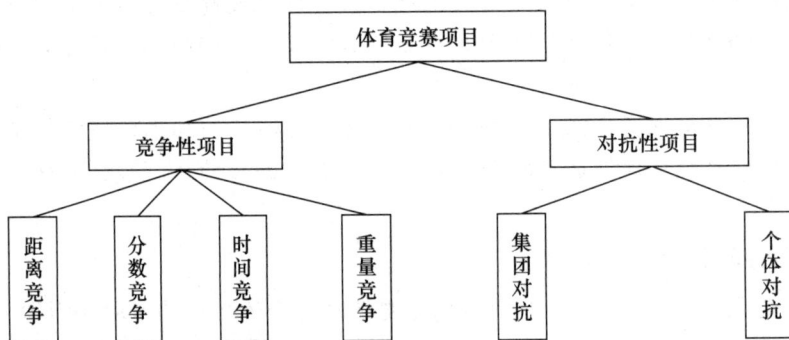

图 12-2

四、户外运动竞赛的基本种类

户外运动竞赛种类很多，由于分类标准不同，分类方法也不同。常用的分类方法有以下几种。

（一）按竞赛的约束条件分类

1. 正规比赛

指严格按照国家体育总局正式审定的项目竞赛规则、裁判法及场地器材标准进行的综合性运动会和单项竞赛。此类比赛多为竞技体育项目的比赛。

2. 非正规比赛

指完全按照自行制定的竞赛规则、规程方法进行，或对国家体育总局正式审定的项目竞赛规则、办法进行某种程度变通使用的比赛。此类比赛多为大众体育项目比赛。户外运动大部分比赛属于此类。

（二）按竞赛项目的数量分类

1. 综合性竞赛

它是一系列单项锦标赛集中在一次户外运动竞赛进行的综合比赛形式。其特点是项目多、规模大、组织工作比较复杂、注重礼仪程序，如 2009 年全国山地运动会"露营大会"。

2. 单项竞赛

主要指单独进行的一个户外运动项目的比赛。为了增强竞争的激烈性，它往往采用锦标赛或杯赛的形式，使之成为该项目水平最高的竞赛。其特点是项目单一，便于组织，如攀岩世界杯赛。

（三）按竞赛的目的任务分类

1. 锦标赛

它是指集体项目按规定的名次，单项按规定报名标准组织的比赛，各运动队根据自己在前一届比赛中取得的名次或成绩按规定报名参赛。凡能够计算单项团体总分的竞赛项目，在锦标赛中一般都计算单项赛团体总分。

2. 冠军赛

它是按规定的报名标准组织的单项比赛。此种比赛一般只计单项名次，不计团体总分。

3. 世界杯赛

以上两种竞赛的目的均在于检查的运动技术水平和交流训练经验。它们共同的特点是竞技性强，也是计算和承认教练员、运动员成绩的三种正式比赛之一，所以历来为各级体育训练部门所重视。

4. 邀请赛

它由东道主发起，邀请外队在主办单位所在地进行比赛。其目的在于通过比赛，互相学习，促进团结与友谊。主办单位一般尽较多义务，承担主要的竞赛经费。

5. 选拔赛

它是一种吸引、发现、鉴别和挑选运动人才（有一定技术水平）的专门竞赛。这种比赛一般根据运动员或运动队的素质、技术条件和培训价值的情况，经过多层次的实际比赛及多角度地反复观察和筛选，最后挑选出一定数量的技术尖子，补充已有的运动队，或组建新的运动队。此类比赛的主要任务是挑选人才，而不是比赛出各队的成绩和名次。根据需要，也可在原组织场次基础上附加竞赛活动。

6. 表演赛

它是为了倡导、宣传、示范、推广某项运动，活跃文化生活，或是为某种特定目的（如赈灾或某项事业）征集资金而组织的比赛。其主要目的是为了充分发挥运动员的技战术，表现出精彩场面，使观众从中得到启发和享受，一般不过分追求胜负名次。

7. 友谊赛

它是为了交流经验、增进团结和友谊而举行的比赛。

8. 对抗赛

它是同一级别或水平相当的运动队之间，按同等条件参加的比赛。其目的在于检验运动技术水平和提高训练质量，相互交流经验，取长补短，增进友谊。其特点是竞争性强，注重比赛胜负，不受制度时间限制，对抗赛可根据训练阶段协商进行。

9. 冠杯名赛

它是近年来我国社会办体育的新产物，是将体育竞争与企业竞争融为一体的比赛，即在正规比赛或非正规比赛中，以赞助单位名称，或以赞助单位的产品名称，或以某种带理想（或精神）指向的象征性名称作为杯名的比赛。其目的有两个方面：一是使体育得到企业的经费赞助，弥补自身资金不足；二是使企业和产品提高知名度，获得最佳广告效果。

五、户外运动赛事的活动策划

户外运动赛事的策划是指根据需要和可行性，科学、及时，并有预见性地制定达到一定目标的未来的竞赛工作的行动方案，并通过既定的行动方案对全国、地方和部门单位的户外运动竞赛活动进行有目的的组织协调与监督控制。计划工作，是户外运动竞赛科学化管理的基本前提与首要环节。在市场经济条件下，我国竞赛资源、管理权力和利益由国家与社会共享，更加强调运动竞赛计划管理的科学性、针对性和有效性。户外运动竞赛计划工作的重点是竞赛计划、组织方案和竞赛规程的编制。

（一）户外运动竞赛计划的编制

1. 户外运动竞赛计划的种类

常用的划分方法有：按照计划的范围，可分为全国竞赛计划、地方竞赛计划和基层单位竞赛计划；按照计划的时限，可分为多年竞赛计划和年度竞赛计划。

2. 户外运动竞赛计划的基本内容

（1）计划纲要

它是竞赛计划的文字说明。撰写时一般应简明扼要地说明编制竞赛计划的指导思想、面临的形势和任务、报告期完成情况、计划期竞赛种类与规模、执行计划的步骤方法与措施等内容。

（2）计划项目与日程安排

以表格形式直观、形象、具体地说明计划期内的竞赛名称、项目组别、参加对象、日期地点、主办及承办单位等内容。运动竞赛计划安排表的表格形式既可由上级主管部门统一规定，也可根据本地实际情况自行设计，其目的是便于直观、形象、清晰地表现运动竞赛的种类、规模、具体日程安排等内容。从国家到地方，由于各层次竞赛管理的能级差异，竞赛计划的表格形式也不尽相同。级别层次越高，其表格形式和内容则越简单粗略，而越往基层则越细致具体。常用的表格形式有单项型、综合型、简易型等几种。

3. 影响户外运动竞赛计划编制的主要因素

制定竞赛计划时，事先必须周密地进行分析和通盘考虑其相关的影响因素。其主要有以下影响因素。

（1）比赛经费

安排竞赛活动的基本依据是竞赛经费的需求量与供给量。应综合考虑经费来源经费保障和筹资计划，尤其要对专项拨款、社会集资、个人出资、减免优惠、产业开发和负债筹资的合法性、合理性、可靠性、可行性、有效性进行科学和审慎地分析。

（2）比赛形式

比赛形式的确定，要充分考虑组织竞赛的目的和任务、竞赛的组织系统、竞赛参加者的年龄、性别与水平、竞赛项目数量、不同赛制方法各自的特点及适用范围等方面因素。

（3）比赛时间

制定竞赛计划时，各项竞赛的时间安排应考虑：上级对竞赛计划的时间规定、历年举行竞赛的传统时间、比赛举办地气象规律、全部竞赛所需时间和行业、职业特点，以及节假日、纪念日等因素。

（4）比赛地点

选择比赛地点时应考虑：交通接待条件、场地设备基础、电讯、计算机与传媒保障、申办地居民兴趣与欣赏水平、举办和参加竞赛的经验及组织管理水平，以及兼顾比赛地点的流动性。某些重要赛事地点的选择，有时还需要考虑选拔赛与正式比赛地点两相适应问题。

（5）比赛规模

比赛规模是否适度，将直接影响竞赛工作效率和管理效益。比赛规模的控制要以能够完成比赛任务为前提，要严格掌握工作人员数量，要合理确定场地设施、食宿交通的登记标准与接待规格，要注意规范比赛的礼仪安排。

4. 户外运动竞赛计划的编制步骤

编制步骤反映了竞赛计划从酝酿到最后形成全过程的规律性。第一，确定计划目标，明确竞赛活动希望达到的目标、水平和标准。第二，收集信息，其主要收集以下方面信息：计划期内提出的户外运动战略目标和方针政策；国内外户外运动形势；上级竞赛活动安排；运动队的数量、水平与项目设置情况；国家、地方、部门以及社会组织的财政力量；国家和地方的运动与生活设施、设备建设情况；竞赛干部和裁判员的数量与水平等，为竞赛计划的制定提供基础。第三，进行分析预测，根据国内外比赛安排及各参赛队的变化情况，进行系统地单项预测和综合预测。第四，在预测的基础上，全面衡量，统筹安排人、财、物、时间等竞赛资源和各种主要比例关系，拟订出备选方案。第五，在综合平衡的基础上进行论证、评估、选优，确定正式计划方案，经主管部门批准后，下达执行。

（二）户外运动竞赛计划的实施

户外运动竞赛计划通过申办、招标和主办、承办、协办、参加等具体途径变为现实。

1. 竞赛招标与申办

（1）竞赛招标与申办的概念

竞赛招标是商业性的运作方式，它包含两层含义：一方面是运动竞赛计划主管部门按照规定条件对竞赛计划项目发布招标公告（或通知），择优选择应征者；另一方面是应征者报出相应要价和条件，试图通过竞争为招标者选中，以获得竞赛的承办权。

申办是一级政府的权利和义务，它以政府的组织名义，提交申请举办报告，按照规定条件和法定程序，通过竞争与协商试图获得大型综合性运动会的承办权。

（2）竞赛招标与申办的区别

竞赛招标与申办在竞争标的、参加主体、行为性质和运作程序等方面都存在差别（表12-1）。

表 12-1 竞赛招标与申办的区别

内容	项目	
	招标	申办
竞争标的	非国家直接计划调控的重大综合性竞赛活动，如各单项的正式性比赛和辅助性比赛	国家直接计划调控的重大综合性竞赛活动，如"全运会"、"城运会"等全国综合性运动会
参加主体	个人、企业、单位、公司等非一级政府组织	省、直辖市、自治区或省会城市、计划单列市和各特区城市
行为性质	商业手段。一般不需政府批准，只需竞赛主管部门审批	政府行为。必须经上级政府批准
运作程序	招标—投标—开标评标—签订合同	申请—考察—民主协商—确定公布

（3）竞赛招标程序

①招标。竞赛计划主管部门提前印发运动竞赛招标计划通知，发布招标项目、招标条件和招标办法，提供投标意向书和文件资料；

②投标。投标单位接受招标申请，通过投标资格审查以后，领取招标文件和资料，经权衡后填写及报送标函，即投标书；

③开标与评标。竞赛计划项目的招标者在规定时间和地点召开专门的竞赛招标会议，开启应征者标函，对投标资料进行质量、价格和条件等方面的评议比较与权衡协商，确定中标单位。如都不满意，可另订日期再行招标；

④签订合同。招标、中标双方签订竞赛协议书，履行公证手续，同时对未中标的投标者发出通知，收回招标文件和资料，宣布招标工作结束。

根据我国经济合同法的有关规定，竞赛协议书一般须具备以下内容：具有法人资格的双方或数方（当事人）；标的（竞赛项目）；数量和质量（承办基本条件和具体要求）；价款（经费额）；履行的时间、地点和期限；违约罚则和奖励条件；其他有关事项。

（4）申办单位应具备的基本条件

申办单位应具备以下条件。

①当地党政部门支持举办运动会。

②当地政府可靠的财政保证。

③安定的社会环境和良好的社会秩序。

④为参加者及有关人员、新闻记者等提供良好的食宿、交通等接待条件和工作条件的保障。

⑤具备符合国际标准或国内技术标准的竞赛场地设施和器材。

⑥采用分散与集中相结合的举办形式时，开、闭幕式和能集中在一地举办的项目数量符合有关规定。

⑦具备较高的竞赛组织管理水平；

⑧具有符合竞赛需要的电子计算机、邮电通讯、电视转播等技术条件保障。

（5）申办工作程序

①申请

竞赛主管部门向各地寄发询问信，介绍运动会的基本情况，了解申办意向，申办者根据申办工作的总体要求提交书面申请和申办报告。申办报告应包括以下内容：申办单位概况（城市特征、经济、社会治安气象条件、环境、安全保卫、医疗卫生系统等）；竞赛基本条件（现有设施和修、改、扩建情况，各项目安排设想、场地器材设备条件、医疗和兴奋剂检查条件等）；接待条件（接待工作方案，如食宿、交通、安保等）；电子计算机、邮电通讯、电视转播的保障（数据处理系统的技术设施、计算机信息系统、城市电讯现状及发展计划、新闻媒介、新闻中心位置及提供的服务设施水平等）；筹资计划、经费来源、经费保障；举办和参加体育竞赛的经验，组织管理水平。

②考察

申办单位提交申办报告后，由有关政府部门组成考察委员会，根据申办单位应具备的基本条件，对申办单位进行实地考察，在充分考察、审核的基础上，提交考察报告。

③民主协商

在一定范围内（举行申办协商会议）由申办单位介绍申办情况或宣读申办报告，由考察委员会介绍考察情况或公布考察报告，实行公开、公平竞争。经民主协商提出初步意见和方案。

④确定公布

在充分民主协商的基础上，将初步意见报主管部门和上级政府，待批准后正式公布承办单位。

2. 主办、承办、协办和参加

任何单位承办高一层次以上的比赛，都必须由主办单位首先提出基础方案，再由承办者提出可行性意见，在征得同层次主管部门的同意后方可正式承接比赛。主办单位对竞赛的组织管理负总责，拥有竞赛经费的下拨权、竞赛规程的制发、补充修改和解释权，以及竞赛组织管理的指导监督权。承办单位则负责执行竞赛计划与规程，协助制发补充规程等具体事宜。承办与主办的区别在于竞赛工作的主要责任者与具体组织比赛组织者是否分离。

户外运动主管部门、社会群众团体和其他部门主办本层次的比赛活动，均由本部门（或组织）的主管部门领导牵头统一指挥，由本单位（或组织）所属的具体职能部门负责对竞赛、宣传、后勤、保卫等各项业务工作进行直接具体的组织。主办竞赛时，组织机构由本单位或本系统职能机构的工作人员组成，上一级业务部门一般派员参加组委会的工作。

协办指有关单位或个人以协助者或协作者的身份，通过各种手段与途径协助竞赛的主办或承办。对于列入计划需要派队参加的竞赛活动，则应按照竞赛计划与竞赛规程，认真做好选拔、组队、训练、管理等备战工作，以良好的竞技状态按时赴赛。

（三）户外运动竞赛组织方案

在竞赛计划的统一部署安排下，一项竞赛活动有步骤地展开，首先必须进行总体的设计构想并提出基础方案。组织方案大致有以下内容：

1. 比赛名称、目的和任务。根据比赛的内容、性质、赛制、时间和规模等因素确定比赛名称；根据比赛性质、项目特点和本地区、本部门的中心工作确定比赛的目的和任务。

2. 比赛主办与承办单位。

3. 比赛时间与地点。

4. 比赛规模。包括参加者范围、比赛等级、场馆档次与数量等。

5. 比赛的组织机构。包括职能机构设置和工作岗位配备的数量。

6. 经费预算。包括竞赛经费来源与筹资计划、经费使用原则与使用范围、收支计划与增收节支措施等。

7. 工作步骤。确定竞赛整体工作的阶段划分和各阶段的工作重点与具体步骤。

（四）户外运动竞赛规程

竞赛规程是户外运动竞赛计划和组织方案的延伸与具体化，对运动竞赛具有导向作用、组织规范作用和激励作用。虽然竞赛规程和竞赛规则都是竞赛活动的基本依据和具体法规，共同保证竞技的可比性与竞争的公平性，对竞赛的组织者和参加者都具有普遍指导与约束意义，但它们却有区别。前者侧重于竞赛活动组织管理的政策规定；后者则侧重于竞赛行为的技术规范及承认运动成绩的有关场地、器材、裁判等条件的规定。

竞赛规程由竞赛主管部门制定。单项竞赛活动需制定单项规程。综合性户外比赛由于项目多，共性问题也多，因此需同时制定竞赛规程总则（总规程）和单项规程。

1. 制定竞赛规程的依据

（1）竞赛规程要以竞赛的目标任务为依据，为竞赛的目标任务服务。

（2）竞赛规程要遵循竞赛计划，虽允许根据现实需要作必要的修改补充，但不应完全脱离计划。

（3）竞赛规程要与国家颁布的方针、政策、法规相适应，并与体育竞赛制度、国际体育组织与国内竞赛的有关规定协调配套。

（4）竞赛规程要符合客观实际。既符合国家、地区情况和户外运动项目的实际情况，又反映国际、国内户外运动发展水平和趋势，以及运动员同广大群众对运动竞赛的需求状况。

2. 制定竞赛规程的原则

（1）目的性原则

竞赛规程应体现竞赛的举办宗旨，体现为组织管理目的任务服务的思想。

（2）系统性原则

竞赛规程应从整体上把握各相关因素，尽可能地全面兼顾各方面的需求，充分考虑各种条件和可能发生的问题。

（3）公平性原则

竞赛规程应充分保证参赛者在相同的条件下、在规定的时间和空间内，按照共同认可的准则进行公正平等的竞争。

（4）稳定连续性原则

竞赛规程一经审定制发，就须严格执行，不能朝令夕改、变化无常；新旧规程之间应保持必要的连续性，以维护竞赛工作和规程的严肃性与权威性。

（5）效益原则

竞赛规程应体现效益管理思想，力求用较少的资源投入，办好竞赛。

3. 竞赛规程的基本内容和一般格式

（1）竞赛名称。应用全称，在比赛的文件、会标、宣传材料等方面，名称要统一。

（2）举办竞赛的目的意义。

（3）竞赛时间和地点。

（4）竞赛项目。

（5）参加单位。

（6）运动员资格。应写明身份确认办法、代表权确认办法和年龄、健康状况、性别规定，以及证明手段、运动员成绩或技术等级证明手续和运动技术达标规定等内容。

（7）参加办法。规定各队人数（含领队、教练员、工作人员）；每名运动员可参加的项目数和每项限报人数；报名截止日期和报名地点；运动员、裁判员（长）等报到的日期、地点、单位；报到时应携带的材料或物品；违反报名与报到规定的处理办法及参赛的其他规定。

（8）竞赛办法。应写明采用的竞赛规则和赛制；团体总分的设置办法；决定名次和计分办法；破纪录加分办法；分阶段、分组比赛办法；各阶段抽签与成绩的衔接办法；违反竞赛有关规定的处罚办法，比赛器材及比赛服装、号码规定等。

（9）录取名次与奖励。应包括单项和团体录取与奖励名次及奖励内容；辅助性奖励办法。

（10）仲裁委员会。

（11）裁判员。应规定裁判长和主要裁判员的名额分配、选派及聘请办法；参赛裁判员的资格条件与工作要求。

（12）经费。必要时可以注明赛区住宿条件、标准和交通费开支办法，以及报名费、风险押金的规定等内容。

（13）主旗、团旗、会歌。

（14）关于比赛规程的解释权与修改权的归属问题，应明确写明归属本次组织委员会（或领导小组）。

4. 制发竞赛规程的注意事项

制发竞赛规程是一项非常严肃、细致和慎重的工作，应努力做好以下各方面的工作。

（1）竞赛规程应提前制定和发放。比赛规模越大，层次级别越高，制发时间提前量应越大，以便参赛者充分备战。

（2）单项规程与总规程要达到一致，不允许有相互矛盾的现象出现。

（3）竞赛规程应文字严谨、内容合理、用词确切、条理清晰。原则性规定不能似是而非，指令性要求不能含糊其辞，有关定义不能使人产生两种以上的解释，力求使规程成为经得起推敲的"封闭系统"。

（4）要留有缓冲余地。竞赛规程应充分考虑主、客观情况可能发生的变化，预留适度的"弹性"和回旋余地。

（5）不随意修改。一经审定制发的竞赛规程必须严格执行，不能朝令夕改，变化无常，并尽可能地少发补充通知。

（6）补充规定或通知下发应及时。竞赛规程提前下发，意外情况难以预料，一旦确认必须补充、修订其规定时，应及时制发补充通知，使参加单位能够尽早应变。

第二节　户外运动竞赛的规章制度

为适应体育事业的发展需要，经国家体育总局研究决定，将"户外运动"设立为我国正式开展的体育项目，隶属于登山项目下属分项，其业务工作由国家体育总局登山运动管理中心管理。为了适应形势的发展，自 2001 年起，登山管理中心在国家体育总局的领导和支持下，成立了户外运动部，专门负责户外运动的竞赛和行业规范，出台了《户外运动俱乐部资质认证标准》和《户外运动俱乐部技术等级标准》，并对户外运动指导员进行培训、考核和颁发证书。此后，又陆续出台了户外运动竞赛规则，建立了分站赛和积分赛制度，同时逐步形成了户外运动指导员、裁判员和专业管理人员的骨干队伍。目前，登山运动管理中心正在加大推行户外运动、技术培训和资质认证制度的力度，建立和完善了一系列法规制度，对从业人员和机构进行规范化管理，进一步推动和规范了我国的"户外运动"，有利于户外运动的健康发展和规划管理，对我国合理利用山地资源优势，更好地促进开展全民健身运动，具有十分重要的意义。

一、户外运动法规制度的基本概念

（一）我国户外运动法规制度的概念界定

所谓法规，是指国家机关制定的规范性文件。法律位阶从高到低依次分为：①基本法律：由全国人民代表大会制定并修改，如《中华人民共和国刑法》；②其他法律：或称一般法律或普通法律，是指"除应当由全国人民代表大会制定的法律以外的其他法律"，由全国人民代表大会常务委员会制定并修改；③行政法规：由国务院制定并修改；④地方法规：由省、直辖市人民代表大会常务委员会制定并修改，部分城市人民代表大会常务委员会也可以制定行政法规；⑤自治条例：由民族自治地方的人民代表大会常务委员会制定并修改；⑥部门规章：由国务院各部、委、总局、局、办、署，经国务院批准制定的一种在本部门管辖范围内有效的低层次法律或地方法规，与自治条例的法律地位是平等的。体育部门制定的在体育（户外运动）总局管辖范围内有效的低层次法律，其包含的形式既可以是国家正式颁布的法规，又可以是各级行政机构和各个户外运动主管部门所制定的具有法律效力的各种户外运动管理规范等。由于我国户外运动与体育旅游在提供服务的群体和管理约束的对象方面难以清晰界定，截至目前，我国还尚未有专门针对户外运动的管理法规。因此，我们所提及的"户外运动法规制度"均指在体育系统管辖范围内制定的，主要针对户外运动业务管理，具有法律规范性质和法律效力的各种户外运动管理规章制度，如《国内登山管理办法》、《高山向导管理暂行规定》等。

（二）加强户外运动法制建设的意义和任务

进一步加大社会主义民主，健全社会主义法制，依法治国，建设社会主义法治国家，是我国现代化建设的重要指导方针。随着社会主义市场经济体制的不断完善和配套法律体系的逐步建立，法律正在成为管理国家事务、规范社会行为、调整利益关系的主要手段。加强体育法制建设有以下重要意义：①保障人民群众的体育权利，使体育更好地为人民服务；②依靠法律手段管理体育事业，真正体现人民的意志；③对于户外运动项目而言，加强户外运动法制管理，保障了户外运动参与者权益；④合理合法地处理户外运动活动竞赛、经济活动中的矛盾冲突，协调各种关系；⑤进一步提高登山户外运动行业依法行政水平，做到"有法可依，有法必依，执法必严，违法必究"。

1958年国家体委登山处与国家登山队一并归入同年成立的中国登山协会以来，登山户外运动的法律制度建设也取得了一系列成绩。普通体育爱好者，尤其是户外运动爱好者、参与者、工作者的法律意识和法制观念有了显著增强。改革开放以来，我国体育法制建设取得了长足的进步，随着户外运动在我国的迅猛发展，近年来，作为我国登山户外运动项目最高行政管理部门——国家体育总局登山运动管理中心，就登山、攀岩、攀冰等单项管理、登山户外运动从业人员管理、行业俱乐部管理等方面，颁布了一系列具有法律规范性质的管理制度和条例，填补了户外运动诸多方面无法可依的状况，一大批地方户外运动管理制度的相继出台，增强了各级户外运动管理部门依法行政的能力和意识；保障了户外运动参与者和从业人员的人身安全和经济利益；户外运动立法步伐的加快，有助于适应社会主义市场经济体制以及促进户外运动事业稳步发展的法规体系的形成；户外运动法律规范的日益完善，使过去户外运动无法可依的局面得到了极大改善。但是户外运动法制建设方面还存在一些问题，导致在现实的户外运动管理中仍然会出现发生事故后无法可依的情况，如"北京灵山事件"与"广西南宁驴友遇难事件"的责任鉴定和伤亡赔偿。目前我国户外运动法制建设存在的问题主要表现在以下几个方面：①尚未有专门的针对户外运动的法律制度出台；②户外运动工作队伍法律素质不高；③依法行政、依法管理户外运动的观念还不牢固；④某些方面还存在法律空白或条款缺位情况；⑤解决户外运动改革和发展的一些重点、疑点、难点问题的管理制度还不多；⑥户外运动管理工作的不少方面还没有完全纳入法制化管理轨道。

按照依法治国，建设社会主义法治国家的总要求，体育领域法制建设的基本目标就是要做到"有法可依，有法必依，执法必严，违法必究"，从而实现依法行政、依法治理户外运动，为建设社会主义法治国家做出应有的贡献。有法可依是实施体育法制的基本前提，有法必依是实施体育法制的中心环节，执法必严是实施体育法制的重要条件和基本要求，违法必究是实施体育法制的有力保障。为了实现法制建设的基本目标，户外运动法制建设的主要任务是搞好户外运动法制教育宣传工作，增强户外运动参与者与工作者的法律意识，创造良好的户外运动法制舆论环境，提升户外运动从业人员和管理者的法律素质，遵守户外运动法律规范，提高户外运动体育行政部门依法行政的水平，加快立法步伐，健全户外运动法规体系，加强户外运动法制科学研究。

（三）户外运动法规制度的分类及主要内容

根据业务管辖范围，可以将当前我国登山运动管理中心出台的各项规章制度大致分为各单项管理法规、从业人员管理办法以及从业机构管理办法三类。

1. 各单项管理法规

（1）《国内登山管理办法》的基本内容

《国内登山管理办法》共有5章26条。其中，第一章第二条规定："本办法适用于西藏自治区5 000m以上和其他省、自治区、直辖市3 500m以上独立山峰的登山活动"，明确了本办法的适用范围；第二章主要涉及登山活动的申请和审批，具体包括组建登山团队的基本条件、登山申请时间、申请举行登山活动需要提供的文件等内容；第三章的主要内容则主要是登山活动的要求和成绩的确认。

（2）《攀岩攀冰运动管理办法》的基本内容

《攀岩攀冰运动管理办法》共有五章十七条，分别从适用条件、竞赛活动管理、从业人员管理、惩罚办法等方面进行了明确规定。

（3）《外国人来华登山管理办法》的基本内容

为了加强对外国人在中国境内登山的管理，有组织地进行国际登山交流，促进我国登山事业发展，制定了《外国人来华登山管理办法》。其中第二条明确规定了"外国人在中国境内攀登下列对外开放的山峰以及附带在山峰区域内进行科学考察、测绘活动，适用本办法：①西藏自治区海拔 5000m 以上的山峰；②其他省、自治区海拔 3 500m 以上的山峰"。还对外国人来华登山的申请、审批等手续进行了规定。另外，第三章对外国人在华开展登山活动过程中的保险、组团、环保、联络、成绩等事宜给予了明确说明。第四章中明确规定"登山附带科学考察和测绘的，应当在办理登山申请的同时，向国家体委申报科学考察和测绘计划，由国家体委分别转国家科学技术委员会或者国家测绘局审批。科学考察和测绘计划未经批准，外国登山人员不得对所经地区的生物、岩石、矿物、冰雪、水样和土样进行系统观测，不得采集标本、样品、化石，不得进行测绘活动"。

2. 从业人员管理办法

（1）《登山运动员技术等级标准》的内容

其主要以登山、攀岩成绩为评价依据，将我国登山运动员技术等级划分为国际级运动健将、运动健将、一级运动员、二级运动员、三级运动员共五个等级。

（2）《高山向导管理暂行规定》的内容

其出发点在于加强高山向导的管理，推动我国登山事业健康发展，以及对高山向导的概念进行了界定，并认定为四个等级，还明确了每个等级高山向导的基本条件。第三章规定"高山向导的基本职责是在登山活动中为队员或客户提供安全保障、技术指导和相关服务"，还详细规定了四个等级高山向导各自的具体工作职责。

（3）《户外运动员注册与交流管理办法》的内容

为了加强户外运动员的管理，保证我国户外运动比赛的正常有序进行，根据国家体育总局相关规定，制定本管理办法。其明确指出："国家体育总局登山运动管理中心是全国户外运动员注册和交流的主管单位"，"户外运动员所属的法人代表负责为运动员进行注册。每年进行一次"，"每年 12 月 1 日至次年 1 月 31 日为户外运动员年度注册时间。逾期不予办理"。另外还规定，户外运动员参加全国比赛，应出示注册证。没有注册证的运动员不能参加比赛。一个注册年度结束后，运动员可以采取自愿原则进行流动。

（4）《攀岩运动员参加全国比赛代表资格注册管理办法》的内容

国家体育总局登山运动管理中心是负责攀岩运动员注册的主管单位，由其签发的注册证是攀岩运动员参加全国攀岩锦标赛及全国攀岩邀请赛等由国家体育总局批准主办的攀岩比赛的唯一资格代表证。注册运动员有资格参加当年所有由中国登山协会主办的各种全国性或区域性攀登比赛（活动）。其指导思想是为保证全国攀岩运动竞赛工作质量和竞赛秩序，促进人才合理流动，加强运动员代表资格的管理，还对攀岩运动员每年度的注册时间、费用、重新注册、注册后确认等问题进行了明确规定。另外，对各类违规行为的惩罚也进行了规定。

3. 行业俱乐部管理办法

（1）《登山户外运动俱乐部及相关从业机构技术等级标准》的内容

首先对登山户外运动从业机构的技术等级（A 级、AA 级、AAA 级）进行了划分，并明确各等级所需要具备的条件。第三章则对登山户外运动从业机构的技术等级的评定程序给予了明确规定。第四章、第五章则是从从业机构的技术等级的管理角度出发，对技术等级的期限、技术等级降级或取消的有关事宜进行了规定。

（2）《登山户外运动俱乐部及相关从业机构资质认证标准》的内容

国家体育总局登山运动管理中心制定此标准的指导思想是：为了有效地建立与国内各登山户外运动俱乐部及相关从业机构的联系，落实"服务、引导、规范"的管理宗旨，中国登山协会决定对国内各登山户外运动俱乐部及相关从业机构进行资质认证。第一章对登山户外运动俱乐部及相关从业机构资质认证的目的及范围进行了界定，"凡从事登山运动及其相关运动的登山户外运动俱乐部及相关从业机构，可自愿申请中国登山协会的资质认证"。第二章对申请认证的俱乐部及相关从业机构的条件、义务和权利进行了明确的规定。其中，对义务和权利作了如下规定："得到认证的俱乐部及相关从业机构的义务：①协助中国登山协会进行推动当地登山户外运动的有关工作；②须每年向中国登山协会书面报告年度工作情况，包括：组织变更情况、活动概况、经费基本情况、重大事故报告环保工作情况等；③按有关规定进行年审，得到认证的俱乐部及相关从业机构的权利：第一，可宣传、悬挂中国登山协会的资质证书，但必须完整（即要包括资质的项目）；第二，可参加中国登山协会举办的有关活动和比赛，并享有参加培训、服务的优先权；第三，可得到中国登山协会技术信息资料，包括《山野》杂志、技术咨询、有关法令条例、活动信息等；第四，可参加中国登山协会组织的出国考察、对外交流活动"。第三章、第四章则对参加资质认证的程序以及认证资格的管理进行了相关规定。

二、户外运动竞赛规则的探索与修订

户外运动竞赛规则应反映项目竞赛发展水平，是裁判工作的依据和尺度，同时引导运动项目发展趋势。目前，户外运动竞赛没有国际运动单项管理机构，缺乏国际通用的竞赛规则。国家登山运动管理中心在借鉴国际铁人三项竞赛规则框架基础上，制定的户外运动比赛规则是目前我国该类赛事活动竞赛工作的主要指导文件。现行规则并未全面反映运动项目规律及其竞赛的发展水平，在指导竞赛工作过程中运动员很多比赛违规行为判罚无据可依，从而造成判罚行为过多依赖裁判员主观判断，继而造成争议判罚频发的状况。这是我国项目主管部门并未正式颁发任何形式的竞赛规则的主要原因，也是我们进行户外运动竞赛规则探索与修订的主要原因。

（一）竞赛规则制定的组织与思考

规则普遍存在于人类生活，特别是人类个体或群体间相互作用和影响的组织中，现有学者关于赛事组织特征较为一致的认识是组织的正式化和规则化。因此，户外运动赛事规则的制定和完善是该项运动赛事组织无法回避并必须解决的课题。

依照约束程度，户外运动竞赛规则属于强制性规则，即被约束者必须遵守的规范，违反该规则可能招致严厉的惩罚。一般来说，竞赛规则需要相应的权威机构予以制定和完善，以便保证惩罚违规者的行为拥有强制执行力。

同时，对运动员行为起到约束和规范作用的竞赛规则总是处于不断的变迁过程中。在规则的变迁方式上，诱致性变迁和强制性变迁是两种被广泛认可的规则变迁方式。强制性的规则变迁方式是由权威部门以颁布正式文件的形式实现的，如奥委会各下属单项运动联合会颁布的项目竞赛规则。诱致性变迁是指现行规则的变更、替代或新规则的出现是人们在影响获利机会时自发倡导、组织和实施的。诱致性变迁一般在原有规则无法获利或获利较少的情况下发生。户外运动竞赛规则的发展，符合规则诱致性变迁的条件和现实可能。此处所涉及的户外运动竞赛规则探索与修订，在主动竞赛实践基础上完成源动性思考，遵循由下及上、由表及里的不断扩展和深入的过程。

（二）竞赛规则发展的动因及制定完善

户外运动竞赛规则发展变化的动因，指来自于该项目竞赛内外部环境促进竞赛规则改变原有定位、修改添加相应竞赛细则的推动力。户外运动竞赛规则在制定过程中应立足于以下问题的解决：公正性、准确性与判罚结果差异性的矛盾；竞技性与参与性的矛盾；规则稳定性与竞技发展的矛盾；竞赛偶发事件；不道德竞赛行为。

1. 公正性、准确性与判罚结果差异性的矛盾

公正、公平的竞赛执法是竞赛规则的基本要求，也是运动项目可持续发展的基本保证。从竞赛规则与竞赛客观现实的关系视角分析竞赛规则的公正性与准确性，两者既依赖于主观评价，又依赖于客观基础。竞赛规则的完善有助于增强公正、准确判罚的客观基础，降低人为主观评价带来的负面影响。

户外运动竞赛及其在我国的开展仍处于发展中阶段，现有竞赛规则基本建立在公平、公正基础之上，但现有条文不足以完全反映竞赛现状，实践执法过程中常无据可依。此外，技术官员在执法过程中，存在本位主义，对竞赛规则片面理解，造成判罚行为主观倾向明显。

2. 竞技性与参与性的矛盾

"重在参与"是广为人知的奥林匹克名言，其中蕴含着清晰而健康的体育思想——"体育竞赛重要的不是获胜，而是奋力拼搏；不是取胜，而是参加。"户外运动赛事创立之初，众多运动员的参赛目的并不是为了夺取锦标，而是通过竞技参与完成自我实现。与此同时，"更快、更高、更强"的竞赛精神同样为人们所追求。用辩证的观点来看，参与和取胜的关系并不矛盾，而是相辅相成。户外运动竞赛是一个过程，成绩排名作为这个过程的结果，只属于更快、更高、更强者。体育的功能和价值主要表现于竞赛的过程，而不仅是它的结果。本研究竞赛规则的制定以尽量保证参赛队可以完成比赛为主要宗旨之一。

以关门时间为例，分析竞技性与参与性的矛盾。我国户外运动赛事各赛段均设有关门时间。中国登山协会原有规则规定，关门时间之外到达的参赛队将被强制取消继续参赛资格。然而，我国户外运动赛事在制定单届赛事规则时多删除该项条例，同时并未对关门时间到达后参赛队是否拥有继续参赛资格予以明确规定。该项条例的存在和删除都会带来竞技性与参与性的矛盾冲突。

3. 规则稳定性与竞技发展的矛盾

竞赛规则一旦制定，在其修改前即具备稳定性。竞赛规则一方面要有利于促进运动发展，

另一方面也要与运动发展相适应。规则的演变过程就是我国户外运动不断发展的过程，一旦规则的演变长期滞后于运动项目的发展水平，势必会起到负面影响。我国现行户外运动竞赛规则的诸多条款存在与竞赛实践相冲突的状况，这也是本研究在规则修订过程中的主要着眼点。

例如，原规则借鉴国际高水平山地户外运动赛事开展形式中参赛队队员的"3＋1"模式，规定参赛队的参赛资格"每队由四名参赛队员（至少有一名异性队员）和一名教练兼领队组成。伴随山地户外运动赛事的发展，很多国际赛事根据赛事目的采取 3 人组队、2 人组队甚至单人参赛方式，这种组队方式便于更多的户外运动爱好者参与到该项目竞赛之中。目前我国开展的山地户外运动赛事基本采用参赛队队员"3＋1"模式，相信伴随该项运动赛事的发展，多种组队方式的山地户外运动竞赛也会随之出现。按照现行规则条款解读，"3＋1"模式外的该类项目竞赛不属于山地户外运动竞赛，这显然不符合项目开展现状和发展规律。据此，本研究将该项条款修订为"国家级、国际级比赛由 4 名队员组成，其中必须至少一名异性队员。"这种方式可以保证高水平赛事的规范性，也为群众普及性赛事的组织提供空间。

4. 竞赛偶发事件

分析各运动单项竞赛规则演变过程，可以发现竞赛偶发事件主要发生在运动项目和该项目竞赛规则形成和发展的初期。户外运动作为一项新兴运动项目，也必然会遵循这一发展轨迹。同时，人们无法穷尽运动竞赛过程的每一个现象，当竞赛规则不能完全评定偶发事件时，需要对现行竞赛规则进行修改和补充。

例如，越野技能类项目中的绳索技能考核，常会设置垂直落差超过百米的沿绳速降或攀爬赛段。安全带等技术装备的穿着是否合乎安全操作要求，不仅保障运动员能否顺利完成比赛，还与运动员人身安全直接相关。在竞赛过程中，停留区和越野技能组的技术官员会分别对运动员的装备情况进行检查，每届比赛中均会多次发现运动员技术装备穿着不合乎安全操作要求的状况。由于运动员需要在机体长时间承受高运动负荷的情况下自行完成技术装备穿着，出现技术操作失误的可能性完全存在，而这种失误一旦未被技术官员检查发现可能会带来严重的后果。据此，我们在处罚有关的安全违反条款中，使用"运动员并未穿着安全装备或并未正确使用安全装备的行为"取代了原规则中"没有带好或扣好头盔、救生衣"。并将处罚决定制定为"第一次罚时 10 分钟，第二次直接取消比赛资格"。这种修改方式，扩大了该领域竞赛偶发事件的规则涵盖范围，同时通过违规处罚条款的增加，减小该类偶发事件出现的可能性。

5. 不道德竞赛行为

在户外运动赛事开展早期，时常出现一些违背体育竞赛精神和体育道德的行为，例如，运动员故意损坏竞争对手比赛器材、更改赛道标记、恶意阻拦对手超越和一些违背社会公德的言行举止。中国登山协会也将处罚此类行为作为竞赛规则制定的重要方面。本规则在修订过程中，对于此类行为的出现的现实状况和可能性，做出了诸多条款修改和增添。

例如，在我国举办的国际级户外运动赛事中，运动员为在停留区留出更多的休息准备时间，为数不少的国外参赛队男女运动员排斥去停留区周边搭建的卫生间。选择在包括观众、运动员、记者、技术官员等人群集中的停留区内无遮挡随地大小便。本研究在规则修订过程中，对诸如此类不道德竞赛行为明确了处罚条例规定，为该项竞赛的文明、健康发展提供保障。

同时，不道德行为同样存在于技术官员的执法过程中，个别技术官员利用职权干扰比赛进程，故意偏袒、漏判、误判。对于技术官员在竞赛过程中的不道德行为，规则中无具体条文约束，仅允许受损运动员（队）的抗议和申诉。

三、户外运动竞赛裁判员的管理

在我国，运动项目业务主管部门——中国登山协会是户外运动裁判员管理的唯一部门。中国登山协会执行裁判员培训、考核、注册、选派和监督等管理职能。目前我国户外运动裁判员的管理水平滞后于赛事发展，项目管理中心并未成立专门的裁判员管理机构，裁判员的培训、考核由中登协培训部负责，选派、监督由中登协户外部负责。裁判员管理缺乏相应制度和文件规范。为满足竞赛需要，不得不培训、执法同步进行，对裁判员工作效能评估不够，这是造成该项目裁判员队伍整体水平不高的重要原因。结合户外运动项目特征，本研究认为该项目裁判员管理应至少致力于裁判员选拔、培训、选派和监督四个方面：

（一）裁判员的选拔

目前，我国户外运动裁判员大多是中登协和各地方登山户外运动协会员，以体育行政部门人员和地方户外俱乐部工作人员为主。这种人员构成模式，基本可以满足现阶段裁判员需求，同样存在一些弊端。首先，大量业务主管部门人员从事裁判执法工作，因其代表赛事管理部门利益，执法判罚过程中存在非竞赛行为因素的利益倾向性，难以完全保证执法判罚的公正、客观；同时，业务主管部门从事裁判工作的人员大多兼有赛前筹备、赛期管理、监控任务，工作任务繁重，精力过于分散，不利于执法判罚。其次，来自于众多地方户外俱乐部的裁判员其所属单位会派出运动队参赛，不能保证裁判员的中立身份；同时，部分来自于户外俱乐部的裁判员受文化程度、外语水平等原因制约，业务能力并不能完全满足竞赛执法需要。鉴于此，我们认为，户外裁判员的选拔应采取多元化思路，以满足项目和赛事发展需求。

1. 在全国高校体育教学领域选拔裁判员

目前，越来越多的各级各类高校将户外运动、休闲体育作为体育院系或公共体育课部的体育课程，从事此类课程设置和教学工作的高校教师具备成为户外运动裁判员的先天优势。首先，一线教学教师对运动项目的认识有较高水平，具有较强的运动员竞赛行为识别和预见能力；其次，高校教师有较高的文化素养。文化素养的高低直接影响一个人理解事物的能力，可以为更深层次的理解竞赛规则提供基础条件。同时，高校教师较高的外语水平可以使其更好的完成竞赛执法任务；再次，多数开设户外运动课程的学校会组织该类项目的小型竞赛活动，众多其他运动项目比赛执法经历，使高校教师有较多的裁判执法锻炼机会，有助于其掌握体育竞赛规律。

2. 从退役优秀运动员中选拔裁判员

我国户外运动发展仍处于初级阶段，全国经常性参加赛事的运动员数量较少，可以说退役运动员是户外运动发展的宝贵资源。国际各运动单项联合会也支持和鼓励运动员退役后从事裁判工作。由于长期从事户外运动，退役运动员能够正确掌握竞赛规律，认清和预见犯规行为。事实上，目前我国户外运动赛事竞赛执法中的业务能力领先的裁判员大多拥有运动员经历。因此，退役运动员应是裁判员选拔的重要选项。

3. 从各级户外指导员中选拔裁判员

自 2003 年中国登山协会开始进行的户外指导员培训认证工作，取得户外指导员证书的人数逐年增加。由于报名资格的限制和中级户外指导员长达一个月的集中封闭式培训，将众多拥有户外运动赛事竞赛执法经历和能力以及对裁判工作具有意愿和潜在能力的人员，排斥在裁判员培训认证之外。这种资格限定方式致使裁判员选拔面过于狭窄，从而影响裁判员队伍建设发展，也是目前我国该类赛事实际从事裁判工作的人员大多并未持有裁判员证书的主要原因之一。

部分初级户外指导员、高校教师、优秀退役运动员等人群均具备成为合格裁判员的潜质。取得证书户外指导员除因两年一次证书验审与协会发生联系外，缺乏双向联系。由于中登协有关裁判员培训的信息发布仅有协会官方网站一个渠道，也容易导致培训信息无法有效传达给潜在需求人员。因此，适当拓宽裁判员选拔范围以及信息发布渠道应是业务主管部门今后工作中的关注点。

（二）建立完善裁判员培训体系

目前我国户外运动裁判员培训主要包括集中理论培训和实习实践考核两个部分。理论培训包括户外运动赛事竞赛组织简介和现行竞赛规则学习，实习实践考核则要求理论考核合格人员参加 2 次国家级赛事竞赛执法工作。业务主管部门对裁判员培养工作的启动对于竞赛发展具有积极作用，同时也存在诸多需要完善的方面。我们对于完善户外运动裁判员培训体系的设想正是基于现行裁判员培训方面存在的问题而产生的。

1. 完善知识理论培训

户外运动裁判员知识理论培训至少应关注三部分内容：一是项目发展理论学习，应着重学习户外运动赛事的特点、常识以及执裁工作要求；二是竞赛规则学习，这就要求业务主管部门制定和完善现行规则，保证竞赛规则与体育竞赛的同步性和引导性。在学习现行规则和裁判法的同时，向学员讲述规则演变过程和不同国家地区赛事竞赛规则特点；三是职业道德素质教育，严肃、认真、公正、准确是裁判工作的灵魂，因此在裁判员培训之初就应着重职业道德教育，帮助裁判员树立公正无私、诚实谦虚、坚持原则的职业准则。

2. 加强专业技术培训

受运动项目多样性影响，户外运动竞赛裁判工作分工也呈现多样性特征，不同岗位裁判员专业技术要求不尽相同。在裁判员培训过程中，不宜过早对裁判员进行具体裁判岗位专业化培训，应关注与裁判员竞赛整体裁判技术的培养，这种思路有助于全面型裁判员的培养和不同岗位裁判员的沟通协作。

专业技术培训内容应包括正确的手势、旗示、站位、协调配合、安全保护、现场救援、后勤保障及专业技术设备使用等技术。培训过程中应及时组织裁判员模拟、观摩和现场执法实习，通过实践过程发现问题，加深对规则和技术的理解和运用。

3. 推进裁判员认证进入国家职业技能认定范围

目前，我国山地户外裁判员、指导员培训及认证由中国登山协会完成，由于各种原因，并未进入国家体育裁判员等级认定制度和社会体育指导员职业技能鉴定程序。这在某种程度上降低了体育工作者从事该项目裁判工作的积极性，也不利于从业人员的规范化、法制化管理。业务主管部门应推动和促进户外运动领域从业人员及早纳入劳动和社会保障部、国家体育总局职业技能鉴定范畴，制定合理、适用、操作性强的配套文件、措施，保障裁判员、户外指导员培训的规范化、系统化、制度化，从而促进户外运动项目健康、有序的发展。

（三）裁判员的选派和监管

目前，我国户外竞赛裁判员的选派和监管工作由中国登山协会户外部负责。一般情况下，业务主管部门派出的总裁判长会在赛前 30 天左右电话征求和确定裁判员执裁意向，最终进行选派。赛期裁判员的监管方式局限于裁判员报到后，裁判员赛前联席会中告知的仪容仪态等行为准则。我们关于裁判员的选派、监管工作方面的设想也是基于现行该类工作存在的问题和发展需要。

1. 建立裁判员选派标准

裁判执法工作直接影响运动员竞技水平发挥和比赛结果，裁判员选派标准的明确直有助于避免错判、误判行为的发生。在户外运动竞赛裁判员选派工作中，应至少遵循以下办法和原则：一是确立中立原则。若裁判员在比赛中与参赛队同属一个参赛代表单位，那么其不能进入有竞赛行为犯规直接处罚权的岗位。考虑到现今裁判员人力资源相对匮乏，完全将非中立身份裁判员排除在竞赛之外并不现实，可将拥有非中立身份的裁判员安排在后勤保障、服务接待等工作岗位。二是岗位交叉原则。户外运动竞赛不同执裁岗位对裁判员的业务能力要求有较大差异，在具体裁判岗位选派过程中不宜将裁判员长期限定在某一特定岗位。在评估裁判员工作能力的基础上，可以考虑将其执裁岗位做出适当调整。这种安排方式，有助于复合能力型裁判员的培养，也是扩大户外运动竞赛裁判员人力资源的有效方式。三是建立错误执裁行为禁赛期。对于执裁期间出现重大工作失误、持续出现不良执裁行为的裁判员，应给予相应时间长度的禁赛期。这就要求业务主管部门及早确立裁判员行为准则、管理处罚规定等配套管理文件。

2. 建立赛期裁判员监管体系。

缺乏约束的权利更易导致拥有该权利主体滥用职权行为的出现，已经普遍成为当今社会的共识。目前，户外运动竞赛裁判员监管措施基本缺失，裁判员工作是否符合岗位要求更多依靠裁判员责任心和自律，这显然不利于裁判员的管理和竞赛的公平性保障。

首先，行为准则的确立应包括裁判员职业道德标准、仪容仪态、与参赛单位接触要求等规范条款，以便为裁判员行为自律提供标准，也为违规行为提供处罚依据。

其次，明确裁判员考核标准。可参照其他竞赛项目裁判员监管体系中的赛后裁判员工作报告、比赛监督评估、末位淘汰、违规违纪处罚等相关文件、办法明确户外运动裁判员考核标准。

最后，明确合理的执裁津贴标准。通过访谈调查，显示裁判员执裁动机主要包括自我价值实现、为代表单位获取利益等方面，获取相对微薄的津贴待遇并不是主要执裁动机。不容忽视的是为数不少的裁判员对于现行执裁津贴标准表达出较多的不同意见，这显然不利于裁判员的监管工作。目前，我国户外运动赛事赛会一般依据裁判员岗位差异给予裁判员相应的交通和工作岗位津贴。竞赛委员会项目裁判长以上给予飞机往返路费报销和 1500 元左右岗位津贴；普通裁判员给予往返铁路卧铺报销和 1000 元左右岗位津贴；实习裁判员住宿、伙食由赛会统一安排，其余发生费用自理。现行津贴待遇和通常数十天的执裁工作周期与较强的工作强度之间不成正比。在这种情况下，适度扩大获得津贴人员范围和增加津贴标准有助于增加裁判员工作热情和积极性。

户外运动裁判员监管体系建立是一个复杂而有难度的课题。如何保障监管体系发挥实际效力的关键在于执行力度，只有监管细则得以不折不扣的执行，才能确保裁判员执法行为的严肃、认真、公正、准确，从而促进赛事的健康、有序发展。

第三节　户外运动竞赛的过程管理

户外运动竞赛的过程管理，是指依据竞赛计划和竞赛活动组织方案，有目的地组织、指挥、调节和控制竞赛活动的总体。仅就一次比赛活动来说，其组织管理的工作过程可依次划分为赛前工作管理、赛中工作管理和赛后工作管理三个阶段。其中，赛前准备工作的管理是最重要的关键环节。

一、赛前工作管理

赛前工作管理主要包括讨论、确定竞赛活动组织方案、制定竞赛规程、成立组织机构、拟订具体工作计划和行为准则、编制竞赛秩序册等。赛前管理工作在竞赛组委会（或领导小组）正式建立前，由筹备委员会（或筹备小组）负责，组委会正式建立后，则由组委会负责。

（一）成立组织机构

1. 组织委员会（或组织领导小组）

组织委员会是全面领导整个竞赛组织工作的最高机构，其机构编制、人数没有具体限额，应视比赛的性质和规模而定。大型运动会一般由政府一级的行政领导担任组委会主任，由主办单位的有关领导担任副主任，吸收包括体育部门的各职能机构领导、协作单位职能机构的领导、各单项竞赛委员会主任、与本届运动会有关的新闻、服务、公安等方面负责人、部分有代表性的参赛单位负责人担任委员，使运动会在各方面的积极支持下能顺利进行。

2. 各竞赛职能部门

竞赛组织委员会的下属职能部门，一般包括办公室、竞赛、宣传（新闻）、行政、保卫、后勤等工作机构，另外可根据运动会规格和规模的需要，增设外事接待、大型活动、工程、科研、电子通讯、集资等部门。

建立组织机构，应体现能级差异，应与竞赛规模相适应，以完成各项任务标准。竞赛的规模、层次不同，其职能部门的设置数量与称谓、部门的岗位编制与工作人员配备等方面也应有所不同。组织机构成立后，应根据精简高效的原则，视实际使用情况分批借调工作人员，以节约人力。

组织委员会及其办公室的职能和组织委员会下属各部门的职能如下：

（1）组织委员会职责

确定组委会人员范围和名单；确定职能机构和人选，包括各职能机构负责人名单和各单项竞委会负责人名单；审议批准各项工作实施方案，包括竞赛工作方案、宣传工作方案、行政后勤工作方案、大型活动方案和安全警卫方案；审议经费，包括总经费预算、各项预算、奖励标准、总决算；裁决有关重大问题。

（2）办公室职责

拟制文件，包括会议记录、综合信息简报、领导讲话稿件、各类请示报告、综合报表汇总、总结汇报材料；组织会议，包括组委会会议、各职能机构联合办公会、代表团负责人会议、听取工作汇报会议、大型迎送会议、总结表彰会；监督协调，具体包括职能之间的业务协调、社会各部门的协调、监督各项工作方案的实施、绘制网络计划图、接收各项工作的信息反馈、监督领导意图的贯彻执行；文档管理，包括协调安排领导人出席大型活动、各类文件收文和传阅、各类文件立卷归档、各类文件印刷发放。

（3）竞赛部职责

组织竞赛，指定竞赛组织工作方案，制定竞赛总规程、各单项规程、补充规定和通知，进行报名注册、资格审查，组织兴奋剂与性别检查；制定总活动日程表，编制秩序册，设计并制作各类表格，对各单项竞委会实行业务指导与监督，了解反馈各赛区组织工作动态，每日综合成绩公告，编制总成绩册等；组织裁判，确定、聘用各项裁判与仲裁人选，组织裁判员业务培训，编排各项竞赛秩序，监督执行竞赛规则，各项竞赛统计，录取名次，组织发奖；场地器材，勘察、确定竞赛场地，并检查落实场地器材准备工作，电动计时与仲裁录像等设备的准备；竞赛经费，主要制定各项竞赛经费预算方法、科目，审批预算和开支。

（4）新闻宣传部职责

宣传教育，拟制宣传稿件，设计制作宣传品图案和秩序册、成绩册封面，对各单项竞委会进行业务指导，制定思想教育方案，大会广播，组织摄影、录像，新闻报道；制定新闻，指导计划，接待记者，组织采访；组织评选，制定体育道德风尚奖评选办法并组织评选，制定最佳赛区的评选办法并组织评选；宣传经费，制定各项宣传经费预算方法与科目、审批开支。

（5）安全保卫部职责

社会秩序，负责驻地与赛场的治安秩序及对单项竞委会的业务指导；特殊保卫，负责主席台警卫，制定设计比赛枪支弹药管理与运输保卫工作的各项规定；交通秩序，制定并监督实施大会车辆管理办法，疏导在公路上比赛的交通；保卫经费，制定各项保卫经费预算方法与科目、审批开支。

（6）行政部职责

生活接待，培训各类服务人员，安排大会驻地的食宿，组织各代表团接站、送站及往返车票的登记、确认、购买和发放，对各单项竞委会进行业务指导；行政后勤，购买赛会办公用品、器材、奖品和医疗救护，防疫卫生，以及为大会服务的车辆进行管理；财务管理，编制运动会经费预算、决算，监督各类财务开支标准的实施。

（7）大型活动部职责

开、闭幕式，设计开、闭幕式团体操组织方案并组织排练、预演，组织开闭幕式仪程与人场式的演练及组织大会发奖工作；大型活动，组织大会集体参观、出席大型招待会及群众性联欢游园活动及管理大型活动经费。

（8）外事接待部职责

生活接待，组织机场、车站、码头的外宾迎送工作及安排外宾的食宿和交通工具；外事业务，对外宾的迎送招待会、宴会等礼仪活动的组织工作、外宾与中方业务工作部门的联络和接洽工作以及联络、翻译等工作人员的培训和外事工作经费管理。

（9）集资部职责

经费筹集，筹集社会赞助，筹集政府资金，体育彩券发行工作及赛场商业许可证发放；广告业务，运动会标志产品、指定产品和专用产品的专利权出售和广告联系制作。

（10）科研部职责

提供资料，技术数据的采集、整理与反馈，组织技术交流和现场技术会诊；组织服务，提供心理咨询服务，提供气功按摩服务，提供新器材使用咨询。

（二）拟订具体工作计划和行为准则

组织委员会成立后，应根据组织方案、竞赛规程和责任分工，拟订各职能部门的具体计划和组织管理行为、参赛行为、技术操作行为的有关规范，经组委会批准后执行。

（三）编制秩序册

秩序册是竞赛组织和比赛秩序的文字依据，它由竞赛部门负责编制，报组委会审定后付印。综合性大型运动会需要在各单项秩序册编制的基础上及时汇编总秩序册。不论单项竞赛、中小型运动会，还是大型综合性运动会，其秩序册都应提前下发。

1．秩序册的主要内容和格式

秩序册的主要内容和格式包括以下几个方面。

（1）封面。内容应表现为：会徽、运动会名称（全称）、举办时间与地点、主办单位、承办单位、协办单位及"秩序册"三个大字。此外还可表现吉祥物图案。

（2）封二。运动会组织系统图。

（3）赞助广告和赞助单位。

（4）目录。

（5）竞赛规程和补充规定。

（6）组织委员会名单。

（7）各职能部、室、处人员名单。

（8）各项目竞赛委员会、仲裁委员会成员和裁判员名单。

（9）各参赛代表团。

（10）竞赛总日程表。

（11）各项目竞赛日程。

（12）竞赛场地示意图。

此外，基层户外运动竞赛根据需要，尚可将"三员"（运动员、教练员、裁判员）守则，各种评优条例，历届运动会成绩（或最高纪录）等内容附上。

2．竞赛日程的安排

在编制秩序册的过程中，安排竞赛日程是技术性最强的工作。竞赛日程表安排的基本要求有以下几个方面。

（1）严格遵守竞赛规程和相关竞赛规则的有关规定。

（2）各项竞赛时间要紧凑，不宜过长。

（3）各项竞赛交叉衔接要合理。

（4）注意气候变化特点，保证最宜出成绩的气候条件的最佳利用。

（5）保证场地与器材条件的最佳安排。

（6）充分考虑交通条件和驻地距赛场的远近，合理安排比赛时间。

二、赛中工作管理

赛中管理阶段始于开幕式至闭幕式举行之前为止。其管理工作主要是开幕式的组织、赛事活动管理、人员管理和后勤管理。

（一）开幕式的组织

1. 开幕式临时指挥系统的组成

开幕式随竞赛活动的规模、等级、任务的不同而各具特点，其组织程序各有异同。为了使开幕式气氛庄重热烈，以及行程紧凑、安全，一般需组成开幕式临时指挥系统，负责事前各项工作，可由组委会授命3～5人，组成临时指挥小组，分工合作，具体负责。全国性大型综合性户外运动比赛，开幕式临时指挥机构一般由大型活动部牵头，组委会及其他部门派员配合组成。根据需要，可以在总指挥部下设置负责各项具体工作的分指挥部。比如入场式分指挥部，负责开幕式的仪仗队、各代表团队伍、裁判员队伍的组织以及与入场式相配合的奏乐、献花和升旗仪式等组织工作；背景后表演分指挥部，负责背景台表演人员的组织及现场指挥等项工作；大会表演分指挥部，负责开幕式各种表演的组织及现场指挥工作；大会宣传分指挥部，负责开幕式大会现场宣传、新闻发布、记者组织、观众教育及会场环境布置等项工作；请柬区分指挥部，负责主席台及请柬区的各项组织接待工作；大会服务分指挥部，负责会场所需水电、音响设备、电讯、医疗急救以及各类服务保障工作。

2. 入场式队伍的组织

入场式是开幕式的重要程序，由礼仪性队伍和裁判员、运动员队伍共同构成入场式队伍总体。入场式行进序列一般为：国旗先导队、会旗会徽先导队、乐队或鼓号队（亦可在固定地点演奏）、鲜花方队、红旗（或彩旗）方队标语牌方队裁判员队伍、各运动队队伍、尾队。各方块队伍的人数、队形、着装、行进速度、距离间隔和行进间表演等，事先要有明确的规定和要求。一般应在鼓乐声中，列队绕场一周之后过主席台，接受检阅。确定运动员队伍入场的排列顺序有多种方法，按英文字头或汉语拼音字头顺序，或按国务院公布的各省、直辖市、自治区序列，或按报名的先后顺序均可，一般主办单位的队伍排最后。开幕式的时间安排不宜过长，开幕词及其他讲话应尽量简短精炼，力戒拖沓冗长。

（二）赛事活动的管理

赛事活动展开以后，主要指挥管理人员要深入赛场第一线，对赛事活动进行全面具体的组织领导。要以果断、及时、准确为原则，严格掌握比赛进度，加强职能部门之间的协调配合，防止比赛出现脱节、漏洞和误差。遇到困难或问题，要及时召集碰头会、现场办公会或组委会会议，注意研究解决决赛中出现的弃权、争议、罢赛、弄虚作假、赛风等方面的问题，确保赛事活动顺利进行。

（三）人员管理

竞赛期间的人员管理，主要是对裁判员、运动队及观众的教育管理。

1. 裁判员的管理

裁判员的管理是竞赛管理的关键环节，裁判员的思想和业务水平的高低关系到比赛能否顺利进行。在我国目前的各类竞赛活动中，除个别高等级裁判员由竞赛主办者直接指派外，其他裁判员均由主办或承办单位从社会各行业中协商聘请，因此，要做好以下各方面的工作。

（1）抓好裁判员的职业道德、职业纪律教育。把"公正、准确、严肃、认真"八字方针贯彻到裁判员管理工作的始终，杜绝不良裁判作风。

（2）认真组织裁判赛前业务培训学习，统一认识，统一尺度，研究可能出现的问题和处理办法。

（3）组织好必要的考核和实习。重要岗位的裁判员要反复训练，辅助性裁判岗位也要求细致、准确、精益求精。

（4）开好赛前裁判员准备会，合理分工。重要场次要仔细研究，慎重安排水平较高的裁判员担任临场工作，对抗性强的项目和评分项目，尽量安排与参赛队无关的裁判员担任裁判，以确保万无一失，公正准确。

（5）及时认真地组织赛后总结与讲评，做到裁判工作每天有小结，阶段有总结，全过程有评比。

（6）教育和引导裁判员虚心听取各方面的意见，及时改进工作。

（7）加强裁判员执法的现场督察，充分运用法律武器、经济手段和舆论监督力量，维护裁判员的合法权益，调动积极性，同时严厉打击裁判队伍的不正之风与腐败现象，不断提高公正执法水平。

2. 运动队的管理

比较正规的运动竞赛应事先拟制运动队的管理教育计划，宜采取分级管理办法，具体表现为：一是大会抓各队，提出统一要求和具体规定，并做好各队之间的协调工作，定期召开联席会议，听取意见，处理问题，改进工作。二是领队、教练员抓队员，负责全队运动员的管理。竞赛期间，应着力抓好运动员的思想教育、场上与场下的业务管理、生活纪律管理三个方面。比赛全过程，要始终坚持用奥林匹克精神和中华体育精神教育、激励、约束运动队伍。考虑到运动员竞赛期间的生理、心理负担，提倡应以正面教育为主，多鼓励表扬，少批评惩戒。可以运用宣传手段和实施精神文明评比等形式，及时反馈观众、裁判、工作人员对与赛队各方面表现的评价意见。通过严格而有效的管理，使各队能以良好的竞技状态和精神风貌完成比赛任务，进而提高运动竞赛的综合效益。

3. 观众的管理

充满悬念而紧张激烈的比赛，对观众具有强烈的刺激作用。若组织管理不当，其极有可能与一些复杂的社会因素交织混杂，轻则影响比赛进行，重则破坏赛场乃至社会的安定。为此，竞赛组织者应从观众的心理承受能力和赛场的特殊氛围出发，寻求防患于未然的预防治理方法。根据实践经验，观众管理工作应注意做好以下各方面的工作。

（1）提前制定观众管理教育计划，公布赛场管理规定。

（2）赛场舆论导向要正确、宣传要客观。

（3）赛场的选择与布置要科学合理，符合安全要求。

（4）落实方法措施，强化预防职能。竞赛期间的安全保卫工作要做到组织落实、制度落实、人员落实、责任落实，以及加强重点，点面结合，形成网络，疏而不漏。

（5）票务计划要符合赛场承受能力，开、闭幕式和关键场次的门票销售与分发要控制得当。

（6）严格控制场地经营许可证的发放数量和范围。

（7）要科学地确定进、退场开门的时间，及时疏导开场前和终场后的高密度人群。

（8）严格入场前后的安全检查。禁止观众携带和销售不利于场内安全的物品。

（9）依靠多种社会力量，包括公安、交通、宣传、教育、行政等部门联合治理。根据竞赛的对抗激烈程度、观众喜爱程度、比赛级别高低、电视电台转播情况、竞赛时间长短等因素进行科学预测，周密制定观众管理方案，积极争取社会力量支持，运用法律与行政手段，确保比赛顺利、安全。

（10）加强总结工作，在实践中锻炼提高管理人员的素质与能力。

（四）后勤管理

竞赛期间的后勤管理工作包括认真检查比赛场地、设备和器材的部署与使用管理情况，落实运动员、裁判员的住宿、用餐、洗澡、交通和保卫管理，监督比赛各项预算执行情况，以及医疗方面的伤病预防和临场应急准备等项具体工作。

三、赛后工作的管理

赛后管理阶段从闭幕式开始至运动会总结、表彰、财务决算等工作全部结束为止。具体管理工作包括以下几个方面。

（一）闭幕式的组织

在各项竞赛活动结束后，根据事先确定的闭幕式组织方案，闭幕式的各项组织工作必须准备完毕。闭幕式的形式没有固定限制，也如开幕式一样随竞赛活动的规模、等级、任务的不同而各具特色，并有大致相同的组织程序。其形式多样，可在场（室）内，也可在场（室）外；可有表演，也可没有表演；可以是体育表演，也可以是文艺表演。一切均应根据现实需要灵活决定，但一定要注意与开幕式的安排前后呼应，以形成整体效果。

（二）其他收尾工作

1. 办理各队离开赛区的各种手续，即可离会。

2. 介绍借调人员返回原单位，并按有关规定填写与寄发《裁判员工作登记卡片》。

3. 用于比赛的场地、器材、服装、用具等物资设备的归还、转让、出售和处理工作。

4. 财务决算。

5. 汇编、寄发比赛成绩册和技术资料。比赛成绩册的编制依据是竞赛规程中录取名次和记分方法的有关规定。成绩册的主要内容依次为：奖牌与破纪录情况（金、银、铜牌及破纪录情况汇总表，各项目奖牌与破各级最高纪录统计表）；各单项名次情况（团体总分名次表、单项得分名次表、集体球类项目名次表、各单项前六名或前八名统计表）；荣获"体育道德风尚奖"名单（荣获的代表团、运动队、运动员、裁判员名单，荣获"最佳赛区"的承办单位名单）；各项目比赛成绩表。

6. 填报等级运动员和破纪录成绩。

7. 移交、整理有关文档资料。

8. 向新闻单位发布比赛情况。

9. 评比表彰工作。对参与开、闭幕式表演工作的单位和个人，对支持、协助比赛工作的单位和个人，对工作出色的各级组织者、指挥者及工作人员进行表彰，以表示谢忱。

10. 工作总结，上报有关部门。属于承办全国竞赛的赛区，需填报赛区情况统计表。

第四节 户外运动竞赛的注意事项

一、户外运动竞赛的接待服务

（一）户外运动竞赛接待服务概述

无论举办何种类型的体育赛事，都会涉及接待服务问题。户外运动竞赛的接待服务是指为参加、参与赛事的运动员、教练员、赞助商、技术官员、政府官员、媒体记者等相关人员提供住宿、餐饮、交通、通信等一系列综合性的服务。

对户外运动竞赛影响最大的，一是竞赛组织，二是接待服务。户外运动竞赛接待服务是赛事后勤保障系统的重要组成部分之一，贯穿于户外运动竞赛保障工作的全过程，是户外运动竞赛运作管理的核心之一。通过计划、组织、执行、监控、评估等工作流程将赛事组织管理机构、赛事接待对象及相关供应商紧密结合起来，最终为户外运动竞赛提供优质的接待服务，确保赛事顺利进行。

1. 工作特点

户外运动竞赛接待服务首先是与户外运动竞赛紧密相连的，这一点与其他接待服务不同。户外运动竞赛尤其是大型赛事的特点是：接待对象人数多，并且到达与离开具有高度的同一性，使得接待任务极重；接待对象来源复杂，层次良莠不齐，使得接待规格复杂不一，需求相差较大，难以统一，极易产生矛盾；媒体对赛事的高度关注，使得赛事接待服务工作完全处于聚光灯下。户外运动竞赛的接待工作是一个操作复杂、运行精密的活动，计划、计划、再计划，仔细、仔细、再仔细是其总的特点。

2. 发展趋势

我国市场经济的快速发展，使得赛事接待服务工作有了较大变化，由传统的完全由政府支出，不考虑成本，高标准、低效益逐步向商业化、经济化方向发展，并加强了对服务意识、服务质量的重视程度。此外，信息化的高度发展也在接待服务中得到较充分的运用。户外运动竞赛接待工作的发展趋势，归结起来大致有：

（1）市场化发展趋势

从宾馆的住宿到餐饮、交通，我国已逐渐向国外成熟的市场化运作看齐，由以往的政府包揽转变为市场运作的方式。这既节省了政府的开支，又提高了参与商家的积极性，增强办赛的综合效益。

（2）实用性发展趋势

以往计划经济时代的讲究排场、铺张浪费已转向实用主义，根据不同的赛事级别、不同的比赛目的、不同的接待人员采用不同的接待标准，标准更加灵活适宜。

（3）计划性发展趋势

精心策划、认真筹划、拟订计划是当今户外运动竞赛服务接待工作的特点。当前举行户外运动竞赛基本上改变了以往粗放式运作的工作方式，既要做到最大的节省，又要不影响实际需要，还要根据不同的要求，适时予以调整。只有做好充分的计划准备，想得更全面、更周到、更细致，才能把接待工作做得让参与者满意、让领导者顺心、让组织者放心。

（4）人本性发展趋势

以人为本，从服务的各个方面认真细致地考虑并实施成为现阶段户外运动竞赛接待服务工作的特点。充分为接待服务对象着想，考虑合理要求，做到方便大家，以人为本是符合社会发展潮流的。

（5）信息化发展趋势

过去的接待服务工作从接待对象的资料收集到报名、报到、问询等，均需要大量的工作人员来完成，是典型的"劳动力密集"的职能领域。随着因特网、视频电话、赛事管理信息系统等信息技术的运用，减少了所需工作人员数量，提高了接待服务工作的效率和服务质量。

（二）户外运动竞赛接待服务工作程序与内容

1. 工作步骤

（1）计划的制订

在计划制订之前，首先要充分了解被接待人员的期望和具体情况，同时充分了解自己可动用的资源。在此基础上多问细节问题，问题越多，准备工作就越充分，在实施中遇到的困难就越少，应付突发事件的能力就越强。比如，要了解接待服务对象抵达的方式，是分散到达还是在一个或数个时段蜂拥而来，然后做好食品、饮料和住房方面的精确准备；要了解接待服务对象的特点，有的可能因开会、发稿等，而错过了正常的接待服务工作，因此应做好充分的计划，延长或单独准备非正常时间段的接待服务工作。同时，了解工作与计划要做到最细致之处。比如用餐，要注意用餐的人数、民族、时间、地点、标准、口味等，还要设计各种非正常状态下的用餐处理计划，如病人的用餐、非正常时间段的用餐、需要酒水的处理、餐券的遗失与补充等。

（2）计划的实施

在实施过程中，条件允许下尽可能满足甚至超过接待对象的期望；如果条件不允许，一定要做好沟通工作，得到他们的理解，从而消除他们的消极抱怨，把不良影响降到最低。计划再完美也会遇到不同的实际情况，因此，我们既要根据计划实施，同时也要根据实际情况灵活机动地做出调整，才可以做到最好的、最适宜的服务接待工作。比如，团体比赛项目运动队的离开日程可能会因为比赛成绩而变动，随之而来的则有住宿、餐饮、票务一系列的变动；接待服务工作的对象是人，其心理与行为都处在不断变化的过程中，尤其是由于运动成绩等原因而导致的激情状态更是如此，因此，接待部门在把握赛事接待服务工作的基本规律、制订周密计划和方案的前提下，必须关注接待对象需求和情绪的变化，及时做出反应与调整。

2. 机构设置

赛事接待服务的机构设置需要从接待工作的实际情况出发，分析赛事的规模，对赛事接待的工作量进行准确评估，然后开始构建具体的机构、职位，并配置合理的人员。一般来说，规模较小的赛事可以采用简单型组织结构。其特点是在接待部门不再设处室，由接待部部长对赛事的接待工作负全责；部门人员没有明确划分各自承担的接待职责，需要参与住宿、餐饮、交通等多方面的接待服务工作。当赛事超过一定规模时，简单型的部门组织结构由于缺乏工作人员之间的明确分工，决策权过于集中于部门管理者，决策速度可能无法满足接待服务的效率要求，因而采用职能型组织结构。其特点是接待部门一般可分为综合处、住宿管理处、餐饮管理处、交通管理处等；工作人员被安排到具体的接待服务工作领域，避免权责的重复；决策权可以根据实际情况在一定程度和范围下放到各处室，加快工作效率。这样的组织结构也便于随着赛事的筹办进程随时对职能处室进行增减。例如，交通处在比赛筹备的初期阶段不需设置，而随着比赛的临近变得越来越重要，直至成为关键性处室。

如果是大型比赛，由于接待对象人员数量相当多，人员结构、层次复杂，一般采用矩阵型组织结构，即依照接待服务中的具体职能进行处室设置，根据不同的接待对象进一步配置具体的管理人员。例如，仍分为综合处、住宿管理处、餐饮管理处、交通管理处等，但每一个处又具体分专门为竞赛人员、政府官员、媒体记者、赞助商等服务的人员，分工更为明确具体。

3. 主要内容

（1）住宿服务

首先，在确定宾馆之后要编制接待宾馆的服务标准，如《宾馆接待工作规范》《客房卫生设备达标方案》《宾馆设施使用规定》《服务人员着装、行为、语言行为规范》《消防安全工作方案》《24小时值班经理制度》等，下发到各接待宾馆，并组织相关人员按照标准进行培训和各宾馆硬件设置的检查。然后，精确确定需接待对象的相关信息，如数量、规格级别、到达与离开时间以及特殊的要求等。最后，依照接待对象对住宿时间、地点、竞赛项目的需求分配对应的接待宾馆。

（2）餐饮服务

了解各类接待对象的餐饮需求信息，从用餐类别、用餐时间及饮食习惯三个方面进行细分。用餐类别包括固定用餐和非固定用餐。其中，固定用餐又分为宾馆接待用餐点和场馆固定用餐点；非固定用餐主要是向竞赛裁判员、记者提供的场地用餐，包括快餐、食品及饮品，要求及时而卫生。用餐时间需要根据不同接待对象加以区别。比如，安排记者的餐饮时，由于记者的工作时间长，因而供餐时间也要长；而运动员用餐时间则应和竞赛安排灵活结合起来。饮食习惯则与接待对象的种族、民族、宗教、区域、个人喜好等诸多因素相关，应事先对接待对象的饮食习惯进行征询统计，尤其要注意不同接待对象的饮食禁忌，以防酿成大错。

在全面了解接待对象饮食需求的基础上，选择餐饮供应商。餐饮供应商的选择方式需根据赛事的实际情况而定。较小规模的赛事可采用询价、报价、洽谈、比较的方式来确定餐饮提供商，而大规模的赛事则有必要采用公开招标的方式进行餐饮供应商的选择。在选择餐饮供应商时，尤其要注意与负责医疗卫生的部门进行合作，确定餐饮卫生标准及认定餐饮供应商的卫生资质，以免造成重大的餐饮事故。涉及大宗餐饮业务时，有必要与赛事的市场开发部门合作，以争取餐饮提供商对赛事的赞助。

（3）交通服务

首先要制定交通服务相关的工作文件并做好相关服务，包括迎送工作、赛事期间各类接待对象的用车工作、各类接待对象的票务工作。

迎送工作的内容一般包括迎送对象、抵离时间、站点设置、迎送团队、交通保障、迎送路线、迎接与欢送的要求等。做好迎送服务工作，首先要通过各种方式准确获取各类接待对象抵离的时间、地点、车次、班次、人数等信息；其次要在火车站、汽车站、机场设置的接站点派驻站长并准备好迎候牌、指示牌等用品。

赛事期间各类接待对象的用车工作内容主要包括：制订交通服务运作计划，组织开展赛事运作管理机构用车征集工作，借调或招募驾驶员，制定《驾驶员工作服务手册》并开展驾驶员培训工作，依据接待对象类别分配工作用车，制定用车的相关规定及车辆运行路线等。

票务工作主要是协同铁路、航空部门落实各类接待对象的回返票务等。

（三）与机构外相关组织及人员的协调

与合作接待服务部门涉及人、事、物最多，要顺利完成接待任务，一定要与整个赛事运作管理机构中的其他部门紧密配合。

1. 要与各部门协调配合，以便了解其分管的相关人员的信息与需求。比如，了解参加赛事的媒体记者的接待需求；在市场开发部门的配合下，了解赞助商的接待需求等。

2. 要与人力资源部、志愿者管理部合作，制订培训计划对参与接待工作的宾馆服务人员、餐饮服务人员、志愿者、驾驶员等进行相应的培训。

3. 与财务部门保持沟通，合理编制接待服务各项工作的财务预算，并向财务部门报批。

4. 对住宿、餐饮、用车等外包项目进行洽谈或招标，制定详细合同，明确各自义务，选择最佳接待服务提供商，与相关的政府机关、宾馆、餐饮饭店、食品公司、饮品公司、快餐服务公司、铁路部门、航空公司、公交公司、汽车服务公司、旅行社等进行协调、沟通与合作，以完成千头万绪的赛事接待服务工作。

二、户外运动竞赛的安全保卫

（一）户外运动竞赛安全保卫概述

户外运动竞赛的安全保卫是指保障赛事相关人员人身和赛事相关设施安全等工作的集合。安保既是赛事成功举办的根本保障，也是赛事成功的主要标志之一。

赛事安保的顺利完成，既要靠警方的全力以赴，又要靠与赛事有关的所有人员的通力协作，这是一个整体性问题，每个人都有积极参与并保障安全的责任与义务。

户外运动竞赛的服务对象涉及面极广，包括参加比赛的运动员、教练员、裁判员、媒体、观众等众多人员，以及相关各类设施、设备。因此，其安保工作风险程度极高。由于赛事有着高度的社会关注度，任何闪失都将带来不可弥补的损失，直接影响到整个赛事的运作管理机构的形象，决定了此次比赛的成功与否。

（二）户外运动竞赛安全保卫工作程序与内容

1. 制订安全保卫总体计划和方案

为确保安保工作的高效有序，赛前应根据赛事的实际情况，借鉴国内外优秀成功赛事的经验，系统地、细致地制订安全保卫工作的总体计划、方案以及各种应变措施。在制定赛事安全保卫方案时应遵循以下原则。

（1）确保重点的原则

在有限的人力、物力、财力的情况下，应区分重点与非重点，并做出方案性的优先与倾斜。首先要区分重点安保环节，一般来说，入场安检、消防安全为重点环节；比赛场馆、运动员、裁判员驻地、开、闭幕式的举行现场为重点安保区域；知名人士、政府官员、敏感地区的来客为重点安保人员。

（2）突发应变的原则

在赛前应仔细研究现实情况，尽量详细地做出安保方案，尽可能地对各种突发事件做出预先的应变措施。但是，赛事的内外部环境是不断变化且不可能穷尽的，因此，要根据实际情况，快速地灵活多变地对新出现的突发情况做出准确的应变措施，不断对安保方案和措施进行更新补充和完善。

2. 机构设置与相关制度

安全保卫总体计划和方案的制订与实行需要专业的人员。即使在小型赛事中，也要设置专职人员负责安保工作。大型赛事则应设置专门的安全保卫部门，并根据需要，在其内部设置相应处室，做更细致的分工。一般分为综合处、驻地保卫处、现场保卫处、消防保卫处、警卫处、通信保障处、交通保卫处、制证中心等。

为了确保安保工作的顺利完成，应建立并严格执行安全保卫工作管理制度，包括工作制度、会议制度、公文处理制度、重要事项监督制度、保密制度、财务制度、印章管理制度等。

（三）安全保卫部门与相关部门的合作

安全保卫部门对整个赛事的安全保卫起着统筹安排与管理的作用，需要随时与赛事的其他机构与部门保持沟通与协调，以解决安全保卫工作中出现的各种问题。

1. 与场馆建设部门的合作。对场馆的交通、消防、通信等安全设施方面进行检查，确保场馆部门能按照安全保卫配套设施标准对场馆进行建设和改造。

2. 与采购部门合作。提出明确的相关安全装备的标准和要求，并进行严格的检查与验收，以确保安保装备符合工作要求。

3. 与消防部门的合作。与所驻宾馆、饭店以及大型场馆相关的消防部门进行联系，以确保消防工作的万无一失。

4. 与接待部门的合作。细致地掌握所有赛事人员的资料，并根据相关标准分出重点等级并做好对应的安保措施。

5. 与竞赛部门的合作。准确掌握赛事的信息，特别是准确掌握赛事变动情况信息，并做好安全保卫力量的布置与调整。

6. 与人力资源部门的合作。对所有志愿者进行基本的安全知识培训，并选用其中的优秀者。

7. 与大型活动部门的合作。主要是要求组织者提供开、闭幕式的人员资料，做好人员的管理。

8. 与市场开发部门的合作。掌握赞助商的商业活动方案，做好审核及相应的安全保卫工作。

9. 与财务部门的合作。及早提交安全保卫的财务预算，并接受其监督。

10. 与相关政府部门的合作。与公安、交通、消防、通信等政府部门紧密合作，做好相应的安保工作。

11. 与国内外体育赛事成功组织者的合作。学习其经验，参考其计划，改进其不足。

三、户外运动竞赛的医疗卫生保障工作

户外运动竞赛的医疗卫生保障工作是指在赛事的运作管理过程中，以提供安全、卫生的赛事环境为目标，开展有关卫生监督、医疗救护、疾病控制、医疗保健等方面工作的集合。医疗卫生保障工作是户外运动竞赛后勤保障体系的重要组成部分之一。

（一）工作组织

大型赛事常常专门设置医疗卫生保障部门，按职能可分为医疗救护处、卫生监督处、疾病防控处、医疗保健处等。医疗卫生保障工作人员包括医疗救护人员、卫生督察人员、疾病防控人员等。对相关人员要进行培训，培训重点内容有常见急、危、重病的临床诊断，赛事中的突发性疾病的处理方式，常见传染病的特征及应急等。

（二）主要内容

1. 着力以人为本，为参赛人员提供优质医疗救护、保健服务医疗救护工作的主要地点为赛事开、闭幕式及其他重大活动现场、比赛和训练场馆、接待对象的驻地宾馆等。现场的医疗救护要事前掌握活动的全面情况，要设置醒目的急救医疗站标识，要有足够数量的救护车和医务人员；在比赛场馆设置的医务室要根据比赛的日程配置医护资源；在驻地则应有 24 小时的值班制。

2. 加强卫生监督，为参赛人员提供安全、卫生的饮食制定一系列的卫生管理规章制度，如《赛事食品卫生方案》《赛事饮用水卫生方案》《赛事公共场所卫生方案》等，认真执行相关文件，确保赛事人员的饮食、住宿及公共场所的安全卫生。

3. 通过治理环境卫生，预防疾病传染。制定《赛事传染病预防控制方案》《赛事除害防病方案》《赛事期间宾馆、饭店发生食物中毒、传染病污染事故应急处理预案》等一系列规定，并认真执行。协同地方政府做好环境综合整治工作，加强传染病的常规监控工作，做好预防、诊断传染病的工作和相关药品、器械的储备工作。比赛期间要设立赛事传染病专报制度，一旦发现传染病疫情，应及时采取有效措施。

四、户外运动竞赛的通讯保障工作

户外运动竞赛的通讯保障工作是指赛事运作管理机构组织和协调邮政、电信等邮电通讯服务商，为赛事比赛场馆、驻地及周边地区提供通讯服务，保持赛事相关人员内外部沟通的渠道顺畅，保证赛事的顺利举行。通讯保障工作是户外运动竞赛后勤保障体系的组成部分之一。

（一）工作组织

赛事通讯保障的具体工作通常由邮电通讯服务商承担，而户外运动竞赛运作管理机构设置通讯保障部门、处室或者专职人员对其进行统筹管理与监督。

（二）主要内容

完善通信设备，为户外运动竞赛赛事通讯工作的顺利完成提供硬件设施，完善服务网点与服务项目。

五、户外运动竞赛的信息系统保障工作

户外运动竞赛信息系统是户外运动竞赛电子信息服务系统的简称，包括基础网络系统和应用服务系统。良好的户外运动竞赛信息系统既可以提高赛事的运作质量，又可以提高赛事运作效率，还可为媒体、供应商、运动员、观众快速高效地提供相关信息，是赛事运作系统不可缺少的部分。

（一）工作组织

户外运动竞赛运作管理机构根据赛事需要，设置信息系统保障部门、处室以及专职人员，协调网络运营商、网络工程公司及软件服务公司，实现信息系统的建设与维护。

（二）主要内容

1. 保证赛事信息系统运行通畅

户外运动竞赛信息系统应集中一切技术力量，确保赛事比赛期间信息系统的正常运行，即确保计时计分、现场成绩处理、综合成绩处理、综合成绩查询等系统的正常运行。

2. 保证赛事信息系统的安全

通过技术防范和严格管理，确保系统自身的无缺陷运行，确保系统抵抗外界的恶意干扰，正常运行。

参 考 文 献

［1］张子扬，王天宇．攀冰运动休闲价值初探［J］．冰雪体育创新研究，2021．

［2］宋学岷，司虎克．中国户外运动研究的发展特征及趋势分析［J］．广州体育学院学报，2018．

［3］张督成．我国攀冰运动的发展路径及对策研究［D］．陕西师范大学，2019．

［4］刘华荣．我国高校户外运动风险管理研究［D］．北京体育大学，2017．

［5］马欣祥，田庄．对户外运动概念的重新甄别与界定［J］．中国体育科技，2015．

［6］李中华．我国户外运动安全现状及其保障体系构建研究［D］．成都体育学院，2014．

［7］姜梅英．中国山地户外运动风险防范机制研究［D］．北京体育大学，2013．

［8］李腾．徒步运动的理论与实践研究［D］．北京体育大学，2013．

［9］亓冉冉．我国户外运动发展现状与对策研究［D］．中国地质大学（北京），2013．

［10］朱亚成，张青．我国山地户外运动发展的制约因素与对策［J］．咸阳师范学院学报，2022．

［11］彭召方，刘鸿优，国伟等．我国山地户外运动风险评估指标体系与预警系统的构建［J］．体育学刊，2018．

［12］李俊．山地户外运动生命安全风险分析与防范研究［D］．中国地质大学（北京），2015．

［13］朱亚成，赵聚．西藏山地户外冰雪运动发展新理念与新路径［J］．冰雪运动，2022．

［14］曹乐意，史兵，侯颖．青藏高原冰雪运动的资源优势及其发展路径研究——以青海省为例［J］．西藏民族大学学报（哲学社会科学版），2020．

［15］黄小凤．我国户外高风险旅游活动的安全防控研究［D］．华侨大学，2014．

［16］李雪涛．山地户外运动安全因素分析及对策研究［D］．北京体育大学，2012．

［17］周红伟．我国户外运动安全保障系统的构建研究［J］．南京体育学院学报（社会科学版），2010．

［18］刘华荣．我国高校户外运动风险管理研究［D］．北京体育大学，2017．

［19］王晶论．我国户外运动的安全保障体系的构建［D］．北京体育大学，2017．

［20］韩学伟．基于旅游云的景区户外安全救援体系的构建［J］．安全与环境工程，2015．

［21］李俊．山地户外运动生命安全风险分析与防范研究［D］．中国地质大学（北京），2015．

［22］吴瑕．户外拓展训练发展过程中存在的问题与应对策略［J］．体育风尚，2019．

［23］冯岩，张育民．山西省户外拓展训练发展模式及可持续研究．［J］．安徽体育科技，2018．

［24］许松青．户外拓展训练制约性因素研究［J］．运动，2015．

［25］谢安政．户外拓展训练问题分析及应对策略［J］．体育风尚，2020．

［26］黄亨奋．对我国普通高校户外运动安全防范管理体系的研究［J］．吉林体育学报，2007．

［27］吴耿安，郑向敏．户外运动安全防范管理初步研究［J］．山西大同大学学报，2007．

［28］徐磊，霍本炫．建立我国户外运动救援的策略探析［J］．时代人物，2008．

［29］霍本炫，马宁波．论我国户外运动救援体系的构建［J］．体育科技文献通报，2008．

［30］李中华．我国登山户外运动应急管理体系构建研究［J］．四川体育科学，2013．

［31］姜梅英．中国山地户外运动风险防范机制研究［D］．北京体育大学，2013．

［32］陈恒兴．玉龙雪山旅游区户外运动安全保障体系研究［D］．成都体育学院，2014．

［33］张伟．拓展训练安全保障体系构建研究［D］．北京体育大学，2013．

［34］李雪涛．山地户外运动安全因素分析及对策研究［D］．北京体育大学，2012．

［35］朱江华．我国户外运动突发事件的应急管理机制［D］．东华大学，2012．

［36］程蕉．户外运动风险管理的法学分析［J］．体育文化导刊，2013．

［37］刘建．大学生户外运动安全保障体系的构建［J］．博硕论坛，2014．

［38］董范，曹志凯，牛小洪．户外运动学第2版［M］．武汉：中国地质大学出版社，2014．

［39］张斌彬，李纲，李晓雷．户外运动与户外安全防护研究［M］．应急管理出版社，2019．

［40］胡炬波．户外运动与拓展训练［M］．杭州：浙江大学出版社，2017．

［41］王来东，齐春燕．户外运动与拓展训练理论与方法［M］．北京：中国书籍出版社，2019．

［42］厉丽玉．户外运动与拓展训练［M］．杭州：浙江大学出版社，2012．

［43］叶应满，王洪，韩学民．现代运动训练的理论分析与科学方法研究［M］．成都：电子科技大学出版社，2017．

［44］邹纯学，李远乐．户外运动［M］．长沙：湖南科学技术出版社，2005．

［45］李纲，张斌彬，王晶．户外运动技巧——攀登篇［M］．青岛：中国海洋大学出版社，2019．

［46］刘朝明．山地户外运动产业发展研究［M］．成都：电子科技大学出版社，2019．

［47］董范，刘华荣，国伟．户外运动组织与管理［M］．武汉：中国地质大学出版社，2009．

［48］杨汉．山地户外运动［M］．武汉：中国地质大学出版社，2006．

［49］李舒平，邹凯．户外运动的风险管理［M］．广州：广东科技出版社，2009．

［50］张雨．山地户外运动竞赛［M］．北京：新华出版社，2013．

［51］介春阳，张红霞．定向运动理论探索与户外运动拓展［M］．北京：清华大学出版社，2014．

［52］罗壮．华南沿海地区户外运动特点与防护方法［M］．沈阳：东北大学出版社，2020．

［53］李纲，张斌彬，李晓雷．环境保护视角下我国户外运动的发展趋势与策略研究［M］．郑州：黄河水利出版社，2019．

［54］李金芬．户外运动安全管理研究［M］．北京：原子能出版社，2011．

［55］王文生．户外运动［M］．北京：高等教育出版社，2014.

［56］王晨好，杨文革．山地户外运动疾病和损伤的预防及处理［J］．体育科技文献通报，2021.

［57］李高．高校户外运动风险管理构建探究［J］．拳击与格斗，2021.

［58］张远武．户外运动训练及其安全管理［M］北京：地质出版社，2016.

［59］季景盛，臧家利，王天毅．户外运动教程［M］哈尔滨：哈尔滨地图出版社，2011.

［60］蔡勇．户外运动与安全防卫技能（修订版）［M］北京：北京师范大学出版社，2016.

［61］游茂林，张东军，鲍军超．户外运动发展史研究［M］．北京：北京体育大学出版社，2013.

［62］王小源．户外运动用品与装备手册［M］．北京：中国水利水电出版社，2005.